ISRAËL ET SES RACINES

« Présences du judaïsme »

Alexandre Safran
Grand Rabbin de Genève
Ancien Grand Rabbin de Roumanie

ISRAËL
ET SES RACINES

Thèmes fondamentaux
de la spiritualité juive

Albin Michel

Collection « Présences du judaïsme »
Dirigée par Ménorah/F.S.J.U.
Conseillère éditoriale : Janine Gdalia

Première édition :

Editions Payot, 1980

Parue sous le titre : « Israël dans le temps et dans l'espace. Thèmes fondamentaux de la spiritualité juive »

Nouvelle édition revue et augmentée :

© Editions Albin Michel S.A., 2001
22, rue Huyghens, 75014 Paris
www.albin-michel.fr

ISBN : 2-226-12197-8
ISSN : 0755-169X

PRÉFACE
À LA NOUVELLE ÉDITION

Notre livre a paru, en 1980, aux Éditions Payot sous le titre *Israël dans le temps et dans l'espace. Thèmes fondamentaux de la spiritualité juive*. Depuis plusieurs années, il était épuisé. Les versions allemande et anglaise de ce livre ont gardé, dans leur traduction respective, le même titre. Sur la suggestion du président de la prestigieuse maison d'édition hiérosolymitaine, Mossad Harav Kook, qui a publié la version hébraïque de ce livre, celui-ci a pris le titre : *Israël et ses racines. Thèmes fondamentaux de la spiritualité juive*. Je garde ce même titre pour la réédition du livre aux Éditions Albin Michel. Au vrai, le vocable « racines » reflète le dessein de cet ouvrage, qui se propose d'éclairer l'« intériorité » profonde, existentielle, du peuple d'Israël. Cet essai ne cherche pas à se situer dans un contexte circonstanciel mais cherche à mettre en lumière la vocation ontologique du peuple d'Israël.

Ce nouveau titre que nous avons adopté nous incite à présenter quelques réflexions sur l'idée de racine.

Le mot racine désigne tout d'abord, dans le sens biblique du terme, un élément primordial qui n'est pas perceptible par la vue : il est caché ; et s'il est visible, dans la « semence », on l'enfouit dans un milieu qui le rend invisible : la racine est implantée dans la terre [1], elle reste cachée. Cet élément primordial, caché, est destiné à préparer, à élaborer par son action latente, lente, patiente la genèse, la formation d'éléments de la même souche qu'elle, qui sortiront à la surface, vont apparaître dans le monde visible. La semence, elle, se déployant en racine, continuera à nourrir secrètement les éléments qu'elle a engendrés et qu'elle fait croître, en leur fournissant constamment l'énergie nécessaire.

Tout autre est la conception que la Cabbale se fait de la racine. De par sa nature, la racine est toujours cachée, mais elle est située « en haut », dans le « ciel », elle n'est pas fixée immuablement « en bas », elle n'est pas implantée dans la terre. Ses mouvements ne vont pas de bas en haut, ne sortent pas du fond de la terre pour se diriger vers le haut, mais émanent d'en haut pour s'acheminer vers le bas. Et non seulement la racine alimente ceux qu'elle a engendrés, mais elle attend de leur part qu'ils l'alimentent, en retour, continuellement et l'enrichissent en énergies...

Considérons les grandes lignes du processus cosmogonique tel que la Cabbale le présente et nous comprendrons plus facilement la conception que la Cabbale se fait de la racine.

D'après cette conception, la racine se trouve en haut... « Dieu a créé le commencement », a institué le début d'une réalité, a posé les bases du monde, l'a édifié...

Le commencement constitue une unité, d'où doit dériver une pluralité de choses ; le commencement forme un tout, mais celui-ci est conçu en vue d'une multiplicité d'objets, d'une diversité de sujets. Tous se mettent en mouvement vers le bas : ils descendent. Mais cette « descente » – *yerida* – s'opère en vue d'une « montée » – *aliya* –, d'une remontée vers le point initial. La descente appelait déjà – ce que Henri Bergson et Rav Kouk dénommeraient « un principe interne » –, demandait même la montée, l'« élévation » – *hitalout*[2]. Pour réaliser cette vaste, cette immense opération cosmique de rassemblement de fragments dispersés, de réarrangement d'éléments épars, après les avoir nettoyés de toute souillure et « restaurés » dans leur état de netteté initiale ; pour réaliser cette gigantesque œuvre de reconstitution, l'homme fut choisi. En fait, c'est lui, l'homme, la créature en qui le Créateur a renfermé, potentiellement, tous les éléments « inférieurs » et « supérieurs » qui entrent dans la composition de l'univers[3] ; c'est l'homme qui, en les englobant tous virtuellement, en s'apparentant à chacun d'eux, est rendu apte à s'en servir et à les reconduire à leur origine. C'est lui, l'homme, qui est appelé à les ramener à leur point de départ, c'est-à-dire de disjonction, en réunifiant la pluralité de leurs parties, à harmoniser la multiplicité de leurs fonctions, à les intégrer dans leur unité primordiale, à reconstituer le tout originel, à restaurer le « commencement » dans sa plénitude – une plénitude enrichie par l'apport et l'expérience venus d'« en bas »[4] –, afin de réaliser la finalité du « commencement », qu'on appelle « rédemption »[5] ».

Nous avons rapidement, sommairement dessiné le processus cosmogonique à la lumière de la Cabbale, pour rendre plus compréhensible la conception que la mystique juive se fait de la racine. Celle-ci, avons-nous dit, est d'origine céleste, elle est située en haut, dans le ciel ; elle n'est pas terrestre, elle n'est pas située en bas, dans la terre, telle qu'on se la représente communément, et surtout, plus qu'elle n'« alimente » ceux qui en proviennent, elle est « alimentée » par les éléments reliés à elle, notamment par l'homme, qui personnifie la Création, dont il a la charge. C'est à lui, à l'homme, qu'incombe la tâche de « nourrir », de renforcer, d'entretenir les propriétés de la racine, de soutenir ses capacités créatrices, afin qu'elle atteigne la finalité qui lui a été assignée, comme « principe interne » d'« évolution », bergsonienne, dans le sens eschatologique du terme, telle qu'elle a déjà été envisagée, planifiée par le Créateur au moment même où Il a procédé à l'œuvre de création. Ainsi, la racine est non seulement l'origine de tout, mais aussi l'aboutissement de tout...

La racine est située en haut. Car là est la source de la vie. Or, la Racine des racines, la Vie de la vie est le Créateur Lui-même[6] ! Il est en haut, Lui qui « entoure tous les mondes », les transcende, et, en même temps, « remplit tous les mondes », leur est immanent[7]. Mais quel paradoxe ! Le Créateur, le Tout-Puissant, fait appel à Sa créature, à la créature qu'Il a choisie, s'adresse à l'homme pour lui demander de Lui « donner la force ». (*Tenou oz leElohim*, « Donnez la force à Dieu[8].)

À Israël a été assignée une mission d'une portée cosmique : traduire les préceptes de la Tora en actes[9], afin que le monde matériel, envisagé lors de sa création en fonction de la Tora, puisse se réaliser, c'est-à-dire se sublimer, devenir Tora. Mais, cette transformation ne se fera que si Israël accomplit avec zèle les mitsvot de la Tora[10]. Voilà pourquoi les Sages d'Israël osent affirmer que « lorsque Israël accomplit la volonté de Dieu, en observant Ses mitsvot, il ajoute de la force à la Puissance d'en haut[11] », « lorsque Israël accomplit une mitsva en bas, il influe sur la Force en haut, en l'accroissant[12] ».

En choisissant de collaborer avec l'homme, avec Israël, Dieu, le Créateur, s'abaisse et se fait « dépendant » de l'homme, de Sa créature. L'homme, en s'engageant dans cette œuvre d'une portée cosmique, pourra s'élever de créature au rang de créateur, « associé du Saint, béni soit-Il, dans l'accomplissement de l'« œuvre première » de création. Cependant, l'opération audacieuse dans laquelle l'homme se trouve engagé est rude. C'est un pénible processus d'épuration de la matière, de clarification de tout ce qui est confus dans l'existence, qui doit conduire à un degré de salut lumineux. Mais le chemin qui devrait y mener progressivement est loin d'être aisé ; il n'est pas linéaire ; il est étroit et accidenté, parsemé de nombreuses embûches, d'aguets ardus. L'homme qui s'obstine à avancer est souvent contraint de reculer. Réussites et échecs se succèdent en alternance. Cependant, c'est de leur somme que résulte le salut. En persévérant dans l'accomplissement des mitsvot et en alimentant abondamment la « racine », la racine aussi de sa propre âme[13], l'homme sera récompensé. L'homme acquiert enfin, par le « travail » qu'il effectue, le noble titre d'« associé du Saint, béni soit-Il, dans (l'accomplissement de) l'œuvre première » de création. Dieu est content de le lui offrir, car il le « mérite ».

Ainsi s'opère la jonction entre le « commencement » et la « fin »[14], entre la révélation primordiale, annonciatrice et la révélation complémentaire, justificatrice[15], l'identification entre la matière purifiée dans l'esprit et l'esprit concrétisé dans la matière. L'extériorité et l'intériorité se confondent. En un mot, c'est le *tikkoun* : la « réparation » du monde et sa « restauration », par l'« instauration – *taquène* – dans ce monde de la royauté de Dieu ». Le monde redevient ce qu'il fut au moment de sa création, lorsque « Dieu et Son nom (c'est-à-dire Son enseignement signifié) étaient Un ; le monde devient même plus que ce qu'il était au moment de sa création, car dorénavant « Dieu et Son nom (Son enseignement respecté) sont Un[16] ».

Alexandre Safran
Hanoucca 5761
Décembre 2000

1. Cf. Is. 27,31 ; 40,24 ; Ps. 52,7 ; Job 14,8.
2. Cf. Rav Kouk, *Orot HaKodèche* (Jérusalem, 1964), II, p. 521-531.
3. Cf. Gen. R. 8,12 ; 12,7. Avot DeRabbi Nathan 31,7 ; Zohar I, 90*b*, 134*b*. Tikkounei HaZohar 69 (100*b*). R. 'Hayim de Volojine, *Néfèche HaHayim* (Vilna, 1874), I, 5,8*b*-9*a* ; I, 6,9*b* ; I, 7,12*a*. R. Eliyahou, le Gaon de Vilna, *Adéret Eliyahou* (Tel-Aviv, s.d.), Beeir Yitshak, p. 484.
4. Cf. R. Chneiour Zalman de Liady, *Tanya, Likoutei Amarim* (Kefar Habad, New York, 1966), 37, p. 48*a*.
5. Cf. Gen. R. I, 1.
6. Cf. R. 'Hayim de Volojine, *Néfèche HaHayim*, I, 1,6*a* ; I, 5,8*b*-9*a* ; I, 16,17*b*. Cf. Zohar II, 23*b*.
7. Cf. R. Chneiour Zalman de Liady, *Tanya, Likoutei Amarim*, 40 ; 41 ; 46 ; 48.
8. Ps. 68,35.
9. Cf. TB Chabbat 88*a*, Avoda Zara 2*b*. Cant. R. 8,2. Zohar III, 125*a*. Zohar Hadache, Yitro, 38*a*.
10. Cf. R. 'Hayim de Volojine, *Néfèche HaHayim*, I, 4,8*b* ; I, 6,10*b*.
11. Thr. R. 1,35.
12. Chelah Hakadoche, I, p. 46*b* ; Nu.14,17 ; Deut. 33,26.
13. Cf. R. 'Hayim Attar, *Or HaHayim*, sur Deut. 32,9. R. 'Hayim de Volojine, *Néfèche HaHayim*, I, 5,9*a* ; I, 16,17*b*. Cf. Zohar I, 112*b*. Voir Alexandre Safran, *La Cabbale*, Payot, Paris, 1972, p. 10, 378.
14. Gen. 49,1 ; Is. 2,2 ; Osée 3,5 ; Michée, 4,1.
15. Cf. Gen. R. 1,4. Zohar I, 192*b* ; III, 130*b*
16. Zacharie 14,9. Cf. Zohar I, 29*a*.

PRÉFACE
À LA PREMIÈRE ÉDITION

La plupart des études réunies dans ce volume s'inspirent d'un mode de pensée élaboré par les maîtres de la mystique juive dès ses débuts. En effet, déjà le Séfer Yetsira avait développé sa réflexion sur la vie, le monde, le temps et l'homme selon un plan s'appliquant à trois ordres de réalité différents, qui s'expriment par trois termes : *olam, chana, néfèche*. Ces mots désignent le « Monde », ou univers spatial, l'« Année », ou univers temporel, l'« Âme », ou univers psychique et spirituel, humain. La configuration extérieure de ces trois univers nous renseigne, superficiellement, sur les différents aspects de notre vie. Mais elle appelle surtout notre attention sur l'essence de cette vie et l'unité de son histoire, cette unité profonde qui échappe à notre intelligence et à notre perception sensible.

Ainsi, ces trois principes de vie que sont l'*olam*, la *chana*, le *néfèche*, dissimulent leur essence. Leur être demeure caché : il se soustrait à toute curiosité intellectuelle, à toute analyse rationnelle, à toute investigation matérielle. Car le Créateur a « choisi » ces trois agents de vie « pour Lui-même ». Il les a « acquis » pour s'en servir dans la conduite de l'histoire : ils sont à la fois les messagers qu'Il instruit pour annoncer Sa gloire et les vases qu'Il façonne pour répandre la connaissance de Sa volonté.

Seuls des « élus » de l'humanité, *segoulat adam*, qui se réclament de ces trois principes et participent à leur vie, sont à même d'en appréhender la profondeur. Dans la pureté de leur méditation, ces élus étudient la Tora, antérieure à ces trois principes et garante de leur subsistance, pour son Nom, à savoir d'une manière désintéressée. Dans la sainteté de leur action, ils appliquent les commandements de la Tora suivant ses exigences rigoureuses ; ils sont attentifs à ses directives intimes. De la sorte, ils servent Dieu dans l'amour, non dans l'espoir d'une récompense. De même, ils se mettent au service de leur prochain avec désintéressement. L'amour dont ils font preuve tend à la connaissance, conduit à un attachement profond. Cet amour dérive de celui qui unit les trois principes de vie au Principe suprême de la Vie, à Dieu.

Les élus qui s'appliquent à connaître les trois principes de vie tentent de percer leur profondeur, de déceler leur « point central », de parvenir à leur centre, de détecter leur « noyau », de repérer leur « graine », de descendre à leur « racine », s'approchant enfin du cœur de chacun d'eux.

Selon la conception des mystiques juifs, le cœur de l'*olam*, de l'univers spatial, est la Terre d'Israël, dont le cœur intérieur est Jérusalem ; le cœur de la *chana*, de l'univers temporel, est le Chabbat, dont le cœur intérieur est *Yom Kippour*, le Jour du Pardon ; le cœur du *néfèche*, de l'univers psychique et spirituel de l'humanité, est le Peuple d'Israël, dont le cœur intérieur est le *tsadik*, le juste. Enfin, les trois cœurs de l'*olam*, de la *chana* et du *néfèche* se rattachent au « Cœur du Monde », à Dieu.

Il incombe à l'*Yisraël amiti*, au véritable israélite, à l'*adam cachère*, à l'homme intègre, au *Yechouroun*, au Peuple droit d'Israël, d'atteindre, autant que faire se peut, au cœur de chacun des trois facteurs de vie, de chercher les rapports qui existent entre eux, de découvrir le « nœud » divin qui les unit.

Le cœur de ces trois facteurs primordiaux et déterminants de la vie forme le « commencement », c'est-à-dire l'origine, et la « fin », c'est-à-dire l'aboutissement de tout. Ce qui existe dans l'Histoire de l'Espace vient du cœur de l'*olam* ; ce qui se meut dans l'Histoire du Temps vient du cœur de la *chana* ; ce qui agit dans l'Histoire de l'Humanité se reflète dans le cœur du *néfèche*.

Terre d'Israël, Chabbat et Peuple d'Israël s'unissent pour former un seul cœur : cœur de tout, cœur de tous. Ce cœur, « organe sensible mais aussi résistant entre tous », ne cesse pas de battre ; il ne cesse pas d'alimenter tous les autres organes. Il accomplit sa tâche avec vaillance et dévouement, car il est lui-même nourri par le Cœur du Monde : il est en contact permanent avec Dieu ; plus encore, « il est la part de l'Éternel ».

Dieu est « caché et découvert », « fermé et ouvert » ; le Peuple d'Israël, la Terre d'Israël et le Chabbat sont, eux aussi, « cachés et découverts », « fermés et ouverts ». C'est pourquoi le « découvert », c'est-à-dire le relationnel, tient chez eux du « caché », c'est-à-dire de l'intrinsèque.

Tels sont les enseignements qui nous sont prodigués sur le long chemin de la Cabale, où de puissantes lumières nous éclairent [1]. Elles jaillissent avec force du « Livre de la Splendeur », du Zohar. Mais elles irradient aussi des œuvres des grands interprètes de la mystique juive : le Ramban et le Maharal, l'Or Ha'Hayim et le Sefat Emet, enfin le Rav Kouk et le Rav Achlag.

Les études situées dans la première partie de cet ouvrage sont consacrées à l'Intériorité du Temps juif, de l'Homme et du Peuple juifs, de la Terre et de la Diaspora juives, à leur identité, à leur personnalité, à leur vocation et, enfin, à leur insertion dans l'Éternité.

Le « caché » et le « découvert » se rejoignent dans ce livre qui tente d'opérer une saisie globale de l'être juif, considéré dans sa substance et dans ses expressions multiples.

Genève, le 18 eloul 5738
(jour anniversaire de la naissance de Rabbi Israël Ba'al Chem Tov
et de Rabbi Chneiour Zalman de Liady) ;
le 20 septembre 1978.

Alexandre Safran

PREMIÈRE PARTIE

L'INTÉRIORITÉ D'ISRAËL

« Dieu exige le cœur. »

CHAPITRE PREMIER

PEUPLE D'ISRAËL ET PAYS D'ISRAËL

Israël, « cœur des nations » ; Erets-Israël, « âme de l'Univers »

Cours donné aux Universités de Genève, Amsterdam et Jyvaskyla (Finlande), au Trinity College de Cambridge et à la Sorbonne. Exposé présenté à la Conférence rabbinique européenne, à Paris.

LES IDÉES-FORCES DU JUDAÏSME

Les lignes de force qui constituent l'économie de la vie intérieure du peuple et du pays d'Israël, les facteurs de vie juive qui agissent ouvertement dans l'histoire du monde, s'appellent : Dieu, *Tora*, *Israël* et *Erets-Israël* (Pays d'Israël).
Ces idées-forces représentent les constantes de l'histoire d'Israël. Elles sont considérées comme telles dans l'authentique tradition religieuse juive, ancienne et moderne, qui, de ce point de vue, est unitaire, tant sur le plan de la pensée que sur celui de l'existence. Nous-mêmes, croyants juifs de notre génération, pouvons en témoigner : ce qui paraît ancien, nous le pensons en termes modernes et le vivons dans l'immédiat ; ce qui paraît moderne, nous le pensons en termes anciens et le revivons dans le passé.

Israël, possession de Dieu

Les racines de la communauté d'hommes vivant sur cette terre, que la Bible hébraïque nomme généralement Israël et que la littérature post-biblique juive nomme couramment Israël ou *Knesset Israël* (Assemblée d'Israël)[1], ne se trouvent pas dans ce monde, si profondément marqué par sa présence[2]. Elles se trouvent au-delà de ce monde[3]. La sève de ces racines alimente le tronc qui en surgit et dont la couronne atteint elle-même l'au-delà. De même que chaque israélite, témoignant de son attachement à la communauté d'Israël[4] et marchant[5] « sur les voies » de celle-ci, est un « fils du monde à venir »[6],

Israël, *Kol Yisraël*, qui dans sa totalité[7] reste fermement « attaché à son Dieu »[8] et « marche sur les voies de l'Éternel », est davantage encore un peuple du monde à venir[9].

« Rejetons que Dieu a planté dans ce monde »[10] en tant que peuple[11] et « dont Il se fait honneur[12] », Israël est un peuple de Dieu[13]. Ce n'est pas un peuple qui explique sa formation, qui motive son existence, qui fonde sa personnalité grâce aux biens matériels, terrestres, ou même aux biens culturels, spirituels, qu'il considère comme étant les siens, qu'il aurait hérités, acquis ou produits. Israël est un peuple parce que ses rapports avec ces biens de tout ordre sont déterminés par Dieu et commandés par les rapports qu'il entretient avec Dieu.

Les fondements des rapports d'Israël avec tout ce qui le touche ici-bas sont définis par les clauses d'une alliance[14]. Cette alliance[15] est conclue entre Dieu et Israël, entre Dieu, qui a élu Israël[16], et Israël, élu de Dieu, mais aussi entre Israël, qui a élu Dieu[17], et Dieu, élu d'Israël. Ce pacte entre deux parties inégales[18] est conditionnel[19] ; il trouve toutefois un élément d'équilibre et de constance dans le serment inconditionnel[20] du Partenaire divin en faveur de Son partenaire humain[21]. Cependant, tout en étant allié de Dieu, Son ami[22], Israël n'est rien en lui-même, n'a pas d'*atsmiout*, de personnalité propre[23]. Mais ce manque est bien compensé[24]. Ayant renoncé à sa personnalité propre, Israël reçoit en échange des qualités exceptionnelles du fait qu'il est relié à la Racine[25], à la Personnalité, au Moi, à l'*Ano'hi*, de Dieu[26].

Aussi Israël fait-il bénéficier de son avantage tous ceux qui l'approchent. C'est à leur intention qu'il reflète l'*atsmiout* de Dieu, dont sa propre personnalité participe[27]. Israël se fait le réceptacle[28] dans lequel le Créateur déverse en abondance Sa bénédiction, afin qu'il la distribue, à son tour, aux autres. Israël ne possède rien[29] ; il ne dispose pas même de lui-même. Israël n'a pas de *metsiout* : n'a pas d'« existence » propre ; il est « la possession de Dieu ». Pourtant, il est maître de lui-même[30] et peut user de son bien uniquement parce que étant lui-même « possession de Dieu »[31], « héritage de Dieu »[32], il se charge de faire parvenir ce bien aux autres. Sa pauvreté[33] se transforme ainsi en vraie richesse[34] ; car cette richesse ne sert pas uniquement celui qui s'en déclare possesseur, mais elle est mise au service de tous ceux qui la désirent[35]. La pauvreté d'Israël est bénéfique ; sa richesse est servante.

C'est pourquoi Israël « est à Dieu » ; il est entièrement à Dieu[36]. Israël est la *segoula*[37], le joyau que Dieu « s'est créé »[38], « s'est fait »[39], « s'est acquis » ; Il le sort du trésor royal qu'Il tient à Sa disposition, pour s'en servir dans des buts importants, éthiques et universels[40]. En sortant ce joyau particulier de Son trésor caché dans les hauteurs, en le « choisissant » pour le faire rayonner ici-bas, Dieu proclame que « la terre est à Lui », toute la terre[41]. Il veut qu'Israël, par la valeur qu'Il lui concède[42], par la sainteté[43] qu'Il inscrit en lui et qui lui reste propre[44], par la grâce qu'Il lui fait en lui accordant la Tora[45] qui lui procure une connaissance vécue, plus claire, du Créateur[46] et une vision directe, plus complète, de l'essence et de la signification de Son œuvre[47], ressente le désir de se rapprocher de Lui[48], d'accepter Sa souveraineté[49] : « le joug de Son royaume »[50]. Il veut qu'Israël, par les soins[51] qu'il apporte lui-même à la nature[52] et à la grâce[53] qu'Il lui octroie, annonce son Auteur, son Propriétaire, dans ce monde[54]. Il veut qu'Israël, par son être[55] et par son mérite[56], par la fermeté de son caractère et par la droiture de sa conduite[57], soit capable de faire connaître Dieu, Sa volonté, dans ce monde[58] ; qu'il soit « le premier[59] à introniser Dieu, Roi »[60] dans ce monde[61]. Il veut qu'Israël, dans son amour de Dieu, persuade les hommes d'aimer Dieu, « d'aimer le Nom des Cieux[62] ». Il veut qu'Israël, par son attitude à l'égard du monde, par son comportement dans le monde, par sa situation dans le monde, convainque « les nations qu'elles ne sont rien par rapport à Dieu »[63], qu'elles sont soumises à Son jugement, que les biens qu'elles s'épuisent à aménager ne sont pas en réalité à elles[64], mais à Dieu qui les a faits, qui a tout créé, « qui acquiert tout »[65], à qui appartient l'univers et tout ce qu'il renferme », « la terre et tous ceux qui l'habitent »[66]. La preuve en est Israël[67], dans ce qu'il est et dans ce qu'il n'est plus[68], dans ce qu'il a et dans ce qu'il n'a plus[69]. Si Israël possède une portion de terre, c'est parce que Dieu la lui donne[70]. Si Israël a un lot d'esprit, c'est parce que Dieu le met en lui[71].

Israël est le peuple de Dieu, parce qu'il sent qu'il est en relation avec Lui

Israël est donc le peuple de Dieu[72] non seulement parce qu'il sait qu'il vient de Lui[73] : « il est (consubstantiellement !) part de son Dieu »[74], mais surtout parce qu'il sent[75] qu'il est en relation avec Lui[76] : « une corde relie Jacob à son Dieu »[77]. Israël est le peuple de Dieu parce qu'il veut marcher « avant Lui », L'annoncer et L'« accompagner », et, marchant « après Lui », Le suivre[78]. Israël est le peuple de Dieu parce qu'il consent à agir pour Lui : à « être Son témoin »[79]. En existant, en agissant, en souffrant, en se réjouissant,

Israël témoigne de l'existence, de l'action, de la souffrance, de la joie de Dieu[80]. Car Israël n'appartient qu'à Dieu et ne s'appartient pas à lui-même ; il n'a d'existence propre, authentique, avec tous les attributs qu'elle implique, qu'en Dieu et pour Dieu[81]. Ce Dieu ne lui donne pas seulement une idée de Son existence ; ne lui fait pas seulement savoir qu'Il l'a spécialement conçu, qu'Il l'a spécialement créé[82] ; ne lui fait pas seulement sentir qu'Il l'a prédestiné avant même de le concevoir et de le créer[83] ; ne lui apprend pas seulement qu'après l'avoir fait, Il l'a « connu »[84], choisi, formé ; ne lui fait pas seulement sentir qu'il est pour lui une Personne, la Personne[85], mais, le destinant à coopérer avec Lui, Il lui révèle qu'Il est pour lui une Tora, la Tora[86].

Peuple saint et communauté d'hommes saints, qui observent la Tora

Dieu devient pour Israël une Tora, un Enseignement qui lui apprend comment et pourquoi agir[87]. Dieu Lui-même se réalise à l'intention d'Israël dans la Tora[88], pour que ce dernier puisse lui-même se réaliser par elle et réaliser selon elle ce que Dieu lui demande de faire[89] : porter cette Tora dans le monde, la lui faire connaître[90], lui recommander d'accepter le « Commandement aisé » d'où découlent les commandements éthiques de base (« les sept commandements qui concernent les enfants de Noé »), conséquence de la reconnaissance de la souveraineté et de la législation de Dieu[91].

C'est Dieu Lui-même qui avait jadis porté cette Loi fondamentale, principe de la Tora, à la connaissance du premier homme et l'avait proposée aux descendants de celui-ci ; mais ils l'ont rejetée[92]. C'est Dieu Lui-même qui avait ensuite porté les Dix Commandements, essence de la Tora[93], à la connaissance de tous les peuples[94], en leur demandant de les respecter ; mais ceux-ci les ont repoussés sous prétexte que leur Auteur prêche dans Son propre intérêt, « pour acquérir de l'honneur[95] » !

Dieu chargea donc Israël, communauté d'hommes, de personnifier la Tora parmi les hommes[96] : « Grâce à la Tora et à Israël, dit-Il, le monde sera sauvé. » Pour ce faire, Il exigea qu'Israël forme un « peuple saint », qui se consacre à Lui, prenant conscience de sa disposition innée à la sainteté et de son devoir impérieux de se rendre saint[97] ; Il exigea qu'Israël se constitue en un « peuple saint »[98], une communauté d'« hommes saints qui Lui appartiennent », exclusivement, et qui vivent, de la sorte, leur vie d'hommes et de peuple en observant la Tora dans sa totalité[99]. Il demanda à Israël de suivre la Tora et, ainsi, de L'imiter Lui-même [100], Dieu, Auteur, Étudiant [101] et Exécuteur [102] de cet enseignement. Il ordonna « à toute la communauté des enfants d'Israël : Soyez saints ! car Je suis saint, Moi l'Éternel, votre Dieu » [103]. Qu'Israël soit saint parmi les hommes, ainsi que Dieu est saint partout. Qu'Israël soit saint dans son universalité et sa particularité, ainsi que Dieu est saint dans son ubiquité et son unicité [104]. Qu'Israël soit saint, ainsi que Dieu est saint, dans la diffusion des richesses de sa bonté [105] et dans la préservation du caractère de son être [106]. Mais pour atteindre à ce degré d'efficacité et de pureté dans la sainteté, Israël n'a qu'un moyen : garder la Tora. Elle sauvegardera sa vie, en lui donnant un sens et un contenu [107]. Elle assurera sa survie, en reliant sa vie à Dieu, Donateur de la Tora [108]. Car, avant de donner la Tora à Israël, Dieu s'est « concentré » [109] dans la Tora, laquelle concrétise Sa volonté concernant le monde au milieu duquel Il a placé Israël. Dieu a fait de la Tora l'âme d'Israël ; Il a fait « de l'âme de la Tora la racine de l'âme d'Israël », pour que la volonté de celui-ci rejoigne, non seulement librement, mais aussi nécessairement, la volonté du Créateur. Dieu, Lui-même âme du monde, « souffle du monde » [110], a fait de la Tora l'âme d'Israël, pour que la Tora serve au monde, aux hommes qui l'habitent [111], afin qu'ils deviennent bons comme Dieu l'a voulu en les créant – « œuvre de Ses mains » [112] –, comme Dieu l'a voulu en créant la Tora – « œuvre de Ses doigts [113] ». Car Dieu a créé le monde pour faire du bien à Ses Créatures, pour leur procurer le bien [114] ; Il a créé la Tora pour apprendre aux hommes le vrai bien, dont Il sait, Lui, leur Créateur, leur Père, qu'il leur convient [115]. « C'est donc en regardant la Tora que Dieu a créé le monde [116] ! »

Pour introduire ce bien dans le monde, Israël doit non seulement s'attacher à la Tora dans la pratique, mais s'identifier existentiellement avec elle par une foi active [117] : chaque israélite, agissant selon la Tora, doit en devenir une lettre rayonnante [118], et tout le peuple d'Israël, agissant pour le rayonnement de la Tora, doit s'en revêtir comme d'un rouleau lumineux, doit se transformer lui-même en un Séfer-Tora, en un Rouleau de la Tora [119].

Tora, instrument spirituel de Dieu pour la création du monde,
et mitsvot, instruments pratiques de l'homme
pour le perfectionnement du monde

Dieu se sert d'Israël comme d'un instrument [120] pour la réalisation de Ses desseins dans ce monde. Israël se sert de la Tora pour mener à bien les desseins de Dieu sur ce monde [121]. Ainsi Israël œuvre dans ce monde et pour ce monde. Il se sert de la Tora qui a servi elle-même d'instrument dans les mains de Dieu pour créer le monde [122]. Dieu a préparé la Tora à l'intention d'Israël [123] pour qu'à son tour il en fasse usage dans son action humaine, conduisant à son achèvement l'œuvre divine de la création du monde [124]. Mais, pour qu'Israël représente la Tora et pour que la Tora exprime Israël, il ne suffit pas qu'Israël adopte la Tora comme guide de sa vie ; il faut qu'il l'insère en lui-même, « dans son cœur », « dans ses entrailles », « la fasse entrer dans son sang » [125] ; il faut qu'il l'identifie avec sa vie. L'israélite fera donc s'accorder chaque instant de sa vie avec l'application correspondante d'une prescription de la Tora ; Israël fera coïncider l'histoire de sa vie dans le monde avec l'histoire de la Tora dans le monde.

Israël doit donc s'identifier aux *mitsvot*, aux « commandements » divins contenus dans la Tora [126]. Appliquées, les mitsvot sont appelées à vivifier chacun des membres du corps d'un juif qui agit pour et selon la Tora ; elles sont destinées à donner une substance de vraie vie, de spiritualité active à chacun de ses jours : les composantes du corps humain et les unités du temps humain correspondent au nombre des mitsvot [127]. C'est pourquoi pour Israël, dans sa vie historique, et pour l'israélite, dans sa vie quotidienne, l'appellation complète de la Tora est *Tora OuMitsvot*, Tora et mitsvot [128]. La Tora constitue l'instrument spirituel de Dieu pour la Création du monde et les mitsvot constituent l'instrument pratique de l'homme pour le perfectionnement du monde. *Tora OuMitsvot*, Tora et mitsvot, réunies, s'unissent pour coopérer au maintien du monde.

La Tora, dans son intégralité, sera vécue par Israël, pour servir d'exemple aux autres peuples. Les mitsvot, dans leur totalité, seront appliquées par les israélites sur tous les plans de leur vie, morale et matérielle, dans tous les domaines de leur vie personnelle et communautaire, individuelle et sociale, nationale et internationale, et seront offertes comme modèle aux autres hommes.

Peuple d'Israël et Pays d'Israël, prévus ensemble dans le plan du Créateur, ont aussi mérité le choix que Dieu a fait d'eux

Mais pour vivre la Tora pleinement, pour appliquer les mitsvot complètement [129], Israël a besoin d'un endroit propice [130]. Dieu l'a prévu. Il l'a préétabli. Il l'a prévu, comme Il a prévu Israël, bien enraciné dans le monde terrestre ; Il l'a préétabli, comme Il a préétabli Israël, bien ancré dans le monde supra-terrestre [131]. Ce lieu s'appelle Erets-Israël [132], Terre d'Israël.

Israël et Erets-Israël s'accordent dans le plan de Dieu [133]. « Le Saint, béni soit-Il, dit à Moïse : le Pays M'est cher et Israël M'est cher : Je ferai entrer Israël que J'aime dans le Pays que J'aime : l'un va bien avec l'autre [134]. »

Cependant, ensemble, Israël et Erets-Israël ont aussi mérité le choix que Dieu a fait d'eux. « Dieu a scruté toutes les nations, et Il n'a trouvé que la génération du désert digne de recevoir la Tora ; Dieu a parcouru tous les pays, et Il n'a trouvé que le pays d'Israël digne d'être donné à Israël [135]. »

Comme avant de choisir Israël, Dieu, en choisissant Erets-Israël, proclame que toute la terre et ce qu'elle contient sont à Lui [136]. En choisissant Israël et Erets-Israël, Dieu montre non seulement qu'Il est en droit de disposer de ce monde, qui est à Lui, comme « il Lui paraît juste [137] », mais surtout qu'Il s'intéresse à ce monde, aux peuples qui l'habitent et aux pays qui le constituent : Il les « cherche » dans leur intérêt. En « gardant » Israël et Erets-Israël, Dieu montre, par leur truchement, à tous les peuples et à tous les pays qu'Il les garde tous avec le Peuple et le Pays de Son choix : Il leur procure à tous Sa bénédiction par l'intermédiaire de ces derniers [138].

Les quatre facteurs, Dieu, Tora, Israël et Erets-Israël, que la Tradition nous présente ensemble, se rencontrent nécessairement lorsqu'il s'agit de mettre en œuvre le plan de Dieu : faire vivre la Tora par les hommes, faire appliquer les mitsvot par les hommes, sur la terre, et préparer de la sorte l'instauration du Royaume de Dieu dans ce monde [139].

Ces quatre facteurs se rencontrent dans le même but : réaliser l'intention qui a présidé à la création du monde, y faire régner la volonté de Dieu ; ils se rencontrent, mais ne collaborent pas toujours obligatoirement, simultanément. Car la providence divine qui se découvre aux hommes donne néanmoins à la liberté humaine la possibilité de se manifester ; et la grâce divine qui se révèle aux hommes attend que les mérites humains émergent à la lumière. (La génération du désert a mérité aux yeux de Dieu de recevoir la Tora, mais non pas d'entrer en Terre promise !) [140].

Le peuple d'Israël est appelé Homme, car il est le principe vital de l'Homme ; le pays d'Israël, Erets-Israël, est appelé Terre, car il est le principe vital de la Terre

C'est donc pour vivre la Tora, « principe vital du monde », « pour observer ses statuts et respecter ses lois », qu'Israël reçoit Erets-Israël [141].

Israël est l'homme et le peuple par excellence.

Israël « est appelé homme », car il est le principe vital de l'homme [142] ; Israël est appelé peuple, car il est « le cœur des nations », selon la désignation du Zohar et de Rabbi Yehouda HaLévi (XIIe siècle) [143].

Israël a paru dans la pensée « du Créateur avant qu'Il créât le monde ». Il semble donc « naturel » qu'Israël, « principe du monde », « personnalité » et conscience du monde, reçoive Erets-Israël, terre par excellence [144], en don de Dieu.

Erets-Israël est appelée *erets*, terre, tout court [145], car elle fut conçue par le Créateur de la terre, qui a voulu que « d'elle » jaillisse tout le reste de la terre, qui a assis sur elle toute la terre, et qui en a fait « le nombril du monde », son « principe vital », sa « source de vie [146] ». C'est pourquoi Erets-Israël demeure, depuis sa constitution en Pays d'Israël, « au milieu de la terre », au « centre » des préoccupations spirituelles de toute l'humanité [147].

Israël et Erets-Israël, réunis, élaborent ensemble une manière de vivre la Tora et d'appliquer les mitsvot dont sont appelés à bénéficier tous les autres hommes et tous les autres peuples de la terre [148].

Hommes, sociétés et États sont invités à se rapprocher d'Israël et d'Erets-Israël pour s'y découvrir eux-mêmes, en ce qu'ils ont encore de spirituel, pour s'y retrouver, en ce qu'ils ont encore de divin, et pour revaloriser, pour libérer, ces éléments saints, originels, qu'ils ont dénaturés et étouffés en eux-mêmes [149]. Hommes et peuples sont conviés à discerner en Israël et en Erets-Israël leur propre être dans son authenticité. Car Israël est, selon l'expression du Maharal, Rabbi Yehouda Löw de Prague (XVIe siècle), *HaAdam ChéBeAdam*, « l'homme dans l'homme » – Israël est l'*Adam*, est « l'Homme » *Bo Mekoupal Kol HaAdam*, celui « en qui est enfermé tout l'homme », en qui est enfermé tout homme ; en qui se trouve cachée « la racine » de tout peuple, ajoutera Rabbi Yehouda Arié Leib de Gour (XIXe siècle) ; Erets-Israël, que les sages d'Israël appellent *Tével*, « le monde » tout court, *Metoubelet BaKol*, « est assaisonné de tout » ce qui se trouve dans le monde [150].

Sous l'influence de la Tora qu'ils viennent chercher auprès d'Israël en Erets-Israël, car elle en est issue, dans sa plénitude vécue et accomplie, les hommes et les peuples libèrent leur propre âme de la prison où ils l'ont enfermée, et la relient avec sa source divine [151]. Car la nature de ces trois facteurs qu'ils viennent interroger, Tora, Israël et Erets-Israël, est déjà surnaturelle ; elle est divine ; elle est sainte, distincte, s'élève au-dessus de la nature, tout en la pénétrant et en la transfigurant ; elle est sainte, parce qu'elle est reliée au principe transcendant, supra-spatial et supra-temporel, de la sainteté divine. Dans leur vocation terrestre, ces trois facteurs, interdépendants, aident l'homme qui les interroge à accorder sa raison, une fois éclairée sur ce qu'elle est en son essence et sur ce qu'elle doit être dans sa destination, avec la Raison divine, prête à l'alimenter[152].

L'authenticité de la Tora d'Israël ne peut s'affirmer qu'en Erets-Israël

La complémentarité organique, allant jusqu'à l'identité, de la Tora et d'Israël ne peut naître et se développer qu'en Erets-Israël[153]. L'authenticité créatrice de la Tora ne peut s'affirmer qu'en Erets-Israël et ne peut s'imposer au monde et se répandre dans le monde que d'Erets-Israël[154].

Les mitsvot que la Tora contient sont prescrites à Israël pour qu'il les accomplisse en Erets-Israël[155]. L'initiative de l'exécution de certaines mitsvot, et parmi les plus importantes, incombe directement à l'État d'Israël, à ses organismes dûment constitués[156]. À Erets-Israël même, au Pays d'Israël comme tel, sont prescrites, tout comme au Peuple d'Israël, des mitsvot particulières, *Mitsvot HaTelouyot BaArets*, mitsvot qui dépendent du Pays ; celles-ci constituent *Hovat Karka*, « le devoir du Pays[157] ». Pour leur observance, Israël (Israël à titre individuel et Israël à titre collectif : chacun d'eux et les deux ensemble sont appelés d'un seul nom : Israël) est convié à coopérer avec le Pays. Et le Pays, en tant que tel, fécond et « habité », ne subsistera qu'aussi longtemps que ces mitsvot seront observées[158].

Dieu exige du Pays l'observance de mitsvot, car le Pays lui-même, tout comme le Peuple, a sa personnalité propre[159] ; il a donc des rapports avec Dieu, avec son Maître, qui l'aime, qui le nourrit, « qui lui envoie la pluie en temps utile[160] », et qui lui demande fidélité. Le « Pays » est en mesure de répondre à ces exigences, à ces appels car il est *Erets*, « terre », « pays », « État », qui « désire » : *rotsa*, qui « court » même : *ratsa*, à la rencontre de l'Ami, « afin d'accomplir la volonté du *Makom*, du « Lieu », c'est-à-dire de Dieu[161].

Dieu se nomme Makom, « Lieu », en s'identifiant avec « le lieu » qu'est Erets-Israël

En effet, Dieu assume le Nom de *Makom*[162], de « Lieu », pour montrer que, non seulement Il entretient des rapports spécifiques avec Erets-Israël, avec ce Lieu, avec ce *Makom* qu'Il assigne à Israël[163], qu'Il « choisit[164] » tout comme Il choisit Israël, mais Il se nomme Lui-même *Makom*, « Lieu », parce qu'Il s'identifie Lui-même avec le *makom*, avec le « lieu », qu'est Erets-Israël. Dieu, Lui-même, l'Insaisissable, l'Immatériel, qui transcende l'espace, « qui contient en Lui tout l'univers », car Il est *Mekomo chel olam*[165], se « concentre » en Erets-Israël[166], y devient Lui-même : *Makom*. Dieu, le *Makom*, se révèle surtout en Erets-Israël, au « Lieu » où Il réside davantage[167], où Ses « regards pénètrent[168] » en profondeur.

Erets-Israël est le *makom*, est le « lieu » où l'on est à même, si l'on veut, de saisir, directement et immédiatement, la « Présence immanente de Dieu », la *Che'hina*, à condition qu'Israël y vive pleinement, y « habite », y soit « installé », « s'y occupe de la Tora[169]. Car la *Che'hina* habite les hommes, agissant dans le temps ; elle n'habite pas l'espace, séparé du temps humain. La *Che'hina* habite un espace grâce aux hommes qui y habitent, étant dignes « de recevoir le visage de la *Che'hina* ». Elle « *réside* parmi *eux* »[170], c'est-à-dire parmi les enfants d'Israël, qui, « habitant Erets-Israël, sont en mesure », d'une manière effective, « de travailler », « d'accomplir les mitsvot », « d'édifier », en même temps et au même endroit, un « sanctuaire divin » et une maison humaine[171].

C'est à son retour en Erets-Israël, que Jacob reçoit le nom d'Israël

Ainsi, Dieu établit Sa demeure en Israël. Ce peuple a plus que l'avantage de constituer un *maon*, une « demeure » pour la *Che'hina*. « En habitant Erets-Israël » et en y acceptant « le joug du Royaume des cieux », Israël s'identifie à la *Che'hina*, à la *Mal'hout*, à la « Royauté divine ». Celle-ci, se réalisant dans l'univers humain d'Israël, s'identifie à la Royauté d'Israël (qui, elle, s'intègre dans la Royauté divine, s'anéantit devant Elle)[172]. Alors la *Che'hina* adopte le nom même de *Knesset Yisraël*, le nom de « Communauté d'Israël »[173].

Dieu séjourne en Israël, car, habitant Erets-Israël, Israël vit en la Tora et selon les mitsvot[174].

« Le nom de Dieu se sanctifie » grâce à Israël : Israël, ayant reçu sa sainteté de la part de Dieu, la concrétise par l'observance des mitsvot et la retourne, « ainsi renforcée », à Dieu[175].

La sainteté d'Israël et la sainteté de Dieu se rejoignent, se retrouvent, se confirment mutuellement ; elles vont jusqu'à se confondre.

C'est à son retour en Erets-Israël, que Jacob reçoit le nom d'Israël : c'est là qu'« il voit l'Être divin face à face[176] ».

Le Nom divin EL, que Dieu a placé « singulièrement » dans le nom d'Israël, s'étend grâce à la Tora qu'Israël vit et aux mitsvot qu'Israël accomplit en Erets-Israël. Le Nom divin remplit tout le nom d'Israël[177], tout le nom de Yehouda[178] : Il le couvre complètement, Il le dépasse même : Yehossef[179]. Grâce à Israël, installé en Erets-Israël, le Nom de Dieu atteint à Son « intégrité », vainc tous Ses détracteurs[180], et reflète enfin la réalisation de l'intention que Dieu eut lorsqu'Il créa le monde, *BeHiBaream* : voir ce dernier instaurer chez lui le « règne » de Dieu, voir ce dernier faire descendre chez lui « le Royaume des cieux », et « unifier » ainsi les deux règnes, terrestre et céleste, en un seul[181]. « En ce jour, Dieu est un et Son nom est un[182]. » Dieu se réalise dans l'acceptation de Son nom, de Son règne, de Sa volonté, par les hommes dont Israël est l'essence, par les peuples dont Israël est le cœur, par les pays dont Erets-Israël est le centre.

Pour avoir négligé la Tora, le peuple d'Israël est forcé de quitter temporairement Erets-Israël ; néanmoins, il n'en est point dépossédé

Israël en Erets-Israël s'identifie à Dieu, car il y identifie comme nulle part ailleurs sa volonté à la Volonté de Dieu. Et, en réponse, Dieu s'identifie avec Israël en identifiant le Nom de la *Che'hina* avec le nom de la *Knesset Yisraël*[183]

Mais lorsque Israël en Erets-Israël « abandonne la Tora[184] », c'est-à-dire relâche le lien de causalité et de finalité[185] qui l'unit au Pays, ce dernier se détache de son Peuple[186]. Israël est alors forcé d'abandonner Erets-Israël. Néanmoins, il n'y renonce point[187] ; il ne s'en sépare point[188] (car les relations d'Israël avec Erets-Israël sont d'abord de l'ordre de l'essence intérieure, avant d'être de l'ordre juridique extérieur ; et même selon le droit : « la terre ne saurait jamais être enlevée à son propriétaire[189] » ; il n'en est point dépossédé (car Dieu, en punissant Israël, ne lui retire jamais les droits sur le pays[190] qu'Il lui avait donné à perpétuité[191], mais Il l'en exile seulement pour qu'il y retourne purifié[192]). D'ailleurs, Israël ne peut point se désister d'Erets-Israël, car on ne renonce pas à un engagement humain et à une promesse divine[193], on ne se départit pas d'un héritage humain et d'un don divin[194]. En effet, Erets-Israël relève de ces catégories de l'histoire juive, qui sont à la fois imposées « par la main forte » divine et accordées « par la grâce » divine au peuple juif[195], qui sont à la fois léguées par les pères et rachetées par les enfants, qui sont à la fois transmises par les pères et renouvelées par les enfants[196].

De plus, même s'il le voulait, Israël ne se délivrerait pas de ses liens avec Erets-Israël, car « il ne trouvera pas de repos parmi les peuples [197] ». De même qu'Israël ne parviendra pas, même dans la Gola, comme au temps d'Ezéchiel, à « être comme tous les autres peuples » ou à s'affranchir du joug de la Tora, il n'arrivera pas à se délivrer des « cordes d'amour » qui l'attachent à Erets-Israël [198].

Israël reste à tout jamais le titulaire humain d'Erets-Israël ; son droit historique sur sa terre n'a jamais été prescrit. Israël demeure à tout jamais le propriétaire humain du Pays qui appartient à Dieu [199], et qu'Il a irrévocablement accordé à Son peuple.

Aussi Israël fait-il valoir ces droits sans cesse [200]. Même après la destruction de leur État, qui aboutit à la destruction du Temple de Jérusalem [201], des enfants d'Israël, des communautés juives organisées, persistent en Erets-Israël, au prix des plus âpres épreuves : ils y impriment opiniâtrement la présence physique ininterrompue d'Israël. Et quant à Erets-Israël, elle imprime puissamment sa présence spirituelle dans le cœur brisé d'un Israël disséminé parmi les peuples. Celui-ci ne l'oublie pas ; bien plus, il y est attaché avec plus de ferveur encore qu'auparavant [202]. Le Pays, lui, répond à cette fidélité du Peuple. Erets-Israël, dépouillée de sa gloire, privée de sa verdure, revêt ses habits de veuvage [203] ; mais elle montre, par son état même de délaissement, par son état « désertique », que pour elle Israël est bien vivant [204], que sa séparation d'avec lui n'est que temporaire. La preuve : Erets-Israël ne se résigne pas à son veuvage et ne célèbre pas d'épousailles avec un autre qu'Israël ; Erets-Israël est une veuve qui ne permet pas aux autres peuples de la rendre fertile [205] ; opiniâtrement « aride », elle attend son époux, provisoirement éloigné d'elle [206], mais qui ne l'a point répudiée [a]. Erets-Israël vit dans le cœur d'Israël, car Erets-Israël est l'« épouse de sa jeunesse ». Erets-Israël n'a pas échangé Israël contre un autre peuple ; Israël n'a pas échangé Erets-Israël contre un autre pays [b]. Israël et Erets-Israël restent donc

---

a. Confirmation éclatante de ce lien indestructible, parce qu'essentiel, entre Israël et Erets-Israël, et exemple unique dans l'histoire de l'humanité : après la destruction du second Temple de Jérusalem, Israël vit, pendant presque deux millénaires, en tant que peuple, dans l'attente de rejoindre Erets-Israël, en tant que Pays d'Israël. Après une interruption presque deux fois millénaire de l'exercice de ses droits formels de souveraineté politique sur Erets-Israël, Israël revendique, à la fin du XIXe siècle, la reconnaissance, par les nations du monde, de ses droits bibliques inaliénables sur ce pays ; il rentre, en tant qu'entité nationale, dans ce pays, fertilise sa terre, rebâtit ses villes, et exige, au XXe siècle, que les nations du monde prennent acte de cette œuvre de reconstruction nationale et qu'elles confirment la restauration de l'État juif.

b. Confirmation indéniable de la fidélité d'Israël à l'égard d'Erets-Israël : l'échec, au XIXe et au XXe siècle, des différentes tentatives de donner au « problème juif » une solution « territorialiste » en dehors d'Erets-Israël. Ainsi, l'essai

indissolublement unis l'un à l'autre [207], car ils restent, tous les deux, unis à Dieu [208]. Or, Dieu n'a pas échangé Son peuple contre un autre [209] et Il n'échange pas Son pays contre un autre, Dieu reste avec Son peuple « en détresse [210] » et Il reste avec Son pays « désertique » [211]. Dieu s'exile avec Son peuple : Sa « *Che'hina* est dans la Gola [212] » ; Sa sainteté « réside au milieu de la souillure [213] ». Mais Dieu marque aussi Sa présence particulière dans une Erets-Israël en désolation [214], et surtout dans une Jérusalem « en ruine », qui demeure « debout dans sa sainteté », *BiKdouchatam Eim Omdim*, et d'où la « *Che'hina* ne bouge point [215] » ; Erets-Israël dévastée garde sa sainteté, qui est de l'ordre de l'« éternité » : *Kedouchat Olamim*.

L'abandon d'Erets-Israël n'est donc pas un véritable abandon, ni de la part d'Israël ni de la part de Dieu. Si Israël a été contraint, en tant que nation, d'abandonner Erets-Israël, c'est parce qu'il y a négligé la Tora et l'observance de ses mitsvot [216]. Pourtant, Israël n'abandonne pas son Dieu [217]. Pour qu'Israël puisse rester en Erets-Israël, Dieu s'était exclamé, avant qu'Israël n'aille en exil : « J'aurais préféré qu'Israël M'eût abandonné Moi, et eût gardé Ma Tora [218] ! » Car, s'il s'était conduit ainsi, Israël aurait gardé pleinement son Dieu [219]. En vérité, « en habitant Erets-Israël », en y vivant dans la Tora et selon les mitsvot, Israël « ressemble à quelqu'un qui a son Dieu ». Par contre, « en habitant en dehors du Pays », en *Houts LaArets*, même en vivant dans la Tora et en observant les mitsvot, Israël « ressemble à quelqu'un qui n'a pas son Dieu [220] ».

En Exil, Israël fait l'apprentissage douloureux de la Tora et des mitsvot

Dieu n'est vraiment Dieu que lorsque Israël est entièrement « Son témoin [221] », lorsque Israël vit dans la Tora et selon les mitsvot en Erets-Israël [222]. La Gola, la Dispersion, défigure la Tora et dénature les mitsvot ; l'application de celles-ci s'y trouve entravée à cause de l'influence maléfique qu'un milieu qui « ne garde pas les mitsvot »,

---

du philanthrope juif, le baron Hirsch, de faire installer en Argentine des juifs déshérités, en tant que groupe national, agricole, n'a pas réussi. Le Septième Congrès sioniste mondial a refusé d'accepter l'offre de la Grande-Bretagne de créer en Ouganda une entité nationale étatique juive, même pour les juifs fuyant la misère et la persécution. La population juive de l'Union soviétique a résisté, dans son ensemble, à la pression exercée sur elle par les autorités de ce pays, afin de constituer une région autonome juive, en Biro-Bidjan, territoire de l'URSS, situé à la frontière de la Chine du Nord-Est.

qui ne vit pas sous l'autorité du Dieu de la Tora, exerce sur elle. Malgré lui, Israël sert dans la Diaspora des « divinités étrangères [223] ».

Et pourtant, c'est dans l'Exil, dans une nouvelle Égypte, dans une Babylone [224] qu'Israël fait le préapprentissage douloureux de la Tora et des mitsvot [225], afin de se rendre digne de regagner Erets-Israël, de recouvrer sa souveraineté sur Erets-Israël. Certes, la fidélité du Pays à l'égard du Peuple est indéfectible : Erets-Israël attend le retour d'Israël, mais à condition que celui-ci revienne muni des preuves de sa dévotion à la Tora et aux mitsvot, qu'il a négligées jadis et, par conséquent, de son dévouement au Pays, lieu d'accomplissement parfait de la Tora et des mitsvot. Car, affirme le Sifreï, et Nahmanide (XIIIe siècle) insiste là-dessus, si les juifs sont tenus d'observer les mitsvot également en dehors d'Erets-Israël, c'est pour qu'ils ne les oublient pas et sachent, le jour venu, les appliquer en Terre sainte ; c'est pour qu'ils se préparent, grâce à la pratique préliminaire des mitsvot, à les accomplir dans leur intégrité d'intention et leur plénitude d'action, en Erets-Israël [226]. Les mitsvot elles-mêmes, quoique mises en application d'une manière imparfaite et insuffisante dans la Gola [227], forgent l'âme des juifs, en sorte qu'ils aient la force de s'attaquer à une prescription primordiale, celle du *Yichouv Erets-Yisraël*, à la mitsva du repeuplement, de la reconstruction, de l'aménagement d'Erets-Israël [228]. La mitsva de *Yechivat Erets-Yisraël*, d'« habiter Erets-Israël », à elle seule « équivaut à toutes les autres mitsvot » [229]. Il y a des circonstances historiques où la mitsva de *Yichouv Erets-Yisraël* constitue la préoccupation principale des juifs ; une concentration particulière sur cette mitsva peut même provoquer un relâchement dans l'observation des autres mitsvot [230]. Il y a des moments historiques où cette mitsva prédomine sur les autres [231], afin que ces dernières puissent ensuite parvenir à leur éclosion totale. Accomplie avec ferveur et abnégation, cette mitsva de *Yichouv Erets-Yisraël* favorise la réconciliation d'Israël avec Erets-Israël, comme elle apporte la réponse, ardente et concrète, du Peuple à l'attente du Pays.

En accueillant Israël, nanti de la mitsva de *Yichouv Erets-Yisraël*, le Pays, *l'Erets*, s'apprête à accueillir Dieu, à saluer la *Che'hina*, dans Son « intégralité », en Sa résidence, à Sion. Car, en se consacrant avec amour à la réussite de la mitsva de *Yichouv Erets-Yisraël*, Israël ouvre la voie au triomphe de toutes les autres mitsvot, étroitement liées à la première, en Erets-Israël. Et, en conséquence, Israël prépare la voie à la rentrée glorieuse de Dieu dans Sa cité terrestre. C'est seulement lorsque la Cité terrestre, « la Jérusalem d'en bas », aura été rebâtie par les hommes, par Israël, que Dieu « regagnera » la Cité céleste, cosmique, « la Jérusalem d'en haut » [232], « Jérusalem, métropole du monde »[233]. La reconstruction matérielle, et par la suite spirituelle, d'Erets-Israël par Israël constitue la condition préliminaire de la rentrée glorieuse de Dieu dans le monde entier, « dans le monde qu'Il a créé selon Sa volonté », mais d'où les hommes ont osé L'éliminer par leurs péchés et ont osé « repousser les pieds de la *Che'hina* »[234]. La présence de la *Che'hina* dans une Erets-Israël dévastée et les étincelles de la *Che'hina* dispersées dans la Gola au cours des pérégrinations d'Israël « s'unifieront », « se compléteront »[235], pour former l'Unité de Dieu et faire entendre dans le monde entier le Nom majestueux de Dieu, le seul Vrai[236].

Dans la Diaspora, les juifs appliquent les mitsvot dans un autre but encore : il faut que les non-juifs puissent se représenter ce qu'est la Tora, faire l'apprentissage des mitsvot élémentaires, se représenter ce que seront les mitsvot lorsque Israël les accomplira en Erets-Israël[237]. Car Erets-Israël est bien le seul pays au monde où la Tora est la Tora, où la Tora est une Tora comprise et appliquée, une Tora traduite dans le langage clair et concret des mitsvot[238] : « Il n'y a pas de Tora comme la Tora d'Erets-Israël[239]. »

Dans le Pays d'Israël, Dieu est Dieu grâce à l'exécution de Sa volonté révélée dans la Tora[240]. Le Pays d'Israël est le seul pays au monde où le Dieu de la Tora est le « Dieu du Pays », le « Dieu de la Terre », *Elokei HaArets*[241], en attendant que de là-bas Il étende Sa royauté à *toute* la terre, *Al Col HaArets*[242].

La « racine » de tout être réside dans le nom qu'il porte

Voilà donc les constantes de la vie juive dans leur dynamique propre : Dieu, Tora, Israël et Erets-Israël. Dieu s'accomplit dans la Tora ; Israël s'accomplit dans Erets-Israël. Dieu se réalise, devient authentique pour les hommes, dans la Tora ; Israël se réalise, devient authentique, tout d'abord pour lui-même, et ensuite pour les hommes et les peuples, en Erets-Israël. Pour le monde, Dieu réalisé est la Tora dans sa réalisation ; pour le monde, Israël réalisé est Erets-Israël dans sa réalisation.

La dynamique de ces constantes, leur *merkava*[243], leur « char », procède d'une statique, d'un état originel de « repos »[244], de *menou'ha*, de « présent », de *hové* ; elle s'engage dans les méandres changeants, successifs, du temps, du devenir, de la *hithavout*, tout en aspirant à « retourner » à la stabilité de son point de départ, à la *menou'ha*.

L'authenticité de l'être, la « racine » de l'être, de tout être, réside dans le nom qu'il porte[245] ; elle cherche à se manifester ; elle se fraye un chemin et surgit dans l'agitation du monde extérieur ; mais elle espère néanmoins en sortir en paix, renforcée dans sa « plénitude », affermie dans son « intégrité » ; elle tend, sans cesse, à rejoindre son « point intérieur ».

Ainsi, l'histoire d'un nom illustre l'histoire d'un être [246]. Originellement, ce dernier reçoit le nom qui répond à son âme, qui doit correspondre à la tâche qui lui est assignée dans ce monde. Mais le nom « radical », initial, ne se fait connaître, à lui-même et au monde qui l'environne, que dans la mesure où son porteur virtuel le mérite : l'être se purifie dans le feu de l'épreuve, il s'y transforme en s'enrichissant, il s'y parachève en se fortifiant, pour acquérir enfin son nom vrai et complet. Ce dernier, qui paraît nouveau, n'est que le nom caché au plus profond de l'être ; sorti de son statisme, il se découvre au monde dans son dynamisme, dans l'authenticité de sa personnalité, dans le plein exercice de sa vocation [247].

La Bible et le Talmud nous en offrent des exemples éloquents ; ils nous invitent, directement et indirectement, à interpréter les noms, à rechercher leur racine, à déceler leur sens, en d'autres termes à nous pencher sur leur histoire [248]. Car, à dire vrai, l'histoire de l'homme est l'histoire de son nom. Aussi les stades historiques de l'humanité se définissent-ils selon les noms de l'homme qui les caractérise ; *adam, guéver, enoche, iche*, leur dominante est de nature biologique ou d'ordre spirituel [249] ; ces noms expriment ou l'ambition de leur porteur de « ressembler » au monde supérieur, divin, *adamé leElyone* [250], de s'élever jusqu'à lui, ou sa tendance à s'abaisser jusqu'au monde inférieur, animal, édomite, de « cendres », de « sang » et de « bile », en s'abandonnant à lui : *adam : eifer, dam, mara* [251].

L'homme est donc à même de forger ou de détruire son nom [252]. Sa vocation est de donner des noms, à tout être, à la société où il vit, à lui-même et même à Dieu... [253] Car c'est le Créateur qui a doué l'homme de cette redoutable capacité, la faculté de donner des noms [254]. Il a ainsi gratifié l'homme du pouvoir clairvoyant [255] qui le rend apte à s'administrer lui-même et à administrer le monde [256], à influer sur le destin du monde et même, jusqu'à un certain point, sur celui de Dieu en ce monde [257].

Mais l'homme peut user à sa guise des dons de Dieu. L'homme peut aussi perdre la faculté que le Créateur lui a accordée de voir clairement et, en conséquence, d'agir droitement [258] ; il peut, par son comportement, obscurcir sa vue et fausser son action. Alors, son nom s'assombrit et se vide de son contenu initial [259], se dépouille de ses potentialités originelles [260]. Par contre, si l'homme reste maître de son jugement et dispose intelligemment de son cœur, s'il réussit dans sa démarche, il appelle à la vie son nom originel, il actualise son contenu initial, il le rend à nouveau original et efficace[261]. Dieu confirme cet homme dans sa position privilégiée d'être qui « se donne lui-même son propre nom »[262]. Cet homme « mérite » son nom ; Dieu confirme celui-ci, en le « fixant comme nom nouveau », ce qui signifie, en le révélant dans la plénitude[263] qui le conçut et à laquelle il fut destiné[264]. Alors, Dieu joint Son nom à celui de l'homme[265]. Il lie ainsi Son action à celle de l'homme. Dieu s'associe à l'homme ; Il coopère avec celui-ci[266]. L'histoire de l'homme devient l'histoire de son nom en union avec le nom de Dieu[267]. L'histoire d'Abraham et d'Israël en est le paradigme. En collaborant avec Dieu, l'homme, fait par son Créateur, « se fait lui-même », se crée lui-même, fait jaillir son propre être dans toute son authenticité. En collaborant avec Dieu, l'homme, qui a obtenu la Tora de Dieu, « fait lui-même la Tora[268] ». Cet homme reçoit, par conséquent, son nom vrai et complet, qui vient attester la vérité et la plénitude de son être[269]. En recevant son nom de la part de Dieu, l'homme, à son tour, « attribue » à son Dieu le nom qui Lui convient[270] ; il atteste ainsi, chaque fois à nouveau, « l'action » de Dieu, et Dieu, en récompense, dit de cet homme qu'il est « comme s'il L'avait fait[271] » !

La rencontre des noms humain et divin marque donc la complémentarité de l'action humaine et de l'action divine[272]. Dieu couronne le mérite de l'homme : en confirmant son nom[273], Il le confirme, comme Il l'a fait à propos de Jacob, comme gouverneur de ce monde[274] ; l'homme, en « proclamant le nom de Dieu », investit son Créateur de Sa « royauté » en ce monde[275].

Dieu place expressément Son nom en celui d'Israël. Leur nom commun révèle la communauté de leur identité historique

Nous avons déjà vu que c'était Dieu Lui-même qui apprenait à Israël à mettre en mouvement, en action, en pratique, son propre nom. Dieu lui en offre l'exemple. En donnant la Tora à Israël, Dieu devient dans Son nom même la Tora : Il s'appelle *Ra'hmana*[276]. Et la Tora, venant de Dieu, devient dans son nom même Dieu, elle s'appelle *Ra'hmana*. Ra'hmana, « Dieu est bon », parce que Son enseignement nous fait devenir bons.

Le Zohar peut donc affirmer : « Dieu, la Tora et Israël constituent une unité[277] ! »

Israël mérite d'être appelé par le nom de Dieu, car Dieu se plaît à être appelé par le nom d'Israël[278]. Déjà, « Jacob fut appelé EL[279] ».

Israël, dans lequel Dieu place expressément Son nom, Le reflète dans le monde[280].

Jacob est unique[281] ; car c'est lui seul que Dieu, l'Unique, « le Maître », « le Dieu du monde », « le Dieu de toute chair », « a singularisé » parmi « ceux qu'Il a envoyés dans ce monde » : il a associé Son nom au sien[282].

Dieu proclame ainsi qu'Il est en rapport direct, personnel, avec Jacob ; Il montre qu'Il le tient « suspendu » à Lui ; Il lui a confié une « clé » pour qu'il parvienne à Lui[283]. Plus encore : Il dévoile Son identité divine dans l'identité d'Israël, « qui est droit », dans l'identité de *Yechouroun*. *Ka-EL Yechouroun* : « Yechouroun est comme Dieu[284] ! »

« Dieu a associé Son grand nom à celui d'Israël. » Il l'y a placé[285]. Il s'est lié à Israël par Son nom. « Ce fait rappelle celui d'un roi qui avait une petite clé lui ouvrant un trésor. Le roi se dit : – Si je laisse la clé comme elle est, elle pourrait se perdre. Je l'attacherai à une chaînette. Il fit donc faire une chaînette et l'y attacha. – Si la clé se perd, pensa-t-il, on la reconnaîtra à la chaînette, à laquelle elle est liée... »

« C'est ainsi que dit le Saint, béni soit-Il : – Si je laisse Israël comme il est, il risque d'être englouti par les nations du monde. Pour éviter cela, Je mets Mon nom en lui. Je l'associe au sien ; et il vivra[286]... »

Jacob devient donc Israël.

Jacob, dans son action terrestre, s'élève ainsi au degré d'Israël, capable d'une action supra-terrestre, sur la terre même[287]. Dans son action historique, Israël ne cesse pourtant pas d'être appelé aussi Jacob[288]. L'échelle de celui-ci atteint les cieux ; elle ne quitte toutefois pas la terre ; elle reste plantée en terre. Jacob le terrestre est le même qu'Israël le céleste. Il est un, luttant sur la terre et aspirant aux cieux[289].

C'est pourquoi Jacob devint Israël[290].

Car, pour y arriver, Jacob a dû « observer toutes les mitsvot », dans un monde brutal, dans un milieu hostile, et, grâce à elles, se rapprocher de Dieu, s'attacher à Lui[291] ; Israël a dû vouloir « vivre à la lumière du Roi », ce qui veut dire vivre « à la lumière de la Tora »[292]. Toutefois, la lumière de Dieu risque d'aveugler l'homme ici-bas et la lumière de la « Tora des cieux » risque d'éblouir l'homme sur la terre[293]. C'est pourquoi l'homme juif se rattache aux mitsvot de la Tora, pour les appliquer dans le monde matériel où il vit. Dans leurs « racines », ces mitsvot sont des « lumières divines » (reflets de la lumière de Dieu), appelées à être revêtues[294], par l'action humaine, de faits matériels en ce monde. En se rattachant aux mitsvot, l'homme juif se relie à leurs « racines » et s'attache ainsi à Dieu[295]...

Israël porte le nom d'Erets-Israël ; et Erets-Israël porte le nom d'Israël

L'attachement d'Israël à son Dieu passe donc par l'action. Où ? Surtout en un lieu de la terre, qui, comme Israël parmi les peuples, est saint par son origine et par sa destination ; mais qu'Israël est obligé de sanctifier par l'action qu'il y déploie en harmonie avec l'action de Dieu. Israël parvient ainsi à s'identifier à ce « lieu » (auquel Dieu s'est déjà identifié, en assumant le Nom de Makom) et à porter son nom[296].

Israël porte le nom d'Erets-Israël ; et Erets-Israël porte le nom d'Israël[297].

« Et tous les peuples vous féliciteront, car vous serez, vous, une terre de délices, dit l'Éternel-Cebaot. » Par la bouche du prophète Malachie, Dieu appelle Israël : *Erets Heifets*, « pays de délices », pays de Son « désir »[298], car Il aime à la fois Israël et Erets-Israël. Tous les deux, Il les a « choisis », parce qu'Il a une prédilection pour eux, Il désire les conserver : ils Lui appartiennent donc exclusivement[299]. C'est pourquoi lorsque Dieu donne Erets-Israël à Israël, Il proclame : « J'offre ce qui M'appartient à celui qui M'appartient », *Cheli Le Cheli*[300] ! Mais si Dieu appelle Israël « pays de délices », c'est aussi parce que le peuple et le pays se réclament en même temps de Dieu, donc de Son nom, de Sa Tora ; ils s'efforcent d'être dignes de leur Maître, de leur Propriétaire, de leur Inspirateur, de leur Législateur ; ils visent à faire d'eux-mêmes un Peuple-Pays « de délices », de la Prophétie et de la Loi, de la Foi et de la Science, par l'intermédiaire duquel « le Nom des Cieux se fait aimer » dans le monde[301] ; et ils parviennent, en effet, à ce que tous les peuples les en félicitent.

Yisraël nikra erets, « Israël est appelé terre », proclame le Midrache[302]. Israël est nommé Erets-Israël, Terre, où il peut se réaliser en réalisant, dans l'espace et le temps, les mitsvot de la Tora de Dieu.

VeLémor LeTsione Ami Ata : « Dis à Sion, s'exclame Dieu, tu es Mon peuple ! » « De ce » verset du Livre d'Isaïe[303], le Zohar « tire l'enseignement qu'Israël est appelé Sion » : *Yisraël Ikra Bichma De-Tsione*, et il ajoute : *Lemiavei Choutafa Imi*, « pour qu'il soit *Mon* associé », déclare Dieu. S'adressant à Israël, Dieu appelle ce dernier *Ami*, « Mon peuple », et Il l'invite à venir à Lui, en lui disant : sois *Imi*, sois « avec Moi » : sois Mon associé[304] !

Conception du peuple, à partir de la conception du peuple d'Israël

En outre, en nous livrant cette pensée significative sur l'identité de noms, et donc de fonctions, de tâches, d'Israël et d'Erets-Israël, le Zohar nous fait connaître sa conception du peuple, de tout peuple, à travers sa conception du peuple d'Israël. Car, nous l'avons déjà dit, Israël est le principe, le prototype du peuple, ainsi qu'il est le principe, le prototype de l'homme [305], quoique l'un et l'autre, Israël et Adam, ne soient pas, chronologiquement, les premiers dans l'ordre des créatures et des peuples. (Car tout ce qui est parfait arrive plus tard, arrive même à la fin : Adam, au terme de la création ; Israël, après que les autres peuples se furent constitués ; la Tora, vingt-six générations après la création du monde ; le Messie, à la fin des temps [306] !)

Pour traduire sa conception du peuple, pour formuler sa philosophie du terme hébreu *Am*, qui veut dire « peuple », le Zohar nous propose une interprétation audacieuse du verset d'Isaïe (51,16) mentionné ci-dessus, en s'arrêtant sur le mot *Ami*, « Mon peuple », et en nous exhortant de la manière suivante : *Al Tikrei Ami Ela Imi*, « ne lis pas, dans ce texte du prophète, le mot *Ami*, mais (lis-le) *Imi* » ; c'est-à-dire ne lis pas : « Mon peuple », mais lis : « avec Moi » !

Cependant, en nous autorisant, en nous invitant même, à opérer un léger changement de ponctuation sous le mot qui n'est composé que de trois lettres, *Ami*, le Zohar n'ose pas, et ne pense même pas, supprimer le point-voyelle original, *a*, en le remplaçant par le point-voyelle *i*. Tout au contraire, respectueux de la ponctuation massorétique, traditionnelle, qu'il trouve dans le texte d'Isaïe, le Zohar non seulement la maintient, mais la renforce [307], en la conviant à accepter une ponctuation-sœur. Car, dans son optique, cette dernière met en évidence la signification complète du mot *Ami*. En lisant ce verset d'Isaïe, les maîtres du Zohar entendent Dieu, qui s'adresse à Israël, s'écrier : pour être un « peuple », un *Am*, il faut être « Mon peuple », *Ami*, c'est-à-dire il faut être « avec Moi », *Imi* [308].

Am vient d'*Im* et aboutit à *Amit* [309] ; « peuple » vient d'« avec » et aboutit à « ami ». Or, il n'y a qu'un seul « avec » qui soit valable ; il n'y a qu'un seul « ami » qui soit sincère ; il n'y a qu'un seul « associé » qui soit sûr : c'est l'Éternel [310]. Il n'y a qu'un seul « avec » qui puisse nous « conseiller », qui puisse nous « enseigner » comment agir pour que nos actions soient justes, « droites », et nous rendent capables de vivre en tant que peuple avec Dieu, en tant qu'« Israël », de vivre en peuple « droit », *yechouron*, en peuple de Dieu : c'est la Tora. Car la

Tora reflète le conseil « lointain » de Dieu et nous procure les conseils immédiats des mitsvot[311].

Il n'y a donc qu'un seul « avec » qui soit en mesure de nous apprendre comment vivre avec l'autre, proche ou lointain, qu'il soit individu ou collectivité et qu'il devienne, grâce à notre contact avec lui, personnalité ou communauté : c'est Dieu. En vivant avec Lui, en Le craignant, en « apprenant à Le craindre », nous apprenons à n'appréhender personne, à vivre « en paix avec celui qui est lointain comme avec celui qui est proche », et même à aimer notre prochain, car c'est Dieu qui s'approche de nous, qui se place entre nous pour nous rapprocher l'un de l'autre, qui nous interpelle et nous écoute parler l'un à l'autre. Cet autre est pour nous plus qu'un *réa*, qui se trouve en face de nous et qui se « lie » à nous, « s'associe » avec nous et « s'entend » avec nous (mais qui est aussi susceptible de changer d'attitude et d'adopter à notre égard celle d'un *ra*, d'un « méchant »[312] !) : il devient pour nous un *amit*, qui s'identifie dans sa racine, *im*, « avec » nous, qui reste avec nous et nous complète[313]. « Ne vous lésez point l'un l'autre, *amito*, mais crains ton Dieu ! car Je suis l'Éternel votre Dieu. Exécutez Mes édits, observez et pratiquez Mes lois, et vous demeurerez dans le *pays* en sécurité. »

C'est ainsi qu'Israël est aussi bien l'homme de Dieu que le peuple de Dieu, car il accepte d'être avec Lui. Il accueille Son amitié, il s'ouvre à Sa proximité, il agrée Sa compagnie, il approuve Sa direction, pour Le suivre dans la voie qu'Il lui indique, et pour marcher à la lumière de la Tora[314].

À l'instar d'Israël, chaque peuple peut devenir un peuple de Dieu

Israël s'est vu confier par Dieu la tâche de « garder Ses vignes »[315] ; il a charge du Trône divin, du *Kissé HaChème*, que le Roi a installé sur les hauteurs de Jérusalem, au centre de Son palais, c'est-à-dire au milieu d'Erets-Israël, Pays qui, lui-même, est au cœur du « monde habité »[316]. Combien grande est donc la responsabilité de ce gardien du patrimoine divin ! Car, en effet, c'est « de Sion, ce centre de beauté, que l'Éternel rayonne » ; c'est de cet endroit « élevé » qu'on peut « voir partout dans le monde la Royauté de Dieu »[317] !

Et pourtant, tout en ayant la fonction redoutable de gardien des vignobles de Dieu, de tous Ses vignobles, et bien qu'il soit très souvent contraint de « descendre » parmi les peuples pour leur apporter, dans leur pays, en dépit de leur ingratitude, le message de Dieu[318], tout en ayant le rang envié de gardien du Trône divin dans son propre pays, d'où il invite les peuples à « monter » vers « la montagne de Dieu, la Maison du Dieu de Jacob, pour y suivre Ses sentiers », pour y voir Sa gloire [319], Israël annonce aux peuples de la terre que chacun d'eux peut devenir vraiment un peuple, un *am*, s'il s'oblige à être *im*, à être « avec » Dieu [320]. À l'instar d'Israël, chaque peuple peut devenir un peuple de Dieu. (Chaque peuple peut « s'accrocher » [321] à Israël, l'imiter, car celui-ci est spirituellement partout, de même que chaque pays peut se réclamer d'Erets-Israël [322], car ce dernier « s'étend », spirituellement, « dans tous les pays » [323].)

Israël est déjà le peuple de Dieu, et il le sera davantage encore lorsque les autres peuples se convertiront à Dieu (non pas au judaïsme !), « s'attacheront à l'Éternel, et deviendront Son peuple » [324]. Israël, comme peuple, est déjà un « royaume de prêtres » [325], et il le sera davantage encore lorsque Dieu pourra « élire » aussi parmi d'autres peuples « des prêtres » [326], qui se mettront à Son service et, par conséquent, au service de Ses créatures [327]. La Maison d'Israël est déjà la Maison de Dieu, et elle le sera davantage encore [328] lorsque les maisons des autres peuples voudront s'y joindre, tout en gardant leur architecture propre [329]. Alors, Dieu pourra dire de l'Égypte même : « Béni soit Mon peuple d'Égypte [330] ! » Israël l'est déjà [331], car le Nom de Dieu, qu'il a acquis dans la « lutte », dans la « souffrance », dans la « peine » [332], se trouve déjà inscrit dans son nom à lui, dans celui de son pays et partout dans la Tora.

Israël sera donc davantage encore le peuple de Dieu, quand les autres peuples, grâce à son exemple, le deviendront aussi. Israël, le peuple béni, dès son origine, le deviendra davantage encore, car il recevra une *tosséfet bera'ha*, un « supplément de bénédiction [333] », lorsque « toutes les familles de la terre seront bénies en lui [334] ». Quand Israël, le prêtre, fera bénéficier les autres de sa *bera'ha*, de sa « bénédiction » (et quand les autres voudront s'en réjouir), celle-ci augmentera en intensité. En donnant aux autres, on reçoit plus encore qu'on avait auparavant. Israël recevra du Donateur divin, de la Source de toute bénédiction, un surplus de bénédiction, une *tosséfet bera'ha*, car, en réalisant sa vocation historique dans ce monde, il fera passer l'histoire dans « le monde à venir » [335].

Issus d'un monde transhistorique, Tora, Israël et Erets-Israël descendent dans un monde temporel et aspirent, après avoir accompli leur œuvre historique, à retourner à leur source

La littérature midrachique insiste, à maintes reprises, sur la continuation, sur l'accomplissement de l'histoire temporelle d'Israël, dans une histoire éternelle, lumineuse, d'Israël dans l'au-delà [336].

Bien que temporelle, en proie aux tourments, l'histoire d'Israël revêt un caractère de pérennité ; plus encore, elle est déjà « éternelle », c'est-à-dire « sainte », en raison de l'éternité et de la sainteté auxquelles elle se rattache, dont elle relève, d'où elle provient [337].

En effet, Tora, Israël et Erets-Israël viennent de Dieu [338]. « La Tora de la vie [339] », « le peuple d'Israël qui vit [340] » et « les terres de la vie [341] » jaillissent de la « source de la Vie », de Dieu, et vivent avec lui, en la source de la Vie [342]. Ancrés en Dieu, ils vivent une vraie vie [343]. L'« arbre de vie » de la Tora [344], l'« arbre de vie » de l'Homme, d'Israël [345], sont enracinés dans les « terres de vie » d'Erets-Israël [346]. Issus d'un monde transhistorique, supratemporel, ils descendent [347] dans un monde historique, celui de l'action humaine qui se déroule dans le temps, pour s'y réaliser et aider Dieu Lui-même à s'y réaliser [348]. Tora, Israël et Erets-Israël procèdent de Dieu et apportent avec eux la lumière [349], le parfum d'*Olam HaBa*, du « monde à venir » [350]. En se réalisant ici-bas, ils y introduisent *MeEine Olam HaBa*, ils font sentir aux hommes l'avant-goût du monde à venir, c'est-à-dire du monde qui précède et qui suit celui-ci [351]. En se réalisant dans ce monde-ci, ils ne s'y accomplissent pas pour autant. C'est pourquoi ils aspirent à regagner le monde à venir, à y retourner [352]. Mais pour remonter à leur « source », pour retourner à leur « racine », il faut qu'ils le méritent [353]. Pour « retourner » là-haut, il sied qu'ils fassent d'abord réussir leur œuvre historique ici-bas [354]. S'ils y parviennent, le temps dans lequel ils agissent ici-bas commence à se transformer en éternité [355]. La Tora, qui représente ici-bas le « vêtement du Saint, béni soit-Il », pourra rejoindre là-haut son essence touchant à la Divinité Elle-même [356]. Israël, qui sert ici-bas de « résidence de la Che'hina », pourra rejoindre là-haut son essence atteignant la Divinité Elle-même. Erets-Israël, qui sert ici-bas de « Palais du Roi », pourra rejoindre là-haut son essence approchant le *Hé'hal*, le Temple de la Divinité Elle-même [357]. La *Tora Mine HaChamayim*, la Tora descendue des cieux, retrouvera ainsi la *Tora BaChamayim*, la Tora céleste [358]. Israël descendu des cieux retrouvera ainsi l'Israël céleste. Erets-Israël descendue des cieux retrouvera ainsi l'Erets-Israël céleste. « Jérusalem d'en bas » retrouvera ainsi sa « correspondante » « d'en haut », la Jérusalem céleste. Mais pour que Dieu préside à ces retrouvailles, il faut que la Jérusalem d'en bas retrouve d'abord sa pleine signification de Sanctuaire de Dieu, Roi d'Israël, et de Métropole d'Israël, Peuple de Dieu. « Je n'entrerai pas dans la Jérusalem d'en haut, déclare Dieu, avant d'entrer dans la Jérusalem d'en bas [359] ! »

Dans la conception que la Tradition se fait de la vie, de la vie dans sa totalité vraie, qui ne commence et ne se termine pas ici-bas, trois idées sont reliées entre elles : Tora [360], Israël [361] et Erets-Israël [362] ; le facteur qui les joint l'une à l'autre et les unit toutes trois ensemble, c'est l'idée d'*Olam HaBa*, du « monde à venir » [363].

Difficulté pour le monde extérieur de saisir l'intériorité de la Tora, d'Israël et d'Erets-Israël

Certes, en se réalisant ici-bas avec sincérité, le plus souvent dans l'épreuve et toujours dans la recherche de la connaissance de Dieu dont ils proviennent, Tora, Israël et Erets-Israël personnalisent leur propre existence, commencent par découvrir leur caractère propre, leur propre intériorité et parviennent à se connaître, chacun d'eux et tous ensemble. La Tora de Dieu devient ainsi la Tora d'Israël, *Torat Yisraël*[364] ; le Peuple de Dieu devient ainsi le Peuple d'Israël, *Am Yisraël*[365] ; le Pays de Dieu devient ainsi le Pays d'Israël, *Erets-Yisraël*[366]. Ils prennent possession, patiemment, d'eux-mêmes ; ils viennent à disposer, dans une certaine mesure, d'eux-mêmes. Leur conscience de n'être rien, *ayin*[367], en eux-mêmes et par eux-mêmes, n'est point diminuée par le « moi », l'*ani*, extérieur qu'ils revêtent aux yeux du monde [368]. En réalité, ils restent toujours les humbles créatures de leur puissant Créateur [369] ; par leur être et leurs actions, ils racontent la gloire de Dieu, du « Saint d'Israël qui est leur majesté » [370] ; ils annoncent l'honneur de Dieu qui est « leur force » [371] ; « armées de Dieu » [372], ils proclament que Dieu est « leur drapeau » [373] ; troupeau de Dieu [374], ils portent le joug que le Pasteur a mis sur leur cou ; ils suivent leur Pasteur avec « l'intelligence rusée de l'homme et, pourtant, avec la candeur innocente de l'animal » [375].

Cependant, ceux qui les environnent, qui vivent, à satiété, dans le monde de la matérialité [376], ne les comprennent pas, vont jusqu'à les mépriser, car eux, hommes et peuples, sont habitués à juger les autres hommes et toutes choses, institutions et États, et les idées mêmes, sur leur apparence [377] et leur réussite matérielles et en fonction des effets psychologiques, passagers [378], que cette apparence et cette réussite provoquent en eux ; car eux-mêmes, hommes et peuples, aiment à être considérés, à être honorés, pour ces attributs visibles, pour leur aspect extérieur, autrement dit en raison de leur pouvoir, de leur grandeur, de leur étendue [379].

Hommes et peuples abordent la Tora, Israël et Erets-Israël d'une manière qui leur est propre. Ils ne rentrent pas à l'intérieur d'eux-mêmes pour s'approcher, avec sérénité, dans une attitude d'« objectivité » spirituelle, de l'intériorité de la Tora, d'Israël et d'Erets-Israël[380]. Ils ne se dégagent pas du lourd poids matériel qui les accable, pour sentir la fine spiritualité qui pénètre la matérialité, elle-même réduite, de la Tora, d'Israël et d'Erets-Israël. Or, pour que deux êtres puissent vraiment se comprendre, il n'y a pas d'autre voie de rapprochement que celle de l'intériorité. Si cette voie invisible manque, les malentendus vont bon train, les passions s'enflamment et engendrent l'hostilité. Cette règle, qui devrait régir les rapports entre représentants d'idéologies différentes et surtout les relations entre individus, entre nations et entre États, s'impose, comme une nécessité inéluctable, lorsqu'il s'agit d'une approche de la Tora, d'Israël et d'Erets-Israël.

Chacune[381] de ces catégories physico-métaphysiques, Tora, Israël et Erets-Israël, a sa personnalité, sa *penimiout*, son intériorité, son *mistorin*, son mystère[382]. Ils ne se dévoilent pas aisément, ils ne se livrent pas entièrement aux autres[383]. Ils ne se découvrent pas complètement au monde environnant, car ils savent que ceux qui les entourent ne saisissent ni leur réalité ni le sens de leur existence, ne veulent pas même les saisir, et lorsqu'ils disent qu'ils les saisissent, ils ne le disent que pour les dénaturer. En effet, Tora, Israël et Erets-Israël, tout en étant dans ce monde, ne viennent-ils pas d'un monde caché, réservé, « séparé »[384], d'un monde infini et donc insaisissable, d'un monde qui « diffère » du nôtre ?

Tora, Israël et Erets-Israël tiennent donc, il est vrai, à garder leur intégrité. Mais cela, pour mieux servir[385] les autres, avec toute l'authenticité de leur être. Ils leur donnent l'exemple de leur identité, dans la fidélité à eux-mêmes ; ils cherchent à parachever l'image de leur identité en l'élevant de plus en plus vers son modèle originel et en l'approchant toujours davantage de l'Image divine qu'ils portent en eux[386].

La Tora atteint sa plénitude grâce à Israël. C'est lui qui découvre sa dimension initiale et ultime, initiatique[387] et immédiate, théorique et surtout pratique, par la *Aggada* et la *Hala'ha*, dans la Tora orale. C'est Israël seul qui, dans la peine[388], élabore sans cesse par l'étude et met continuellement en pratique la *Tora ChéBealPé*, la Tora orale. Grâce à cette dernière, il est à même de comprendre et de pratiquer à tout moment la Tora entière, écrite et orale[389].

La Tora écrite ne confie les secrets de sa langue originale, hébraïque, qu'au peuple hébreu[390]. En l'utilisant, Israël sait qu'en cette « langue sainte fut créé le monde »[391] ; il sait qu'avec les lettres de cette langue fut conçue la Tora[392], qui a servi à la création du monde, et dont l'observation justifie sa vie, en tant qu'Israël, et ses liens avec Erets-Israël [393].

La Tora orale, elle, reflète les structures mentales propres à Israël, et obtient son application complète en Erets-Israël ; elle ne révèle son « mystère » qu'à Israël, et constitue, par conséquent, le secret de la vie de ce dernier ; elle contient le « mystère » de l'alliance de Dieu avec Son peuple, avec Israël [a][395].

Israël, quant à lui, refuse de se mêler aux autres peuples : « ce peuple vit solitaire » [396]. Et Erets-Israël, de son côté – nous l'avons noté [397] –, préfère rester désertique, découronnée, refusant d'être fertilisée et rendue à sa gloire souveraine par d'autres qu'Israël.

Laquelle de ces trois catégories, Tora, Israël et Erets-Israël, doit-elle primer ?

De ces trois créations de Dieu – de ces trois objets dans Sa main, devenus par la vocation qu'Il leur assigne trois sujets ayant chacun sa personnalité et sa volonté propres –, laquelle prime ? De ces trois catégories, « laquelle vient d'abord » ? *Mi Kodem LeMi ?* Du point de vue chronologique, « Israël monta le premier dans la Pensée divine » [398] ; la Tora précéda la création du monde [399] ; et Erets-Israël constitua le point central, fondamental de la terre [400].

Mais du point de vue de l'importance, de la finalité, laquelle de ces trois créations de Dieu prime [401] ?

Nous dirons avec le prophète Eliyahou qu'« Israël prime » [402].

Israël remplit la fonction principale dans la réunion de ces trois facteurs de la vie juive, agissant dans l'histoire du monde. Car, si la Tora relie ses deux partenaires entre eux, et les deux ensemble à Dieu [403], si Israël relie les hommes à Dieu, et Erets-Israël, le Pays d'Israël, relie la Terre à Dieu, la primauté entre ces trois facteurs se rapportant à Dieu revient à Israël [404]. En effet, sans Israël, relié à la Tora et relié à Erets-Israël, le monde n'existerait plus [405]. Avant la naissance d'Israël, l'existence du monde et sa survie tenaient uniquement à l'ordre naturel établi par la volonté du Créateur et à la manifestation générale de la magnanimité divine. Après l'apparition d'Israël dans l'Histoire, et précisément déjà après la révélation de

---

a. Au moyen âge, l'Église, interprétant à sa manière « le mystère d'Israël », a dirigé les flèches de son antijudaïsme, doctrinal et matériel, contre le Talmud, expression écrite de la Tora orale. À maintes reprises, elle a condamné le Talmud ; elle a décrété sa « destruction » et l'a fait brûler sur les places publiques des villes européennes [394].

Dieu à Abraham, à Isaac et à Jacob en Terre sainte, l'existence du monde et sa survie dépendent de l'observation des mitsvot de la Tora, que Dieu a dans Sa grâce accordées à Israël et que celui-ci ne peut accomplir entièrement qu'en Erets-Israël. En octroyant la Tora à Israël, pour qu'elle soit entièrement accomplie par ce dernier en Erets-Israël, Dieu rehausse la dignité de l'humanité qu'Israël personnifie et celle de la Terre qu'Erets-Israël incarne : pour exister, pour subsister, le monde ne reçoit plus des mains de son Créateur une aumône gênante, « un morceau de pain humiliant »[406], mais un don justifié par le mérite de celui qui l'accepte[407].

L'apparition du couple Israël-Erets-Israël marque le début de l'histoire ouverte de l'humanité et de la terre

Avec l'inauguration de l'histoire d'Israël et d'Erets-Israël, une mutation fondamentale se produit dans la vie du monde, dans la vie des hommes : la période du déroulement naturel, en cycle fermé, apparemment libre, indépendant, mais non moins fixe, tragique et « chaotique » de la vie des hommes et de la terre, prend fin ; elle fait place à une ère nouvelle, à une histoire, ouverte mais non moins ordonnée, éthiquement libre, optimiste, de l'humanité et du monde, chargées d'un sens, d'une finalité. La période « toraïque » commence.

Jusqu'à la désignation par Dieu du couple Israël-Erets-Israël, jusqu'à l'annonce de leur union, à laquelle Dieu Lui-même a présidé, jusqu'à la publication de leur contrat de mariage, la Tora, que Dieu Lui-même a rédigée, Dieu a fait confiance à l'homme[408]. C'est pourquoi Il ne lui a fait que sommairement connaître surtout ce qu'Il voulait qu'il ne fasse pas[409]. En conséquence, Il n'a communiqué aux hommes et aux sociétés humaines, généralement, que Ses réactions face à ce qu'ils ne devaient pas faire, leur reprochant, indirectement, de ne pas avoir tenu compte des « conseils »[410] de la conscience, raisonnante et raisonnable, qu'Il avait mise en eux[411].

À partir de Sa révélation à Abraham, avant et en vue de son départ pour la Terre[412], qu'Il n'a pas désignée nommément, mais qu'Il se proposait de « désigner en lui-même », en Abraham : *ARéka*, pour qu'il la mérite, mais aussi pour qu'il fasse voir s'il la découvrirait par son affinité avec elle[413] ; à partir de Sa révélation aux Patriarches et à leurs descendants en Terre promise et en dehors d'elle[414], Dieu, par l'intermédiaire de Ses interlocuteurs, fait clairement connaître aux hommes et aux sociétés humaines ce qu'Il veut qu'ils fassent, ce qu'Il veut qu'ils soient, ce qu'Il veut qu'ils deviennent. Pour cela, Il indique aux hommes et aux peuples les voies à suivre, le service qu'ils auront à accomplir dans le monde. Il ne s'agit plus dorénavant, uniquement, de dominer et d'exploiter des richesses ; Dieu précise une vocation dans le monde et un service du monde [415].

Avant de Se révéler à Abraham, Dieu a laissé des générations agir à leur guise. Il ne les a rappelées à l'ordre que parce qu'elles avaient échoué. À présent, « déçu [416] » de leur conduite dans l'autonomie, Dieu veut les appeler à Son obéissance. Il veut les relier à Lui. Et Il le fait, en chargeant, pour la première fois, un homme, « un grand homme [417] », d'une mission [418]. Celle-ci n'aura plus, comme autrefois, aux temps de Noé, un caractère prohibitif, limitatif, préservatif [419], mais constructif, ouvert, universel [420], tout en se précisant dans l'action d'un seul homme : de sa future descendance et de sa future terre [421].

Et davantage encore, à partir de Sa révélation aux israélites, avant et en vue de leur entrée en Erets-Israël [422], Dieu transmet enfin par leur truchement, aux hommes et aux sociétés humaines, des ordonnances claires et détaillées [423], dont Il gratifie précisément le Peuple d'Israël et le Pays d'Israël. Les prescriptions qu'Il publie, qu'Il annonce à tous, révèlent au monde tout ce qu'Il veut que les hommes et les nations soient et deviennent.

Dieu offre la Tora à tous, à condition qu'ils l'acceptent dans sa totalité [424], dans son unité matérielle-spirituelle. Mais Israël seul l'a acceptée à cette condition [425] ; il s'engage à l'appliquer partout et à la réaliser en Erets-Israël. Dieu charge donc Israël et Erets-Israël [426] d'une mission à accomplir en Son nom, parmi les hommes et parmi les peuples de la terre. Ils devront les convaincre de son bien-fondé par l'exemple qu'ils donneront eux-mêmes, au cours de l'histoire inaugurée par la promulgation de la Tora. Israël et Erets-Israël s'en chargent, tout en sachant le prix qu'ils auront à payer : la souffrance. La promulgation de la Tora de Dieu sur le *Sinaï* déclenche en effet la *sin'a* [427], la haine des nations du monde contre le peuple de Dieu. Les peuples de la terre ne pardonneront pas à Israël d'avoir accepté ce qu'ils jugeaient inacceptable ; ils lui en voudront de s'être obligé à réaliser ce qu'eux-mêmes ne voulaient pas et ne veulent pas réaliser : la Tora dans sa totalité, dans son unité, qui n'admet pas de division entre le corps et l'esprit ; la Tora dans son intégralité, qui refuse tout compromis avec les cultes païens et toute concession aux exigences brutales de l'instinct. Les peuples de la terre s'attaqueront donc au Peuple de Dieu, au Peuple de la Tora, dont le regard pénétrant gêne, dont la voix persuasive dérange, dont la présence irrite [428].

Les peuples de la terre, en s'attaquant à Israël, veulent, en fait, s'attaquer à Dieu, dont ils ont refusé la Tora, dont ils ont repoussé la souveraineté[429]. « Ils haïssent Israël, parce qu'ils haïssent Dieu. » Les peuple de la terre, « en s'élevant contre Israël, s'élèvent contre Dieu ». Mais ils ne peuvent Le saisir, L'atteindre qu'en Israël. Et en vérité, comme le dit le prophète d'Israël : « Celui qui touche à Israël, c'est comme s'il touchait à la prunelle de Dieu[430]. »

En mettant Israël et Erets-Israël à Son service[431], Dieu les prend sous Sa protection, sous Sa « garde[432] ». Le Peuple de Dieu et le Pays de Dieu, dans l'exercice de leurs fonctions universelles, restent indestructibles[433], dans leur essence insaisissable ; comme Dieu, Essence pure insaisissable, Tora[434], Israël et Erets-Israël, purs dans leur essence, restent invincibles. « Israël ne peut pas être vaincu, car Dieu ne peut pas être vaincu[435]. »

Dieu a « choisi » Israël et Erets-Israël pour qu'ils transmettent aux hommes et à la terre Son message sur l'homme et sur l'humanité, sur les États et sur la terre. Il s'est « concentré » en eux. Car Il a déjà « aimé » les Pères d'Israël qu'Il a « connus » en Terre d'Israël[436].

En vérité, durant la longue période d'« avilissement[437] » des hommes et de la terre, au milieu d'une humanité corrompue, les Patriarches et leurs descendants[438], les Hébreux, ont gardé, étudié et cultivé la « Tradition » « humaniste », telle que Dieu a voulu qu'elle se déploie ; Il en a communiqué les principes à Adam, l'Homme, lié à *l'Adama*, à la Terre, mais dont « la tête atteignait les cieux »[439]. Celui-ci a transmis ces principes à ceux de ses descendants qui sont restés de vrais « hommes ». Et ces derniers ont fait parvenir, par l'étude et l'application pratique, cet « humanisme » d'inspiration divine aux dirigeants des académies, des *batei midrache*, comme ceux de *Chème* et d'*Ever*[440]. Les porteurs du « nom », de *Chème*, les « hébreux », disciples d'*Ever*, et enfin les israélites ont assuré la survie de la « Tradition », de la « Tora » pré-toraïque, pré-sinaïque. Le lieu principal, le « point central » où la Tradition, la Tora pré-toraïque, a été soigneusement conservée et approfondie, était situé, pendant la période « chaotique », au milieu d'un pays saint, mais souillé par ceux qui le détenaient en vertu d'un droit naturel, les Cananéens, et appelé à devenir, dès qu'il sera affranchi « des péchés de ses habitants »[441] et sanctifié par les mitsvot d'Israël, Erets-Israël. C'est surtout en Erets-Israël, dans sa *Yechiva*[442], qu'on n'a pas cessé, pendant la période « chaotique », d'enseigner la Tradition, la Tora pré-toraïque, avant qu'elle soit révélée, solennellement, sur le Sinaï[443].

Providence divine et liberté humaine

Dieu n'agit pas arbitrairement[444].

Tora, Israël et Erets-Israël ne sont entrés effectivement en action en tant que facteurs « juifs » dans l'économie divine qu'après que Dieu eut offert de les universaliser, de les rendre communs à tous les hommes, à tous les peuples, auxquels Il était venu demander leur libre consentement. Il a demandé à la Conscience rationnelle universelle de souscrire à l'idéal de la Tora[445] et Il a convié la communauté des nations et celle des peuples à adhérer aux idéaux d'Israël et d'Erets-Israël[446]. C'est seulement après l'échec de Ses démarches de caractère universel[447], que Dieu s'est décidé à « rétrécir » Tora, Israël et Erets-Israël[448], à les « resserrer » en eux-mêmes, dans leur authenticité propre, afin de pouvoir éveiller l'attention[449] des autres peuples par l'exemple qu'ils donneront[450], pour « s'étendre »[451] ensuite à leur dimension universelle, et reprendre leur dimension cosmique initiale[452].

Dieu a « prévu » la Tora, Israël et Erets-Israël[453], mais, en les « préétablissant » dans Son plan divin d'action historique, il n'a pas pour autant restreint, jusqu'à un certain moment de l'Histoire, la liberté des hommes et des peuples d'agir à leur guise. Bien au contraire, il les y a encouragés[454].

La providence divine s'accorde avec la liberté humaine[455].

Ainsi, avant de donner la *Tora* à Israël, Dieu la propose à tous les peuples[456]. (Pour prévenir toute accusation de discrimination de la part des nations du monde[457], Dieu fait même don de la prophétie à *Balaam*, le non-israélite[458], afin qu'il s'en serve pour le bien de l'humanité, mais le « voyant » tente de l'utiliser au détriment des autres[459] : preuve en est son obstination à maudire Israël, « cœur de l'humanité »[460].)

Avant de former *Israël*, Dieu en inscrit les virtualités au tréfonds de chaque homme, de chaque peuple, afin qu'ils les développent, les adoptent et même s'identifient à elles[461].

Avant de laisser entrer Israël en *Erets-Israël*, Dieu offre à des peuples non israélites[462], et notamment à « sept peuples » habitant le pays de « Canaan »[463], la possibilité de mettre en valeur, par une conduite appropriée de leur part, la sainteté originelle de ce Pays[464]. Mais les « Canaanéens » se montrent insensibles au caractère particulier, « distinct » de cette Terre sainte, qui ne « souffre pas les péchés »[465] et qui ne tolère pas les pécheurs[466] ; ils se montrent insensibles au refus de cette Terre sainte de vivre et de prospérer sous un régime de « droit » autre que celui de la Tora. Ils souillent donc ce pays par leurs débauches, par les abominations qu'ils y commettent[467]. Mais lorsque les péchés de ses habitants atteignent à un degré de saturation[468] tel qu'ils en deviennent insupportables, la Terre sainte rejette « les sept peuples » de son sein, « les vomit »[469]. La Terre sainte s'ouvre alors à Israël, qu'elle attend avec nostalgie pour qu'il la consacre[470]. Israël, lui, qui attend dans l'affliction son entrée en Terre sainte[471], y « revient » pour la sanctifier[472]. Israël rend ainsi Erets-Israël à son seul Propriétaire, Dieu, et la *Che'hina*, la Présence de Dieu, habite Israël[473].

En expulsant « les sept peuples » de son sein, à cause des immondices dont ils l'ont couverte, Erets-Israël préfigure l'attitude finale que prendra la terre vis-à-vis de ses habitants qui l'auront « remplie de leurs méchancetés », qui l'auront marquée de leurs iniquités. Lorsque les hommes auront tellement « corrompu la terre devant Dieu »[474], que les péchés qu'ils y auront accumulés arriveront à un point de saturation, la terre se verra obligée de rejeter les pécheurs[475]. Israël, dont la claire vocation est la *techouva*, dont la lucide volonté est le « retour » à Dieu, canalisera les courants confus de *techouva* des peuples[476] ; il centralisera les différentes aspirations des hommes au « retour » à Dieu[477]. Israël conduira les habitants d'une « terre remplie de la connaissance de Dieu »[478], à leur Créateur.

En aidant Israël à être Israël, en aidant Erets-Israël à être Erets-Israël, les nations du monde aident Dieu à les sauver elles-mêmes

Dieu veut restaurer les hommes, les peuples et les pays dans leur état originel en leur faisant découvrir en eux-mêmes leurs dispositions initiales pour le bien[479].

Dieu veut les sauver, mais en les aidant « par Sa grâce » à se sauver eux-mêmes, « humainement »[480].

Pour cela, Il leur propose le modèle humain, personnel et communautaire, national et étatique, terrestre d'Israël et d'Erets-Israël[481]. Ils pourront le contempler, ils pourront s'en rapprocher[482], ils seront même en mesure, s'ils le veulent, de s'identifier à lui[483]. « En aidant Israël » à être véritablement Israël, en aidant Erets-Israël à être réellement Erets-Israël, les hommes de la terre, les nations du monde, « aideront Dieu » à les sauver.

Dieu, le « Dieu de toute chair »[484], procède donc à la « séparation » des enfants d'Israël[485] d'entre tous les autres hommes. Il « sort ce peuple du milieu des autres peuples ». Il se le réserve en le mettant à la disposition des autres peuples[486]. « Un roi descendit un jour dans son paradis et constata que son joli jardin d'autrefois était rempli d'épines. Regardant avec tristesse les épines, il découvrit parmi elles une rose ; il la prit, respira son parfum et en fut réconforté... » Ainsi, Dieu a créé le monde. Après que des générations et des générations l'eurent habité, Il le regarda pour voir ce qu'il en était advenu. Il y avait vu se succéder des générations de méchants : la génération d'Énoch, celle du déluge, celle de la tour de Babel. Désolé, Il pensait supprimer ce monde. Mais voici, Il s'aperçut qu'il y avait une rose, Israël. Il la prit, sentit son parfum et, à l'heure où Israël accepta les Dix Commandements sur le Sinaï, Il en fut réconforté. Lorsque les enfants d'Israël déclarèrent sur le Sinaï : « Nous appliquerons et nous écouterons »[487] les commandements de Dieu, le Saint, béni soit-Il, Il dit : « C'est grâce à cette rose qu'est Israël que le paradis sera sauvé ; c'est grâce à la Tora et à Israël que le monde sera sauvé[488] ! »

Dieu, « Le Dieu de toute la terre », procède donc à la séparation de la Terre d'Israël d'avec les autres terres[489]. Lorsque « toute la terre fut remplie de la méchanceté[490] » des hommes, la portion de terre qu'allait devenir le Pays d'Israël fut relativement moins touchée, et, selon la tradition, le châtiment du déluge lui fut, en partie, épargné[491].

Dieu se réserve le Pays d'Israël[492], y fixant « en permanence Ses regards[493] », car Il a exposé ce Pays, par la nature qu'Il lui a octroyée, par la position qu'Il lui a donnée dans le monde, par la vocation qu'Il lui a assignée, aux regards de tous les autres pays.

Ainsi, en séparant Israël et Erets-Israël des autres peuples et pays, Dieu conduit les hommes et la terre à s'interroger sur le sens de la création du monde, des hommes[494]. En leur faisant pressentir la Tora, Israël et Erets-Israël, Il les aide à y trouver une réponse aux questions qu'ils sont amenés à se poser[495].

Aussi « la création », sortant de la période « chaotique[496] », aborde-t-elle la première étape de son histoire, la période de la Tora[497], qui doit la conduire au but qui lui est assigné, la période du Messie[498]. Éclairée et soutenue par le Créateur, la création commence sa difficile, et combien sinueuse, œuvre de « parachèvement » ; elle « sort » de son flottement « chaotique », de sa fixité astrale, de ses « croyances astrologiques »[499], pour se donner des « fondements »[500], pour s'« historiciser ». « Les cieux et la terre » commencent par « se recréer », *BeHiBaream*, en « créant » eux-mêmes, en « engendrant » eux-mêmes des « faits » humains, éthiques, des actions humaines, historiques[501]. Les phénomènes naturels se transforment en événements « généalogiques », en *Toladot*[502], en événements historiques. La nature accède au degré de l'histoire. Dieu, le Créateur de la nature, se présente alors au monde et aux hommes en tant que Dieu présidant également aux événements historiques, *Ha-Chème Elokim*[503]. Il s'adresse à l'« homme », à Abraham, seul[504] à personnifier encore l'homme[505]. Grâce à la vision et à l'action d'Abraham, la création passe du stade de nature créée à celui d'humanité créatrice[506]. En Abraham, « père d'une multitude de peuples »[507], parce que lui-même « racine du peuple d'Israël »[508] et premier titulaire d'Erets-Israël, s'opère la transition qui mène de la nature à l'histoire[509] : *Ba-Hi-Ba-re-a-m* aboutit à A-v-ra-ha-m. Abraham l'Hébreu porte le genre humain à la découverte puis à la compréhension du sens de la création, du *BeHiBaream*[510].

Par sa « connaissance du Créateur »[511], par son intuition de la Tora[512], par son application pré-toraïque de la Tora[513], en posant les fondements du peuple d'Israël en Erets-Israël[514], en préfigurant l'histoire d'Israël en Erets-Israël et dans le monde[515], Abraham déclenche l'action éthique, historique, toraïque, d'une envergure universelle[516], de l'Israël en puissance et d'Erets-Israël virtuelle. Il ouvre ainsi le cours, il est vrai très agité, mais droit, linéaire, de l'histoire de tous les hommes, de tous les peuples, de tous les pays[517].

Malgré l'incertitude qui caractérise la marche de l'histoire, Abraham entrevoit déjà les signes messianiques[518] des « nouveaux cieux » et de la « nouvelle terre », sortis de la « généalogie des cieux et de la terre[519] » entamée sous son influence. Les contours des « nouveaux cieux » et de la « nouvelle terre » se dessinent déjà à l'horizon ; ils apparaissent à travers les orages et les éclairs qui les sillonnent. Ils représentent aux yeux de tous les fruits de la coopération entre « le Dieu d'Abraham » et la « semence d'Abraham qui aime Dieu[520] ».

L'alliance charnelle de la circoncision et l'alliance spirituelle de la Tora fixent le lien intégral entre Dieu, la Tora, Israël et Erets-Israël

Dieu se révèle à Abraham, individuellement, en Terre sainte et lui ordonne par une mitsva, qui recevra plus tard sur le Sinaï sa confirmation[521] toraïque, d'apposer le « sceau »[522] matériel, d'inscrire le « signe » physique de Son alliance avec lui et avec sa postérité, dans sa chair[523]. Dieu prescrit la circoncision, à Abraham et à ses descendants, pour établir à tout jamais[524] non seulement le lien entre Lui, le patriarche hébreu et sa race[525], le futur Israël, mais aussi et en même temps, le lien entre Lui et la terre des « pérégrinations » d'Abraham, la future Erets-Israël[526].

Dieu informe ainsi Abraham et, par son intermédiaire, tous les hommes, « la multitude de peuples » dont il est le père spirituel[527], le monde tout entier, dont il est « le capitaine »[528], du but qu'Il poursuivait en créant le monde (qui aborde, à présent, sous la direction et la responsabilité d'Abraham, son processus de parachèvement, sa « période » préparatoire toraïque), en y installant l'homme, le genre humain[529]. « S'il n'y avait pas la circoncision, les cieux et la terre n'auraient pas été créés »[530] ; « s'il n'y avait pas le sang de la *berit*, de l'alliance (par la circoncision), les cieux et la terre ne pourraient pas subsister »[531]. Dieu éclaire ainsi Abraham[532] et, par son intermédiaire, tous les hommes, tous les peuples, sur les motifs qui ont présidé à la mise à part d'Israël parmi les peuples et d'Erets-Israël parmi les pays.

Dieu se révèle à Israël, collectivement, avant son entrée en Erets-Israël et lui demande de garder l'alliance, la *berit*, spirituelle, avec Lui, la Tora et ses mitsvot[533], qu'il aura à appliquer en Erets-Israël.

Dieu informe ainsi Israël et, par son intermédiaire, tous les hommes, tous les peuples et le monde entier du but qu'il poursuivait en créant le monde (qui aborde à présent, sous la direction et la responsabilité d'Israël, son processus de parachèvement, sa période définitive toraïque[534]) et en y installant l'homme, le genre humain. « S'il n'y avait pas la Tora, les cieux et la terre n'auraient pas été créés et ne pourraient pas subsister »[535]. Dieu éclaire ainsi Israël et, par son intermédiaire, tous les hommes, tous les peuples, sur les motifs qui ont présidé à la mise à part d'Israël parmi les peuples et d'Erets-Israël parmi les pays[536].

Par l'alliance charnelle de la circoncision et l'alliance spirituelle de la Tora, Dieu établit le lien intégral, total, à la fois matériel et spirituel, entre l'israélite, le peuple d'Israël et le pays d'Israël[537].

L'alliance de la circoncision est une mitsva de la Tora « qui équivaut à toutes les autres mitsvot »[538]. C'est pourquoi, observe le Gaon de Vilna, la mitsva de la circoncision est appelée tout simplement *berit*, « alliance », car en s'ajoutant aux autres six cent douze mitsvot (la valeur numérique du mot *berit* est 612), elle complète le nombre de 613, nombre total des mitsvot de la Tora[539].

L'alliance de la Tora, elle, est aussi globale[540], car la Tora contient toutes les mitsvot ; et la seule mitsva de l'« étude de la Tora » équivaut à toutes les autres mitsvot[541].

L'alliance de la circoncision et l'alliance de la Tora[542] engagent, en raison de la responsabilité d'Israël parmi les peuples et de la position d'Erets-Israël parmi les pays, l'existence du monde[543].

La création du monde a été envisagée par Dieu en fonction du lien organique, structural, qui devra subsister entre la Tora, Israël et Erets-Israël.

Tora, Israël et Erets-Israël sont des éléments primordiaux, conçus avant la création du monde

Le lien qui devra unir entre elles, dans ce monde, ces trois réalités particulières, Tora, Israël et Erets-Israël, se dessine déjà avant même la création du monde. Ces trois catégories établissent entre elles une relation d'origine, un ordre de références réciproques déjà dans l'éternité qui précède la création du monde. Tora, Israël et Erets-Israël descendront de cette éternité dans le monde ; ils se souviendront dans ce monde des délices de leur patrie d'origine[544] et chercheront à les faire partager à leur patrie d'adoption. Mais, durant leur passage ici-bas, ils éprouveront la nostalgie de l'éternité ; ils voudront y remonter. Or, ils sont appelés à agir dans ce monde et en sa faveur, à œuvrer pour son épanouissement. Ils devront donc séjourner dans ce monde non pas comme de simples étrangers n'ayant aucune attache avec ce monde, aucun intérêt pour ses besoins et ses aspirations. Au contraire, ils devront participer à sa vie. C'est pourquoi Tora, Israël et Erets-Israël participent directement, dès avant la création du monde, au processus de la création même de ce dernier. Ils y coopèrent ; ils se réfèrent l'un à l'autre au sujet de sa naissance, à propos de sa vie. Ils se lient « génétiquement » à ce monde. L'intérêt qu'ils lui portent durant son existence exprime un attachement de parenté à son égard.

Le Midrache[545], en effet, voit dans la Tora, en Israël et en Erets-Israël, trois éléments constitutifs et complémentaires de l'économie divine du monde. Ils sont tous des éléments primordiaux, *réchit*[546], qui furent conçus par Dieu avant toutes choses, bien avant qu'Il crée le monde, avant même qu'intervienne le moment de la création, avant que naisse le temps de la création matérielle, *beréchit*[547].

Tora[548], Israël[549] et Erets-Israël[550] furent conçus par Dieu avant toutes choses, afin que chacun d'eux, par l'exemple qu'il offre, rende le monde conscient du but que Dieu a poursuivi en le créant ; qu'il s'épanouisse à la gloire de son Créateur[551]. Ces trois éléments « initiaux » accepteront donc, « les premiers », « le Royaume des cieux »[552]. Ils offriront, chacun, leurs propres *réchit*, leurs propres « primeurs »[553] à Dieu ; ils apprendront ainsi au monde à consacrer, lui aussi, ses propres « prémices » à Dieu, reconnaissant, par cet acte initial d'obédience, le principe de la souveraineté de Dieu[554], s'engageant à ne point oublier, en conséquence, que tout appartient à Dieu[555] et que tout ce qu'il reçoit de Lui doit servir à la réalisation de Sa volonté[556].

Tora, Israël et Erets-Israël furent conçus par Dieu tout d'abord afin que chacun d'eux forme une *réchit*, un élément primordial, spirituel, décisif, exemplaire pour l'existence des êtres qui seront engendrés ; ils furent conçus en vue de l'existence matérielle future du monde, *bichvil*[557], pour que tous les trois ensemble permettent au monde physique de subsister et contribuent à le faire durer[558]. Car le monde subsistera seulement grâce au contenu spirituel que lui apporteront ces trois facteurs « saints » dont Dieu les a chargés ; le monde survivra grâce au sens éthique, à la finalité historique que Dieu lui a assignés avant de le créer et qu'Il lui a découverts au début de sa création. Ces trois facteurs « capitaux » (aptes donc à influencer l'organisme tout entier du monde) assument instantanément, et en principe de plein gré, leur responsabilité, bien qu'il arrive qu'ils la portent contre leur gré.

Le tnaï, la « condition » divine, préside à la vie de la Tora, d'Israël et d'Erets-Israël

Le *tnaï*, « la condition », est l'une des caractéristiques de la conception juive, biblique et talmudique du monde et de l'histoire : Dieu pose au monde des conditions d'ordre spirituel pour qu'il subsiste[559] ; Dieu pose à l'humanité des conditions d'ordre moral pour qu'elle survive[560].

Le *tnaï*, premier, originel, divin, suscitant le « doute » et l'inquiétude humaine, éveillant l'incertitude, pourtant créatrice et salutaire, de l'homme, traverse comme un sillon de feu l'histoire d'Israël. Le mot d'avertissement, bref, aigu, composé de deux lettres seulement, *im*[561] (ou encore *ki*[562]), retentit tout au long des textes bibliques ; et le terme juridique *tnaï* se détache souvent des textes post-bibliques[563].

Certes, le *tnaï*, la « condition » divine, préside à la vie de ces trois facteurs mêmes, Tora[564], Israël[565] et Erets-Israël[566]. Cependant, cette « condition » divine, aussi dure soit-elle, est compensée par la *havta'ha*, par la « promesse » divine, sûre, rassurante, aboutissant à une *chevoua*[567], à un « serment » divin, précis, sûr[568], qui consolide la « foi » d'Israël, son *émouna*, en la « fidélité » de Dieu, qui est *Nééman*, qui est « Fidèle »[569].

Au « Dieu, Roi fidèle », Israël non seulement fait confiance, mais, en acceptant « le joug du Royaume des cieux », il Lui confie son être. Il se confie à Lui dans la joie souffrante et dans la souffrance joyeuse qu'Il lui procure[570].

Tnaï et *havta'ha* nous apparaissent comme deux composantes de l'alliance, de la *berit* conclue entre Dieu et Israël[571] (ce dernier engageant, par son pacte avec Dieu, non seulement lui-même, mais aussi ses deux autres compagnons, Tora et Erets-Israël[572]).

Malgré la liberté de mouvement, de choix, de décision que son pacte avec Dieu confère à Israël, le *tnaï* fait de ce dernier un objet dans les mains de son Maître[573]. Certes, un objet précieux, une *segoula*, un « joyau[574] », mais tout de même un objet, comme tout autre objet acquis, dont le *Koné hakol*, l'« Acquéreur de tout », dispose entièrement[575].

Toutefois, le *tnaï* fait d'Israël aussi et surtout un *kinyan*, une « acquisition » d'une « valeur » exceptionnelle[576]. Le *Koné hakol*, le Possesseur de tout[577], n'appelle *kinyan* que Ses œuvres grandes et prodigieuses telles que : la Tora, les cieux et la terre, Abraham, Israël, le *Beit HaMikdache* (le Sanctuaire de Jérusalem, expression suprême d'Erets-Israël[578]). À ces *kinyanim*[579], Dieu voue une attention particulière, car Il en est « fier » et « jaloux ». Fier de les avoir faites ; jaloux de leur fidélité à Son égard. À ces *kinyanim*, à ces créatures, « œuvres de Ses mains pour s'en enorgueillir[580] », Dieu imprime un élan créateur qu'Il veut digne de Son propre élan créateur, dont la fin est le bien[581].

Les *kinyanim*, les « acquisitions de valeur » de Dieu : Tora, Israël (dont la « racine », le « signe », l'expression première historique et messianique est Abraham) et Erets-Israël (dont l'« origine » est le lieu du *Beit HaMikdache* et l'aboutissement ultime est l'édifice du *Beit HaMikdache*) ont pour mission de magnifier les « cieux et la terre », de les élever au rang d'une valeur qui ait conscience d'elle-même[582]. Parmi les *kinyanim*, parmi les « acquisitions de valeur », c'est Israël qui occupe la place la plus importante et à qui incombe le rôle le plus décisif.

C'est justement le *tnaï* divin appelant la *havta'ha* divine et constituant avec cette dernière les termes de l'alliance[583] entre Dieu et Israël, qui fait de Dieu Lui-même, le Dieu d'Israël, un « sujet acquis » par Israël, un sujet divin acquis par Son compagnon humain.

Indépendamment de la réalisation du *tnaï* par Israël, Dieu affirme qu'Il est Lui-même le *kanoui*, le « sujet acquis » par Israël[584] !

Israël s'est confié à Dieu ; par conséquent, Dieu s'est confié à Israël. Dieu est le possesseur d'Israël, mais Israël est le possesseur de Dieu[585] !

Impossibilité d'anéantir Israël

Israël a donc l'avantage sur ses deux partenaires, la Tora et Erets-Israël, d'être le principal agent, sciemment, humainement actif. Toutefois, Israël dépend d'eux, non seulement pour se réaliser, mais pour vivre. En effet, Israël succomberait s'il n'évoluait plus dans les eaux vives de la Tora[586], tout comme le poisson succombe lorsqu'on le sort de l'eau[587]. D'autre part, Israël ne serait plus un peuple, précise gravement Maïmonide (XIIe siècle), et son affirmation a d'importantes incidences halah'iques, s'il n'y avait plus de juifs en Erets-Israël. L'absence des juifs du Pays d'Israël signifierait, selon l'austère homme de la Loi, *Kilayon Chel HaOuma*, « la disparition de la nation »[588] juive. En effet, Rabbi Moché ben Maïmon statue : « Seulement les enfants d'Erets-Israël ont le droit d'être appelés *kahal* »[589], communauté sainte juive[590]. (Un jugement halah'ique similaire est émis par un célèbre « décisionnaire » du XIXe siècle, Rabbi Moché Sofer, l'auteur des Réponses *'Hatam Sofer*[591].) Mais, ajoute avec force Maïmonide : « l'anéantissement de cette nation est exclu », car il y a la *havta'ha*, la promesse de Dieu, que Son nom soit béni, qui garantit la pérennité d'Israël[592]. L'anéantissement d'Israël même en Erets-Israël, malgré l'exiguïté du pays, est impossible ; preuve en est la présence ininterrompue des juifs en Terre d'Israël, malgré les difficultés qu'ils y rencontrent. Quant à l'extinction d'Israël dans le monde, elle est exclue, en raison même de « la grâce » « de la Dispersion » physique du peuple juif[593]. La population juive d'une contrée peut être détruite ; les juifs d'un pays peuvent en être expulsés. Mais Israël ne saurait être « annihilé », parce que Dieu ne peut être abattu[594].

« Parce que Moi, l'Éternel, Je ne change pas, vous aussi, enfants de Jacob, n'avez pas été anéantis[595]. » En effet, Israël vit, ne change pas. Non seulement il vit, mais il ne change pas. Il est toujours, dans son essence, dans sa structure fondamentale, le même[596]. Car, lié par son « intériorité » – laquelle, par sa nature originelle[597], spirituelle, sainte, ne change pas[598] – à Dieu[599] – lequel ne change point –, Israël est éternel[600]. Son nom même d'Israël[601] ne change pas, car Dieu a associé Son nom à celui d'Israël[602]. Tout comme le nom de Dieu est éternel[603], le nom d'Israël est éternel[604] : « Une nation » vient et une autre passe ; un décret hostile à Israël apparaît et un autre disparaît ; mais Israël ne change pas, ne disparaît pas[605], n'est pas anéanti et ne sera jamais anéanti[606], car, « attaché à l'Éternel son Dieu, il vivra à tout jamais aussi sûrement qu'il vit aujourd'hui même[607] ». Et « l'alliance » qui unit Israël à son Dieu « est éternelle », « ne sera jamais brisée », « n'est pas révocable »[608] ; elle est une « alliance de sel »[609] : le sel ne change pas[610]. Dieu reste donc fidèle à Son alliance, à Sa promesse, à Son serment, « de maintenir Israël debout »[611]. « Dieu n'abandonne pas Son peuple et ne quitte pas Son héritage[612]. » La confirmation de Son attachement indéfectible à Israël se trouve dans le fait qu'Israël vit : il ne peut pas être jeté à terre malgré les tourments qui l'éprouvent[613]. « Tout instrument forgé contre lui sera impuissant[614] ! »

L'amour divin pour Israël est un amour pour le monde

Mais Dieu tient Sa promesse, respecte Son serment, non seulement par « amour éternel » pour Israël, mais aussi par amour pour le monde, dont Israël est « le cœur »[615]. Son *ahavat olam*, Son « amour éternel » pour Israël est, *ipso facto*, un amour pour l'*olam*, pour le « monde » tout entier[616]. Dieu ne peut pas laisser disparaître Israël, car si Israël disparaissait, le monde disparaîtrait[617]. Or, Dieu ne fera pas, de Son propre chef, disparaître le monde pendant la période de temps qu'Il lui a octroyée pour exister[618]. N'a-t-Il pas promis, n'a-t-Il pas « juré », après le déluge, « de ne plus maudire la terre à cause de l'homme, et de ne plus frapper tous les vivants, comme Il l'avait fait »[619] ? Mais le monde doit cependant mériter de subsister. Et il incombe à Israël de lui procurer ce mérite[620]. C'est pourquoi Dieu « force » Israël, au pied du mont Sinaï, à accepter la Tora. Car s'il ne l'avait pas acceptée, non seulement il aurait été « enterré » sur place, mais le monde tout entier se serait écroulé[621]. Israël, conscience de l'humanité, subsiste nécessairement : il assume la garde de la Tora pour assurer la sauvegarde du monde[622].

Oui, si Israël disparaissait, le monde s'effondrerait[623]. Et même si le monde survivait encore sous ses ruines, « il retournerait au stade chaotique de *Tohou Vabohou* »[624], au stade naturel, préhistorique, antérieur à la révélation de la Tora[625]. Or, Dieu a créé le monde « pour faire du bien à Ses créatures »[626]. Dieu aime Sa création ; Il veut « se réjouir de l'œuvre de Ses mains » ; Il aime Ses créatures, « œuvres des paumes de Ses mains »[627] ; Il attend qu'« elles constituent la joie de leur Créateur ». « Dieu ne veut pas la mort » de l'humanité, même si elle est déjà presque « morte » à cause de ses péchés. Il ne la laisse pas mourir. Il veut qu'elle retourne à Lui, « pour qu'elle vive »[628]. Il veut que le monde subsiste. Et pour cela Il confie le monde à la garde d'Israël ; Il le charge d'une grave mission : préserver le monde de sa perte [629]... Israël, en assumant cette lourde responsabilité, demeure le « témoin de Dieu »[630], le témoin de l'amour de Dieu pour le monde ; Israël reste le témoin, le garant, le responsable de la survie du monde. Pour réussir dans l'exécution de sa dure tâche, Israël amorce, le premier[631], le mouvement de *techouva*, de « retour » à Dieu ; il le poursuit sans relâche et le conduit à sa plus haute expression, qui marque l'avènement des temps messianiques[632], en célébrant l'instauration du Royaume de Dieu dans le monde[633].

Israël, homme et peuple de la techouva, montre aux hommes et aux peuples le chemin du « retour » à Dieu

La *techouva*, le « retour » à Dieu, remet l'homme, que ses péchés ont éloigné de Dieu[634], ou que les péchés des autres[635] forcent de s'écarter de Dieu, dans l'état d'une « nouvelle créature »[636] face à son Créateur. Il se trouve dans cet état d'émerveillement qui engage spirituellement, qu'a connu Adam, le premier homme (qui renferma dans son âme celles de tous les hommes qui devaient venir après lui), au moment où Dieu le plaça dans ce monde et le lui confia.

C'est à cet état que retourne l'israélite qui effectue sa *techouva*. Toutefois, l'israélite et Israël qui « font *techouva* » se retrouvent encore dans cet état d'émerveillement qui engage spirituellement, dans lequel se sont trouvés les six cent mille israélites (« racines » des israélites qui devaient naître après eux) au pied du mont Sinaï, au moment de la promulgation de la Tora[637].

Le *Ba'al techouva*, l'homme de la *techouva*, conscient de ses responsabilités vis-à-vis de sa génération et des générations passées et futures ; l'israélite « maître de la *techouva* », sachant que lui « seul » peut contribuer à la *techouva* d'Israël tout entier ; Israël, « faisant *techouva* », sachant qu'il peut influer sur la *techouva* de toute l'humanité, ou même en décider[638] ; chacun d'eux, en « retournant » par la *techouva* à Dieu, se voit déjà[639] dans cet état d'émerveillement qui vivifie, que connaîtront les hommes, les israélites, le peuple d'Israël, toute l'humanité au moment où « la corne », le *chofar* de la liberté, de la *techouva* suprême résonnera dans le monde et annoncera l'instauration du règne de Dieu[640].

Le désir de *techouva* est inhérent à l'âme juive[641]. Dieu a insufflé à Israël, avant la création du monde, le souffle de la *techouva*, dont la création a précédé la création du monde. La *techouva* (signe salutaire de Dieu, venu d'un autre monde) animera Israël (venu lui-même d'un autre monde), lorsqu'il agira dans ce monde, afin que celui-ci, avec les hommes, les peuples qui l'habitent, « retournent à Dieu ». Désir[642] qui brûle en Israël sous des formes multiples, la *techouva* fait aussi l'objet d'une mitsva[643] formelle, d'un commandement de Dieu, qui ordonne à Israël d'agir en vue de sa réalisation. L'accomplissement lucide de la *techouva* rend Israël plus conscient encore de la force de « faire la *techouva* » dont le Créateur l'a doué, de sa force pour conduire le monde à Lui. La *techouva* constitue, il est vrai, la condition de la délivrance d'Israël[644] ; ce *tnaï* divin est toutefois accompagné d'une *havta'ha*, d'une « promesse » divine : par elle Israël est assuré de parvenir enfin[645], malgré les obstacles auxquels ils se heurterait, à accomplir l'acte suprême de *techouva*[646], qui lui apportera, ainsi qu'à l'humanité et au monde, le salut[647]. Israël remplira la tâche qui lui incombe d'élever le monde au rang de *kinyan*, « d'acquisition de valeur », de Dieu, tel qu'il fut envisagé par son Créateur lors de sa création. Israël, à l'instar d'Abraham, son père, présentera alors le monde à Celui auquel il doit « retourner purifié, éclairé[648] ». Le monde, le monde entier, rendu conscient de lui-même, remontera à Dieu par l'échelle d'Erets-Israël[649] : le corps de l'Homme, d'Adam, a été fait de la poussière que le Créateur avait recueillie dans toutes les parties du monde ; sa tête, cependant, a été faite de la poussière qu'Il avait prise au lieu où devait s'élever l'Autel de Jérusalem[650]. La pensée des hommes, purifiée, se dirigera vers Dieu par les « portes » d'Erets-Israël[651]. En Erets-Israël, le premier homme a vu le jour[652] ; en Erets-Israël, le genre humain verra son salut[653].

Le monde remontera à Dieu à la lumière de la Tora, charte de l'univers[654], dans laquelle chacun reconnaîtra enfin sa place[655].

Israël, le *makné*, fera « acquérir », solennellement, le monde par Celui qui est *Koné hakol*, l'« Acquéreur de tout »[656].

À l'heure de la *techouva* suprême, le *Koné hakol* acquiert *tout* à nouveau ; le tout prend la valeur d'une acquisition et est animé d'une conscience : « chaque créature comprend que c'est Lui qui l'a créée »[657] et monte volontairement vers Lui[658].

La vie quotidienne d'Israël forme une vie de *techouva* en elle-même et constitue un appel à la *techouva* pour les autres[659].

Mais, une fois par année, Israël, homme et peuple, proclame solennellement sa vocation de *techouva*, devant le monde entier ; il le conjure alors de le suivre sur le chemin qui conduit à Dieu.

Le jour du Nouvel An (*Roche HaChana* : « La tête de l'année »[660]), Israël fête la création du monde et notamment celle de l'Homme[661]. En ce jour, selon la Cabale, le monde vit à nouveau sa propre naissance et l'homme, lui surtout, doit vivre à nouveau sa propre naissance et en prendre conscience[662]. C'est en ce jour qu'Israël se présente devant le Créateur, scrute Sa création, se soumet à Son jugement et effectue sa *techouva* ; il l'effectue face au monde, qu'il invite à coopérer avec lui à l'instauration du règne de Dieu[663]. (Dix jours plus tard, à Yom Kippour, Israël accomplira sa *techouva* en profondeur, dans l'intériorité de son être[664].)

Le jour de Roche HaChana, Israël voit, dans l'humilité, le déploiement de la Puissance créatrice de Dieu, grand et lointain, mais il entend aussi, en même temps, avec sérieux, l'appel que lui adresse le même Dieu, bon et proche, qui lui dit : « Intronisez-Moi », comme votre Roi[665]. *Elokei Yisraël*, le « Dieu d'Israël », étant devenu *Mêle'h*, « Roi d'Israël »[666], *Mal'houto bacol machala*[667], « Sa Royauté » s'imposera à tous, d'abord par la crainte – *machala* – qu'elle inspirera ; puis elle sera acceptée par tous avec joie[668] : le Roi d'Israël, reconnu « Roi de toute la terre »[669], régnera alors sur tous – *Ve Timlo'h al col ma'assé'ha* –, du haut de la montagne de Sion[670]... »

Israël ne peut jamais s'oublier, car il est lié à Dieu,
qui le tient en état d'éveil permanent

Le juif, et notamment le *tsadik*, le juste, qui est « le cœur d'Israël »[671], car il en assume les responsabilités ; le *tsadik*, qui est « le fondement du monde », car il en assure la vie[672] – le juif qui aime Dieu et qui répond à l'amour de Dieu pour lui est donc tenu d'aimer la Tora, dont l'observation est la condition de l'existence du monde[673]. Pour que cet amour de la Tora soit efficace, le juif est tenu d'aimer Israël, qui est capable seulement dans sa totalité d'accomplir toutes les mitsvot de la Tora[674]. Pour que cet amour d'Israël soit efficace, le juif est tenu d'aimer Erets-Israël, seul endroit au monde où la conscience d'Israël est fiévreuse, tendue, où son « cœur est éveillé », seul endroit au monde où Israël prend sa « stature entière »[675], car il est capable d'y accomplir *toutes* les mitsvot, qu'elles soient d'ordre personnel ou communautaire, individuel ou social, commercial ou agricole, national ou international[676].

Dans la Gola, en Diaspora, le sens créateur des mitsvot échappe souvent au juif, en raison du ralentissement de ses fonctions vitales, de son engourdissement spirituel ou de sa souffrance physique. Les mitsvot revêtent dans la Gola un caractère assez sévère, prohibitif ; elles ont plutôt pour but de ne pas laisser le juif

« s'endormir », de le tirer de sa torpeur, de protéger, sa personnalité, son « intériorité », contre l'influence néfaste ou hostile de l'extérieur[677]. Tandis qu'en Erets-Israël les mitsvot ont pour tâche de vivifier « le cœur éveillé » du juif, de libérer son essence intérieure, sa personnalité, pour la mettre directement, existentiellement, réellement, en contact avec la personnalité, l'essence intérieure d'Erets-Israël[678].

Dans le Pays d'Israël, en observant les mitsvot, le juif « ne s'oublie » pas[679], ne s'endort pas[680]. Il sait que, dans tout ce qu'il fait, il est debout devant son Maître, le Dieu de la Terre, le Dieu d'Israël, le Dieu de la Tora. C'est de ces trois sujets-objets que Dieu dit qu'ils sont « à Moi ! » : « à Moi », et « avec Moi », avant qu'ils soient ici-bas, pendant qu'ils sont ici-bas, pour qu'ils soient enfin « à Moi ! » et « avec Moi » « dans le monde à venir »[681]. Pour le juif que la Tora vivifie et que les mitsvot soutiennent, l'état idéal de « repos », de *menou'ha*[682], auquel il est arrivé en Erets-Israël[683], est au fond un état permanent de tension et d'action « diurne », un état d'éveil, d'alerte[684], un état préfigurant l'état idéal messianique, du « jour »[685] où ses sens, se maintenant en éveil, se spiritualiseront, où ses mains, labourant la terre, se spiritualiseront, où son corps, s'appuyant sur la Terre, deviendra « esprit », deviendra « âme »[686]. L'oubli de soi-même, causé par l'oubli de Dieu, de la Tora, l'oubli engendré par la tranquillité, la satisfaction, l'opulence[687], la « sécurité », que lui apporte « le Pays »[688] et qui entraîne le péché le plus grave, celui commis par négligence[689], cet oubli n'est plus possible en Erets-Israël[690]. Car ses plaisirs, ses biens, constituent pour le juif des motifs de « joie »[691] sereine, spirituelle, pour laquelle « il tremble » : il se trouve devant Dieu[692]. Dans tout ce qu'il pense, dans tout ce qu'il entreprend, dans tout ce qu'il fait, il « se rappelle » qu'il est « fils du Roi »[693], « qu'il est debout »[694] et « sert le Roi, dans Son propre Palais »[695]. Il se rappelle pourquoi le Roi lui a donné accès au *Gan-Eden*, qui est identique à Erets-Israël[696], pourquoi Dieu l'y a placé : « pour le cultiver et le garder », conformément à Ses « commandements d'agir » et avec « Ses ordres de s'abstenir »[697]. Il se rappelle aussi pourquoi Dieu l'en a « chassé » : afin qu'il y revienne purifié par l'épreuve[698].

En Erets-Israël, s'il manque à l'observation des mitsvot, le juif ne peut s'oublier que partiellement. Certes, le relâchement dans l'application des mitsvot en Erets-Israël a de graves conséquences. Car les exigences de ce pays sont inexorables. Cependant, le *zikaron*, la « mémoire » du juif, même dans ces dures conditions, reste bonne[699] ; dans son intériorité cachée, elle demeure presque intacte. Elle ne faillit jamais complètement ; elle ne faiblit qu'à sa périphérie. Le *zikaron* ne trahit jamais le juif, fût-il négligent. Car, au fond, le juif n'oublie pas son Dieu ; il n'oublie pas sa Tora[700] ; il n'oublie pas son Peuple, Israël ; il n'oublie pas son Pays, Erets-Israël : il ne peut pas « oublier » sa Ville, Jérusalem[701]. Le serment de ne pas oublier Jérusalem le gouverne spirituellement et même physiquement ; il est plus fort que lui ; il s'est emparé de lui entièrement et à tout jamais[a].

C'est pourquoi le juif ne peut pas s'aliéner totalement de lui-même. (Quant à Israël, il ne peut jamais s'éloigner de soi, il ne peut jamais se rendre étranger à lui-même[702], car il est lié par son « intériorité cachée » à Dieu, qui le tient en état d'éveil permanent.) Ne s'oubliant pas intégralement, le juif ne peut donc pas pécher irrémédiablement[703]. (Quant à Israël, il ne peut pas s'oublier ; car, pour rester Israël, il ne doit pas oublier son Dieu. Et, en vérité, il ne L'oublie pas ; les admonestations mêmes que la Bible lui adresse à ce sujet l'attestent : elles contiennent déjà les germes des bénédictions futures[704] ; les « admonestés » y sont appelés *banim*, « fils »[705], « enfants »[706]. Et ceux-ci, selon le jugement, reçu dans la Hala'ha[707], de Rabbi Meïr, le célèbre tanna (II[e] siècle)[708], restent les « enfants de l'Éternel, leur Dieu »[b][710].

En conséquence, dans son essence, dans son intériorité, dans sa totalité, Israël, en tant que peuple, ne pèche jamais à titre définitif, d'une manière irréparable. « Tout son peuple est juste[711]. Ses défauts ne sont qu'extérieurs ; ses péchés ne sont qu'accidentels[712]. Car le fond de son être, l'« Israël attaché » à Dieu[713], demeure saint[714], pur, inattaquable par les forces extérieures, inatteignable par les influences étrangères[715] ; sa « racine », fixée en Dieu, demeure propre[716].

Ahavat HaChème, l'amour du juif pour Dieu, va ainsi trouver son complément et son expression dans *Ahavat HaTora*, dans son amour pour la Tora, dans *Ahavat Yisraël*[717], dans son amour pour Israël et

---

a. Voici, le juif a témoigné spontanément et éloquemment, en 1967, lors du retour de la Cité de David dans la souveraineté d'Israël, de l'emprise, combien puissante, toujours entière, qu'exerce sur tout son être ce serment plusieurs fois millénaire.

b. Le même Rabbi Meïr, grand « défenseur » d'Israël, dit du non-juif qui « s'occupe honnêtement de l'étude de la Tora, qu'il est digne du même respect que le *Kohen gadol* », que le grand prêtre du Temple de Jérusalem[709].

dans *'Hibat HaArets*, dans son amour pour le Pays[718] (dans *Ahavat Erets-Yisraël*, dans son amour pour Erets-Israël)[a].

La particularité d'Israël est bienfaisante pour tous ceux qui sont honnêtement disposés à en bénéficier

Pour continuer son chemin, qui est un chemin de rapprochement volontaire sans cesse désiré, toujours plus intime, avec Dieu ; pour poursuivre sa voie, qui est toujours voulue comme une voie de « retour », de *techouva*, à Dieu, vers laquelle convergent les sentiers de *techouva* de tous les hommes, de toutes les créatures[720], Israël doit donc se consacrer à la Tora et à Erets-Israël. Il le fait, même lorsqu'il « descend » dans la Gola. Car il s'y « disperse », pour mieux se « rassembler » ensuite lui-même, enrichi par les expériences qu'il y a vécues et par les « étincelles de lumière » qu'il y a recueillies[721] ; mais aussi pour mieux apprendre aux autres, par l'exemple qu'il leur offre, combien il leur serait salutaire de reconnaître, sans jalousie et dans la confiance[722], « la spécificité », « l'unicité »[723], « la solitude »[724] d'Israël, voulues[725] et garanties par Dieu et solidaires de tous les hommes, de tous les peuples, de toutes les créatures[726]. En effet, cette « particularité » d'Israël, comme celle de Dieu qui la commande et la protège, est une particularité « rayonnante », bienfaisante pour tous ceux qui sont sincèrement et honnêtement disposés à en bénéficier[727]. Israël, comme Abraham, « sa racine »[728], se répand dans le monde, tout en y restant « seul face à tous »[729], « isolé parmi les autres peuples »[730] ; il se mêle aux terres du monde, tout en maintenant sa Terre « à part », réfractaire à tout « canaanisme », à tout « marchandage »[731] sur le caractère unique de cette terre. Et pourtant Israël porte la Tora partout ; se met, bon gré mal gré, à la disposition de tous, pour mieux aider les hommes, les peuples, « toute chair »[732], à « monter »[733], ensuite, de leur propre initiative, à la Résidence de Dieu, à Jérusalem, afin d'y « voir Dieu », c'est-à-dire d'y contempler Sa gloire – à monter aux sources de la Tora, à Jérusa-

---

a. Rabbi Akiva, l'illustre maître de la Hala'ha et de l'Aggada (IIe siècle), « symbolise » par son enseignement, sa vie et sa mort de martyr ces trois formes de *ahava*, réunies. Toutes ces manifestations de l'« amour » se résument chez lui dans l'application du précepte du Lévitique : « Tu aimeras ton prochain comme toi-même », qui constitue, selon lui, « le grand principe de la Tora ». Cependant, le précepte de l'amour du prochain lui-même ne représente que l'aboutissement du précepte du Deutéronome : « Tu aimeras l'Éternel ton Dieu, de tout ton cœur, de toute ton âme et de tout ton pouvoir »...[719]

lem, et à y connaître *de visu* et *de facto* les réalités de la Tora, d'Israël et d'Erets-Israël, s'épanouissant librement sous le « regard de Dieu »[734].

La réchit, le commencement, contient virtuellement l'a'hrit, la finalité

Voilà pourquoi, dans la tradition juive, Israël représente une nécessité non seulement universelle mais cosmique, s'inscrivant dans le contexte cosmique de la Tora et d'Erets-Israël.

Ces trois facteurs de portée cosmique annonçant la *réchit*, formant ce qui précède le commencement du temps, révèlent la « pensée » divine qui a présidé à la conception puis à la construction du monde, à l'instauration du temps historique, c'est-à-dire à l'ouverture du processus messianique[735].

Réchit, en tant que commencement, implique *a'hrit*, la finalité, à la fois précise et virtuelle, que le Créateur y a inscrite et lui a prescrite.

La *réchit* contient potentiellement l'*a'hrit*[736], car la première a été considérée en vue de la dernière ; la *réchit* a été envisagée en vue de sa finalité, « pour le nom de sa fin »[737]. La *réchit* renferme sa propre lumière, qui est déjà « la lumière du Messie », *oro chel Machia'h*[738]. Dieu l'a « cachée »[739] dans la *réchit* pour qu'elle se révèle dans l'*a'hrit*[740], dans « le futur qui viendra »[741] mais qui commence[742] déjà, cependant, à venir[743]. Entre-temps, « les étincelles » des lumières du Messie apparaissent « peu à peu »[744], et brilleront de plus en plus jusqu'à ce qu'elles se réunissent et éclatent dans la grande et entière « lumière du Messie ».

« La fin de l'action se trouve dans le début de la pensée[745]. » Dieu en est l'architecte. « Je suis Dieu, et nul n'est comme Moi. Dès le début, dès la *réchit*, J'annonce les choses futures[746], l'*a'hrit*, et longtemps d'avance ce qui n'est pas encore accompli ; Je parle, Ma décision demeure, et tout ce que Je veux, Je le réalise[747]. » Et pourtant, c'est l'homme, appelé par son Créateur à être libre, à Son image, qui réalise, *auprès de Dieu*, tout ce que Celui-ci veut. Mais l'homme, « l'associé de Dieu », peut aussi, par sa méchanceté, empêcher temporairement l'exécution de la volonté de Dieu, comme il peut, par son zèle, la hâter[748]. Et pourtant : « Qui a fait, qui a exécuté tout cela ? – Celui qui, dès le commencement, *appelle les générations à être*, Moi, l'Éternel, qui suis le Premier et demeure encore avec les derniers[749]. »

Dieu ne cesse de se révéler à travers les réchit

Les trois *réchit*, Tora, Israël et Erets-Israël, sur lesquelles le monde fut « assis » ne cessent de se révéler à l'homme.

En vérité, Dieu se révèle à l'homme en se révélant sans cesse dans ces trois *réchit*[750], en leur attribuant un caractère historique[751], en leur assignant une vocation messianique[752]. La révélation divine à travers la *réchit* se poursuit sans cesse jusqu'à ce que la *réchit* devienne *a'hrit*, jusqu'à ce que l'*a'hrit* redevienne *réchit*[753].

La révélation de Dieu à travers les trois *réchit* n'est pas seulement historique parce qu'elle s'est faite pleinement à un moment précis de l'histoire, au moment de la *réchit*, et qu'elle se refera pleinement à un moment précis de l'histoire, celui où l'*a'hrit* rejoindra la *réchit*. La révélation n'est pas seulement historique parce qu'elle imprègne toute l'histoire entre *réchit* et *a'hrit*. La révélation est historique, surtout parce qu'elle se fait continuellement, à des degrés et sous des aspects différents, aux yeux de ceux qui veulent l'apercevoir et en fonction de leur capacité à la saisir. La révélation se fait « aujourd'hui »[754]; elle « se renouvelle chaque jour » pour ceux qui ont des oreilles pour percevoir ses « échos » et des yeux pour capter ses reflets[755]. Car, tous les jours, Dieu renouvelle à l'intention de l'homme la *réchit* et prépare, en collaboration avec lui, qu'il le veuille ou non, l'*a'hrit*. Au *tsadik*[756], au juste, la révélation n'apparaît pas comme une révélation renouvelée, mais comme une révélation nouvelle ; « il l'apprécie comme si elle lui était *donnée* aujourd'hui même »[757] ; il la vit réellement comme une *réchit* véritablement pleine dont il pressent déjà effectivement l'*a'hrit*[758] : l'avenir étant déjà intégré au présent.

Dieu cherche en chacun de nous le tsadik, le juste, à la fois idéaliste et réaliste. Entendant Sa parole, ce juste s'aperçoit, émerveillé, à chaque instant, que « Dieu crée, à nouveau, le monde »[759], qu'Il appela une fois à la vie par Sa parole[760]. Mais, vivant dans ce monde, s'y sentant lui-même, chaque jour, en « retournant vers Dieu », comme quelqu'un qui est « né à nouveau »[761], ce juste sait que les trois *réchit* qui ont présidé à la naissance du monde, qui conditionnent son existence et constituent son but, se renouvellent, elles aussi, chaque jour, par la parole créatrice, dans l'acte créateur de Dieu.

En effet, ce juste, ce juif, sait pertinemment, réalise personnellement que Dieu « donne aujourd'hui même la Tora à Israël »[762]. Il la lui donne pour qu'elle assure sa vie, mais aussi pour qu'elle « attire » le monde à elle, par « les voies de la paix »[763] ; pour qu'elle s'« étende » dans ce monde, avec bonté, sans forcer personne ; pour qu'elle se rapproche des hommes et des peuples, de chacun selon ses affinités avec elle et ses capacités de la comprendre et de l'adopter. Ce juste, ce juif, loue donc à présent Dieu, car Il est *Notène Ha Tora*, Il est à présent le Donateur de la Tora[764].

Ce juste, ce juif, sait, réalise personnellement qu'en donnant à présent la Tora à Israël, Dieu fait « aujourd'hui même » d'Israël « un peuple », Son peuple à Lui ; il loue Dieu, car Il choisit à présent Son peuple, « avec amour », *Bo'her BeAmo Yisraël BeAhava*, pour que celui-ci « proclame avec amour Son unité »[765].

Ce juste, ce juif, sait pertinemment, réalise personnellement qu'en choisissant Son peuple, en lui assignant la tâche qui est la sienne, Dieu choisit Son pays qu'Il avait déjà donné aux pères des enfants d'Israël et « qu'Il donne à présent » à Israël : *HaArets Acher HaChème Eloké'hem Notène La'hem* ; car ce pays est lui-même appelé à faire connaître l'unité de Dieu. Ce juste, ce juif, remercie donc, à présent, Dieu pour le don du Pays[766].

L'importance historique, universelle, exceptionnelle, de la manifestation simultanée des trois réchit

Ces trois *réchit* se révèlent chaque jour. Cependant, ce n'est pas chaque jour, ce n'est pas en chaque génération, que ces révélations, que ces choix et ces dons divins, se font simultanément, au même instant de la journée, au même moment de l'histoire[767].

Il y a des heures où Dieu permet que ces trois facteurs se révèlent ensemble. Ces époques, extrêmement significatives, sont riches en enseignement[768].

Ces trois facteurs, Tora, Israël et Erets-Israël, ont l'intuition de l'importance exceptionnelle de leur commune manifestation ; ils ont l'intuition de la force éthique étonnante que suscite dans le monde leur apparition collective. Ils ressentent la grandeur spirituelle d'un tel moment de l'histoire. Bien plus qu'à prouver l'existence de Dieu, à expliquer Sa conduite et à interpréter Son enseignement, Tora, Israël et Erets-Israël s'apprêtent à faire « voir » le Roi dans Sa splendeur, à Le désigner aux enfants mêmes, et à s'exclamer : « Le voici, c'est Lui notre Roi, que nous avons attendu », « Il vient... » Ils s'apprêtent donc à proclamer tout haut l'unité de Dieu, qui fait sentir à tous Sa Présence immédiate, personnelle et l'unité de Son nom, qui fait saisir à tous Son action directe, indéniable[769].

Tora, Israël et Erets-Israël sont donc conscients de la responsabilité, grave et grandiose, qui leur incombe à une telle heure de la vie du monde, de la vie du cosmos. (Ce dernier s'ouvre davantage aux hommes, pendant une telle période. Quelle coïncidence significative !)

À un tel tournant de l'histoire, ces trois facteurs prennent eux-mêmes davantage conscience des forces intérieures dont ils disposent, des capacités prodigieuses que le Créateur a mises en eux. Ces inestimables facultés, ils les ont gardées en eux, durant de longues périodes de l'histoire ; ils les ont communiquées, par d'invisibles canaux, aux générations qui se sont succédé. Celles-ci les ont enrichies chacune de sa contribution[770] originale et marquées chacune de son sceau personnel. Toutefois, les dispositions foncières enrichies avec le temps, augmentées de la Tora, d'Israël et d'Erets-Israël, n'ont pu faire surface en même temps pour s'affirmer et agir, avec efficacité, simultanément.

Le moment arrive enfin où ces forces latentes, mûries, sortent à la lumière où elles se révèlent[771].

Ce qui est « caché » dans la Tora, le *nistar*, s'impose alors avec évidence à l'esprit, « se découvre », devient *niglé*, visible[772]. Ce qui est « caché » en Israël, le *nistar*, se manifeste alors avec puissance et stupéfie le monde, « se découvre », devient *niglé*. Ce qui est « caché » en Erets-Israël, le *nistar*, surgit alors avec force et impressionne tous les pays, « se découvre », devient *niglé*[773]. Ce processus de *Hitgalout*, ce *niglé* en devenir[774], prépare la révélation de la gloire de Dieu ; *VeNigla Kevod HaChème*, « alors la gloire de Dieu sera manifestée[775] »...

« Alors, ceux qui sont droits de cœur l'entendent, le voient et se réjouissent[776]. » Mais ceux qui sont méchants « l'entendent et se mettent en colère » ; ils sont intrigués par ce qu'ils entendent ; ils se fâchent de ce qu'ils voient[777]. Tout en invoquant le nom de l'Éternel, tout en se réclamant de Sa parole[778], ils s'emportent contre Israël, s'emportant en fait contre Dieu[779]. Oui, ils s'irritent de ce qu'Il leur montre que Sa Tora est vraie[780] ; ils s'exaspèrent de ce qu'Il leur demande de reconnaître qu'en vérité « Il est au milieu » d'Israël[781] ; ils s'indignent parce qu'Il leur fait voir, « de leurs propres yeux », « qu'Il rentre dans Sion »[782] « pour résider au milieu d'elle » : « On ne la nommera plus la délaissée et on ne nommera plus sa terre la désolée, car sa terre aura un époux[783]. » Au lieu qu'ils se fassent entendre et qu'ils disent : « C'est vrai ! »[784], les Amalécites[785] « s'agitent » ; ils se refusent à l'évidence, à la bonté[786], à la grandeur divines[787] ; ils refusent d'admettre qu'Israël a le droit d'accueillir cette évidence, cette bonté, cette grandeur de Dieu. Ils se révoltent donc contre Dieu ; ils ne tolèrent pas un Dieu qui proclame : « Pour l'amour de Sion, Je ne me tairai point ; pour l'amour de Jérusalem, Je n'aurai point de repos, jusqu'à ce que sa justice paraisse comme l'éclat du jour[788] ». Ils s'attaquent, en conséquence, à Israël, à Erets-Israël, à la Tora, à ce qu'ils appellent la Bible.

Le dualisme rigide esprit-matière dans lequel des non-juifs se sont enfermés[789] les empêche d'accueillir une « Tora de la vie », une Tora totale, unitaire, de la vie[790]. Ils aimeraient donc voir la Bible – qu'ils choisissent d'appeler simplement Livre – « pure » dans sa spiritualité sublime, « purifiée » de ses éléments trop concrets, trop pratiques, vidée de ses vérités trop « matérielles », trop « politiques », trop « immédiates ». Orgueilleux et durs de cœur, pharaoniques[791], les Amalécites[792] ne veulent pas entendre parler d'un « Dieu qui est vrai[793] » ; ils Le contestent parce qu'Il ose « témoigner à Jacob l'*émet*, la vérité, la fidélité, et à Abraham le *'héssed*, la grâce, qu'Il leur a jurées dès les premiers âges »[794].

Face à la preuve « consolatrice » de la fidélité de Dieu à son égard[795], et, en même temps, face au déchaînement de la colère[796] de ceux qui, « détestant » Dieu dans le fond de leur cœur, exhalent leur « haine[797] » contre Sa Tora, Son Peuple et Son Pays, surtout parce que la Tora d'Israël, le Peuple d'Israël et le Pays d'Israël annoncent ensemble la vérité divine et bénéficient ensemble de la grâce divine[798] – face à cette situation réconfortante et éprouvante à la fois, le peuple juif serre les rangs.

Comme aux grands moments de la révélation, de la révélation sinaïque notamment[799], Israël affirme, sans crainte et sans hésitation, son unité, son *a'hdout*[800]. Il proclame son unité en Dieu, en *HaChème E'had* ; il proclame son unité en l'unité de Dieu ; et cela non seulement grâce au *Yi'houd HaChème*, à la conscience qu'il a de l'unité de Dieu et à l'expérience qu'il en a faite, mais surtout grâce à celle qu'il en fait aujourd'hui, vivant maintenant dans la réalité de cette unité[801]. Aussi Israël atteste-t-il l'unité d'un « peuple qui est un », en se retrouvant « dans le Pays », *Goï E'had BaArets*. En effet, l'unité d'Israël se renforce lorsqu'elle s'appuie sur le pays[802] ; c'est ce dernier, par ses besoins, par ses exigences, par son attrait, qui en fait une unité « communautaire »[803], agissante[a]. Cependant l'unité

---

a. Combien éloquent est l'exemple qu'offrent au cours des années 1970-1971 des juifs d'URSS. Pendant des décennies, ils ont été tenus éloignés de la Tora et séparés de leurs coreligionnaires dans le monde. À présent, encouragés par l'existence de l'État d'Israël, ils prennent conscience de leur judéité historique et ils osent clamer leur droit de se rendre dans le Pays d'Israël restauré,

d'Israël autour d'Erets-Israël ne tient pas à une organisation matérielle. Elle est commandée par la *penimiout*[804], par l'« intériorité » d'Israël ; elle est formée d'âmes juives, de tous les temps[805] ; car elle repose sur « le point caché juif » inexpugnable, qui, se fondant sur Dieu, s'exprime par son attachement profond à la Tora[806].

La Maison d'Israël est « une nation qui n'est pas comme les autres » et « un pays qui n'est pas comme les autres »

La Tora fait d'Israël une nation qui n'est pas « comme les autres »[807], la confirmant comme « peuple de Dieu », lui donnant un statut particulier[808] ; la Tora fait d'Erets-Israël un pays qui n'est pas comme les autres[809], le confirmant comme « héritage de Dieu »[810], lui donnant un statut particulier[811].

Pour conquérir et garder le Pays d'Israël, le peuple d'Israël se voit obligé de se réclamer de la Tora[812]. En effet, elle seule lui donne droit sur ce pays et permet d'écarter le reproche d'usurpation[813]. Jamais, même dans les circonstances les plus diverses, le droit d'Israël sur Erets-Israël n'a relevé du « droit » naturel « des peuples »[814], du droit de conquête, d'habitation et d'aménagement d'un territoire. Le droit « naturel » d'Israël, peuple surnaturel, miraculeux, sur Erets-Israël, pays surnaturel, prodigieux, relève du seul droit surnaturel[815] inscrit dans la Tora surnaturelle de Dieu, qui accorde le Pays d'Israël au Peuple d'Israël[816]. Dieu accorde expressément ce Pays à Israël[817]. Il lui accorde seulement ce Pays et pas plus que ce Pays[818]. Il lui défend d'étendre ce Pays au-delà des frontières prescrites par la Tora[819]. Il lui interdit de s'approprier des territoires situés à l'étranger, dans les diverses parties du monde[820]. Oui, Erets-Israël pourra « s'étendre[821] à l'avenir au monde entier »[822], mais spirituellement ; elle pourra marquer, dans la paix, sa présence partout dans le monde, par l'influence féconde qu'elle y exercera. Erets-Israël s'élèvera « plus haut que tous les autres pays », en sorte que ces derniers puissent la contempler de loin comme un modèle lumineux[823].

La Tora accorde un droit à Israël sur Erets-Israël. Plus encore. Par une *mitsvat assé*, par un « commandement » formel, « qui ordonne d'agir », elle fait de l'« habitation », de l'« aménagement » et de la « conquête » d'Erets-Israël *(Yechivat Erets-Yisraël, Yichouv Erets-Yisraël, Kibouche Erets-Yisraël)*[824] une obligation qui incombe à Israël et

---

« de retourner dans la Patrie historique de leur peuple », afin d'y vivre librement et pleinement leur judaïsme, d'y étudier la Tora et d'en appliquer les mitsvot,

à lui seul, et à chaque juif individuellement[825]. La possession d'Erets-Israël par Israël n'est pas un état de fait, politique, social, économique, national ou militaire, établi par la force[826] ; elle n'est pas un acte souverain des hommes qui, pour le consacrer, appellent sur lui « la grâce divine ». La possession d'Erets-Israël par Israël est d'abord un don divin, formellement inscrit dans la Tora ; ce don, grâce divine, conduit à la prise en charge du pays par les hommes ; d'abord à titre individuel et symbolique, mais d'une manière concrète, par Abraham : il « parcourt » la Terre promise[827] ; ensuite à titre individuel et symbolique, mais d'une manière spirituelle, par Moïse : il « regarde » le pays de loin[828] ; enfin à titre concret et collectif, et d'une manière totale, matérielle et spirituelle, par le Peuple d'Israël. Le Peuple d'Israël entre en possession du Pays d'Israël. Cependant, cette entrée en possession, conséquence d'un don divin et résultat d'une action humaine[829], n'est autorisée qu'au moment où les péchés que les habitants du Pays de Canaan y ont accumulés arrivent à un point de saturation que le Pays, saint par sa nature, ne peut plus tolérer[830] ; et même cette entrée en possession n'est autorisée qu'après le refus que les Cananéens opposent aux appels à la paix des israélites[831]. Cette entrée en possession n'est pas divinement arbitraire[832] : elle est humainement justifiable.

La sainteté et la sanctification de la Terre d'Israël

Entré en Erets-Israël, dans ce pays « saint » par nature[833], Israël le consacre, le « sanctifie » par des actes qui ont un caractère religieux et éthique[834]. C'est la Tora qui les lui prescrit par des mitsvot précises. La « sanctification » qu'Israël apporte au Pays confirme, complète, traduit en pratique et, dans une certaine mesure, conditionne la « sainteté » dont Dieu a gratifié Erets-Israël[835]. La sainteté que Dieu inscrit dans le Pays d'Israël attend qu'Israël la sorte de son état de « noble » puissance, et la « renforce » par son action de sanctification de la terre[836]. Israël introduit ainsi la sainteté dans le mouvement de la vie quotidienne ; il la fait circuler dans « le monde de l'action ».

Mais, une fois l'action de sanctification humaine affaiblie et, par conséquent, la Terre d'Israël tombée en désolation, la sainteté divine[837], elle, assume un rôle protecteur : elle enveloppe la Terre sainte, préserve dans ses profondeurs son essence sainte[838]. La sanctification humaine, elle, se réduit alors à des actes symboliques, matériels et spirituels, que les enfants du Pays, attristés ou éloignés de lui, accomplissent. Leur « intention » sincère les transporte alors en pensée dans un Erets-Israël, en sanctification réelle[839] ; leur *kavana*, pure, les y fait revivre, surtout individuellement, grâce à « la mémoire »[840] », actualisant les temps d'autrefois, où la Terre sainte était pleinement sanctifiée. Ils prient[841], durant leur vie entière, pour le renouvellement de l'opération de sanctification d'Erets-Israël. Les moments importants qui marquent le début, l'épanouissement et la fin de la vie d'un juif – naissance, mariage et mort – sont placés sous le signe de la prière par laquelle le juif demande à voir le Pays « reconstruit », Jérusalem « restaurée », l'*avoda*, le « travail » de sanctification totale, cultuelle et éthique, rétabli dans toute son ampleur.

Huit jours après sa naissance, l'enfant juif est « introduit dans l'alliance d'Abraham notre père », fondateur du Peuple et du Pays d'Israël ; il incombera au juif d'assumer, lorsqu'il en sera capable, la Tora et les mitsvot, qui lui apprendront comment contribuer à la « sanctification » du Pays. À la solennité du mariage, les « bénédictions » appelées sur le jeune couple juif se projettent sur le fond de « joie » créatrice, « sanctificatrice », dont Sion et Jérusalem sont le séjour[842]. Après l'enterrement d'un juif, les membres de sa famille reçoivent de la part de leurs coreligionnaires le témoignage de leur participation à leur deuil et l'expression de leur réconfort, dans le vœu que Dieu, « le Makom, les console avec tous ceux qui sont en deuil de Sion et de Jérusalem ». Le deuil de Sion et de Jérusalem est aussi réel que le deuil d'une famille juive qui perd un des siens ; et la consolation d'une famille juive affligée, sa « joie » future, ne saurait être trouvée qu'en Sion et en Jérusalem, consolées, rebâties, au milieu d'une Erets-Israël reconstruite[843]. Erets-Israël se réjouira à nouveau de l'offrande de « sanctification » que leur apporteront les juifs, qui rétabliront, dans leur Sanctuaire, l'*avoda* sous tous ses aspects, spirituels et matériels[844].

La reconnaissance par « les nations du monde » de la spécificité et de la légitimité du lien entre Tora, Israël et Erets-Israël

Les *Oumot HaOlam*, « les nations du monde », témoigneront de leur bonne foi et de la sincérité de leur croyance en Dieu, lorsqu'elles reconnaîtront réellement la spécificité du lien que la Tora hébraïque établit entre Israël et Erets-Israël[845]. D'ailleurs, l'histoire ne cesse d'apporter à ce lien sa confirmation, le plus souvent douloureuse. « Les nations du monde » prouveront ainsi qu'elles ont vaincu l'élément « passionnel », haineux[846], « amalécite »[847], qui subsiste en elles ; qu'elles ont « libéré » l'élément « israélite » qui attend dans les profondeurs de leur être de s'épanouir [848]. En se rendant à l'évidence de l'interrelation et de l'interdépendance uniques d'Israël et d'Erets-Israël, « les nations du monde » ne tenteront plus, en vain, d'enfermer artificiellement, du point de vue idéologique, dans un système dialectique, matérialiste ou spiritualiste, les phénomènes conjoints que sont Israël-Erets-Israël. Pratiquement, elles renonceront à leur désir de voir le peuple d'Israël « spiritualisé », « désincarné », en le considérant comme politiquement mort ; et de voir le pays d'Israël « laïcisé », « canaanisé », « palestinisé », matérialisé, en le considérant comme religieusement mort [849]. Elles reconnaîtront que Peuple d'Israël et Pays d'Israël sont liés à la Tora, « venue des cieux » [850] et appliquée « non pas dans les cieux » [851] mais sur la terre, dans la vie humaine de tous les jours [852]. D'une part, elles reconnaîtront que le Peuple d'Israël, par sa structure, forme un *goï kadoche* [853], « une nation sainte », un État, ayant un « corps », *gev, geviya*, physique [854], vivant sur terre, ayant des besoins terrestres – mais en même temps, et justement parce qu'il a un corps, ce peuple doit et veut être saint [855], en sanctifiant sa vie corporelle [856] ; d'autre part, elles reconnaîtront que ce *goï kadoche* [857] est, en même temps, *am kadoche*, un « peuple saint » [858], qui, vivant avec Dieu [859], appartient par sa nature à un autre monde, qui est saint et se « distingue » de ce monde [860].

« Les nations du monde » reconnaîtront que le pays d'Israël est « une terre sainte ». D'une part, elle est une terre matérielle, qui est « sanctifiée » par Israël en ce qu'elle a de matériel ; d'autre part, elle est sainte parce qu'elle reflète ici-bas une terre spirituelle, qui se « distingue » de la terre habitée par les hommes [861].

Dans l'optique de la Cabale, Peuple d'Israël et Pays d'Israël sont un, sur le plan horizontal comme sur le plan vertical. Car ils sont à la fois *ila'a et tata'a* ; ils ont une structure supérieure qui se projette dans une structure inférieure et vice versa ; ils ne font qu'un [862].

Certes, il est difficile aux « nations du monde » de saisir et de définir de telles structures [863]. En tant que nations, elles veulent s'enraciner uniquement dans ce monde, et y rester. Leurs critères pour juger de la valeur et de l'importance d'une nation ne sont que d'ordre matériel et rationnel [864] ; même leur désir de compréhension mystique ne concerne que les individus, non les communautés humaines (quant à l'Église, elle est considérée comme un « corps mystique » ; elle n'est pas une nation, avec ses attributs et ses fonctions). Leur optique nationale relève exclusivement de ce monde auquel elles cherchent à appartenir.

L'unité horizontale et l'unité verticale du Peuple d'Israël et du Pays d'Israël[865] paraissent étranges et étrangères aux « nations du monde ». Elles provoquent leur hostilité, car les nations n'aiment pas qu'on leur rappelle qu'elles n'ont d'existence que terrestre, matérielle, politique[866]. Elles s'élèvent donc contre cet « autre »[867] qu'est le Peuple d'Israël et qu'est le Pays d'Israël, qui, comme la « Tora de Dieu », procèdent du Sinaï. Elles essayent, le plus souvent par la force[868], de séparer le peuple d'Israël et le Pays d'Israël, de la Tora de Dieu. Elles tentent parfois d'obtenir, par la « persuasion »[869], qu'Israël et Erets-Israël abandonnent la Tora de la vie, la Tora unitaire ; elles les invitent à être comme elles[870], en leur promettant, en échange de la Tora éternelle, les biens, les faveurs, les plaisirs passagers du *Olam Hazé*, de « ce monde » dont elles se disent les maîtres[871]. Mais Israël résiste aussi bien à leurs menaces qu'à leurs promesses[872]. Il leur oppose sa foi[873] inébranlable dans « la fin », *l'a'hrit*, le *sof*[874] de la domination matérielle dans ce monde[875], et le commencement du règne de l'esprit[876], du *Olam Haba*, du « monde qui vient », qui commence à venir déjà en ce monde temporel[877] et se parachève dans l'au-delà, dans le monde de l'Éternité[878]. Israël ne cesse pas de proclamer devant « les nations du monde » sa foi profonde dans le cheminement de la vie des nations vers un dénouement qui la transcende.

Chaque fois que la Tora, Israël et Erets-Israël se manifestent ensemble dans le monde, un dénouement suprême est à attendre, est à espérer.

Solidarité d'Israël, coresponsabilité des israélites

Aux grands moments de l'Histoire, où Tora, Israël et Erets-Israël se manifestent ensemble, le peuple juif s'unit, tout entier, dans un élan de solidarité fervente[879].

Par son caractère constructif, par sa portée créatrice, universelle, cette solidarité laisse loin derrière elle une solidarité purement défensive ou toute espèce d'entraide dans le malheur[880]. Cette dernière est appelée par la pression que les ennemis d'Israël exercent sur les juifs. Ceux-ci y répondent par leur « participation à la douleur de la communauté », par leurs efforts pour atténuer cette douleur.

Aux grands moments de l'Histoire, où Tora, Israël et Erets-Israël se manifestent ensemble, le peuple juif professe sa dévotion à la Tora ; il se déclare « responsable de tous les enfants d'Israël »[881] ; il proteste de son dévouement à Erets-Israël, à Sion, où tout juif est né, « qu'il y soit né ou qu'il espère s'y trouver »[882].

(Au point de vue hala'hique, le principe de la *arévout*, de la solidarité du peuple d'Israël, de la coresponsabilité des israélites, est entré en vigueur, sur tous les plans, dès qu'Israël eut accepté sur le Sinaï la Tora et les mitsvot et, surtout, dès que les israélites eurent franchi le Jourdain pour entrer en Erets-Israël, afin d'y respecter la Tora et d'y appliquer les mitsvot [883].)

Toutefois, seulement une minorité agissante d'Israël met concrètement en valeur la Tora, pour qu'elle puisse se manifester avec force [884] ; elle le fait par un intense *Limoud HaTora*, par une étude désintéressée de la Tora et par une consciencieuse *Chemirat HaMitsvot*, par une application rigoureuse des mitsvot [885]. Aussi une minorité agissante d'Israël met-elle efficacement en valeur Erets-Israël, pour qu'il puisse se manifester avec force ; elle le fait par le *Yichouv HaArets*, par le défrichement intrépide, la reconstruction assidue et la défense vaillante du pays [886].

Cependant, les juifs du monde entier, tous les juifs, témoignent ardemment de la *messirout néfèche* (terme qu'on ne peut pas traduire réellement de l'hébreu en une autre langue, tant il est imprégné du secret existentiel juif), témoignent d'un « don de l'âme » – et non pas seulement du corps –, faisant preuve d'un esprit de sacrifice total [887]. Ils montrent qu'ils sont résolus à faire apparaître, en toute clarté, ce qu'ils ressentent dans les profondeurs de leur âme : leur *Ahavat HaChème*, conduisant à *Ahavat HaTora*, à *Ahavat Yisraël* et à *'Hibat HaArets*, leur amour de Dieu appelant leur amour de la Tora, leur amour d'Israël et leur amour d'Erets-Israël [888]. Ils ont la ferme volonté de consacrer leur amour brûlant, ce brasier ardent d'amour, en l'honneur et au service de ce moment révélateur de l'union des trois facteurs se réclamant de leur Dieu. Car ils savent que Tora, Israël et Erets-Israël s'unissent non seulement pour la délivrance du peuple juif [889], mais pour concourir à la préparation du salut du monde entier [890].

Le buisson d'amour d'où jaillit la réponse vigoureuse des juifs à l'interpellation que leur adressent, simultanément et solennellement, les trois facteurs constitutifs de la vie juive, ne traduit pas un mouvement d'affectivité, aussi puissant soit-il. Mais il rend concrète et visible la *messirout néfèche* dont les juifs sont capables aux grands moments de leur histoire [891]. Ils manifestent cette vertu spécifiquement juive de *messirout néfèche*, pour accomplir trois mitsvot que le Rav Kouk (1864-1935) appellerait, à cause de leur urgence, *mitsvot kolelot*, mitsvot totales, englobantes, concernant la Tora, *Kiyoum Yisraël VeErets-Yisraël*, concernant la Tora, l'existence d'Israël et Erets-Israël [892].

Réflexions actuelles

Après la terrible catastrophe qui s'est abattue sur eux, de notre temps, les juifs saisissent, d'une manière tout à fait particulière, l'interdépendance de ces trois mitsvot concernant la survie des trois facteurs juifs essentiels, dont l'un ne saurait dorénavant que difficilement subsister sans l'autre.

La frayeur qui s'est emparée des juifs du monde entier en 1967 face au danger d'extermination d'Israël en Erets-Israël même s'est vite dissipée grâce aux miracles que Dieu, « le gardien d'Israël », a daigné prodiguer à Son peuple luttant pour survivre. Dans l'âme des juifs, l'épouvante a fait place à une lueur, qui laisse deviner la resplendissante image produite par la rencontre créatrice, souveraine, de la Tora de Dieu, du Peuple de Dieu et du Pays de Dieu[893]. Ils y aperçoivent ce que, depuis des millénaires, leurs prophètes et leurs sages leur ont fait entrevoir. Ils y discernent le commencement de la royauté de la Tora, d'Israël, restaurée en Erets-Israël, et ils y distinguent *ipso facto* l'aube de la royauté de Dieu sur toute la terre. En effet, la royauté agissante, concrète, de Dieu dans le monde, n'est pas concevable sans la royauté de la Tora, d'Israël en Erets-Israël[894], et notamment à Jérusalem, Ville « de l'Éternité ». Cette Ville représente le Trône de Dieu, répand la Tora dans le monde, incarne le peuple d'Israël et forme le centre « de la Terre » d'Israël[895]. La royauté de Dieu dans le monde trouvera son accomplissement dans le rétablissement de la « royauté de la maison de David » à Jérusalem.

C'est pourquoi, de retour, libres, dans la Cité de David, les juifs y sont « réconfortés[896] », encouragés à exhorter, avec le psalmiste de Jérusalem, les peuples de la terre, en leur disant : « Louez l'Éternel, vous, toutes les nations ; célébrez-Le, vous, tous les peuples. Car Sa bonté est grande envers nous et la fidélité de l'Éternel demeure à jamais. Louez l'Éternel[897] ! » Les juifs espèrent y entendre la voix de beaucoup de peuples[898], que les prophètes d'Israël[899] avaient jadis perçue, exhortant d'autres peuples par ces mots : « Venez et montons à la montagne de l'Éternel, à la maison du Dieu de Jacob ; Il nous instruira de Ses voies, et nous marcherons dans Ses sentiers. Car la Tora sortira de Sion et la parole de l'Éternel de Jérusalem[900]. »

CHAPITRE II

L'EXIL ET LA RÉDEMPTION

Cours donné à l'Université de Genève et à la Yeshiva University, à New York. Exposé présenté à l'Association des enseignants juifs, à New York, et au Forum de la pensée juive, à Tel-Aviv.

I

LA GALOUT, L'EXIL, PHÉNOMÈNE SPÉCIFIQUEMENT JUIF. SA PORTÉE UNIVERSELLE, COSMIQUE ET SA DIMENSION MÉTA-HISTORIQUE

Unicité de la Galout, unicité de l'histoire d'Israël

La Gola, la Galout, l'exil juif est un phénomène historique unique, car juif. Il constitue l'un des aspects fondamentaux de l'histoire d'Israël, qui, elle, est une histoire unique sous tous ses aspects.

L'unicité historique de la Galout consiste tout d'abord dans le fait qu'elle est en rapport avec Erets-Israël[1] : elle a comme point de départ et pour point de retour un seul pays, le Pays d'Israël. C'est pourquoi le Midrache[2] affirme qu'il n'y a qu'un seul « exil » qui puisse être appelé Galout, celui d'Israël, car c'est le seul peuple qui, après avoir quitté son pays, y revient nécessairement : il est aussi sûr qu'il y retournera qu'il est sûr d'en être parti[3]. En effet, écrit le Midrache : Dieu, « le Saint béni soit-Il, dit à Moïse : J'ai dit à Jacob leur père (le père des israélites) : "Moi-même Je descendrai avec toi en Égypte ; Moi-même aussi Je t'en ferai remonter" (Gen. 46,4). Voici, Je suis descendu ici (en Égypte) pour faire remonter Mes enfants, comme Je l'ai dit à Jacob, leur père. Et où les ferai-Je monter ? Vers l'endroit d'où Je les ai fait sortir : vers le pays que J'ai juré à leurs pères de leur donner » (Gen. 46,4 ; Exod. R. 3,4)[4].

Ce retour en Erets-Israël est donc assuré, tant dans son sujet : le Peuple d'Israël, que dans son objet ; le Pays d'Israël ; ce dernier n'a jamais été définitivement enlevé au premier, même si Israël commet des péchés ; le premier ne sera jamais anéanti, même s'il a « commis des péchés [5] ». « Si Israël va en Galout, il retournera en Erets. » Israël subsistera donc dans la Galout, en tant qu'Israël ; il y subsistera dans son identité propre, dans son intégrité intérieure. Celle-ci demeure intacte, malgré les « éventuelles » fautes « extérieures » qu'Israël a pu commettre [6]. Israël sera à même, en tant qu'Israël, de retourner dans son pays, Erets-Israël. Au vrai, l'histoire témoigne de la solidité de cette garantie divine [7].

Ainsi, Israël seul connaît la Galout ; il vit la Galout et en sort, car « il ne s'y perd » jamais. Israël seul est un peuple de la Galout, d'une part grâce à ses capacités exceptionnelles d'adaptation aux autres peuples, d'autre part grâce à sa persistante opiniâtreté à rester lui-même, toujours et à perpétuité. Si, en tant qu'individu, le juif est susceptible de s'assimiler dans la Galout, en tant qu'entité communautaire, le peuple juif est inassimilable [8] : il ne *veut* pas s'assimiler totalement aux nations au milieu desquelles il vit ; il s'en distingue par son comportement, « il garde son alliance avec son Dieu ». C'est pourquoi le Midrache conclut : « Même si les nations du monde sont en exil, leur Galout n'est pas une vraie Galout [9] » ; Israël, lui, ne *peut* pas s'assimiler aux peuples dont il est l'hôte, car il ne trouve pas parmi eux la « tranquillité » [10].

Les sages d'Israël expriment la réalité galoutique juive en se servant de l'image suivante : « Israël ressemble à l'huile : de même que l'huile ne se mélange pas avec l'eau, Israël ne se dissout pas parmi les autres nations [11]. » Déjà Balaam, le non-israélite, a dit de « ce peuple qu'il vit solitaire et ne se confond pas avec les nations (Nu. 23, 9) [12] ». La singularité qui est le privilège d'Israël est accentuée par la solitude dans laquelle les « nations du monde » le confinent. Ce faisant, elles renforcent son identité propre, laquelle est centrée sur son point de départ et sur son point d'arrivée : Erets-Israël. Et Erets-Israël, à son tour, est centrée, comme le peuple d'Israël, sur la Tora de Dieu, qui, elle, fait du Pays d'Israël un Pays de Dieu, et du Peuple d'Israël, un Peuple de Dieu : « Et Israël réside en sécurité, la source de Jacob coule *solitaire* sur une *terre* riche,... qui est ton égal, *peuple* que protège *l'Éternel* ? » (Deut, 33,28,29) [13]. Cette situation particulière de singularité et de solitude est en fait nécessaire à Israël pour qu'il puisse se maintenir, en tant que tel, parmi les peuples et pour leur bien.

Exil et dispersion

En effet, la Galout juive n'est pas seulement exil, mais aussi *pizour, pezoura, tefoutsa, tefoutsot*; elle est aussi « dispersion »[14]. Une dispersion réelle, dont la signification est aussi symbolique. Car, cette dispersion, on la trouve, selon le Midrache, dans les « *quatre* royaumes », grands et puissants, qui, selon le Maharal et le Sefat Emet[15], s'opposent au Royaume de Dieu. Une dispersion qui est aussi efficace. Car elle s'étend aux « *quatre* coins du monde », aux « quatre vents du monde », pour y porter, selon le Zohar, l'Ari Hakadoche et le Maharal, le message de Dieu ; Israël y porte ce message au Nom de Dieu, Nom exprimé dans son essence par les « *quatre* lettres du Tétragramme »[16].

La Galout juive s'inscrit ainsi à la fois dans la chair d'Israël et dans l'esprit des peuples ; dans l'existence d'Israël et dans la vie des nations ; dans l'histoire d'Israël et dans celle des peuples ; dans la vie même de l'humanité. La Galout juive les marque simultanément et profondément.

Mais la Galout juive a aussi et surtout un caractère supra-historique, une dimension méta-historique : elle a une valeur métaphysique. Elle n'est pas seulement voulue par Dieu ; elle engage Dieu dans le sort d'Israël (« le salut d'Israël est le salut de Dieu » !), et dans le sort du monde par là même, auquel Il se lie par l'intermédiaire d'Israël[17]. En effet, Dieu accompagne Israël dans sa Galout ; Il y est présent par Sa *Che'hina*[18]. Aussi, de Son propre exil, Dieu fait savoir à l'homme dans le monde qu'il est lui-même en exil.

Au vrai, la Galout d'Israël rend l'homme attentif au fait que, bien que vivant dans son propre pays, il est en réalité en exil : en se détournant de Dieu, qui est tout près de lui mais qu'il ignore, et en se détournant d'Israël, du Peuple de Dieu, qui est tout près de lui mais qu'il tient à l'écart, en le considérant et le traitant comme un « étranger », cet homme, ce peuple, se disjoint en réalité de son propre pays, se détourne de son propre peuple, se sépare de son prochain, et enfin s'éloigne de lui-même, de son intériorité[19].

La Galout juive, par sa nature particulière, par son caractère « inusité », par son « exclusivisme » même, a non pas seulement une portée universelle, en raison de sa vaste étendue géographique, mais elle revêt surtout une haute signification humaine « à cause des interrogations qu'elle provoque en l'homme »[20]. En vérité, la Galout des juifs doit susciter dans l'esprit de leurs « maîtres » une grave problématique religieuse, spirituelle et morale ; elle doit les conduire à un examen sérieux de leur propre humanité, à une recherche approfondie de leur relation avec Dieu, avec leur environnement, naturel et social, et avec eux-mêmes. En effet, le Maharal décèle dans la Galout juive, dans cette situation « forcée », « non structurée », « a-substantielle », « spéciale » et donc « provisoire », « désordonnée », « anormale », « anti-naturelle », mais aussi « surnaturelle », un facteur « providentiel » qui est appelé à éveiller, à secouer et ainsi à éduquer la conscience de tout être humain vivant dans « le monde de Dieu », de tout peuple s'estimant établi sur « la terre de Dieu »[21]. (Quatre siècles après le Maharal, Albert Camus, dans l'optique qui est la sienne, et les écrivains de l'école juive américaine, dans l'optique qui est la leur, aborderont, eux aussi, le thème de « l'Exil » et celui de « l'Étranger ».)

La servitude d'Israël en Égypte, racine de toutes les galouyot

Voilà pourquoi on ne peut pas considérer la Galout juive uniquement comme un châtiment de Dieu frappant Israël à cause de ses péchés[22]. La théologie chrétienne qui a accrédité l'idée que la Galout, l'exil des juifs, a commencé avec la destruction du deuxième Temple en l'an 70 *après* la mort de Jésus (et à la suite de cette mort !) n'est pas fondée historiquement. En réalité, la *Galout Bavel*, l'exil babylonien, avait débuté avec la destruction du premier Temple, donc près de six siècles avant la *Galout Edom*, l'exil romain. Au moment de la destruction du deuxième Temple, la Galout juive était déjà très importante.

La doctrine religieuse juive voit le début de la Galout dans le *Chibboud Mitsrayim*, dans la servitude des israélites en Égypte. C'est l'esclavage des « enfants d'Israël » dans le pays des Pharaons qui non seulement marque le commencement des Galouyot juives, mais constitue, selon Rabbi Yits'hak Louria, le symbole même, le modèle proprement dit, et, plus encore, la « racine » et l'« équivalent » de toutes les galouyot[23]. De là vient, selon le Rambam, l'interdiction pour le *peuple* d'Israël de retourner en Égypte[24] ; car, en tant qu'Israël, il y a déjà accompli sa tâche galoutique – observe l'Ari HaKadoche – soit en ce qui le touche lui-même, en « s'étant purifié », soit en ce qui concerne les Égyptiens, en leur ayant fait « connaître Dieu »[25].

La Galout des israélites en Égypte demeure à tout jamais le symbole de toutes les Galouyot, de tous les *Chibboudim* d'Israël, dans les *Mal'houyot*, dans les « Royaumes » où l'oppression d'Israël doit s'exercer successivement.

Au vrai, l'Égypte reste, par son nom même, *Mitsrayim*, l'exemple *typique* du pays, de l'État, de la nation qui persécute Israël. *Kol HaMal'houyot Nikraou Al Chème Mitsrayim, Al Chème ChéHayou Metsirot LeYisraël*. « Tous les royaumes (d'oppression) – dit le Midrache[26] – s'appellent du nom de Mitsrayim, parce qu'ils ont opprimé Israël. » En effet, la *Galout Mitsrayim* constitue un modèle de *tsar*, de mise à l'« étroit » d'êtres humains, par la *tsara*, la « souffrance », physique et morale, que le *tsorère*, l'« ennemi » de Dieu et de l'être humain, inflige à des hommes qu'il réduit en esclavage – à des hommes auxquels il impose un régime de travail forcé. La *Galout Mitsrayim* constitue un modèle que le *tsorère mitsri*, que l'« ennemi égyptien », établit à l'intention de ses successeurs. En « faisant mourir les garçons israélites », en recherchant l'extinction de la « race » israélite, en faisant « jeter dans le fleuve tout mâle nouveau-né » israélite[27], le *tsorère mitsri* leur montre comment on procède à un véritable génocide. Ce modèle scélérat et d'autres plans criminels d'anéantissement d'Israël seront adoptés puis amplifiés et « perfectionnés », au cours des millénaires, par les *Mitsrayim* de toutes les *Mal'houyot* ; ils seront « systématiquement » parachevés et mis en application, selon une « méthode scientifique », notamment par le *Tsorère HaYehoudim* de nos jours, Hitler, aidé de ses collaborateurs et de leurs « collaborationnistes ».

Un châtiment sans proportion avec le péché

Certes, dans l'ordre du monde visible, la Galout est une conséquence directe des transgressions de la Tora commises par Israël ; elle est le résultat immédiat ou lointain de la désobéissance d'Israël envers son Dieu, le Législateur de la Tora. L'apparition de la Galout est présentée par le Talmud et le Midrache dans des formules simples, lapidaires : « Les israélites ont péché et ils sont allés en Galout », « Israël a irrité Dieu, et il est parti dans la Gola »[28].

Israël a péché. Mais son péché est un « péché dans la grandeur » : *'Héth ChéBeGadlout*[29]. Son péché est jugé tel non pas en fonction de son importance intrinsèque (c'est-à-dire de sa gravité), mais à cause de la grandeur du pécheur, de sa capacité innée d'éviter le péché et, observe le Chelah HaKadoche, également en raison de la grandeur de ses ascendants, de ses « pères », des *avot*[30]. Si les péchés qu'Israël a commis avaient été commis par d'autres peuples, ils n'auraient pas attiré sur ces peuples un châtiment divin aussi prompt et aussi sévère que celui qu'Israël a subi, observe le Midrache[31]. D'ailleurs, il n'y a pas de comparaison entre les péchés des « nations du monde » et ceux d'Israël : les premiers sont toujours plus nombreux, plus graves, plus persistants, note le Maharal[32]. Cependant, le prophète Amos avait déjà averti Israël en ces termes : « C'est vous seuls que J'ai distingués entre toutes les familles de la terre, c'est pourquoi Je vous demande compte de toutes vos fautes[33] ! »

Le châtiment sévère d'Israël n'est donc pas directement proportionné à l'importance réelle de ses péchés ; au contraire, il est manifestement disproportionné. Dieu lui-même le reconnaît en disant à Israël : « Les souffrances que Je t'ai causées ne sont pas selon tes faits[34]. » Le châtiment excessif et exemplaire d'Israël est la conséquence de l'« avantage », du « privilège » qu'entraîne son « élection » *par* Dieu ; il découle de sa relation spéciale, directe et permanente, avec son Dieu ; il résulte de la position particulière qu'il occupe dans le monde, où il doit servir de « témoin ». En effet, Dieu « observe » Israël, dans le moindre de ses actes ; Il le rend responsable devant Lui de la moindre infraction aux règles de vie qu'Il lui a prescrites. « Celui qui occupe une place importante et se distingue par ses capacités, Dieu le punit pour la moindre des choses, ainsi qu'Il a châtié Moïse, notre maître », écrit le Maharal[35]. Le Talmud et le Midrache avaient déjà affirmé que Dieu, le Saint béni soit-Il, exige des justes – des *tsadikim* –, de ceux qui L'entourent, qu'ils soient extrêmement consciencieux dans l'accomplissement de Ses ordres ; Il observe leur comportement avec une attention extrême, et leur reproche tout manquement à Ses prescriptions, eût-il même l'importance d'un « cheveu »[36]. « Dieu punit les justes, même pour des erreurs légères ; tandis qu'Il châtie les méchants seulement pour des fautes graves[37]. »

Ainsi, Dieu punit, avec une rigueur particulière, Israël, ce « peuple » dont Il dit, par la bouche de Son prophète Isaïe, qu'Il « s'enorgueillit » et que Ses enfants sont « tous des justes »[38]. « Il le punit, non pour le faire souffrir, mais pour rappeler à la vie ce qu'il a négligé d'essentiel dans sa vie à lui[39]. »

Punition et amour

En effet, comment Dieu voudrait-Il faire souffrir le peuple dont Il dit Lui-même qu'Il « l'aime comme la prunelle de Son œil », qu'Il « l'aime d'un amour éternel et ne fait pas tarir envers lui Sa bonté » ? Dieu prendrait-Il plaisir à faire souffrir « Israël, qu'Il aime plus que toutes les nations » ? Comment pourrait-Il faire souffrir « Israël, Son fils aîné », « aux souffrances duquel Lui-même compatit[40] » ?

Cependant, Dieu châtie Israël, mais, ainsi qu'Il le déclare Lui-même, « s'Il le châtie, c'est comme un père châtie son fils [41] », « car celui qu'Il aime, l'Éternel le châtie, tel un père le fils qui lui est cher » [42]. Toutefois, combien ce châtiment, que Dieu infligea Israël, L'afflige-t-il Lui-même ! En effet, à la vue de la Galout d'Israël, Dieu s'exclame, selon le témoignage du Talmud : « Hélas ! à cause de leurs péchés, J'ai exilé Mes enfants parmi les peuples du monde. J'ai ruiné Ma maison, J'ai brûlé Mon palais. Mais qu'en est-il du Père qui a exilé Ses enfants ? Hélas ! les enfants ont dû être chassés de la table de leur Père [43] ! » Dieu est non seulement blessé de la Galout d'Israël ; Il la « regrette » aussi, dans Ses « lamentations », que le Midrache recueille et nous transmet. Dieu s'écrie, dans Sa douleur, faisant sienne celle d'Israël : « Ô combien J'aurais aimé que les enfants de Mon peuple soient avec Moi en Erets-Israël, quoi qu'ils la souillent ! Ô combien J'aurais souhaité qu'Israël soit avec Moi en Erets-Israël, même s'ils Me désobéissent [44] ! »

Dieu ne peut donc pas punir le peuple d'Israël par plaisir de le punir, de le faire souffrir, mais par amour, dans le but de lui faire du bien [45]. C'est parce qu'Il aime Israël, parce qu'Il lui dit : « Vous êtes les enfants de l'Éternel, votre Dieu [46] », que Dieu *choisit* pour Israël, Son peuple *élu*, précisément le châtiment de la Galout [47]. Il choisit ce châtiment dans l'esprit et selon la lettre de Son *alliance* avec lui. En effet, ce châtiment témoignera davantage de Son amour pour Israël, de Sa présence auprès de lui. Car c'est le châtiment de la Galout, et notamment celui de la *dispersion* [48], qui permet de voir que le Père punit Son enfant mais ne le laisse pas périr, car « le reste d'Israël » est assuré – par le prophète même qui avait annoncé l'exil – de vivre « le salut de son peuple », « ramené, rassemblé des extrémités de la terre, reconduit vers des sources abondantes ». En vérité, dit l'Éternel, « Je suis pour Israël un père, Ephraïm est Mon premier-né [49] ! ».

Si Dieu n'avait voulu que punir Israël, par amour de la punition en elle-même, Il aurait pu sévir contre lui sur place, dans son pays, en Erets-Israël même, et y provoquer sa mort, sa disparition [50]. Mais Dieu ne veut pas la mort du pécheur ; Il veut qu'il se détourne de sa voie pour qu'il vive [51]... C'est pourquoi Il choisit pour Israël le châtiment de la Galout, pour qu'Israël vive. C'est la caractéristique de l'Exil *juif*, de persuader Israël et le monde, à travers ce châtiment même, de l'impossibilité d'anéantir le peuple juif. En effet, « Dieu met Israël dans la Galout, mais Il jure qu'Il ne l'y laissera pas [52] ». Il veille sur les juifs en pleine tourmente et Il ne les abandonne jamais [53]. Dieu avait déjà déclaré dans la Tora : « Et pourtant, même alors, quand ils se trouveront relégués dans les pays de leurs ennemis, Je ne les aurai ni dédaignés ni repoussés au point de les anéantir, de dissoudre Mon alliance avec eux ; car Je suis l'Éternel, leur Dieu [54]. » Et les sages d'Israël de retenir les derniers mots de cette déclaration divine pour souligner la solidité et la validité de l'engagement de Dieu envers Israël : « Je suis l'Éternel, leur Dieu », ce qui veut dire : « À l'avenir aussi, aucune nation, aucune langue, ne pourra assujettir définitivement Israël. » L'expérience a montré et l'histoire a démontré que dans les différentes galouyot, Israël est resté, en fin de compte, indestructible. Dieu avait déjà annoncé à Moïse, en Égypte, en pleine servitude d'Israël : « *Ehyé Achère Ehyé*, Je serai Celui qui serai... » Et les sages d'Israël découvrent dans cette présentation, au futur, de la Personnalité de Dieu et de Ses liens avec Israël, un engagement irréfutable de l'Éternel : « Je serai avec eux dans la détresse présente, Moi qui serai avec eux dans leur asservissement sous d'autres empires [55]... » Et, en vérité, « parce que Moi, Éternel, Je ne change pas, vous aussi, enfants de Jacob, n'avez pas été anéantis [56] » ! Un lien est établi entre l'Éternel, « se trouvant dans la Galout, avec Israël », et Israël se trouvant en Dieu dans la Galout ; ce lien est indissoluble, car l'Un des deux partenaires est l'Éternel, et l'autre a sa racine en l'Éternel ; et ce qui est éternel, observe le Maharal, ne change point.

Galout et pérennité d'Israël

En optant précisément pour le châtiment de la Galout, Dieu « sort » Israël du cadre « naturel », « normal » de la vie des peuples ; Il le situe « en dehors » de ce cadre habituel, visible, naturel-historique, et le place dans une zone « cachée ».

Avant de conclure l'alliance avec Abraham et avant de lui apporter la *bessora*, la « nouvelle », tant de la Terre qu'Il lui promet pour ses descendants, que de la Galout qu'Il lui annonce pour ses enfants (ces deux nouvelles constituent une seule et unique *bessora !*), Dieu « fit sortir dehors » Abram : « le mena dehors » et lui dit : « Regarde vers le ciel [57]... » Il signifia ainsi au premier Hébreu (selon le Talmud, le Zohar et les grands commentateurs de la Bible hébraïque [58]) qu'Il plaçait Abraham, et avec lui sa postérité, Israël, en dehors de l'ordre de la nature ; qu'Il élevait Abraham, et avec lui sa postérité, au-dessus de cet ordre : Il le subordonnait à Lui, directement [59], Il le plaçait sous Son obéissance personnelle, ou, selon l'expression de Rachi [60], « Dieu le faisait sortir du globe du monde et l'emportait au-dessus des étoiles. C'est pourquoi le texte biblique emploie la forme verbale *habète*, qui signifie "regarde d'en haut vers le bas" »...

La situation d'Israël dans le monde, dans l'histoire, sera ainsi une situation qui ne fait pas partie de l'ordre établi de la *nature*, de l'ordre préconçu de succession et de répétition dans l'histoire, mais de l'ordre de la *création*, inventé, miraculeux ; de l'ordre d'une création qui continue et « se renouvelle, chaque jour, par la grâce de la bonté de Dieu ».

L'exil, la Gola, et notamment la dispersion, la *Pezoura* d'Israël, ne reflètent donc pas tant le châtiment de Dieu qu'ils ne témoignent de la grâce divine envers Israël. S'il n'y avait pas cette grâce « redoutable, se demande le Talmud, comment ce peuple aurait-il pu subsister, seul, parmi tant de populations hostiles[61] ? ».

Normalement, l'exil voue le peuple exilé à sa *perte*, que ce soit par mort violente ou par mort naturelle. Les déportés de jadis étaient condamnés à mort, ou par extermination physique ou par anéantissement de leur identité : ils devaient tous mourir, avec le temps, d'une mort « naturelle ». Ainsi, les « nations du monde » se succèdent et se « mélangent ». Elles sont absorbées les unes par les autres ; les envahis par les envahisseurs, et les envahisseurs par les envahis[62].

Il n'en va pas de même pour Israël. En annonçant à Abraham la décision « effroyable » de la Galout, de l'exil et de la dispersion d'Israël, Dieu lui offre, en même temps, la garantie « contre l'anéantissement », l'assurance de sa pérennité, de sa survie[63]. Plus encore, Il affirme que la personnalité d'Israël sera non seulement sauvegardée mais s'affirmera du fait même de la souffrance galoutique[64] : celle-ci rendra le caractère du « peuple à la nuque raide » plus fort encore, plus résolu, plus inébranlable[65].

L'éternité actualisée d'Israël, sa permanence active, sa présence féconde, restent ainsi intimement liées à l'éternité actualisée de Dieu, à Sa permanence active, à Sa présence créatrice dans le monde. En dépit de la diversité des circonstances historiques, là où ils interviennent, ni Dieu ni Israël « ne changent » dans leur essence originelle, dans leur relation mutuelle, dans le but rédempteur qu'ils se proposent ; ainsi, selon les paroles du prophète Malachie[66], la pérennité d'Israël se rattache directement à l'éternité de Dieu[67] ; elle s'actualise dans l'association de Dieu avec Israël, qui est toujours sur la voie de la rédemption. « Oui, Je serai avec toi, dit l'Éternel, pour te délivrer. Dussé-Je détruire entièrement toutes les nations parmi lesquelles Je t'aurai dispersé, toi, Je ne te détruirai pas ; Je te châtierai avec mesure ; cependant, Je ne te tiendrai pas pour innocent » (Jér. 30,11)[68].

« Certes, les yeux du Seigneur Dieu sont sur ce royaume pécheur, et Je le détruirai... Cependant, Je ne détruirai pas entièrement la maison de Jacob, dit l'Éternel. Car voici ce que J'ai décrété : Je secouerai la maison d'Israël parmi toutes les nations, comme on secoue le crible, *sans* qu'un seul grain *tombe* à terre. En ce jour-là, Je relèverai la tente de David qui est tombée, J'en réparerai les brèches, J'en redresserai les ruines, et Je la rebâtirai comme elle était au temps jadis... Voici, les jours viennent, dit l'Éternel, où se rencontreront le laboureur et le moissonneur ; celui qui foule les raisins et celui qui répand la semence... Et Je ramènerai les captifs de Mon peuple Israël ; ils rebâtiront les villes dévastées et y habiteront ; ils planteront des vignes et en boiront le vin ; ils cultiveront des jardins et en mangeront les fruits. Je les planterai dans leur terre et ils ne seront plus arrachés de leur terre que Je leur ai donnée, dit l'Éternel, ton Dieu » (Amos 9,8-15 ; voir Ibn Ezra et Radak, *ad loc.*).

Dans l'optique d'un Montesquieu, et, plus tard, d'un Oswald Spengler, d'un Paul Valéry, d'un Arnold Toynbee, « les civilisations sont mortelles » ; en s'éteignant, elles font place à d'autres. Dans l'optique religieuse juive, biblique, talmudique, midrachique, zoharique, puis dans celle de Rabbi Yehouda HaLévi, du Maharal, de Nahman Krochmal[69], lorsque les « nations du monde » atteignent, par leurs péchés, « la plénitude de la mesure », le comble de la corruption, lorsqu'elles descendent au niveau le plus bas de la « décadence », elles meurent et disparaissent « naturellement »[70]. Israël, lui, étant dans la Galout, « monte et descend » comme les anges que Jacob avait vus dans son rêve, « mais ne tombe jamais définitivement », « n'est jamais anéanti » : « Israël est toujours debout ! », s'exclame le Midrache Tan'houma. « Les flèches lancées contre Israël sont épuisées... ; mais Israël n'est pas pour autant exterminé. » « Les souffrances d'Israël finissent, mais lui ne cesse pas de vivre[71] » ; Israël est en exil, dans la dispersion, mais il rentre, en tant qu'Israël, dans son pays, Erets-Israël, ainsi que Dieu l'a assuré à Abraham et à Moïse[72].

Abraham a cherché à savoir si ses descendants « mériteraient » de rester à tout jamais les possesseurs attitrés de la Terre sainte, au cas où ils désobéiraient à Dieu et à sa Tora[73]. (« Lorsque Abraham, à propos de la promesse de la Terre, demande : *Bama eida*, "Comment saurai-je... ?" (Gen. 15,8), ce n'est pas qu'il Lui demande un signe, mais il Lui dit : Fais-moi connaître par quels mérites mes fils pourront s'y maintenir », écrit Rachi.) Et c'est lui-même, le patriarche, qui, sur le conseil de Dieu, « choisit le châtiment de la Galout » pour ses descendants, en cas d'insoumission à Dieu et de transgression des mitsvot de la Tora ; il « choisit » lui-même pour eux la punition de la dispersion dans les « royaumes de leurs persécuteurs ». Le châtiment de la Galout est douloureux, mais il prendra inexorablement fin, observe le Maharal[74]. Ainsi, Abraham est assuré de la pérennité d'Israël dans ce monde et de son éternité dans le monde à venir[75].

Après avoir subi les épreuves de la circoncision et de l'*akeida* (du « sacrifice d'Isaac »), Abraham reçoit de Dieu la confirmation qu'aucun péché de ses descendants ne causera la disparition d'Israël, n'empêchera le retour d'Israël en Erets-Israël ; de surcroît, Dieu promet à Abraham la délivrance ultime, définitive, messianique, d'Israël[76]. Quant à Jacob, soucieux, comme son grand-père, des « mérites » de ses enfants et de l'avenir de leurs relations avec Dieu et avec Erets-Israël, il reçoit, à son tour, l'assurance de l'Éternel que « ses enfants survivront à tous les "royaumes" qui les persécuteront » : Israël subsistera à tout jamais, éternellement[77] !

Aujourd'hui et toujours, Israël est debout, car il est devant l'Éternel son Dieu. Et Rachi de préciser : « Vous avez (vous, les israélites) souvent irrité Dieu, pourtant Il ne vous a pas exterminés, et vous vous êtes maintenus en Sa présence[78]. » Il ne saurait en être autrement. Car « vous, qui vous êtes attachés à l'Éternel votre Dieu, vous devez être tous vivants aujourd'hui[79] ! ».

« *Souffrances d'amour* »

Israël souffre dans la Galout. Attaché, de gré ou de force, à l'Éternel, son Dieu, il arrive qu'il « néglige l'alliance de l'Éternel, Dieu de ses pères... ; et l'Éternel l'a arraché de son sol avec colère, et Il l'a jeté sur une autre terre comme cela se voit aujourd'hui »[80]. La Galout est certes un châtiment divin. Et Israël souffre dans la Galout. Il est vrai, affirme le Talmud, qu'« il n'y a pas de souffrance sans péché[81]. » Toutefois, « il n'y a pas de souffrance que Dieu fasse subir à Israël qui n'ait son origine dans l'amour de Dieu pour Israël, qui ne soit pour le bien d'Israël », affirme le Midrache et confirme le Chelah HaKadoche[82].

Tout en étant un interprète fidèle de l'optimisme juif, le Midrache croit qu'en fait « il n'y a pas de vie, de vraie vie sans souffrance ». C'est dans le conseil du royal sage de la Bible que les sages du Midrache (et, plus tard, Rabbi Na'hman de Bratslav) trouvent la justification de cette conception religieuse existentialiste. En effet, dans les Proverbes de Salomon il est écrit : « Les corrections propres à instruire sont le chemin de la vie[83]. »

La Tradition apporte sa caution à cette idée midrachique (par ailleurs, nombreux sont les adages midrachiques célébrant la joie de la vie). « Abraham a commencé » sa vie « par la souffrance ». Isaac l'a même demandée à Dieu. Jacob a souffert durant la plus grande partie de son existence [84].

Pourtant Israël, déjà longuement et terriblement éprouvé, comme Jacob, ne « cherche » pas la souffrance [85]. Son aspiration foncière est d'« observer les lois de Dieu et de vivre en elles » [86]. Mais, une fois les souffrances arrivées, il les accepte, les accueille avec sérénité, dans le « silence », les considère même comme précieuses : « les souffrances sont aimées » par lui – *'havivim yessourim'* – car « elles font pardonner les péchés plus que les sacrifices », et surtout parce qu'elles actualisent l'alliance que Dieu veut conclure avec Israël. Or, Il veut que l'alliance soit conclue par la souffrance, soit « coupée » dans la souffrance – *berit kerouta* ; en conséquence, « Il fait résider Son nom sur celui qui souffre [87] »...

Ainsi, Israël considère les souffrances qui l'accablent comme « des souffrances d'amour », qu'il reçoit « avec joie » [88]. Il sait qu'elles lui enlèvent ses péchés, et surtout il sent que « grâce » à elles il « s'approche » davantage de son Dieu, pour se placer, dès ici-bas, « sous les ailes de la *Che'hina* », sous la protection de la Présence immédiate de Dieu ; il y trouvera son abri définitif dans l'au-delà, dans la « félicité du monde à venir », qui lui est « réservée », qui l'« attend » [89]. Or, la *Che'hina* est, ici-bas, « avec lui dans la détresse ». « Elle l'accompagne partout dans la Galout [90] »... (comme nous l'avons déjà dit) et la Galout est juive, parce qu'Israël y souffre (c'est pourquoi « les nations du monde, même en exil, ne sont pas en Galout, car elles n'y souffrent pas comme Israël ») [91].

Les supplices qu'Israël endure, et singulièrement dans la Galout, « ne l'empêchent nullement d'adresser ses prières à Dieu » ; au contraire, les tourments « l'incitent à la prière », à une prière fervente [92a]. Il ne faut pas s'attendre à ce que les peines, et notamment les

---

a. Miryam (à présent Mme Miryam Schönberger, résidant dans l'État d'Israël) avait treize ans au moment où elle fut déportée de Hongrie à Auschwitz par les nazis. Elle, ainsi que Ruth, son amie, originaire du même pays et du même âge qu'elle, une fois arrivées au camp d'extermination furent séparées de leurs parents. Ces derniers périrent dans les fours crématoires. Miryam et Ruth, appartenant au groupe d'« enfants jumeaux », furent choisies par Mengele, le « docteur » scélérat du camp d'extermination, pour effectuer sur elles ses cruelles expériences « scientifiques ». Et Miryam raconte : « Nous y avions gardé (à Auschwitz) un livre de prières, que nous avions apporté avec nous, de chez nous. À la maison, on nous avait appris à lire l'hébreu. Nous avons toujours prié (en hébreu), sans bien comprendre ce qui était écrit (dans le livre de prières). À Auschwitz, le livre de prières était notre seule espérance, notre seul réconfort. Un jour, la surveillante, que nous avions surnommée "le Serpent" à

peines galoutiques, poussent Israël à la rébellion contre son Dieu ou provoquent chez lui « la négation » de Dieu. Tout au contraire. À la question des « nations du monde », qui demandent aux israélites : « où est leur Dieu » ; à l'instigation des « nations du monde » qui l'engagent à répudier un « Dieu qui fait du mal », Israël répond par une soumission absolue à son Dieu, par le don total qu'il Lui fait de lui-même : il « sanctifie », il glorifie « Son nom ». C'est Dieu qu'Israël en Galout ressent tout près de lui, précisément au moment où il L'interpelle par la grave interrogation du psalmiste : *Eili, Eili, lama azavtani*, « Mon Dieu, mon Dieu, pourquoi m'as-Tu abandonné ? ». C'est en ce moment même qu'Israël sent, qu'Israël est persuadé que Dieu ne le quitte pas[93] !

Dans les tourments, en particulier dans ceux de la Galout, Israël se sent davantage encore attiré vers son Dieu, éprouve un attachement plus intense encore pour Lui ; Israël se réfugie auprès de Lui, se lie alors à Lui, se fie à Lui avec une foi totale[94] ; il discerne alors davantage Son visage « caché », qui, apparemment « fâché », est en réalité empreint d'amour, de compassion ; il s'aperçoit alors que ce visage, en apparence « fâché », est en réalité le visage douloureux d'un « père » qui châtie son fils, qui « l'éloigne » temporairement « de sa maison », « de sa table », mais « le suit du regard », « l'observe », « le garde », « l'attend »[95]. La souffrance cesse alors d'être souffrance. La Galout cesse alors d'être Galout.

Cette *émouna*, cette « foi » inébranlable en Dieu, a animé, de nos jours aussi, les croyants juifs, martyrs de l'oppression nazie, dans leur marche vers la mort. Sous les yeux de leurs bourreaux, des légions de juifs ont creusé leurs propres tombes ou sont entrés dans les fours crématoires d'Auschwitz en chantant l'hymne de la foi juive : *ani ma'amine...*, « je crois... ».

Émouvants, mais surtout caractéristiques, sont les *Divrei Tora*, les « paroles de la Tora », que le rabbin Kelonimos Chapira a adressées à ses fidèles, au ghetto de Varsovie, entre les années 1940 et 1942. Les manuscrits contenant ces « paroles » ont été découverts dans les ruines du ghetto, en 1956, et publiés à Jérusalem en 1960, sous le titre *Eiche Kodèche* (« Feu de la sainteté »). En voici un extrait : « ... En vérité, il n'y a pas lieu de poser des questions à Dieu... Il est vrai que des souffrances comme les nôtres ne se produisent qu'une

---

cause de son comportement, nous a arraché des mains le livre de prières, nous a giflées et s'est écriée : "Après tout ce qui vous arrive, vous osez encore croire en Dieu ?" Elle cacha le livre. Mais Ruth réussit à le découvrir, et nous l'avons eu de nouveau... » (*Ma'ariv*, Tel-Aviv, 19 janvier 1979).

fois en quelques centaines d'années. Cependant, comment pouvons-nous avoir la prétention de comprendre les actions de Dieu, et manquer à notre foi lorsque nous ne les comprenons pas ? Si nous ne pouvons pas comprendre le mystère d'une seule brindille d'herbe que Dieu a faite, comment pourrions-nous comprendre les choses spirituelles ; comment pourrions-nous saisir Sa pensée (qu'Il soit loué !) ? Comment voudrions-nous saisir, avec notre intelligence, ce que Lui (qu'Il soit loué !) sait et comprend ?... Voilà donc ce que nous disons : nous devons Lui offrir notre âme, notre être, sans que notre *émouna*, notre foi (en Lui) soit entamée. Nous croyons, avec une foi parfaite, que tout (ce qu'Il fait) est juste ; que tout (ce qu'Il fait), Il le fait dans Son amour pour Israël [96]. » « Nous avons la foi – affirme ce rabbin martyr – que tout ce que Dieu nous fait, même lorsqu'Il nous frappe – tout est pour le bien [97] ! »

En complément de ce témoignage de foi rendu dans le « feu » même de la souffrance, voici un fragment d'une lettre, la dernière que l'homonyme de Rabbi Kelonimos Chapira, Rabbi Charagna Chapira, a adressée à ses amis au début de l'année 1943 ; il se trouvait alors dans un camp d'extermination nazi : « Comme vous voyez, les paroles de la Bible se sont réalisées en moi : "Tandis que je cheminais, l'Éternel me conduisait" (cf. Gen. 24,27)... J'en suis content, car le juif doit apprendre à servir Dieu dans n'importe quelle situation. Je le dis ici : nous le disons dans notre prière : *Achreinou ma tov 'helkeinou !* "Que nous sommes heureux ! Que notre part est belle !" On dira qu'il est difficile de comprendre cette expression liturgique dans les circonstances dans lesquelles je me trouve à présent. Mais, en vérité, existe-t-il un peuple (comme le peuple d'Israël) qui, où qu'il aille, dans n'importe quelle situation où il se trouve, soit capable de prendre avec lui tous ses biens : c'est-à-dire la Tora et les mitsvot, soit conscient que Dieu – le Saint béni soit-Il – est avec lui ? Alors, pourquoi s'inquiéter ? Je suis dans la joie. De plus grands que nous ont accepté, avec joie, la souffrance pour la foi ; et moi, puis-je méconnaître (ce privilège) [98] ? » Le rabbin fait ainsi allusion dans son dernier message à Rabbi Akiva, le célèbre *tanna*, qui, connu pour son amour de Dieu, de la Tora, d'Israël et d'Erets-Israël, est mort en Terre sainte, supplicié par les Romains (au IIe siècle). À propos de cette mort, le Talmud [99] relate : « Tu es heureux, Akiva, lui dit son compagnon, d'avoir été pris pour une cause religieuse... Lorsqu'on fit sortir Rabbi Akiva pour le mener au supplice, c'était l'heure de la lecture du *Chema* (la profession de foi juive : "Écoute, Israël, l'Éternel est notre Dieu, l'Éternel est un" (Deut. 6,4)) ; pendant qu'on lui arrachait les chairs avec des tenailles de fer, il acceptait le joug du Royaume des cieux. Maître, lui dirent ses disciples, l'épreuve suffit. – Toute ma vie, leur répondit-il, j'étais tourmenté de n'avoir pu appliquer littéralement ces mots : "Tu aimeras l'Éternel, ton Dieu,... de toute ton âme", c'est-à-dire au prix de ta vie, et je me demandais : Quand pourrai-je accomplir ce précepte ? Que je suis heureux de l'accomplir aujourd'hui ! Il s'attarda sur le mot *é'had*, "un" jusqu'à ce qu'il eût rendu l'âme. Une voix céleste se fit entendre et dit : Heureux Rabbi Akiva, ton âme t'a quittée pendant la prononciation du mot *é'had*, "un" »[a].

Galout et purification

Rabbi Akiva rappelle, dans la Michna, la parole de la Bible qui dit que les enfants d'Israël sont « les enfants de l'Éternel, leur Dieu » ; et c'est lui qui, dans la Michna, invite les enfants d'Israël à s'estimer « heureux d'être à même de se *purifier* devant leur Père qui est au ciel »[101].

« Dieu ne détruit pas la semence d'Israël ; mais Il punit les israélites en les purifiant », écrit le Gaon de Vilna[102].

Galout me'hapéret avone. « La Galout purifie (Israël) de ses péchés » ; et « la génération qui verra l'arrivée du fils de David (du Messie) aura passé par fontes et refontes »[103].

En effet, depuis le *chibboud mitsrayim*, depuis la servitude d'Égypte, la Galout est pour Israël un moyen de « fonte » – *tseirouf* –, de « nettoyage » – *zikou'h* ; un processus de « discernement », d'« éclaircissement » – *beirour* ; une voie de restauration – *tikkoune*[104].

Le *zikou'h* par la Galout est un moyen douloureux, mais combien salutaire, non seulement d'éducation, de guérison, de régénération, mais aussi de création[105].

Dieu met Israël « au creuset », pour le fondre comme l'or, qui en ressort purifié de ses imperfections et rendu à sa valeur réelle : la fonte lui confère sa réalité en tant qu'or, lui donne résistance et durée. Le feu de la fournaise purifie Israël, remarque le Maharal ; il l'éclaire et le spiritualise[106].

---

[a]. Au moyen âge, et notamment aux temps des croisades et de l'Inquisition, des juifs, subissant des tortures atroces ou allant au bûcher, accueillaient leur mort de martyrs de la foi, en proclamant le *Chema* « dans la joie », à l'instar de Rabbi Akiva. Simon Bernfeld, dans son *Séfer HaDema'ot* (« Livre des larmes »), cite de nombreux exemples d'une telle mort « pour la sanctification du Nom » de Dieu, *Al Kiddouche HaChème*[100].

Le but de la Galout est donc de « mettre fin aux péchés », et « non point de mettre fin aux pécheurs »[107]. Certes, une fois libéré des effets maléfiques de ses péchés, Israël est laissé en vie. Bien plus, en retournant vers son Dieu, Vie de la vie, il est rendu à une vie nouvelle[108], à une véritable vie : pleine, définitive ; celle-ci dépasse même en valeur la vie qu'il a menée avant d'avoir péché : « éprouvée »[109], elle lui est supérieure en qualité ; volontaire, elle est encore « beaucoup » plus proche de la Source de la vie qu'elle ne l'était même tout au début, auparavant : « Or, quand te seront survenus tous ces événements, la bénédiction ou la malédiction que J'offre à ton choix ; si tu les prends à cœur au milieu de tous ces peuples où t'aura relégué l'Éternel, ton Dieu, que tu retournes à l'Éternel, ton Dieu, et que tu obéisses à Sa voix, l'Éternel, ton Dieu, mettra un terme à ton exil, et Il te rassemblera d'entre tous les peuples parmi lesquels Il t'aura dispersé. Et Il te ramènera, l'Éternel, ton Dieu, dans le pays qu'auront possédé tes pères, et Il te rendra florissant et nombreux plus que tes pères » (Deut. 30,1-5)[110]...

Un nouveau et bouleversant souffle de vie anime ainsi Israël dans l'errance et la souffrance ; il a vaincu ses erreurs et en est sorti victorieux et fortifié, spirituellement et même matériellement : « il a assis son cœur en Dieu et il observe les commandements de la Tora jusqu'à la plante des pieds »[111] ; tout ce qui est physique, en lui-même, tout ce qui est matériellement proche de la terre, se spiritualise. Après l'avoir éprouvé au creuset de l'affliction, « au creuset de fer », et l'avoir « retiré de la fournaise, de manière à accomplir le serment qu'Il a fait à ses pères, de leur donner un pays où coulent le lait et le miel », Dieu confirme à Israël qu'« Il en a fait Son héritage, qu'il est Son peuple, et que Lui est son Dieu : Il n'a pas donné Sa gloire à un autre ». Israël, qui s'est engagé devant son Dieu, et Lui a juré qu'il ne L'échangerait pas contre un autre Dieu, a respecté son serment ; il constate que Dieu, qui s'est engagé devant lui et lui a juré qu'Il ne l'échangerait pas contre un autre peuple, a également respecté Son serment[112].

Responsabilité des persécuteurs d'Israël

Faut-il donc admettre, après ce processus de *zikou'h* et de *techouva* d'Israël, d'« épuration » et de « retour » d'Israël à Dieu, que c'est en effet, ainsi que le disent le Midrache et le Zohar, « Pharaon, qui, approchant » les enfants d'Israël pour les anéantir – *Phar'o hikriv* –, les a en fait « rapprochés de la *techouva*, de la voie du retour » à

Dieu – *kariv lone liTechouva !* Car, lorsque « le châtiment divin les atteignait, les enfants d'Israël ne pouvaient recourir, dans leur détresse, qu'à Dieu », « en levant les yeux vers Lui », « en se répandant en prières silencieuses » devant Lui [113] !

Faut-il donc admettre, avec le Talmud, que lorsque Israël n'effectue pas de son propre gré la *techouva*, Dieu, « le Saint béni soit-Il, dresse contre lui un roi, dont les édits sont aussi sévères que ceux de Haman (qui a cherché à anéantir les juifs vivant dans l'empire d'A'hachvéroche), – et Israël accomplit alors la *techouva* » [114].

En effet, Dieu fait « presser l'olive, pour que l'huile en sorte » [115] ! Dieu « a fait enchaîner » Israël pour l'affranchir ensuite et « en faire un peuple libre : libéré non pas seulement de la peine physique, de la souffrance morale, des servitudes matérielles galoutiques dans les "royaumes", mais aussi de l'angoisse métaphysique de la mort ». Le peuple d'Israël parvient ainsi à une vraie liberté : il est « libre, en observant les commandements de la Tora » [116] ; il est libre dans ce monde, en observant les commandements de la Tora qui viennent d'un autre monde et qui lui assurent la vie, qui ne finit pas, dans « le monde à venir ».

Certes, Pharaon, Achour – « verge de Sa colère » –, Haman... sont des instruments dont Dieu se sert pour « rapprocher » Israël de Lui, lorsque Son peuple essaie de s'éloigner de Lui ; « Il dresse » contre Israël un despote pour faire « retourner » le peuple de Dieu vers son Dieu, pour faire observer les prescriptions de la Tora par le peuple de la Tora et assurer ainsi la survie du monde [117].

Cependant, ce service que les Pharaons et leurs successeurs rendent « volontairement » et même « joyeusement » [118] à Dieu ne les autorise point à se substituer à Lui et à s'ériger eux-mêmes en juges d'Israël ; il ne les autorise point à interpréter la pensée de Dieu, car « leurs pensées ne sont pas Ses pensées, et leurs voies ne sont pas Ses voies, dit l'Éternel » [119]. Les Haman et leurs successeurs ne doivent pas s'arroger le « droit » et encore moins assumer la « tâche » d'exécuter les « sanctions » prises par Dieu contre Israël et de « punir », eux, Israël, « au nom de Dieu » (ou « de s'acharner contre Israël, sous prétexte de venger la mort d'un dieu » !). Ce « service » qu'ils s'empressent de rendre à Dieu, et que Dieu *ne leur demande pas*, ne les exempte point de leur responsabilité morale, ne les dispense point de faire un juste usage de leur « libre arbitre » [120], de leur pouvoir et devoir d'agir vis-à-vis d'Israël, comme envers tout homme et peuple, en accord avec les « sept commandements » éthiques que Dieu a fait connaître et a prescrits aux « fils de Noé », qu'Il a inscrits dans la conscience de tout homme. En effet, ces commandements divins, élémentaires, impliquent, avec le respect du Créateur, celui de Ses créatures, et notamment celui de la personne humaine, de sa foi, de ses biens, de sa vie [121]...

Dieu tient donc pour responsables les Pharaons, les Achour, les Haman et leurs successeurs de leurs méfaits, de leurs actes criminels, qu'ils ont perpétrés contre Israël ; ils n'en seront point absous [122].

Il est vrai, « Dieu dit à Abram ; sache-le bien, ta postérité séjournera sur une terre étrangère, où elle sera asservie et opprimée... Mais Je jugerai aussi la nation à laquelle (tes descendants) seront asservis » (Gen. 15,13-14).

Pharaon et les Égyptiens seront, en effet, punis par Dieu, car l'*annonce* faite par Dieu à Abraham, aussi bien que les « avertissements », les *to'ha'hot*, donnés à Israël au sujet des galouyot qu'il subira, en cas de violation de la Loi de la Tora (Lev. 26 et Deut. 28), ne précisent pas les noms de leurs persécuteurs [123], ne contiennent pas une invitation qui leur serait adressée à opprimer et à asservir Israël, ne « justifient » donc pas les supplices qu'ils infligent, avec tant de joyeuse persévérance, à ce peuple. L'annonce faite par Dieu à Abraham de la servitude de ses descendants n'abolit pas le libre arbitre du Pharaon [124] ni celui de ses successeurs, qui exhalent avec tant de violence leur haine contre Israël ; l'annonce divine n'excuse pas leurs forfaits commis contre ce peuple. Les tyrans accablent Israël de tant de souffrances, parce qu'eux-mêmes « pèchent et veulent faire du mal à Israël qui se trouve dans leurs pays », ainsi que le souligne le Rambam. « Dieu n'ordonne jamais que l'homme fasse du mal à son prochain », précise le Rambam [125]. « Dieu juge donc le peuple qui asservit » Israël, « et aussi – disent le Midrache et Rachi – les quatre royaumes qui asservissent Israël. Eux aussi disparaîtront, pour s'être associés à l'asservissement d'Israël » [126]. Car l'annonce par Dieu de la persécution d'Israël ne libère point ses futurs persécuteurs de leur devoir et de leur pouvoir d'agir conformément au commandement divin de l'amour du prochain. Ces tyrans et peuples oppresseurs d'Israël seront donc punis au « jour de Dieu » [127], pour leurs péchés, qui sont nombreux et graves, parce qu'ils n'ont pas respecté les « sept commandements des fils de Noé » ; de plus, ils seront châtiés, pour avoir terriblement fait souffrir Israël, car celui qui fait souffrir Israël fait souffrir Dieu. Eux, ils ont fait souffrir Israël, parce qu'ils haïssent le peuple de Dieu ; ils seront donc châtiés, car ceux qui sont les ennemis d'Israël sont les ennemis de Dieu : ils seront châtiés, « mesure pour mesure », compte tenu du mal qu'ils ont fait à Israël [128].

En effet, Pharaon, les Égyptiens et ceux qui les suivront seront aussi punis de leur ingratitude à l'égard du peuple de Joseph, du peuple des différents « Joseph », qui les ont aidés en des temps difficiles [129] ; ils seront punis du massacre des enfants israélites[a] ; ils seront punis de l'exploitation inhumaine des forces physiques des esclaves israélites [130] ; ils seront punis de l'humiliation morale et de la persécution religieuse qu'ils ont infligées à Israël.

Dieu « rendra la rétribution à ceux qui Le haïssent », dit la Bible. Car, écrit le Ramban, « ceux qui ont fait tant de mal à Israël ne l'ont pas fait pour "le Nom des Cieux", mais ils l'ont fait par haine du Saint, béni soit-Il. Ils ont haï Israël non pas parce qu'il avait commis, comme eux, des péchés d'idolâtrie, mais parce qu'il n'avait pas agi comme eux : pour avoir servi le Saint, béni soit-Il, et observé Ses commandements ; pour avoir affronté la mort pour Lui, tous les jours. C'est par haine contre le Saint, béni soit-Il, qu'ils ont fait tant de mal à Israël : ils sont donc bien "Ses ennemis" » (les ennemis de Dieu) [131].

La connaissance de cet amour divin et de cette justice divine autorise David à s'adresser à Dieu en ces termes : « Répands Ta colère sur les peuples qui ne Te connaissent point, sur les empires qui n'invoquent pas Ton nom. Car ils ont dévoré Jacob et fait une ruine de sa demeure (c'était bien l'unique but qu'ils poursuivaient en s'attaquant à Israël)... Ne nous impute point les fautes du passé... Viens à notre secours, Dieu de notre salut, pour l'honneur de Ton nom... Pourquoi les peuples diraient-ils : "Où est leur Dieu ?" » « Ô Dieu,

---

a. Rabbi Kelonimos Chapira, dans le ghetto de Varsovie (entre les années 1940 et 1942), écrit : « La pérennité d'Israël dans ce monde se réalise grâce aux enfants. C'est pourquoi le premier ennemi d'Israël, Pharaon, s'est jeté sur les petits enfants d'Israël ; il donna l'ordre : "Tout mâle nouveau-né, jetez-le dans le fleuve" (Exod. 1,22). Ainsi, toujours la cruauté des ennemis d'Israël s'exerce particulièrement sur les petits enfants, soit en les massacrant, soit en les convertissant par la force. À présent, nous constatons aussi, le cœur meurtri, que la cruauté qu'ils mettent à tuer nos enfants, les petits, dépasse tout ce qu'on peut imaginer... Toute notre existence dans ce monde, nous la devons à nos enfants et à nos petits-enfants ; et lorsque les assassins les détruisent, ils nous détruisent, ils détruisent notre propre existence. C'est pourquoi nous disons dans notre prière : "Notre Père, notre Roi, aie pitié de *nous* et de nos *enfants*", car nos enfants ce ne sont pas seulement eux, mais nous le sommes en eux... Et en vérité il est étonnant que le monde subsiste encore après avoir entendu tant de cris d'enfants, après avoir absorbé tant de larmes d'enfants... Il est étonnant que ce monde ne se soit pas transformé en eau... Il est étonnant que ce monde soit resté debout, comme si cela ne le touchait pas... » (Cité *in* Ani Ma'amine, de Morde'haï Eliav, p. 247).

Le nombre d'enfants juifs massacrés par les nazis dépasse un million.

ne garde pas le silence. Car voici, Tes ennemis s'agitent et ceux qui Te haïssent ont levé la tête. Contre Ton peuple ils ourdissent des complots. Ils disent : "Allons, faisons-les disparaître d'entre les nations ; et que le nom d'Israël ne soit plus mentionné !"... Car ils forment une alliance contre Toi... Couvre leur visage d'opprobre, pour qu'ils recherchent Ton nom, ô Éternel... Qu'ils reconnaissent ainsi que Toi seul, qui T'appelles l'Éternel, Tu es le souverain de toute la terre [132]. »

David, le chantre de la grâce de Dieu, se permet d'interpeller Dieu en des termes si graves, car c'est Dieu, Lui-même, qui déclarera, par la bouche de Son prophète Zacharie : « Je suis rempli d'un zèle ardent en faveur de Jérusalem et de Sion, et Je suis courroucé d'un grand courroux contre ces nations tranquilles, car, lorsque J'étais un peu irrité, elles ont coopéré à la ruine. C'est pourquoi, ainsi parle l'Éternel : Je reviens vers Jérusalem avec amour. Ma maison y sera rebâtie [133]... » David interpelle Dieu d'un ton si impératif, car c'est Dieu Lui-même qui « fait jurer aux nations du monde de ne pas opprimer exagérément Israël, de ne pas faire peser trop lourdement leur joug sur lui [134] »...

« *Pourtant, n'aie pas en horreur ton oppresseur...* »

Il est vrai, David et Israël tout entier demandent à Dieu de « regarder et de voir » Son peuple gémissant dans les souffrances que leurs ennemis lui ont infligées ; aussi exigent-ils de Lui qu'Il sévisse contre ceux qui les oppriment [135]. Cependant, par le fait même que c'est à Dieu qu'ils demandent d'agir contre ceux qui les persécutent, les israélites se défendent d'agir eux-mêmes et d'eux-mêmes, c'est-à-dire de leur propre chef [136] contre ceux qui leur font du mal : ils s'interdisent de « venger » eux-mêmes les tribulations dont ils ont été les victimes.

Avec David, Israël prie Dieu pour que les « péchés » – *hataïm* – de leurs persécuteurs « disparaissent », pour que les crimes qu'ils perpètrent contre eux prennent fin, mais ils ne demandent pas à Dieu, observe le Talmud, qu'Il « fasse disparaître les pécheurs » – *'hotim* –, qu'Il fasse périr les criminels : les péchés disparus, « il n'y aura plus de méchants » [137].

C'est donc à Dieu, le Juge suprême, de juger les actes des hommes, de punir les méchants et de « venger le sang de Ses serviteurs [138] », « car la justice est à Dieu [139] ! », affirme la Bible. Oui, « la justice est à Dieu ». « C'est à Dieu d'établir une situation de droit entre Ses créatures, car Il les a créées pour que l'équité et la justice règnent parmi elles », écrit le Ramban en commentant ce verset du Deutéronome [140].

Quant à Israël, « serviteur de Dieu », s'il n'est pas matériellement, physiquement à même de se défendre contre ceux qui se lèvent contre lui, de prévenir les crimes qui se préparent contre lui [141], « il livre son corps à ceux qui le frappent et son visage à ceux qui l'insultent » [142], « il tend le cou à ceux qui l'égorgent » [143] ; il trouve sa « force dans le fait qu'il est offensé et n'offense pas » [144].

C'est donc à Dieu de châtier les « Pharaons », les « Égyptiens », les « Édomites », tous les « ennemis d'Israël », qui sont nombreux, s'Il considère qu'il y a lieu de les châtier.

Israël, quant à lui, a reçu l'ordre exprès de Dieu de « ne pas les haïr ». Ce même Dieu qui l'a libéré de la servitude d'Égypte et l'a sauvé de l'anéantissement par les armées d'Édom ordonna clairement à Israël par un commandement de la Bible hébraïque : « N'aie pas en horreur l'Édomite, car il est ton frère ; n'aie pas en horreur l'Égyptien, car tu as séjourné dans son pays » (Deut. 23,8).

« Tu ne haïras pas l'Édomite », précise Rachi, en commentant ce verset de la Tora : « Tu ne le haïras pas du tout, bien que tu sois en droit de le haïr puisqu'il est sorti à ta rencontre l'épée haute. » Plus encore, l'Édomite, tout en voulant détruire Israël, reste toujours aux yeux de l'israélite son « frère », car ils ont, en réalité, les deux « un seul Père, un seul Dieu qui les a créés » [145], un seul Dieu qui « en ce jour-là », aux temps messianiques, sera aussi reconnu par toutes les nations comme « Dieu Un » [146].

« Tu ne haïras pas l'Égyptien »... Le « pays d'Égypte », tout en ayant été, selon les paroles de Dieu Lui-même dans le Décalogue [147], « une maison d'esclavage » pour Israël, a néanmoins été pour les premiers israélites, Jacob et sa famille, une contrée où ils ont vécu en tant qu'« hôtes » du Pharaon et des Égyptiens [148]. Or, disent les sages d'Israël, « il ne faut pas que tu jettes de la boue dans le puits dont tu as bu l'eau, car il est écrit dans la Tora : "tu ne haïras pas l'Égyptien, car tu as séjourné dans son pays" » [149].

« Tu ne haïras pas l'Égyptien », écrit Rachi dans son commentaire de ce verset de la Tora : « bien qu'ils aient jeté vos fils dans le Nil » (bien que, ainsi que le Midrache [150] le rapporte, « le Pharaon, frappé de la lèpre, ait fait massacrer des petits enfants d'Israël pour se laver dans leur sang, deux fois par jour »). « Tu ne haïras pas l'Égyptien. » « Pour quelle raison ? Parce qu'ils vous ont hébergés à l'heure du besoin, au temps de la famine, sous Joseph. »

En d'autres termes, le souvenir de la souffrance que les Édomites t'ont infligée ne doit pas entretenir chez toi, israélite, un sentiment de haine contre eux. Et les douleurs que t'ont fait subir les Égyptiens durant ta servitude dans leur pays ne doivent pas effacer de ton cœur, israélite, tes sentiments de gratitude à leur égard, pour t'avoir nourri chez eux pendant la période de famine en Canaan. Rachi le dit encore, en relation avec un tout autre sujet : « À l'endroit même où l'on juge un homme pour ses méfaits, il faut rappeler ce qu'il a fait de juste, de bon [151]. »

But éducatif de la servitude en Égypte : « Tu aimeras l'étranger comme toi-même »

« Ne pas haïr l'Égyptien » ne constitue qu'un préalable pour « l'aimer ».

Se référant à la période de l'esclavage d'Israël en Égypte et rappelant aux israélites leur propre expérience d'étrangers dans ce pays, la Bible hébraïque non seulement leur interdit de haïr les Égyptiens mais leur demande d'aimer tout étranger. Le motif religieux, historique, psychologique, existentiel même de cette exigence est que les israélites ont été eux-mêmes étrangers en Égypte, « eux-mêmes et non seulement leurs ancêtres ».

En effet, la Michna enseigne (et le juif fait sien cet enseignement le soir de Pessa'h) : « Dans chaque génération, tout israélite doit se considérer comme s'il eût été lui-même affranchi de l'esclavage d'Égypte, ainsi qu'il est écrit (dans le Livre de l'Exode) : "Et tu diras à ton fils : C'est dans cette vue que l'Éternel a agi en ma faveur, quand je sortis de l'Égypte" [152]). Toutes les générations d'Israël, tous les israélites de tous les temps, sont ainsi directement touchés par la servitude d'Israël en Égypte et par la sortie d'Israël hors d'Égypte. En conséquence, la Tora dit à chaque israélite : « Tu ne maltraiteras point l'étranger. Vous connaissez, vous, le cœur de l'étranger, vous qui avez été étrangers dans le pays d'Égypte ! » (Exod. 23,9). Et la Tora va plus loin dans ses exigences concernant le respect de l'étranger, puisqu'elle va jusqu'à ordonner aux israélites de tous les temps : « Vous aimerez l'étranger, *vous* qui *fûtes* des étrangers dans le pays d'Égypte » (Deut. 10,19).

Dans le plan de la Providence divine, la servitude d'Israël en Égypte avait un but éducatif, religieux et moral. « Ne fausse pas le droit de l'étranger ni celui de l'orphelin, et ne saisis pas comme gage le vêtement de la veuve. Rappelle-toi que tu as été esclave en Égypte et que l'Éternel, ton Dieu, t'en a affranchi ; c'est pour cela que Je t'ordonne d'agir de la sorte » (Deut. 24,17-18).

Si la Tora rappelle constamment à l'israélite qu'il a été esclave en Égypte et que Dieu l'a libéré, c'est pour qu'il apprécie *la* vraie liberté, celle qui est intérieure, et non pas seulement *les* libertés extérieures, qui sont changeantes ; c'est aussi afin qu'il change son état d'esclave des Pharaons en celui de serviteur libre de Dieu [153] ; c'est encore pour qu'il aide l'homme privé de liberté à la recouvrer, et enfin pour qu'il soutienne l'homme qui ne connaît pas encore la liberté et qui aspire à elle. Voilà pourquoi un nombre considérable de mitsvot de la Tora, dont les plus importants commandements religieux de caractère éthique, font référence à la servitude d'Israël en Égypte et à son exode hors de ce pays.

Parmi ces commandements se trouvent deux mitsvot liées à « l'exode d'Égypte », qui ont été prescrites à Israël *avant* même qu'il soit sorti du pays des Pharaons. L'acceptation par Israël de ces deux mitsvot constitue en quelque sorte la condition préalable à sa libération de la servitude égyptienne : la mitsva relative aux modalités de la célébration pascale, de la célébration de la fête de Pessa'h, « en souvenir de l'exode » (du futur exode !) d'Égypte [154], et la mitsva de la libération des esclaves (dans le futur État hébreu !) [155].

Le juif est tenu d'aimer son prochain, ainsi que le lui apprend « le grand principe de la Tora » [156] : « Aime ton prochain comme toi-même » (Lev. 19,18). Après lui avoir interdit « de haïr son frère dans son cœur » (Lev. 19,17) (qu'elle sait capable de le « dominer »), la Bible hébraïque s'avance, progressivement, sur la voie de l'éducation de l'homme, en ordonnant à l'israélite d'aimer son prochain, que ce prochain soit « lointain ou proche » [157], car elle sait que le Créateur a inscrit dans le cœur humain la faculté d'aimer.

Le respect de ce précepte fondamental de la Tora qu'est le précepte de l'amour du prochain trouve sa confirmation et son couronnement dans le respect du précepte de l'amour de l'étranger.

En ce qui concerne l'amour du prochain, la Bible hébraïque demande à l'israélite de tourner son attention bienveillante *vers* son prochain, de diriger son amour *vers* lui (en hébreu : *LeRéa'ha*, dans le sens du datif, soit, littéralement : « à ton prochain » [158]), afin que son prochain puisse saisir l'amour qui va *vers* lui, en sa direction, et le voie. En ce qui concerne l'amour de l'étranger, la Bible hébraïque demande à l'israélite de « *l*'aimer » (en hébreu : *Et HaGuer*, à l'accusatif : « *l*'étranger » [159]) ; celui-ci, en retour, doit s'ouvrir à un amour qui non seulement va vers lui et l'atteint, mais qui est déposé en lui, *le remplit* et l'englobe.

Qu'il est caractéristique que, dans la Bible hébraïque, la construction grammaticale du précepte de l'amour de l'étranger soit identique à celle du précepte de l'amour de Dieu[160]. La Tora met ainsi en évidence l'égale importance de ces deux préceptes : l'un et l'autre sont exprimés à l'accusatif : *Et HaGuer* et *Et HaChème* (Deut. 10, 19 ; 6,5). L'amour de Dieu, l'amour du grand et tout-puissant Autre, que l'homme peut considérer à la fois comme l'Être le plus éloigné et la Personne la plus proche, équivaut à l'amour de l'étranger, à l'amour du petit et du faible, cet « autre » que l'homme voit venir de loin vers lui et qui possède la vertu de le rendre conscient qu'il est lui-même un « étranger sur terre »[161], si bien que pour y devenir lui aussi un « habitant », il doit s'appuyer sur Dieu, sur l'Autre. Or, c'est « sur le visage humain de l'"autre", de l'"étranger" – lui qui est capable de devenir le "prochain" le plus proche, le véritable frère de celui qui l'adopte » – que Dieu imprime de façon privilégiée Son image divine. C'est grâce à cet « autre » humain qu'il « introduit » dans son intériorité, dans son immanence, que l'homme peut accéder à l'intériorité, à l'immanence de l'Autre, divin, transcendant. Les sages d'Israël vont très loin dans la voie de l'identification de l'amour de Dieu à l'amour de l'étranger. Ils nous font entendre, notamment dans un adage étonnamment audacieux, leur conviction que « l'hospitalité a plus de valeur que l'accueil de la Divinité » : *Guedola Ha'hnassat Or'hine MeHakbalat Penei Che'hina* : « Il est plus important d'introduire dans ta maison des hôtes (*Or'hine* ; *Oréa'h* est l'étranger, l'homme qui est en route : *Ora'h*) que d'accueillir le visage de la *Che'hina* (de la Présence divine) ! » (cf. TB Chabbat 127a ; Chevouot 35b ; Bava Metsia 86b ; Tikounei HaZohar 6 (23b)).

C'est Abraham, l'« amoureux » de Dieu et l'amoureux des hommes « en route », qui sert d'exemple aux sages d'Israël, pour qu'ils osent professer un tel enseignement : un enseignement qui accorde la primauté à l'amour de l'étranger sur l'amour de Dieu. En effet, « c'est à Dieu (qui se trouve à la porte d'Abraham) qu'Abraham demande d'attendre, pour qu'il aille accueillir les gens de passage » (Rachi, *ad* Gen. 18,3) ! Abraham sait bien que Dieu non seulement approuve son attitude « offensante » à Son égard, mais même la recommande expressément. Ne dit-Il pas de Lui-même qu'Il « aime l'étranger » (Deut. 10,18 ; cf. Rambam, Hil'hot Déot VI, 4) ? Dieu invite celui qui désire L'aimer – dit le Ba'al Chem Tov – à aimer d'abord ceux qu'Il aime Lui-même ! En accueillant d'abord « les gens de passage » et en saluant ensuite la *Che'hina* divine, Abraham sera plus proche de la *Che'hina* qu'il ne l'avait jamais été auparavant.

Larmes des juifs sur les souffrances endurées par leurs oppresseurs

Le jour du Jugement divin arrivé, Dieu souffrira Lui-même d'être obligé de punir les « Pharaons », les « Égyptiens », les oppresseurs de son peuple Israël. Car le Créateur « a pitié » de Ses « créatures humaines »[162], même lorsque celles-ci se rebellent contre Lui.

« Je rendrai la vengeance à Mes adversaires, et la rétribution à Mes ennemis », déclare Dieu[163].

Mais la « vengeance » de Dieu est-elle vraiment vengeance ? Décidément, non[164]. « Je ne prends point plaisir à la mort de celui qui meurt, dit le Seigneur, l'Éternel ; revenez et vivez ! » (Ez, 18,32).

Même lorsque le roi David dit dans ses Psaumes que « l'Éternel est un Dieu de vengeance »[165], « lorsque l'application de la punition est nécessaire » – il place le terme « vengeance » entre deux Lettres, entre deux Noms de Dieu, qui, observe le Talmud, représentent tous deux la miséricorde divine[166].

Le châtiment que Dieu inflige aux méchants et aux pervers « dévoreurs d'Israël »[167] n'est donc pas en lui-même un acte de vengeance : il n'est pas inspiré par un sentiment de vengeance et il n'accomplit pas un dessein vengeur ; au contraire, il procède de la miséricorde et tend vers la miséricorde. Il doit être considéré comme un geste éducatif, une leçon, une correction à l'intention de ceux qui en font l'objet, afin qu'ils ne continuent pas leurs actions horribles ; il vise à décourager ceux qui seraient tentés d'entreprendre eux aussi des actions aussi scélérates.

Le châtiment divin montre aux hommes qu'« il y a un Jugement et qu'il y a un Juge », qui est « Vrai »[168].

La punition infligée par Dieu aux hommes, aux peuples, qui la « méritent », qu'ils soient israélites ou non, ne contredit pas Son amour pour eux. Elle n'est pas infligée par amour de la punition, mais par amour des hommes, de l'humanité.

La *Chirat HaYame*, le « Chant de la mer » (Exod. 15), contient l'hymne que « Moïse et Israël » ont entonné en l'honneur de Dieu, après avoir miraculeusement traversé la mer Rouge. Le Midrache dit que Dieu a particulièrement apprécié cette grandiose ode d'Israël à Sa gloire, la première qu'un peuple tout entier Lui dédiait ; elle est la première ode par laquelle un peuple tout entier ait fait connaître Dieu dans le monde[169]. Dieu estime ce cantique, car il exprime à la fois la gratitude d'Israël à Son égard et la joie d'avoir été sauvé. Cependant, au moment où les anges (qui, aux cieux, s'associent toujours aux hymnes qu'Israël, sur terre, offre à Dieu) entonnaient, à l'instar d'Israël et en solidarité avec lui, une *chira*, un « chant » à la gloire de Dieu pour avoir sauvé Israël de la noyade, Dieu les interrompit en leur lançant, selon le Talmud, la réprimande retentissante que voici : « Les œuvres de Mes mains (Mes créatures, les Égyptiens) s'enfoncent dans la mer, et vous dites la *chira* (vous chantez des hymnes en Mon honneur) ! ? » [170].

Oui, Dieu punit les Égyptiens qui s'acharnent à poursuivre avec leurs chars les israélites à peine affranchis des chaînes de l'esclavage. Certes, Dieu punit les Égyptiens, mais Il le fait contre Son gré, car les Égyptiens sont toujours pour Lui Ses créatures, les « œuvres de Ses mains » ; Il promet même au peuple d'Égypte « de lui conférer en ce jour-là », aux temps messianiques, « Sa bénédiction, en disant : Béni soit Mon peuple d'Égypte ! » [171]. Ce peuple aura alors accepté Sa souveraineté et respecté Sa loi.

Dieu n'a donc pas consenti à ce que les anges chantent Sa gloire au moment où Ses créatures, les Égyptiens, périssaient. Ils succombent, il est vrai, par leur faute, mais leur souffrance fait souffrir leur Créateur, dit le Zohar [172].

Israël lui-même souffre de la souffrance de ses ennemis. Au moment même où il remercie Dieu pour les bienfaits qu'Il lui a prodigués en le sauvant des mains de ses oppresseurs égyptiens, Israël pense avec tristesse à ces mêmes oppresseurs que Dieu a châtiés pour leurs méfaits. Le soir de Pessa'h, au repas solennel du *séder*, les juifs commémorent « la délivrance de leurs ancêtres et leur propre délivrance de la servitude » [173]. Or, en ces mêmes heures d'allégresse, ils laissent tomber de leur coupe pleine, symbole de leur jubilation, quelques gouttes de vin, symbolisant leurs larmes de compassion au souvenir des Égyptiens qui ont souffert en subissant le châtiment de Dieu au moment de la servitude d'Israël en Égypte et de sa sortie hors de ce pays.

II

LA GALOUT, L'EXIL D'ISRAËL : PROVIDENCE DIVINE
ET LIBERTÉ HUMAINE.
NÉCESSITÉ ONTOLOGIQUE ; VISÉE TÉLÉOLOGIQUE.

La Galout n'est pas simplement la conséquence des transgressions d'Israël [174] ; elle ne représente pas qu'un châtiment ; elle ne forme pas seulement le « feu de l'épreuve », grâce auquel Israël se voit pardonner ses fautes ; elle ne constitue pas seulement un « creuset de fer » qui le « purifie » de ses péchés[175].

La Galout est « prévue », « prédestinée », « déterminée » par Dieu, bien avant que les péchés d'Israël, qu'elle châtie, aient été « volontairement », « librement » commis par lui. Elle est la manifestation d'une « merveilleuse Providence divine »[176]. Elle n'est pas seulement un événement historique qui intervient ou advient, mais elle constitue une réalité ontologique, « contraignante » : *hé'hréa'h*, comme elle est appelée dans la langue du Maharal[177]. L'éloignement provisoire du peuple d'Israël de son pays, Erets-Israël, est un *hé'hréa'h*, qui appelle, en *conséquence*, selon le Rav Kouk, un autre *hé'hréa'h* : le retour d'Israël en Erets-Israël[178].

La Galout « ne vient donc pas par accident[179] (et tout "péché d'Israël n'est qu'un accident"[180]), mais elle est essentielle », affirment avec vigueur le Maharal et le Sefat Emet. Elle est préfixée dans l'ordre *cosmique*, établi par le Créateur. En effet, Dieu « a *créé* la Galout », affirme le Talmud[181], et, en *conséquence*, selon le même Talmud : « le *rassemblement des galouyot* est aussi important – "grand" – que le jour où furent *créés* les cieux et la terre »[182]. Or, la création divine de la nature ayant pour finalité spirituelle, éthique, historique, eschatologique la *gueoula*, le salut, « la *Galout* et la *gueoula* constituent un principe qui concerne l'univers même et son ordre », écrit le Maharal[183].

La Galout est ainsi inscrite dans l'économie cosmique-historique de Dieu ; elle fait partie des desseins divins sur l'histoire *particulière* d'Israël, dont la portée est *universelle* ; elle est assignée à Israël, dont la structure est *spécifique* et la vocation universelle, voire cosmique[184].

Entre les temps du Commencement et ceux de l'Accomplissement, entre la Genèse et le Messie : Abraham

La Galout et son eschatologie, ainsi que la *techouva*, le « retour » à Dieu (instrument reliant entre eux, à la fois librement et nécessairement, les temps « premiers », sereins, de la Création, les temps « dégradés », agités de la Galout et les temps « finaux », sereins, du salut), ont leurs fondements dans les mondes infinis précosmiques et dans le monde indéfini préhistorique d'Israël et de l'humanité.

Le Midrache illustre cette idée, dans les commentaires qu'il donne des premiers versets de la Genèse.

Le Midrache enseigne ceci : La Tora dit[185] : « "Au commencement Dieu créa"... ; mais, avant que le monde fût créé, Dieu avait créé

Chemo chel Machia'h, "le nom du Messie" et la *techouva*, "le retour" à Dieu » [186] (« le *nom* du Messie », c'est-à-dire le principe, l'idéal, l'aspiration, l'attente messianiques ; la *techouva*, elle, doit intervenir tout de suite après la création de l'Homme et être utilisée par lui afin d'atteindre les temps messianiques, chabbatiques. En effet, Adam y a eu recours quelques heures après avoir été créé, la veille du Chabbat ; Adam « sert ainsi d'exemple aux générations futures »).

Ensuite la Tora dit [187] : « La terre était informe, *tohou*, et vide, *bohou* ; et les ténèbres, *'hoché'he*, étaient à la surface de l'abîme, *tehom*. » Et le Midrache d'interpréter : « *Tohou*, c'est le royaume de Babylonie ; *bohou*, c'est le royaume de Médie ; *'hoché'he*, c'est le royaume de Grèce ; *tehom*, c'est le royaume de la méchanceté (Edom) [188]. »

Ces états chaotiques, ténébreux, abyssaux, sont les états *typiques* des civilisations mortelles, galoutiennes, dans lesquels Israël a été emmené au cours de son histoire, dans lesquels il s'est trouvé et où il se trouve encore [189]. Il y a été entraîné par Nabuchodonosor, roi de Babylonie (VIe s. av.) ; par A'hachvéroche, roi de la Médie et de la Perse (Ve s. av.) ; par Antiochus Épiphane, roi syro-grec (IIe s. av.) ; par Titus, empereur romain (Ier s.), et par les autocrates des empires dérivant de la Rome païenne et chrétienne [190].

Puis la Tora dit [191] : « Et le souffle de Dieu planait sur la face des eaux. » Et le Midrache de préciser : « C'est le souffle (aquatique, primordial, "purificateur") du Roi, le Messie [192]. » Ce roi est l'opposé des despotes ténébreux, méchants. Il se manifeste d'abord comme l'annonce du triomphe premier de la lumière ; il affirmera plus tard la victoire finale de la lumière. Car la Tora poursuit : « Dieu dit : Que la lumière soit [193] ! » « C'est Abraham ! », s'exclame le Midrache : *Jehi Or-zé Avraham !* « En effet, il est dit [194] : "Qui l'a suscité – *hé'ire* – de l'Orient, Celui dont la justice accompagne ses pas." » Le Midrache nous conseille : « Ne lis pas *hé'ire* (avec *ayine*), "a suscité", "a éveillé", mais lis *hé'ire* (avec aleph), "a rayonné", "a éclairé" [195]. Il a éclairé le monde en lui laissant entrevoir la justice messianique [196], en lui faisant sentir la charité abrahamique [197], en lui permettant d'entendre les pas du Messie [198]... »

La lumière première, après avoir été éclipsée par les ténèbres de la tyrannie des hommes, après avoir été « cachée » par Dieu, fait son apparition « nouvelle » en Abraham. Le premier patriarche hébreu est le dépositaire de la lumière rédemptrice d'origine divine, qui éclaire ; il est le dispensateur d'une lumière salvatrice aux effets humains, qui « guérit » [199] ; Abraham est la promesse et l'espérance de la diffusion universelle de la lumière bienfaisante ; Abraham, ô paradoxe, reçoit lui-même l'annonce divine des galouyot d'Israël et ressent en lui-même, profondément, « les sombres angoisses » qu'elles provoquent ; mais c'est aussi Abraham, lui-même, qui reçoit l'annonce divine d'une *fin* lumineuse des ténèbres galoutiennes ; il reçoit non seulement l'annonce de la fin de la Galout, mais aussi celle de la *gueoula*, du salut [200]. Celui-ci est beaucoup plus qu'une délivrance : il est la *finalité* de la création ; il est la libération de la Parole productrice de lumière et la sortie de la Lumière de sa cachette ; il est l'union, la simultanéité de la Parole et de la Lumière, telles qu'elles étaient au Temps Premier de la Création.

La Galout juive, une mission universelle

La Galout est un élément essentiel du plan divin de salut. Elle fait partie des « desseins voilés de la sagesse divine », disait Rabbi Yehouda HaLévi [201]. Pour la réalisation de Ses intentions, qui ont présidé à la création du monde, Dieu se sert d'Israël, Son peuple [202]. Le peuple de Dieu est un instrument dans les mains de Dieu, non pas seulement en Erets-Israël, au « pays d'Israël », qu'Il a donné à ce peuple, mais aussi dans les *Tefoutsot Yisraël*, dans les « dispersions d'Israël », où Il l'a envoyé [203]. En effet, la *galout*, l'« exil » d'Israël, est aussi une *tefoutsa*, une « dispersion », une *pezoura*, une « dissémination » d'Israël parmi les peuples. Car Israël est le « peuple unique » – *goï é'had* – du Dieu unique – *HaChème E'had* –, de ce Dieu qui est le « Dieu de la Terre » [204] d'Israël et en même temps le Dieu de « toute la terre » [205]. Israël annonce donc au monde la volonté de Dieu, aussi bien dans son pays que dans d'autres pays.

Rabbi Yits'hak Louria, l'Ari HaKadoche, enseigne que les galouyot, les exils d'Israël, sont « nécessaires » au monde, dans les divers stades de son développement, aux époques successives de son histoire [206]. C'est Israël qui est capable, par sa présence créatrice dans les différentes parties du monde, d'aider les hommes et les peuples à se défaire de leurs propres exils, dont ils ne sont pas même conscients. En effet, ils sont en exil, spirituellement, dans leurs propres contrées, auxquelles ils se sont asservis. Or ces contrées galoutiques « cachent » sous leur « écorce » sombre et impure des *Nitsotsot*, des « étincelles » divines ; elles « enferment » dans leur intériorité, dans leurs profondeurs, des « étincelles » saintes. Celles-ci sont disséminées, éparpillées dans la confusion, dans diverses régions du monde, à cause de la *Chevirat HaKeilim*, de la « brisure des vases », qui n'ont pu résister à la surabondance de lumière déversée en eux lors de la création du monde ; à cause du premier péché d'Adam, qui a perturbé l'ordre du monde [207]. Par son étude de la Tora et son observance des mitsvot, Israël est à même de faire « sortir » ces « étincelles saintes » de leurs « prisons », de les « libérer » de leurs lieux de « détention », de les « relever » de leur « chute » et de les conduire sur la voie du « retour » à leur « racine » [208]. Israël contribue ainsi au *tikkoune*, à la « restauration » de l'harmonie cosmique, troublée et « désorganisée » pendant les *périodes* de Galout. En accomplissant son devoir, sa tâche de « rassembler les étincelles saintes dispersées partout dans le monde et abandonnées par les péchés des hommes et des peuples [209], Israël se rapproche du temps du « rassemblement des galouyot », c'est-à-dire du rassemblement de ses propres exilés, répandus dans le monde, et de leur retour à leur « source de bénédiction », à Sion, en Erets-Israël.

Voilà pourquoi la Galout a été prévue par Dieu, *a priori*, antérieurement à l'expérience d'Israël, antérieurement même à la formation d'Israël comme peuple. Elle a été l'objet d'une *guezeira*, d'un « édit » divin, d'un « décret » divin, « prévu », « préétabli », « fixé », « déterminé », avant qu'Israël ne commence sa carrière historique, avant qu'il soit « libre » d'agir et donc susceptible de pécher et, par conséquent, de se rendre coupable de transgressions pouvant attirer sur lui le châtiment de l'exil, pouvant provoquer la Galout [210].

Dans Sa Providence englobante, cosmique, Dieu « désigne » Israël pour la Galout, parce qu'Il l'a « choisi » pour qu'il « Le réconcilie avec Son monde », toujours prêt à se détourner de Lui. Dieu « choisit » Israël à ce niveau cosmique [211], éternel, avant de le « choisir » au niveau historique, événementiel, temporel – notamment à un moment précis de l'histoire et à un point topographique précis : sur le Sinaï [212] – pour des périodes historiques précises, dans une région précise : en Erets-Israël [213]. C'est l'« élection » d'Israël au niveau cosmique qui préconditionne, implique et impose comme une nécessité inéluctable l'« élection » d'Israël sur le plan historique, religieux-national et religieux-universel.

Élection d'Israël et Galout d'Israël

La Galout juive est donc considérée comme une *guezeira* [214], comme une décision suprême de Dieu, « coupée », « façonnée » *a priori* par Lui et inscrite par Lui dans l'économie, non pas seulement historique, nationale, juive, humaine et universelle, mais bien dans l'économie cosmique établie *a priori* par le Créateur. Elle est fixée dans l'ordre cosmique prévu par le Créateur : Dieu a « créé la Galout ».

Dieu conduit cet ordre instauré au niveau de la Nature et à celui de l'Histoire, et à ces deux niveaux réunis, vers une finalité manifeste : l'élévation du monde vers le Créateur, par l'élévation de l'homme, agent à la fois de la nature et de l'histoire. La Galout doit ainsi aboutir à la gueoula, l'exil doit aboutir au salut, « car la Galout et la gueoula dépendent du même principe, qui concerne la question cosmique et son ordre », comme l'a dit le Maharal.

Pour effectuer cette opération difficile mais « nécessaire », pénible mais « salutaire », d'élévation du monde vers la Racine, de retour du monde vers Dieu ; pour acheminer le monde de la Galout à la gueoula, le Créateur a « choisi » Israël [215]. C'est pourquoi « Dieu a désigné Israël, dès avant la création du monde, pour qu'il reçoive la Tora » (« dans Sa pensée, avant la création du monde, Dieu avait envisagé de créer Tora et Israël ») [216]. « Il a donc élu Israël pour lui donner la Tora. » Il l'a choisi pour mettre à sa disposition la Tora (elle-même créée avant la création du monde), cet « instrument » dont Il s'est servi pour « créer le monde » et dont Israël se servira pour « éclairer » un monde confus, pour « restaurer » un monde déréglé. La Tora constituera le trait d'union entre la Nature et l'Histoire [217]. La Tora, par ses mitsvot, et notamment par celle de la *techouva*, accomplies par Israël, ramènera la Galout à la gueoula [218].

Cette « élection » d'Israël n'est pas un privilège qui dispenserait des avantages matériels ; elle ne permet pas à l'« élu » de se considérer supérieur aux autres ; bien au contraire, elle est pour l'« élu » une charge des plus lourdes, qui comporte non seulement de graves inconvénients matériels, mais aussi, et surtout, d'âpres souffrances.

Préfigurant sa descendance en Israël, Abraham a été « choisi » par Dieu pour la Galout (lui-même en a fait l'expérience, en Égypte !). Le premier patriarche hébreu a été « connu » par Dieu, c'est-à-dire « aimé » et « choisi » par Lui ; en Abraham et « après lui », Israël, sa postérité, a été « connu » par Dieu, c'est-à-dire « aimé » et « choisi » par Lui [219] : Dieu les tient sous Son regard, afin de les observer avec une rigueur et une bonté extrêmes [220].

Israël est donc « contraint » de subir et de réaliser la Galout ; il est obligé de l'assumer. C'est pourquoi « Jacob "descendit en Égypte", contraint par la Parole » divine [221], et « y vécut en étranger » ; et « les Égyptiens traitèrent (ses descendants) iniquement, les opprimèrent, leur imposèrent un dur servage... » [222]. En partant « pour la Galout amère », en Égypte, écrit le Noam Elimélé'h, « Jacob a voulu adoucir, atténuer la rigueur des décrets (divins) », mais aussi y poursuivre une œuvre de *tikkoune*[223], de « restauration ».

Israël est ainsi amené à supporter, malgré lui, les affres de la Galout, surtout lorsqu'il estime ne pas « les mériter ».

La dialectique de la Galout : contrainte divine et liberté humaine

La dialectique de la Galout est très mouvante. Elle oscille entre la Providence « contraignante » de Dieu, la volonté de Dieu que Sa « justice céleste » – *Dinei Chamayim* – demeure pour le moment humainement insaisissable – *hé'hréa'h*[224] –, et la Révélation manifeste de Dieu, Sa volonté que Sa justice humainement visible soit saisie – *bi'dei adam* – dans l'immédiat : *VeYissarti'ha LaMichpat*[225] (« Je te châtierai selon le droit – avec mesure »).

La première partie de la dialectique de la Galout, la Providence, est suprarationnelle ; elle est englobante et renferme un Plan de Dieu à long terme ; elle « cache » la récompense des justes, l'« immense bien » qui leur est réservé dans l'avenir, dans le « monde à venir »[226]. La seconde partie de la dialectique de la Galout, la Révélation, est entièrement visible, partiellement intelligible et sanctionne aussitôt les fautes humaines par l'application de l'*onèche*, de la « punition ».

La Galout se situe ainsi entre la Providence de Dieu, méta-historique, insondable, et le phénomène de la réalité historique qu'Israël vit au jour le jour. La Galout se place entre la Toute-Puissance de Dieu et la misérable précarité de l'Homme, entre la Rigueur miséricordieuse, la Bonté riche en promesses de Dieu, et la liberté limitée, conditionnée de l'Homme.

À dire vrai, Dieu « prévoit » la Galout d'Israël avant que celui-ci ne fléchisse « en sa liberté humaine » (dépendante elle-même de Dieu, de son Créateur), face aux tentations de ce monde (créé lui-même par Dieu). Les sages d'Israël, dans leur défense d'Israël, victime de la Galout, ont même osé arguer que Dieu, le « Redoutable », le Juge suprême, avait cherché des motifs d'accusation – *aliot* – pour condamner à la Galout un Israël, un Homme, davantage « déterminé » dans ses actes que « libre » dans ses choix[227].

En vérité, Dieu avait « prévu » la Galout d'Israël avant même que celui-ci ne vienne à « pécher », et donc à « justifier » sa Galout[228].

Dieu a « décrété » *a priori* la Galout, par une *guezeira*, par un décret « tranchant ». Il avait prononcé la sentence de la Galout contre Israël, avant même qu'un fils de ce peuple eût été accusé et jugé d'une transgression quelconque de la Tora et, en conséquence, condamné[229]. Bien plus : Dieu avait pris la décision de la Galout d'Israël, avant même qu'Israël n'ait reçu la Tora. Il a « fait connaître » Sa décision au premier patriarche hébreu, à Abraham, l'Homme[230] qui n'avait pas commis de péchés, au moins intentionnellement[231], bien qu'il soit admis qu'« il n'est pas d'homme juste sur terre qui fasse le bien sans jamais faillir[232] ». Au contraire, Abraham s'est distingué, parmi toutes les générations qui l'ont précédé[233] et dans sa propre génération, comme « le premier » des vrais « justes »[234], comme « le premier croyant », qui allait devenir « le père des croyants »[235], « la tête des croyants[236] ». Comme nous avons vu, c'est « à Abram que Dieu a dit : Sache-le bien, tes descendants seront des étrangers dans un pays qui n'est pas à eux ; ils y seront asservis et opprimés, durant quatre cents ans » (Gen. 15,13). Dieu annonce ainsi, au « père » par excellence qu'est Abraham (il est le « père » par excellence[237] car il transmet ses vertus aussi bien à ses enfants qu'à sa postérité lointaine[238]), que ses descendants seront obligés de vivre dans un pays qui ne sera pas le leur, et qu'ils y seront asservis et opprimés[239]. Or, ces descendants ne sont pas encore nés : ils sont donc virtuellement innocents[240]. Et de surcroît, dans l'image affligeante de la Galout prochaine que ses enfants auraient à subir en Égypte, Dieu laissa Abraham, le « père », déceler, « avec angoisse », toutes les ténèbres des galouyot, des exils successifs que ses descendants auraient à affronter[241]. Or, « Abraham notre père », le père par excellence, ressent non seulement, ce qui est naturel, la souffrance de ses enfants et de ses petits-enfants, mais celles de tous ses descendants jusqu'à la « fin des générations ».

L'annonce de la Galout, faite à Abraham et à nul autre, retient l'attention du Maharal, comme elle avait déjà retenu celle du Talmud[242] et des commentateurs de la Tora. Comment Dieu a-t-Il pu adresser ce grave message précisément à cet « Abraham qui L'aime »[243] ? Il est vrai qu'on reproche à Abraham la question qu'il avait osé poser à Dieu : « Comment saurai-je que je serai possesseur (de la Terre promise) ? » (Gen. 15,8) Et cette question, il la posa à Dieu après avoir entendu l'affirmation divine, qui était claire : « Je suis l'Éternel, qui t'ai tiré d'Our-Kasdim, pour te donner ce pays en possession ! » Faut-il voir dans cette « question » du « premier croyant » un fléchissement de sa foi en Dieu, de sa confiance dans la Parole divine ?

Bama eida, « Comment saurai-je ? » : cette fâcheuse expression d'Abraham témoigne de son désir, humainement compréhensible, de « savoir », de « connaître » le plus possible de ce qui le concerne, lui et sa postérité. Cependant, elle paraît inadmissible aux yeux de

Dieu, Lui qui « choisit Abraham » parce qu'« il eut foi en l'Éternel[244] ».

En effet, cette question d'Abraham appelle la riposte de Dieu : *yadoa teida*, « tu le sauras bien[245]... ». « Tu le sauras bien, que ta postérité séjournera sur une terre étrangère, où elle sera asservie et opprimée... » (Gen. 15,13). « Mesure pour mesure » ! Et plus encore. Dieu, dans sa réponse, ne se contente pas d'utiliser intentionnellement le même verbe qu'Abraham dans sa question, mais répète ce verbe, le souligne, signifiant par là à Abraham la Galout de ses enfants. En vérité, le Talmud[246] voit dans cette question imprudente d'Abraham : *Bama eida*, l'une des causes de la Galout des descendants du premier patriarche hébreu.

Pourtant, la plupart des grands commentateurs de la Tora, comme Rachi, Ramban, Abrabanel[247], Seforno, excusent cette interrogation malencontreuse d'Abraham. Ils n'y décèlent aucun fléchissement de l'*émouna*, de la « foi » de celui que Ramban appelle *Chorèche Ha-Emouna*[248], « la racine de la foi ». Malgré cette erreur passagère, ils louent la foi « intègre », « inconditionnelle », constante de celui que Dieu Lui-même invite à être « intègre »[249]. Ils n'admettent pas la possibilité d'une défaillance de la foi, fût-elle instantanée, chez ce « grand homme », l'un des « géants » de la foi. Ils s'efforcent de démontrer que, par la question *Bama eida*, Abraham ne demande pas à Dieu une *ot*, une « preuve » tangible de l'accomplissement de Sa promesse. (Il est vrai qu'une demande d'*ot*, adressée plus tard à Dieu par le roi 'Hizkiyahou, causera la Galout de ses enfants[250] !)

La promesse de Dieu suffit à Abraham. En Lui posant la question *Bama eida*, il ne Lui demande pas d'explication à propos de cette promesse. Mais il sait qu'une promesse divine doit aussi être « méritée » par ceux qui en bénéficient[251]. La question *Bama eida*, loin de refléter le moindre doute, la moindre incertitude dans le cœur du patriarche touchant le caractère immanquable de la promesse divine, témoigne plutôt d'un doute, d'une incertitude au sujet du « mérite » de ses enfants. Se montreront-ils « dignes » de la généreuse promesse divine ? C'est à propos de leur conduite que son cœur se remplit d'incertitude et même d'inquiétude. Il se demande si ses enfants « mériteront » toujours de posséder ce que Dieu lui avait promis. D'ailleurs, dans le Talmud, qui « accuse » Abraham d'avoir causé la Galout de ses enfants en posant la question *Bama eida*, nous apprenons (à la même page !) qu'Abraham a frémi, « a tremblé d'angoisse » au sujet de sa propre foi, dont il n'était pas assez sûr. Mais quel véritable homme de foi peut se dire satisfait et sûr de sa foi[252] ?

En vérité, d'autres grands interprètes de la Tora, tels que le Maharal, le Moharan[253] (Rabbi Na'hman de Bratslav), le Mi'htav Me-Eliyahou[254] (Rabbi Eliyahou Eliézer Dessler), n'excluent pas chez Abraham une certaine défaillance de la foi au moment où il posa la question : *Bama eida*. Ils n'excusent donc pas, sans réserve, la malencontreuse expression du patriarche, lequel, à cause de la « grandeur de sa foi », aurait dû peser chacune de ses paroles. Étant donné la qualité exceptionnelle de sa foi, même un petit écart pouvait avoir des conséquences néfastes pour lui et ses descendants. Ainsi la Galout d'Israël serait imputable à cette erreur impondérable, à cette inadvertance de leur ancêtre.

La dialectique de la Galout : du Talmud aux Tossafot, du Maharal au Gaon de Rogatchov

À travers les amples discussions dont le dialogue entre Abraham et Dieu (Gen. 15) fait l'objet et, par conséquent, à travers les contradictions déconcertantes qui alimentent la dialectique de la Galout d'Israël, le Maharal se fraye l'itinéraire de sa propre pensée sur le thème de l'exil du peuple juif. Il le fait, comme d'ordinaire, avec beaucoup d'aisance et assez d'originalité, quoiqu'il ait été précédé par tant d'exégètes, et notamment par les Tossafistes et Abrahabanel, – les premiers de façon concise, le second en développant de larges dissertations. Il demeure un étonnant dialecticien, quoique tant de maîtres de la pensée juive après lui, jusqu'au Gaon de Rogatchov, aient cultivé cette même problématique et l'aient enrichie de leurs réflexions.

Les considérations du Maharal sur ce thème difficile traversent toute son œuvre, et plus particulièrement ses *Netivot Olam, Be'eir HaGola, Peirouchim LeAgadot HaChass*. Mais il concentre ses réflexions dans les *Guevourot HaChème*. Il y écrit notamment : « On peut dire que Dieu a conduit la postérité d'Abraham dans la Galout parce que Abraham n'était pas assez fort dans sa foi[255]. » En effet, le Maharal fait observer par ailleurs que « l'homme qui change ne fût-ce qu'une chose infime dans sa foi s'écarte déjà de sa foi. Même Abraham, la tête des croyants, en disant : *Bama eida*, "Comment saurai-je ?", s'est écarté de sa foi[256] ». Rabbi Na'hman de Bratslav renforce l'impression que le Maharal nous communique, en écrivant à ce propos : « Lorsque Abraham a porté atteinte à la foi, il a porté atteinte à l'héritage du Pays (d'Israël) ; car ce Pays dépend de la foi, de l'*émouna*[257]. »

Pourtant, poursuit le Maharal dans ses *Guevourot HaChème*, « Abraham n'a pas été puni pour son péché. Au contraire, conformément à la promesse divine, il est mort "après une vieillesse heureuse" (Gen. 15,15[258]) ! Pourquoi alors attribuer son péché à ses enfants, qui, eux, n'ont pas péché[259] ? ». « Car, le péché se trouvant en Abraham, qui est la racine, il se trouve aussi dans sa postérité. » « Abraham, n'étant pas tout à fait parfait, son péché, d'abord dans la racine, apparaîtra ensuite dans les branches[260]. » « Abraham était la tête et le principe d'Israël ; et tout dérive du commencement[261]. » (Ramban présente une opinion semblable dans un autre ordre d'idées[262].)

« Voilà donc pourquoi Dieu a conduit les descendants d'Abraham dans la Galout. Il les y a conduits pour qu'ils y acquièrent la foi *complète*, en apprenant à connaître la force déployée par Dieu. »

« Nous sommes pourtant en droit de nous demander ceci : le péché d'Abraham a-t-il été vraiment si lourd, qu'il entraîne un châtiment aussi sévère pour la postérité d'Abraham ? » La réponse est la suivante : « Il était prescrit de tout temps que l'existence de Dieu se ferait connaître dans le monde ; car, quelle valeur peut avoir le monde si l'on n'y connaît pas Dieu ? Il était prescrit de tout temps que le Nom de Dieu serait sanctifié dans le monde. Cependant, il fallait un péché quelconque pour que cette nécessité se réalise, car la Galout devait de toute façon arriver ! », écrit le Maharal.

En effet, « une *guezeira*, un "décret" divin, se réalise de toute façon », a déjà observé le Chelah HaKadoche, et Rachi, avant lui, avait fait la même constatation[263].

Mais il n'y a pas de souffrance sans péché : il fallait donc qu'un péché, fût-il minime, intervienne – observent Abrabanel et le Maharal – de façon à déterminer la Galout[264].

Au vrai, Ramban, qui appelle Abraham *Chorèche HaEmouna*, la « racine de la foi », découvre chez ce patriarche, pourtant « dix fois éprouvé » dans sa foi, des fautes « involontaires », sans mauvaise intention, qui ont néanmoins pu provoquer et même justifier la Galout de ses descendants. Par exemple, l'erreur commise par Abraham de « descendre en Égypte », volontairement, à cause de la famine qui régnait, à un moment donné, dans le pays de Canaan (il ne s'était pas assez fié à Dieu qui « nourrit Ses créatures »), a pu motiver la Galout « forcée » de sa postérité en *Égypte*[265].

Aussi bien une légère inattention, une attitude manquée, un geste irraisonné, un repas improvisé, des pleurs injustifiés[266], qu'un péché grave – tel l'envoi d'hommes pour explorer le pays de Canaan « que Dieu » à destiné aux enfants d'Israël (le péché des « explorateurs » trahit un manque de « foi » dans la promesse et la puissance divines [267]) – des attitudes innocentes comme des actes graves, sont susceptibles de provoquer la Galout, qui, de toute manière, doit arriver et s'abattre sur les « générations » futures [268].

En effet, constate le Maharal, « la Galout et la servitude, qui devaient de toute façon survenir, n'ont pas trouvé Israël en état de perfection. C'est pourquoi un petit péché a déterminé une situation qui de toute façon devait se produire »...

La Bible relate qu'après le retour des explorateurs du pays de Canaan, au désert, « le peuple passe *cette* nuit à gémir » (Nu. 14,1). Cette nuit était, selon la tradition, la nuit de *Ticha b'Av*, du neuvième jour du mois d'Av. Or, à *cette* même date aura lieu, plus tard, la destruction du premier et du second Temple de Jérusalem.

Le Talmud et le Midrache commentent le verset biblique qui parle des sanglots de « cette nuit », en ces termes : « – Vous avez éclaté en pleurs injustifiés, dit l'Éternel (en s'adressant à la génération des explorateurs du pays de Canaan). Moi, Je fixerai *cette* nuit comme nuit des larmes pour les générations futures ! – En *cette* heure même, fut prononcée la *guezeira*, le "verdict définitif" que le *Beit HaMikdache* (le Temple de Jérusalem) devrait être détruit et qu'Israël devrait partir en Galout, en exil, parmi les nations. Ainsi qu'il est écrit (Ps. 106,25-27) : "Ils murmurèrent dans leurs tentes, n'écoutèrent point la voix de l'Éternel ; et Il leva la Main contre eux (pour jurer) qu'Il les ferait succomber dans le désert, qu'Il rejetterait leurs descendants parmi les nations, et les disperserait dans leurs contrées". » Et le Midrache de conclure : « Une levée de la Main (toute-puissante !), contre la levée de la voix (fragile !) [269]... »

Quel enchaînement d'événements, quelle solidarité entre les générations ! « La génération du désert » se rend coupable devant Dieu, à une date précise, et outre son propre châtiment provoque pour la même date celui des générations futures ! [270] Mais ces dernières seront assez coupables [271] devant Dieu pour « justifier », elles-mêmes, la décision prise à leur intention : *Bané'ha'Hat'ou VeGalou !*

« Dieu reporte les péchés des pères sur les fils », dit la Bible ; et le Talmud précise : sur les fils « qui suivent les mauvais exemples paternels [272] ». Car il s'agit du même Dieu et du même peuple d'Israël dans l'histoire de leurs relations, rapportée dans la Tora, dans la Bible.

L'Histoire d'Israël, « peuple saint », est toujours, à toutes les époques de son existence, une Histoire biblique, une Histoire sainte.

Revenant aux causes initiales de la Galout, le Maharal se pose la question suivante : « Si l'on disait qu'Israël est arrivé en Galout à cause du péché de la vente de Joseph par ses frères (Gen, 37) ? [273] Mais Joseph n'a-t-il pas lui-même provoqué la réaction violente de ses frères ? » Celle-ci eut pour conséquence que Joseph fut vendu aux Ismaélites, qui l'emmenèrent en Égypte. Or, observe le Chelah HaKadoche, « la descente de Joseph en Égypte marque le commencement de la Galout en Égypte [274] » !

Le Talmud souligne l'existence de fautes légères aux conséquences graves. Il donne ainsi aux parents une leçon de comportement équitable vis-à-vis de leurs enfants, et leur demande « de ne pas faire de distinction entre leurs enfants » [275]. À l'appui de sa demande, le Talmud cite en exemple les relations entre Jacob, Joseph et ses frères, et dit : « À cause des deux monnaies que Jacob avait accordées à Joseph en plus, par rapport à ses autres fils, ces derniers sont devenus jaloux, et les choses se sont déroulées », enchaînées – *Nitgalguel HaDavar* –, de telle sorte que nos ancêtres sont descendus en Égypte (en Galout). »

« Toutefois, cela est contraire à ce que relate l'Écriture, suivant laquelle le Saint, béni soit-Il, a dit à Abraham, bien avant la naissance des tribus (issues des fils de Jacob) : "Sache-le bien, ta postérité séjournera sur une terre étrangère, où elle sera asservie et opprimée" (Gen. 15,13) », observe le Maharal. Les Tossafistes avaient déjà fait la même remarque, à propos du langage talmudique mentionné plus haut ; ils avaient écrit : « Même sans la discrimination pratiquée par Jacob entre ses enfants, la *guezeira*, le décret divin de la Galout d'Israël existait déjà. » Le Maharal, citant les Tossafistes, ajoute, dans son commentaire sur le même passage du Talmud : « Et pourtant il fallait un motif important pour que se réalise la *guezeira*, la décision divine si grave, décrétant la descente (de nos ancêtres) en Égypte. Et ce motif sérieux est fourni par la discrimination que Jacob pratique entre ses fils » [276]. Et le Maharal précise sa pensée en écrivant ailleurs [277] : « Quoique la *guezeira* du Nom, béni soit-Il (la décision de Dieu), ait déjà été prise qu'Israël soit dominé par les nations, Il a envoyé devant eux un homme, Joseph, "qui devait être vendu" par ses frères, "jusqu'à ce que s'accomplisse la Parole"... » Rachi avait déjà observé que Joseph fut « "envoyé" afin que s'accomplisse la Parole du Saint, béni soit-Il, afin que Sa *guezeira* se réalise et que les choses se déroulent, s'enchaînent – *ChéYitgalguel HaDavar* – de telle sorte que les israélites descendent en Égypte (en Galout [278]) ». « On voit donc – poursuit le Maharal – que la vente (de Joseph par ses frères) s'est faite pour qu'on arrive à la descente (d'Israël) en Égypte, ainsi que nos Sages nous le disent dans le Talmud [279], en commentant un verset de la Tora [280]. » « Ainsi, la servitude des israélites en Égypte a été la cause de la vente (de Joseph par ses frères), et non l'inverse ! »

Le Gaon de Rogatchov, Rabbi Yossef Rozine, maître de la pensée hala'hique, nous permet de définir l'interaction entre la libre décision, absolue, de Dieu, et la liberté d'action de l'homme [281]. Il y a relation et complémentarité entre le déterminisme providentiel, suprarationnel, de Dieu, qui *connaît* toute chose, et le déterminisme, relativement rationnel, naturel, de l'homme, qui *veut connaître* toute chose. Les deux déterminismes appartiennent néanmoins au monde de la liberté. Ils se manifestent non seulement au niveau historique, mais aussi sur le plan de la Hala'ha, sur le plan de l'application pratique et éthique de la Tora, dans la vie quotidienne, jusque dans les petites choses de la vie quotidienne.

Des incidents surviennent dans la vie humaine. Pour ceux qui les vivent, ils revêtent un caractère strictement personnel ou familial ; ils sont visibles et perceptibles seulement dans l'immédiat ; tandis que dans la perspective providentielle, divine, cachée, insaisissable encore, ils sont appelés à jouer un rôle historique déterminant. Car ces incidents concernent l'histoire d'Israël et ont, de ce fait, une portée universelle. Ainsi faut-il considérer le cas de Joseph, qui est à l'origine de la « descente d'Israël en Égypte [282] ».

Pour illustrer sa philosophie de l'histoire juive, le Midrache prend pour motif l'un des récits bibliques concernant Joseph. Le voici : « La famine pesait sur le pays (de Canaan). Et quand ils eurent achevé de manger le blé qu'ils avaient apporté d'Égypte, leur père Jacob dit à ses fils : Retournez (en Égypte, où se trouve Joseph, sans que son père le sache) nous acheter un peu de vivres. Et Juda lui répondit : Cet homme (Joseph !) nous a expressément avertis en disant : Vous ne paraîtrez point devant moi, si votre frère (Benjamin !) ne vous accompagne... Et Israël dit : Pourquoi *m'avez-vous fait ce tort*, de déclarer à cet homme que vous aviez encore un frère ? » (Gen. 43, 1-6).

Sur ce fond biblique, le Midrache développe sa réflexion et dit : « Il nous dit des choses vraies et nous lui répondons par des choses banales : "Et Israël dit : Pourquoi m'avez-vous fait *ce tort ?*" Non, Jacob n'a jamais dit des choses banales. Mais c'est ainsi que parle Dieu, le Saint, béni soit-Il : Moi, Je travaille à instaurer son fils (Joseph) comme roi en Égypte, et lui (Jacob) dit : "Pourquoi m'avez-vous fait ce tort !" C'est à ce propos que le prophète d'Israël s'exclame (Is. 40,27) : "Pourquoi dis-tu, ô Jacob, t'écries-tu, ô Israël : Ma voie est inconnue à l'Éternel, mon droit échappe à mon Dieu [283] ?" »

Du chagrin « momentané » du « vieux Jacob », et de la plainte de Jacob, « aujourd'hui », naîtront ses grandes joies de « demain » ; mais Jacob l'ignore. Surtout, il ignore que l'incident familial, qui a éclaté autour de Joseph, est à l'origine de grands développements historiques. Il l'apprendra quand le *Roua'h HaKodèche*, « l'esprit de sainteté », l'animera.

Quelle différence donc entre les horizons humains, bornés, et les horizons divins, ouverts ! Quelle différence aussi entre la « subjectivité » aussi bien des chagrins passagers que des plaisirs fugitifs de l'homme, et l'« objectivité » des souhaits de salut durable que Dieu forme pour l'Homme par excellence, pour Israël !

C'est toujours le Midrache qui, à l'aide d'un exemple tiré de la Bible, et, comme précédemment, avec une pointe d'ironie, nous dévoile le sérieux de sa conception philosophico-historique. Or, cet exemple, il le trouve dans un épisode biblique, qui, selon le Talmud et les grands commentateurs de la Tora, a été placé intentionnellement [284] au cœur même des récits concernant la « descente de Joseph en Égypte » et ses premières expériences dans le pays des Pharaons. Entre deux chapitres où l'on traite de Joseph en Égypte, est inséré le chapitre 38 du Livre de la Genèse. Celui-ci narre un fait apparemment « banal ». Yehouda (frère de Joseph, qui a joué un rôle important dans la découverte du frère « vendu ») rencontre Tamar. Or, de cette rencontre découlera une filiation, qui aboutira en droite ligne à la naissance de David, le roi-messie, l'ancêtre du Messie, « fils de David »[285].

Pendant cette brève rencontre, Yehouda commet « un péché par ignorance »[286] ; Tamar en commet un « dans une bonne intention », *LeChème Chamayim Nitkavnou* ; « l'intention » qui inspire leur acte et y préside est consacrée « au Nom des Cieux »[287]. Dieu observe, « facilite »[288] même cette libre action humaine, car Il *sait* ce qui en résultera par la suite : « la royauté de la Maison de David », « le roi-messie »[289].

Voici comment le Midrache dépeint cette étrange situation.

« Il arriva qu'*en ce temps-là* Yehouda descendit d'avec ses frères... » (Gen. 38,1). C'est ainsi que la Tora introduit le chapitre qui parle de la rencontre entre Yehouda et Tamar : « Précisément en ce temps-là » où l'on s'occupe de Joseph. Et le Midrache de commenter : « "Car Je *sais* les pensées que Je forme *pour vous*" (Jér. 29,11). Les tribus (les fils de Jacob) s'occupent de la vente de Joseph. Joseph s'occupe de son jeûne. Jacob s'occupe de son jeûne. Yehouda s'occupe de prendre une épouse. Et le Saint, béni soit-Il, Lui, s'occupe de créer la lumière du Messie. "Il arriva qu'en ce temps-là Yehouda descendit d'avec ses frères..." "Avant d'être en travail, elle a enfanté..." (Is. 66, 7). Avant que naisse le premier oppresseur (d'Israël), est né le dernier rédempteur[290] ! »

« Il arriva qu'en ce temps-là », où Yehouda continuait ses entretiens concernant Joseph, non seulement la Galout, l'exil, naquit, mais déjà la gueoula, la délivrance, naquit, elle aussi. En effet, « en ce temps-là », à la suite de sa rencontre avec Yehouda, Tamar donne naissance à Pérets, qui sera l'aïeul, en droite ligne, de David[291].

Voilà un exemple d'interaction entre la Providence divine, clairvoyante, agissant avec une liberté absolue, et la vue humaine, obscurcie, agissant avec une liberté limitée. Mais leur développement forcé et leur coopération voulue conduisent néanmoins au salut.

Il ne faut plus nous étonner que le Maharal aille très loin dans son raisonnement sur la *guezeira*. Il s'appuie sur des textes talmudiques permettant d'arguer qu'afin qu'une *guezeira*, un dessein de Dieu, s'accomplisse, il peut y avoir une *guezeira* qu'Israël commette *apparemment* un péché, pour qu'il effectue ensuite sa *techouva*, son « retour à Dieu »[292] ; car en revenant à Dieu, il reviendra « renouvelé », « rehaussé » et davantage « rapproché » de son Créateur[293]. Il s'agirait en l'occurrence de ce que le Talmud appelle : *Mitsva HaBa'ah BaAveira*, « une bonne action qui passe par une mauvaise action »[294].

Mais, en fait, une telle *aveira* n'est qu'apparente – *Mit'hazei Ka'Héth* ; en vérité, un tel péché n'est pas réel, ainsi que le démontrent les grands maîtres de la pensée mystique juive, et notamment l'Ari HaKadoché et Rabbi Moché Alchéi'h (qui placent dans cette catégorie la rencontre de Yehouda et de Tamar)[295]. Le Talmud avait déjà affirmé que « celui qui dit qu'Israël (et d'illustres fils d'Israël dont David) a péché se trompe ». Car « Israël (et d'illustres fils d'Israël, dont David) n'a péché que pour apprendre au monde la *techouva*, et son efficacité. Israël n'a péché que pour offrir au monde l'exemple, le modèle de la *techouva*, du « retour » à Dieu[296].

Cependant, la *guezeira*, le « décret », par lequel Dieu « se lie »[297] Lui-même pour agir à l'encontre d'Israël, en l'emmenant, par exemple, en Galout, ne doit pas avoir obligatoirement un caractère pénible pour Israël ; elle peut avoir aussi un caractère agréable pour celui-ci[298].

Toujours prise dans l'intérêt général d'Israël et du monde, toujours considérée en vue du salut final, la *guezeira* ne prévoit pas uniquement des mesures désagréables pour Israël, comme la Galout ; elle comprend aussi – et même *ipso facto* – des mesures « gracieuses », protectrices, voire salutaires pour l'Homme, pour Israël et pour Erets-Israël[299].

Ainsi Dieu déclare à Israël : « Que puis-je faire ? J'ai déjà énoncé une *guezeira*, J'ai déjà établi un décret selon lequel vous (enfants d'Israël), vous êtes Mes enfants[300] ! »

Et au sujet d'Erets-Israël, du Pays d'Israël, Dieu déclare à Abraham : « J'ai donné ce pays à ta postérité[301]. » Et le Midrache analyse la teneur de cette affirmation, et constate : « Il ne dit pas : Je donnerai ce pays à ta postérité ; mais Il dit : J'ai donné ce pays à ta postérité : Je l'ai déjà donné, et il est à elle[302] ! »

Pourtant, cette *guezeira* divine, qui se présente immuable, inamovible, statique, car elle représente la *chevou'a*[303], le « serment » de Dieu, n'en devient pas moins dynamique, lorsqu'elle entre en contact avec l'Homme, avec Israël ; elle devient alors mouvante, car elle doit, par sa nature même, permettre que « les choses se déroulent », s'enchevêtrent : *Nitgalguel HaDavar...*

En effet, le Créateur a gratifié l'homme du don de la liberté pour qu'il s'en serve, même pour contrecarrer Sa propre *guezeira* : *mevatline guezeira* !

GUEZEIRA MINE HACHAMAYIM et KOA'H HABE'HIRA ALEI ADAMOT
« *Le décret divin, venant des Cieux* » *et* « *le pouvoir de choisir* »
de l'homme, « *sur terre* »

La Galout est donc une *guezeira*, une « coupure » que Dieu effectue dans le corps d'Israël. Il incruste la *guezeira* de la Galout dans la chair d'Israël, comme Il fait incruster, par la circoncision, dans la chair du juif, le « signe » de « Son alliance avec Abraham », le signe de l'« intégrité » abrahamique ; comme Il fait « boiter de la hanche » Jacob, tout en l'élevant au rang d'« Israël », l'« invincible »[304]. C'est avec une miséricorde rigoureuse et avec une rigueur miséricordieuse qu'Il inscrit les termes de cette alliance, de cette *guezeira*, dans l'esprit d'Israël, qui est fort, par la nature que son Créateur lui a octroyée. En effet, la *guezeira* est un décret que Dieu « entaille » dans le roc de ce peuple, Israël, dans le roc que Dieu, Lui-même, appelé Roc d'Israël, a bâti, formé, de sorte qu'il ait « la force » de supporter cette « coupure » douloureuse, cette blessure pénible dans son corps ; qu'il ait la force de résister aux vicissitudes auxquelles Il l'expose. C'est pourquoi Il adapte cette *guezeira* aux capacités de résistance de ce peuple dans les circonstances *différentes* des galouyot. Or, Il lui a fourni Lui-même ces aptitudes dès sa création, lorsque le phénomène galoutique fut lui-même inscrit dans l'économie cosmique. Car Lui, son Créateur, « sait son chemin et Il connaît sa demeure »[305].

Certes, Dieu connaît l'Homme parce qu'Il l'a formé ; Il connaît Israël parce qu'Il l'a créé ; Il « comprend » et « prévoit » leurs actes qu'« Il leur permet » d'exécuter[306]. Mais, en faisant l'Homme, en créant Israël, Il lui fait connaître qu'il est « un être unique dans l'univers »[307], parce qu'Il lui « a donné le libre arbitre »[308]. « S'il désire s'engager dans la voie du bien et être un juste, cela ne tient qu'à lui. S'il veut, au contraire, s'engager dans la voie du mal et être un méchant, cela lui est tout loisible également... Ne te laisse pas convaincre – écrit Maïmonide – par l'opinion que soutiennent des gens stupides, et qui veut que le Saint, béni soit-Il, décrète – *gozeir* – pour chaque homme, dès sa naissance même, qu'il sera juste ou méchant ; il n'en est rien. En fait, tout homme a la possibilité d'être un juste comme Moïse, notre Maître, ou un méchant à l'instar de Jéroboam... Et il n'est personne qui le contraigne ou qui prédétermine – *gozeir* – sa conduite... Le Créateur ne prédétermine – *gozeir* – pas l'homme à être juste ou méchant. Ce principe admis, il en découle que c'est le pécheur lui-même qui cause sa propre ruine »[309]. Sur le plan de l'exaltation de l'autonomie humaine, le « froid » rationaliste qu'est Maïmonide (au XIIe siècle) est rejoint par le « chaleureux » piétiste qu'est Rabbi Ya'akov Yossef de Polonnoje, le disciple du fondateur du mouvement 'hassidique, Rabbi Yisraël Ba'al Chem Tov (au XVIIIe siècle). L'illustre auteur des *Toldot*... affirme hautement, lui aussi, que « chaque juif peut arriver au degré de Moïse, notre Maître »[310] (il ne peut toutefois pas parvenir au degré prophétique de Moïse, degré que personne ne peut atteindre[311]).

L'audacieuse affirmation du Rambam (Maïmonide) et de Rabbi Ya'akov Yossef ne reflète pas uniquement l'esprit démocratique de la religion juive : celle-ci ne se contente pas – soulignait Rabbi Moché Alchei'h – de « personnalités saintes », qui brillent dans la « communauté » juive, mais exige que toute cette « communauté », « toute la communauté des enfants d'Israël », soit « sainte »[312]. L'audacieuse affirmation du Rambam et de Rabbi Ya'akov Yossef confirme que le principe de l'autonomie humaine se trouve à la base même de la Tora qui dit : « Voyez, Je vous propose en ce jour, d'une part, la bénédiction, la malédiction de l'autre : la bénédiction, quand vous obéirez aux commandements de l'Éternel, votre Dieu, que je vous prescris aujourd'hui ; et la malédiction, si vous n'obéissez pas aux commandements de l'Éternel, votre Dieu... » (Deut. 11,26-28). L'audacieuse affirmation du Rambam et de Rabbi Ya'akov Yossef se réfère surtout au principe de l'autonomie humaine caractéristique de la conception éthique du Talmud, qui dit : « Tout dépend du Ciel, sauf la crainte de Dieu[313]. »

Toutefois, le même Maïmonide, qui demeure le plus illustre représentant de la philosophie juive du libre arbitre, reconnaît qu'au niveau communautaire, national, du *peuple* d'Israël, le libre arbitre est bien restreint. Lui, le médecin et le psychologue, ne méconnaît pas non plus le fait que le libre arbitre peut être sérieusement influencé, sur le plan individuel, par des facteurs « innés » et « sociaux »[314] !

La *guezeira* existe donc. Dieu l'a profondément « entaillée » dans la vie de Son peuple. Elle marque rudement l'existence d'Israël. Dans son *Iguéret Teimane*, dans sa célèbre « Épître aux juifs du Yémen », Maïmonide affirme hautement que la *guezeira* façonne la destinée d'Israël ; elle lui est prédestinée. Dans cette missive, le Rambam apporte à ses coreligionnaires se débattant dans les ténèbres de la détresse, lumière et réconfort, mais il ne leur cache pas, non plus, il souligne même avec force la grave importance de la *guezeira* dans la vie du peuple d'Israël : c'est elle-même qui assure la gueoula, la délivrance des affres de la Galout.

Le « froid » rationaliste qu'est le Rambam plaide l'âpre cause de la *guezeira* de la Galout, avec la même « chaleur », avec la même émotion que nous communiquent les mystiques juifs, tels que Rabbi Yehouda HaLévi, Rabbi Moché Alchei'h, Rabbi Yisraël Ba'al Chem Tov..., lorsqu'ils parlent de la Galout.

Certes, la *guezeira* a le caractère immuable d'un « décret » divin, d'une *chevoua*, d'un « serment ». Elle reste ce qu'elle est. Les sages d'Israël nous l'ont appris[315]. Israël doit donc l'accepter. Et, en fait, Israël vit la *guezeira*, et notamment celle de la Galout, courageusement et noblement. À condition, enseignent nos sages, après les prophètes, qu'Israël s'interroge non seulement sur la genèse métahistorique, « cachée », de la *guezeira* de la Galout, mais aussi sur les motifs historiques immédiats « visibles » qui l'ont *déclenchée* ; qu'il se demande, à l'instar de Jérémie : *Al Ma*, « Pourquoi ? » « À cause de quoi ? » « D'où doit venir tout ce qui nous arrive ? » ; et à condition qu'il s'interroge, à l'instar des sages d'Israël : *Mipnei Ma*, « Pourquoi ? », « Dans quel but... ? », « Où doit nous conduire tout ce qui nous arrive[316] ? » En admettant qu'il y a une cause et une finalité à tout ce qui arrive à Israël, en s'y intéressant activement, en y participant consciemment et consciencieusement : *Ma Leha*[317], le juif exerce son libre arbitre à propos même de la *guezeira*. Ainsi faut-il concilier l'apparente contradiction entre la thèse du Rambam sur l'ampleur du libre arbitre humain, juif (telle qu'il l'expose dans les « Huit Chapitres », la « Main forte », le « Guide des égarés »), et le plaidoyer du même penseur sur la restriction du libre arbitre communautaire, national, juif (tel qu'il nous le présente dans l'« Épître aux juifs du Yémen »).

Il est vrai, les sages d'Israël, et notamment Rabbi Yo'hanan ben Zakaï, prêchent la soumission d'Israël à la *guezeira*, et notamment à celle qui instaure la Galout ; à l'instar du prophète Jérémie, ils exhortent le peuple juif à ne pas rejeter « par la force » la domination universelle de ceux qui l'oppriment ; pour autant que ceux-ci lui permettent d'étudier la Tora et d'appliquer ses mitsvot ; ils lui demandent de reconnaître la gravité du « serment »[318] divin concernant la dispersion d'Israël parmi les nations, concernant la Galout d'Israël, qui est temporaire, même si elle est prolongée ; ils lui recommandent de considérer les « royaumes qui les asservissent » comme étant « instaurés par un décret des Cieux » : *Ouma Zou Mine HaChamayim Himli'houha...*[319].

Cependant, les sages enseignent aussi que la *guezeira* divine ne contredit pas complètement ni n'abolit totalement le libre arbitre humain et, par conséquent, l'Homme, Israël garde son droit à la contestation, à l'objection, au désaccord, à l'opposition même, et surtout à l'action spirituelle apte à le conduire à la gueoula, à la délivrance. Encore moins lorsqu'il s'agit, précisément, d'une *guezeira* qui concerne un *tsibbour*, une « communauté », la communauté d'Israël ; une telle « *guezeira* n'est pas signée »[320] ; elle n'est pas scellée, elle n'est pas définitive.

Car le *tsibbour* est capable, grâce à la richesse de personnes qui le composent, grâce surtout aux qualités innées qui lui sont inhérentes, d'effectuer, même inopinément, la *techouva*, le « retour » à Dieu. La *techouva* du *tsibbour* rend ainsi inopérante la *guezeira*, car elle lui enlève l'opportunité historique, immédiate, nécessaire à sa mise en œuvre.

En effet, le *ya'hid*, l'« individu », trouve plus difficilement le chemin de la *techouva*, du « retour » à Dieu, que le *tsibbour*, que la communauté d'Israël, qui a une longue expérience des relations avec son Dieu. D'ailleurs, la prière du *tsibbour*, de la « communauté », est mieux agréée par Dieu que la prière du *ya'hid*, de la « personne »[321]. Car, c'est le peuple d'Israël, la « communauté », l'*eida* », qui « témoigne » « publiquement » de Dieu ; qui peut « sanctifier », « solennellement » « le Nom » de Dieu[322] ; qui proclame la souveraineté de Dieu dans le monde. Car c'est au peuple d'Israël, dans son ensemble, que Dieu s'est révélé pour lui donner la Tora ; et dans le peuple d'Israël réuni au pied du mont Sinaï, ont été incluses toutes les générations d'Israël[323].

La *guezeira* ne contredit donc pas entièrement le libre arbitre. C'est pourquoi, même en ce qui concerne le *ya'hid*, l'« individu », la *guezeira*, même étant « signée », même « scellée », après le verdict consécutif au jugement – *guezar dine* –, la *guezeira* est toujours susceptible d'être révoquée : atténuée dans sa rigueur, ou « anticipée », « reportée » (si cela est en faveur d'Israël) – *ma'avirine* –, et même « annulée » – *mevatline* –, et enfin « déchirée » – *mekar'ine*. Celui-là même qui a prononcé la *guezeira*, Dieu, est disposé à procéder à son abrogation [324].

Mais une telle infirmation de la *guezeira* dans le *Beit Dine Chel Ma'ala*, au « Tribunal d'en Haut », ne peut être prise en considération que si les motifs de cassation sont valables. Si l'Homme, à savoir Israël, a « sincèrement » fait usage des moyens disponibles pour obtenir une révocation, une atténuation ou même une suppression de la *guezeira*, celle-ci peut être envisagée, en Haut, et espérée, en bas. Quels sont ces moyens ? La prière, la charité – incluant la justice – et surtout la *techouva*, le « retour à Dieu » [325]. C'est ce retour qui, à la fois, conditionne et englobe la prière et la charité ; qui, à la fois, engendre et fait aboutir la prière et la charité. Celles-ci n'ont de valeur que si elles sont abordées et réalisées en tant que mitsvot de la Tora, en tant que prescriptions de Dieu, qui doivent être observées dans le contexte des autres mitsvot. En effet, le retour à Dieu est donc primordial et ultime ; c'est grâce à lui qu'un « changement » [326] de la *guezeira*, du « verdict », et un « renversement » de la *Kelala*, de la « malédiction » [327], peuvent être obtenus.

Mais un retour « à Dieu » ne doit pas être considéré uniquement comme une amélioration, et ensuite comme un rétablissement confiant, des rapports de l'Homme, d'Israël « avec son Créateur ». La *techouva* vise également, et même surtout, une amélioration, et ensuite un rétablissement confiant, des rapports de l'homme avec son prochain, de l'homme en Israël avec Israël lui-même. Le retour à Dieu précède et affirme « la réconciliation » de l'homme avec autrui, avec celui qui est appelé à être son « ami », son « associé », se réclamant du même Créateur. Sans cette réconciliation humaine, la *techouva* n'est pas seulement incomplète, mais totalement sans valeur. Elle n'est pas la *techouva* à Dieu. Car Dieu Lui-même attribue à cette « réconciliation » entre les hommes une importance plus grande qu'à la réconciliation de l'Homme, d'Israël avec son Créateur. Il fait de la *première* la condition de la *seconde*, dans le domaine des relations de la personne humaine, juive, avec son Créateur. Cette priorité apparaît notamment dans les lois de la *techouva*, au jour de Kippour [328], mais aussi dans le domaine des relations d'Israël et d'Erets-

Israël avec le Dieu d'Israël[329]. Ainsi, la « cause » de la première Galout d'Israël, en Égypte, est à rechercher dans « l'hostilité des frères » de Joseph vis-à-vis de leur frère ; la Galout d'Israël en Babylonie, après la destruction du premier Temple de Jérusalem, est limitée dans le temps, elle ne dure que soixante-dix ans[330], car les israélites, tout en offensant Dieu dans Son pays, se sont comportés charitablement entre eux ; tandis que la Galout Edom, après la destruction du deuxième Temple de Jérusalem, est la plus longue[331], car elle a été « causée » par « l'inimitié »[332] qui régnait entre juifs, en Terre sainte.

Une *techouva* complète, une réconciliation avec Dieu réalisée par l'homme et une réconciliation avec l'homme grâce à Dieu, constitue l'expression suprême de la liberté humaine. Elle aboutit à l'amour ; à l'amour de Dieu par l'homme, et à l'amour de l'homme grâce à Dieu. Une telle *techouva* est capable d'influencer la *guezeira*, tant sur le plan individuel, des rapports du juif avec Dieu, que sur le plan communautaire, des rapports d'Israël avec Dieu. La *techouva* du roi 'Hizkiyahou, son retour à Dieu, faisant suite à la prière et à la charité, sert de modèle aux yeux des sages d'Israël[333]. Elle a changé la *guezeira*, la décision de Dieu concernant la personne de 'Hizkiyahou et sa vie ; elle a changé la *guezeira*, la décision de Dieu, concernant le peuple de 'Hizkiyahou et sa sécurité. Elle fait prolonger la vie du roi ; elle évite la Galout du peuple.

Tout en étant une *guezeira* « prédéterminée », la Galout peut donc toujours être évitée. C'est à cela que tendent les admonestations de la Tora, dans la *to'ha'ha*, ainsi que les avertissements, visibles et audibles, des prophètes et des sages d'Israël[334]. Par les appels que ces *tsadikim*, ces « justes », adressent à Israël, Dieu prévient Son peuple de ce qui l'attend et lui demande Lui-même d'« agir » pour « modifier » Sa *guezeira*, afin d'éviter la catastrophe. Le « changement de l'action » humaine – *Chinouï Ma'assé*[335] –, le changement de direction que l'homme imprime à son action, l'acheminement de cette action en vue du « Nom des Cieux », peuvent entraîner un « changement » de la *guezeira*.

La révélation de la *guezeira*, la publication de ce verdict « caché » n'est donc point une incitation à la résignation fataliste, ni même attentiste, mais tout au contraire une invitation à l'action salutaire[336]. La Tora le dit clairement : « Parce qu'ils ont abandonné l'alliance de l'Éternel, Dieu de leurs pères, l'alliance qu'Il avait contractée avec eux, après les avoir fait sortir du pays d'Égypte ;... l'Éternel les a arrachés de leur sol avec colère,... et Il les a jetés sur une autre terre... Les choses *cachées* appartiennent *à l'Éternel*, notre Dieu ; mais les choses *révélées* nous importent à *nous* et à nos enfants..., afin que nous "agissions" – *la'assot* – (afin que nous mettions en pratique toutes les paroles de cette Tora) » (Deut. 29,24-28).

La *techouva* peut « accélérer » ou « retarder » l'arrivée de la Galout de telle sorte qu'elle se produise dans des conditions moins âpres que celles qui ont été « prévues ». Mais une fois la *guezeira* mise à exécution et la Galout commencée, le « mérite » de la *techouva* peut « alléger » le fardeau de la servitude galoutique ; il peut « raccourcir » la durée de la Galout, initialement « prévue » (l'exemple de la « servitude en Égypte » reste édifiant) ; il peut « avancer » le terme « prévu » de la gueoula, de la délivrance [337]. Si Israël le « mérite » – *zakha* –, si Israël parvient même avant le « temps » prévu à un *zikoukh*, à une « purification » qui le rende digne de la gueoula, du salut, le Messie arrive. « *Machia'h*, le Messie, peut venir *hayom*, "aujourd'hui" même, si vous écoutez Sa voix », la voix de Dieu, s'exclament les sages du Talmud [338] !

Le « déterminisme » divin, galoutique, est donc lui-même soumis aux « conditions » que lui pose, aux « limites » que lui impose le libre arbitre humain. C'est un déterminisme en suspens, conditionnel ; *zekhout tola*, il dépend, malgré sa toute-puissance, de la précaire liberté humaine. C'est donc un déterminisme qui n'est pas figé, qui n'est pas statique, mais ouvert à l'interpellation dynamique d'Israël, et notamment de celui qui personnifie Israël, le *tsadik*, le « juste ».

C'est ainsi que Dieu est disposé non seulement à supprimer la *guezeira*, mais à se soumettre Lui-même à une *guezeira* d'origine humaine ! C'est la *guezeira* du *tsadik*, du juste (et même celle du simple juif « qui observe le Chabbat », rigoureusement et joyeusement, et même celle du simple juif « qui respecte une mitsva, dans sa plénitude » !) [339].

Afilou HaKadoche-Barou'h-Hou gozeir guezeira, hou mevatla. « Même si le Saint, béni soit-Il, décrète une *guezeira*, (ce juste) est capable de l'annuler », s'exclame le Talmud [340]. Un tel *tsadik* parvient à « dominer » Dieu ! (Ce fut l'ambition du *tsadik* 'hassidique Rabbi Lévi Yits'hak de Berditchev [341], ardent défenseur devant Dieu du peuple juif en détresse, habitué à « intenter des procès à Dieu » pour « L'obliger » [342] à respecter Ses engagements envers Son peuple, Israël !)

Quelle étonnante dialectique que celle de la Galout d'Israël !

D'une part, cette Galout représente une *guezeira* de Dieu : une *guezeira* qui a surtout en vue la vocation « missionnaire » [343], « exemplaire » de l'exil d'Israël : ce peuple est en Galout, pour que le monde apprenne, par l'intermédiaire d'Israël, par l'exemple miraculeux de sa vie et celui de sa conduite, à mieux reconnaître l'existence de

Dieu, le Créateur du monde, à mieux saisir Son intervention dans l'Histoire de l'humanité. La Galout d'Israël représente donc une « nécessité » universelle – *houtsra'h* –, comme l'a dit l'Ari HaKadoche : Israël doit se trouver dispersé parmi les peuples pour que ceux-ci perçoivent, d'une façon directe et immédiate, l'Existence et la Présence de Dieu.

D'autre part, la Galout représente le châtiment que Dieu inflige à Israël. Mais le 'hassid, auteur du *Sefat Emet*[344], et le Gaon, auteur du *Beit HaLévi*, affirment (ceci dans l'optique même de l'Ari HaKadoche) que « si Israël n'avait pas péché, il n'aurait pas dû aller en exil, dans différentes régions du monde, pour y témoigner de Dieu devant les hommes et les peuples, mais ceux-ci seraient venus chez lui, Israël, en Erets-Israël, pour qu'il leur enseigne ses voies » et leur apprenne « la parole de Dieu », comme il était « prévu » et « promis » pour les temps messianiques[345]. Le commencement, la création, se serait tout de suite confondu avec la finalité, le messianisme, sans passer par la Galout, par l'Histoire d'Israël, qui constitue le douloureux processus messianique, remontant péniblement vers le Commencement. Le libre arbitre de l'Israël en puissance, de l'Homme, aurait infléchi la *guezeira* de la Galout. Mais cela ne s'est pas produit. Car « le péché a causé » la Galout : *Garam Ha'Héth* ! En échange, « la récompense est proportionnée à la souffrance », à la peine patiemment endurée, au travail assidûment soutenu : *LeFoume Tsa'ara Agra...*[346].

La guezeira est un 'Hok ; la guezeira est une Loi. 'Hok de la Galout, de la Tora et de la Nature

Dieu utilise les mêmes termes pour désigner l'origine et l'ordonnance de la Galout, de la Tora et de la Nature. L'identité de ces termes signifie qu'elles sont toutes Son œuvre et se trouvent toutes sous Son autorité. Sa Providence « contraignante » en ce qui concerne la Galout d'Israël, Sa volonté « contraignante » en ce qui concerne la promulgation de la Tora, Sa « sagesse » en ce qui concerne l'établissement de la Nature, toutes s'expriment par le mot *guezeira*, et ce mot même s'explique par son synonyme, par le mot *'hok*. *Guezeira gazarti, 'houka 'hakakti...*[347].

Le Législateur de la Tora, le Créateur de la Nature, le Maître de l'Histoire d'Israël, Dieu, annonce par le mot *'Hok*, « Loi », l'entrée en vigueur et l'aboutissement de ces trois actes : Tora, Nature et Histoire[348] : une Tora qui précède la création de la Nature, une

Nature qui est mise au service de la Tora, une Histoire d'un peuple qui, notamment par la Galout, dont l'exigence péremptoire est la *techouva*, le « retour » à Dieu, relie la Tora et la Nature à leur Auteur commun [349]. La Tora, la Nature et l'Histoire ont un caractère durable ; toutefois l'Histoire, qui s'exprime par celle d'Israël, comporte la Galout, a un caractère temporaire, car il est instrumental ; les lois de la Galout sont néanmoins comprises dans celles de l'Histoire ; elles sont « conditionnées » par elles.

Les *'houkim*, les « lois », qui gouvernent ces trois domaines, procèdent du même *'Hok*, de la même Loi, et sont appelées à s'y fondre.

En vérité, Dieu proclame : *Zot 'Houkat HaTora*, « Voici la *loi* de la *Tora !* » [350] ; et Il déclare : « Ainsi parle l'Éternel qui *créa le soleil* pour la lumière du jour, donna mission à la lune et aux étoiles d'éclairer la nuit... Si ces *'houkim*, si ces *lois* viennent à cesser devant Moi, alors seulement la postérité d'*Israël* pourrait cesser de former une *nation* devant Moi, dans toute la durée des temps... Ainsi parle l'Éternel : Si Je n'ai pas fait Mon alliance avec le jour et la nuit, et si Je n'ai pas établi – *'houkot* – les *lois des cieux et de la terre*, Je rejetterai aussi la postérité de Jacob et de David... Car Je *ramènerai leurs captifs de l'exil* » (Jérémie, 31,34-35 ; 33,25-26).

Ainsi, le *'Hok*, instauré par Dieu, régit simultanément la Tora, la Nature et la Galout.

Galout, Tora, Nature, ont leur origine dans la *Ma'hchava*, dans la « pensée » divine, qui présida à leur « création » ; cette Pensée leur prescrit les « lois » qu'Elle « surveille » et dont Elle garantit le fonctionnement [351]. Mais cette Pensée ne saurait être classée dans les catégories rationnelles humaines. La Raison de Dieu est suprarationnelle, sans être anti-rationnelle. Elle laisse l'homme se servir de la raison, dont le Créateur lui a fait don, et penser sur la Pensée divine, et se persuader ainsi, grâce à sa propre raison, de la justesse de la parole divine, annoncée par le prophète Isaïe : « Autant les cieux sont élevés au-dessus de la terre, autant Mes voies sont au-dessus de vos voies, et Mes pensées de vos pensées [352]. » Donc, ajoutent les sages d'Israël, « ne cherche pas ce qui dépasse ta raison ; ne cherche pas ce qui reste caché » ; ne cherche pas les « racines » des choses. Cependant, « il t'est permis » de chercher les « raisons » des événements de l'Histoire [353], et notamment celles de la Galout, les « raisons » des phénomènes de la Nature, les « raisons » des préceptes de la Tora – les *Ta'amei HaMitsvot*. Tu peux chercher à expliquer ce qui *est*, ce qui est créé, légiféré, donné par Dieu ; il t'est même recommandé d'essayer de « comprendre », « selon tes forces » [354] ; mais tu es, d'autre part, « contraint » d'accepter toutes les ordonnances, comme tu acceptes les lois de la Nature ; mais tu es aussi « libre » de les assumer, de les appliquer, selon les capacités et les exigences de ta *personne*, et selon les circonstances *sociales* dans lesquelles tu te trouves. Cependant, si tu les appliques, applique-les parce qu'elles constituent une *guezeira* de Dieu[355], et non pas parce qu'elles satisfont, du moins partiellement, le jugement que tu portes sur elles, car ton jugement est tout relatif et loin, très loin d'approcher l'absolu – avoue le « chercheur » très lucide qu'est Rambam[356].

En conséquence tu n'as qu'à écouter la proclamation de Dieu, qui dit : « J'ai arrêté un décret, une *guezeira* ; J'ai édicté une loi, une *houka* ; et il est vain de les contester dans leur valeur ; il est futile de te révolter contre elles ; il est superflu de mettre en doute leur utilité : celle-ci apparaîtra surtout "dans l'avenir". » *Eine LeHarheir A'hreya*. « Il n'y a pas lieu de concevoir des idées furtives sur leur compte[357] ! » Les lois de Dieu sont justes. Car elles émanent toutes, à la fois, de la Pensée de Dieu. Or, Sa pensée engendre ta propre pensée, l'éclaire et l'éteint ; Sa Pensée te précède et te succède ; elle est éternelle, et donc clairvoyante ; elle est donc englobante.

En vérité, se demande le prophète d'Israël : « Qui a mesuré les eaux dans le creux de sa main, pris les dimensions du ciel à l'empan ? Qui a jaugé la poussière de la terre... ? Qui a embrassé l'esprit de l'Éternel ? *Qui a été le conseiller de Sa pensée ?* Avec qui a-t-Il délibéré pour s'éclairer, pour apprendre la voie de la justice ? Qui Lui a donné des leçons de sagesse et indiqué le chemin de l'intelligence ? Certes ! les nations, à Ses yeux, sont comme une goutte tombant du seau, comme un grain de poussière dans la balance... » (Is. 40,12-15)[358].

Donc, Il exige de vous, ô hommes, ô peuples, à la fois la soumission à Sa puissance, et la confiance dans Sa sagesse.

En vérité, Il a conçu le monde avant de le créer, et en conséquence, « Il lui a tracé des *lois* qui ne changeront point »[359] ; Il a conçu la Tora avant de la promulguer, et en conséquence « Il a contraint » Israël, « au mont Sinaï »[360], d'accepter cette *Loi*, qui « ne changera pas »[361]. Il a conçu la finalité de l'Histoire d'Israël (et, *ipso facto*, celle de l'Humanité) avant qu'elle ne commence, et en conséquence Il y a inclus la *loi* de la Galout (loi passagère mais bien fixée dans la loi générale de l'Histoire), qu'Il a ensuite imposée à Israël, afin que la Galout marque, par sa « fin », la « finalité » de l'Histoire, le salut d'Israël et de l'Humanité.

Interrogation et Silence

Galout, Tora et Nature sont des « conceptions » divines ; elles ont, chacune séparément et toutes ensemble, « paru, au commencement dans la Pensée de Dieu », dans Sa *Ma'hchava*. Cependant, tu te poses souvent des « questions » à propos de leur « justesse » et, irrité, tu as parfois envie de « demander compte » à leur Auteur des « souffrances imméritées », des « châtiments injustes », de l'absence de « récompenses » équitables, que tu constates autour de toi ; tu éprouves même le besoin de L'interroger, dans le langage de Moïse : « Pourquoi y a-t-il des justes qui souffrent et des méchants qui prospèrent ? »[362] ; et si, à un moment donné, tu es indigné par un fait, un événement, qui te paraît injuste (et qui, pourtant, découle de l'« ordre » de ces lois) et tu oses L'interpeller à ce sujet – la riposte, nous dit le Talmud, ne tarde pas, elle se fait entendre. Une voix impérative descend du Haut des Cieux, elle t'apostrophe sur un ton cassant et te somme en te disant : *Chetok Ka'h Ala BeMa'hchava Lefanaï !* « Tais-toi, car le fait (que tu constates) est monté devant Moi, dans Ma *Ma'hchava*[363] », dans Ma pensée lorsque le Silence régnait dans le monde de la Nature (comme il régnera dans le monde au moment où Dieu promulguera la Tora et « parlera sur le Sinaï : alors, nous dit le Midrache, *Hichtik Kol HaOlam,* Dieu fit *taire* tout le monde, pour que les créatures sachent qu'il n'y a personne en dehors de Lui »[364]. En réalité, « rien n'existe en dehors de Lui » et « toutes les créatures ne tirent leur être que de la vérité de Son être »[365]).

Dieu a donc conçu ce fait soulevé par toi, ô homme, dans ta « contestation », avant qu'une parole humaine ait pu se faire entendre ou qu'une plainte « parlée » ait pu se manifester. Il a inscrit la *guezeira* concernant ce fait, dès le début, dans le même ordre de Pensée, de *Ma'hchava*, qui présida à la création de la Tora, de la Nature, d'Israël...

Tu reconnais alors l'insuffisance de ton jugement humain ; et tu te tais. Mais tu reçois, comme Aharon, la « récompense » de ton silence[366]. Et tu reprends la parole. Mais non pas pour te plaindre, mais pour prononcer, dans l'humilité, le *Tsidouk HaDine*[367], la « justification du jugement » divin. Tu récites le verset biblique se trouvant à la base du *Tsidouk HaDine* que voici : « Le Rocher, Son œuvre est parfaite, *tamim* (lorsqu'on l'envisage dans son « intégrité », qui va au-delà de l'immédiat) ; car toutes Ses voies sont la justice même (qu'on reconnaîtra lorsqu'on sera à même de saisir *Omek HaDine,* toute « la profondeur du jugement »). Dieu de fidélité (« pour payer aux justes leur piété dans le monde futur, et bien qu'Il retarde l'échéance, Il tiendra, finalement, parole », commente Rachi) » (Deut. 32,4).

Les martyrs juifs qui récitent ce verset mesurent le futur ; ils se trouvent dans un autre monde, qui n'est point éloigné d'eux : « il est à deux pas... » d'eux ; et ils s'interdisent d'émettre « la moindre pensée » « critique », sur la justice des « mesures » prises par Dieu à leur égard ; ils se défendent d'émettre la moindre pensée de « mécontentement » sur les « mesures » de leur Dieu : *Eine LeHarheir A'hrei Midotav...*[368].

Le tsadik, le juste, souffre de la souffrance de Dieu

Les « souffrances », les *yissourim*, la « peine » de la Galout que ces juifs « ressentent » en tant que « souffrances », en tant que « peine » galoutique, constituent à leurs yeux les conséquences d'un acte gouvernemental divin, que le Créateur, le Législateur, le Maître de l'Histoire, qui « voit tout », qui « voit le tout », accomplit pour le « bien » de tous, dans tous les temps[369].

Quant au *tsadik*, au « juste », juif exilé, il ressent dans la Galout, non pas sa souffrance à lui, mais « la souffrance » de Celui qui, « lié » par les « lois », par les *guezeirot*, qu'Il édicte, est Lui-même « contraint » d'appliquer les « décisions » qu'Il a prises, touchant les humains. Le *tsadik* souffre donc pour Dieu et non pas pour lui-même : il souffre parce que Dieu souffre à cause de sa souffrance. Car il sait, il sent que Dieu « est avec lui dans la souffrance ». C'est pourquoi il « pleure » avec Lui, dans les « mystères » de son intimité avec Lui – *BeMisstarim*[370].

Ainsi, le *tsadik*, le juste, prie pour Dieu ; il prie pour « que la Galout de la *Che'hina* », pour que l'Exil divin prenne fin ; Il prie pour « la délivrance » de la *Che'hina* de la Galout[371]. Et lorsqu'il prie pour la délivrance d'Israël de la Galout, il le fait parce qu'il sait que la délivrance d'Israël de la Galout marquera, en même temps, la délivrance de la *Che'hina* divine de la Galout. Car, lui, il sent profondément la Présence de la *Che'hina* dans la Galout[372].

Cependant, le *tsadik*, percevant cette Présence divine, sentant Dieu dans sa proximité immédiate, réconfortante, « s'attache à son Dieu », s'unit à Lui, s'identifie à Lui. A-t-il besoin d'un autre que Lui ? L'ayant, Lui, il a tout, et il a tout dans la joie. Les affres de la Galout s'effacent donc peu à peu et disparaissent ensuite totalement. Non seulement la Galout se trouve dissoute dans son esprit et n'existe plus, mais il vit déjà les débuts de la gueoula, de la délivrance ; il éprouve même l'avant-goût du salut. Il le sent dans la joie que lui procure la contemplation de l'« œuvre parfaite » de Dieu : la Tora, la Nature, l'existence d'Israël, son Histoire, y compris l'« ancienne » Galout. Il savoure les délices que lui offrent « l'étude de la Tora », *Talmoud Tora* ; « la prière en communauté », *Tefila BeTsibour*, dans « l'amour d'Israël », *Ahavat Yisraël*, dans le *Beit HaKnesset*, dans « la Maison de réunion » pour l'étude et la prière, pour la glorification du Nom du *Boré Olam*, du *Notène HaTora*, du *Elokei Yisraël*, pour la sanctification du Nom du « Créateur du monde », du « Donateur de la Tora », du « Dieu d'Israël ».

Le *tsadik* vit déjà la délivrance, saisit déjà le salut même, la gueoula. Le Maharal et le Sefat Emet nous en apportent le témoignage [373].

La Galout et sa tâche d'unification de la Tora, de la Nature et de l'Histoire

Pour désigner les domaines de la Tora, de la Nature, de la Galout et pour leur assigner leurs tâches, Dieu emploie le même vocable, *'Hok* ; dans le lexique des sages d'Israël, ce mot est synonyme de *guezeira*. Il sied donc d'admettre qu'entre ces trois domaines, qui ont la même origine, il y a une relation [374] qui pourrait les conduire à une identification.

La relation entre eux vient du fait qu'ils ont pour Auteur le même Législateur, le même Créateur, le même Maître de l'Histoire. C'est Dieu ; le Dieu un et unique.

Mais ce Dieu un et unique, réalisant Son œuvre, unitaire à l'origine, a diversifié cette œuvre, au fur et à mesure que chacune de ses parties s'est développée et a acquis une certaine autonomie. Toutefois, Son œuvre étant une à l'origine (et elle reste telle dans son ensemble), il sied qu'elle recouvre son unité initiale.

La tâche d'« unification », du *Yi'houd*, revient à Israël, « peuple un » et unique, *Goï E'had*, qui proclame le *Yi'houd HaChème*, l'« unité du Nom », l'unité et l'unicité de Dieu dans le monde. C'est à Israël qu'incombe la mission d'« unifier » les mondes de la Tora, de la Nature et de l'Histoire, pour la gloire de leur Auteur ; de les faire remonter, de leur temporalité, où ils sont descendus, vers le Commencement, au seuil de l'éternité, d'où ils sont venus ; de les ramener à leur Racine ; de les faire « retourner » à Dieu [375]. Or, dans ce but, Israël se sert justement de la Galout (instrument dur et efficace) où il se trouve ; il se sert de ce monde galoutique, « dispersé », « divisé », où il est disséminé[376] ; il s'en sert pour vaincre la fragmentation, la segmentation de l'humanité, et réaliser ainsi le Tout : atteindre l'Unité.

En agissant de la sorte, Israël s'élève de son statut de créature au degré de créateur, c'est-à-dire de celui qui crée dans l'unité. De créature (il est vrai, « œuvre des Mains de Dieu et dont Il s'enorgueillit »[377] !), Israël devient « l'associé du Saint, béni soit-Il, à l'œuvre du Commencement »[378]. Il mérite le titre de co-créateur, car, comme Abraham, il conduit l'« œuvre divine du Commencement », qui s'est diversifiée, vers le Commencement, vers l'Unité. Il accomplit ainsi « l'intention qui a été celle du Créateur au moment de la Création » : recevoir, en retour, à Sa source, l'œuvre qu'Il a lancée. Israël parachève ainsi l'œuvre de Dieu ; l'œuvre qu'Il a faite pour qu'elle soit achevée ensemble par le Créateur divin, avec Sa grâce, et le créateur humain avec son labeur : *La'assot...*[379].

En considérant ce processus cosmique, historique et messianique, dont Israël est le principal agent, attitré, les sages d'Israël affirment que « le rassemblement des galouyot est aussi important que le jour où furent *créés* les cieux et la terre »[380].

Or, la Galout est, par son origine, son essence et son but même, liée à Erets-Israël. (Dieu fit à Abraham l'annonce de la « Galout » au moment où Il lui fit l'annonce de la « Terre » ; « Israël » naît, en tant que futur peuple, au moment même où la « Terre » naît, en tant que future Terre d'Israël.) Il convient donc qu'Erets-Israël, lieu désigné, *ab origine*, pour le « rassemblement des Galouyot », pour le *Chivat Tsione*, pour le « retour (des juifs) à Sion », soit le lieu où la *techouva*, le « retour » d'Israël à Dieu[381], soit effectuée « dans les chants »[382], où le « retour » du monde à Dieu soit célébré dans l'allégresse.

Justement, dans ce Pays où, selon le Gaon de Vilna, « les cieux et la terre s'embrassent », où, selon le 'Hidouchei HaRim, « la terre est appelée à devenir les cieux, et les cieux sont appelés à devenir la terre », où, selon Rabbi Mendel de Kotzk, « la terre s'élève vers le ciel, et le ciel descend sur la terre » – dans ce Pays s'effectue l'identification ultime entre la Tora, la Nature et l'Histoire. La Tora y atteint sa concrétisation pratique, et la Nature y accède à sa spiritualisation idéale. Par conséquent, les *'houkim*, les « lois » de la Tora et celles de la Nature se rejoignent dans le même et unique *'Hok*, dans la même et unique « Loi », d'où elles ont dérivé. La Galout étant dissoute, ses lois se résorbent dans celles d'Erets-Israël, et notamment dans les *Mitsvot HaTelouyot BaArets* ; celles-ci rejoignent, totalement et définitivement, les lois de la Tora et de la Nature, et s'unissent, toutes ensemble, dans le même *'Hok*, dans la même « Loi » de Dieu, du Dieu un et unique, qui règne dans « tous les mondes unifiés ». Une fois Israël restauré dans son pays, son Histoire, qui personnifie désormais l'Histoire d'une Humanité réconciliée avec Dieu et pacifiée en elle-même, rejoint la stabilité de la Tora et de la Nature ; ses lois rejoignent les lois de ces dernières et elles se réunissent, toutes ensemble, dans le *'Hok* commun, dans la « Loi » commune, qui régit, simultanément et harmonieusement, la Tora, la Nature et l'Histoire.

Les *ta'amim* détaillés, les « raisons » nuancées de toutes les lois de la Tora, de la Nature et de l'Histoire d'Israël apparaissent désormais dans toute leur clarté et s'accordent mutuellement[383] ; elles s'unifient dans la Raison générale, englobante, du *'Hok*, qui se révèle alors dans toute sa lumière. La Raison, le *Ta'am* du *'Hok*, permet ainsi à l'Homme, au juif, la compréhension fondamentale de tous les *'houkim*, de toutes les « lois ». La Raison n'est pas seulement saisie par l'intelligence humaine, mais ressentie par les sens humains, dans son *Ta'am*, dans son « goût » vivifiant. Cette union de la raison et de la sensation exprimée par le *ta'am* constitue la récompense du juif, d'Israël, qui a fonctionné comme agent galoutique, frayant la voie au messianisme.

La Gueoula à travers la Galout ; la Galout en vue de la Gueoula

Nous avons dit que la Galout d'Israël en Égypte est la « racine », le prototype de toutes les galouyot d'Israël dans le monde[384] ; elle est même, virtuellement, la « somme » de toutes les galouyot. Par conséquent, « la sortie d'Égypte », la délivrance d'Israël de sa servitude en Égypte, constitue la « racine », le prototype et, selon le 'Hida et le Sefat Emet[385], la « préparation » de toutes les délivrances d'Israël des différentes galouyot : elle constitue la « préparation » virtuelle d'Israël à toutes les gueoulot, à toutes les délivrances.

Ainsi que « la descente » d'Israël dans la Galout d'Égypte implique nécessairement « l'exode d'Israël » d'Égypte, *Yetsiat Mitsrayim*, « l'itinéraire des enfants d'Israël dans le désert, après leur sortie du pays d'Égypte », *Massei B'nei Yisraël*[386], préfigure la « marche » des enfants d'Israël dans « le désert des nations », *Midbar HaAmim*[387], dans toutes les galouyot, symbolisées par celles des « Quatre Royaumes ». Elle commande inexorablement leur entrée en Terre promise[388].

Annonçant la première Galout des enfants d'Israël (la Galout en Égypte, sans que celle-ci soit nommément indiquée), qui implique toutes les autres galouyot, Dieu dit à Abraham : « Sache que Moi, Je les disperserai ; mais sache aussi que Moi Je les rassemblerai. Sache que Moi Je les mettrai en servitude ; mais sache aussi que Moi Je les sauverai[389]. »

La certitude de la délivrance d'Israël des affres galoutiques existe donc bel et bien. Dieu a non seulement promis qu'Il libérerait les enfants d'Israël des horreurs des galouyot (comme Il l'a affirmé à Abraham), mais, dit le Midrache, Il « a juré qu'ainsi qu'Il a sauvé Israël de la (première) Galout, en Égypte, Il le sauverait de la (dernière) Galout, en Edom »[390]. Le Midrache appuie cette assertion sur les paroles divines que le prophète Michée communique au peuple d'Israël : « Comme à l'époque de la sortie d'Égypte, Je te ferai voir des prodiges[391]. »

La sortie d'Israël d'Égypte demeure ainsi la « racine » et le prototype des prodiges de toutes les sorties d'Israël des galouyot. Preuve en est, selon ce même Midrache et le Talmud (selon Rabbi Yehochoua), la date de la délivrance « future », et donc définitive, ultime, d'Israël, de toutes ses galouyot ; elle coïncidera avec la date de la sortie d'Égypte. *BeNissan Nig'alou ; BeNissan Atidine L'Yigaël*[392]. Le mois « printanier » de Nissan, le mois de « la sortie d'Israël » d'Égypte, le mois de la célébration de Pessa'h, sera toujours appelé *'Hodèche Chel Gueoula*, le mois de la délivrance, du salut. Il y a même une relation qui s'établit entre les « quatre » expressions bibliques annonçant la « délivrance » de la Galout égyptienne, *Arba Lechonot Chel Gueoula* ; les « quatre coupes » de vin du *Séder*, repas du soir de Pessa'h, de Pâque, *Arba Kossot* ; et l'annonce des galouyot dans les « quatre royaumes », *Arba Mal'houyot*[393].

Cependant, la « future délivrance », *HaGueoula HéAtida*, la « dernière », *HaGueoula HaA'hrona*, celle de la *Galout Edom*, dépassera en importance et même en valeur la première délivrance », *HaGueoula HaRichona*, celle de la *Galout Mitsrayim*.

En effet, la Me'hilta écrit : « Dans l'avenir, Israël pourra ne plus mentionner l'exode d'Égypte, car il est dit (Jér. 16,14) : "En vérité, des jours viendront, dit l'Éternel, où l'on ne dira plus : Vive l'Éternel qui a fait monter les enfants d'Israël du pays du Nord et de toutes les contrées où Il les avait exilés ! – Car je les aurai ramenés sur leur territoire, que J'avais donné à leurs ancêtres »[394].

De plus, « la délivrance future » sera « ultime » « définitive », *Techouat Olamim* : « il n'y aura plus d'autre *Chibboud*, d'autre servitude, d'autre Galout après elle[395] ».

Mais l'essentiel réside dans le fait que « la délivrance future », celle de la Galout Edom, sera surtout due à une *Itarouta DiLetata*, à une disponibilité venant d'en bas, c'est-à-dire à une grâce divine méritée par l'Israël vivant sur terre, longuement éprouvé et radicalement purifié[396]. Tandis que la délivrance de la servitude d'Égypte a surtout été due à une *Itarouta DiL'eila*, à une disponibilité venant d'en haut, à une grâce céleste pas tout à fait méritée par l'Israël terrestre[397]. C'est pourquoi Dieu a été « obligé » d'effectuer la sortie d'Israël de la servitude égyptienne « en hâte », *Be'Hipazon*[398], pour ne pas risquer une dégradation catastrophique de la situation ; tandis que la délivrance de la dernière Galout ne se fera « pas en hâte », *Lo Be'Hipazon*, ainsi que le prophète Yechayahou l'annonce : « Car ce n'est pas avec une hâte éperdue que vous vous échapperez, ce n'est pas dans une fuite précipitée que vous partirez ; mais l'Éternel sera votre avant-garde, votre arrière-garde, le Dieu d'Israël » (Is. 52,12). Lors de « la délivrance future », Dieu Lui-même, le *Goël Yisraël*, le « Sauveur d'Israël », le libérera ; Lui seul[399], car Il ne se servira pas alors d'un messager, comme Il s'est servi en Égypte de Moïse : « Il sera Son propre messager »[400]... Car, ainsi que le prophète Yechayahou le dit : « Oui, l'Éternel est notre Juge, l'Éternel est notre Législateur, l'Éternel est notre Roi, à Lui nous devons le salut » (Is. 33,22). Quant au Messie, il est, selon la description que nous en donne Maïmonide (Rambam, Hil'hot Mela'him, XI et XII), un descendant de David qui « rétablit » le royaume de son aïeul ; « qui construit le Beit HaMikdache (le Temple de Jérusalem) et rassemble les débris dispersés d'Israël »[401] ; il est donc un chef, un roi, un commandant temporel d'Israël, « sur lequel repose l'esprit de sainteté », « qui étudie la Tora et accomplit les mitsvot » ; il est aussi un dirigeant spirituel d'Israël et du monde entier car il les prépare au service de Dieu, afin qu'ils invoquent tous le nom de l'Éternel, et L'adorent d'un cœur unanime, comme l'a annoncé le prophète Tsefanya (Soph. 3,9).

La Galout, cause de la gueoula

Ainsi, la Galout témoigne de la gueoula ; l'exil témoigne de la rédemption. La Galout n'est pas seulement le signe mais aussi la « cause » de la gueoula, soulignent le Maharal et le Kedouchat Lévi : *HaGalout Hi HaSsiba LiGueoula*[402].

La Galout, avons-nous vu, est un phénomène se plaçant en dehors de l'ordre naturel, normal, de la vie des nations. Dieu a attribué à chaque peuple un pays qui lui convient. À Israël, Il a assigné, d'une manière particulière, le pays qui lui convenait, et uniquement ce pays ; de surcroît, Il a fixé ce pays à son intention dans l'ordre *cos-*

mique immuable. Arraché de son pays, Israël se trouve donc dans un état anormal, qui dérange aussi l'ordre du monde ; cet état ne peut donc être que provisoire, car l'ordre global du monde, instauré par le Créateur, ne peut et ne doit pas être définitivement perturbé. Il sied, croit le Maharal, qu'un phénomène, surnaturel comme la Galout, la gueoula, le salut, rétablisse l'ordre normal, voulu par le Créateur, fasse disparaître la Galout, que le Créateur n'a fait intervenir que temporairement dans l'ordre du monde[403]. Israël *doit* donc être ramené en Erets-Israël et rétabli dans le Pays d'Israël ; et, simultanément, « le rassemblement (d'Israël) du sein des peuples parmi lesquels il a été dispersé », ce retour *nécessaire* d'Israël dans son pays, marqueront aussi le retour *libre* et *volontaire* (d'Israël) à l'Éternel son Dieu (Deut. 30,2-3).

Ainsi, la Galout engendre elle-même la *force* qui appelle la gueoula ; l'exil rend possible cette délivrance. La Galout est donc la cause même de la gueoula. C'est pourquoi le Talmud de Jérusalem affirme que « le jour même où le *Beit HaMikdache* (le Temple de Jérusalem) fut détruit, naquit le sauveur »[404], le Messie. Au moment où la Galout commence, où la Galout apparaît, naît aussi le Messie, surgit celui qui personnifiera[405] la fin du désordre provoqué par la Galout et, implicitement, marquera le *tikoune*, la « restauration » d'Israël dans sa vie normale et la « restauration » de l'Humanité dans une vie telle que le Créateur l'a voulue, l'a souhaitée dans son « intention », dès le « début » de la création.

La Galout, préparation de la gueoula

La Galout « prépare » la gueoula ; l'exil est la *Ha'hana* de la délivrance. Elle prépare d'abord la gueoula dans l'esprit des juifs mêmes qui la « subissent ». Celle-ci devrait se rendre spirituellement « insupportable » à Israël, surtout à cause des « manques » spirituels, religieux, qu'elle comporte. Le danger de prolongation de l'exil s'accroît lorsque les juifs « supportent » aisément la Galout, s'y complaisent du point de vue spirituel, s'y habituent du point de vue moral, et s'en déclarent même « contents »[406]. C'est pourquoi, écrit le Sefat Emet[407], au nom du 'Hidouchei HaRim, Dieu, en promettant aux enfants d'Israël « de les retirer de dessous les fardeaux d'Égypte », *Mita'hat Sivlot Mitsrayim* (Exod. 6,6), leur « promet » aussi d'agir de sorte qu'ils ne veuillent pas eux-mêmes « supporter », *LiSsbol*, la Galout en Égypte, pour qu'ils repoussent aussi eux-mêmes les *Sivlot Mitsrayim*, pour qu'ils s'en dégoûtent ; de ce rejet intérieur de la

Galout, par Israël lui-même, conclut le Sefat Emet, vient la gueoula, le salut. Le Kedouchat Lévi [408] avait déjà donné la même interprétation de ce verset de la Tora. Le maître du 'Hidouchei HaRim, Rabbi Mena'hem Mendel de Kotzk, observe, dans le même ordre d'idées, que Dieu, en annonçant à Abraham la Galout de ses descendants, n'indique pas le nom du pays de leur exil, mais lui dit seulement qu'« ils seront dans un pays qui ne sera pas le leur » (Gen. 15,13) : ils devront *savoir* que le pays où ils se trouvent n'est vraiment pas le leur ; parce qu'en vérité il ne l'est pas ; et ainsi, ils n'oublieront pas Erets-Israël, leur pays d'origine...

Les enfants d'Israël, écrit le 'Hatam Sofer [409], devront se considérer dans la Galout, comme les fils de Jacob en pays d'Égypte. Ceux-ci, en y arrivant, se sont adressés au Pharaon et lui ont dit : *LaGour BaArets Banou*, « C'est pour séjourner dans le pays que nous sommes venus » [410], mais non pas pour nous y installer à titre définitif [411]. En effet, le verbe *LaGour* signifie le fait de séjourner en tant que *Guer*, « étranger », en tant qu'un homme qui se considère lui-même comme étranger [412]. En vérité, le cœur des fils de Jacob est resté en Erets-Israël ; ils souhaitent y retourner. Ils se sentent en Galout, parce qu'ils savent qu'ils doivent retourner en Erets-Israël.

« Le principe même de la Galout est de nous rappeler que nous devons rentrer en Erets-Israël ! », s'exclamait le Chelah HaKadoche (et ce rappel a effectivement contribué à sa décision de « monter » en Erets-Israël).

Ce « rappel » d'Erets-Israël (notamment l'interdiction d'« oublier Jérusalem » [413]) a un double aspect. Il est à la fois d'ordre sentimental et d'ordre pratique.

Il est d'ordre sentimental, car le fait d'être « empêché » de retourner en Erets-Israël renforce dans l'âme du juif exilé, dans l'âme d'Israël exilé, la « volonté » de regagner son pays, dit le Chème MiChemouël ; le fait d'être « éloigné », par la force, du pays qui est le sien, observe le B'nei Issas'har, éveille dans l'âme du juif exilé, dans l'âme d'Israël exilé, le « désir » de rejoindre Erets-Israël, de « retrouver sa bien-aimée » [414].

Ce « désir » ne traduit pas uniquement la réaction de l'homme, qui est tenu éloigné de sa bien-aimée ; il peut dévoiler aussi le « désir » de l'homme qui, parti de son propre chef à l'étranger, se sentant loin de son épouse, souhaite ardemment la rejoindre ; ce désir de « retrouvailles » qui saisit l'homme après une séparation temporaire de son épouse est plus brûlant que celui qui prévaut chez celui qui se trouve auprès d'elle. En effet, observe le B'nei Issas'har et, avec lui, d'autres éminents représentants de la pensée mystique, la distance qui sépare l'amant de l'être aimé accroît chez le premier le désir de retrouver le second ; mais la distance elle-même accroît chez le second un désir correspondant à celui du premier [415]. Car les deux, Israël et Erets-Israël, sont des *dodim*, des « amis », qui « s'aiment » et « se cherchent », comme les « amoureux » du *Chir HaChirim*, du Cantique des Cantiques.

Voilà un nouvel aspect de la dialectique de la Galout que nous révèlent les mystiques juifs : *'Hibat HaArets*, « l'amour du Pays » d'Israël.

Déjà Abraham, observe le Chelah HaKadoche, a été éprouvé lors de son passage en Égypte, par le sentiment de nostalgie, de quête, d'attente impatiente d'Erets-Israël.

La Bible relate qu'« Abram est descendu en Égypte », et, ensuite, qu'« Abram est monté d'Égypte » vers le pays de Canaan (Gen. 12,10 ; 13,1). La séparation de la bien-aimée, de la Terre promise, fait « monter le degré et la qualité de l'amour », car « la séparation provoque la nostalgie », et la nostalgie valorise l'amour, observent avec une remarquable finesse psychologique le Chelah HaKadoche et, après lui, le Toldot et le B'nei Issas'har [416].

Dans l'optique de ces « amoureux de Sion », la Galout accomplit donc une fonction positive, créatrice dans la vie d'Israël et d'Erets-Israël ; elle renouvelle, tient en état d'éveil et augmente même chez les juifs, chez Israël, la *'Hibat HaArets*, « l'amour de la Terre » d'Israël.

D'autre part, le « rappel » de son lien avec Erets-Israël, le réveil de son besoin de retourner en Erets-Israël, que le juif, individuellement, qu'Israël, collectivement, ressentent dans la Galout, sont provoqués par des facteurs négatifs. Ce sont les ennemis d'Israël, qui méprisent et bafouent tout sentimentalisme juif ; ce sont les « nations du monde », dont le peuple juif en dispersion est l'hôte, qui rendent la vie du juif et celle des communautés juives en exil dures, « amères ». Or, c'est cette existence « amère », lot d'Israël dans la Galout, « qui forme le commencement de la gueoula, de sa délivrance », écrit le Sefat Emet [417].

L'École de la Galout

Sur le plan temporel, la Galout « prépare » la gueoula.

Sur le plan méta-temporel, cette action de préparation de la gueoula, de la délivrance, du salut même par la Galout, revêt un caractère primordial ; son importance est capitale.

Ainsi, la « servitude » des israélites en Égypte « précède », « prépare », « introduit » la révélation de caractère « eschatologique »[418] sur le Sinaï ; elle « prépare » la promulgation de la Tora[419]. En effet, éprouvés par un régime sévère de « servitude », les anciens « esclaves de Pharaons » ont appris à apprécier une vie de liberté, se sont apprêtés à changer leur état d'« esclaves des esclaves » en l'état de « serviteurs de Dieu ». En opérant le passage de l'*Avdout Phar'o* à l'*Avodat HaChème*, les israélites se sont montrés « dignes » de recevoir la Tora[420] ; ils l'ont « méritée ». Or, c'est la Tora, qu'Israël s'oblige à respecter, qui justifie l'entrée d'Israël en Terre promise : Dieu a donné à Israël cette « Terre, afin qu'il y garde Ses lois et Sa Tora »[421]...

Plus tard, au cours de l'histoire, ce sont les processus de purification galoutique qui préparent « le retour à Sion » du peuple d'Israël dans sa totalité physico-spirituelle ; celle-ci sera marquée par la venue du Messie. Son entrée à Jérusalem signifiera l'arrivée des « jours du Messie », l'avènement de l'ère du salut pour Israël et toute l'humanité[422].

Galout et gueoula. Manque et Plénitude

À cause de son manque de consistance, de son caractère désordonné, « chaotique », la Galout est à considérer comme un *Hé'der*, comme un manque, comme un défaut, comme une absence. Mais « l'absence est la cause de la présence », *HaHé'der Hi Sibat HaHavaya*, observe le Maharal[423]. « Ainsi que la nuit précède le jour, le bien, le manque, le non-être précède l'être. » La Galout, étant un « état d'absence, de vide », précède et engendre même la gueoula, qui est « réalité », « plénitude », « ainsi que l'obscurité précède et engendre la lumière »[424].

En effet, la Galout est désignée dans le Talmud et les Midrachim sous le nom de *Hoché'h*, de « ténèbres » ; elle est comparée à la « nuit », *Laïla* ; la gueoula, elle, est appelée *Or*, « lumière » ; elle est comparée au « jour », *Yom*, au *Cha'har*, « matin »[425].

Ainsi que la lumière provient, naît, sort des ténèbres, la gueoula provient, naît, sort de la Galout[426].

La Galout engendre donc la gueoula, la première est la *Siba*, la cause, de la seconde, enseigne le Maharal.

La gueoula sort de la Galout : Israël compte les années qui le séparent de la gueoula depuis le commencement de la Galout, depuis la destruction du *Beit HaMikdache*, du Temple de Jérusalem. Il compte avec elle depuis le début de la Galout[427].

Qui plus est, les ténèbres de la Galout aident à mieux « distinguer » et à mieux « apprécier » « la lumière » de la gueoula, « qui est bonne ». Comme il est écrit : « Dieu considéra que la lumière était *bonne*, et Il établit une *distinction* entre la lumière et les ténèbres » (Gen. 1,4).

L'obscurité de la Galout précède la lumière de la gueoula, note le Chelah HaKadoche, pour mieux souligner et mettre en évidence et en valeur le jour de la gueoula, les bienfaits de la délivrance. « On ne connaît les avantages de la lumière – précise-t-il – que par la force des ténèbres, qu'en la distinguant de celles-ci. C'est pourquoi la Tora dit : 'Abram descendit en Égypte,... et Abram monta d'Égypte [428]. » C'est en remontant d'Égypte et en rentrant en Erets, en Terre promise, qu'Abraham s'aperçut davantage que "la lumière est supérieure aux ténèbres" (cf. Eccl. 2,13) [429]. »

Épaisseur nocturne et lever de l'aurore

De surcroît, la gueoula, la délivrance, comme l'aurore, surgit des ténèbres les plus noires de la Galout : avant que l'aurore perce, les ténèbres de la nuit s'épaississent ; avant que la gueoula paraisse, les ténèbres de la Galout deviennent denses, pesantes, étouffantes, impénétrables [430]. Les prophètes et les sages d'Israël nous enseignent : *VeEit Tsara Hi LeYa'akov, OuMiména Yivachéa*. Ils disent : « Quand le temps de détresse (est le plus éprouvant) pour Jacob, la délivrance *en* résulte [431]. »

Chaque fois que la Galout d'Israël paraîtra aux humains la plus lourde, la gueoula sera la plus proche. Dans une situation galoutique inextricable, confuse, apparemment sans issue et sans espoir, la lueur de la gueoula fera son apparition soudaine, inattendue ; elle éclatera en « sautant », comme à la fin de la servitude égyptienne, par-dessus les barrières qui paraissaient infranchissables.

En vérité, l'histoire des délivrances d'Israël, des gueoulot surnaturelles mettant fin aux galouyot surnaturelles, est une histoire de « surprises » déconcertantes, *KeHéref Ayine*, de « renversements » rapides, imprévus, *VeNahafo'h*, comme au temps d'Esther [432].

Lorsque Israël est au bord de l'abîme (comme autrefois au bord de la mer Rouge [433]), l'Intervention divine se manifeste brusquement. Elle le prend sous Ses ailes et le fait « sauter » par-dessus l'abîme, et « le relève du fumier » [434]. « Dans notre abaissement (Dieu) se souvient de nous » (Ps. 136,23). Quand Israël est au plus bas – disent les 'Hassidim, interprétant ce verset des Psaumes –, Dieu se souvient de lui et le redresse, et Israël renaît à une vie nouvelle [435].

L'expérience historique antique montre que « la lourdeur accrue de la servitude » en Égypte a précipité la libération des israélites de l'esclavage chez les Pharaons[436]. L'expérience historique récente montre que la restauration fulgurante de l'État hébreu a jailli de l'épaisse fumée s'échappant des fours crématoires d'Auschwitz...

Le rétablissement miraculeux de l'État juif s'inscrit, certes, d'une manière particulièrement frappante dans l'histoire déjà prodigieuse du peuple juif ; cependant il ne signifie pas encore l'avènement des temps messianiques. Des signes avant-coureurs fondamentaux[437] manquent tant dans l'État d'Israël lui-même que dans le monde. Cependant, la terrifiante préhistoire de l'État d'Israël aussi bien que sa propre histoire, brève mais douloureusement significative, évoquent certains des âpres aspects qui, selon les prophètes et les sages d'Israël, caractérisent des époques d'une importance capitale de l'histoire du peuple juif. D'aucuns osent appeler de tels aspects « pré-messianiques » ; d'autres s'entêtent à contester la justesse de cette appellation. Indubitablement, il sied que l'on se garde d'avancer des assertions sur un sujet aussi délicat que celui du pré-messianisme (pour ne pas parler du messianisme proprement dit) ; il convient d'observer, ainsi que nous le conseille Maïmonide (Rambam, Hil'hot Mela'him[438]), une retenue extrême en affirmant des choses dans un domaine où, dit-il, les sages mêmes de l'époque talmudique ne se sont pas risqués à se prononcer d'une façon nette, tant ces choses sont enveloppées d'allusions et cachées dans l'intériorité de la Bible hébraïque...

Ce qui est certain, pourtant, c'est le fait que le rétablissement, en 1948, de la souveraineté nationale juive en Erets-Israël constitue un acte providentiel, *unique* dans l'histoire de l'humanité. Après presque deux mille ans d'exil, Israël, le peuple dispersé, existe ; il garde et approfondit même son identité religieuse originelle et son lien initial avec la Terre promise ; et il se trouve, par conséquent, capable d'y revenir et d'y reconstruire son État.

Cet événement extraordinaire marque un « signe » auquel Dieu rend sérieusement attentif le peuple d'Israël et le monde tout entier. De plus, cet événement singulier lance des « signaux » à l'intention d'Israël et de l'humanité, qui vivent, comme toujours, ensemble, *nolens volens*, les grands tournants de l'histoire. Et ils se trouvent, tous, alors, à un très grand tournant[439]...

... Quant à « la venue du Messie » elle-même, elle est devancée, selon les sages d'Israël, par « les douleurs du Messie », *'Hevlei Machia'h* ; ainsi que la naissance (d'un enfant) est précédée par les douleurs de l'enfantement, *'Hevlei Leida*[440].

... Certes, si Israël le mérite et s'« il révère Sa parole », la parole de Dieu, la promesse faite par le prophète Yechayahou se réalisera, et, « avant d'être en travail, elle a enfanté ; avant d'être assaillie par les douleurs, elle a donné le jour à un enfant mâle » (Is. 66,5-7) [441].

La finalité de la Galout, le bien

La sagesse divine, momentanément incompréhensible, a décidé la Galout, avec le mal qu'elle comporte, dans une finalité suprême, et pour un bien ultime, écrivent Rabbi Yehouda HaLévi, Abrabanel, Maharal, Chelah HaKadoche, le Gaon de Vilna, Kedouchat Lévi, Sefat Emet et Rav Kouk. « La bénédiction n'arrive pas tout de suite, mais son but est le bien » ; et « même le fondement du mal est constitué par le bien »[442].

En décidant la Galout et en appliquant Sa décision, Dieu fait connaître à ceux qui en seront touchés qu'« à la fin la gueoula, la délivrance viendra » : *Sofane L'Yigaël*. La réalisation de cette *Havta'ha*, de cette promesse de Dieu, pour « la fin », coïncidera avec l'effort déployé par Israël lui-même d'effectuer la *techouva*, le « retour » à Dieu : *Hivti'ha Tora ChéSof Yisraël La'Assot Techouva*. Cette *techouva* « finale », dont parlent le Rambam et le Ramban, « aidera » Dieu à réaliser Sa « promesse »[443].

La communauté d'Israël vit donc dans l'« attente » de cette finalité eschatologique, dans sa « foi » « en la venue du Messie »[444].

La personne juive, certes, souffre, mais sa foi lui assure qu'elle verra, en toute clarté, dans le *Olam HaBa*, dans le « monde à venir », les raisons de la Galout et des souffrances qu'elle comporte, et y vivra, dans la félicité, les joies qui suivent la Galout et ses peines[445]. Sa foi l'affermit encore dans l'espérance que le peuple d'Israël comprendra durant les *Yemot HaMachia'h*, durant les « Jours du Messie », le bien-fondé de la Galout et vivra alors les conséquences heureuses, matérielles et spirituelles, de la Galout[446].

Le *tsadik*, le « juste », lui, entrevoit déjà, à travers l'obscurité galoutique, « la lumière qui se cache dans les ténèbres mêmes de la Galout », nous assure le Sefat Emet[447]. « Assis dans les ténèbres (il s'aperçoit) que Dieu est sa lumière », ainsi que le prophète Michée[448] l'y rend attentif ; et il saisit ce que le Midrache dit à propos de ces paroles de Michée : « À travers les ténèbres – luit la lumière ; à travers la colère – la miséricorde ; à travers l'étroitesse – apparaît la largeur ; à travers l'éloignement – le rapprochement[449]... »

Le *tsadik* vit dans la Galout, consciemment, auprès de son Dieu, qui est Lui-même, par Sa *Che'hina*, « Présent » dans la Galout[450]. La

« Présence » immédiate de la *Che'hina* lui assure que dans la Galout brille déjà la lumière cachée de la gueoula, du salut. La gueoula n'est pas seulement signifiée dans le commencement de la Galout, mais elle continue à s'y développer progressivement, *Kim'a Kim'a*[451], peu à peu. La Galout est déjà elle-même gueoula, s'exclame le Sefat Emet[452], quoique la gueoula soit encore cachée, observe Rav Harlap. « La gueoula ne pourrait même pas se manifester – précise-t-il – sans l'intermédiaire de la Galout, car la Galout est prédestinée à être le corps de la gueoula, qui en est l'âme. La Galout elle-même est prédestinée à abriter et à augmenter la lumière de cette âme qu'est la gueoula[453]. »

Le Maharal, le Chelah HaKadoche et le Kedouchat Lévi[454] vont jusqu'à dire que la Galout est non seulement cause et signe de la gueoula, mais qu'elle en est la preuve[455]. La réalisation des malédictions bibliques de la Galout constitue, comme pour Rabbi Akiva[456], une preuve qu'elles seront « renversées » et « transformées » en bénédictions de la gueoula. Les malédictions ne sont pas seulement précédées et suivies de bénédictions, mais elles renferment déjà en elles-mêmes les bénédictions, affirme le *Zohar HaKadoche*, et cela, non seulement grâce à la « promesse » de Dieu, mais aussi aux « mérites » d'Israël[457].

Rigueur et miséricorde divines

Les malédictions et les bénédictions forment donc une unité. Dans l'optique du Zohar, la rigueur et la miséricorde divines forment une unité[458]. La Galout et la gueoula constituent une unité en l'Histoire, ainsi que la nuit et la journée constituent une unité dans la Nature, comme il est écrit : « Il fut soir, il fut matin – un jour » (Gen. 1,5). Mais ténèbres et lumière ont la même source, dans le même Dieu *Un*, le Dieu de l'Histoire et de la Nature, « qui forme la lumière et qui crée les ténèbres ; c'est Lui, l'Éternel, qui fait toutes ces choses », « qui a fait la *terre*, et qui a créé les *hommes* qui la peuplent » (Is. 45,7,12).

Le *Dine*, la « rigueur » divine qui enveloppe les ténèbres de la « nuit », et les *Ra'hamim*, la « miséricorde » divine qui enveloppe la lumière du « jour », ont leur origine, disent les mystiques juifs, dans le même Dieu, qui est le Dieu de la Rigueur, *Elokim*, et le Dieu de la « Miséricorde », *Chème Havaya* (le Tétragramme). Il « construit le monde sur les fondements de la miséricorde » gracieuse[459], « Il affermit la terre par la justice » rigoureuse[460] et « Il associe l'amour à la justice »[461] pour construire le monde, pour que le monde puisse subsister[462]. *HaRa'houme OuMakdime Ra'hamim LeRoguèze*[463].

Toutefois, la rigueur a ses racines dans la miséricorde[464]. C'est pourquoi « Dieu a créé le remède avant que la plaie n'existe ; Il a préparé la guérison avant que le châtiment n'intervienne » ; « Il a fait naître le sauveur, avant que l'oppresseur ne naisse[465]. » C'est pourquoi, disent encore les sages d'Israël, la gueoula se fait à la fois « par la détresse », *tsara*, et « par la miséricorde », *ra'hamim*[466]. Aussi, affirme le Kedouchat Lévi, « la rigueur ne se justifie que parce qu'elle engendre, à son tour, la miséricorde »[467].

En réalité, la « colère » divine *voile* la « clémence » ; cette dernière n'est que charité voilée, fait remarquer le Midrache en paraphrasant les paroles du prophète d'Israël (Hab. 3,2)[468], qui prie Dieu de « se souvenir » de la clémence au milieu de la colère : *BeRoguèze Ra'heime Tizkore*. Car, il n'y a pas de rigueur divine qui ne contienne la miséricorde, affirme le Zohar ; elle y puise sa force. *Leit Dina DeLa Havou Bei Ra'hamei*[469]. Chez Dieu, « la rigueur vient – dès le début – du côté de la grâce » et, « en vérité, Sa rigueur est grâce », enseignent le Zohar et, après lui, les grands maîtres de la mystique juive, tels que Rabbi 'Hayim Vital, de l'école de Rabbi Yits'hak Louria. *HaDinim HaElyonim Heim Atsmane Mamtikine Otane*[470].

Voile et transparence

En toute souffrance, soit physique soit morale, écrit le Toldot, au nom de son maître, Rabbi Israël Ba'al Chem Tov, l'homme qui y prête attention distingue (Dieu) le Nom, Lui-même, loué soit-Il ; mais Il est enveloppé d'un vêtement. Quand l'homme l'apprend, le vêtement est enlevé, la dissimulation cesse et la souffrance est supprimée : toutes les lourdes *guezeirot* sont ainsi annulées[471]... » Le Gaon de Vilna partage ce point de vue du Becht[472] !

Mais pourquoi Dieu se dissimule-t-Il ? Le Toldot trouve la réponse à cette grave question dans le verset qui dit : « Je cacherai entièrement Ma face », *VeAno'hi Hastère Asstir Panaï* (Deut. 31,18). « Dieu se cache pour que l'homme ne sache pas facilement qu'Il se trouve là », croit le Toldot[473]. Et les 'Hassidim ajoutent : « Dieu se cache pour inciter l'homme à Le chercher. » « Cherchez l'Éternel, et vous vivrez ! » ; Amos[474] y avait déjà exhorté ses coreligionnaires. Pour les 'Hassidim, le fait du *Hestère*, de la « dissimulation » de Dieu, « sous différents vêtements » (ainsi que le présente le Tikounei

HaZohar[475]), dénote l'amour de Dieu pour Israël ; car Dieu désire que Lui et Israël « se cherchent » réciproquement et qu'ainsi leur amour mutuel se révèle, écrit Rabbi Avraham de Slonim[476]. « Si l'homme savait que tout vient de Dieu, il n'y aurait point de voile ! », s'écrie le Sefat Emet[477].

« Celui qui comprend que dans la Galout il y a une *Pekida*, une indication sur le salut, mais que cette *Pekida* s'y trouve cachée, *BeHastara*, est prêt pour la gueoula, pour la délivrance[478]. » À l'intention du *tsadik*, Dieu retire le voile qui Le sépare de lui, afin que, en Galout même, il entrevoie la gueoula. Étant dans sa proximité immédiate, « Dieu lui remet déjà les clés de la gueoula »..., nous apprend le Sefat Emet[479].

Quant au juif « moyen », *beinoni*, « craignant Dieu », mais incapable de déceler la *Pekida* de la gueoula sous le voile de la Galout[480], ignorant même qu'un voile existe, doit-il attendre la fin de la Galout pour découvrir les « raisons » cachées de l'exil d'Israël ? Le voile ne se lève pas facilement pour lui ; mais même si une quelconque *Nekouda*, si un quelconque « point » lui apparaissait sous le voile, dans le *Hestère* de la Galout, ce point serait, lui aussi, « caché », pense le Sefat Emet[481].

Seulement l'arrivée des temps messianiques lui permettra de comprendre les motifs profonds de la Galout, et même de les « voir » clairement. Après avoir naguère justifié, « en ce monde », par le *Tsidouk HaDine*, toutes « les choses qu'il n'avait pas comprises »[482], il sera à même de les saisir, de tout près, dans leur *totalité*. Or, étant en mesure de considérer le tout, dans son ensemble, d'englober dans une unité le passé, le présent et l'avenir, ce « tout », comprenant « les souffrances et la mort », lui paraîtra « bon » et même « très bon », comme aux yeux « éclairés » de Rabbi Meïr[483]. Il se rendra compte qu'un voile l'empêchait de « voir » clairement les réalités ; que les ténèbres n'étaient que lumière voilée ; et que le voile étant disparu, tout est devenu transparent.

« Alors la gloire de Dieu sera manifestée, et toute *chair* en même temps la *verra* » (Is. 40, 5)[484]. La chair spiritualisée verra ce que Moïse n'a pas réussi à voir entièrement[485], et ce que le *tsadik*, qui ne subit pas d'épreuves dans ce monde, arrive à apercevoir seulement au moment où il se sépare de la vie terrestre.

Illuminé par « l'immense bien, *Rav Touv'ha*[486], réservé à ceux qui craignent » Dieu, il admettra que la Galout, avec tout le mal qu'elle comportait, était pour le bien[487]. À ce qu'il considérait, en ce monde, dans la Galout, comme un excès de mal, correspondra, dans le monde à venir, dans la réalité véritable, un excès de bien[488]. Le Dieu qui a été capable de lui procurer, en ce monde, quelques plaisirs éphémères, se montre capable de lui fournir une béatitude insoupçonnée, inimaginable et, surtout, durable[489].

Persuadé, enfin, que le but de la Galout était le bien, il « remerciera » Dieu de l'avoir fait « souffrir ». Comme David, il « rendra grâce » à Dieu, son Sauveur, « pour l'avoir exaucé » : *anitani*[490], ce qui dans l'esprit des sages d'Israël veut dire aussi : « pour l'avoir fait souffrir ». Comme Isaïe[491], il « remerciera » Dieu « d'avoir fait éclater sur lui Sa colère, car Sa colère a pris fin et Il l'a consolé ». Comme au moment du Séder, repas du soir de Pessa'h, « il bénira Dieu pour les herbes amères », *maror*, qu'il a mangées pendant sa servitude galoutique[492]...

Il louera Dieu, qui est « Tout Bon et Faisant le Bien » : *Koulo HaTov VeHaMeitiv*[493].

La « fidélité de Dieu[494] », dans Sa bonté, dans Sa sagesse, lui sera, enfin, entièrement, prouvée[495].

De la Gola à la gueoula. De l'Exil à la Rédemption

« La racine de la gueoula se trouve dans la Galout », écrit le Sefat Emet[496]. En effet, les lettres qui composent le mot gueoula, « salut », se trouvent déjà dans celles qui composent le mot gola, « exil ». On n'ajoute qu'une seule lettre, *alef*, aux lettres qui forment le vocable *gola*, pour en faire le mot *gueoula*. Or, la lettre *alef* a la valeur numérique de *un*.

Rabbi Yehochoua d'Ostrova[497] disait que lorsque les juifs apprendront sérieusement l'importance de l'*Alef*, de l'*Un*, de l'Unique, de Dieu, et sauront que Lui est l'*Aloufo Chel Olam*, le « Maître du monde », Israël sera à même de voir l'*Alef*, l'*Un*, intervenir dans le mot *Gola* et en faire une *Gueoula*[498].

Certes, pour que la mutation de la gola en gueoula s'opère, Israël a besoin de la « grâce suprême » divine. Mais, si Israël le mérite, l'« aide des Cieux » est à sa disposition[499]. Alors l'*Alef* est prêt à intervenir et à exercer son action *unificatrice*, enseigne le Maharal[500]. Il rassemblera les *quatre* lettres du mot gola ; Il rassemblera les éléments de la gola, « dispersés » aux « *quatre* vents du monde », les ramassera, en fera *une* gueoula, et les ramènera dans leur lieu d'origine et d'aboutissement, Erets-Israël, et notamment à Jérusalem. En effet, la *cinquième* lettre du mot gueoula, *alef*, y est placée d'une manière centrale, pour qu'elle puisse relier entre elles les deux premières et les deux dernières lettres du mot gola ; elle réussit à en faire une gueoula. Dans la gueoula, toutes les *cinq* lettres qui composent ce vocable, et qui symbolisent les « *Cinq* livres de la Tora », se serrent entre elles pour constituer « un faisceau *unique* qui accomplit la volonté de Dieu », *La'Assot Retson'ha BeLeivav Chalème.*

CHAPITRE III

JÉRUSALEM

« Cœur d'Israël, cœur du monde »

Exposé présenté à la Conférence rabbinique mondiale, à Jérusalem ; à la Conférence rabbinique européenne, à Londres ; à la Yechiva Eits 'Hayim, à Montreux ; au Conseil religieux de la municipalité de Haïfa ; au Congrès européen d'études hébraïques, à Vienne.

Jérusalem, lieu de rencontre entre Dieu et l'homme,
entre Dieu et Israël

Jérusalem représente, au plus haut degré, l'histoire du monde et de l'homme, d'Israël et de l'humanité ; l'histoire des relations qui existent entre eux à la lumière de leurs relations avec Dieu. Elle reflète la pureté des cieux sur la terre et elle rend compte de la valeur que la terre acquiert dans les cieux. Car c'est en elle, en son point intérieur, que les cieux et la terre ont pris naissance ; c'est sur sa « pierre fondamentale » que « le monde fut bâti »[1]. Jérusalem est ainsi devenue à la fois « la porte des cieux »[2] et « le nombril de la terre »[3]. De Jérusalem, de ce point central, un *kav emtsaï*[4], une « ligne du milieu » s'est élevée vers les hauteurs et a établi la Cité céleste, la *Yerouchalayim chel ma'ala*, avec pour foyer son Sanctuaire d'en haut, le *Beit HaMikdache chel ma'ala* ; de ce même point central, un *kav emtsaï*, une « ligne du milieu », est descendu en bas et a établi la Cité terrestre, la *Yerouchalayim chel mata*, avec comme foyer son Sanctuaire d'ici-bas, *Beit HaMikdache chel mata*[5]. Sur ce *kav emtsaï*, sur cette ligne médiane, demeure la *Che'hina*, se trouve la Présence divine, d'où elle étend Sa gloire partout dans le monde, « remplit la terre »[6] et ne laisse « aucun endroit exempt d'Elle »[7] ; de ce *kav emtsaï* où Elle réside, la *Che'hina* descend pour arriver au cœur de l'être juif, individuel, et communautaire, national et territorial ; Elle descend pour atteindre la conscience la plus intime d'Israël et de Sion et surtout d'Israël en Sion : *tsahali varoni yochévet Tsione ki gadol bekirbei'h Kedoche Israël*[8].

Jérusalem, point de jonction entre les cieux et la terre[9], « où cieux et terre s'embrassent »[10], est ainsi appelée à être le lieu de rencontre entre Dieu et l'homme, entre « Dieu qui désire avoir une habitation en bas dans le monde inférieur » et l'homme, créature terrestre « d'en bas », qui appartient néanmoins au monde extraterrestre « supérieur », « d'en haut », et dont l'action a des répercussions qui dépassent les limites de la terre[11]. Jérusalem devient ainsi le point de rencontre à la fois initial et définitif entre Dieu et Israël, ce dernier étant la personnification de l'Homme « dans ce que celui-ci a de "parfait", "étant l'Homme dans l'Homme", dont l'âme se trouve "incrustée dans le Trône de la Gloire divine" »[12].

Par le truchement de l'histoire d'Israël, Jérusalem devient donc l'essence de l'histoire du cosmos unie à celle de l'histoire de l'humanité ; Jérusalem est l'expression de l'histoire de Dieu même, dans ses rapports avec la nature et l'humanité.

Car c'est bien en un « point », en une *nekouda*[13], que l'univers a pris naissance. Et ce point, Jérusalem, « qui est placé au centre du monde »[14], constitue toujours le centre des préoccupations spirituelles de l'humanité ; Jérusalem doit intéresser le monde, parce qu'elle est le centre de rayonnement spirituel permanent d'Israël[15] ; même lorsque pour un temps celui-ci se trouve physiquement déplacé dans le monde, il ne se détache pas spirituellement du foyer initial et ultime, Sion.

Jérusalem doit rester le point vers lequel se porte l'attention spirituelle de l'humanité, parce qu'à cet endroit Dieu s'est approché de l'homme, lui a adressé pour la première fois la parole, l'a interpellé, « l'a appelé » ; c'est près de Jérusalem[16] que Dieu a posé à Adam la fameuse question *ayéka*[17] ?, « où es-tu ? », l'interrogeant ainsi sur l'idée qu'il se fait de la situation qu'il occupe dans l'univers, sur l'attitude qu'il veut observer à l'égard du Maître de l'univers ; et c'est cette même parole *ayéka*, que Dieu adresse de Jérusalem, depuis lors, à l'homme, où qu'il se trouve. Aussi Jérusalem doit-elle rester le point vers lequel se porte l'attention spirituelle de l'humanité, parce qu'à cet endroit, après avoir fui Dieu, l'homme « s'est approché » pour la première fois de Lui, en admettant ainsi Sa souveraineté et en Lui apportant l'« offrande », la *min'ha*[18], de sa reconnaissance. En ce lieu donc, à Jérusalem, se noueront les rapports entre Dieu et « Israël, qui s'appelle l'Homme »[19] par excellence ; et par la médiation de ce lieu se déploieront les rapports entre Dieu et Israël dans le monde, pour se fixer définitivement à leur point de départ, à Jérusalem, après que les relations entre Dieu et tous les hommes se seront clarifiées par l'instauration du Royaume divin sur toute la terre, dont Jérusalem sera la métropole[20].

En partant de Jérusalem, l'homme porte Dieu dans le monde

C'est de Jérusalem qu'Adam part dans le monde. C'est en partant de Jérusalem que l'homme porte Dieu dans le monde ; il véhicule la Divinité partout ; il rend la *Che'hina* présente parmi les hommes. L'homme est la *merkava*[21] de la *Che'hina* ; il est le « chariot » de Dieu. « Toute la terre se remplit de la gloire de Dieu »[22], pendant que l'homme aspire de partout à l'endroit d'où il vient[23]. Où qu'il soit, quoi qu'il fasse, Adam, dont « le corps fut constitué de poussière ramassée partout sur la terre », tend vers ce point central, vers cet endroit du *mizbéa'h*, de l'autel, de la future Jérusalem, car « sa tête fut construite de poussière trouvée sous le *mizbéa'h* »[24] ; où qu'il soit, l'homme « pense » à Jérusalem, tend vers la hauteur de la montagne de Moria, appelée ainsi depuis les débuts des temps parce que de là-haut devait « sortir dans le monde le grand enseignement »[25] sur l'homme, sur sa vocation, sur sa relation avec Dieu[26]. « En quelque lieu que Dieu fasse invoquer Son nom, Il *viendra* à l'homme pour le bénir » ; où que l'homme se trouve[27], il se laisse rappeler par son Dieu cette vérité et agit en conséquence. Tout en étant partout[28], Dieu, qui est *Mekomo chel olam*, « le Lieu du monde »[29], *viendra* vers l'homme, du lieu par excellence, du *makom*[30] ; Il viendra, muni de l'Enseignement proclamé en ce « lieu qu'Il a choisi »[31] en invitant l'homme à y diriger sa pensée, sa parole. C'est pourquoi l'homme, et notamment l'homme juif, prononce ses prières en direction de Jérusalem[32].

Dirigeant son cœur vers Jérusalem, l'homme, et notamment le juif, sanctifie toute la terre

« Dirigeant son cœur vers Jérusalem[33], vers la Maison de sainteté[34] et de sanctification, vers le Saint des Saints »[35], l'homme, et notamment l'homme juif, sanctifiera ainsi, de plus en plus, toute la terre, appelée par son Créateur dès le début à être sainte par la sanctification que lui apportera l'action de l'homme. Celui-ci y sublimera, y spiritualisera tout ce que Dieu lui donne, tout ce que Dieu lui permet de faire, pour qu'il s'en réjouisse en en consacrant, en retour, la meilleure part[36] en un don à Dieu, et en faisant bénéficier les hommes de ce don. Cette joie[37] conduit l'homme tout d'abord vers lui-même, vers son intérieur, vers sa conscience, vers son être propre, et à travers son prochain[38] et avec lui, vers l'Être, vers Dieu, dont il devient ainsi « digne », vers la *Che'hina*, dont il devient ainsi lui-même « la résidence »[39]. Cette joie dans la gratitude[40] envers Dieu éclaire et guide l'homme, partout dans le monde, dans son cheminement incessant vers « le milieu du monde habité »[41], à l'intérieur duquel se trouve Jérusalem, à l'intérieur de laquelle se trouve le Sanctuaire, lieu qui répond au lieu correspondant dans le ciel[42]. C'est là-haut, au-dessus de « la Ville de la justice »[43], que la *Che'hina*, la Présence divine, veut se faire appeler *Tsédek*, « justice », afin qu'elle se reflète dans Sa demeure terrestre où habitent les hommes, et se répande ainsi sur toute la terre des hommes[44], devenue demeure de Dieu[45]. Pour cela, il faut que l'homme le veuille ainsi[46], où qu'il se trouve ; il faut donc que l'homme fasse converger sa pensée et son action vers ce lieu de prédilection, Jérusalem, chargé dès l'origine de « la lumière appelée à se répandre dans le monde[47] ». Mais si l'homme ne le veut pas, il se détache de ce point du milieu[48], de ce centre idéal et rayonnant, qu'est Jérusalem ; et par conséquent il se détache de Dieu qui, Lui, veut bien exercer Son influence efficace, Son action bénéfique sur l'univers à partir de ce point médian, de ce point d'équilibre. L'homme ose donc « repousser la *Che'hina* » de ce monde, renvoyer Dieu « au loin des cieux »[49]. L'homme rompt ainsi le contact entre les cieux et la terre en méconnaissant, en méprisant, en endommageant même l'endroit où ce contact s'était établi ; en perturbant le lieu qui lui correspond dans les cieux, l'homme détériore la Ville de Dieu dans les cieux. Et Dieu ne regagnera désormais plus la céleste Ville divine, la Jérusalem d'en haut, jusqu'à ce que l'homme retourne respectueusement dans la terrestre Ville divine, la Jérusalem d'en bas, y « permettant » ainsi la rentrée de Dieu Lui-même : « Je ne ferai pas Ma rentrée dans la Jérusalem d'en haut, avant que Je ne fasse Ma rentrée dans la Jérusalem d'en bas ! », déclare Dieu[50].

Mais l'homme facilitera-t-il cette double rentrée divine ? Ne s'est-il pas déjà fait lui-même une fausse Jérusalem[51] ? Oui, cet homme se suffit à lui-même ; il se proclame lui-même propriétaire de ce qu'il a, dit-il, acquis, de ce qu'il conquerra encore, prétend-il, par sa propre force, comme s'il était lui-même son propre créateur, qui s'est fait lui-même et qui fait des autres ce qui lui plaît. Il considère qu'il n'a plus à remercier personne de ce qu'il reçoit ; il considère qu'il n'a plus à rendre compte à personne de ce qu'il fait. Il ne « craint » personne. Il se fait par lui-même[52]. Il se fait non pas en Dieu mais, croit-il, par lui-même. Il reçoit les biens dont il se réjouit non pas des mains de Dieu, mais, affirme-t-il, de ses propres mains[53]. Sa joie en Dieu et pour Dieu, sa joie avec les hommes, se transforme en un plaisir par lui-même et pour lui-même[54], en un plaisir qu'il se procure par les hommes. L'homme pèche ; car il s'est éloigné de Dieu[55], de son prochain, de lui-même en ce qu'il a encore de valable. Il est triste ; car il est seul[56]. L'exil[57] de l'homme, la dispersion de l'humanité ont ainsi commencé[58]. Aussi longtemps que l'homme a pensé à l'endroit par excellence, *HaMakom*[59], et qu'il a agi selon ses exigences, les lieux où il s'est trouvé, qu'il a parcourus, constituaient une périphérie[60] qui « se nourrissait de la bénédiction » du centre universel[61], vers lequel elle se sentait attirée, autour duquel elle gravitait. Du moment que l'homme ne pense plus au lieu par excellence et n'agit plus conformément aux exigences de celui-ci, tous les lieux où il se trouve seront désormais des exils, des dispersions arides, ténébreuses, chaotiques, mélangées, souillées, profanes, parce qu'elles sont détachées du foyer. Cependant, tout exil implique déjà, par le fait même d'être un exil, la possibilité du recueillement ; et toute dispersion implique déjà, par le fait même d'être une dispersion, la possibilité du rassemblement[62]. Tout exil contient l'embryon du salut : la *Gola* (l'« exil ») ne se différencie de la *gueoula* (du « salut ») que par une lettre : *alef*[63] ; en s'enrichissant de cette lettre, la *Gola* devient *gueoula*. Tout péché contient déjà le germe du repentir[64]. Tout éloignement de Dieu implique déjà le désir de retour volontaire vers Lui ou la nécessité d'un retour forcé à Lui[65].

Après avoir fui Dieu, l'homme accourt vers Lui : « de Toi, vers Toi », s'écrie-t-il[66]. À la longue, l'homme ne peut pas se suffire à lui-même. Il aspire à Dieu. Il désire se retrouver en face de son Créateur. Où donc[67] ? À l'endroit où Adam fut créé[68]. À l'endroit même où il a commis son premier péché et où les moyens « d'en obtenir le pardon » lui sont fournis[69]. C'est donc là Jérusalem, par définition le lieu de rassemblement des exilés, le lieu de recueillement de ceux qui se sont soustraits à son véritable rayonnement[70].

Jérusalem, sacralisée à l'origine par la volonté de Dieu, est sanctifiée ensuite par les mérites de l'homme

Le premier qui, après l'expulsion d'Adam du *gan éden* hiérosolymite, le premier qui, après l'exil de Caïn et la dispersion de la génération de la tour de Babel, essaya de faire le chemin de retour à Jérusalem, fut *Malki-Tsédek*[71], le roi dont le nom même dénote qu'il a été un roi juste[72] ; il ne pouvait pas être autrement : il fut le roi de *Chalem*, de l'endroit qui s'appelle « intégrité », de l'endroit qui s'appellera dans l'avenir Jérusalem. Il était parti de son pays à Jérusalem pour servir Dieu et est devenu, ainsi que la Tora le relate, « un prêtre du Dieu suprême ». La tradition identifie *Malki-Tsédek* avec *Chème*, fils de Noah[73], donc avec la personne de celui qui, avec Ever, a contribué à donner aux patriarches hébreux la compréhension et la transmission de la foi pure[74]. Mais *Chème*, qui est *Malki-Tsédek*, bien qu'il ait reconnu la souveraineté du « Dieu suprême, auteur et propriétaire des cieux et de la terre », ne fut que le précurseur du premier patriarche hébreu, Abraham, qui proclame ce « Dieu éternel », tout-puissant, comme son Dieu à lui, le Dieu qui communique avec les hommes[75], le « Maître »[76] auquel lui-même, Abraham, apporte son offrande, « apporte » le monde, « les cieux et la terre » en offrande[77].

Et, en effet, Abraham est bien le premier à opérer un mouvement authentique, réel et décisif, de retour vers l'origine, vers l'Être ; Abraham, père du peuple hébreu et père spirituel d'une « multitude de peuples »[78], inaugure le vrai itinéraire de l'homme hébreu et de l'homme en général dont le point de convergence est Jérusalem[79]. D'abord, de sa propre initiative[80], plus précisément de l'initiative de son père[81], il se dirige de la périphérie[82], d'une périphérie matériellement riche, d'une périphérie, il est vrai, qui n'est pour lui pas très éloignée du centre, en direction du « Pays qui est au centre du monde », dans le sens spirituel du terme[83]. Son initiative est confirmée[84] par l'ordre de Dieu de « marcher » d'abord « vers lui-même », vers sa propre conscience, *le'h le'ha*, vers son propre être[85], et ensuite vers le pays que, sans qu'il soit nommé[86], il doit découvrir par l'attraction qu'il exercera sur lui[87] ; Dieu lui montrera ce pays en lui-même, en Abraham, en ses mérites : *ARéka*[88]. Grâce à Abraham, père charnel et spirituel des Hébreux mais aussi, spirituellement, « père d'une multitude de peuples », ce pays qu'il doit transmettre à une descendance choisie en son fils Yitshak, et ce dernier à une descendance choisie en son fils Yaakov[89], ce pays acquiert une valeur spécifique, précise, nationale et, en même temps, prend une signification vaste, universelle, humaine. Ce pays, « centre du monde », contient, en son milieu, « le plus précieux point de ce centre », la montagne de Moria. Vers cette montagne, qui n'est pas, non plus, désignée par son nom[90], Abraham s'acheminera, également sur l'ordre de Dieu, pour y découvrir, par son intuition, le Lieu, le lieu par excellence, *HaMakom*, qui n'est pas désigné explicitement, mais qu'Abraham découvrira[91] en y identifiant les traces spirituelles d'Adam et d'Abel qui y apportèrent des offrandes à Dieu, de Noé et de ses fils[92], qui y apportèrent, qui y « élevèrent » des sacrifices, *ola*[93], à Dieu. L'Éternel confirme la découverte d'Abraham[94] et ce dernier y édifie *HaMiz-*

béa'h, l'Autel par excellence[95], que ses prédécesseurs y avaient déjà construit, mais que lui, Abraham, élève plus haut, par ses propres forces[96]. Ce lieu, Moria, est à Jérusalem. Ce Lieu, Moria, est Jérusalem[97]. Et Jérusalem est le *Beit HaMikdache* : Jérusalem est le Sanctuaire[98]. Ce lieu a été institué en vue de sa vocation future, *al Chème HéAtid*[99] : il s'appellera de son plein et véritable nom : *Yerouchalayim*.

Quelqu'un de plus grand qu'Abraham, Dieu lui-même, donnera à cet endroit un nom, son nom complet[100], sans que ce nom soit encore clairement compris. Sacralisé à l'origine[101] par la volonté de Dieu et sanctifié ensuite par les mérites de l'homme[102], cet endroit reçoit le nom qui lui convient. Dieu le lui donne, comme Il le fait lorsqu'Il veut marquer la vocation du porteur d'un nom[103]. Mais le nom de Jérusalem, ainsi que celui de la Tora, n'entrera formellement en usage, que lorsque *tout Israël* le méritera, l'assumera ; lorsque tout Israël sera établi sur sa terre[104], que son roi aura soumise[105], Jérusalem deviendra Jérusalem[106]. David[107] marquera ce nom non seulement de sa personne et de celle de son fils immédiat, Salomon[108], appelé à construire ce qui fera la vraie valeur de Jérusalem, le *Beit HaMikdache*[109], mais David le marquera encore, le marquera déjà, de la personne de son fils lointain, *Machia'h ben David*, le Messie qui descendra de lui[110], et qui sera appelé à accomplir la vocation de Jérusalem, à parachever son œuvre.

Yerouchalayim, au pluriel, indique que la sainteté de cette Ville est due à la collaboration entre Dieu et l'homme

Pourtant Abraham apporta une contribution majeure, décisive, à l'établissement du nom de Jérusalem. En donnant un exemple suprême, unique, de foi et de confiance, pendant l'*Akéda* de Yits'hak (le « sacrifice » d'Isaac)[111], le patriarche a donné à ce lieu de l'épreuve un nom : *HaChème yir'é*[112], « Dieu verra ». Le regard divin tombera non seulement sur le lieu[113] parce qu'il est « choisi » par l'Éternel – *HaMakom acher yiv'har*[114] –, mais surtout sur l'homme qui y viendra[115] parce qu'il « le cherchera » – *tidrechou*[116] –, qui y reviendra toujours, comme s'il y venait pour la première fois, *hayom*, « aujourd'hui »[117] pour y voir Dieu, *HaChème yir'é*[118], pour faire en sorte que « Dieu s'y laisse voir » par l'homme digne de Lui (dans la mesure où l'être humain peut le faire de son vivant[119]).

À ce nom personnel d'un Dieu qui cherche l'homme, qui l'observe de près, *HaChème yir'é*, qu'Abraham a donné à ce lieu et que Dieu accepte, Dieu joint le nom de *Chalem*, d'« intègre », par lequel un homme, un juste, *Malki-Tsédek*, qualifie ce lieu, comme celui où l'homme, cherchant son Dieu personnel, veut être intègre devant l'Éternel [120]. De ces deux noms réunis, *HaChème yir'é* [121] et *Chalem*, Dieu forme donc, Lui-même, le nom de *Yerouchalayim* [122]. Ce mot, *Yerouchalayim*, est au pluriel [123] pour indiquer que la sainteté de cette Ville est due à la collaboration qui s'y fait entre Dieu et l'homme ; entre Dieu, qui se « montre » à l'homme, et l'homme, qui « craint » [124] Dieu et s'efforce d'être intègre à Son « égard » [125] ; entre Dieu, que l'homme « fait descendre » vers lui [126], et l'homme, que Dieu fait monter vers Lui [127].

Si l'homme manque à cette œuvre de coopération, Dieu se retire dans Ses cieux

Dans la conception juive, la Ville sainte de Jérusalem n'appartient pas à la catégorie statique des « espaces sacrés » par eux-mêmes, que les autres religions nomment « lieux saints [128] ». Dans l'optique du judaïsme, la sainteté de Jérusalem est due à la collaboration active, constructive [129], qui s'y fait entre Dieu et l'homme [130]. Elle se réalise et se renouvelle dans l'œuvre de coopération créatrice de Dieu et de l'homme [131].

Si l'homme manque à cette œuvre de coopération, Dieu se retire dans Ses cieux [132] et laisse l'homme se débattre seul dans sa dispersion (quoique la *Che'hina*, la Présence divine, suive l'homme juif dans la Galout [133]). Le Lieu lui-même, choisi par Dieu comme un lieu de sainteté [134], souffre alors dans sa sainteté. Celle-ci est troublée [135], car l'homme ne la valorise plus. En effet, la sainteté primordiale dépend [136], comme celle d'Israël d'ailleurs, des mérites de ses dépositaires [137]. Si les mérites de ces derniers diminuent, la sainteté de l'espace (la sainteté locale) s'en ressent [138]. Elle est atténuée, mais elle ne disparaît pas : « la sainteté reste debout [139] ». Mais elle est tourmentée [140] surtout là où son intensité initiale était forte. « Tout ce qui est plus saint que le reste est plus désertique que le reste [141] » : Jérusalem a souffert plus que le reste du Pays. Aussi Israël souffre-t-il plus que les autres peuples quand il contrevient à la volonté de Dieu [142], surtout lorsque cette « nation sainte » [143], « cœur » sensible « des nations » [144], se trouve à Sion [145], fragile « centre du monde [146] ».

Israël porte Jérusalem dans son cœur, avec fidélité. Exilé, Israël garde son identité grâce à Jérusalem

Cependant Israël subsiste. Quoiqu'il soit éloigné de Jérusalem, dispersé dans le monde, à cause des péchés qu'il a commis en cette Ville sainte, Israël vit, car Jérusalem, cette Ville qui par son essence est indestructible, continue de vivre en lui. Israël porte Jérusalem dans son cœur, avec une fidélité exemplaire ; il ne lui en veut pas de ne pas l'avoir supporté dans ses iniquités, car il sait qu'elle, « la Ville de justice »[147], « ne supporte pas l'iniquité[148] ». Au contraire, Israël reste attaché, foncièrement, à la Tora de Sion ; il reste attaché, douloureusement, à l'idéal messianique[149] de rassemblement des exilés à Jérusalem, ce qui implique l'idéal de reconstruction du *Beit HaMikdache*, de la Maison de la sainteté et de la sanctification[150]. Les enfants d'un homme ou d'un peuple, qui sont chassés de leur pays ou qui le quittent de leur plein gré, s'en détachent avec le temps, l'oublient. Israël n'est pas ainsi. Exilé[151], il jure de ne pas oublier Jérusalem[152] ; exilé, il vit pourtant à Jérusalem, dans la Jérusalem idéale de son cœur.

Si Israël descend donc par sa propre faute en Galout[153], il y descend pour remonter à Jérusalem[154]. Exilé, il garde son identité grâce à Jérusalem[155], non seulement grâce à la nostalgie qu'il a de Jérusalem[156], mais surtout grâce à la conception qu'il a de Jérusalem. La relation entre Israël et Jérusalem est, certes, foncière, mystique. Mais elle est aussi donnée et ordonnée, réclamée et imposée « avec une main forte »[157] par le Maître du monde, le Dieu d'Israël, le Dieu de Sion. Il fait persister le peuple d'Israël par Jérusalem, et fait durer Jérusalem pour le peuple d'Israël. Il y a là un signe incontestable de leur destinée commune, de leur appartenance mutuelle[158]. En dépit de toutes les vicissitudes qui se sont abattues au cours des millénaires sur le peuple d'Israël, celui-ci ne peut pas être anéanti : « le reste d'Israël » subsiste, il est invincible, car Dieu vit en lui : « Moi, l'Éternel, Je ne change pas ; vous aussi, enfants de Jacob, n'avez pas été consumés[159] ! » En dépit de toutes les invasions et dominations que Jérusalem a subies au cours des millénaires, la Ville est « éternelle »[160] : il y subsiste « le vestige de la Maison de notre sainteté ». C'est le *Kotel HaMa'aravi*, le Mur occidental du *Beit HaMikdache*, qui n'a pas été détruit, bien qu'il ait été maintes fois en danger de l'être au cours des siècles[161]. Comme Israël, il témoigne de la validité, du sérieux du serment de Dieu : l'Éternel a juré qu'Israël ne sera pas anéanti [162] ; « l'Éternel a juré que le *Kotel HaMa'aravi* ne sera pas détruit » [163] (car la *Che'hina* est au *Ma'arav* [164]). Et l'un et l'autre sont debout. Car le *Chomère Yisraël*, le Gardien d'Israël, est debout derrière eux. Jamais la *Che'hina*, la Présence de Dieu, ne quitte Israël [165] ; « jamais la *Che'hina* ne quitte le *Kotel HaMa'aravi* [166], affirment les sages d'Israël, en s'appuyant sur un verset du *Chir HaChirim* qui dit : « Voici, il est debout derrière notre mur [167]. »

Le phénomène d'Israël s'exprime par le phénomène de Jérusalem

Des générations et des générations de juifs ont vérifié, par les larmes qu'ils ont versées sur ces pierres et par les espoirs qu'ils ont dirigés de loin vers elles, cette vérité que le Midrache avait fondée sur un verset biblique ; ils ont *cru* en cette vérité, et, pour eux, cette vérité était plus solide, plus sûre que n'importe quelle réalité tangible [168]. Mais voici que, de nos jours, nous *voyons* cette vérité, nous vivons la validité de la *havta'ha*, de la promesse divine ; voici, Il est là [169]. Il est debout derrière le Mur [170] ; Il nous attend ; Il s'avance, Il apparaît : nous Le voyons de nos yeux [171] comme Il nous voit [172], comme Il nous accueille ; Il s'apprête ainsi à regagner totalement, définitivement, Sion [173]. Les soldats qui ont pris d'assaut le Mur et qui l'ont libéré de ses dix-neuf ans de solitude, de captivité, ont éclaté en sanglots au moment où ils l'ont atteint. Un cœur s'entrouvrait à eux derrière les pierres qu'ils embrassèrent [174]. Ils perçurent la voix [175] de « Celui qui est derrière le Mur » ; et c'est face à Lui que les combattants endurcis ont éclaté en pleurs [176], comme des enfants candides qui retrouvent une mère dont ils ont été séparés : « Comme un fils que sa mère console, ainsi vous consolerai-je ; et c'est dans Jérusalem que vous trouverez votre consolation [177]. » Durant les heures bouleversantes du 28 Jyiar 5727 (7 juin 1967), Israël, de partout, du Pays d'Israël et de la Dispersion d'Israël, se dressa « comme un seul homme et un seul cœur » [178] pour regarder le Mur, puis pour affluer vers lui [179]. Comment expliquer l'empressement de centaines de milliers de juifs à venir devant le Mur, quand ils ont appris la nouvelle, pour y prononcer une prière, pour y verser des larmes, pour y déposer un baiser ? Y a-t-il une explication raisonnable, dans notre ère dite rationaliste, à ce fait juif [180] ? Non. C'est la preuve irréfutable du caractère surnaturel de l'histoire d'Israël, de sa vie dans sa plus profonde intériorité, et de l'histoire de Jérusalem, de sa vie dans sa plus profonde intériorité [181]. C'est le phénomène d'Israël, s'exprimant par le phénomène de Jérusalem. C'est l'expérience vécue d'un événement longuement attendu, patiemment préparé, et même passablement négligé [182].

Jérusalem personnifie l'unité d'Israël

La réunification de Jérusalem n'est pas un événement aux dimensions humaines, ce n'est pas non plus un événement aux dimensions nationales, aussi grandioses qu'elles soient. Cet événement est de l'ordre de l'unicité, jamais explicable, d'Israël et de Jérusalem, de leur fonction unitaire dans l'univers. L'authentique contact entre le point intérieur juif, le « cœur d'Israël », et cet autre point intérieur juif, le « cœur de Jérusalem », s'est enfin rétabli [183]. Israël, se ressaisissant dans ce qu'il a d'authentique en lui, a ressaisi sa Jérusalem dans ce qu'elle est dans son essence, dans ce qu'elle lui demande par son essence [184]. Israël, tout Israël, l'a retrouvée. Car, pour que Jérusalem soit recouvrée dans son intégralité, il fallait que *tout* Israël y travaille. L'unité d'Israël a déjà été la condition première de la construction du *premier* Temple ; elle sera la condition du rétablissement du *troisième* Temple, dernier et éternel [185]. Et cette unité, faible encore il n'y a que peu de temps, s'est affirmée avec une force impressionnante, venant du dedans, commandée par la conscience d'Israël. Cette unité a contenu *tout* Israël, car « la Ville l'exigeait », lorsqu'elle a manifesté résolument sa volonté de récupérer la souveraineté d'Israël, lorsqu'elle s'est décidée d'orner la tête d'Israël de sa couronne. Jérusalem est la Ville qui « unit » autour d'elle « tout Israël » [186], tous les enfants d'Israël « ensemble », et « en fait des amis » [187]. En effet, Jérusalem personnifie l'unité d'Israël [188] : cette « Ville n'a jamais été partagée entre les tribus » [189] de Jacob. En elle se rejoignent toutes les générations d'Israël [190] ; elle est de *tous* les temps, *toute* à *tout* Israël. Elle est Jérusalem surtout lorsque Israël, dont elle forge la conscience, redevient digne d'elle par son unité intérieure [191] ; c'est alors qu'elle, la Jérusalem unifiée intérieurement [192], redevient digne d'Israël par son unité extérieure [193]. Les deux ensemble, Israël *un* et Jérusalem *une* [194], se redécouvrent ainsi réciproquement dans ce qu'ils ont de vrai, d'éternel, c'est-à-dire qu'ils se redécouvrent en Lui, l'Éternel, le Dieu Vrai, le Dieu d'Israël, le Roi de Sion, en Sa Tora de Sion, en Sa parole de Jérusalem [195]. Yisraël et Yerouchalayim « se méritent ainsi réciproquement » [196] ; ils s'attirent ainsi mutuellement, par une attirance plus que sentimentale. Car ils ont besoin l'un de l'autre en vue d'accomplir leur vocation commune. Cette vocation est une vocation d'approfondissement de l'être juif [197], et de ce fait même une vocation de portée universelle [198], voire cosmique [199], bien plus encore une mission divine [200], car « on appellera Jérusalem » [201] : « cœur du monde » [202], « Trône de l'Éternel » [203].

CHAPITRE IV

TEMPS JUIF, TEMPS CHABBATIQUE

Exposé présenté aux Universités de Genève et de Fribourg et aux Assises du judaïsme français, à Lyon.

La Tora est un enseignement du juste emploi du temps

Le judaïsme se fonde sur une conception particulière[1] du temps, qui est un temps chabbatique. « L'ordre du temps préside »[2] à la Tora – à l'Enseignement divin du judaïsme –, commande et règle la vie du juif, elle-même disposée selon l'ordre de la Tora[3]. La chronologie des mitsvot positives – des prescriptions religieuses – s'insère dans l'ordre du temps[4] ; la transgression des mitsvot négatives – des interdictions religieuses – dérange l'ordre du temps[5].

La Tora avec ses mitsvot, avec ses ordonnances religieuses, est un enseignement du juste emploi du temps[6]. « Veux-tu réussir dans ta vocation de juif ? », disait un jour Rabbi Mena'hem Mendel de Kotsk[7] à l'un de ses disciples, « Sache ce que tu peux et ce que tu dois faire et ne pas faire de ton temps. En un mot : agis en sorte que tu n'aies pas le temps de commettre un péché, que tu n'aies pas le temps de commettre une erreur de temps »[8].

Or, ne pas commettre une erreur de temps signifie tout d'abord ne pas faire une erreur de calcul sur le temps : « Enseigne-nous à compter nos jours[9] ! » L'homme seul, ayant l'idée du temps, est amené à compter le temps, à le diviser, à l'apprécier dans son unicité irréversible. Par ses responsabilités « déterminantes », il peut « acquérir » le monde, « son monde à lui », le monde entier « en une heure », mais il peut aussi perdre en une heure son monde à lui et le monde tout entier, comme le dit le Talmud et comme le souligne avec force Rambam[10].

Toutefois, l'homme juif, en comptant le temps, ne doit pas le compter et ne le compte pas comme d'autres hommes. Il le compte différemment pour ne pas tomber à la suite d'un faux calcul ou d'un manque de calcul soit dans l'avidité de vivre ou dans l'angoisse de la mort, soit dans la désinvolture qu'entraîne l'apathie.

Pour garantir la clarté du comput du temps et assurer sa réussite, la Me'hilta demande au juif de compter les jours en vue du Chabbat. Commentant le verset biblique : « Souviens-toi du jour du Chabbat pour le sanctifier »[11], la Me'hilta, par la voix de Rabbi Yits'hak, avertit le juif, en lui disant : « Ne compte pas (les jours) à la manière des autres, mais compte-les en vue du Chabbat »[12]. Rabbi Yits'hak voulait dire par là au juif : sache que le Chabbat se situe à la fin de ton compte des jours et non pas à son début[13]. Il se situe à la fin de ton activité, car il constitue la finalité d'une œuvre achevée[14]. Il constitue le but éthique, la *ta'hlit*[15] d'une œuvre que tu reprendras après l'avoir interrompue. Avec la force que te donnera cette interruption, tu la poursuivras selon un plan qui t'a été prescrit, selon un sens qui t'a été indiqué par Quelqu'un qui t'a précédé et te succédera[16], qui t'a offert les matériaux de ton travail, les forces de l'entreprendre et surtout de le suspendre et de le reprendre[17]. Il a observé, spirituellement[18], l'ordre qu'Il te propose dans Son travail initial ; et Il a poursuivi, généreusement, le but[19] qu'Il te propose, comme fin de Son travail primordial : le bien, la bénédiction, la sainteté, la bénédiction se trouvant dans la sainteté[20]. Aussi s'offre-t-Il à toi pour que tu L'aies auprès de toi pendant ton travail : Il se propose à toi pour qu'Il t'ait auprès de Lui pendant Son repos[21]. Il t'accorde le privilège de L'atteindre et, plus encore, de Lui apporter, à Lui qui est saint, l'offrande humaine de ta sanctification. « Soyez saints, car Je suis saint, Moi, l'Éternel, votre Dieu ; observez Mes Chabbats[22] ! »

« *Za'hor Et Yom HaChabbath LeKadecho...* ; souviens-toi du jour du Chabbat pour *le sanctifier.* » Mais le mot *chabbat* en hébreu est féminin[23]. La Tora devrait dire : *LeKadecha* ; pourtant elle écrit : *LeKadecho* parce que, observe un commentateur de la Tora[24], c'est Dieu Lui-même, auteur du Chabbat, que nous sommes appelés à sanctifier par le souvenir que nous gardons du Chabbat[25].

> « *Respecte le Chabbat de ton Dieu, comme si tout ton travail était déjà accompli !* »

Le rythme qui doit marquer la vie du juif est celui de six unités de temps[26] pour le travail et une unité pour le repos[27]. Six jours de travail pratique (c'est là le sens du verbe *avod*[28]) s'étendant sur une surface délimitée, visible et divisible, et enfin un jour de suspension du travail entrepris, qui aurait pu être poursuivi (c'est là le sens du verbe *chavot*[29]), mais que l'on interrompt aussi librement[30] qu'on l'a commencé, pour le scruter, dira Philon[31], en nous demandant, dira le Sépher Ha'Hinou'h[32], s'il correspond au but éthique assigné. S'il ne lui correspond pas, enseigneront le Chelah HaKadoche[33] et le Rav Kouk[34], la *techouva*, le repentir serein est recommandé à la veille du Chabbat, pour contribuer au *tikkoune*[35], à la restauration de ce travail manqué. Par contre, si le travail répond aux exigences éthiques du Créateur, comme Lui, nous le mettrons en valeur dans la joie, écriront les Cheiltot[36].

De toute manière, le jour du Chabbat, l'israélite doit considérer le travail effectué pendant les six jours précédents comme suffisant. La Bible nous dit : « Durant six jours tu travailleras et tu feras ton travail[37]. » Et la Me'hilta de demander : « Est-il possible à l'homme de faire tout son travail pendant six jours ? – Oui, dit-elle, respecte le Chabbat de ton Dieu, comme si tout ton travail était déjà fait[38] ! »

Erev chabbat, la veille du Chabbat, le juif dit : « assez » à son travail, comme le Créateur Lui-même, contemplant à la fin des six jours les cieux qui continuaient de s'étendre, dit au monde : *daï*, « assez » ; « assez » à l'expansion ; « assez » au développement ; « assez » à la croissance. « Assez ! » car le monde, observe le Midrache[39], risquerait de s'effondrer s'il prenait des proportions excessives[40]. Et les sages d'Israël de poursuivre leur leçon : « Respecte le Chabbat, ô homme ! Arrête ton travail, même si tu as le sentiment de n'en avoir pas assez retiré. » « Fais-Moi confiance, te dit ton Créateur, emprunte sur Mon compte et Moi je paierai[41]. »

En marquant résolument la *ha'amada*, l'arrêt de la *tenoua*, du mouvement, observeront Rabbi Yehouda HaLévi[42] et Maharal[43], l'homme témoigne au plus haut degré, dans la sérénité, de sa ressemblance au Créateur. En s'abstenant le septième jour de poursuivre son travail matériel, il se dégage de la pression de sa convoitise ; il se libère de l'*avdout*, de l'esclavage[44] auquel l'excès de travail[45], d'*avoda*, aurait pu le réduire : il ne regrette pas ce qu'il n'a pas, mais il apprécie ce qu'il a ; il s'en contente, car il est « rassasié » de la bonté divine[46]. En transformant son labeur pénible, asservissant, aliénant, d'*avoda*, d'*avdout* (cf. Exod. 1,14) en une activité agréable, libératrice, d'*Avodat HaChème*, de « service de Dieu » (cf. Exod. 3,12) – en cessant d'être un « serviteur des serviteurs »[47], un serviteur des pharaons extérieurs et intérieurs[48], l'homme devient un « serviteur de Dieu »[49] : il est libre[50], car il se met au service de Dieu, et par conséquent de l'humanité[51].

Grâce à son identification à la Tora et au Chabbat, Israël devient un facteur cosmique

La passivité[52] que nous observons le jour du Chabbat n'est qu'apparente[53]. Rambam, le codificateur qui établit le cadre juridique particulier du Chabbat, lui assigne à la fois un caractère de *mitsvat assé* et de *mitsva lo taassé*. Le verbe *tichbot*[54], qui enjoint au juif de suspendre son travail le septième jour, est une *mitsvat assé*, une mitsva active, malgré l'impression qu'elle donne d'engendrer la passivité, le chômage[55] ; tandis que *lo taassé kal mela'ha*, « tu n'y feras aucun travail »[56] matériel, créateur, industrieux[57], est la *mitsva la taassé* dont le caractère est réellement négatif, car elle défend au juif de travailler le jour du Chabbat[58].

Nous imitons donc notre Créateur, qui a cessé le travail matériel le septième jour, c'est-à-dire qui n'a rien ajouté dans l'ordre matériel[59] à l'œuvre accomplie pendant les six jours, pour que *VaINafache*, « pour qu'il se repose » (*VaINafache* est un verbe réfléchi)[60], pour qu'« il réfléchisse » au travail réalisé et surtout, comme l'observent l'Or Ha'Hayim[61], le B'nei Issas'har[62] et le Sefat Emet[63], pour qu'il crée l'âme, le *néfèche* dont cette œuvre avait besoin, le repos, la *menou'ha*[64], à laquelle elle aspirait[65].

Cette âme que Dieu a créée[66] le septième jour, par le *VaINafache*, sera capable d'agir dans un sens créateur actif, stabilisateur et unificateur, afin que le travail matériel interrompu puisse continuer[67] et commencer à nouveau. En effet, si cette âme n'avait pas été créée par Dieu le septième jour, tous les faits matériels acquis les six premiers jours n'auraient pas subsisté ; ils seraient restés à leur stade matériel comme un *gouf beli nechama*, comme « un corps sans âme »[68].

C'est pourquoi – et nous comprenons ainsi les remarques du Zohar et des Tossafot[69] – la Tora dit, à la fin de sa présentation du processus de la Genèse : « Dieu mit fin le septième jour à l'œuvre faite par Lui[70]. »

Le septième jour et non pas le sixième jour. En effet, c'est seulement le septième jour, grâce à l'âme qu'Il a donnée au monde, que Dieu accomplit Son œuvre créatrice[71].

En arrêtant son travail matériel pendant une unité de temps, pendant le septième jour, *chavat*, l'homme arrive aussi à s'intérioriser[72], *VaINafache*, grâce à la force créatrice de la *menou'ha*, grâce au *néfèche* dont le septième jour fut doté par le Créateur. Il se constitue une réserve, dira Rabbi Yehouda HaLévi, une réserve *mitstaiédet*[73], qui, dans l'optique du *VaINafache* divin, devra rendre possible la poursuite du travail matériel, l'alimenter, l'orienter[74].

Plus encore, l'âme créée par Dieu dans son *VaINafache*, et qu'il a donnée au monde le septième jour, est, selon le Zohar, le *Raza DeChabbat*, « le mystère du Chabbat », qui est en même temps le *Raza D'Oraïta*, le mystère de la Tora, mais aussi le mystère d'Israël[75]. Ce *Raza* permettra à Israël, Peuple de la Tora, d'assurer chaque Chabbat le recommencement de la vie cosmique, la création continuelle du monde (création que Dieu conçut « en regardant la Tora »[76]). Il l'assurera par la nouveauté que lui offrira chaque Chabbat la lecture de la Tora[77] et notamment de la *Parachat HaChavoua*, de la section hebdomadaire du Pentateuque[78] ; il l'assurera grâce à son propre renouveau chabbatique[79], qu'il obtiendra par l'application des mitsvot de la Tora concernant le Chabbat, mitsvot qui englobent toutes les autres mitsvot de la Tora[80] ; il assurera ainsi une sorte de *'Hiddouche HaOlam*, une recréation du monde, un renouveau du monde après le Chabbat, par les *'Hiddouchei Tora*, par les nouveautés qu'il apportera lui-même à la Tora[81], grâce à l'étude approfondie qu'il en fera.

C'est ainsi qu'il faut comprendre – écrit le B'nei Issas'har, reliant sa pensée à celle exprimée par l'Or Ha'Hayim – l'adage talmudique qui dit : « Celui qui prie à l'entrée du Chabbat et récite le texte *VaIe'Houlou* » (du début du second chapitre de la Genèse : « Ainsi furent terminés les cieux et la terre avec tout ce qu'ils renferment. Dieu mit fin le septième jour à l'œuvre faite par Lui »[82]), celui qui récite ce texte le vendredi soir est considéré par la Tora comme quelqu'un qui devient « l'associé de Dieu à l'œuvre de la création première »[83] : en proclamant[84] le respect du Chabbat, l'homme se joint à Dieu, pour permettre à Son œuvre de subsister, de recommencer, de continuer.

Grâce à son identification à la Tora et au Chabbat, Israël devient un facteur cosmique, joue un rôle déterminant dans l'économie du cosmos[85].

Le Chabbat sera le fruit de sa préparation pendant la semaine

L'économie cosmique[86] répond, dans la conception des Sages d'Israël, à l'économie de la Tora et celle-ci correspond à la vie de l'homme et notamment de l'homme juif[87]. Cette économie se base sur le rapport de six à un[88], qui est un rapport entre l'activité dans la réflexion et la réflexion sur l'activité. Le rapport entre la *vita activa* et la *vita contemplativa*, que Philon[89] met en évidence, est en réalité un rapport d'équilibre, de compensation entre la *quantité* sensible, matérielle, des six jours « corporels » et la *qualité* de l'unique jour, du « jour de l'âme »[90], qui est en apparence subtile mais en réalité pleine de substance. En effet, le nombre sept, affirme Maharal, est un nombre plein, « entier » ; le *chevi'i*, le septième, est le signe de la *sevia (sova)*, de la « satiété »[91].

Le Chabbat est l'aboutissement des six jours de travail. Il en forme le *sikoum* ; il constitue la somme des réflexions et des actions de l'homme juif pendant les six jours qui le précèdent ; il représente le résultat[92] tangible de ses efforts pendant cette phase de tension. Il apporte à l'homme « libéré » l'apaisement après la tension[93].

La valeur de la mitsva du repos chabbatique dépendra de l'application de la mitsva du travail pendant les six jours (le travail pendant les six jours de la semaine constitue également une mitsva[94]). C'est ainsi que, dans la perspective de la mystique juive, depuis le Zohar jusqu'au Sefat Emet[95], le Chabbat sera en fin de compte ce que l'on aura réussi à en faire pendant la période de « préparation », de *ha'hana*, qui le précède. Selon certaines autorités hala'hiques, la *ha'hana*, la préparation spirituelle et matérielle, éthique et esthétique du Chabbat[96], est non seulement indispensable à l'observance de la mitsva du Chabbat[97], mais constitue en elle-même une *mitsvat assé*[98]. La *ha'hana* ne vise pas uniquement la « préparation » du Chabbat « durant la veille du Chabbat »[99], mais elle englobe toute l'activité du juif[100]. Qu'il soit rigoureux comme Chamaï ou doux comme Hillel, ou que ce soit un simple juif qui fait face à ses besognes quotidiennes, le juif pratiquant de « l'avant-Chabbat » oriente toutes ses pensées « vers le Chabbat », réserve l'accomplissement de ses désirs[101] pour le Chabbat, dédie tout ce qu'il trouve bon et « beau » au Chabbat, « en l'honneur du Chabbat », « au nom du Chabbat », *Li'Hvod Chabbat, LeCheim Chabbat*[102].

Les jours de la semaine juive n'ont pas de nom propre. Ils se réclament tous du Chabbat

Le temps des juifs est ainsi un temps chabbatique[103]. Il est influencé par le Chabbat, soit dans les jours qui le précèdent, soit dans les jours qui le suivent[104]. Le Chabbat est le *'Hemdat HaYamim*, disent les 'Hassidim, le jour « que tous les autres jours désirent »[105].

Rachi, dans son commentaire sur la Guemara[106], nous apprend que les jours de la semaine se divisent en deux catégories : *kamei chabta* et *batar chabta*. Les trois derniers jours de la semaine « précèdent », attendent le Chabbat[107] ; les trois premiers jours de la semaine « suivent » le Chabbat, se rattachent à lui[108]. Tous les jours de la semaine tendent vers le Chabbat, aspirent à lui ou s'inspirent de lui. Ils tirent leur force du Chabbat[109] et « leurs » bénédictions « dépendent » de la bénédiction que leur donne le Chabbat[110]. C'est pourquoi l'activité que nous déployons pendant la semaine ne prend sa valeur que dans l'optique ultime du Chabbat[111].

Les jours de la semaine juive n'ont pas même de nom propre, observent Ramban et Abravanel[112]. Ils se réclament tous du Chabbat et ils se retrouvent tous dans le Chabbat. Sans le Chabbat, ils ne seraient pas[113].

Nos biens nous appartiennent dans la mesure où nous reconnaissons que nous appartenons à Dieu

Par le Chabbat, nous prenons conscience que tout ce que nous sommes, tout ce que nous avons, faisons, transformons, n'est possible que parce que le propriétaire universel, *Koné Hakol*, nous a fait don de nos capacités de concevoir le travail, de choisir le travail, d'accomplir le travail pour faire comme Lui le bien à Ses créatures, *Leheitiv LaBriyot*[114]. Tout ce dont nous disposons temporairement n'est qu'un instrument, un *keli*[115], diront à la fois les 'Hassidim et les Ba'alei HaMoussar, que Dieu met dans nos mains afin de prodiguer le bien, de le communiquer aux autres, de le partager avec les autres.

Ce que le *Chabbat BeRéchit*, le Chabbat du Commencement, nous apprend, et avec lui son corollaire, le *Chabbat HaArets*, « le Chabbat de la terre »[116], le Chabbat de l'espace, c'est que nos biens ne nous appartiennent que dans la mesure où nous reconnaissons, en fait, que nous appartenons à Dieu, que nous Lui appartenons dans ce que nous sommes et avec ce que nous avons. « Lorsque vous êtes à Moi, nous dit Dieu, cela est à vous »[117]. Le symbole d'un tel Chabbat, dira le Sefat Emet, est le *Bitoul HaYèche*[118], l'anéantissement de ce que nous sommes, de ce que nous avons devant Lui, notre Créateur : comme Abraham[119], nous Lui apportons l'offrande de tout ce dont nous disposons.

Cette offrande, nous la Lui apportons le jour même où nous sommes plus qu'en d'autres jours[120], où nous avons plus qu'en d'autres jours[121].

Le Chabbat fait qu'au moins pendant une septième partie de leur vie tous les hommes peuvent se sentir égaux

Le respect effectif du jour du Chabbat pourrait offrir à tous les êtres humains la possibilité de vivre au moins pendant une septième partie de leur vie dans un état de quasi-équité économique et sociale, voire culturelle. En effet, durant le Chabbat, qui est un *Yoma DeOraïta*, « un jour de la Tora », se concrétise l'idéal juif d'éducation générale et permanente des adultes [122] : l'écart culturel [123] entre les membres de la même communauté est, de ce fait, sensiblement réduit.

Rabbi Yehouda HaLévi [124] et Rambam, Rabbeinou Ba'hya et Samuel David Luzzatto [125] souhaitent que le Chabbat fasse qu'au moins pendant une septième partie de leur vie tous les hommes puissent se sentir égaux entre eux et préparent ainsi le Chabbat messianique, intégral et universel [126].

La mitsva du Chabbat est l'équivalent de toutes les autres mitsvot de la Tora

Le Chabbat est le signe par lequel le juif témoigne [127] de sa foi en ce qu'on appelle dans la pensée religieuse juive le *'Hiddouche HaOlam*, c'est-à-dire la création du monde à partir du néant [128].

En présentant la Création, BeRéchit, la Tora emploie le terme *bara*, qui désigne la création divine *ex nihilo* [129]. Mais, dit le Rambam [130], si création il y a, il faut donc qu'il y ait un Créateur, *Elokim*. La création *ex nihilo* est le fondement primordial de notre foi en Dieu. Par contre, si par ignorance ou par absurdité l'on admettait l'idée que le Rav Kouk [131] appelle « opaque », « confuse », de *Kadmout HaOlam*, de l'éternité du monde au sens de perpétuité, il n'y aurait plus de place, selon Maïmonide [132], pour la foi ; il n'y aurait plus de place, selon Na'hmanide [133], pour la Tora ; les voies ouvertes de la foi en l'*Adnout HaBoré*, en la souveraineté de Dieu, seraient obstruées, selon le 'Hafets 'Hayim [134].

C'est pourquoi les Sages du Talmud considèrent la mitsva du Chabbat, découlant directement de *BeRéchit Bara Elokim* [135], du premier verset de la Tora, comme l'équivalent de toutes les autres mitsvot de la Tora [136]. C'est ainsi que Ramban [137] explique le nombre élevé de prescriptions concernant le respect du Chabbat, car il s'agit au fond du respect de la Tora comme telle. C'est pourquoi Rambam, à la fin de ses *Hil'hot Chabbat*[138], et avec lui la plupart des « décisionnaires », statue ce que le Talmud[139] suggère et ce que Rachi[140] mentionne, à savoir que le juif qui s'oppose sciemment et publiquement au Chabbat doit être stigmatisé comme idolâtre, car il nie les principes de *'Hiddouche HaOlam* et de *Boré Olam*, le principe de la *creatio ex nihilo*, de la création libre et volontaire par le Créateur[141] ; ces principes conduisent à la foi dans la *Hachga'ha* et dans la *Nevoua*, à la foi dans la Providence de Dieu et dans la Prophétie de Ses envoyés[142].

Il y a trois proclamations du Chabbat : celle du Chabbat de la création, celle du Chabbat du don de la Tora, et celle du Chabbat des temps à venir

On peut se demander pourquoi Rabbi Yossef Karo, énumérant dans le *Beit Yossef*[143] les motifs qui justifient le respect du Chabbat, place d'abord celui de la *Hachga'ha*, celui de la Providence, ensuite celui de la *Tora Mine HaChamayim*, de la Tora révélée ? Une pensée bien arrêtée préside à cet ordre choisi par le plus grand maître de la codification religieuse. Elle nous apparaîtra clairement à la lumière de la présentation que le Midrache fait du Chabbat.

Il y a trois proclamations du Chabbat, dit le Midrache, celle du *Chabbat BeRéchit*, du Chabbat des premiers temps, du Chabbat de la création ; celle du *Chabbat Matane Tora*, du Chabbat du don de la Tora, du Chabbat de la révélation de la Tora sur le Sinaï ; et celle du Chabbat *ChéLeAtid LaVo*, du Chabbat des temps à venir, du Chabbat messianique. Le Tour[144] adopte cette triple perspective chabbatique et explique ainsi le contenu et le sens des trois prières « centrales » chabbatiques[145], qui consacrent le *Kedouchat HaYom*, « la sainteté du jour », du Chabbat.

Le Gaon de Vilna[146], lui, voit dans ce triple ordre chabbatique moins une succession chronologique et scripturaire, qu'une interpénétration de motifs. En effet, le *Chabbat BeRéchit*, le Chabbat des premiers temps, conduit au Chabbat messianique des temps à venir : le *cheérit* prend ses lettres dans le *réchit*. Quant au *Chabbat Matane Tora*, ou Chabbat de la promulgation de la Tora, c'est lui qui permet la jonction entre le *Chabbat BeRéchit*, le Chabbat des premiers temps, et le *Chabbat ChéLeAtid LaVo*, le Chabbat des temps à venir. Car le *Chabbat Matane Tora* constitue d'abord l'aboutissement du Chabbat des premiers temps[147] et ensuite la condition préalable du Chabbat messianique, grâce à la Tora acceptée et assumée par Israël au Sinaï.

La création n'a-t-elle pas été envisagée en vue de l'avènement d'Israël et de la révélation de la Tora[148] ? L'arrivée des temps messianiques ne sera-t-elle pas rendue possible grâce à l'accomplissement des mitsvot de la Tora par Israël[149] ?

C'est pourquoi la révélation de la Tora, qui donne un sens à la révélation de la création de la nature en *BeRéchit bara* (« Au début Dieu créa... »), a eu lieu, selon le Talmud, le jour du Chabbat[150], donc le jour qui commémore le *Chabbat BeRéchit*, le Chabbat des premiers temps. Le *Chabbat Matane Tora*, le Chabbat de la révélation de la Tora, marque l'achèvement du *Chabbat BeRéchit*, mais aussi et surtout le *tikkoune*, la restauration de ce que tous les Chabbatot, se succédant du *Chabbat BeRéchit* jusqu'au *Chabbat Matane Tora*, n'ont pu obtenir. Mais le *Chabbat Matane Tora* est aussi le moyen indispensable d'accéder au Chabbat messianique, au *Chabbat ChéLeAtid LaVo* des temps à venir[151]. *Chabbat Matane Tora* constitue donc le milieu, le cœur des trois Chabbatot, car c'est par lui et en lui qu'Israël fut choisi pour réaliser sa vocation religieuse, à la fois nationale, universelle et cosmique.

Pourquoi est-ce le *Chabbat Matane Tora* qui apporte le *tikkoune*, la restauration de ce que tous les Chabbatot, depuis le *Chabbat BeRéchit*, n'ont pu obtenir[152] ? C'est parce que, en *Chabbat BeRéchit*, la Parole de Dieu, faite acte[153], était soliloque, monologue[154] : il n'y avait pas alors de véritable interlocuteur, de véritable *ata*[155], de « toi » humain, pour répondre à l'affirmation divine *Ano'hi*, « Moi ». « C'est pourtant Moi, *Ano'hi* – dit l'Éternel, en parlant par la voix d'Isaïe –, qui ai fait la terre et qui ai créé l'homme sur elle »[156]. Mais à cette affirmation interpellative, *Ano'hi*, du Dieu de la Nature, Adam n'a pas prêté une attention suffisante ; il ne lui a pas apporté la réponse attendue[157] : la veille même du Chabbat où il a été créé, il a commis son premier péché[158] ! Cependant, Adam a été créé la veille du Chabbat, disent les sages d'Israël, pour accomplir tout de suite sa première mitsva, donc celle du Chabbat[159]. Diminué par le péché et sauvé en dernier lieu par le Chabbat lui-même[160] qui lui apprend les voies de la *techouva*, du « retour »[161], Adam n'est plus capable d'être le véritable interlocuteur de Dieu, et ses descendants le seront moins encore (à l'exception des patriarches hébreux qui, comme le veut la Tradition, ont observé le Chabbat[162]).

Le « Chabbat saint », que « Dieu rend saint », sera désormais « sanctifié » par le kiddouche que l'homme lui apporte

Voilà pourquoi dans le Livre de *BeRéchit*, en parlant du septième jour, le jour du repos, Dieu parle en tant qu'*Elokim*[163], Dieu impersonnel, « rigoureux », Créateur de la nature : *Elokim BeGuematria HaTéva*[164]. Dans le Livre de la Genèse, le nom même de *chabbat* n'apparaît pas encore. Il y est seulement indiqué comme *Yom HaChevi'i*, « septième jour » de la Création. La possibilité de l'observance du Chabbat par l'homme n'est que virtuellement contenue dans le verbe *chavat*[165] que le Créateur réalise à Sa manière[166], mais il ne constitue qu'un projet proposé à l'homme qui ne lui a pas encore donné sa personnalité. C'est seulement dans le Livre de *Chemot*, de l'Exode, qui relate la promulgation de la Tora, que le Chabbat de Dieu devient également le Chabbat de l'homme[167] : le « Chabbat saint » – *Chabbat kodèche* –, que « Dieu rend saint » – *MeKadèche HaChabbat* –[168], sera désormais « sanctifié » par le *kiddouche*, par la « sanctification » que l'homme lui apporte. Car cet homme s'est « préparé » pour mériter le Chabbat ; il l'a alors attiré et « appelé » vers lui ; il a « convoqué » et accueilli cet hôte divin chez lui : il l'a « sanctifié »[169].

L'*Ano'hi* du Dieu de la Tora, par lequel Dieu ouvre le Décalogue[170], trouve ainsi Son interlocuteur dans l'homme, le vrai homme que Dieu attendait, Israël[171] : *Atem Kerouim Adam...*[172]. Israël devient l'*ata*[173], le « toi » humain, qui s'oppose[174] à l'*Ano'hi*, au « Moi » divin, non pas comme un révolté mais comme un « collaborateur de Dieu dans l'œuvre d'accomplissement de la création première », comme un collaborateur pressenti à la fin de *Maassei BeRéchit*, du récit de la création du monde, dans le *VaYe'houlou...*[175], et qui entre en fonction à présent sur la montagne de Sinaï.

Voilà pourquoi c'est dans le Livre de *Chemot* seulement, dans le Livre de l'Exode, que le mot *chabbat* apparaît clairement en tant que substantif. « Le Chabbat ne sera appelé *Yom HaChabbat* – observe Maharal – que lorsque Israël l'aura célébré » en tant que Chabbat de Dieu[176]. En effet, le Chabbat a été appelé à la vie et il restera en vie grâce à Israël[177]. Dieu l'offre à Israël en signe d'amour[178], le présente comme une *matana*[179], comme un « cadeau à Israël : une *matana* obtenue le jour de *Matane Tora*[180], le jour même où Il fait à Israël don de la Tora[181]. Israël reçoit la *matana* du Chabbat ; il s'engage à le respecter, à le traiter avec tendresse[182], à le considérer comme une mitsva[183] agréée. La mitsva agréée du Chabbat, le juif l'« appelle » : *oneg*, « délice » : « Et qu'est-ce que cela veut dire : "délice" ? – *Oneg chabbat*, le délice du Chabbat[184] ! »

Chomère chabbat[185], Gardien du Chabbat, *MeChamère chabbat*[186], dépositaire du Chabbat, Israël réhabilite Adam, le *'Hoté Erev Chabbat*, le pécheur de la veille du Chabbat. Dans le *Sépher Chemot*, dans le Livre de l'Exode, offrant à Israël le Chabbat, Dieu lui parle en tant que Dieu personnel, *Chème Havaya*, qui s'exprime par le Tétragramme, symbole à la fois du Principe supra-temporel de la Création et du Principe directeur des Temps historiques [187], mais surtout en tant que Dieu personnel, qui, en communiquant Ses commandements à Son peuple, le gratifie de Ses mitsvot [188] parce qu'Il aime Israël ; Israël, à son tour, répond à l'amour de Dieu : il accepte le Chabbat parce qu'il aime Dieu [189].

Le *Chabbat BeRéchit* qui inspire la *crainte* aux hommes (le Zohar distingue dans le terme *BeRéchit* deux mots : *yera chabbat* [190] et formule l'avertissement de « craindre le Chabbat ») parce qu'il s'impose à leur *raison* [191], qui voit dans la puissance du Créateur celle d'un Dieu lointain – le *Chabbat BeRéchit* se mue en un Chabbat de l'amour [192], qui s'installe dans nos cœurs, *BeAhava OuVeRatsone* : il s'agit de l'amour du Créateur, de Son amour « intime » pour nous [193], de l'amour d'un Dieu qui nous est proche, de l'amour de Dieu pour Israël, qui s'ouvre à Sa bonté : *Ahava OuNedava*.

Le *Chabbat BeRéchit*, le Chabbat de la Genèse, de la nature, s'est transformé en un Chabbat de la Tora [194], inscrit dans la *parachot Ki Tissa* du livre de *Chemot* [195] ; Dieu y exprime le désir que non seulement les « enfants d'Israël », individuellement, témoignent par le Chabbat de leur Créateur, de Sa création et de la place particulière qu'Il a réservée au Chabbat dans le Temps, mais qu'un peuple tout entier, la communauté des enfants d'Israël, témoigne par le Chabbat de l'unité de Dieu et de la place particulière qu'Il a réservée à Israël dans le Monde [196]. Le *Chabbat BeRéchit*, le Chabbat du Livre de la Genèse (où Dieu avait inscrit le « signe – naturel – de l'alliance » entre Lui et l'humanité [197], qui n'a pas su saisir la grandeur du Chabbat), s'est transformé, dans le Livre de l'Exode, en un Chabbat *ot*, en un Chabbat « signe » – spirituel – de « l'Alliance » [198], de la *berit* entre Dieu et Israël [199].

L'alliance est incarnée dans la mitsva du Chabbat qui équivaut à toutes les autres mitsvot de la Tora [200]. Le mot *berit*, qui signifie « Alliance », est l'équivalent numérique des six cent douze mitsvot qui, avec la mitsva de Chabbat, constituent le tout des six cent treize mitsvot. De plus, l'Alliance de Dieu, de l'Éternel avec Israël, implique la pérennité d'Israël : *berit olam*, « une alliance perpétuelle » [201]. Le Chabbat devient ainsi le signe de la pérennité d'Israël comme Israël assure la pérennité du Chabbat [202].

En effet, constateront les sages d'Israël, dans le monde existent « trois partenaires qui témoignent les uns des autres : Israël, Chabbat et Dieu » [203].

Le contrat de mariage entre le Chabbat et Israël est inscrit dans la Tora

Rabbi Chimeone bar Yo'haï, le grand amoureux du Chabbat[204], nous a fait savoir par un célèbre récit, que le Midrache nous a conservé, que le Chabbat avait dit à Dieu au moment de la Création du monde : « Maître du monde, à chacun des autres jours de la semaine tu as accordé un compagnon et moi je n'en ai pas. » Dieu lui répondit : « La Communauté d'Israël sera ton conjoint. » Et lorsque Israël se tenait au pied du mont Sinaï pour recevoir la Tora, Dieu lui dit : « Rappelle-toi ce que j'ai dit au Chabbat : la Communauté d'Israël sera ton conjoint ; c'est pourquoi, Je dis dans les Dix Commandements : Souviens-toi du jour du Chabbat pour le *sanctifier*[205]. »

Les *kiddouchine*, la « sainteté » de l'union conjugale entre Israël et le Chabbat, sont proclamés au pied du mont Sinaï.

Le mariage entre Israël et le Chabbat[206] est célébré au moment de la promulgation de la Tora. Le contrat de mariage entre le Chabbat et Israël est inscrit dans la Tora. L'acte de mariage est constitué par la Tora[207].

Les deux époux assument leurs responsabilités réciproques selon la loi de la Tora. Or, si « la Tora est l'essence de la vie », « le principe de la Tora est la Hala'ha », souligne Maharal[208], parce que la Hala'ha est la règle vivante qui nous apprend comment appliquer dans notre vie les mitsvot de la Tora. Par ses prescriptions pratiques, la Hala'ha détermine le fait du Chabbat[209] et crée l'esprit réel du Chabbat, qui est à la fois « plaisir », spontanéité et « loi », constance[210].

Le juif qui respecte le Chabbat est appelé par les sages d'Israël *Chomère Chabbat KeHil'hata*, juif qui respecte le Chabbat selon sa Hala'ha. C'est ainsi que le juif cultive le Chabbat ; c'est ainsi, à son tour, que le Chabbat cultive Israël : *Chomère Chabbat KeHil'hato*. La *chemirat chabbat*, l'observance du Chabbat, suppose la réciprocité ; les mots *chemirat chabbat* impliquent la réciprocité de l'engagement entre Israël et le Chabbat : *KeHil'hato* et *KeHil'hata*[211].

Les enfants d'Israël vivent le Chabbat à la maison

Cette attention amoureuse, mutuelle des deux conjoints, Israël et le Chabbat, ne peut pleinement se réaliser que dans le foyer familial où vit le *zoug*, le couple juif[212], et où se rencontrent la constance et l'inédit chabbatiques, où s'affirment la continuité et le renouveau des générations juives.

Le Zohar fait une remarque dont l'importance est capitale pour la compréhension du Chabbat. La Tora nous dit dans le texte fondamental concernant le Chabbat : « Les enfants d'Israël seront donc fidèles au Chabbat en l'observant dans toutes les générations, *LeDorotam*[213]. » Et le Zohar, simplement mais audacieusement, lit le mot *LeDorotam*, « dans leurs générations », *BeDiratam*, dans leur foyer, « dans la maison où ils habitent[214] ».

Quel riche enseignement ! Les enfants d'Israël vivent le Chabbat à la maison, car la maison, le *Rechout HaYa'hid*, le domaine privé, est le domaine de la *Che'hina*, de la Présence de Dieu qui réside parmi eux[215]. Le *Rechout HaYa'hid* est le lieu de l'union, de l'*a'hdout*, de la rentrée, de la tranquillité, de la concentration, de la tendresse, de l'intériorisation, de la réflexion, du retour sur soi-même : il est Jérusalem : il est le salut ; tandis que le *Rechout HaRabbim*, le domaine public, la rue, les routes, sont le lieu de la désunion, du *peiroud*, de la sortie, de la hâte, de l'insécurité, de l'irritation, de l'aliénation, de la confusion, de la dispersion : il est la Galout : il est l'Exil. C'est surtout Rabbi Moché Alchei'h[216] (appartenant à la fois à l'école kabbaliste de Rabbi Yits'hak Louria et à l'école hala'hique de Rabbi Yossef Karo) qui nous suggère ces réflexions à propos de ces deux notions fondamentales de la Hala'ha concernant le Chabbat : *Rechout HaYa'hid* et *Rechout HaRabbim*.

Il y a une relation étroite, qu'on dirait de cause à effet, entre l'amour et la vénération du Chabbat et ceux des parents, et vice versa[217]. Dans le Décalogue, le commandement du respect des parents suit celui du respect du Chabbat ; dans le Lévitique, le respect des parents précède celui du Chabbat[218]. En vivant le Chabbat au foyer selon les règles que la Hala'ha nous propose pour favoriser la spontanéité de notre comportement et la joie dans nos relations avec autrui[219], nous assurons la continuité harmonieuse des générations[220].

Dans la Loi chabbatique, douceur et rigueur, liberté et discipline coexistent dans une harmonie féconde

L'application des *dinim*, des « lois », concernant la *Hadlakat HaNeirot* (l'« allumage des bougies » du Chabbat)[221], le *kiddouche* (la « sanctification » du Chabbat sur le vin) et la *Havdala* (la prière du soir du Chabbat, par laquelle on fait la « distinction », la « séparation » entre le Chabbat et les jours de travail) ou de tant d'autres détails – je dis bien détails – dont la beauté majestueuse et méticuleuse fait des actes solennels, prépare l'homme juif et la femme juive à expérimenter ce que les sages d'Israël disent à propos du Chabbat familial et ce que la Hala'ha y voit : un foyer où « le juif et les enfants de sa maison s'accordent »[222] dans l'affection et la compréhension réciproques.

Le respect tendre et éclairé de ces *dinim*, écrivent avec émotion des penseurs juifs modernes tels que Hermann Cohen[223] et Franz Rosenzweig[224], confère aux parents une autorité sincèrement recherchée par les enfants et aux enfants une personnalité généreusement renforcée par les parents. Dans la loi chabbatique, sensibilité et rationalité, spontanéité et ordre, nouveauté et ancienneté, ouverture et cohérence, douceur et rigueur, liberté et discipline coexistent dans une harmonie féconde et désirée[225].

Que l'on sache bien que le foyer juif ne peut devenir le centre de la vie juive, et donc du temps chabbatique pendant la semaine, si les règles de la Hala'ha ne sont pas adoptées avec amour et appliquées avec exactitude. Les lois concernant la *hotsa'a*, les *te'houmine*, les prescriptions restrictives au sujet du transport des objets, des déplacements, des distances à parcourir pendant le Chabbat[226] – toutes ces prescriptions, restrictives certes, sont là pour renforcer l'affection dans le foyer juif[227], pour favoriser la cohésion, l'unité de la famille juive. La Hala'ha ne nous permet pas de nous éloigner physiquement de notre foyer depuis la veille déjà du Chabbat[228]. Et si nous le faisons le jour du Chabbat, dans la mesure et sous la forme où cela nous est autorisé, cette permission nous est accordée à la vue et en vue de notre maison[229].

Un fait relaté par le Midrache[230] au sujet de Jacob est fort caractéristique : arrivé dans une ville la veille du Chabbat, le patriarche, père d'une famille nombreuse, se soucie d'abord de sa « maison »[231] et fixe les bornes qui ne pourront pas être dépassées le jour du Chabbat : *kava te'houmine*... Et la Hala'ha, plus tard, établira ses prescriptions concernant les limites accordées pour le respect du Chabbat, en précisant que les distances urbaines sont « à mesurer en fonction de la maison » familiale[232].

Le prestige indéniable du Chabbat au cours des siècles, des millénaires et au milieu de civilisations diverses, lorsqu'il est respecté dans son intégralité juive, est dû sans doute au fait que l'acceptation sincère de l'idée du Chabbat s'accompagne nécessairement de son application pratique, réglementée par la Tora, et notamment par la Tora orale[233]. Nous n'appelons pas le juif respectant le Chabbat *zo'hère chabbat*, juif qui « pense **au** Chabbat », mais *chomère chabbat*[234], juif qui « observe en pratique le Chabbat ».

Za'hor et chamor, deux mots-clés, président à la Loi chabbatique

Deux verbes hébreux constituent les deux mots-clés qui président à la Hala'ha du Chabbat et alimentent l'Aggada du Chabbat. Ces deux mots sont *za'hor* et *chamor* : « rappelle-toi », penses-y et « garde », observe. Le premier de ces verbes introduit le commandement du respect du Chabbat dans la première version du Décalogue (« Pense au jour du Chabbat pour le sanctifier ! », en évoquant l'événement cosmique de la création du monde) ; le deuxième de ces verbes introduit le commandement du Chabbat dans la seconde version du Décalogue (« Observe le jour du Chabbat pour le sanctifier ! », en évoquant l'événement historico-social de la libération des israélites de leur esclavage en Égypte).

Le plus important et le plus significatif des commentaires que les sages d'Israël apportent à ces deux formes différentes et complémentaires, dont le Décalogue se sert pour exprimer le commandement du respect du Chabbat, est celui du Talmud qui dit : *Za'hor VeChamor BeDibbour E'had NeEmarou*[235]. Au moment de la révélation du Décalogue, les deux verbes *za'hor* et *chamor* furent prononcés en une seule parole. Toutefois l'interprétation des sages d'Israël sur l'identité de ces deux verbes dépasse la description concrète du miracle de la révélation. Elle nous apprend surtout que seulement ce qui est observé en pratique peut être considéré comme respecté en pensée : *Kol ChéYechno BiChemira Yechno BiZe'hira*[236]. La pensée elle-même doit se manifester et dans ce but elle doit être accompagnée d'un acte matériel. Il t'est demandé de « te souvenir du jour du Chabbat pour le sanctifier ». Eh bien, s'exclame le Talmud : « souviens-en-toi en le sanctifiant sur une coupe de vin »[237], par le *kiddouche*, en buvant une quantité tangible, un *chiour* suffisant de vin[238].

Nous comprenons maintenant pourquoi la mère de Rabbi Zakkaï, pauvre femme juive qui n'avait pas assez d'argent pour acheter le vin du *kiddouche* pour son fils, a vendu la *Kipa CheAl Rocha*, le couvre-chef qu'elle portait, afin de se procurer la modeste somme nécessaire au vin du *kiddouche* de son illustre fils[239]. C'est dire que celui qui devait enseigner aux autres les lois du Chabbat n'était pas, aux yeux de sa mère, capable de penser au Chabbat sans qu'il eût une coupe de vin devant ses yeux[240].

« Les nations du monde » ont adopté l'idée d'un jour de repos

Le *za'hor*, « souviens-toi du jour du Chabbat », et le *chamor*, « observe le jour du Chabbat », vont ensemble dans la Tora. Le *HaMeAneg Et HaChabbat* et le *HaMeChamère Et HaChabbat*, « celui qui fait plaisir au Chabbat » et « celui qui garde le Chabbat » vont ensemble dans le Talmud. Ils forment l'unité du Chabbat pour les juifs qui, individuellement, sont *Chomrei Chabbat VeKorei Oneg* et, collectivement, *Am MeKadechei Chevi'i*, le « peuple qui sanctifie le septième jour » de la semaine et qui en fait un Chabbat.

L'harmonie entre ces expressions bibliques et talmudiques, l'harmonisation de leurs significations forme le propre du Chabbat juif. C'est ainsi, par cette particularité, qu'Israël sanctifie le nom de Dieu dans le monde [241].

Ce témoignage particulier est nécessaire au monde. Israël est obligé (selon le Rambam, en vertu de la mitsva de *Kiddouche HaChème*, de la « sanctification du nom » de Dieu [242]) « de faire connaître » à l'humanité l'idée « vraie » de Dieu et de Ses rapports avec le monde et l'homme ; partant, Israël est appelé à éclairer l'humanité sur l'idée vraie du Chabbat et à l'édifier par sa pratique lumineuse du Chabbat [243].

Les sages d'Israël ont eu raison de dire que, pour l'instant, « les nations du monde » ont choisi seulement le *za'hor*, ont adopté seulement l'idée d'un Chabbat hebdomadaire [244].

Toutefois, par sa conception révolutionnaire de Dieu, d'un Dieu unique et immatériel : Dieu créateur du monde et gouvernant Sa création [245] ; par sa conception harmonieuse de l'unité du cosmos et des créatures, animées et inanimées [246], et par sa conception généreuse de l'unité de l'humanité, celle-ci devant se refléter dans l'harmonie entre l'homme et l'animal domestique, et dans l'harmonie écologique en général ; par sa conception courageuse de la justice, unie à l'idéal de l'amour ; par sa conception optimiste de la créativité humaine, librement épanouie, et de sa modération, librement consentie [247] ; par sa conception sûre de la dignité du travail, librement choisi, amorcé, développé et suspendu, et par sa conception éthique de la finalité du travail ; enfin, par sa conception de la liberté « royale » [248] de l'homme, que celui-ci fonde sur l'obéissance qu'il doit à son Créateur et à Ses commandements éthiques ; par sa conception de la liberté de la personnalité humaine et de la nécessité de l'équité sociale – le Chabbat reste une institution universelle [249] ; il demeure, surtout par son essence intérieure, par son âme, reliant le temps à l'éternité, comme le souligne Ramban[250], « le fondement même du monde ». Et Israël, lui, respectant le Chabbat comme Chabbat juif, se rend digne d'une récompense suprême, celle de mériter sa propre délivrance et de hâter le salut messianique universel[251].

En respectant le Chabbat comme Chabbat juif, « distinct », avec *havdala*[252], Israël « attire la bénédiction divine sur le monde entier » parce que c'est là sa tâche. C'est le Sefat Emet[253], l'un des plus ardents particularistes 'hassidiques et nul autre, qui prône cette vocation d'Israël. En effet, le particularisme juif, surtout par sa constance dans le respect chabbatique du *chamor*[254], est le plus fidèle serviteur de l'universalisme juif.

Le Chabbat messianique résultera de la somme des Chabbats hebdomadaires réalisés par Israël.

Chaque Chabbat, Israël entend Dieu lui dire : « Vous, enfants d'Israël, en observant les lois du Chabbat, vous M'avez intronisé comme Roi dans ce monde[255] ! »

Le Chabbat messianique résultera de la somme de ces intronisations hebdomadaires réalisées par Israël[256].

À la fin de chaque journée chabbatique, pendant la prière de *Min'ha*, le juif, ressentant au plus haut degré l'amour de Dieu – *Ra'ava Dera'avine*[257] –, exprime le vœu de voir arriver le jour messianique ultime, Un[258], où Israël, Un[259], « sauvé par l'Éternel, d'un salut éternel »[260], fera que Dieu soit reconnu comme Roi unique, Un[261] dans un monde unifié, Un[262]. Le mystère du Chabbat qui est *Raza D'E'had*[263], qui est le mystère de l'unité, se trouvera enfin dévoilé, compris et admis, ressenti comme « un jour qui est entièrement bon, comme « un jour qui est entièrement Chabbat »[264]. Et alors Israël entonnera le « cantique pour le jour du Chabbat »[265] et s'exclamera :

« Combien il est doux de louer Dieu[266] ! »

CHAPITRE V

IDENTITÉ JUIVE

Être juif et devenir juif
Personne juive et communauté juive

Exposé présenté à l'Université Bar-Ilan (Israël), au Séminaire israélite de France, à Paris, et à la Yechivat D'var Yerouchalayim, à Jérusalem.

« *Fait* » *initialement par Autrui,*
le juif est en mesure de « *se faire ensuite lui-même* »

L'identité juive est un bien accordé par le Créateur à celui qu'Il fait naître juif. Ce don, contraignant en lui-même, détermine, jusqu'à la fin de ses jours, l'être que Dieu, par le mystère indéchiffrable de Sa volonté, a placé dans « Son peuple, la maison d'Israël ».

Rendu juif, « fait » juif, par la décision irrévocable du Créateur, le juif est invité à considérer librement ce qui est déjà sa condition, à considérer joyeusement le bien que le Créateur a mis à sa disposition, en le fixant en lui : la judaïcité. Il est appelé à l'assumer, à l'élaborer, à l'enrichir, suivant le mot biblique, à le « choisir », à le « vivre » tous les jours de sa vie[1] : il est appelé à devenir juif par choix.

Le juif de naissance est invité à le devenir et à confirmer ainsi délibérément la décision prise à son égard par son Créateur. Quoique « fait » initialement par Autrui, le juif est en mesure de « se faire ensuite lui-même »[2]. Il justifie ainsi volontairement la volonté de Celui qui l'a fait juif. Il « sanctifie » Sa volonté[3], en recherchant sans relâche Son esprit englobant, enseignant, inspirant, qui se manifeste dans la Tora, et en réalisant quotidiennement Ses souhaits, qui se fondent dans l'unité vivante de Ses mitsvot.

Le juif ne subit pas son identité ; il la saisit comme une vocation

L'identité de ce juif n'est pas ainsi établie par d'autres, non-juifs, qui la lui attribuent parfois malgré lui, qui la lui appliquent lorsque lui-même tente souvent de la voiler et même de la refuser. Cette identité ne lui est pas reprochée par ceux qui, ainsi que Sartre[4] les décrit, cherchent à stigmatiser en elle la plupart des défauts « héréditaires » prêtés aux juifs. Si elle n'est pas affichée ostensiblement, cette identité est néanmoins présentée, avec dignité et courage, par celui qui en est le porteur, le détenteur ; elle est découverte par ce dernier, avec « fraîcheur » et intérêt, dans le patrimoine génétique spirituel dont il est à la fois l'héritier, le transmetteur et l'inventeur. Il ne subit pas son identité ; il la saisit comme une vocation. Elle n'est pas celle que d'autres, non-juifs, lui attribuent, avec hostilité et mépris, mais est celle qui appelle l'admiration – même si elle est teintée d'une inimitié « bileamite »[5] – de ceux qui en le regardant s'exclament : « Regardez, combien le comportement de ce juif est beau, combien ses actions sont agréables et dignes d'être imitées[6] ! » En effet, ils peuvent « lire le nom de Dieu sur lui »[7]. Ce juif « sanctifie ainsi le nom de Dieu ». Car, dans son identité, dans son *ze'houth*, grâce au « mérite » que cette identité lui procure, il s'identifie à son Dieu, s'étant identifié à la Tora de son Dieu. Ce juif fonde son identité sur l'identité de Celui qu'il ne peut pas saisir ; plutôt que de Le saisir de loin, avec son intelligence, il Le vit de tout près, avec tout son être ; il Le vit de si près, qu'il s'exclame : « *Ze Kéli VeAnvéhou !* » « Voici, c'est mon Dieu, que je glorifie », « en accomplissant les mitsvot en Son honneur », « en marchant dans Sa voie », « en avançant selon Ses lois »[8] : en étant moi-même, pleinement, ce que je suis et en devenant, consciemment, ce que je deviens ; en participant ainsi, pleinement, par moi-même, et consciemment, en moi-même, à l'embellissement de la vie des autres, qui sont tous des enfants de Dieu, dans un monde qui est tout à Dieu.

Il incombe au juif de le devenir aujourd'hui même, comme si hier il ne l'était pas encore

Chaque matin à son réveil, ce juif, émerveillé de la création que le Créateur « renouvelle chaque jour par Sa bonté » (et que l'homme est appelé à « parachever »[9] chaque jour par ses actions), se trouve lui-même nouvellement créé et découvre, à sa grande joie, qu'il est né juif. C'est pourquoi, avant tout il bénit et remercie son Créateur « de ne pas l'avoir fait non-juif »[10] ! Il s'apprête, tout de suite, avec confiance, à se parfaire, à « se faire juif », au cours de la journée qu'il ouvre par un hymne de reconnaissance à son Créateur. Maintenant, c'est à lui de se prévaloir de la force que son Dieu lui offre pour être à même d'accepter la Tora, qui apparaît « neuve » à ses yeux ; c'est à lui de se prévaloir de la force dont son Dieu le revêt pour entreprendre d'observer les mitsvot, « comme si elles lui étaient communiquées aujourd'hui même »[11].

Oui, c'est à ce juif qu'il incombe de devenir juif aujourd'hui même, comme si hier il ne l'était pas encore.

Rabbi Yaakov Yits'hak de Psichkhe (1776-1813) fut appelé Ha-Yehoudi HaKadoche, « le juif, le saint », car, disent les 'Hassidim, il est devenu juif chaque jour, il a changé en bien tous les jours, il a sans cesse progressé dans « son service de Dieu », comme quelqu'un qui change et quitte l'état où il n'était pas encore juif pour l'état où il le devient...[12]

Il n'y a pas de juif qui puisse se prévaloir d'une identité juive, sans se réclamer de la Tora et des mitsvot

Vous direz, et à juste titre, que le portrait du juif que nous venons de dessiner constitue le portrait du juif idéal, c'est-à-dire de l'homme parfait, de celui que les sages d'Israël appellent *adam cachère*[13], homme prêt à... devenir toujours plus homme, juif prêt à devenir toujours plus juif. Certes, il en est ainsi. Mais, demanderez-vous encore, les juifs qui appartiennent à cette catégorie sont-ils nombreux ou sont-ils des exemplaires rares, ou même constituent-ils seulement un modèle de juif peu commun, tel que le HaYehoudi HaKadoche, « le juif saint » ? À ces questions, seul Dieu, qui « connaît les pensées » de l'homme, qui « sonde les reins » de l'homme[14], peut répondre. – Ce que nous pouvons dire, c'est qu'il n'y a pas de juif qui puisse se situer en dehors de la Tora et des mitsvot ; qui puisse se prévaloir d'une identité juive, sans se réclamer, consciemment ou inconsciemment, de la Tora et des mitsvot. Nous savons aussi qu'il n'y a pas d'être juif auquel ne soit donnée l'occasion, recherchée ou non, de devenir juif par l'accomplissement, libre ou forcé, d'une mitsva[15]. Par là, son être juif s'épanouit en un devenir juif créateur, qui peut devenir prometteur, fécond et même riche en conséquences imprévisibles pour lui, pour les siens, pour ses successeurs[16].

Il n'y a pas de juif à « qui ne se soit pas réservé une mitsva »

En réalité, il n'y a pas de juif qui n'ait pas « son heure », l'heure de vérité, l'heure d'une mitsva ; qui n'ait pas « son temps de bonne volonté », où il soit sollicité ou même attiré par une mitsva, même si son intention première n'est pas de l'accomplir en tant que mitsva pour elle-même, *LiChma*[17]. Il n'y a pas de juif « qui ne se soit pas réservé de mitsva », « qui ne réalise pas de mitsva dans toute sa vérité », affirment les sages d'Israël. Il y a même des juifs qui, tout en observant plusieurs mitsvot, en choisissent une, avec une attention particulière. Ils choisissent avec « prédilection »[18] une mitsva, qui se rattache davantage à « la racine de leur âme »[19], qui répond particulièrement à leurs tendances spirituelles. En réalité, il est facile pour le juif, pour qu'il « se fasse juif », d'être intéressé ou interpellé par une des nombreuses mitsvot de la Tora. Oui, elles sont nombreuses, car elles embrassent à la fois la vie individuelle, communautaire, sociale, nationale, territoriale et universelle du juif. Les mystiques juifs, et notamment le Ba'al HaTanya[20], nous apprennent, et l'expérience juive vécue nous le confirme, surtout en notre époque particulière de *Kiddouche HaChème*, de martyre, pour la « sanctification du Nom » de Dieu, qu'il arrive qu'un juif, sans être habitué à l'observation des mitsvot, s'enthousiasme pour une mitsva, sans même la qualifier comme telle, spontanément l'accomplisse avec *messirouth néfèche*, avec un dévouement allant jusqu'à l'« offrande de sa vie », et enfin l'adopte. En effet, il n'y a pas de juif qui ne montre par sa pensée, par ses paroles, par ses actes, même sans vouloir l'affirmer, qu'il a une part active et délibérée, ou du moins sentimentale, dans l'*Ahavath Yisraël*, dans l'amour du peuple d'Israël, qu'il a une part en Erets-Israël, dans la construction et la défense d'Erets-Israël, qu'il a une part dans la Tora d'Israël (qu'il a, selon les *mekkoubalim*, les mystiques juifs, l'équivalent d'une lettre dans la Tora ; d'ailleurs les meilleurs parmi les juifs n'ont demandé à Dieu que « de leur accorder une part dans Sa Tora ») et, par conséquent, qu'il a « une part dans le Dieu d'Israël »[21].

Une mitsva n'est jamais isolée

En ayant une part dans Israël, dans Erets-Israël, dans la Tora d'Israël, dans le Dieu d'Israël, en tenant une extrémité seulement de ces valeurs fondamentales du judaïsme, le juif tient le tout ; en tenant une extrémité du fil, nous confient les 'Hassidim, le juif réussit à tenir le fil tout entier[22]. En réalisant d'abord une mitsva, même sans une intention religieuse évidente, ce juif du *Lo LiChma* est capable de développer, de valoriser ses virtualités juives cachées et d'accomplir sa mitsva, et encore beaucoup d'autres mitsvot, *LiChma*, avec une volonté ferme et éclairée de servir son Dieu. En effet, une mitsva n'est jamais isolée ; beaucoup d'autres mitsvot « en dépendent ».

Chacune des mitsvot se relie intérieurement à l'unité organique des autres mitsvot : « une mitsva attire une autre mitsva », et ainsi de suite [23].

*Le nombre élevé des mitsvot rend possible
leur accomplissement par différents juifs*

Rabbi 'Hananya ben Akachia dit : le Saint, béni soit-Il, voulant gratifier Israël des signes de Sa bonté (voulant augmenter les mérites d'Israël), lui a accordé une Tora riche et de nombreuses mitsvot [24]. Le Rambam, dans son commentaire sur la Michna, écrit à propos de cet adage : « Les mitsvot étant nombreuses, il n'est pas possible que le juif n'en accomplisse intégralement au cours de sa vie au moins une ; et en accomplissant cette mitsva, il vivifie son être » [25]. L'auteur des *Ikkarim*, à son tour, ajoute : « Une seule mitsva aurait suffi à procurer au juif sa perfection. Mais la Tora, qui comprend beaucoup de mitsvot, veut le bien de l'homme juif : elle veut qu'un homme en Israël puisse acquérir son droit au monde à venir, le mériter grâce à la réalisation d'au moins une des mitsvot. Le grand nombre des mitsvot n'est pas destiné à peser d'un poids considérable, mais il reflète le désir de Dieu de gratifier Israël et d'offrir aux enfants d'Israël des voies multiples pour atteindre la perfection humaine. Et ainsi le nombre élevé des mitsvot rend possible leur accomplissement par différents juifs. Car, s'il n'en était pas ainsi, Israël n'aurait pas mérité la vie du monde à venir par la Tora ; cela aurait été le lot d'un homme par ville ou par génération. Mais la vérité se trouve dans ce que (les sages) disent : "Tout Israël a part au monde à venir", c'est-à-dire tous les enfants d'Israël atteindront à un des degrés du monde à venir » [26]. Dans ce même sens, *Or Ha'Hayim* écrit, dans son commentaire sur la Tora : « Les enfants d'Israël s'accordent mutuellement leurs mérites, car la Tora a été donnée pour être accomplie dans la totalité d'Israël : chacun des juifs agit selon son pouvoir et ainsi chacun des juifs fait bénéficier les autres juifs de ses mérites. Dieu nous a accordé 613 mitsvot. Il est difficile de trouver un homme (juif) qui puisse les réaliser toutes. Voilà : kohen, lévi, "yisraël" [27]. Il y a des mitsvot qui concernent le kohen ; il y a des mitsvot qui concernent l'"yisraël". Cependant la Tora se réalise grâce au lien qui unit la totalité d'Israël ; elle fait profiter les uns des autres. C'est pourquoi un verset de la Tora dit : "Les enfants d'Israël agirent selon tout ce que Dieu avait ordonné" ». Elle a attribué à tous les œuvres de chacun et de tous. Tout Israël a fait tout [28].

Chaque juif est solidaire des autres juifs par les mitsvot

Un principe fondamental gouverne la vie juive, et sa portée hala'hique est considérable : la responsabilité de tous les juifs les uns envers les autres. Au sein du peuple d'Israël, chaque juif est solidaire des autres juifs par les mitsvot[29]. N'importe quel juif est responsable des autres ; chaque juif doit être solidaire de sa communauté. Mais Israël, comme entité, a sa personnalité propre. Cependant, la personnalité d'Israël, pris comme tout, est constituée de la somme des personnalités des israélites qui la composent. De même, l'âme de chaque israélite recèle, à une profondeur hors d'atteinte, l'âme de tout Israël. Même les âmes des juifs qui nous paraissent « vides sont pleines de mitsvot ». Car il y a une relation cachée, indestructible entre l'Israël individuel et l'Israël communautaire. L'Israël individuel porte le même nom que l'Israël communautaire : l'un et l'autre est Israël, l'un et l'autre sont Israël[30].

L'identité juive appartient à celui qui « ne se sépare pas des voies de la communauté »

L'identité juive appartient à celui qui, selon le Talmud, « accomplit les faits de son peuple ». L'identité juive, dans l'optique de la Hala'ha, telle que nous la présente un de ses plus grands maîtres, le Rambam, est propre à celui qui « ne se sépare pas des voies de la communauté » et « ne rejette pas complètement le joug des mitsvot ». Selon le Rambam, ce grand codificateur de la Hala'ha (qui elle-même reflète l'essence de l'existence juive et de l'histoire juive), l'identité juive est propre à celui qui « s'intègre dans le *Kelal Yisraël*, dans la totalité d'Israël, par le fait des mitsvot ». Et, écrivait encore le Rambam, avant d'avoir rédigé son *Michné Tora*, « c'est une mitsva d'aimer celui qui s'intègre dans le *Kelal Yisraël*, même si celui-ci a commis des transgressions à cause de sa concupiscence »[31].

Tout juif est responsable du judaïsme de ses coreligionnaires

En raison de la mitsva d'*Ahavath Yisraël*, de l'amour du peuple d'Israël, tout juif a le devoir de se soucier de l'épanouissement spirituel des juifs de son entourage ; il est tenu de contribuer à l'affermissement de l'identité juive, consciente et agissante, de son prochain, qu'il soit directement en relation avec lui ou qu'il en soit éloigné : il est personnellement responsable du judaïsme des juifs, ce qui veut dire, en termes authentiquement juifs, de leur vie dans l'esprit de la Tora et dans l'application des mitsvot[32].

L'âme juive est intarissable dans son essence

Tout juif est appelé, par une mitsva, à aimer tout autre juif sans distinction aucune ; et même s'il est obligé de ne pas approuver, voire de réprouver ce qui n'est pas juste dans le comportement de certains de ses coreligionnaires, il doit quand même, par mitsva, les aimer, « en vertu du bien qui est caché en eux », nous enjoint le *Tanya*[33]. En vérité, chaque juif recèle un minerai inexploité de bien ; il y a en chaque juif une source inépuisable d'eaux vives qui peuvent jaillir à n'importe quel moment et nous convaincre que l'âme juive est intarissable dans son essence[34], qu'elle est pleine de virtualités insoupçonnées, capables de surgir et d'agir, qu'elle est chargée d'« étincelles saintes », capables de s'affranchir de leur isolement, de « se rassembler alors qu'elles étaient dispersées », de s'unir en un faisceau lumineux et de se transformer en flamme, en la flamme puissante de la foi juive (l'exemple offert dans les années 70 par des juifs soviétiques en est un témoignage éloquent !). L'âme juive forme « une part de la Divinité d'en haut » ! Qui peut la cerner ? Elle est si surprenante. Qui peut en discerner les forces ? Elles sont tellement impressionnantes.

Israël est toujours le même

Peuple d'Israël, auquel toute âme juive s'intègre pour vivre sa vie authentique[35] ! Qui donc peut cerner l'être d'Israël ? Qui peut discerner le devenir d'Israël ? L'un et l'autre se soustraient à toute présupposition, à tout calcul. Israël est, depuis sa naissance, le même et il devient pourtant toujours nouveau, original, singulier, prodigieux, son action se déroulant dans ce monde et s'étendant au-delà de ce monde[36].

Comme son Dieu, « qui lui a associé Son nom », Israël demeure un et unique[37].

DEUXIÈME PARTIE

REGARD SUR « L'INTÉRIORITÉ D'ISRAËL »

« Éclaire nos yeux dans la Tora ».

CHAPITRE PREMIER

REGARD SUR « LE PEUPLE D'ISRAËL
ET LE PAYS D'ISRAËL »

Exposés présentés au Colloque de Strasbourg sur « Le Peuple de Dieu, dans la tradition juive ancienne et moderne », à l'Institut universitaire de Bossey (Genève) et à l'Université Bar-Ilan (Israël).

Le peuple de Dieu. Termes d'une dialectique ;
leur dynamique intérieure et leurs répercussions extérieures.
Thèmes et catégories complémentaires

Voici quelques titres suggestifs :
Dieu d'Israël et « Dieu de toute chair » ; Roi d'Israël et Roi de l'Univers. Peuple de Dieu et Dieu des peuples. Dieu qui élit Israël et Israël peuple élu de Dieu ; Israël, peuple qui élit Dieu, et Dieu élu par le peuple d'Israël.

Élection gratuite des pères hébreux et élection gratuite du peuple d'Israël. Élection non motivée des pères hébreux et élection justifiée, méritée, d'Israël. Mérite des pères et amour du peuple. Caractères des pères et caractéristiques du peuple.

Élection de la minorité, du pauvre, du faible et son influence sur la majorité, sur les riches, sur les puissants. Dépouillement humain et propriété divine. Désert et Terre promise. Grâce et travail.

Alliance charnelle et spirituelle, totale, humaine, et alliance historique et spirituelle, totale, divine. Alliance conditionnelle de parties inégales, humaine et divine, et serment inconditionnel du compagnon divin en faveur de son contractant humain. Obligations contractuelles, humaine et divine : obéissance humaine et engagement divin ; acceptation humaine et promesse divine.

Providence divine et liberté humaine. Contrainte par la main forte, divine, pour faire d'Israël le peuple de Dieu, et volonté libre d'Israël de devenir et de demeurer peuple de Dieu.

Anéantissement d'Israël devant Dieu et obstination à l'égard des peuples ; dépendance à l'égard de Dieu et indépendance à l'égard des hommes ; serviteur de Dieu et « non pas serviteur des serviteurs ».

Condition particulière d'Israël parmi les nations et participation d'Israël à la vie des nations. Israël agit dans le monde, en agissant sur lui-même ; il devient une bénédiction pour toutes les familles de la terre, en étant lui-même une bénédiction ; il sert les autres en se soumettant à Dieu ; il témoigne aux autres de son attachement à la volonté de Dieu, en se retranchant lui-même derrière les clôtures de la Loi ; il s'ouvre largement au monde, en s'isolant dans « les quatre coudées de la Loi ».

Loi qui sépare Israël des autres et Loi qui donne Israël en exemple aux autres.

Nature incorruptible du peuple d'Israël et fautes accidentelles des enfants d'Israël.

Sainteté essentielle offerte par Dieu au peuple d'Israël et sainteté acquise par les enfants d'Israël, qui se sanctifient en Dieu en imitant Ses actes de bonté désintéressée.

Mérites des bienfaits du peuple d'Israël invoqués en faveur de ses enfants récalcitrants ; mérites des justes d'Israël invoqués en faveur du peuple rebelle.

Peuple d'Israël forcé de servir Dieu ; enfants d'Israël consentant à servir Dieu. Peuple d'Israël qui sert Dieu en célébrant Son nom en *Erets-Yisraël*, au Pays d'Israël ; enfants d'Israël qui servent Dieu en sanctifiant Son nom dans les *Tefoutsot-Yisraël*, dans les Dispersions d'Israël.

Service exemplaire, communautaire de la Maison de Jacob, service exemplaire, étatique, du « royaume de prêtres » ; service exemplaire individuel des enfants d'Israël, des membres de « la nation sainte ».

Dieu, Roi du peuple d'Israël et Père des enfants d'Israël. Peuple d'Israël, serviteur de Dieu ; et enfants d'Israël, enfants de Dieu. Israël fils et serviteur, fils ou serviteur de Dieu. Manquements passagers des enfants d'Israël et amour indéfectible de leur Père, Dieu d'Israël.

Crainte et amour. Crainte de Dieu, Maître d'Israël, et amour de Dieu, Ami d'Israël.

Même s'ils ne méritaient pas l'honneur de constituer « Son peuple », les enfants d'Israël subsistent toutefois comme « enfants du Dieu vivant ».

Dieu a placé Son nom en celui d'Israël. Les ennemis d'Israël, ennemis de Dieu, ne réussiront point à faire disparaître le nom d'Israël.

Dieu, Intériorité du monde, est immuable ; Israël, intériorité des peuples, est indestructible.

Dieu, Cœur de l'univers, en détermine la vie ; Israël, cœur des nations, en détermine la vie ; le Juste, cœur d'Israël, en détermine la vie.

Fidélité de Dieu à l'égard d'Israël : Il ne l'abandonne pas ; Il ne l'échange pas contre un autre peuple ; fidélité d'Israël à l'égard de Dieu : il ne Le renie pas, il ne Lui associe pas d'autres divinités. Bien plus, Israël prouve son dévouement à Dieu par le don total de soi jusqu'au sacrifice de sa vie *al Kiddouche HaChème*, « pour la sanctification du Nom » divin. C'est l'acte suprême par lequel Israël témoigne de son identification avec Dieu, avec Sa cause ; c'est l'acte ultime par lequel Israël atteste sa consécration absolue à sa vocation de faire connaître Dieu dans le monde : « ce monde que Dieu a créé, selon Sa volonté », et où Il a consacré, selon Son choix, l'unicité d'Israël, outil dans Ses mains. *Kiddouche HaChème*, c'est l'acte souverain par lequel Israël proclame dans le monde l'unicité et la vérité de Dieu, l'unicité et le bien-fondé de Son enseignement éthique.

Déviations d'Israël et corrections d'Israël. « Dissimulation du visage » de Dieu et recherche amoureuse des enfants par leur Père. Il les suit en Exil. « Il reste avec eux dans la peine » : leur peine est Sa peine. Ils demeurent toujours « Ses enfants, qu'ils accomplissent ou non Sa volonté ».

Châtiment et amour. Châtiment infligé par amour, par souci de purification, d'éducation ou de guérison ; et châtiment infligé en punition des péchés.

Punition fréquente d'Israël et préservation d'Israël de l'extermination.

Châtiment disproportionné à la faute ; aggravation du châtiment encouru, en raison de la personnalité du fautif, « élu de Dieu », « fils du Roi », ayant accepté des engagements particuliers envers son Maître.

Châtiment prévu et châtiment mérité.

Souffrances d'Israël et responsabilité des peuples qui le font souffrir uniquement par haine de lui et de son Dieu. Le Père se fâche lorsqu'on méprise Son fils « chassé de Sa table » ; le Roi se met en colère lorsqu'on maltraite Son serviteur « déporté parmi les étrangers »...

Souffrances d'Israël, « serviteur de Dieu », à cause des péchés des autres. « Le juste est retenu pour les péchés de sa génération » ; il l'avertit de son insouciance ; il intercède pour obtenir sa rédemption, son salut. Israël, essence de l'humanité, incite celle-ci à revenir à Dieu après s'être éloignée de Lui, après s'être perdue dans une dispersion sans nom. Israël appelle l'humanité, qui se concentre en lui et qu'il entoure, à se repentir par lui et avec lui ; il la convie à un retour sur elle-même et à un retour à Dieu.

La Gola d'Israël, la diaspora juive, dissémination physique et rassemblement spirituel ; affaiblissement apparent de la personnalité et affermissement intrinsèque de l'identité ; insuffisance des moyens d'agir et accroissement de la volonté d'agir.

La Gola, réalité visible et immédiate, mystère invisible et ontologique.

La Gola, punition et mission. Grandeurs proportionnelles de la punition et de la mission : vaste étendue de la dernière dispersion, pour qu'Israël soit présent parmi de nombreux et puissants peuples et éveille leur conscience.

La Gola, qui est chute et aliénation, est elle-même mobile du relèvement et de la convergence. La Gola, nostalgie et espérance ; chagrin de la séparation et attente des retrouvailles ; éloignement du foyer du Maître et rapprochement de la Maison du Père.

Retour vers Dieu, retour au « Palais du Roi », résultant de la solidarité verticale et horizontale des générations et de la longanimité divine.

Attente et action humaines : attente patiente de la délivrance et action assidue pour l'obtenir. Préparation humaine et aide divine. Peine abrégée et délivrance accélérée.

Retour spontané et retour inéluctable d'Israël. Retour libre et retour infaillible d'Israël. Retour librement choisi par Israël et retour nécessairement imposé ou promis par Dieu dans Sa grâce.

L'honneur rétabli d'Israël est l'honneur rétabli de Dieu. Le salut d'Israël est le salut de Dieu.

La relation entre la Tora et Israël, entre les lettres de la Tora et les juifs. La valeur symbolique des nombres six, soixante et six cent mille

« Dieu a accordé la Tora à Israël. L'âme d'Israël constitue le corps de la Tora » et « la Tora constitue la racine de l'âme d'Israël ». « Israël constitue les six cent mille lettres de la Tora : Israël est donc la Tora, car chaque israélite est une lettre de la Tora », écrivent le Chelah HaKadoche, le Kedouchat Lévi et le Likoutei Moharan. Les lettres formant le nom Yi-s-r-aë-l sont les premières lettres des mots *Yéche Shishim Ribo Otiot LaTora*, « Il y a six cent mille lettres dans la Tora ». En réalité, il y en a plus. Mais, selon la tradition mystique, six cent mille lettres-racines se trouvent dans la Tora. Ces lettres de base correspondent aux six cent mille âmes-racines, qui sont les âmes des juifs-racines, fondement du peuple d'Israël. Chaque juif-racine possède une lettre-racine dans la Tora ; il y prend appui, car son âme est animée par la lettre correspondante de la Tora. Le juif, ayant sa lettre dans la Tora, en devient conscient grâce à son étude sincère de la Tora et à son application sincère des mitsvot de la Tora. (D'ailleurs non seulement l'israélite mais les « quatre coudées » de la Terre d'Israël ont également une lettre dans la Tora : Israël aussi bien que Erets-Israël s'identifient donc à la Tora.)

Les juifs moins parfaits, du point de vue de l'étude de la Tora et de celui de l'observation des mitsvot, que les juifs-racines, bénéficient des « étincelles » répandues par ces derniers dans le peuple juif ; ils s'accrochent aux « branches » que les « juifs-racines » font croître dans le jardin du peuple d'Israël ; ils occupent les espaces « blancs » entre les six cent mille lettres-racines de la Tora. (En effet, c'est sur l'espace « blanc » de la Tora que les six cent mille lettres-racines sont inscrites : aussi y a-t-il intercommunication substantielle, organique, entre tous les tenants de la Tora.) Chaque juif, sans distinction aucune, a ainsi sa part dans la Tora et les mitsvot, écrit Rachi. N'importe quel juif peut parvenir à assumer une lettre dans la Tora, assurent le Tanya et le Sefat Emet.

Les nombres six, soixante et six cent mille sont des nombres « parfaits et unitaires », « complets et généraux », selon la définition du Maharal. Lorsque Israël eut atteint le nombre de six cent mille à sa sortie d'Égypte, et pas un seul israélite « ne manquait » à ce nombre, il fut capable de recevoir sur le Sinaï la Tora, dont pas une seule lettre « ne manquait », et de se constituer en peuple-racine, en peuple d'Israël, en peuple de la Tora, annonciateur de Dieu dans le monde, observent le Maharal et le Chelah HaKadoche. (En effet, le nombre de six cent mille est le nombre obligatoire, nécessaire au peuple d'Israël pour annoncer Dieu dans le pays d'Israël, ajoute le Rav Kouk.)

Le tronc de six cent mille debout devant le mont Sinaï pour y recevoir les *Aséret HaDibrot*, les Dix Paroles, essence de la Tora, ne représente pas seulement un nombre unitaire de juifs, mais toutes les générations d'Israël, toutes « les branches » qui sortiront et pousseront de cette tige. Ces *Shishim Ribo*, ces « six cent mille » israélites initiaux, forment l'essence, le principe, la racine du peuple d'Israël de tous les temps.

Moïse, « le grand scribe (de la Tora) d'Israël » de tous les temps, a contenu dans son âme les âmes des six cent mille israélites, ses contemporains, qui étaient sortis d'Égypte, et assistaient à la révélation du Sinaï ; il a compris les six cent mille lettres de la Tora, telles qu'elles étaient saisies et « commentées » par ses six cent mille contemporains, et telles qu'elles seraient « interprétées » « dans l'avenir » au cours des siècles et des millénaires. Au vrai, chacun de ses six cent mille contemporains a donné son « interprétation » personnelle de la Tora (car la Tora est à la fois éternelle et actuelle, communautaire et personnelle).

Les israélites étaient six cent mille à leur libération de l'esclavage égyptien et à la proclamation de leur liberté, de leur identité, par la Tora sur le Sinaï. En conséquence, il n'y a pas de « génération » dans l'histoire juive, il n'y a pas de grandes « populations », de grandes unités communautaires juives, qui puissent compter moins que le nombre de base de six cent mille. Ce nombre est le nombre nécessaire, le nombre de base du peuple d'Israël tout entier, lorsque celui-ci assume, pour lui et pour l'humanité, de grandes et déterminantes tâches historiques, messianiques. En effet, c'est le nombre qui correspond au caractère ontologique du « peuple de Dieu ». « Ces conditions nationales (être six cent mille), établies au début de notre Constitution en peuple, n'ont en rien changé au cours du temps, affirme le Rav Kouk, car le fondement de notre nationalité dépend de l'Éternel, le Dieu d'Israël, dont le Nom se trouve inscrit dans le notre et dont la Parole est à tout jamais. C'est pourquoi le même nombre qui a contenu au commencement la somme des opinions et des valeurs (de notre peuple), suffit à présent aussi pour rétablir notre stature nationale. Et la population qui formera, non pas dans la Galout, mais en Erets-Israël, le nombre nécessaire des Shishim Ribo (de six cent mille), sera le commencement (du renouveau) de la maison de Jacob, pour témoigner qu'Israël est un peuple devant Dieu, un peuple qui sanctifie le Saint de Jacob ».

En effet, dans l'histoire moderne d'Israël, environ six cent mille juifs ont formé le *Yichouv*, ont constitué la communauté juive d'Erets-Israël, en 1948, lors de la proclamation de l'État d'Israël.

Déjà la base du nombre six cent mille, le nombre six, a une importance capitale dans l'histoire cosmique, et, par conséquent, dans l'histoire eschatologique de l'humanité (six jours de création pour arriver au Chabbat et, en conséquence, six millénaires d'existence du monde pour aboutir au septième millénaire, le Chabbat messianique). Le nombre six a une fonction vitale dans l'expression de la foi du judaïsme (la profession de foi juive, le verset 4 du 6ᵉ chapitre du Deutéronome compte six mots ; dans le fondement de la Tora orale, la Michna, qui nous permet l'accomplissement de la Tora écrite, on trouve six « ordres » ; et le Talmud, développement de la Michna, compte soixante traités (= 63)).

Le nombre six joue un rôle considérable dans l'histoire moderne du peuple juif. Six millions de juifs ont été massacrés en Europe entre 1933 et 1945, et leur martyre a conduit directement à la restauration de l'État juif en Terre d'Israël ; six millions de juifs vivant aux États-Unis ont apporté un soutien massif à la restauration de l'État hébreu en Erets-Israël[1].

CHAPITRE II

REGARD SUR « L'EXIL ET LA RÉDEMPTION »

Exposé présenté à l'Institut universitaire de Bossey (Genève).

Le verbe hébreu gour signifie à la fois séjourner en tant qu'étranger et en tant qu'habitant. Le juif est « étranger et habitant » dans les pays des autres, en Diaspora, comme dans son propre pays, en Erets-Israël. L'homme, juif par excellence, le juif, homme par excellence, est à la fois « étranger et habitant » sur cette terre

Dieu utilise le verbe *gour*, « séjourner », quand Il s'adresse à Isaac pour lui demander d'« habiter le pays » de Canaan, d'y « séjourner à titre définitif » : *Gour BaArets Hazot*, et de ne point le quitter (Gen. 26,23). À leur tour, les patriarches hébreux emploient le verbe *gour* pour nous faire savoir qu'ils ont « habité » ce pays, la Terre qui lui a été promise par Dieu (Gen. 35,27).

Or le substantif *guer*, qui veut dire « étranger », est apparenté au verbe *gour*, qui signifie « habiter » d'une manière stable dans son propre pays !

En vérité, les patriarches hébreux, et après eux leurs descendants, les israélites, tout en habitant leur propre pays, Erets-Israël, savent qu'ils y sont également des *guérim*, des « étrangers »[1]. Car leur pays, celui qu'ils « habitent », ne leur appartient pas, comme il n'appartient pas à leur nation, ni à leur État, mais à Dieu. En effet, Dieu déclare au sujet de leur pays, le pays d'Israël : « La Terre est à Moi, car vous êtes chez Moi, comme étrangers et comme habitants : *Guérim VeTochavim* » (Lev. 25,23).

En fait, parvenu dans la Terre promise, Abraham s'était lui-même reconnu « étranger et habitant : *Guer VeTochav* » (Gen. 23,4). David se considérera, lui aussi, comme « étranger dans le pays » dont il est roi : *Guer Ano'hi BaArets*, car en tant qu'homme il s'estime « étranger sur la terre » (Ps. 119,19). Israël, l'Homme, sait que tout homme est à la fois « étranger et habitant » sur cette terre, et qu'il y est même davantage étranger qu'habitant[2].

C'est pourquoi le même verbe *gour*, qui veut dire « habiter » en permanence dans un endroit, dans un pays, signifie aussi « séjourner » temporairement en *guer*, en « étranger », dans des lieux et dans des pays différents.

En s'adressant à Pharaon, lors de leur venue de Canaan en Égypte, les fils de Jacob lui dirent : « C'est pour séjourner – *LaGour* – dans le pays que nous sommes venus » (Gen. 47,4). Ils étaient venus non pas pour s'y installer à titre définitif mais pour y « séjourner provisoirement » : *LaGour* (Cf. Keli Yakar, *ad* Lev. 18,3). Ils y étaient venus *LaGour*, pour y accomplir ce que Dieu avait annoncé à Abraham : « Sache-le bien, ta postérité sera étrangère – *Guer* – dans un pays qui n'est pas le sien » ! (Gen. 15,13.) En effet, leur « séjour » en Égypte devait être celui d'un *Guer*, d'un « étranger », d'un homme qui non seulement est considéré comme « étranger » par les gens du pays où il est arrivé, mais qui s'y considère lui-même comme « étranger »[3].

Fidèle à sa conception éthique de l'homme, dans lequel elle voit à la fois un étranger et un habitant, la Bible hébraïque utilise le verbe *gour* (qui veut dire « habiter » tranquillement son pays en y jouissant de liberté et de stabilité) au sujet du *Guer* (qui signifie « étranger », et dont l'existence est généralement marquée par l'insécurité et les privations de tout ordre) ! En effet, la Bible hébraïque statue : « Si dans votre pays, *avec toi*, habite – *yagour* – un étranger – *Guer* –, vous ne le molesterez point (il doit s'y sentir à l'aise *avec* chacun de ses habitants, auxquels la Bible hébraïque dit également : « que ton frère vive *avec* toi (Lev. 25,35-36) : aussi bien ton frère que l'étranger doivent vivre avec toi). Il sera pour vous comme un de vos concitoyens, l'étranger qui séjournera – *HaGuer HaGar* – *avec vous*, et tu l'aimeras comme toi-même, car vous avez été étrangers dans le pays d'Égypte » (Lev. 19,33-35).

Puisque le Pays d'Israël est, en fait, le Pays de Dieu, le citoyen israélite qui y est, au fond, lui-même un *Guer*, un « étranger », doit considérer le *Guer*, l'« étranger », qui y arrive formellement en tant qu'étranger, comme un « habitant » du pays. Il bénéficiera non seulement « avec vous » de la protection de l'État qui lui assure le respect des droits qui sont ceux de tout homme, créé « à l'image de Dieu », le Souverain du Pays d'Israël, mais il jouira également de l'amour personnel (« avec toi ») que chaque israélite doit lui témoigner en vertu de son propre amour de Dieu[4].

CHAPITRE III

REGARD SUR « JÉRUSALEM, CŒUR D'ISRAËL, CŒUR DU MONDE »

Exposés présentés, en partie, au Congrès européen des B'nei Brith, à Rome ; aux Communautés israélites de Bruxelles, Anvers, Metz, Milan et Zurich.

Jérusalem, centre du monde

« Jérusalem est le cœur du monde[1]. » Jérusalem est « au centre » du monde, d'Erets-Israël et notamment de la Judée. « Au milieu » de ce centre se trouve le *Beit HaMikdache*, le Sanctuaire. Entre ce centre et son milieu d'une part, et d'autre part le centre des nations – le peuple d'Israël – et son milieu, son « cœur » – le *tsadik*, le juste – il y a une relation profonde. Entre ces centres, spatial, tellurique et humain, et le centre temporel, le Chabbat (qui a également son « milieu »), il y a une relation étroite[2]. Le centre et le milieu constituent dans l'économie du monde, de l'humanité et du temps (et particulièrement selon le Maharal), ce qui est essentiel et intérieur, spirituel et gratuit, équilibré et juste, saint et donc vraiment vital.

Le rôle de Jérusalem dans l'histoire est primordial ; il est vital car il est essentiel[3].

Les peuples du monde reconnaissent la valeur religieuse et l'importance spirituelle de Jérusalem[4].

Dans la cité du roi David, les rois du monde, les puissants de la terre aimeraient posséder quelque chose[5].

C'est pourquoi Jérusalem, étant historiquement la Jérusalem juive, est l'objet de jalousies, de querelles et de luttes de la part de tant de nations du monde[6].

Jérusalem relie le ciel à la terre

« Porte des cieux »[7], Jérusalem est le lieu qui relie la terre aux cieux[8]. Jérusalem est le lieu que Jacob vit dans le songe (Gen. 28,

12-17) où il reçut la « bonne nouvelle » de la Terre qui lui était promise à lui et à ses enfants. L'échelle que Jacob vit dans son rêve « surplombait l'emplacement du *Beit HaMikdache* », du futur Sanctuaire de Jérusalem [9]. Cette échelle relie donc le ciel à la terre ; elle en joint les deux extrémités et en fait sur terre un tout [10].

Le monde est virtuellement contenu en Jérusalem

C'est à partir de Jérusalem que Jacob est appelé à spiritualiser, « à sanctifier » le monde entier, ce dernier étant virtuellement tout entier contenu en Jérusalem [11].

À l'instar des Patriarches hébreux qui ont vécu la révélation de Dieu en Terre sainte, le juste, l'homme, est le « chariot » de la Divinité dans le monde ; il véhicule partout la Divinité qui se manifeste en *Erets-Yisraël* [12].

Jérusalem est le Sanctuaire

Jérusalem fut instituée non pas seulement en raison de son importance immédiate, mais surtout en vue de sa vocation future [13].

Yerouchalayim est le *Beit HaMikdache*. Jérusalem est le Sanctuaire. Et « le *Beit HaMikdache* (la Maison de la sainteté) est l'essentiel de *Yerouchalayim* [14] ; il est « la quintessence de toute la Terre d'Israël » [15]. *Yerouchalayim* n'est sanctifiée que grâce au *Bayit* (« à la Maison », à la Maison de la sainteté) [16].

« En réalité, *Yerouchalayim* et le *Beit HaMikdache* ne forment qu'un tout, qu'une unité » [17]. « *Yerouchalayim* est le cœur et le *Beit HaMikdache* est la tête [18]... »

Prière du juif en direction de Jérusalem

Le juif prononce ses prières en direction de Jérusalem [19].

« Ils T'adresseront leur prière dans la direction de leur pays, celui que Tu as donné à leurs pères, de la ville que Tu as élue et de la maison que j'ai bâtie en Ton honneur ». « Ils prieront en ce lieu. » (Prière de Salomon pour la dédicace du Temple de Jérusalem) [20].

« Si le juif en prière se trouve hors du Pays d'Israël, il doit diriger son cœur vers ce Pays ; s'il se trouve en *Erets-Yisraël* (en Terre d'Israël), il doit diriger son cœur vers *Yerouchalayim* : s'il se trouve à *Yerouchalayim* même, il doit diriger son cœur vers le *Beit HaMikdache* (vers la Maison de la sainteté) ; s'il se trouve dans le *Beit HaMik-*

dache, il doit diriger son cœur vers le *Beit Kodechei HaKodachim* (vers le Saint des Saints) »[21].

En se tournant vers Jérusalem, le juif, dans sa prière, dirige son « cœur » vers la Ville sainte[22], car c'est son cœur qui prie : le juif sert son Dieu avec la « vitalité » de son cœur[23]. Aussi « parle-t-il au cœur de Jérusalem »[24] : il s'adresse au cœur de Jérusalem avec « la parole de l'amour »[25]. Ce juif en prière, s'il est à même de parler ainsi dans son « intériorité », est lui-même appelé *Yerouchalayim*[26].

Le *Beit HaMikdache* est une Maison sainte, avant tout dans la mesure où il est une Maison de la sainteté : une Maison où la sainteté règne parce qu'on fait qu'elle y règne[27].

Il y a une progression dans le cheminement de la pensée du juif en prière : elle se dirige d'abord vers Erets-Israël, ensuite vers Jérusalem, ensuite vers le Sanctuaire, ensuite vers le Saint des Saints, et enfin vers le Propitiatoire[28]. La prière « avance degré par degré ».

En effet, la sainteté de la Terre sainte s'intensifie à mesure qu'elle se rapproche de Jérusalem, de la Montagne de la Maison (de l'Éternel), du Saint des Saints et enfin du Propitiatoire ; elle suit un processus d'intériorisation, de concentration[29].

Sinaï et Moria. Sinaï est le lieu de la Parole de Dieu et de l'écoute de l'homme ; Moria-Jérusalem est le lieu de la quête mutuelle de Dieu et de l'homme.

Le désir réciproque d'une rencontre à Jérusalem préside à la collaboration créatrice entre Dieu et l'homme.

« La sainteté réside au *cœur* du monde, c'est-à-dire à Jérusalem »[30]. Mais elle y réside parce que le *cœur* d'Israël *désire* que Dieu y réside. Et, c'est pour répondre à ce désir d'Israël que Dieu fait résider sa *Che'hina* à Jérusalem[31].

Be'Hol HaMakom... « En quelque lieu que Je fasse invoquer Mon nom, Je viendrai à toi pour te bénir » (Exod. 20,24). *Be'Hol HaMakom*, à l'endroit où l'« âme » de l'homme, comme celle de David, *colta*, « désire et languit après les parvis de l'Éternel »[32], Dieu vient et fait résider Sa *Che'hina* : Il vient au « lieu saint », au *Beit HaMikdache*, à la Maison de la sainteté, et y bénit Israël. « Ce sera là Son lieu de désir »[33], car Israël Le désire en ce lieu[34]. En effet, « la *Che'hina* de Dieu se trouve au *Beit HaMikdache*, pour l'amour d'Israël ! »[35].

Sinaï est le lieu de la Parole de Dieu et de l'écoute de l'homme ; Jérusalem-*Moria* est le lieu de la quête mutuelle de Dieu et de l'homme.

Le *Beit HaMikdache*, la Maison de la sainteté et de la sanctification, le Temple de Jérusalem, est établi sur la montagne de Moria, lieu de l'*akeida* de *Yits'hak*, lieu de la révélation du dévouement total de l'homme envers Dieu ; à Moria, la collaboration de Dieu et de l'homme est établie sur l'initiative de Dieu mais se développe surtout grâce à l'action de l'homme. De la montagne de Moria, l'homme « monte » vers Dieu [36].

Le *Beit HaMikdache* n'est pas construit sur la montagne de Sinaï, lieu de la révélation de la grâce de Dieu, qui accorde à l'homme, à Israël, Sa Tora. Au Sinaï, la collaboration de Dieu et de l'homme se fait sur l'initiative de Dieu et s'effectue surtout grâce à l'action de Dieu. De la montagne de Sinaï, Dieu « descend » vers l'homme [37].

Pourtant, la montagne de Moria, sanctifiée par l'action de l'homme, dépasse en valeur la montagne de Sinaï, sanctifiée par l'action de Dieu. Après la révélation de Dieu, tout d'abord dans le « buisson ardent », dans le *sné*, prélude du Sinaï, et ensuite sur le Sinaï – ce « lieu » cesse d'être une « terre de la sainteté » [38]. Cet « endroit » a été un « sol sacré », aussi longtemps que Moïse s'y est tenu « debout » et l'a foulé, aussi longtemps que l'homme, Moïse, « debout sur lui », s'y est trouvé en relation avec Dieu. Cet endroit cesse d'être un sol sacré dès l'instant où cette relation entre Dieu et l'homme y est interrompue. La montagne de Dieu, le Sinaï, « a perdu » son caractère de sainteté après que la révélation de Dieu y eut eu lieu, après que Dieu « s'en fut retiré », interrompant sa relation avec l'homme : la sainteté du Sinaï n'a été qu'« événementielle » [39]. Au contraire, « l'*une* des montagnes de la terre de Moria » fut découverte par l'homme, par Abraham, comme étant précisément *la* montagne de Moria [40] ; alors que la montagne de Sinaï fut, elle, indiquée d'avance avec une extrême « précision » par Dieu à Moïse et à Israël comme étant *la* montagne dans le désert du Sinaï [41]. La montagne de Moria « garde » son caractère de sainteté après l'*akeida* de Yits'hak ; elle est toujours « debout dans sa sainteté ». Marquée par l'action sanctificatrice initiale de l'homme, mais aussi par celles qui s'y sont succédé, Moria continue d'être une montagne sainte, « une montagne de la sainteté », « une montagne de la sainteté de Dieu » [42], car l'homme par son action y retient Dieu à tout jamais : la sainteté de Moria est « permanente » [43].

Combien caractéristique est le fait que c'est justement à la suite de la révélation sinaïque que sont données des prescriptions telles que : « Tu feras pour Moi un autel de terre (tout simplement : de terre) [44] ; en quelque lieu que Je fasse invoquer Mon nom, je viendrai à toi pour te bénir [45] ». Ce « lieu » sera « *HaMakom*, l'endroit que

Dieu choisira « et sur lequel sera établie « la Maison du choix », *Beit HaBe'hira*[46]. Toutefois, « en quelque lieu » qu'il le veuille, l'homme « peu se réserver un endroit spécial pour prier » et s'adresser à Dieu[47]. Dieu laisse donc à l'homme l'initiative de la sanctification du lieu. De surcroît, la sacralisation divine, qui, chronologiquement, précède la sanctification humaine, cède devant cette dernière : les lieux sacrés divins *suivent* l'homme là où il *se* sanctifie. C'est, par conséquent, l'homme qui « sanctifie » la « sainteté » du lieu où il se trouve[48]. La Moria se déplace pour suivre l'*homme*, Jacob[49]. Le Sinaï, montagne de Dieu, se déplace pour rejoindre la Moria, montagne de Dieu et de l'*homme*[50]. En effet, « Moria, c'est Sinaï »[51], écrivent les Tossafot. (Il arrive aussi que l'homme sanctifie un site notamment par sa sanctification *personnelle*, et qu'ainsi il précède et même détermine le choix initial du lieu de la sacralisation divine. Exemple : les israélites devant le Sinaï[52] !)

Pourquoi, se demande Rabbi 'Hayim Halberstam de Zanz (1793-1876), maître illustre à la fois du 'Hassidisme et de la Hala'ha, auteur des *Divrei 'Hayim*, « pourquoi le *Beit HaMikdache* fut-il construit sur la montagne de Moria et non pas sur la montagne du Sinaï, montagne sur laquelle Dieu donna la Tora à Israël ? ». « Parce que, répond-il, c'est sur la montagne de Moria que le juif, tendant son cou, offrit sa vie en l'honneur des Cieux. Y a-t-il une chose plus grande que celle-ci ? » En effet, la montagne de Moria symbolise toute l'histoire des juifs, qui est celle de la *Messirout Néfèche*, de l'« offrande de l'âme », de l'offrande de sa vie pour Dieu ; cette montagne symbolise par là toute l'histoire d'Israël, qui est celle du *Kidouche HaChème*, de la « sanctification du Nom » de Dieu. En reconnaissance de quoi, disait le Gaon de Vilna, « la *Che'hina*, la Présence divine, réside en permanence sur la Moria, en Erets-Israël ; mais elle n'est pas en permanence sur le Sinaï »[53]. « Sinaï est initialement le lieu de la consécration du "mariage" entre Dieu et Israël ; Jérusalem-Moria est maritalement le lieu de la réalisation de leur « "joie" », de leur joie continue et vécue[54].

L'akeida de Yits'hak et non point le « sacrifice d'Isaac »

Le chapitre 22 du Livre de la Genèse reçoit généralement, dans le monde non juif, le titre de « sacrifice d'Isaac ». Or, dans la tradition juive, ce chapitre est connu sous le nom d'*Akeida*. Le terme *akeida* a sa racine dans le mot *VaYa'akod*, qui se trouve dans le même chapitre (Gen. 22,9) et qui veut dire « et il lia » (Abraham « lia son fils Isaac et le mit sur l'autel »).

En acceptant de sacrifier son fils, Abraham a témoigné de sa foi d'une manière plus grandiose et plus imposante encore qu'Isaac lui-même[55]. L'épreuve d'Isaac était certainement moins terrible que celle de son père : il est en effet plus facile pour un croyant de se « sacrifier » soi-même à son Dieu que d'« immoler » son fils bien-aimé. D'ailleurs, l'acte qu'Abraham était prêt à accomplir est appelé *nissayone*, « épreuve »[56], tandis que celui qu'Isaac était prêt à subir est appelé *akeida*. Si l'acte de foi d'Abraham n'est pas désigné par le terme de « sacrifice », ce n'est pas seulement parce que le sacrifice d'Isaac n'a pas eu lieu effectivement, mais bien parce que Dieu n'avait pas explicitement ordonné un tel « sacrifice ».

Au vrai, Dieu n'« *ordonne* » *pas* de sacrifices humains. Avec force, « Il déclare (selon le commentaire que le Talmud donne des paroles du prophète Jérémie – 19,5 –) : "Je n'ai jamais pensé qu'Isaac, fils d'Abraham, serait immolé"... »[57].

C'est donc à juste titre que Rachi (*ad* Gen. 22,2) observe : « *"Ve-Ha'Aléhou Chame LeOla. VeHa'Aléhou"* : "fais-le monter". Dieu ne dit pas (à Abraham) : "immole-le (Isaac)". Cela, le Saint, béni soit-il, ne le voulait nullement. Il voulait seulement le faire *monter* – *LeHa'Aloto* – sur la montagne pour donner à sa personne le caractère d'une *ola* (d'une offrande – qu'on fait "monter" vers Dieu[58]). Et une fois qu'Il l'a fait *monter*, Il a dit : fais-le descendre. »

D'ailleurs, Abraham, tout en se préparant méticuleusement à l'exécution de l'ordre de Dieu, dit à ses serviteurs qui l'accompagnent : « Et nous reviendrons » ! (Gen. 22,5) : « Il a prophétisé qu'ils reviendraient tous les deux (Isaac et lui) » (Rachi, *ad loc.*)[59]. C'est aussi pourquoi, observe Rabbi Menahem Mendel de Kotsk, « la Bible dit : Abraham étendit la main et saisit le couteau pour immoler son fils » (Gen. 22,10). Pourquoi « étendre la main » ? Parce que, généralement, la main d'Abraham fait d'elle-même, sans y être forcée, tout ce que Dieu lui demande de faire. Car Abraham (la valeur numérique des lettres composant son nom, « Abraham », est de 248), intronisant Dieu sur les 248 organes qui constituent son corps et qui correspondent aux 248 « commandements actifs » de la Tora, est parvenu à ce que ses organes exécutent d'eux-mêmes les ordres de Dieu[60]. Or, dans le cas de l'*akeida*, Abraham s'est vu contraint de « forcer » sa main d'agir, car celle-ci avait senti que l'intention de Dieu n'était pas qu'Isaac fût immolé, mais seulement « monté » comme *ola*, comme offrande à Dieu[61].

L'*akeida* a été, en effet, *recommandée* par Dieu à Abraham (car Il lui dit : « prends, Je te prie – *na* –, ton fils » – Gen. 22,2 –) pour « faire connaître » – *yadati : hodati* – au monde et « faire savoir » au futur Israël, « jusqu'où parvient *en fait* la foi d'Abraham en son Dieu »[62].

Vue et crainte. Crainte et amour. Crainte et quiétude

Dans le chapitre de l'*Akeida*, de la « montée » de Yits'hak sur la montagne de Moria pour y être offert à Dieu, et par conséquent dans les chapitres de la Tora et du Talmud[63] prescrivant à *Yisraël* la « montée » à Jérusalem, à l'« endroit choisi par Dieu » pour y apporter des offrandes, les mots *yiré, yiraé, reïya* occupent des places importantes ; à ces mots se rattache également la notion de *yir'a*, « crainte » de Dieu[64]. En effet, le mot *yir'a*, « crainte », s'écrit exactement comme les mots *yiré, yiraé, reïya*. Ces trois mots ne se distinguent que par leur vocalisation, car les lettres qui y figurent sont les mêmes[65].

Au sujet du *Beit HaMikdache*, de la « Maison de la sainteté », qui s'élève à l'endroit de l'*akeida*[66], la Tora utilise également, comme à propos de l'*akeida*, à la fois le verbe « voir », *yeraé, le'iraot*[67], et le verbe « craindre », *tiraou*[68] : « craignez Mon sanctuaire – *Mikdachi* ». (Le commandement concernant la construction du Tabernacle dans le désert[69] contient le terme *mikdache*, et constitue la base scripturaire de l'obligation d'Israël de construire le *Beit HaMikdache à Yerouchalayim*[70].)

Toutefois, « tu n'es pas tenu de craindre le sanctuaire (en lui-même) mais Celui qui a ordonné (le respect du) sanctuaire ! »[71].

Le but de l'*akeida* (comme d'ailleurs pour l'israélite le but de la visite du *Beit HaMikdache*[72]) fut d'amener Abraham, l'amoureux de Dieu[73], à la condition de l'homme qui « craint Dieu » : *yerei Elokim*. La récompense de l'épreuve de l'*akeida*, dit l'Éternel à Abraham, par le truchement de Son ange, consiste dans le fait que « désormais J'ai constaté – *yadati* (J'ai su, Je sais, Je fais connaître en toi, Je fais connaître par toi à tous les hommes) que tu crains Dieu, que tu es un *yerei Elokim* »[74]. Le chemin de la montagne de *Moria* a donc conduit Abraham à la *mora*, à la « crainte » de Dieu[75] ! Moïse, lui aussi, obtiendra la reconnaissance suprême de son dévouement envers Dieu dans le titre que la Tora lui accorde d'*éved HaChème*, de « serviteur de Dieu[76], c'est-à-dire d'homme « craignant Dieu », de « serviteur qui sert son Maître » par *mora*, par « crainte »[77].

Chez la plupart des hommes la crainte de Dieu est primaire, primitive[78] ; ce n'est que par la suite qu'elle vient à témoigner de la première et de l'ultime sagesse de l'homme[79]. Seule cette crainte née de la sagesse conduit l'homme à l'amour de Dieu[80].

Chez Abraham, mais non pas chez Job[81], chez l'homme qui sait qu'« il est debout devant Dieu », l'amour de Dieu, un amour matériellement désintéressé, conduit à la crainte de Dieu, une crainte éclairée.

Cet homme se réalise dans son attitude vis-à-vis de Dieu, s'accomplit dans sa situation auprès de Dieu, se « singularise », enfin, en Dieu : *VeYa'hed Levavénou LeAhava OuleYir'a Et Chemé'ha*. Dans la mesure où cet homme s'approche de Dieu, il accepte aisément *Mora Chamayim*, la « crainte des Cieux », la crainte qu'il éprouve *par rapport à* Lui, la crainte qui s'impose à lui à cause de la distance qui le *sépare de* Lui ; mais c'est justement cette crainte qui le rapproche davantage de Lui[82]. Plus encore : cette crainte est engendrée par la Présence toute proche de Dieu. Celle-ci éveille dans l'homme qui l'éprouve une vraie *Yir'at Chamayim*, c'est-à-dire une crainte qui vient directement et immédiatement de Dieu Lui-même. Cette crainte n'est donc pas primitive, naturelle, ni même affective, mais rationnelle, sereine ; elle n'a pas pour fin de repousser l'homme, de le décourager, ni de l'abaisser, mais, tout au contraire, elle l'élève davantage vers Dieu : c'est une crainte élevée, *yir'a ila'a*, une crainte de l'élévation, *Yir'at HaRomemout*. Cette crainte est la crainte suprême : elle apporte à l'homme la stabilité ; elle le rend conscient, d'une part, de la proximité dont il bénéficie, lui, l'homme, créateur qui vit dans la lumière de son Créateur et, d'autre part, de la distance qui le sépare, lui, la créature, de son Créateur. Cette crainte n'affaiblit pas chez l'homme son amour pour Dieu, son attachement à Dieu ; tout au contraire, elle les renforce, les approfondit ; car cette crainte de Dieu est supérieure à l'amour de Dieu, tout en se fondant en elle, tout en se confondant avec elle[83].

L'homme arrivé à ce degré de la crainte de Dieu, est « intègre » : il ne craint que Dieu ; il éprouverait de la gêne à craindre quelqu'un d'autre que Dieu – à craindre quelque chose pour lui. Il ne craint que Dieu : il est saint ; rien ne lui manque[84]. Il est donc *Yaré VeChalem* ; il est « respectueux et intègre ». Il est « l'homme intègre » : *Adam HaChalem*[85].

Cette intégrité à laquelle l'homme parvient grâce à la crainte de Dieu lui apporte l'équilibre intérieur, la « quiétude », la *menou'ha*. Or, « *la menou'ha*, c'est *Yerouchalayim* »[86] !

> *Un lieu « saint » est souverainement déterminé par Dieu mais incomplètement indiqué par Lui à l'homme. C'est ce dernier qui est appelé à l'identifier librement, à le « sanctifier »*

« L'Éternel avait dit à Abram : Va au pays que Je te montrerai. Si Dieu ne lui fait pas connaître d'emblée quel est ce pays, c'est pour le lui rendre plus désirable et pour pouvoir le récompenser pour chaque parole à laquelle il aura obéi »[87].

Abram doit découvrir par lui-même le pays où se trouve la « racine » de son âme[88].

Valssa Avraham Et Eynav VaYar Et HaMakom MeiRa'hok. « Abraham, levant les yeux, aperçut l'endroit – *HaMakom* – dans le lointain » (Gen. 22,4). Abraham identifia par son intuition propre l'endroit qui ne lui avait pas été clairement indiqué par Dieu : il voit « un nuage attaché à la montagne ». Isaac voit lui aussi le même nuage tandis que les serviteurs qui les accompagnent n'aperçoivent rien de spécial : ils « ne voient qu'une contrée désertique »[89].

C'est ainsi qu'Abraham découvre la montagne dont Dieu lui avait dit qu'Il « la lui montrerait », mais qu'en réalité Il n'a fait que désigner d'une façon imprécise, comme l'« une des montagnes en terre de Moria »[90]. En effet, c'est la montagne qu'Abraham « aperçut » qui était bien la vraie montagne, celle que Dieu avait prévue à son intention. La vision d'Abraham s'est avérée juste. La découverte d'Abraham correspond à l'intention de Dieu.

Un phénomène semblable se reproduira plus tard, au même endroit. David et Salomon devront préparer la construction du *Beit HaMikdache*, du Temple de Jérusalem, mais l'emplacement exact du futur Sanctuaire ne leur sera pas indiqué. Néanmoins, cet emplacement « apparaîtra » – *nir'a* – à David, grâce à son intuition « prophétique » : il l'apercevra, comme Abraham autrefois, sur la même « montagne », « Moria »[91]. Et plus tard encore, lors du « retour à Sion » des juifs revenus de la captivité babylonienne, la reconstruction du Temple, la construction du second *Beit HaMikdache*, imposera aux dirigeants de la Judée de grandes recherches pour que puisse être identifié l'endroit exact où se trouvait auparavant le *mizbéa'h*, l'« autel ». Ces investigations leur seront nécessaires malgré les descriptions détaillées du Temple que le prophète Ézéchiel avait préparées à leur intention[92]. Et enfin, en ce qui concerne la reconstruction ultime du Temple, le troisième *Beit HaMikdache*, quoique les « dimensions » soient indiquées dans le livre d'*Yehezkeël* et dans la Michna de Middot, il n'y a pas non plus de précisions claires quant à la manière de comprendre l'« Écriture de la main de Dieu » ; il n'y a pas d'indications sur la façon d'agir pour identifier à nouveau sur la « Montagne de la Maison » sainte les différents endroits qui devront servir au Culte suprême de Dieu[93].

Un lieu *saint* est souverainement *déterminé* par Dieu mais incomplètement indiqué par Lui à l'homme. C'est ce dernier qui est appelé à l'identifier *librement*, à l'« apercevoir », à le mettre en valeur, à le

« sanctifier ». Dans la recherche du « lieu », la grâce divine prophétique ne vient au secours de l'homme que s'il est soutenu par ses propres mérites. Ceux-ci résultent des mitsvot qu'il a accomplies avec exactitude, des actions qu'il a engagées et poursuivies avec persévérance, des prières qu'il a récitées avec ferveur, et même des souffrances qu'il a supportées avec patience, des « épreuves » qu'il a subies avec courage à la seule fin de découvrir le « lieu »[94]. La sainteté ultime du « lieu » est donc conditionnelle : elle dépend directement de l'attitude des hommes à son égard, aussi bien avant qu'ils l'aient connu qu'après qu'ils l'ont reconnu. « Les hommes font que le lieu (saint) demeure saint »[95].

L'intériorité d'Abraham et celle de la Terre promise se rencontrent. La descendance d'Abraham est choisie providentiellement par Dieu

« Va au pays que Je te *montrerai : ARéka* » (Gen. 12,1). Dieu montrera le pays à « Abram ». Celui-ci devra le regarder avec son regard intérieur, spirituel. C'est alors seulement que ce pays lui dévoilera son caractère propre, tellurique et spirituel. L'intériorité d'« Abram » et celle du Pays se rencontreront, s'accorderont. C'est pourquoi « Abraham », ayant mérité ce pays, voit en lui ce qu'Efron le Héthien (cf. Gen. 23) n'y voit pas. Ce dernier se le représente comme un pays semblable à tous les autres et considère avant tout les avantages qu'il peut lui apporter. Or, ce pays révèle sa véritable identité, sa valeur intrinsèque et personnelle à celui qui les comprend et qui par là se montre digne d'elles ; il les révèle à celui dont l'âme découvre sa « racine » dans le tréfonds de sa terre et dans les hauteurs de ses cieux ; il les révèle à Abraham, et, à travers lui, à Israël[96].

Abraham doit transmettre la Terre promise à sa descendance, qui lui est désignée par Dieu de manière précise et répétée « dans » la personne de son fils *Yits'hak-BeYits'hak* (Gen. 21,12) ; et celui-ci à son tour la transmettra à sa descendance préfigurée en la personne de son fils *Ya'akov*. Cette descendance est choisie providentiellement et gratuitement par la volonté du Créateur, mais aussi en raison de la fidélité dont elle aura à témoigner. Par le choix qu'Il a fait d'Abraham, Dieu lui-même indique à sa descendance dans quelles conditions devra s'exercer sa fidélité. Ces conditions, elle les accepte, ainsi que les « épreuves » qu'elle devra assumer en relation avec la possession du pays d'Israël (« servitude » préliminaire, jouissance limitée, exil – Galout – possible[97]). La *Berit*, l'« alliance », concerne uniquement Abraham, Isaac et Jacob[98].

« Je pris votre père Abraham de l'autre côté du fleuve, et Je le fis aller par tout le pays de Canaan, lui donnai une nombreuse postérité, et le rendis père d'Isaac. À Isaac Je donnai Jacob et Esaü ; J'attribuai à Esaü la montagne de Seïr pour sa possession (sans l'éprouver par la Galout !) ; mais Jacob et ses enfants *descendirent* en Égypte (pour y subir les épreuves de la Galout)... Puis Je vous menai au Pays... » (Josué 24,3-4).

Recherche et découverte

« Vous *rechercherez* – tidrechou – Sa demeure au lieu que l'Éternel, votre Dieu, aura choisi... Et c'est là que tu iras » (Deut. 12,5). Et le Sifrei d'ajouter : « *Cherche* et tu trouveras ; et ensuite le prophète te le dira (te le confirmera) ». « Mais cherche et n'attends pas que le prophète te le dise ; cherche et tu trouveras : si tu cherches, Je te promets que tu y parviendras [99] ! »

« Vous irez chercher le lieu en Son honneur », le lieu « où "Il se trouve", où Sa *Che'hina* prendra résidence »[100].

L'homme, l'israélite, va à cet endroit *chercher* Dieu ; et Dieu va à sa rencontre, dans « le pays que Dieu *cherche-dorèche* » (Deut. 11, 12)[101].

Tidrechou Et HaDorèche : cherchez Celui qui vous cherche ! Dieu et l'Homme s'y rencontrent après s'être cherchés réciproquement[102].

Tidrechou OuBata Chama. « Tu chercheras le lieu que l'Éternel, votre Dieu, aura choisi pour y attacher Son nom. » C'est en cherchant ce lieu que « tu y parviendras » (Deut. 12,5).

En effet, « *Tsione* doit être *recherchée* » : « Tsione a besoin de *dericha*, de recherche »[103]. *Tsione* doit être interrogée, interpellée, sans cesse[104]. « *Demandez* : où est la voie qui conduit à la Maison de l'Éternel ? »[105]. Jérusalem ne peut être atteinte que par la recherche : elle ne peut être acquise « qu'après une longue quête », par de longues supplications et des prières régulières[106]. Jérusalem peut être trouvée par celui qui la désire, s'il s'efforce longtemps et patiemment de l'atteindre et s'il obtient des mérites qui le rendent digne de la toucher.

C'est pourquoi Dieu n'a pas révélé à Abraham de prime abord quel était le Pays vers lequel il devait se diriger pour le recevoir en don de Sa main[107] ; c'est aussi pourquoi, par la suite, Il ne lui a pas indiqué la situation exacte de l'autel où il devait « faire monter » Isaac pour Lui en faire don[108]. Les Ordres que Dieu donne à Abraham, parce qu'ils ne comportent pas de mode d'application précis, constituent pour le patriarche hébreu des *nissyonot*, des « épreuves », qui vont permettre de manifester aux yeux du monde combien sa foi en Dieu est intègre, combien grande est sa capacité d'endurer les souffrances les plus âpres pour accomplir les tâches que Dieu lui assigne [109]. C'est seulement après avoir longuement marché qu'Abraham rencontre le Pays [110], qu'il trouve le lieu de l'*akeida* [111]. Certes, ces découvertes se font spontanément ; néanmoins elles ne sont pas exemptes de difficultés : Jacob, lui aussi, « peine » longuement avant d'identifier « le Lieu » [112].

Choix et confirmation. Choix préalable divin et choix actuel humain

Au peuple d'Israël Dieu ordonne de construire « la Maison du choix », de Son choix, à l'endroit qu'Il choisira, sans toutefois lui indiquer quel sera cet endroit [113]. Il ne paraîtrait pas étonnant que cet endroit se trouvât à Jérusalem, là même où Adam, Abel, Noé et surtout Abraham ont adoré et servi Dieu [114]. Toutefois, le site exact, le lieu définitif où Israël devra exercer le culte divin ne lui est pas révélé : il devra le « chercher » et, par conséquent, le « mériter ».

La configuration de ce lieu ne sera pas non plus révélée à David, quoiqu'il ait été appelé à « poser les fondements » du *Beit HaMikdache*, de la Maison de sainteté, et à préparer la construction du Sanctuaire à Jérusalem [115]. David n'apprendra avec certitude quel est le lieu réservé à cet édifice et quelles en sont les limites, qu'après avoir peiné pour l'apprendre, qu'après être apparu digne de recueillir les précisions divines sur l'emplacement exact du futur Temple et même sur les modalités de son « inauguration » [116]. Dieu ne fera connaître clairement Son choix qu'au moment où le mérite de l'homme le justifiera ; Il le fera connaître quand David aura témoigné de sa capacité de « sanctifier » le lieu par la « parole » et l'action justes [117] ; Il le fera connaître au moment où David sera en mesure de faire apparaître la « sainteté » primordiale que Dieu avait imprimée à ce lieu. Par la *libre* intervention de l'homme, ce lieu devient alors *raoui*, digne d'être ce que Dieu avait « prévu » qu'il devienne [118]. Le choix de Dieu se réalise ainsi grâce à l'homme. Le mérite de l'homme confirme le choix de Dieu. Le choix actuel de l'homme correspond au choix préalable de Dieu. Les deux choix se rencontrent en un seul. Le maintien actif, créateur, de leur concordance est seul à même d'assurer leur pérennité commune [119].

Sainteté et sanctification. Choix divin et choix humain

La sainteté intrinsèque que le Créateur a inscrite en Jérusalem est appelée à être mise en valeur par la présence sanctificatrice de l'homme. À l'origine, le lieu saint est *sacralisé* par la volonté de Dieu ; par la suite, les mérites des hommes (et des générations qui s'y sont succédé) l'ont sanctifié. Le lieu saint a été sanctifié par les « paroles » et les « actions » « sanctificatrices » – *kiddouche* – d'hommes tels qu'Abraham, Isaac et Jacob, David et Salomon et, plus tard, par les prophètes et les justes, les prêtres et les sages [120]. En sanctifiant le lieu saint, les « sanctificateurs » ont ajouté à sa sainteté [121]. Chacun d'eux l'a marqué du sceau original de sa personnalité [122]. De surcroît, chacun d'eux est devenu en lui-même un sanctuaire (tel Jacob, devenu lui-même une « Maison de sainteté » [123]).

La Tora relate : Jacob « arriva dans un lieu où il fit halte. Il prit une des pierres de l'endroit, en fit son chevet, et passa la nuit en ce lieu. Il eut un songe... Et Jacob se leva de bon matin, prit la pierre qu'il avait mise sous sa tête, l'érigea en monument. Et Jacob prononça un vœu !... cette pierre que je viens d'ériger en monument deviendra la Maison de Dieu » (Gen. 28,11,18,20,22). Et le Zohar de préciser : « Cette pierre est l'*évène chetiya*, la pierre sur laquelle le monde fut bâti [124]. » Cette pierre est la pierre sur laquelle se dressa l'autel où fut « attaché » *Yits'hak* pour son « sacrifice » [125]. Cette pierre est la pierre sur laquelle « s'élèvera le Temple de Dieu », le *Beit HaMikdache*, à *Yerouchalayim* [126].

Rachi commente ainsi ce récit de la Tora : « Lorsque Jacob est passé sur l'emplacement du Sanctuaire (du futur *Beit HaMikdache* de Jérusalem), pourquoi Dieu ne l'y a-t-Il pas retenu ? S'il n'avait pas en lui-même l'idée de prier à l'endroit où avaient prié ses pères (peut-être à cause de sa modestie ? [127]), fallait-il que du Ciel on l'y arrêtât ? Lui s'en allait jusqu'à 'Haran, comme on le dit dans le Talmud. Et le texte le prouve bien : Jacob sortit de Bersabée pour aller à 'Haran (Gen. 28,10). Arrivé à 'Haran, il se dit : *Est-il possible que j'aie passé à l'endroit où ont prié mes pères et que je n'y aie point prié !* Il décida alors de rebrousser chemin ; il était déjà revenu à Bethel lorsque la terre se porta à sa rencontre. (C'est le Sanctuaire lui-même qui était venu à sa rencontre jusqu'à Bethel. Jacob appelle Jérusalem *Bethel* : Maison de Dieu [128].) »

Jacob, et ses pères avant lui, aimaient à prier dans un lieu déjà « sanctifié » par la prière. Abraham prie « à l'endroit même où se trouvait l'autel qu'il avait précédemment érigé »[129]. Et Isaac était sorti pour méditer dans le champ (Gen. 24,63), « dans le même champ qu'Abraham avait acheté et où il avait prié[130] ».

Rabbi Avraham de Slonim écrit : « Pour que la *Che'hina* (la Présence divine) réside sur la terre, les *avot* (les patriarches hébreux) ont inscrit signes après signes, sur la terre : chacun y a gravé sa *rechima* (sa "marque"). La résidence principale de la *Che'hina* est sur le mont Moria. Et Abraham, par la sainteté de ses actes et de ses épreuves, par l'*akeida* (en attachant Isaac à l'autel où il le fait "monter"), y a inscrit le premier signe en appelant cette montagne : "la montagne de Dieu" (Gen. 22,14). Isaac a eu le mérite par la suite de renforcer ce signe qu'il a appelé *sadé* ("champ", cf. Gen. 24,63). Et Jacob, après eux, a eu le mérite d'appeler cet endroit : *bayit* ("maison", cf. Gen. 28,19 ; TB Pessa'him, 88a). David et Salomon à leur tour ont eu le grand mérite de construire le *Beit HaMikdache* (le Temple de Jérusalem) à l'endroit même où se trouve cette Montagne. Et, dans l'avenir, le Roi-Messie aura le mérite de voir sur cette Montagne s'élever la Maison de Dieu, le *Mikdache* qui ne sera plus détruit[131]. »

« L'Éternel, votre Dieu, choisira le lieu où asseoir Sa résidence » (Deut. 12,11).

Le lieu est choisi par le Créateur dès le commencement du monde. Mais, Il le choisira définitivement, lorsque les hommes le mériteront assez pour le choisir à leur tour. Lorsque le choix de Dieu rencontrera celui de l'homme, *HaMakom*, ce lieu, le lieu par excellence, sera enfin définitivement « choisi ». Les hommes y construiront la *Beit HaBe'hira*, « la Maison du choix »[132].

Dieu « choisit » la Ville « et l'homme y *construit* la Maison pour le Nom » de Dieu (cf. Reg. I,8, 48).

« La sainteté de la Maison de l'Éternité ne s'applique pas au bâtiment (de cette Maison) sans que le lieu (où elle se trouve) ait été choisi selon la parole de Dieu ; cette même sainteté ne s'applique pas au lieu (choisi selon la parole de Dieu), si le bâtiment (de la Maison de l'Éternité) n'y est pas érigé par l'homme », écrit le Rav Kouk[133].

Le lieu de la *Che'hina* est selon l'homme qui La reçoit, s'exclame le Maharal[134].

La *Che'hina* se trouve au *Kotel HaMa'aravi* (au Mur occidental du Temple de Jérusalem), car c'est une colline vers laquelle tous regardent, où tous s'adressent à Dieu, disent les sages d'Israël[135].

Che'hina BeMa'arav. La Présence de Dieu s'affirme du côté occidental du Temple de Jérusalem[136].

Mais « Dieu, de Son côté, n'a pas de *Makom*, n'a pas de situation géographique : il n'y a pas de frontière qui puisse dessiner Son contour. Cependant, cette chose existe du côté de celui qui reçoit ; car celui-ci ne peut recevoir les signes d'attachement de Quelqu'Un que dans un lieu destiné spécialement à cette intention, et en vue de cet accueil. Bien que "les cieux et les cieux des cieux ne Le contiennent pas [137]", qu'ils ne contiennent pas Sa gloire, cependant toutes ces choses sont nécessaires pour que les signes de l'amour de Dieu puissent être reçus, compris, de ceux à qui ils s'adressent. Car Dieu se trouve par rapport à ceux qui s'y trouvent. Il se montre à eux, selon qu'ils méritent de recevoir Sa gloire. Toutefois, la *Che'hina*, la Présence de Dieu, réside ici-bas, sur terre, car les habitants d'ici-bas constituent pour Elle une *hachlama*, un complément. Et tout complément sert par définition à l'achèvement de ce qu'il complète : le tout dernier complément est ainsi doublement une *hachlama*. C'est pourquoi le *Beit HaMikdache* (le Temple de Jérusalem) se situe sur le territoire attribué à la tribu de Benjamin (le dernier fils de Jacob), et la *Che'hina* se manifeste dans le lot de celui qui est lui-même une *hachlama* : c'est aussi pourquoi la *Che'hina* s'affirme au *ma'arav*, du côté occidental du Temple, car c'est du côté de l'ouest que nous apparaît le dernier horizon de même que le premier nous apparaît à l'est », écrit le Maharal [138].

La sainteté du lieu est fonction de la sainteté de la conduite humaine. Jérusalem est sainte car ses habitants, *Nekiyei HaDa'at Che-BeYerouchalayim*, ont souci de la « pureté de leur pensée », de la générosité de leur action, de la propreté « de leur comportement », en un mot : de la sainteté [139]. *Ki HaMikdache VeHaMizbéa'h VeYerouchalayim – HaKol Hou LeAdam, Ki BeAdam Hou HaKol.* « Car le Sanctuaire, l'Autel et Jérusalem, tout est pour l'homme ; et l'homme contient tout » s'exclame le Maharal [140]. Et Rabbi Chemouël Chmelke de Nikolsburg de préciser : *HaAdam Nikra Beit HaMikdache, Yerouchalayim.* « L'homme est appelé Maison de sainteté, Jérusalem [141]. »

La sainteté de Jérusalem naît de la collaboration active entre Dieu et l'homme, entre Dieu et le *tsadik*, entre Dieu et le « juste » [142].

Le travail des juifs habitant Jérusalem, « Porte des Cieux », doit être un « travail céleste » : *Melé'het Chamayim*, selon l'exigence des Tossafot [143], une activité exigée par Dieu et consacrée par l'homme à la *Da'at HaChème*, à « la connaissance de Dieu », à la pureté de la vie familiale, comme au bien de la communauté. C'est pourquoi la crédibilité de l'homme juif se trouve accrue du fait qu'il habite Jérusalem ; à lui s'attache la crédibilité de l'homme qui habite au « Palais du Roi », qui vit devant Dieu, qui craint Dieu et Le sert dans la joie. Les enfants d'« Israël, à Jérusalem craignent Dieu et sont intègres devant le Saint, béni soit-Il » : *MiB'not Yerouchalayim – Eilou Yisraël, Yereïm OuCheleimim LeHaKadoche – Barou'h-Hou*, écrit Rachi [144]. À Jérusalem, les habitants ne persistent pas dans le péché et les jeunes sont peu susceptibles de commettre des fautes. Ils y sont, tous, plus ouverts à la *techouva*, plus disponibles au « retour » à Dieu [145].

La sainteté du lieu réclame et favorise en retour la sainteté de l'homme [146].

L'homme est le vrai lieu saint que Dieu désire

L'homme, s'il le mérite, peut devenir la « résidence de Dieu ». C'est lui, l'homme, qui est digne d'être le vrai « lieu saint » que Dieu « désire » établir dans ce monde : *Ohel Chiquène BaAdam* : « Il avait dressé le tabernacle dans l'homme » (Ps. 78,60). Le cœur de l'homme peut alors se transformer en Sanctuaire : il est capable de contenir Dieu [147]. L'homme qui a un « cœur » n'a plus besoin d'un « lieu », car il est « le lieu du monde » – la Divinité résidant dans son cœur [148]. C'est pourquoi Dieu ordonne aux enfants d'Israël : « Faites-Moi un sanctuaire – *mikdache* –, pour que Je réside au milieu de vous – *beto'ham* » (c'est-à-dire non pas au milieu de *lui*, du sanctuaire, mais au milieu d'*eux*, des enfants d'Israël [149] !).

Ramban est donc en mesure d'affirmer : « Les hommes qui s'élèvent à un haut degré (de sainteté), sont eux-mêmes la résidence de la *Che'hina* (de la Présence de Dieu) [150]. »

Et Maharal de préciser : « L'homme lui-même peut être considéré comme un sanctuaire, car l'homme est comparable à une maison. Et si l'homme est saint, il est considéré comme une Maison de la sainteté sainte : *Beit HaMikdache Kadoche* » [151].

Et Rabbi Chemouël Chmelke de Nikolsburg de s'exclamer : *Adam HaChalem Nikra Beit HaChème*. « L'homme parfait est appelé la maison de Dieu [152]. »

Oui, déclare Rabbi Hayim de Volojine : « L'homme qui se sanctifie en accomplissant les *mitsvot*, les commandements de Dieu, devient un vrai Sanctuaire – *Mikdache* – et Dieu réside en lui [153] ! »

Le « salut » divin de la Jérusalem céleste dépend du salut humain de la Jérusalem terrestre

« Le Saint, béni soit-Il, a dit (Le Saint, béni soit-Il, a juré) : "Je ne ferai pas Ma rentrée dans la Jérusalem d'en haut, avant que Je n'aie fait Ma rentrée dans la Jérusalem d'en bas", "avant qu'Israël n'ait fait sa rentrée dans la Jérusalem d'en bas" [154] ! ».

Le « salut » divin de la Jérusalem céleste dépend du salut humain de la Jérusalem terrestre par la Communauté d'Israël. Lorsque la Communauté d'Israël sera « en son lieu » dans la Jérusalem terrestre, « Dieu retournera en Son lieu, à Sion ». Et les enfants d'Israël s'écrieront : « Voici notre Dieu en qui nous avons mis notre confiance pour être secourus, voici l'Éternel en qui nous espérions, soyons dans la joie et dans l'allégresse à cause de Son salut. » Et le Zohar de compléter cette citation d'Isaïe (25,9) par ces deux mots caractéristiques : *BiYechouato, Vadaï* : « sûrement, à cause de Son salut [155] ». Dans la conception juive (qui diffère de la conception exprimée dans l'Épître aux Galates, 4, 25-26), « la Jérusalem d'en haut » n'est pas libre « aussi longtemps que la Jérusalem d'à présent est esclave avec ses enfants » : « la Jérusalem d'en haut est désertique, aussi longtemps que la Jérusalem d'en bas est désertique [156] ». La libération de la Jérusalem d'en haut et, avec elle, celle de Dieu, ne peut se faire que si la Jérusalem d'en bas et, avec elle, Israël, sont libérés. En effet, les deux Jérusalem n'en font qu'une [157].

« Le Saint Nom n'est entier en haut – le Saint, béni soit-Il, n'est appelé "grand" –, que lorsque la Communauté d'Israël est unie avec Lui, ainsi qu'il est écrit : "Grand est l'Éternel dans la ville de notre Dieu" (Ps. 46,2) : avec la ville de notre Dieu [158]. » « En jurant qu'Il ne fera pas Sa rentrée dans la Jérusalem d'en haut, avant qu'Il n'ait fait Sa rentrée dans la Jérusalem d'en bas, Dieu nous montre qu'Il préfère la Jérusalem d'en bas à la Jérusalem d'en haut, car "Il aime résider parmi nous", "Son peuple et Son héritage" [159]. »

D'ailleurs, la Jérusalem d'en haut et son *Beit HaMikdache* d'en haut ne seront reconstruits que grâce au « travail », aux bonnes actions des *tsadikim*, des « justes » de ce monde. Car n'oublions pas que la Jérusalem d'en haut et son *Beit HaMikdache* ont souffert des dégâts causés par les mauvaises actions des *rechaïm*, des « méchants » de ce monde. C'est parce que la Jérusalem d'en haut et son *Beit HaMikdache* ont été ainsi « détruits, que la Jérusalem d'en bas avec son *Beit HaMikdache* sont devenus vulnérables et ont pu être détruits [160] ».

Dieu n'interroge pas l'homme sur sa position topographique mais sur sa position morale

« ... Et ils entendirent la voix de l'Éternel-Dieu, parcourant le jardin, au vent du jour. L'homme et sa compagne se cachèrent de la face de l'Éternel-Dieu, parmi les arbres du jardin. Et l'Éternel-Dieu appela l'homme et lui dit : "Où es-tu ? – *Ayéka ?* –" Il répondit : "J'ai entendu Ta voix dans le jardin ; j'ai eu peur parce que je suis nu, et je me suis caché" » (Gen., 3, 8-10).

Dieu interroge Adam non pas sur sa position topographique, mais sur sa situation morale. Il ne lui demande pas ; *Eifo ota ?* « – Dans quel lieu te trouves-tu ? » (Il connaît bien ce lieu car Il est partout et Il le détermine exactement puisqu'Il s'adresse à lui !) Mais Il lui demande : *Ayé-ka* : « quelle est ta position vis-à-vis de Moi ? » Par cette question, Dieu ne veut pas « surprendre » Adam, mais « ouvrir avec lui un dialogue » sur ses relations avec Lui. « – Tu as été si proche de Moi, veux-tu à présent t'éloigner de Moi ? Où es-tu donc, seul, gêné, angoissé ? Tu n'es pas à ta place, à la place que Je t'ai assignée dans ce monde pour en prendre soin. Rends-toi compte de ce que tu as fait et de ce que tu es devenu en te soustrayant à la tâche qui est la tienne. Penses-tu qu'après avoir commis ta faute, tu peux devant Moi te cacher, comme un enfant qui se cache derrière la porte pour ne pas regarder en face son père auquel il a désobéi ? Réfléchis à ce que tu as fait, assume la responsabilité de tes actes. Lève tes regards vers Moi, rapproche-toi de Moi, répare ce que tu as abîmé et recommence "comme un nouveau-né". »

Voilà quelle a été et quelle est toujours la signification de ce seul mot : *Ayéka*, tel qu'il a été compris à la fois par le Gaon, Rabbi Eliyahou de Vilna, et son contemporain, le Ba'al HaTanya, Rabbi Chnéour Zalman de Liady[161].

Ayéka et ei'ha
« *Où es-tu ?* » « *Comme je te plains !* »

L'homme qui, à cause de son péché, « se retire de devant l'Éternel », est « errant et fugitif par le monde »[162].

L'interpellation divine : *ayéka*, « Où es-tu ? » (Gen. 3,9), témoigne de la perte d'identité de l'homme. Dieu savait bien où se trouvait Adam, mais en lui demandant : *ayéka ?*, Il voulait lui dire : « Qu'es-tu devenu, ô Adam ? À quoi tend ton cœur[163] ? N'as-tu pas failli à tes responsabilités ? Tu t'es tellement éloigné de Moi ! Comme Je te plains : *ei'ha !* » (Thr. 1,1.)

Par l'*ayéka*, Dieu constate qu'Adam se trouve dans la solitude – *badad* (Thr. 1,1) –, une solitude qui le conduit à l'exil (cf. Thr. 1-3). Ceux qui l'y voient s'« étonnent » – *ei'ha !* – de ce qu'il est devenu, de ce qui lui est advenu : tout cela parce qu'il a fui Dieu et s'est « caché » de devant Lui. Après avoir dû entendre l'interrogation divine : *ayéka*, l'homme s'est trouvé inexorablement entraîné dans la situation où il a dû entendre l'exclamation à la fois divine et humaine *ei'ha !*[164].

Les mots *ayéka* et *ei'ha* contiennent les mêmes lettres, écrites de la même manière, et qui ne peuvent être distinguées les unes des autres que par leur vocalisation. L'*ayéka* du Livre de la Genèse annonce l'*ei'ha* du Livre des Lamentations. S'il ne s'agissait pas de cette annonce, la Bible, dans le Livre de la Genèse, aurait pu écrire *ayéka* sans la lettre *hé* à la fin du mot (la présence de cette lettre n'est pas, au point de vue grammatical, indispensable ; on ne l'ajoute que lorsqu'elle a un sens)[165]. Si la Bible dit *ayéka-h*, avec *hé* à la fin du mot, c'est parce que l'*ayéka*, l'étonnement, le reproche, l'avertissement, le gémissement, préludent à l'apitoiement, à l'*ei'ha-h*, qui a et qui, lui, doit avoir un *hé* à la fin. En effet, le Zohar[166] écrit : « L'Éternel-Dieu appela l'homme et lui dit : *ayéka ?*, où es-tu ? (Gen. 3,9). Dieu a fait comprendre à Adam par cette allusion – *rémèze* – que le *Beit HaMikdache* (le Sanctuaire de Jérusalem) sera détruit et qu'alors on pleurera (et on s'exclamera) : *Ei'ha yachva badad* : "Hélas ! Comme elle est assise solitaire !" (Thr. 1,1). »

Galout, dimension spécifique de l'histoire juive
Jérusalem, mémoire d'Israël

La Galout, l'exil, est une dimension spécifique de l'histoire du peuple juif. « Les non-juifs ne sont jamais en Galout. Même lorsqu'ils sont exilés hors de leur pays, leur Galout n'est pas une Galout. Mais Israël (les enfants d'Israël, qui n'assimilent pas les mœurs de ceux qui les environnent en exil), sa Galout est une Galout, ainsi qu'il est écrit (Thr. 1,3) : *Galta Yehouda...* (Thr. R. 1,29). »

Un grand maître à la fois du 'Hassidisme et de la Hala'ha, Rabbi Avraham de Sohatchov (XIXᵉ s.), écrit dans ses Responsa : « Malgré le fait qu'Israël se trouve à présent en Galout, la place des enfants d'Israël est toujours en *Erets-Yisraël*. Lorsque nous sommes dans un autre pays qu'*Erets-Yisraël*, nous sommes considérés comme des *golim*, des gens se trouvant en Galout, car notre place est en *Erets-Yisraël*. C'est pourquoi nous avons l'obligation religieuse, la mitsva d'habiter *Erets-Yisraël*. Même si nous n'y habitons pas encore, il faut nous considérer comme étant tous en *Erets-Yisraël*, car notre place est en *Erets-Yisraël* »[167].

« Si je t'oublie jamais, Jérusalem, que ma droite s'oublie elle-même. Que ma langue s'attache à mon palais, si je ne me souviens toujours de toi, si je ne place Jérusalem au sommet de toutes mes joies ! » (Ps. 137,5-6 ; voir Tossafot, *ad* TB Avoda Zara 3*b*). Pour le juif, penser à Jérusalem signifie penser à Dieu : « En terre lointaine souvenez-vous de l'Éternel, et que Jérusalem se présente à vos cœurs ! » (Jér. 51,50). En pensant à Dieu, Israël Lui demande, dans le même psaume, de penser, Lui aussi, à Jérusalem (Ps. 137,7)[168].

En réalité, Jérusalem est devenue, depuis la destruction du Temple, la mémoire active, créatrice d'Israël. Elle gouverne la vie tout entière d'Israël, comme peuple, et de l'israélite, comme personne.

Trois fois par jour le juif prie pour Jérusalem. « Dieu de miséricorde, reviens vers Ta ville, vers Jérusalem, comme Tu l'as promis ; reconstruis-la de nos jours, et demeures-y, et que le trône de David y soit bientôt rétabli. Sois loué, Éternel, qui réédifieras Jérusalem. » « Éternel, notre Dieu, que Ton peuple Israël et ses prières Te soient agréables. Ramène le service divin dans le sanctuaire de Ta maison ! » « Puissent nos yeux voir Ton retour à Sion par l'effet de Ta miséricorde ! Sois loué, Éternel, qui rétabliras le séjour de Ta gloire à Sion ».

Dans les actions de grâces, après chaque repas, le juif dit : « Prends en pitié, Éternel, notre Dieu, Israël, ton peuple, Jérusalem, Ta cité, Sion, demeure de Ta gloire, et cette Maison grande et sainte sur laquelle repose Ton nom ! » « Relève bientôt et de nos jours les murs de Jérusalem, la cité sainte. Sois loué, Éternel, qui, par Ta miséricorde, rebâtiras Jérusalem ! »

À la fin du repas solennel du soir de Pessa'h, de la Pâque, le juif prononce le souhait : « L'année prochaine à Jérusalem ! » La partie centrale de l'office de Yom Kippour, du Jour du Pardon, reconstitue l'*avoda*, le « culte » de Yom Kippour célébré autrefois au Temple de Jérusalem. Au cours de l'année, « trois semaines » de recueillement, « neuf jours » de deuil, trois (quatre) jours de jeûne sont consacrés à Jérusalem[169], l'un d'eux, *Ticha b'Av*, le neuvième jour du mois d'*Av*, est empreint d'une tristesse particulière : les juifs commémorent en ce jour la destruction du premier Temple et du second Temple de Jérusalem. « L'atmosphère de Ticha b'Av », dans les synagogues et les maisons juives, rappelle fidèlement l'atmosphère décrite au début du Psaume 137 : « Sur les rives des fleuves de Babylone, là nous nous assîmes, et nous pleurâmes au souvenir de Sion ». Au cours de l'office religieux de la fin de la journée de Ticha b'Av, les juifs prononcent l'émouvante prière que voici : « Ô Éternel, notre Dieu, console les affligés de Sion et de Jérusalem, console cette ville en deuil, remplie de ruines ; console cette veuve qui pleure ses enfants dispersés, ses palais détruits, sa gloire flétrie, son pays désert. Des légions ennemies l'ont envahie ; ils ont massacré Ton peuple Israël, et dans leur fureur ils ont immolé les fidèles du Très-Haut. Pleure, Sion, répands tes larmes amères ! Élève la voix, Jérusalem ! Mon cœur se brise au souvenir de ces massacres ; mes entrailles se déchirent au récit de ces martyres. Ô Éternel ! C'est par le feu que Tu as détruit ; c'est par le feu que Tu réédifieras, ainsi qu'il est dit (Zach. 2,9) : "Je serai une muraille de feu autour d'elle, et pour sa gloire Je serai au milieu d'elle", dit l'Éternel. Sois loué, Éternel, qui consoleras Sion et rebâtiras Jérusalem [170]. »

Le juif ne cesse pas de pleurer au souvenir de Sion [171]. Lorsqu'un juif s'adresse à un coreligionnaire en deuil pour lui présenter ses condoléances, il ne sépare pas le deuil de celui-ci du grand deuil : le deuil de ceux qui pleurent Sion et Jérusalem.

Mais la joie du juif, elle aussi, est sous le signe de Jérusalem : elle n'est pas entière, car Jérusalem n'est pas encore entièrement reconstruite. Le juif, « au sommet de sa joie » (cf. Ps. 137,6), lors de la célébration de son mariage, reconnaît que sa joie n'est pas entière : il brise un verre en souvenir du Temple de Jérusalem qui est en ruine et prie pour sa restauration [172]. Aussi les « réalisations », les « constructions » du juif sont-elles sous le signe du « souvenir de la Destruction » du Temple de Jérusalem : *Zei'her Le'Hourbane*. Pour montrer que sa maison restera incomplète aussi longtemps que la Maison de Jérusalem ne sera pas rétablie, le juif laisse une coudée de sa propre maison inachevée : « elle n'est pas blanchie avec de la chaux [173] ».

Depuis la destruction du Temple de Jérusalem, le juif a le sentiment d'être lui-même incomplet, de ne pas être entier. Il aspire à l'« intégrité », et l'« intégrité », c'est *Yerouchalayim*. Il aspire à la « plénitude », et la « plénitude », c'est le *Beit HaMikdache*.

Le choix de David est fait en vue du choix de Jérusalem

Dieu choisit simultanément David et Jérusalem. En désignant David, le chantre de Sa gloire, et sa descendance, Il choisit définitivement la personne du Roi ; en désignant Jérusalem, Il choisit définitivement le lieu de la Royauté, qui est à la fois celui de la résidence divine, de la Royauté et de la capitale terrestre du Royaume. Avant l'élection de David, le choix définitif de Jérusalem n'a pu être accompli [174].

Voyez l'ordre des versets qui suivent : « Pour l'amour de David... l'Éternel a fait à David un serment vrai auquel Il ne manquera pas : "Je placerai sur ton trône un fruit de tes entrailles !" Car l'Éternel a fait choix de Sion, Il l'a voulue pour demeure » (Ps. 132,10-13). « Le choix de la race de David a été fait en vue du choix de Sion » [175].

Il n'a donc pas été possible de construire le *Beit HaMikdache* (le Temple de Jérusalem) avant la naissance de David, car le Messie devait descendre de David [176].

Identité de Jérusalem et d'Israël. Israël s'appelle Sion

Identité de Jérusalem et d'Israël.

Dans la Galout, le juif garde son identité grâce à Jérusalem.

« Il y avait à Suse, la capitale, un juif – *yehoudi* –, nommé Mardochée. Il avait été déporté de Jérusalem – *Yerouchalayim* – avec les captifs – *HaGola* – emmenés... » (Esther 2,5-6 ; cf. Jér. 29, 4 ; Ob. 1, 20).

« Depuis le jour où Israël a été emmené de Jérusalem en dehors du Pays (d'Israël : en Galout), il n'a pas redressé la tête. » Éloigné de Jérusalem, le juif baisse la tête ; « consolé » en la restauration de Jérusalem, de la Maison de sainteté, le juif redresse la tête, car il est « consolé » en l'espérance du « salut » d'Israël [177].

Ainsi, le « souvenir de Jérusalem » contribue à préserver l'identité d'Israël, du juif en Galout.

D'ailleurs, depuis les débuts de leur histoire commune, Israël et Jérusalem ne font qu'un. Leur parenté formelle se découvre dans leurs noms qui sont synonymes, qui ont la même signification ; leur identité essentielle est immuable, est enfouie dans leur « cœur » [178].

La relation entre « le cœur d'Israël » et « le cœur de Jérusalem » est profonde. Elle aboutit au contact entre ces deux « cœurs » [179].

Il y a une correspondance mystérieuse entre l'essence « d'Israël », qui ne change pas, et l'« essence » de Jérusalem, qui, elle non plus, ne change pas. Cette correspondance s'est établie entre Israël, le « Jérusalem » des nations, et Jérusalem, l'« Israël » des lieux, des pays, des villes [180].

Car Israël et Jérusalem sont l'un et l'autre les « élus » de Dieu : l'un pour Lui servir d'instrument dans le déroulement du temps, dans l'orientation dynamique de l'histoire ; l'autre pour Lui servir de résidence, de point fixe, de centre sur toute l'étendue terrestre [181-182].

« Israël s'appelle Sion. »
Jérusalem personnifie à la fois le Pays et le Peuple d'Israël. *Vatomère Tsione : Amra Knesset Yisraël Lifnei HaKadoche Barou'h Hou...* « Sion avait dit » (Is. 49,14) : « La Communauté d'Israël avait dit au Saint, béni soit-Il... » (TB Bera'hot 32*b*).
Sion est donc Israël. Sion, dont le cœur est le *Beit HaMikdache*, dont le cœur est la Maison de la sainteté, s'identifie à Israël, dont le cœur se trouve au *Beit HaMikdache* de *Yerouchalayim*[183].

Dès avant sa construction, le Temple de Jérusalem incarnait pour le patriarche Jacob le grand idéal qu'il souhaitait voir réalisé[184] ; car ce Temple était appelé à unifier les cœurs des enfants d'Israël et devait les rapprocher de leur Père céleste[185].

Aux temps du Temple, Jérusalem constituait le facteur unificateur du peuple Israël. L'*Aliya LeRéguel*, la « montée » des israélites au Temple de Jérusalem, à l'occasion des trois fêtes de pèlerinage[186], renforçait l'unité nationale et religieuse israélite[187].

À Jérusalem, même après la destruction du *Beit HaMikdache*, le site et les vestiges mêmes du Sanctuaire continuaient d'exercer une force unificatrice sur l'Israël isolé et disséminé dans la Gola ; ils étaient pour lui une source d'espérance et de foi[188].

En effet, Jérusalem embrasse à la fois la dimension géographique d'Erets-Israël, du Pays d'Israël, et la dimension historique d'*Am Yisraël*, du Peuple d'Israël.

L'entité territoriale d'Erets-Israël s'exprime dans le nom de *Yerouchalayim*, Jérusalem. « Sous les pierres du *Kotel HaMa'aravi*, sous le poids du Mur occidental du Temple de Jérusalem, est concentrée l'essence des lieux saints : toute la sainteté de Jérusalem y est concentrée »[189]. L'entité religieuse d'Israël s'exprime dans celle de Jérusalem (le penseur juif allemand Moses Mendelssohn résume la foi juive dans le mot « Jérusalem », titre de son livre sur le judaïsme, 1783).

Le nom de Dieu repose à la fois sur Jérusalem et sur Israël (cf. Dan. 9,19).

Sion est la montagne de Dieu (cf. Is. 2,3) ; Israël est le peuple de Dieu (cf. Exod. 7,4 ; Ez. 36,20) ; le Pays d'Israël est le Pays de Dieu (Ez., *ibidem*).

En Dieu, Sion est Israël (cf. Zohar, I, 84*b* ; 242*a*). Et « par la Tora » issue de Sion[190], « toute la Communauté d'Israël se trouve à Jérusalem » (cf. Zohar, III, 20, 1). C'est pourquoi, affirment les sages d'Israël, « Sion s'appelle Israël » ; leur identité est complète : elle est extérieure et surtout intérieure, car, expliquent-ils, Dieu Lui-même dit à « Sion : Tu es Mon peuple ! »[191].

C'est sur cette unité, cette identité, que se base toute l'économie de la liturgie juive. Elle insiste sur l'interpénétration de ces trois réalités : Israël, Erets-Israël et Jérusalem. Dans la prière de *néoménie* et de fête, les juifs disent : « Notre Dieu et Dieu de nos pères, que notre souvenir et le souvenir de nos pères, le souvenir du Messie, fils de Ton serviteur David, le souvenir de Jérusalem, Ta ville sainte, et le souvenir de tout Ton peuple, Israël, s'élèvent, s'approchent et parviennent devant Toi ; qu'ils soient accueillis favorablement pour notre salut, afin que nous puissions jouir de Ta grâce et de la paix. »

L'interpénétration de ces trois réalités : Israël, Erets-Israël et Jérusalem, se manifeste à leur naissance déjà[192] et tout au long de leur histoire[193] ; elle s'approfondit dans leur salut[194]. Car ils n'ont qu'une seule et même destinée ; leur appartenance est réciproque et leur espérance est commune[195].

L'interpénétration de ces trois réalités : d'Israël, d'Erets-Israël et de Jérusalem, fait que chacune d'entre elles englobe l'essence des deux autres. Ainsi, Jérusalem personnifie l'essence du peuple d'Israël[196] ; Jacob-Israël personnifie l'essence du Pays d'Israël ; et le Pays d'Israël, « *Erets-Yisraël* tout entière se concentre en *Yerouchalayim* », en Jérusalem[197].

Au cours des phases successives de l'histoire, tous les ennemis d'Israël, depuis Hadrien et Constantin, en passant par les croisés et les conquérants musulmans, jusqu'à ceux du monde actuel, ont cherché avec opiniâtreté à séparer Jérusalem, et en conséquence Erets-Israël, d'Israël. Par leur argumentation et leurs disputes, doctrinales ou idéologiques, aussi bien que par la force brutale, ils ont voulu se substituer aux idées d'« Israël », d'Erets-Israël (« Palestine ») et « Jérusalem ». Pourtant ils ne sont jamais arrivés à toucher au noyau même de l'interpénétration des trois réalités juives : Israël, Erets-Israël et Jérusalem. Ce noyau demeure impénétrable, indestructible[198].

Israël, en Erets-Israël, et surtout le juif, en Galout, gardent toute leur vie la nostalgie de Jérusalem, du Temple de Jérusalem.

« Mon âme languit, elle se consume même après les parvis de l'Éternel ; mon cœur et ma chair célèbrent le Dieu vivant. Même le passereau a trouvé une maison, et l'hirondelle un nid où elle a mis ses petits. (Moi, je rêve) de Tes autels, ô Éternel-Cebaot, mon roi et mon Dieu. Heureux ceux qui habitent Ta maison, et sans cesse récitent Tes louanges ! » (Ps. 84,3-5 ; cf. Ps. 63,2-3 ; 102,14-15).

C'est cette profonde nostalgie qui conduira à la reconstruction de Jérusalem : Israël, les juifs « affectionneront ses pierres et chériront sa poussière [199] ».

L'aliya, la « montée ». L'histoire du peuple juif est toujours l'histoire de la « montée » vers Erets-Israël, et en particulier vers Jérusalem

Alo, « monter », est le verbe qui signifie le cheminement d'Israël, comme peuple, et celui de l'israélite, comme personne, vers *Erets-Yisraël*, vers le Pays d'Israël, et en particulier vers *Yerouchalayim*, vers Jérusalem.

Le dernier mot de la Bible hébraïque est *VeYa'al*, « qu'il monte », « avec Dieu », vers Jérusalem, vers la Maison de Dieu [200].

Toute la Bible hébraïque est l'histoire de la « montée » des patriarches hébreux et du peuple d'Israël – et, avec eux, de Dieu lui-même – vers Erets-Israël et en particulier vers Jérusalem ; elle est l'histoire de la « descente » des patriarches hébreux (à l'exception d'Isaac) et du peuple d'Israël – et, avec eux, de Dieu Lui-même – vers la Galout, en exil ; elle est l'histoire de la « remontée » des patriarches hébreux (à l'exception d'Isaac) et du peuple d'Israël – et, avec eux, de Dieu Lui-même – vers Erets-Israël et en particulier vers Jérusalem. Et l'histoire du peuple juif, qui reflète tout entière (avec une constance étonnante, malgré la diversité des circonstances et des situations) l'histoire des *Avot*, des patriarches [201], et du peuple d'Israël biblique, est toujours l'histoire de la « montée » vers Erets-Israël, et en particulier vers Jérusalem, de la « descente » vers la Galout et de la « remontée » vers Erets-Israël, et en particulier vers Jérusalem.

La Bible hébraïque commence par les mots : *BeRéchit*, « Au commencement, Dieu créa les cieux et la terre. » Et Rachi commence son commentaire sur la Tora par les mots suivants : « Rabbi Yits'hak dit : La Tora aurait dû commencer ainsi : "Ce mois-ci est pour vous le premier des mois" (Exod. 12), puisque c'est la première mitsva prescrite à Israël (la mitsva de la célébration de Pessa'h, de la Pâque). Pourquoi débuter avec *BeRéchit* ? (Nous en trouvons l'explication dans le Psaume 111, 6) : "Dieu fait connaître à Son peuple la puissance de Ses œuvres afin de lui donner l'héritage des nations." Si les peuples du monde venaient à dire à Israël : "Vous êtes des voleurs, c'est par la violence que vous avez conquis les terres des sept nations" (qui habitaient le pays de Canaan), on leur répondra : "Toute la terre appartient au Saint, béni soit-Il. C'est Lui qui l'a créée et Il l'a donnée à qui bon Lui semble (cf. Jér. 27,5). Par un acte de Sa volonté, Il l'a donnée à ces peuples et, par un autre acte de Sa volonté, Il l'a reprise pour nous la donner à nous." »

La Bible hébraïque se termine par le verset suivant : « Ainsi parle Cyrus, roi de Perse : L'Éternel, roi du ciel, m'a remis entre les mains tous les royaumes de la terre et c'est Lui qui m'a donné mission de Lui bâtir un temple à Jérusalem, qui est en Judée. S'il est parmi vous quelqu'un qui appartienne à Son peuple, que l'Éternel son Dieu soit avec lui pour qu'il monte : *VeYa'al*[202]. »

Pour Israël, de tout temps, la « montée », toute remontée, est axée sur Erets-Israël ; et la « descente » va vers la Galout[203]. En « montant » vers Erets-Israël et, particulièrement, vers Jérusalem, Israël et l'israélite « montent » spirituellement, car Erets-Israël et plus particulièrement Jérusalem se situent « plus haut » que tous les autres endroits du monde[204].

« Tu monteras pour te présenter, trois fois l'an, devant l'Éternel, ton Dieu » (Exod. 34,24 *et al.*) Les israélites qui « montent » à Jérusalem à l'occasion des trois fêtes de pèlerinage s'acquittent d'une obligation religieuse, accomplissent la *Mitsva D'Aliya LeRéguel. Yisraël Oline LeRéguel*[205]. Les israélites qui « montent » à Jérusalem pour y présenter « les prémices de tous les fruits du sol »[206] s'acquittent d'une obligation religieuse ; *Ma'aline Et HaBikkourim*, « ils font monter les prémices » à Jérusalem[207]. Le juif qui part pour Erets-Israël, qui va en Erets-Israël pour s'y installer, s'appelle, de nos jours encore, *Olé*, homme qui « monte »[208]. Dans la Hala'ha, et surtout dans le droit religieux hébreu matrimonial et familial, le terme *ma'aline* (« on fait monter ») joue un rôle important (l'époux peut demander à l'épouse et l'épouse peut demander à l'époux de consentir à ce que le lieu de leur résidence familiale soit Erets-Israël et particulièrement Jérusalem[209]).

L'*aliya*, la « montée » vers Erets-Israël, est donc une « montée » religieuse. En effet, en « montant » vers Erets-Israël, et particulièrement vers Jérusalem, le juif accomplit une mitsva de *Yichouv Erets-Yisraël*, une mitsva de renforcement ou de rétablissement du Pays d'Israël[210]. C'est pourquoi la Tora utilise le verbe *alo*, « monter », lorsqu'elle parle du chemin qui conduit Israël en Erets-Israël[211]. La « montée » vers Jérusalem, située sur la montagne de Sion, ville « d'où sort la Tora et d'où vient la Parole de Dieu », est au premier chef une « montée » physique, mais c'est également une « ascension » religieuse, spirituelle et morale[212]. Même pour « regarder » de loin la Terre promise, comme a dû le faire Moïse, il faut « monter », afin de la « contempler »[213].

L'*aliya* a toujours signifié en hébreu l'élévation religieuse, spirituelle, morale, de celui qui « monte ». Israël, l'israélite « montent » lorsqu'ils vont vers Erets-Israël et en particulier vers Jérusalem ; Israël, l'israélite « montent » lorsqu'ils témoignent de leur Dieu, en respectant Ses préceptes[214]. Dans l'ordre de la loi et de la pratique religieuse, il y a une *Aliya LaTora,* une « montée à la Tora » ; lorsque le juif est appelé à prononcer « la bénédiction de la Tora », devant le Rouleau de la Loi, il est appelé *olé.* Dans l'ordre de la croyance mystique et de la foi, il y a l'*aliya* vers les cieux de l'âme du 'hassid qui vit dans ce monde ; il y a l'*aliya* dans les cieux de l'âme du défunt vivant dans l'au-delà.

Toutes les *aliyot* ont leur origine dans l'*aliya* vers Erets-Israël et particulièrement dans l'*aliya* vers Jérusalem, « Porte des Cieux », d'où l'âme juive s'envole plus aisément qu'ailleurs vers les sphères d'En Haut.

À Jérusalem, Ville du Chalom, de la Paix, le service de Dieu s'accomplit dans la joie. À Jérusalem, Ville de la Cheleimout, de l'Intégrité, l'homme doit être intègre devant son Dieu

À Jérusalem, Ville du *Chalom,* de la Paix, le service de Dieu s'accomplit dans la joie (Zohar III, 118*a*).

« Grand est l'Éternel et justement glorifié, dans la ville de notre Dieu, Sa sainte montagne. Comme elle se dresse magnifique, joie de toute la terre, la montagne de Sion. Dieu réside en Ses palais... ! » (Ps. 48,2-3)[215].

« La *Che'hina* (la Présence divine) ne réside que dans la joie »[216], et le vrai service de Dieu ne s'accomplit que dans la joie[217]. Or, le *Beit HaMikdache,* la Maison de la sainteté, à Jérusalem, est la source de la joie, d'une joie sainte et sanctificatrice[218]. La *Che'hina* y réside, dans la plénitude, comme l'homme y sert Dieu, dans la plénitude. Dieu y participe à la joie de l'homme et l'homme y participe à la joie de Dieu. La joie de l'homme y est pure : elle est la joie de l'homme « intègre », *chalem,* qui apporte des *chelamim* en l'honneur de son Dieu. La joie de l'homme y est l'expression de son être dans sa totalité, réalisé dans la proximité de Dieu. En y puisant la joie, il « puise dans le *Roua'h HaKodèche* », dans l'« esprit saint »[219]. Sa joie est donc sereine, empreinte de la crainte de Dieu[220], de la vénération du Roi divin : la crainte qu'il y éprouve rapproche l'homme de son Créateur[221]. C'est pourquoi l'homme qui entre dans la ville de Jérusalem pour y servir Dieu ne peut être triste, car il ressent en lui-même ce qui est dit dans le Livre des Psaumes : Sion « est la joie »[222]. L'homme en deuil est dispensé d'y apporter des offrandes, car « son cœur n'est pas avec lui », il n'est pas intègre, il n'est pas joyeux[223]. Cet homme accepte humblement la décision de Dieu, il se réserve le droit de Le servir ultérieurement à Jérusalem dans la joie[224].

Jérusalem est la Ville de la *Cheleimout*, de l'Intégrité[225].

À Jérusalem, l'homme veut donc être *chalem*, « intègre », devant l'Éternel, son Dieu.

Dans la prière que le roi Salomon prononce pour la dédicace du Temple de Jérusalem, le terme *chalem* réapparaît : *VaHaya Levav'hem Chalem Im HaChème Elokeinou*... « Et que votre cœur soit intègre – *chalem* – envers l'Éternel notre Dieu, pour marcher dans Ses lois et garder Ses commandements comme en ce jour ! » (Reg. I, 8,61).

L'homme constitue un tout : à Jérusalem, il est « intègre » – *chalem* – dans le sens rationnel et moral du terme. La raison lui recommande la crainte de Dieu (*Moria* conduit à la *mora*, à la « crainte » de Dieu[226]) ; le « cœur » lui recommande l'amour de Dieu (il fait ce que Celui qu'il aime aime qu'il fasse : il garde avec amour Ses commandements)[227].

Toutefois, à *Yerou-chalem*, *Malki-Tsédek* considère seulement l'« intégrité » extérieure du lieu et de la conduite que ce lieu exige de l'homme qui y vit ; Abraham, lui, voit en *Yerouchalayim* ce que *HaChème Yiré*, ce que Dieu a déjà vu *dans* ce lieu, dans son essence, avant même que celui-ci ait été créé. Abraham, Isaac, Jacob et leurs descendants y « verront » à leur tour, dans son intériorité ce que Dieu y a vu « providentiellement » dès le début : ils y verront Dieu, tel qu'Il veut se faire voir dans Ses manifestations « providentielles » – *Hachga'ha* – à Israël, *HaChème Yiraé*, « Dieu se fera voir » en ce lieu, « en cette montagne », où Israël « se fera voir ». *HaChème Yiré* conduit à *HaChème Yiraé* (Gen. 22,14)[228].

L'israélite qui « monte » au Sanctuaire de Jérusalem vient y « voir » Dieu, mais aussi « se laisser voir » par Lui. Il y va pour se rendre digne d'« être vu » par Lui ; il s'y présente pour se faire apprécier de Lui, car il « n'y paraît pas (les mains) vides » : il y témoigne de la plénitude de sa conscience israélite et de la générosité de son action israélite, l'une et l'autre consacrées au « Maître, l'Éternel, le Dieu d'Israël »[229].

Malki-Tsédek considère le lieu sacré de manière superficielle : son examen vise l'immédiat, il se borne à apprécier le visible alors même que le visible reflète l'invisible ; l'intuition d'Abraham, elle, perçoit la valeur intrinsèque du lieu saint : elle pénètre son intériorité cachée, précosmique[230], physique et métaphysique, historique et métahistorique, immédiate et eschatologique[231].

Jérusalem. Salut et justice. Salut et vérité. Salut et retour à Sion

Salut et justice.
— On t'appellera (Jérusalem !) Ville de la justice, Cité fidèle. Sion sera *sauvée* par la justice (Is. 1,26-27)[232].

Le respect de la justice fut la condition primordiale qui présida au choix de Jérusalem comme future capitale du Pays d'Israël, du Pays que Dieu promit à Abraham. Car, au sujet du premier patriarche hébreu, l'Éternel se prononça ainsi : « Si Je l'ai distingué, c'est pour qu'il prescrive à ses fils et à sa maison après lui d'observer la voie de l'Éternel, en pratiquant la vertu et la justice » (Gen. 18,19). « C'est la justice, la justice – *tsédek, tsédek* – (deux fois : la justice) que tu dois rechercher, afin de vivre et de posséder le pays que l'Éternel ton Dieu te donne » (Deut. 16,20 ; voir Ramban *ad loc.*).

La reconstruction du *Beit HaMikdache* (du Temple de Jérusalem) se fera lorsque le juste et la justice – *Tsadik VaTsédek* – s'uniront, écrit le Chelah[233].

Salut et Vérité.
Rabbi Eliyahou, le Gaon de Vilna, enseigne : *Ta'hlit HaGueoula ; Gueoulat HaEmet* : « Le but de la *délivrance* est la délivrance de la *vérité*. » Le prophète Isaïe annonce ce but lorsqu'il dit : « Éclatez en cris de joie, chantez en chœur, ruines de Jérusalem ! Car l'Éternel console Son peuple, *délivre Jérusalem* » (Is. 52,9), appelée la « Ville de la *Vérité* » (Zacharie 8,3). Et le Gaon de continuer : « Le but de la délivrance de la vérité est le *Kiddouche HaChème* » « la sanctification du Nom » de Dieu. C'est pourquoi le prophète Isaïe ajoute : « L'Éternel étend Son bras auguste aux yeux de tous les peuples, et les confins de la terre sont témoins de l'œuvre de salut de notre Dieu » (Is. 52,10)[234].

Aussi longtemps que le salut n'est pas venu, la vérité reste cachée[235]. Lorsque le salut arrivera, « la vérité germera de la terre » (Ps. 85,12). La germination est le signe précurseur du salut, écrit le Maharal[236].

Salut et retour à Sion.
La fin du salut est de voir les enfants de Sion retourner à Sion. La fin suprême du salut est exprimée dans l'espoir que ces enfants,

retournés à Sion, auront le privilège de « voir » Dieu, le « Dieu de vérité, qui les délivre »[237] ; de « voir » leur « Roi » arriver à Jérusalem, de « voir » la *Che'hina*, présente à Sion.

Les juifs prient quotidiennement : « Dieu de miséricorde, reviens vers Ta ville, vers Jérusalem », et ils souhaitent que « leurs yeux puissent voir Son retour à Sion ». C'est ainsi qu'ils atteindront le vrai but de leur propre retour à Sion » : « Ils célébreront l'Éternel qui siège à Sion » (Ps. 9,12), « Quand ? Lorsqu'Il voudra bien que Sa *Che'hina* retourne à Sion »[238]. Alors « Dieu s'adressera à Israël pour lui dire : Voici, Ma lumière est votre lumière, et votre lumière est Ma lumière : Moi et vous, nous allons briller à Sion, car il est dit (Is. 60,1) : "Lève-toi, resplendis, car ta lumière est venue, et la gloire de Dieu rayonne sur toi"[239]. »

Unité de Jérusalem, d'Israël et de Dieu

L'unité entre Dieu, Israël et Jérusalem est parfaite, affirment les sages de la Tora. « Israël est appelé Sion » et « Jérusalem est appelée du nom de Dieu »[240].

Le Zohar (III, 93*b*) écrit : « Lorsque Israël se trouve dans la Jérusalem d'en bas (terrestre), il est appelé *toi*, ainsi qu'il est écrit "Et y a-t-il, comme Ton peuple, comme Israël, *une* nation, dans le Pays ? – *BaAréts* – (Sam. II, 7,23). Sûrement, dans le Pays, il constitue *une* nation : avec le Pays, (Israël) est appelé *un*". »

« L'Héritage que l'Éternel, ton Dieu, te donne (ô, Israël) » (Deut. 12,9) : « "L'héritage", c'est Jérusalem ! » soulignent le Sifrei et Rachi (*ad loc.*)[241]. Pourquoi ? « Parce que le titre d'"héritage", qui est celui d'*Erets-Yisraël* tout entière (du pays d'Israël tout entier), tire sa force de la source de sainteté qui se trouve à Jérusalem, l'endroit de sa révélation. Ce merveilleux degré de *na'hala* (d'héritage) ne s'est jamais trouvé révélé avant l'arrivée d'Israël à Jérusalem »[242].

Pourtant, à la fois entière et partagée, la responsabilité commune de tous les israélites commence déjà avec leur traversée du Jourdain[243]. Car, note Rabbi Avraham de Sohatchov, citant le Maharal, « Erets-Israël, étant réservée au seul Israël, fait d'Israël qui y habite un seul homme. C'est pourquoi, lorsqu'ils sont entrés en Erets-Israël, les israélites sont devenus entièrement solidaires les uns des autres »[244]. Et, par conséquent, tous les israélites sont des associés dans la possession de leur héritage commun, dans la *na'hala* d'*Erets-Yisraël*[245].

Yerouchalayim HaBnouya, KeIr Ché'Houbra La Ya'hdav. Jérusalem est bâtie comme une ville d'une harmonieuse unité (Ps. 122,3). *Ir Ché'Houbra : Ir ChéMe'habéret Yisraël Zé LaZé.* Jérusalem est une ville qui unit Israël, qui unit les israélites les uns aux autres [246].

Ya'hdav marque à la fois unicité et unité [247]. Le *ya'hdav* d'Israël, peuple unique et unifié autour de Jérusalem, rencontre le *ya'hdav* de Jérusalem, ville unique et unifiée autour d'Israël.

« Dans la Jérusalem d'en bas, Israël est appelé "un" », dit le Zohar [248]. En effet, Jérusalem (et notamment son Temple, et plus particulièrement pendant les fêtes de pèlerinage) unifie Israël [249]. *Yerouchalayim HaBnouya.* La « Jérusalem qui est bâtie » (Ps. 122,3), la Jérusalem qui est reconstruite, qui est réunifiée, appelle, selon Rachi, la « consolation » d'Israël, « le salut d'Israël », et elle contribue ainsi à réunir la Jérusalem d'en haut et la Jérusalem d'en bas [250].

KeIr Che'Houbra La Ya'hdav. Alors, « Jérusalem est unifiée avec elle-même : elle porte son centre en elle-même » [251].

Yerouchalayim HaBnouya, KeIr Ché'Houbra La Ya'hdav : Ir ChéHi Ossa Kol Yisraël La'Havérim. Jérusalem est la ville qui fait de tous les israélites des amis [252].

Ainsi, Jérusalem personnifie l'unité d'Israël [253]. « À Jérusalem, Israël est appelé : "un", "un peuple". » *BiYerouchalayim Ikroune Yisraël E'had : Goï E'had* [254].

Jérusalem, dans sa totalité, appartient à Israël, dans sa totalité. C'est pourquoi Jérusalem ne fait pas partie d'un territoire appartenant exclusivement à une seule tribu ! « Toutes les tribus sont associées en Jérusalem ; chacune d'elles a sa part en cette ville ». D'ailleurs, David lui-même, en achetant l'aire qui devait servir à l'emplacement du Temple, demanda à toutes les tribus de contribuer à l'acquisition du terrain, qui était situé initialement dans le territoire de Benjamin.

En effet, sur le *Har HaBayit*, sur la Montagne de la Maison, il y a douze portes, qui correspondent aux douze tribus d'Israël [255].

Pour illustrer le fait que Jérusalem était propriété nationale, que cette ville appartenait effectivement à toute la population du pays, « les habitants de Jérusalem n'ont pas reçu le droit de percevoir un loyer pour les appartements ou les lits » qu'ils mettaient à la disposition des pèlerins qui affluaient dans la capitale pendant les fêtes. « On ne loue pas de maisons à Jérusalem – dit catégoriquement la loi religieuse –, car elles appartiennent aux tribus » ! En vérité, le droit de propriété n'existait pas à Jérusalem. Juridiquement, les maisons de Jérusalem n'appartenaient pas à leurs propriétaires ! Les citoyens de Jérusalem étaient donc obligés de mettre gracieusement à la disposition de leurs hôtes leur propre appartement ; et, en effet, ils l'ont fait avec beaucoup de générosité : il leur est arrivé souvent de recevoir leurs hôtes à l'intérieur de leur maison, tandis qu'eux-mêmes – les propriétaires ! – « allaient dormir dehors »[256].

La condition préalable de la *délivrance* d'Israël, dont Jérusalem est le symbole, est l'*unité* d'Israël, l'union des israélites[257].

La condition préalable du *salut* d'Israël, dont Jérusalem est le symbole, est l'« amour d'Israël », l'amour des israélites, et donc l'amour de Jérusalem[258].

Le mot *ga'al* (a « délivré ») contient, en son milieu, la lettre *alef* (= 1), signe de l'*unité* ; cette lettre – observe le Maharal – relie les deux autres lettres, *guimel* et *lamed*, qui se trouvent aux deux extrémités de ce mot[259].

Lorsque la Communauté d'Israël réalise son unité en bas et constitue, *agouda a'hat*, un seul faisceau, elle se rend digne de devenir le chariot du Royaume des Cieux, en Haut, comme il est écrit (Deut. 33,5) : « Ainsi devint-il roi de *Yechouroun*, les chefs du peuple étant réunis, et les tribus d'Israël unanimes »[260].

L'unité d'Israël n'est pas seulement la condition préalable du règne de Dieu dans ce monde, mais, plus encore, c'est grâce à elle que « le Trône de Dieu se trouve établi en Haut », lorsque les enfants d'Israël constituent un seul faisceau, une unité – *agouda a'hat* – en bas. C'est pourquoi il est écrit : « Il a bâti dans les cimes Sa demeure sublime et appuyé Sa voûte – *agoudato* – sur la terre » (Amos 9,6). Quand bâtit-Il dans les cieux Sa demeure ? se demande le Midrache, et il répond : « Lorsqu'Il appuie Sa voûte – *agoudato* –, Son unité, sur la terre »[261].

Et Rachi[262] écrit : « Le Saint, béni soit-Il, est "Roi en *Yechouroun*" (en Israël), lorsque (les enfants d'Israël) s'unissent en un seul faisceau. Lorsque la paix règne parmi les enfants d'Israël, Dieu est leur Roi »[263].

Il est donc nécessaire que l'unité d'Israël, en bas, soit ressentie, soit vécue par celui-ci comme une unité en Dieu. C'est alors seulement que l'unité d'Israël sera capable de favoriser la délivrance messianique[264].

« Grand est l'Éternel dans la Ville de notre Dieu » (Ps. 48,2). « En quoi est-il grand ? En étant dans la ville de notre Dieu ! »

« Le Saint, béni soit-Il, quand est-Il appelé grand ? » se demande le Zohar. Et il répond : « Lorsqu'Il se trouve dans la ville de notre

Dieu, *uni* à la Communauté d'Israël. Il est alors grand dans la ville de notre Dieu, *avec* la ville de notre Dieu »[265].

Pour que l'amour de Dieu pour Israël manifeste ses effets salvateurs, il faut que l'« amour d'Israël » des israélites ne faillisse pas.

La destruction du *Mikdache Cheini*, du second Temple de Jérusalem, a eu pour cause la *sin'at 'hinam*, la haine gratuite (des juifs contre les juifs) ; ce péché est le plus grave des péchés : il est à lui seul l'équivalent des trois péchés les plus graves (que le juif n'a pas le droit de commettre, même pour sauver sa vie)[266].

C'est pourquoi la Galout qui suit la destruction du *Mikdache Cheini*, la Galout Edom (la Galout edomite, romaine, chrétienne) est la plus longue des galouyot, le péché de *sin'at 'hinam* n'a pas encore été entièrement réparé. Les trois péchés les plus importants qui ont causé la destruction du premier Temple, dont le péché de l'offense envers Dieu, ont été relativement vite rachetés, au cours des soixante-dix ans de captivité babylonienne ; le seul péché de l'offense envers l'homme, de l'offense envers le juif, *sin'at 'hinam*, est plus lourd aux yeux de Dieu que celui de l'offense envers Lui-même !

Faut-il encore ajouter que la Galout Edom étant aussi la Galout la plus étendue géographiquement, demande plus de temps à Israël pour y accomplir sa « mission » qui est celle de l'exil juif : apporter aux « nations du monde » la Parole de Dieu, leur faire connaître Sa volonté, qui est « une volonté de faire le bien », « de faire la paix », qui est une volonté d'amour[267].

« Si nous avons été ruinés, et qu'avec nous ait été ruiné le monde, à cause de la *sin'at 'hinam*, de la haine gratuite, nous serons rebâtis, et avec nous sera rebâti le monde, grâce à la *ahavat 'hinam*, à l'amour gratuit : l'amour qui descend du sommet du Rocher : "Alors Je ferai grâce à qui Je devrai faire grâce, et Je serai miséricordieux pour qui Je devrai l'être" (Exod. 33,19) », écrit Rav Kouk[268].

La vocation universelle, messianique de Jérusalem, « Trône de l'Éternel »

Aux temps messianiques, « Jérusalem deviendra la métropole spirituelle de tous les États »[269]. « À la fin des temps », Jérusalem deviendra la capitale spirituelle des nations : « Nombre de peuples (dont chacun gardera son identité) iront en disant : gravissons la montagne de l'Éternel pour gagner la Maison du Dieu de Jacob »[270].

Dans cette Maison de Dieu, au Temple de Jérusalem, les israélites prieront et, comme leurs ancêtres autrefois, apporteront des offrandes pour le bien de toutes les autres nations (représentées par « les soixante-dix ethnies »). C'est pourquoi Jérusalem, comme Dieu, comme la Tora et comme Israël, porte soixante-dix noms[271].

« Oh, si les nations du monde avaient su combien le *Mikdache* – le Temple de Jérusalem – était bon pour elles ! Elles l'auraient entouré de forteresses pour le garder[272] ! »

À Jérusalem, capitale du Pays d'Israël, lieu de « la Maison du Dieu de Jacob », les gouvernements des autres pays se réuniront et délibéreront : « ils marcheront à sa lumière ». « Jérusalem s'étendra alors » : elle étendra son influence spirituelle sur tous les pays, car ceux-ci « l'entoureront ». « Jérusalem s'étendra enfin aux lieux les plus hauts » dans l'autre monde : son influence pourra atteindre jusqu'au « Trône de la Gloire divine » : *Kissé HaKavod*[273].

« Son cou est comme la tour de David »[274]. Jérusalem est appelée « cou », car elle unit le monde d'en bas et le monde d'en haut[275].

« En ces temps-là on appellera Jérusalem : *Kissé HaChème :* Trône de l'Éternel. Tous les peuples s'assembleront à Jérusalem, en l'honneur de l'Éternel »[276].

Ce Trône d'en bas, érigé à l'endroit du monde choisi avec le plus de soin, marquera l'établissement du royaume de Dieu dans le monde de l'Histoire ; ce trône d'en bas correspondra au trône d'en haut, établi dans un monde suprahistorique[277].

La Jérusalem unifiée en bas fera une avec la Jérusalem unifiée en haut : les deux Jérusalem seront unifiées en Dieu[278]. Jérusalem étant ainsi unifiée dans la paix, le monde d'en bas et le monde d'en haut, tous les mondes[279] chanteront ensemble à la gloire du Dieu unique et un.

Ainsi, « Jérusalem sera la lumière du monde, comme il est dit[280] : "Et les peuples marcheront à ta lumière". Et qui sera alors la lumière de Jérusalem ? Le Saint, béni soit-Il !, comme il est écrit[281] : "L'Éternel sera pour toi une lumière permanente" »[282].

Cependant, « la lumière de Dieu qui brille à Jérusalem » est bien la lumière d'Israël, en Erets-Israël, qui resplendit à Jérusalem[283]. Car, c'est grâce à Jérusalem, en vue de « ce Lieu » qui s'y trouve : le *Beit HaMikdache*, qu'Erets-Israël a été accordée par Dieu à Israël.

En effet, tout le Pays d'Israël tire sa force de Jérusalem et Jérusalem tire sa force du *Beit HaMikdache*, de la Maison de sainteté[284].

Aux temps messianiques, tout le Pays d'Israël, toute la « Terre de la sainteté », *Erets HaKodèche, Admat HaKodèche*[285], sera considérée comme « Jérusalem, la Ville de la sainteté », *Ir HaKodèche*[286] ; et la

Ville de Jérusalem sera appelée *Beit HaMikdache*, « Maison de la sainteté », « Maison de la sanctification »[287].

Par conséquent, Erets-Israël tout entière est appelée à devenir dans le futur messianique : *Kissei HaChème*, le « Trône de l'Éternel ».

Combien riches d'enseignement et d'espérance sont les réflexions consignées par le grand rabbin de l'Erets-Israël moderne, Rabbi Avraham Yits'hak HaKohen Kouk (1865-1935), bien avant la proclamation formelle de l'État d'Israël actuel. Il écrit notamment : « L'État ne constitue pas le bonheur suprême de l'homme. Je parle de l'État habituel, dont la valeur n'est pas beaucoup plus grande que celle d'une grande société d'assurances. Cependant, l'État qui dans son fondement déjà est idéal, se propose, depuis sa constitution, un idéal suprême, qui est celui du bonheur de la personne humaine. Un tel État, il est vrai, se situe au niveau le plus élevé de l'échelle du bonheur. Et un tel État est notre État, *Medinat Yisraël* (l'État d'Israël), le fondement du *Kissei HaChème* (le fondement du Trône de Dieu dans le monde), dont tout le désir est que "l'Éternel soit un et que Son nom soit un" (Zach. 14,9), car ceci est en vérité le bonheur suprême, le plus élevé. Il est vrai qu'un bonheur si élevé a besoin d'une longue explication pour faire monter sa lumière en des jours sombres. Pourtant, il ne cessera pas d'être le bonheur le plus grand[288]. »

Les avant-derniers et les derniers mots de ce texte visionnaire, « utopique », du Rav Kouk, correspondent aux paroles que nous trouvons dans le Zohar[289]. Là aussi le souhait rejoint l'affirmation et la prière s'affermit dans la certitude. Ces paroles, les voici : « "En ces temps-là on appellera Jérusalem : Trône de l'Éternel[290]"... Ainsi qu'il est écrit[291] : "En ce jour l'Éternel sera un et Son nom sera un". Béni soit l'Éternel à tout jamais. Amen et amen. Que l'Éternel règne à tout jamais. Amen et amen[292] ! »

Tsione et Yerouchalayim. Sion et Jérusalem

Tsione et *Yerouchalayim*, bien qu'étant des termes synonymes[293], constituent néanmoins « deux catégories » différentes, mais aussi complémentaires.

Généralement, ces deux noms désignent la région montagneuse où se trouve la capitale de tout le Pays d'Israël et particulièrement celle de la Judée. *Tsione* y est la Montagne, la campagne ; *Yerouchalayim* y est la Ville, la Cité de David. *Tsione* est la Montagne[294]. *Tsione* pourrait devenir campagne[295] *Tsione* est un puits d'eaux vives dans une campagne[296]. *Yerouchalayim* est la Ville[297].

Cependant, la signification morale, spirituelle, religieuse de ces deux termes, *Tsione* et *Yerouchalayim*, est plus importante que leur signification matérielle, géographique. Dans l'ordre de l'esprit, *Tsione* et *Yerouchalayim* se correspondent, s'harmonisent, se complètent. « *Tsione* est la miséricorde [298] ; *Yerouchalayim* est la justice » [299], « *Tsione* est l'endroit d'où *Yerouchalayim* reçoit sa bénédiction » [300]. Mais « *Tsione* reçoit sa bénédiction d'en haut et, ensemble, *Tsione* et *Yerouchalayim* ne forment plus qu'un tout » [301]. C'est pourquoi le Gaon de Vilna, étudiant les rapports entre *Tsione* et *Yerouchalayim*, observe que « le visage de *Tsione* est un visage de grandeur » ; que néanmoins *Tsione* s'unit dans une profonde unité avec *Yerouchalayim* [302]. Rabbi Yits'hak Aizik de Sovalk, commentant ces paroles du Gaon de Vilna, découvre en *Tsione* « la grandeur de la crainte de Dieu », de la *yir'a*, tandis qu'en *Yerouchalayim*, il voit « la royauté », la *mal'hout*, qui y est non seulement divine mais aussi humaine, et notamment « davidique » (cette dernière se mettant au service de la première). « *Yir'a* et *Mal'hout* s'y joignent avec douceur » [303].

La représentation que le Gaon de Vilna et son disciple, Rabbi Yit'shak Aizic de Sovalk, se font de *Tsione* apparaît clairement. Elle nous paraît inspirée par une pensée talmudique. En effet, le verset des Psaumes : « L'Éternel aime les portes de Sion plus que toutes les demeures de Jacob » (Ps. 87,2) est ainsi interprété par les sages d'Israël : « Dieu aime les portes de *Tsione*, car elles s'élèvent au-dessus des autres et se "distinguent" – *HaMetsouyanim* – par la *Hala'ha* (par la Loi qu'on y étudie et qui sert à l'application correcte des commandements de la Tora) » [304]. La grandeur de *Tsione* réside donc dans le fait que *Tsione* est *metsouyenet*, que *Tsione* se « distingue » par la Tora qu'on y étudie avec ferveur et qu'on fait rayonner dans le monde entier [305].

Quant à *Yerouchalayim*, la démarche de Rabbi Yits'hak Aizic de Solvalk à son propos nous rapproche de la conception que s'est faite Rav Kouk de sa splendeur.

À l'instar de Rabbi Chelomo Alkabets de Safed, auteur de l'hymne chabbatique *Le'ha Dodi*, Rav Kouk, le grand rabbin de Jérusalem, salue en cette métropole de Dieu le Sanctuaire, la Cité de la Tora divine. Mais, s'il y chante la plénitude de la sainteté, il salue aussi en Elle la capitale de la royauté humaine, la Cité de David : il y exalte la gloire du chantre-toi [306]. Quant à la différence entre *Tsione* et *Yerouchalayim*, et à leur complémentarité, Rav Kouk les définit ainsi : « *Tsione* et *Yerouchalayim* se trouvent l'une à côté de l'autre. Dès le début de notre histoire, le nom de "*Tsione*" a servi particulièrement à exprimer le concept de notre royauté, de notre force matérielle, qui est certainement sainte, car elle sert les buts saints de notre peuple qui sont et seront à tout jamais ceux d'un royaume de prêtres et d'une nation sainte (Exod. 19,6) pour le monde entier. Le nom de *"Yerouchalayim"* exprime, quant à lui, le but de notre sainteté en elle-même ; il traduit l'aspiration suprême, idéaliste de notre être national en ce qui nous regarde nous-mêmes comme en ce qui concerne l'humanité tout entière. L'endroit du *Beit HaMikdache* (du Sanctuaire d'Israël), de la Maison de prière, future, de tous les peuples, le lieu où a siégé le grand Sanhédrin, d'où est sortie la Tora et d'où elle sortira pour tout Israël – c'est tout cela que dénote le nom : *"Yerouchalayim"* »[307].

Les interprétations que le Zohar (III 262b) et les maîtres de la pensée religieuse juive nous offrent sur *Tsione* et *Yerouchalayim* varient, certes, mais se complètent toujours. *Tsione* et *Yerouchalayim* forment un couple inséparable, symbolisant le père et la mère, les patriarches et les matriarches, l'intelligence et la sagesse. Ainsi, le Chelah HaKadoche, Rabbi Yechayahou Horovitz, a vu en « *Tsione* », le point intérieur où se fondent splendeur et royauté : « *Tiféret OuMal'hout* »[308]. Rabbi Chemouël Chmelke Horovitz, lui, croit que *Tsione* représente l'extériorité de l'homme en prière, ses lèvres, tandis que *Yerouchalayim* personnifie l'intériorité de l'homme en prière, son cœur[309]. Pourtant, le Gaon de Vilna demeure le maître qui porte à leurs plus hauts sommets les considérations sur le symbolisme relationnel des noms de *Tsione* et de *Yerouchalayim* ; il y découvre un symbolisme numérique des lettres composant des noms de Dieu[310]. En effet, Rachi déjà, mais sans entrer dans les détails des chiffres, avait écrit : « *Tsione* est le nom du Saint, béni soit-Il »[311].

Rabbi Yona de Gérone, quant à lui, s'occupant de près de l'arithmétique divine, a constaté que la valeur numérique des lettres composant les mots *Michkenei Elione* (« demeures du Très-Haut ») est la même que la valeur des lettres composant le mot *Yerouchalam* : 586[312]. Les mots *Michkenei Elione* se trouvent dans le verset 5 du chapitre 46 des Psaumes de David, qui s'exclame : « Le fleuve ! Ses ondes réjouissent la ville de Dieu, lieu saint des demeures du Très-Haut. »

CHAPITRE IV

REGARD SUR « LE TEMPS JUIF,
LE TEMPS CHABBATIQUE »

Exposés présentés, en partie, aux Conférences juives européennes pour l'éducation, à Paris et à Londres ; aux Communautés israélites de Marseille, Bâle et Berne.

Chabbat, principe et exigence de sainteté

C'est au sujet du Chabbat que la Bible introduit pour la première fois la notion de sainteté : elle couronne le premier récit de la Genèse par les mots : « Et Il sanctifia (le septième jour), qu'Il bénit » (Gen. 2,3)[1]. Auparavant Dieu avait accordé Sa bénédiction aux animaux ainsi qu'à l'homme et à la femme, pour qu'ils se multiplient (Gen. 1, 22,28). À ces derniers, il transmet Sa bénédiction par une parole qu'Il leur adresse directement, personnellement.

L'instinct de procréation, tant animal qu'humain, est béni par le Créateur, qui ne veut pas que Sa création reste désertique (cf. Is. 45, 18). Pourtant l'idéal, l'exigence de sainteté n'intervient qu'à propos du Chabbat : l'homme et la femme seront appelés à l'assumer volontairement, à y répondre librement.

Sans opprimer l'instinct, la sainteté élève l'homme au-dessus de l'instinct : elle l'affine, elle l'ennoblit, elle lui propose un but éthique. C'est elle, la sainteté, qui scellera l'union de l'homme et de la femme israélites et marquera particulièrement l'union conjugale pendant le Chabbat[2].

On n'est saint qu'en étant bon. En faisant du Chabbat la quintessence du bien, à l'intention de l'homme, Dieu en a fait également la quintessence de la sainteté[3]. Celle-ci doit constituer pour l'homme l'aboutissement de son intention de faire de toutes ses pensées, ses paroles et ses actes le bien pour soi-même et pour autrui ; de faire le bien, tel que le Créateur le conçoit et le veut[4].

Dieu et Israël créent le Chabbat.
Sainteté divine et sanctification humaine du Chabbat

Création de Dieu, le Chabbat est « fixe et *existe* »[5] ; accepté par Israël, le Chabbat *vit* ; plus encore, il devient une création d'Israël : « "Et les enfants d'Israël garderont le Chabbat, pour *faire* le Chabbat" (Exod. 31,16). Car celui qui garde le Chabbat doit être considéré comme s'il avait *fait* le Chabbat[6]. »

Le Chabbat est *saint* par sa nature divine, extratemporelle (cf. Gen. 2,3) ; Dieu le « transmet », le confie à l'israélite pour que celui-ci le « *sanctifie* » et en parachève la sainteté dans le monde humain, éthique, temporel (cf. Exod. 20,8 ; Deut. 5,12). Envoyé par Dieu, venant de l'éternité, le Chabbat est accueilli et introduit par l'israélite dans le temps ; l'israélite fait du Chabbat la quintessence du temps. Israël devient ainsi « collaborateur de Dieu dans l'œuvre de création », où l'éternité et le temps se rejoignent ; Dieu est créateur du Chabbat, et, après Lui et avec Lui, Israël est créateur du Chabbat !

Dieu, Chabbat et Israël

La collaboration entre les trois partenaires, Dieu, Chabbat et Israël, va jusqu'à leur identification totale : « Chabbat est le nom de Dieu »[7] et « la communauté d'Israël s'appelle Chabbat »[8]. Le *Chabbat* qui est le « Nom de Dieu », renforce l'unité intérieure d'Israël (de même qu'il affermit l'unité intérieure de chaque israélite).

Israël est un, car son unité-unicité s'appuie sur l'unité-unicité de Dieu ; il la reflète dans le monde[9].

Neir chabbat. « *La bougie du Chabbat* », *privilège de la femme juive*

L'allumage des bougies à l'entrée du Chabbat incombe surtout à la femme juive, à la mère juive[10].

En accomplissant *mitsvat neir chabbat*, le commandement de l'allumage des bougies du Chabbat, la femme juive répare la faute d'Ève qui, en incitant Adam à commettre le premier péché, « a *éteint* l'âme du premier homme »[11], « l'a mise dans les ténèbres » ; elle a provoqué la discorde entre Dieu et Sa créature humaine ; elle a causé la mésintelligence entre Adam et ses descendants ; elle a suscité le désaccord entre les générations qui souffrent du premier péché du premier homme ; elle a éveillé le trouble dans le comportement humain ; elle a engendré la confusion entre le bien et le mal [12].

Le *neir chabbat*, les bougies du Chabbat, que la femme juive allume dans sa maison, ont pour but de rétablir la paix détruite par la faute d'Ève dans le foyer originaire du couple humain ; elle allume ces bougies pour *chelom beito*..., pour assurer la paix de la maison de son époux [13], car elle en porte la responsabilité, étant elle-même la personnification de la maison : « l'épouse est la maison [14] » !

Par la lumière, à la fois matérielle et spirituelle, que la femme juive apporte dans la maison, à l'entrée du Chabbat, elle rétablit, pour la durée du Chabbat (et si elle a des mérites, à l'instar de ceux de Sara : pour la durée d'un Chabbat à l'autre [15]), la paix entre le corps et l'âme [16] ; elle instaure dans le foyer « la sainteté », ce que veut dire le mot : Chabbat [17]. Cette clarté sans confusion, qui fait place à des désirs purs, exprime la sainteté, qui se réalise dans une intégralité sans contradiction. Grâce à l'accomplissement par la femme de la mitsva du *neir chabbat*, le Chabbat devient une œuvre de « réparation » du péché de l'« arbre de la connaissance du bien et du mal » [18] : le Chabbat devient ainsi entièrement le « bien » [19].

En allumant les *neirot chabbat*, les « bougies de Chabbat », la femme juive, « la prêtresse de la maison » [20], y appelle la paix et l'y accueille. Car le Chabbat est *chalom* : est appelé « paix » ; est salué comme la paix, comme une paix totale : d'en haut et d'en bas [21].

Le *leil chabbat*, le vendredi soir, soir chabbatique, l'époux et l'épouse juifs assument, dans leur foyer, des tâches sacerdotales. Cependant, le sacerdoce dont se charge la femme à l'entrée du Chabbat est plus important que celui qui revient au mari, le prêtre de la maison, au soir du vendredi ; s'ils ne disposent pas d'assez de moyens matériels pour se procurer et le vin pour le *kiddouche* (pour la « sanctification » du Chabbat, récitée, généralement, par le mari, le vendredi soir) et les bougies pour *neirot chabbat* (allumées, généralement, par l'épouse, à l'entrée du Chabbat), la loi religieuse donne la préférence à l'achat des bougies, *Michoum Chelom HaBayit*, « à cause de la paix de la maison ». Il n'y a pas de vraie paix dans la maison sans *neir chabbat* [22].

En allumant les bougies du Chabbat dans sa maison, la femme juive y apporte la joie. Et si « la maison est en joie, le soir du Chabbat, la *Che'hina* (la Présence divine) s'y trouve. Elle dit : cette maison est à Moi : "Yisraël, c'est en toi que Je me glorifie" ! Et (si la maison juive) n'est pas en joie (le soir du Chabbat), la *Che'hina* s'en va, et les anges avec Elle, et le mauvais penchant y arrive, et le Nom de Dieu se retire d'entre l'homme et la femme, et ces derniers restent (l'un avec l'autre) comme *Eche VaEche* (comme "le feu avec le feu"), et la nourriture devient impure... »[23].

Le Talmud[24] voit la source de l'harmonie, de la paix entre les époux (deux éléments opposés par leur nature), dans la présence de Dieu parmi eux. Son nom (une partie du Tétragramme même) constitue le trait d'union entre eux ; Il les élève du monde de la nature, et donc des adversités, vers celui de l'esprit, et donc de l'unité. Ainsi, en s'unissant, homme et femme se rapprochent de Dieu, de l'Un.

L'homme s'appelle *iche* ; et la femme s'appelle *icha*. Le *yod* (= i) d'*iche* et le *hé* (= a) d'*icha* sont les lettres *Yod* et *Hé* du Tétragramme, du Nom essentiel de Dieu. Si les époux le méritent, cette partie du Nom : *Yod Hé*, est entre eux ; sinon elle se retire, et l'homme et la femme, *iche* et *icha*, privés de ces deux lettres : *yod* et *hé* (lettres qui leur donnent à la fois une identité propre et une identité complémentaire) restent *èche* et *èche*, restent, l'un face à l'autre, comme « le feu » et « le feu » : prêts à s'attaquer, à s'unir l'un à l'autre, non pas en s'épanouissant dans un amour qui s'approfondit, mais en « se dévorant » réciproquement dans un plaisir fugace. *Iche Veicha, za'hou Che'hina beineihem ; lo za'hou èche o'hletan !* Dépouillés du Nom de Dieu, ayant rejeté du milieu d'eux « la Présence de Dieu », Présence unificatrice, pacificatrice, l'homme et la femme demeurent seuls entre eux, *èche* et *èche*, « feu » et « feu », et se « dévorent » réciproquement : ils s'annihilent[25].

Lumière et non pas feu ! L'entrée du Chabbat se fait dans la lumière, par l'allumage (généralement par la femme) du *neir chabbat* ; la sortie du Chabbat se fait dans la lumière, par l'allumage (généralement par l'homme) du *neir havdala*, de la « bougie de la distinction » « entre le septième jour et les six jours de travail ». Pendant la prière de *havdala*, on récite la bénédiction de *Boré Me'orei HaEche* : on loue Dieu, qui « crée les lumières du feu ». « Le feu », qu'on allume le samedi soir, marque le commencement de l'action civilisatrice, industrieuse, de la semaine ; mais ce feu même, que le Créateur met à notre disposition et qu'Il nous apprend à nous procurer, est aussi un feu de *lumière* qui éclaire et qui ne détruit pas ; il est également un feu de lumière, de la sainteté qui ennoblit les « choses » que l'homme s'apprête à fabriquer[26].

En allumant dans sa maison les *neirot chabbat*, en y répandant ainsi la lumière douce du Chabbat, la femme juive tient compte de l'interdiction que la Tora met en évidence d'une façon particulière au sujet du Chabbat : « Vous n'allumerez point de *feu* dans aucune de vos demeures, le jour de Chabbat »[27]. Cette interdiction précise, concernant une action matérielle, les décisionnaires hala'hiques, et non pas seulement les mystiques [28], la rapportent également, et avec insistance, au domaine des relations entre êtres humains : « il est interdit d'allumer le feu » de la discorde et surtout pas dans les demeures, qui doivent être les demeures de la paix ; et surtout pas le jour du Chabbat, qui est le jour de la paix [29], préparant la paix de toute une semaine – qui est le jour de la paix intérieure cosmique [30], préparant la paix du monde à venir.

Le kiddouche
La prière de « sanctification » du Chabbat

Nous faisons le *kiddouche*, nous prononçons la « sanctification » du Chabbat pour concrétiser le vendredi soir la mitsva qui nous prescrit de consacrer notre *pensée* au Chabbat : *za'hor* [31].

Par un acte agréable, par un acte « de joie » [32] – boire du vin, en quantité « mesurée » –, « nous éveillons le "souvenir" de la grandeur du jour et nous fixons dans notre *cœur* la vérité de la création du monde *ex nihilo* » [33] ; par le même acte, nous évoquons notre « souvenir » « de la sortie d'Égypte », car cette dernière nous rappelle la *Hachga'ha*, la Providence particulière dont Dieu fait bénéficier Son peuple, Israël [34].

Dans le *kiddouche* de Chabbat, *Zikaron LeMa'assei BeRéchit* et *Zeïher LeYetsiat Mitsrayim*, la commémoration de l'œuvre de la création et le rappel de la sortie d'Égypte sont mentionnés côte à côte.

En effet, pour préparer la sortie d'Égypte, et lors de l'exode des israélites hors de ce pays, Dieu a prodigué à Son peuple des miracles si exceptionnels qu'ils ressemblaient à ceux qu'Il a réalisés lors de la création du monde. Par le *Chidoud Ma'ara'hot*, par une « mutation opérée dans l'économie du monde », Dieu a fait comprendre aux israélites, après les avoir « fait sortir du pays d'Égypte, de la maison d'esclavage », le miracle même de la création auquel les hommes n'ont pu assister [35].

C'est pourquoi le *Kiddouche HaYom* (le « kiddouche du jour ») le plus important est celui du vendredi soir [36], commandé par le *za'hor* – « souviens-toi ! ». Il comporte, à la fois, le souvenir de la *création* du monde et celui de l'*exode* hors d'Égypte : les deux événements exigent de notre part un *zei'her*, c'est-à-dire une « commémoration » qui est participation, un « rappel » qui est actualisation. Par l'emploi du terme *ze'hira*, la Tora nous demande (après l'expérience que nous avons faite de la sortie d'Égypte et par là même de la Création) de nous « souvenir [37] de l'un et de l'autre de ces deux événements, la création et l'exode.

Le *kiddouche* du vendredi soir, acte spirituel et matériel, concrétisant par la parole et l'action [38] la *pensée* du *za'hor* [39], nous *conduit* à l'*observation* du *chamor* [40]. Le *za'hor*, l'idée, libre et ouverte, conduit au *chamor*, à l'action, qui encadre effectivement et réglemente minutieusement tous nos gestes durant le Chabbat.

Le *za'hor*, ainsi que l'écrit Rabbi Chnéiour Zalman de Liady, tout à la fin de son Kounterass Ah'rone [41], représente la *penimiout*, l'intériorité de la mitsva du Chabbat [42] et le *chamor* représente la *'hitsoniout*, l'extériorité de la même mitsva.

Le *za'hor* est une *mitsvat assé*, une mitsva positive, active, et, comme toute *mitsva assé*, elle est accomplie, ainsi que le remarque Ramban [43], dans l'*amour de Dieu* ; tandis que le *chamor* est une *mitsva la ta'assé*, négative, prohibitive [44], et, comme toute *mitsva lo ta'assé*, elle est accomplie dans la *crainte de Dieu* [45]. Cependant, une *mitsva lo ta'assé*, bénéficiant de l'influence amoureuse qu'exerce sur elle une *mitsva assé* qui la précède, peut être accomplie avec une grande aisance : le *chamor*, le *Chamor Et Yom HaChabbat*, n'est pas rigide, mais agréable, car il a déjà été installé dans le cœur du juif par le *za'hor*. Le *chamor* répond ainsi à l'attente impatiente du juif qui désire voir arriver le Chabbat, disent le Zohar et, après lui, le Séfer 'Harédim et l'Or Ha'Hayim [46] (ils prennent pour base scripturaire de cette interprétation du *chamor* le verset biblique qui nous fait vivre l'amour attentif que Jacob nourrissait pour son fils Joseph et qui s'exprime par le verbe *chamar : VeAviv Chamar Et HaDavar* [47]).

D'ailleurs, le *chamor* conduit également au *za'hor*.

En effet, le *chamor*, l'observation *pratique* d'un Chabbat, prépare le juif, en le spiritualisant, en le purifiant [48], à la venue du Chabbat suivant. Ce juif arrive déjà affiné au seuil du nouveau Chabbat, l'hôte attendu ; il est alors capable de toucher à « l'intériorité » de la mitsva de *za'hor* [49].

Le *za'hor* conduit au *chamor* ; et le *chamor* conduit au *za'hor* ; ils forment une unité : *Za'hor VeChamor Ka'hda Mit'habrane* [50].

Aussi, cette unité de *Za'hor VeChamor*, de *mitsvot assé* et de *mitsva lo ta'assé*, qui se réfère à la mitsva du Chabbat [51], devient la source de l'unité de toutes les mitsvot [52], c'est-à-dire la source de la bénédiction que le juif prononce avant de procéder à la réalisation d'une mitsva, d'un commandement divin : « Sois *béni*, Éternel, roi de l'univers, qui nous as *sanctifiés* par Ses (Tes) commandements... »

La pratique du Chabbat est organisée par le couple

Le couple accueille et anime le Chabbat dans le foyer juif : une dualité qui tend harmonieusement vers l'unité et s'y réalise totalement.

Kol isska chel chabbat kafoul...[53]. « Toute la pratique du Chabbat est double » est organisée par le couple, depuis les temps bibliques, au Temple de Jérusalem[54], jusqu'à présent. Cette dualité reflète le rôle vital du couple au foyer.

Deux bougies éclairent la table de Chabbat et, devant elles, sont placés deux pains, *lé'hem michné*, pour la bénédiction, destinés à rappeler les deux principes bibliques présidant au respect du Chabbat : *Za'hor VeChamor*. *Za'hor*, « rappelle-toi », et *Chamor*, « observe », l'un (Exod. 20,8), principe masculin, et l'autre (Deut. 5,12), principe féminin[55], l'un et l'autre inscrits sur les deux Tables de la Loi[56]. Les deux verbes, *Za'hor VeChamor*, se complètent dans l'unité du Chabbat, à la lumière de l'espérance des temps messianiques, des temps de l'unité ; les deux Chabbatot, « le Chabbat d'en bas » (terrestre) et « le Chabbat d'en haut » (céleste) formeront alors une unité chabbatique parfaite[57].

La réussite de l'accueil du Chabbat dans le foyer du couple juif est attesté par les *deux* anges qui le visitent au soir du vendredi[58].

Le foyer chabbatique est le lieu de la gloire sainte

« Regardez : l'Éternel vous a gratifiés du Chabbat ! C'est pourquoi Il vous donne, au sixième jour, la provision de deux jours. Que chacun demeure où il est ; que nul ne sorte de son habitation – *mimkomo* –, de son lieu le septième jour » (Exod. 16,29).

« "*Mimkomo*" – allusion à ce qui est écrit : "Bénie soit la gloire de l'Éternel en Son lieu : *Mimkomo*" (Ez. 3,12). C'est pourquoi l'homme qui s'orne de la couronne sainte d'en haut ne sort pas de chez lui (un jour de Chabbat)... "Qu'il ne sorte pas de son habitation – de son lieu : *mimkomo* – (le septième jour)", car c'est le lieu de la gloire sainte[59]... »

Le *kiddouche*, la « sanctification » du Chabbat, doit être prononcée à l'endroit où a lieu le repas », familial, chabbatique, « dans sa maison[60] ».

« Et Je donnerai la pluie à votre pays, en son temps – *BeLeilei Chabbatot* – les veilles de Chabbat (au soir), quand chacun est dans sa maison[61]. »

Le « temps » le plus propice pour l'union conjugale dans la sainteté de la pensée, dans la pureté de l'amour et dans la « joie chabbatique » est la nuit du vendredi au samedi, la nuit du « Chabbat qui est saint », du « Chabbat qui est le mystère de l'unité »[62].

Le respect de Dieu, du Chabbat et des parents

« La mitsva du respect – *kibboud* – du père et de la mère équivaut à la mitsva de l'honneur du Chabbat – *Kevod Chabbat*[63]. »

Le juif doit *honorer* le Chabbat et *honorer* ses parents : *VeKarata LaChabbat Oneg... Ve'Hibadeto* (Is. 58,13) ; *Kabed Et Avi'ha Ve'et Imé'ha* (Exod. 20,12 ; Deut. 5,16)[64].

Aussi, le respect – *kavod* – dû aux parents est comparable au respect – *kavod* – dû au Créateur : *Kabed Et Avi'ha Ve'et Imé'ha* (« Honore ton père et ta mère ») ; *Kabed Et HaChème* (« Honore l'Éternel », Prov. 3,9)[65].

Le fait même d'avoir *des* parents, et *les* parents que nous avons, non pas ceux de notre choix, tout cela nous conduit au respect du Créateur, au respect que nous devons à notre Créateur, qui détient « les clés » de la vie, le secret de la vie[66]. En fait, il y a « trois associés » qui président à la naissance de l'homme, « le Saint, béni soit-Il, le père et la mère »[67]. « L'Éternel dit (au père et à la mère du futur enfant) : "faisons l'homme"[68]. »

Pourtant, si les parents demandent à leurs fils ou à leurs filles de profaner le Chabbat, ceux-ci ne doivent pas leur obéir, parce que autant les parents que leurs enfants doivent respect à leur Créateur, ce dont témoigne le Chabbat[69].

C'est à partir de Jacob que le Chabbat est célébré par toute la famille d'Israël

« À Israël, Ton peuple, Tu as donné le Chabbat, avec amour : à la postérité de *Jacob* que Tu as élue » (Prière du matin du Chabbat). « Abraham se réjouit en ce jour ; Isaac est plein d'allégresse ; *Jacob et ses fils* le célèbrent par le repos » (Prière de l'après-midi du Chabbat).

Les prières mettent l'accent sur « la postérité de Jacob », sur « Jacob et ses fils », qui, eux, forment le peuple d'Israël : c'est à partir d'eux que le Chabbat est célébré par *toute la famille d'Israël* (car Ismaël, fils d'Abraham, et Esaü, fils d'Isaac, n'ont pas célébré le Chabbat[70].

Oneg chabbat, « *délice du Chabbat* »

La mitsva qui commande d'agréer le Chabbat s'appelle *oneg chabbat*, « délice du Chabbat ». « Ordonnance » et « aisance » se rencontrent et se complètent pour constituer une unité : l'unité du respect affectueux du Chabbat.

« Ce "délice", en quoi consiste-t-il ? – Lorsque Isaïe dit (58,13) : "Tu appelleras le Chabbat : délice", je sais qu'il s'agit de l'*oneg chabbat*, du délice du Chabbat » (TB Chabbat 118*b*).

L'*oneg chabbat* est un concept spécifiquement juif dont la portée est à la fois aggadique et hala'hique. Il signifie le « plaisir » spirituel (assimilant le plaisir matériel, physique, qui s'élève au niveau de la joie sublime) que le Chabbat offre au juif, compris dans la totalité, dans la plénitude de son être humain, dans son corps et dans son esprit, car l'homme est un (cf. TB Pessahim 68*b*) ; il signifie aussi le plaisir que le juif offre au Chabbat, considéré comme une personne : « fais plaisir au Chabbat », « honore-le » (cf. TB Chabbat, 118*b* ; 113*a*). En effet, c'est le Chabbat, considéré comme une personne, qui est glorifié dans le verset 13 du chapitre 58 d'Isaïe : « Tu appelleras le Chabbat "délice" – *oneg* – (tu t'adresseras à lui en l'appelant *oneg*) : le saint de l'Éternel : (il est) honoré et tu l'honoreras... »

VeKarata LaChabbat Oneg : tu t'adresseras au Chabbat, tu l'« appelleras », tu le « convoqueras », tu l'« inviteras »... (cf. Zohar, II, 47*a* ; Rashbam, *ad* Pessa'him, 101*a*).

Les sages d'Israël construisent sur les bases que leur offre ce verset d'Isaïe le magnifique édifice aggadique et hala'hique de l'*oneg chabbat*. Qualité et réalité, l'*oneg chabbat* aboutit à être ce qu'il *doit* être et à ce qu'il *se plaît* à être, s'il est précédé d'une autre qualité et d'une autre réalité : *kevod chabbat*, « l'honneur du Chabbat », l'honneur dû au Chabbat (cf. Rambam, Michné Tora, Hil'hot Chabbat, XXXI, 1 ; cf. aussi Michna Ta'anit, IV, 3 ; Choul'hane Arou'h, Ora'h 'Hayim, 242).

Le *kavod* dû au Chabbat comprend les préparatifs spirituels en vue de l'accueil du Chabbat (lecture et étude de la section hebdomadaire du Pentateuque et de sa traduction traditionnelle, araméenne) et les préparatifs matériels en vue de l'accueil du Chabbat (achats, etc.). Le juif s'apprête ainsi, spirituellement et matériellement, au cours de la semaine, et d'autant plus, au fur et à mesure qu'il se rapproche du Chabbat, à recevoir cet hôte de marque. À la veille du Chabbat, le juif se prépare aussi personnellement, dans son corps même, « en l'honneur du Chabbat » (il « lave » son corps, il l'habille de « vêtements propres » : il « sanctifie » ainsi son corps ; il le spiritualise). Par ces dernières actions pré-chabbatiques, le juif marque partout le changement qu'il fait intervenir autour de lui et en lui-même, en l'honneur du Chabbat. En effet, la « différence » doit être visible et sensible entre ce qu'ont été les habitudes, les attitudes, « la démarche », « la parole » du juif pendant la semaine, et ce qu'elles sont le jour du Chabbat.

Le jour du Chabbat, le juif est autre que pendant les jours de la semaine. Il est autre : il est meilleur. Son être et son paraître sont « différents » : ils sont « rayonnants » ; ils « ne ressemblent pas » à ce qu'ils ont été les autres jours de la semaine.

Pour être autre le jour du Chabbat, en présence du Chabbat, le juif apprête son environnement familial, son foyer, sa salle à manger, sa chambre à coucher, en vue de l'arrivée de « la reine Chabbat » : on embellit la maison, on range ses meubles, on « dresse la table », on « prépare le lit ».

Tout étant fait « en l'honneur du Chabbat », le juif – homme, femme, enfant – va à la rencontre du Chabbat, pour accueillir « la fiancée » chabbatique.

Commence alors l'*oneg chabbat*.

Le plaisir que le juif procure au Chabbat et que le Chabbat procure au juif se manifeste d'abord par l'allumage des bougies, puis par la prière joyeuse, l'étude savoureuse de la Tora, la parole affable, la démarche tranquille, le chant doux, la méditation personnelle, la réunion synagogale, mais aussi par l'« introduction dans la maison d'hôtes », surtout d'indigents ; par « le manger, dans la joie », « dans l'ordre » et « à temps », des « mets délicieux chabbatiques » ; par la boisson suave ; par l'union conjugale, dans un amour lumineux et confiant.

Toutes ces actions, et n'importe quelle autre « action permise », réalisées pour « la joie de la mitsva », constituent la mitsva d'*oneg chabbat*, contribuent à l'accomplissement de l'*obligation* religieuse qui a pour but le *plaisir* chabbatique. Ce plaisir ne se réduit pas à une délectation passagère, éphémère, mais il se prolonge au-delà de ce monde, d'où sont originaires aussi bien le Chabbat qu'Israël. Dans ce monde, cet *oneg* est obtenu à la fois par l'« apprendre la Tora » et le « manger », par l'« aller à la Synagogue » et le « rester à la maison », par le « réfléchir » et le « dormir », à condition que tout soit fait « pour le nom de la mitsva ». Et en faisant tout cela à la fois, le juif « fait du jour du Chabbat un jour qui est entièrement Tora » !

(Cf. Tana Devei Eliyahou Rabba 1 ; Yalkout Chim'oni, Tehilim 139,888.)

Au vrai, la Tora veut que l'*oneg chabbat* détermine la qualité de la vie de l'homme et de la femme juifs, de la famille juive, du peuple juif, dans la sainteté. L'*oneg chabbat* ne se mesure pas à la quantité, mais à la qualité de sa réalisation, à l'« intention » qui y préside, au « cœur » qui l'anime. Peu importe la quantité de « Tora » ou de « nourriture » dont le juif dispose pour s'acquitter de la mitsva d'*oneg chabbat* ; ce qui compte, c'est la conscience qu'il a de la mitsva qu'il réalise dans les limites de ses capacités et de ses moyens. « Même si le juif mange peu de choses, s'il mange dans la joie, pour le Chabbat, il accomplit la mitsva d'*oneg chabbat* ». « Il est préférable, écrit Rabbi Yehouda HéHassid (XIIIe s.), de manger des légumes le jour du Chabbat, dans (une maison où) l'amour règne entre l'homme et sa femme et les membres de sa famille, que de manger, dans la mésentente, de la viande de bœuf » (cf. Prov. 15,17). Par contre, les juifs rassasiés de l'*oneg chabbat, meduchnei oneg*, n'auront pas à souffrir de l'abondance dont ils jouissent, car ils s'en réjouissent dans la sainteté et donc dans la modération (cf. Ramban, *ad* Lev. 19,2 ; Prov. 13,25) et en même temps dans la pureté de leurs relations avec eux-mêmes et avec les leurs.

L'*oneg chabbat* est une « joie », pleine mais sereine, ressentie dans la sainteté. Elle conduit ainsi le juif à la vivre en présence, en communion même avec Celui qui est la source de la sainteté : « Si tu considères le Chabbat comme un *délice*, la *sainte* journée de l'Éternel, alors tu te *délecteras* en Dieu » (à cause de Lui, qui te donne le Chabbat ; avec Lui, qui te gratifie de Sa bonté) (Is. 58,13-14 ; Zohar II,88*b*).

L'*oneg chabbat* ne peut donc être envisagé que dans la totalité et l'interdépendance corporelle et spirituelle de l'homme : le corps et l'âme y sont tous deux, et ensemble, engagés. Le Zohar (II, 47*a*), commentant le verset d'Isaïe (58,13) sur lequel s'appuient l'idéal et la réalité juives d'*oneg chabbat*, écrit : « *Oneg chabbat : oneg*, délice de tout : délice de l'âme et du corps, délice (du monde d')en haut et (du monde d')en bas ». L'expérience de l'*oneg chabbat* atteste que « l'âme de l'israélite vient du monde céleste du plaisir, de l'*Olam HaTa'anoug*, et lui appartient (cf. Rabbi Avraham de Slonim, Be'eit Avraham, p. 333). Ce *ta'anoug*, le juif le recherche dans ce monde, et le jour du Chabbat le lui procure (cf. Rabbeinou Bahya, *ad* Exod. 20,8, II, p. 195)[71].

*Chabbat et Pessa'h. Le Chabbat et le Sanctuaire :
La sainteté du temps prime la sainteté de l'espace. La rigueur
et la douceur des lois chabbatiques*

C'est surtout au sujet de l'observation du Chabbat et de Pessa'h, de la fête de Pâque (il y a une relation, intérieure [72] et formelle, entre la motivation et la célébration de ces deux solennités) que la Tora emploie le verbe vigoureux de *chamor* ; observer (attentivement), garder (méticuleusement) [73]. Le terme *Chamor, HiChamer* indique une *mitsva lo ta'assé*, un commandement religieux défensif [74]. Et la plupart des lois relatives au respect du Chabbat dont traite la Michna Chabbat ont un caractère restrictif, sont des *mitsvot lo ta'assé*.

Trente-neuf sortes d'« activités » principales, productives, sont interdites le jour du Chabbat. La *Tora ChéBeAlPé*, la Loi orale, établit les principes de ces activités productives, transformatrices, civilisatrices (« activités réfléchies », « constructives », « finalistes »), prenant pour modèle les activités qui ont été nécessaires à la construction du *Michkane*, du Tabernacle dans le désert [75]. Les trente-neuf activités principales (*Avot-mela'hot*, « activités-pères »), défendues le jour du Chabbat, « engendrent » d'autres activités (*Toladot*, « activités-enfants »), qui sont également prohibées le jour du Chabbat [76]. Il y a une relation étroite entre les prescriptions bibliques relatives au respect du Chabbat et celles relatives à la construction du Tabernacle (cf. Exod. 31 ; 35). La sainteté du Chabbat prime la sainteté du Tabernacle ; la sainteté du temps prime la sainteté de l'espace. Le sanctuaire ne peut être construit et ne doit exister qu'à condition que le Chabbat soit respecté [77]. Le Chabbat est en mesure de mettre partout – *be'hol mochvotei'hem* (Exod. 35,3 ; Lev. 23,3) – l'homme en relation personnelle avec son Dieu, indépendamment du Temple ; le Temple ne peut servir, à l'endroit précis où il se trouve, au rapprochement entre l'homme et son Dieu, si le Chabbat est profané [78].

Le Chabbat vient d'en haut ; le Temple s'érige d'en bas. Le Temple ne fait qu'aider l'homme qui a commis un péché à se rapprocher de Dieu (*le Michkane* fut construit après le péché du veau d'or !) [79]. Le Chabbat, lui, fait communiquer l'homme, sans intermédiaire aucun, avec son Dieu : il fait communiquer avec Dieu même l'homme pécheur, et même l'homme qui s'est rendu coupable du grave péché d'idolâtrie [80] ; car cet homme qui s'est éloigné de Dieu, en « observant le Chabbat », reconnaît, *ipso facto*, l'existence du Créateur, Son action, Sa souveraineté sur la création, sur les créatures, et donc sur lui-même, sur son être, sur son avoir qu'il soumet à Lui.

La Tora orale, se fondant sur la Tora écrite, a élaboré avec une extrême finesse[81] la législation chabbatique : « des montagnes qui sont suspendues à un fil... ». Les fondements de cette législation se trouvent notamment dans le septième chapitre du traité du Chabbat, dans la Michna. La législation chabbatique est cohérente et systématique, conséquente et unitaire ; elle est bâtie méthodiquement, suivant des règles logiques, pour refléter l'ordre concret de la vie.

La rigueur juridique et le souci d'ordonnance qui président à l'établissement des *Lamed-Tet Mela'hot*, des « trente-neuf activités » interdites le jour du Chabbat, sont minutieusement traduites par la rigueur des exigences concernant la *chemirat chabbat*, le respect du Chabbat. Cette rigueur ne diminue pas, cependant, chez le *chomère chabbat*, chez le juif observant le Chabbat, la ferveur qu'il met dans leur exécution consciencieuse, et n'amoindrit pas non plus l'effet rafraîchissant que leur accomplissement produit sur son âme. Au contraire, elles constituent pour lui un *Tal (Tet-Lamed)*, une « rosée » vivifiante, annonciatrice de la « rosée » messianique », rédemptrice, « lumineuse », de la « rosée de la résurrection », de la « rosée de la vie »...[82].

Pikoua'h néfèche.
La sauvegarde de la vie humaine
prime l'observation des lois chabbatiques.
Sainteté de l'espace, du temps et de la vie

L'identification entre les trois partenaires Dieu, Chabbat et Israël[83] a pour fin première le respect de la vie, et en particulier la sauvegarde de la vie humaine. Le primat de la vie découle de l'existence d'une échelle de valeurs déterminant l'importance respective de la sainteté de l'espace, celle du temps et celle de la vie.

Si l'on compare l'« espace sacré » d'une part, celui du *Beit HaMikdache*, du Sanctuaire de Jérusalem, et le « temps sacré » d'autre part, celui du Chabbat – la sainteté du second prime celle du premier. La sainteté du Temple cède le pas à la sainteté du Chabbat. Le commandement divin de la construction du Tabernacle dans le désert, puis de celle du Temple à Jérusalem, s'efface devant le commandement divin du respect du Chabbat : « La construction du Temple ne prime pas le Chabbat. » « Jérusalem (son Temple) a été détruit un samedi soir parce qu'on y avait profané le Chabbat[84]. »

La sainteté de la vie humaine (de l'âme) est non seulement supérieure à celle du Sanctuaire de Jérusalem, mais elle dépasse en importance celle du temps chabbatique, ce qui amène la Me'hilta à énoncer avec vigueur un principe hala'hique et aggadique fondamental : « Il est écrit (Exod. 31,14) : "Vous observerez le Chabbat car il est saint pour vous – *la'hem* » ; *la'hem*, c'est à vous que le Chabbat est confié, et non pas vous au Chabbat. » De fait, le texte dit littéralement « à vous le Chabbat est transmis (placé dans vos mains) »[85]. La portée de cette proposition est de toute évidence considérable ; par sa force elle dépasse l'adage selon lequel « le Chabbat est fait pour l'homme et non pas l'homme pour le Chabbat »[86]. Car la Me'hilta poursuit : « Il est écrit (Exod. 31,16) : "Les enfants d'Israël garderont le Chabbat (en le perpétuant de génération en génération)" ; on peut profaner un Chabbat pour lui (pour l'homme), afin qu'il puisse observer beaucoup de Chabbatot[87]. »

Le Chabbat est saint. Toutefois, de tout ce que connaît ce monde, la sainteté suprême est celle de la vie, de la vie humaine en particulier, car c'est dans l'âme humaine que la sainteté divine, transcendante, de laquelle émane toute sainteté, traduit sa propre immanence[88] ; la *Che'hina*, la Divinité du Saint, béni soit-Il, est présente dans la sainteté de l'âme humaine ; *VeCha'hanti BeTo'ham*. L'homme est le *Maon LiChe'hina*, l'homme est la résidence de la *Che'hina*[89].

Dès lors s'impose le principe du *Pikoua'h néfèche do'hé chabbat*, selon lequel « l'observation (du bien-être) de l'âme repousse le Chabbat », ce qui équivaut à dire que la sauvegarde de la vie humaine prime l'observation du Chabbat[90]. C'est le Chabbat lui-même, dont la réglementation est indiquée par Dieu dans la Tora, qui « autorise » ou, plus précisément, qui prescrit la « suspension » de sa propre observance lorsque la vie humaine s'en trouve menacée, même lorsqu'il n'y a qu'une faible éventualité qu'un tel danger se présente : *Safek nefachot do'hé chabbat* (« quand bien même il n'existerait que l'ombre d'une menace sur les âmes »), la sauvegarde de la vie humaine repousse le Chabbat[91].

Les plus grands codificateurs religieux juifs, Rambam et Rabbi Yossef Karo, statuent, en conséquence, qu'il n'est pas seulement permis (au malade, au médecin et à n'importe qui) de transgresser les prescriptions du Chabbat pour guérir, mais qu'on est contraint par une mitsva, en vertu d'un commandement religieux de la Tora, de procéder de la sorte. Dans le cas même où l'on ne fait que suspecter l'existence d'un danger pour la santé de quelqu'un, on a l'obligation de transgresser les ordonnances du Chabbat et d'agir pour préserver sa santé.

En fait, la notion même de santé est toute relative, subjective ; et la loi religieuse juive tient compte de cette incertitude. Ainsi, lorsqu'un malade exige la transgression des lois relatives au Chabbat, à l'encontre de l'opinion de son médecin, préséance sera accordée aux sentiments du malade : c'est le malade qui doit être écouté et non pas le médecin. Et dans le cas où le malade refuse de coopérer à la transgression des prescriptions chabbatiques, rendue pourtant nécessaire par son état de santé, il pourrait être contraint de le faire. L'autorisation d'un tribunal rabbinique ou d'une autorité hala'hique n'est pas requise pour suspendre la réglementation chabbatique, en cas de *pikoua'h néfèche*. Celui qui s'empresse d'agir pour sauver une vie en péril ou pour guérir un malade « doit être loué » pour cet acte méritoire ; celui qui hésite à intervenir doit être considéré « comme s'il versait le sang » d'un être humain. Il est même souhaité que les transgresseurs de la loi chabbatique qui agissent dans le but de préserver une vie en danger ou de guérir quelqu'un soient « des grands en Israël », des sages, de manière à rendre évidente l'importance de cette mitsva. « Car les lois de la Tora sont des lois de miséricorde, de charité et de paix dans le monde. Celui qui prétend que la transgression des prescriptions chabbatiques pour des raisons de santé constitue une profanation du Chabbat est un hérétique », écrit le Rambam [92].

Les accusations portées dans les Évangiles à l'encontre des pharisiens concernant le droit de soigner pendant le Chabbat sont totalement infondées. Elles méconnaissent tant la « loi » que l'« esprit » « pharisaïques », tels que nous les voyons dans la littérature talmudique, contemporaine des Évangiles [93].

Les « pharisiens » n'ont pas été des « hérétiques », dans le sens prévu par la loi chabbatique. Ils ont placé l'homme, sa vie, sa santé, au-dessus du Chabbat, et ils ont vu eux-mêmes dans l'homme accompli par l'étude de la Tora et la pratique des mitsvot, dans le *talmid 'ha'ham*, dans le *tsadik* (l'« érudit », le « juste »), la personnification du Chabbat : « le *talmid 'ha'ham*, le "disciple du sage", fils du roi, est appelé Chabbat [94] ».

Les Pharisiens établirent un principe fondamental qui gouverne toujours la loi religieuse juive : celui de *pikoua'h néfèche*. Ce concept religieux est unique, il ne connaît pas même de traduction adéquate dans d'autres langues et dans d'autres lois : « veiller sur l'âme », c'està-dire veiller sur la vie de l'homme, sur la santé de l'homme. « Veiller sur l'âme » ! Car l'homme est homme par son âme. Mais, tout en étant un principe spirituel, l'homme doit être considéré dans sa totalité psychique *et* physique : son âme est liée à son corps ; elle est une *néfèche*. L'homme dans sa totalité est donc une *néfèche*, une « âme ».

Il est tout à fait caractéristique que précisément le principe de *pikoua'h néfèche* trouve son expression majeure dans le domaine qui concerne le respect du Chabbat, qu'il « contrecarre » ! Le principe de *pikoua'h néfèche* manifeste la volonté de sanctifier le temps vécu par l'homme, alors même qu'il entraîne une apparente transgression des lois régissant le temps sacré du Chabbat.

Les sages d'Israël dégagent le principe de *pikoua'h néfèche* d'un verset biblique dont l'importance est capitale, car ce verset indique le but de toutes les mitsvot, de tous les commandements de la Tora : le respect de la vie. En effet, la Bible dit : « Vous observerez Mes lois et Mes statuts : qui les accomplira y trouvera la vie. Je suis l'Éternel » (Lev. 18,5) [95].

C'est sur ce verset biblique traitant de l'observation de toutes les mitsvot et insistant sur le respect de la vie, que les « pharisiens » fondent leur principe essentiel de *pikoua'h néfèche*, de la sauvegarde de la vie ; ils révèlent l'importance des paroles bibliques qui invitent l'homme à observer les lois et les statuts divins « pour qu'il vive en eux », en ajoutant, « mais non pour qu'il meure à cause d'eux » !

Les sages d'Israël établissent comme but de l'observation des mitsvot la sauvegarde et l'ennoblissement de la vie terrestre ; ils ajoutent cependant que cette vie, dignement assumée ici-bas, conduit à la vraie vie, celle du « monde futur »[96]. La vie d'ici-bas a une fin ; la vie dans l'au-delà n'en a pas.

Le Chabbat lui-même, goûté dans tous ses délices ici-bas, n'est que le prélude du « Chabbat du monde futur », n'est que la préparation à la sortie « des jours de travail » de la semaine, du « monde présent », « clos », vers le « long jour » du « monde futur », « ouvert », du Chabbat éternel[97].

L'observation du Chabbat
et la précarité de la civilisation des loisirs

Le juif ne peut être sûr de pouvoir respecter le Chabbat et d'en bénéficier réellement, sur le plan moral et physique, qu'en l'acceptant, qu'en l'assumant, ainsi que la Tora le lui demande : observer le Chabbat en tant que *Chabbat HaChème*, en tant que « Chabbat de l'Éternel » (Exod. 16,25 ; 20,10 ; Lev. 23,2 ; Deut. 5,14), en tant que *Kodèche LaHaChème*, en tant que Chabbat « consacré à l'Éternel » (Exod. 31,15). L'observation du Chabbat est réglementée par la Loi divine, révélée, par la *Tora Mine HaChamayim* : une loi chabbatique qui harmonise la supra-rationalité divine hétéronome et la rationalité humaine autonome : *'Hok OuMichpat* (Exod. 15,25)[98].

Mais, si l'homme considère le Chabbat comme une institution purement conventionnelle, civile, utile, et non pas divine, permanente, inaliénable ; si l'homme se fie à sa propre intelligence ou s'abandonne à ses humeurs pour juger de la justesse et de la nécessité de cette institution ; s'il décide lui-même de ce qu'il peut faire et s'il prescrit lui-même ce qu'il ne doit pas faire le jour du Chabbat, alors l'observation du Chabbat n'est ni authentique ni efficace. Même les gens les plus puissants et les plus intelligents ne réussissent pas à jouir d'un vrai repos chabbatique, s'ils ne respectent pas les lois chabbatiques comme des lois permanentes, de nature divine. Car « ils ne résisteront pas à la tentation, en jour de repos, de s'adonner à des loisirs et de se mettre en route... »[99].

Il n'y a de *menou'ha*, de « repos » chabbatique, sûr et vrai, que lorsque nous sommes disposés à le considérer et à le réaliser comme *menou'ha cheleima*, « repos complet », « tel que Dieu le désire », « pour notre joie et notre bien ».

L'échec de la civilisation des « loisirs », c'est-à-dire d'une civilisation de la « licence » « de faire tout ce que l'on veut, surtout pendant le temps libre », est dû au fait que l'idée de repos, même si elle prétend être de nature « religieuse », n'est pas liée à une pratique ordonnée, coordonnée, de repos chabbatique[100].

Le Chabbat et le jour de repos hebdomadaire

« Les nations du monde » ont accepté seulement le *za'hor*, le souviens-toi du jour du repos... » (Exod. 20, 8) ; elles n'ont adopté que l'idée du Chabbat. Mais, en admettant, d'une part, l'idée du Chabbat, elles ont faussé, d'autre part, son principe même qui est divin. Par les modifications qu'elles ont apportées à l'institution du Chabbat, par les changements fondamentaux qu'elles ont introduits dans les structures de celle-ci, elles ont enlevé au « Chabbat biblique » son caractère monothéiste pur. En abandonnant le jour du repos biblique, fixé par le Créateur à tout jamais, en choisissant elles-mêmes un jour de repos hebdomadaire, « les nations du monde » ont non seulement effacé la portée cosmique de ce jour de repos, mais l'ont également privé de son caractère éthico-social[101].

Le Chabbat israélite et le jour de repos mésopotamien
« Délice du Chabbat » ; tristesse du chapattu

Le Chabbat israélite ne ressemble pas aux jours de repos que les peuples mésopotamiens ont institués d'une manière irrégulière et instable.

L'Israélite consacre le Chabbat à Celui qui a créé la nature et qui le juge capable de se libérer de la contrainte de celle-ci. Plus encore : le Créateur, estimant l'homme digne d'imiter son Dieu, lui permet de créer à son tour, c'est-à-dire de parachever l'œuvre créatrice divine dans un but éthique, dans le but du bien. En outre, Il lui permet de se « reposer », c'est-à-dire de ne pas éprouver la peine du travail, de ne pas avoir besoin de travailler le jour où Lui-même a terminé Son travail créateur « et s'est reposé ». Pour l'israélite, le Chabbat couronne une œuvre qui est considérée comme bonne, car son Créateur, qui est bon, a créé dans l'amour, pour faire « bénéficier les créatures de Sa bonté »[102] : le Chabbat est donc une source de bénédiction, de sainteté, de joie, d'amour.

Le Chabbat contraste avec les jours que les Babyloniens et les Assyriens ont consacrés à la nature elle-même et aux signes astrologiques par lesquels elle se manifeste : ils n'ont pas osé se libérer de leur contrainte. Ces peuples ont dédié les jours de repos à des divinités « naturelles » dont ils ont tenté d'obtenir les faveurs et de calmer la colère. Les peuples mésopotamiens n'ont pas travaillé à certaines dates, parce qu'ils ont considéré ces jours comme néfastes et, par conséquent, comme dangereux ; c'est pourquoi ils se sont écartés en ces jours de *chapattu* non pas seulement de toute activité[103], mais aussi de toute jouissance : ils ont passé les jours de *chabbtaï*, ces jours de repos maudits, à s'attrister et à se mortifier dans le jeûne ; ils ne se sont permis aucun plaisir en ces jours de pénitence et d'ascèse, par crainte d'augmenter ainsi le courroux de divinités particulièrement irascibles en ces jours singuliers[104].

Un texte du Midrache Tan'houma[105] illustre au mieux la différence, l'opposition même, qui existe entre le Chabbat israélite et les jours de repos mésopotamiens : « Le Chabbat a été donné à Israël pour la sainteté, le plaisir et le repos, et non pas pour le chagrin ! »

Les prières chabbatiques ne contiennent pas de requêtes

Rien ne manque au juif, le jour où il observe entièrement le Chabbat. Car, pour lui, « le Chabbat est tout, est *hakol* »[106].

Les prières prononcées en jour de Chabbat ne contiennent donc pas, généralement, de requêtes[107].

Les soucis, la tristesse, le deuil n'atteignent pas le juif en jour de Chabbat, en ce jour où tout est lumière et joie dans le monde d'en haut et dans le monde d'en bas[108], en ce jour où tout est « amour et grâce », « bonne volonté » et « paix »[109].

Les trois prières chabbatiques ; les trois repas chabbatiques

La première des trois prières « centrales » chabbatiques est prononcée le vendredi soir, à l'entrée du Chabbat. Elle évoque la création du monde. En voici le contenu : « *Ata kidachta*, Tu as sanctifié le septième jour (cf. Gen. 2,3), et Tu l'as consacré à Ta gloire. C'est lui qui a couronné l'œuvre de création du ciel et de la terre. Tu l'as béni entre tous les jours et Tu l'as sanctifié entre toutes les fêtes, ainsi qu'il est écrit dans Ta Tora. »

La deuxième des trois prières particulières au Chabbat est prononcée le matin du Chabbat. Elle évoque la révélation de la Tora sur le Sinaï. En voici le contenu : « *Yisma'h Moché*, Moïse s'est réjoui du don que Tu lui as fait [110], car Tu l'as nommé Ton fidèle serviteur. Tu as orné son front d'une couronne magnifique alors qu'il était devant Toi au mont Sinaï. Il en rapporta les deux tables de pierre sur lesquelles était gravé le précepte sur l'observation du Chabbat. Et c'est ainsi qu'il est écrit dans Ta Tora. »

La troisième des trois prières caractéristiques du Chabbat est prononcée dans l'après-midi du Chabbat, vers la fin de la journée. Elle évoque les temps messianiques, où l'unité de Dieu et de Son nom sera reconnue. En voici le contenu : « *Ata E'had*, Tu es Un et Ton nom est Un [111]. "Qui est comme Ton peuple, Israël, une seule nation sur la terre ?" [112]. Tu as donné à Ton peuple, comme ornement de gloire et couronne de salut, ce jour de repos et de sainteté. Abraham s'est réjoui en ce jour, Isaac en a été plein d'allégresse, Jacob et ses fils le célèbrent par le repos, repos d'amour et de bienveillance, repos de vérité et de foi, repos de paix et de tranquillité, de quiétude et de sécurité, repos parfait, tel que Tu le désires. Tes enfants reconnaissent que leur repos leur vient de Toi, et par leur repos ils sanctifient Ton nom. »

Il y a une quatrième prière chabbatique. Elle est prononcée à l'office de *Moussaf*, qui suit l'office de *Cha'harit*, du matin, au cours duquel on récite la prière de *Yisma'h Moché*. Les trois prières caractéristiques du Chabbat se réfèrent aux événements du *temps* chabbatique ; la quatrième prière « *Tikanta Chabbat*, Tu as ordonné la célébration du Chabbat... », se réfère au culte chabbatique célébré au *lieu* chabbatique, dans l'*espace* du Chabbat : le Temple de Jérusalem.

Le Chabbat est un : sa spiritualité et sa matérialité forment l'unité du Chabbat [113] !

Aux trois *prières* chabbatiques correspondent les trois repas chabbatiques, *chaloche seoudot* ; du vendredi soir, du Chabbat à midi et de la fin de la journée du Chabbat [114]. Ces trois repas « obligatoires » font partie de l'économie chabbatique : imprégnés du « goût » du Chabbat, ils deviennent des « repas de la joie », des « repas de la foi », des « repas saints » ; ils marquent la participation du juif, dans la totalité de son être, à la célébration du Chabbat [115]. Le « plaisir spirituel » qu'apporte au juif, à trois reprises, le repas chabbatique (lui rappelant la manne chabbatique), servi et mangé en l'honneur du Chabbat, complète la joie spirituelle ressentie par le juif pendant la récitation des trois prières chabbatiques. Aux trois prières succèdent les trois repas.

Ces trois repas, évoquant aussi les trois patriarches hébreux, Abraham, Isaac et Jacob [116], ont pour base scripturaire le verset 25 du chapitre 16 du Livre de l'Exode, qui dit : « Mangez-la (la manne) *aujourd'hui*, car c'est *aujourd'hui* le Chabbat, en l'honneur de l'Éternel ; *aujourd'hui* vous n'en trouveriez point aux champs. » La mention à trois reprises du mot *hayom*, « aujourd'hui », dans un seul et unique verset (ayant pour objet la nourriture chabbatique), conduit les sages d'Israël à fonder sur les Écritures le « devoir » du juif de prendre trois repas au cours du Chabbat [117]. Le mot *hayom*, « aujourd'hui », trois fois répété, rappelle les trois événements du temps chabbatique, évoqués dans les trois prières centrales du Chabbat : *hayom*, le jour de la création [118] ; *hayom*, le jour de la révélation de la Tora [119] ; *hayom*, le jour messianique [120].

Nous comprenons ainsi l'importance que les sages d'Israël attribuent à ces trois repas chabbatiques, qui, provenant du monde de la matière, s'insèrent dans le monde de l'esprit : ils s'y « assimilent ». Ces trois repas chabbatiques témoignent de la spiritualité qui enveloppe le Chabbat, de la spiritualité même du corps humain, de ses désirs, de ses inclinations, en jour de Chabbat ; ils témoignent de l'élévation de la matière au niveau de l'esprit ; ils témoignent de la nature et de la vocation du Chabbat lui-même : venant du monde supra-temporel dans le monde temporel, il conduit celui-ci au monde supra-temporel, à l'éternité, à la racine d'où il vient [121]. C'est pourquoi ces trois repas chabbatiques, « préparés » « pour la mitsva, servis et mangés en l'honneur de Dieu » – Créateur, Législateur et Sauveur –, sont considérés comme des « repas de la foi », comme des « repas saints ». La table du Chabbat est donc une table dressée devant Dieu [122]. Le même juif qui, debout devant son Dieu, prie et qui, assis devant son Dieu, mange, s'attache à son Dieu et « revient » ainsi, le jour du Chabbat, « à sa source » [123].

Il y a un quatrième repas chabbatique, qu'on prend le samedi soir, après la sortie du Chabbat : *melavé malka*. Le juif « accompagne la reine », le Chabbat, et il évoque alors le prophète *Eliyahou*, annonciateur du Messie, et le roi David, père du Messie. Le juif, « sorti du Chabbat » et à peine « entré en semaine », témoigne ainsi de sa foi inébranlable dans la réalisation concrète, temporelle, de l'idéal messianique qui a rempli son âme au cours du Chabbat, extra-temporel.

En célébrant le Chabbat, l'homme ne s'installe pas dans la matérialité, à laquelle conduit un travail continu

Rabbi Chemouël de Sohatchov fait cette remarque judicieuse : « "Tout ce qui dure moins de sept jours, disent nos sages, doit être considéré comme provisoire". Voilà pourquoi le Chabbat a été accordé aux israélites pour être célébré une fois tous les sept jours, afin qu'il n'y ait pas sept jours consécutifs de travail ; car (une telle succession ininterrompue de sept jours de travail) pourrait donner l'impression d'une (chose) permanente ; or, six jours de travail seulement n'offrent pas cette impression de permanence (de fixité). (En célébrant le Chabbat, l'homme juif ne s'installe donc pas) dans la matérialité, à laquelle conduit un travail (continu) » (Chem MiChemouël, BaMidbar, p. 341).

Le Chabbat, jour de la connaissance

Par la force et la volonté que nous donne la connaissance de Dieu, nous suspendons durant le jour du Chabbat notre activité matérielle, mais, en échange, nous intensifions alors notre activité spirituelle [124].

Le Chabbat est notamment le jour de la *da'at*, de la « connaissance »[125].

Le Chabbat commence, en nous éclairant par la « lumière » de la connaissance ; le Chabbat se termine, en nous éclairant par la « lumière » de la « connaissance » de la *havdala*[126]. Le Chabbat, tout entier, est le jour de la connaissance qui, quand nous l'approfondissons, nous éclaire sur la valeur de cette institution divine ; il est le jour de la « connaissance » qui nous « rattache »[127] à son Auteur, à Celui qui « nous fait don de la connaissance », c'est-à-dire de la faculté « de distinguer » une chose de l'autre, et même une valeur de l'autre.

Le Chabbat est le jour de la connaissance, il nous rapproche de la source de sainteté, se trouvant en Dieu, qui nous dit : « Observez Mes Chabbats (non pas seulement pour chômer en ces jours, mais surtout) pour qu'on sache – *LaDa'at* – que c'est Moi, l'Éternel, qui vous sanctifie », qui vous distingue des autres pour vous mettre à Mon service et donc à celui de Mon monde, de Mes créatures, et notamment des hommes, de tous les hommes [128].

La *da'at* chabbatique reflète la *da'at* de Moïse ; c'est à lui que Dieu a transmis le don du Chabbat à l'intention d'Israël, précise le Talmud, « pour qu'on sache – *LaDa'at* – que c'est Moi, l'Éternel, qui vous sanctifie » [129].

La *da'at* chabbatique de Moïse annonce la *da'at* chabbatique messianique [130].

Parole et action ; parole et témoignage

Le juif doit réciter, « prononcer », « à haute voix et debout » et « en communauté », le texte de *Vaye'Houlou* (Gen. 2,1-3). En donnant lecture de ce décret divin de l'institution du Chabbat, le juif apporte son « témoignage » humain à ce sujet. Il proclame l'adhésion humaine au respect du Chabbat divin : il en « témoigne » solennellement, debout [131].

Pendant le *kiddouche* du vendredi soir, chez lui à la maison, le juif récite également le *Vaye'Houlou*, témoignant, debout, du Chabbat [132].

À l'entrée du Chabbat, le juif dit – *Omer : Vaye'Houlou* ; il « imite » ainsi Dieu, qui « par la Parole » [133] – *Vayomer* (Gen. 1) –, « sans fatigue ni peine », a créé le monde. En suspendant son travail humain, pénible et aliénant, le juif, par la récitation du *Vaye'Houlou*, devient lui-même, grâce à cet « acte » « verbal », « spirituel » [134], qui participe de la parole divine, un « associé de Dieu à l'œuvre de la création première ». En effet, « la parole est comme l'action », ainsi qu'il est écrit : « Par la parole de l'Éternel les cieux se sont formés [135]. »

Le Dire : ma'amar et dibbour

Ba'Assara Ma'amarot Nivra HaOlam. « Le monde a été créé en Dix Paroles » – *ma'amarot* [136].

La Tora a été révélée au Sinaï en Dix Paroles – *devarim, dibrot* [137].

Quelle est la différence entre *ma'amar* et *dibbour* ? Le *dibbour* lie celui qui parle à son interlocuteur ; et le *ma'amar* est séparé (pour lui-même), car le *ma'amar* peut être prononcé sans qu'il soit destiné à être entendu, bien qu'évidemment il puisse l'être. Voici la différence entre *Assara Ma'amarot* et *Asséret HaDibrot*. La création du monde a été faite par le *Ma'amar*, qui est séparé, qui existe pour lui-même ; mais les *Asséret HaDibrot* constituent le lien entre Israël et son Père dans les cieux [138]. La « *amira* indique le *ma'amar* en lui-même, et le *dibbour* la relation de celui qui parle à son interlocuteur » [139].

Cependant, selon le Sefat Emet, *amira* veut dire *'hibbour*, « attachement », et selon le B'nei Issas'har, l'« *amira* découvre les choses du cœur [140]... » En effet, dans la Michna, l'expression : *assa ba ma' amar* dénote la consécration en « paroles » de la femme par l'homme en vue des épousailles : cette « parole », cette *amira*, est à la fois audible et silencieuse, solennelle et intime [141].

Distance et proximité de Dieu : Hou et Ata, « Lui » et « Toi » ; Lui et toi

Dieu, Lui-même, en tant que Créateur, lointain, régnant dans le monde supérieur, est *Hou*, « Lui », caché [142] ; et lorsqu'Il se « révèle » et se laisse attirer par l'homme, lorsqu'il Lui agrée d'être servi par l'homme, Il devient pour celui-ci : *Ata*, « Toi », tout proche [143] : Il règne alors dans le monde inférieur [144].

« *Lo ta'assé Kol mela'ha, ata...* Le septième jour..., tu ne feras aucun travail, *ata*, toi... » (Exod. 20,10 ; Deut. 5,14). Ibn Ezra *ad* Exod. 20,10) écrit : « Le mot *ata* inclut tout ce qui est un fils de la mitsva : *Bène mitsva* »...

Dieu, le Libérateur, le Législateur, s'adresse à *ata*, homme libre, capable de Lui obéir, et lui ordonne de respecter le Chabbat [145].

Le juif : serviteur de Dieu, durant la semaine ; fils de Dieu, le Chabbat

« À Israël, Ton peuple, Tu as donné le Chabbat, dans Ton amour » (Prière du Chabbat matin). « "Car c'est un signe entre Moi et vous". C'est un signe de grande dignité entre nous, que Je vous aie choisis pour vous donner en héritage Mon jour de repos pour en faire votre jour de repos [146]. »

Dieu offre le Chabbat à Son *fils aîné*, à Israël, qui Le sert avec un amour filial et Lui fait confiance [147].

Pendant les jours de la semaine, le juif est « obligé » de servir Son Dieu. Le jour du Chabbat, il passe du statut obligatoire de « serviteur de Dieu » au statut librement choisi de « fils de Dieu ».

Le jour du Chabbat, le juif est dispensé de « marquer » son « attachement » à Dieu par les courroies matérielles des phylactères (des

Téfiline), qu'il s'attache au bras et sur le front pendant les jours de la semaine pour témoigner de son acceptation du « joug du Royaume des Cieux ». Le « joug du Royaume des Cieux » que le juif accepte le Chabbat est entièrement de nature spirituelle ; il est tout « d'amour, de bonne volonté, de charité »[148].

« Regardez combien aimées sont les mitsvot, combien doux sont les commandements divins[149] ! »

Ce qui pourrait être considéré comme le « joug des mitsvot » pendant la semaine, est estimé, le jour du Chabbat, *ratsone*, « volonté », libre, amoureuse, joyeuse, de faire... Car la mitsva acceptée et accomplie en jour de Chabbat est un *oneg*, est un plaisir. En effet, en ce jour, l'âme juive, par son ressourcement dans le Chabbat supratemporel, dans le Chabbat du « monde à venir », se fortifie, « augmente » en pouvoir, s'ouvre, s'« élargit » et éclaire davantage le corps, de sorte qu'elle l'aide à découvrir lui aussi dans la mitsva même les ressorts de l'*oneg* ; l'âme fortifiée aide le « cœur » à « goûter », à comprendre l'*oneg*. Or, ici-bas, « dans le bien, il n'y a rien qui puisse dépasser l'*oneg*... » Et l'*oneg* authentique d'ici-bas, l'*oneg* du Chabbat, annonce le vrai *oneg* : celui du « monde à venir », d'*Olam HaBa*, du « monde qui vient », qui vient déjà[150]...

« Le Saint, béni soit-Il, donne à l'homme, la veille du Chabbat, une *nechama ieteira*, une âme enrichie... », un supplément d'âme[151].

Crainte du Chabbat et amour de Dieu

Le « cerveau » enregistre la crainte de Dieu ; le « cœur » produit l'amour de Dieu[152]. L'intelligence connaît la crainte de Dieu ; la sensibilité commande l'amour de Dieu.

Le juif croyant, pratiquant, éprouve toujours « la crainte du Chabbat »[153], mais cette crainte n'est pas la crainte de quelque sujet ou objet extérieurs, n'est pas la « crainte du châtiment » : elle est une « crainte intérieure », une « crainte d'élévation » – *Yirat HaRomemout* – vers « Celui qui commande le respect du Chabbat »[154].

Le Chabbat, expérience personnelle de la révélation créatrice et providentielle de Dieu

« *Ano'hi*, Moi, Je suis l'Éternel ton Dieu, qui t'ai fait sortir du pays d'Égypte, d'une maison d'esclavage » (Exod. 20,2). Il ne dit pas : « Moi (Je suis l'Éternel), qui ai fait les cieux et la terre et qui t'ai fait[155]... »

L'homme, l'israélite, à qui le Créateur s'adresse, n'a pas assisté à la création du monde et ne se souvient pas de sa propre création. Cet homme, cet israélite, a cependant le privilège d'avoir fait l'expérience personnelle, vécue, « vue », de la révélation « créatrice » de Dieu dans les miracles de la sortie d'Égypte : « Israël *vit* alors la haute puissance que Dieu avait déployée sur l'Égypte » (Exod. 14,31) [156]. Cet homme, cet israélite, a cependant le privilège d'avoir fait l'expérience personnelle, vécue, « vue », de la révélation toraïque de Dieu sur le Sinaï : il y « voit » les voix... (Exod. 20,18 ; cf. Zohar, II, 81*a*). Les mots *Sinaï* et *Ayine* (œil) ont la même valeur numérique : 130 [157] !

Pour l'israélite d'après l'exode d'Égypte et la révélation du Sinaï, le Chabbat que Dieu, le Créateur, lui communique personnellement, en tant que Dieu Personnel de la *Hachga'ha*, de la Providence, sera donc le premier « grand Chabbat », *Chabbat HaGadol*[158], qui lui permettra de vivre et de comprendre personnellement la création du monde : il assiste à cet acte, il le confirme. Cet acte qui jusqu'alors l'avait précédé dans le temps est à présent son contemporain [159]. Dès maintenant, grâce au Chabbat, l'homme, l'israélite est en relation directe avec l'*Ano'hi* qui l'a fait sortir du pays d'Égypte (Exod. 20,2) et qui est en même temps l'*Ano'hi* qui a créé le monde (cf. Is. 45, 12) [160]. Selon le Ramban, « le Chabbat est le rappel de l'exode d'Égypte, et l'exode d'Égypte est le rappel du Chabbat »[161]. Pour le Kedouchat Lévi, « Pessa'h est Chabbat »[162].

Voilà pourquoi, après l'exode d'Égypte et la révélation du Sinaï, dans la parachat *Ki Tissa* (Exod. 34,18-22), la mitsva de l'observation du Chabbat est exceptionnellement mentionnée *après* la mitsva de la célébration de la fête de Pessa'h, qui commémore l'exode d'Égypte, et avant la mitsva de la célébration de la fête de Chavouot, qui commémore la révélation du Sinaï ; l'ordonnance concernant le Chabbat y est placée entre les ordonnances concernant Pessa'h et Chavouot.

Le Chabbat de l'Alliance avec Israël précède le Chabbat de la Création !

« Dorénavant, les enfants d'Israël seront donc fidèles au Chabbat, en l'observant de génération en génération comme un pacte immuable. Entre Moi et les enfants d'Israël, c'est un symbole perpétuel, attestant qu'en six jours l'Éternel a fait les cieux et la terre et que, le septième jour, Il a mis fin à Son œuvre et s'est reposé » (Exod. 31, 16,17).

Les deux Chabbatot, le *Chabbat Bereichit*, Chabbat de la création, et le Chabbat de l'Alliance avec Israël, Chabbat de la Tora et des mitsvot, sont inscrits dans ce texte fondamental. Cependant, de manière combien caractéristique, le Chabbat de l'Alliance avec Israël, Chabbat de la Tora et des mitsvot, précède le *Chabbat Bereichit*, le Chabbat de la création !

L'Alliance de la circoncision et le Chabbat

Les patriarches, annonciateurs du Dieu Un, ont respecté le Chabbat qui témoigne de la création du monde par Dieu.

D'ailleurs, après avoir reçu la mitsva, l'ordre de Dieu d'entrer en alliance avec Lui par la circoncision (la circoncision est considérée comme une *berit*, comme une « alliance »), il était « normal » pour les patriarches, comme « juifs », de rechercher la mitsva du Chabbat, qui, comme la circoncision et de pair avec elle, constitue une *berit*[163].

Les trois patriarches sont ainsi devenus les « trois » grands pratiquants du Chabbat ; ils ont enseigné le respect du Chabbat à leurs descendants, qui lui restèrent fidèles même dans les conditions pénibles de l'esclavage en Égypte[164].

La manne, témoignage du Chabbat

La manne (Exod. 16) concrétise miraculeusement et visiblement l'idée du Chabbat ; elle convainc l'israélite de la réalité du Chabbat : elle l'oblige donc à l'accepter[165]. De plus, la manne constitue pour l'israélite une invitation à la foi et à la confiance en Dieu ainsi qu'à la modération de ses désirs et de ses besoins[166]. Cette invitation ne reste pas non plus théorique, mais elle constitue pour l'israélite, comme « les eaux douces » dans le désert peu auparavant (cf. Exod. 15,25), une « épreuve » : « L'Éternel dit à Moïse : "Je vais faire pleuvoir pour vous un pain céleste ; le peuple ira en ramasser chaque jour sa provision, afin que Je l'éprouve pour voir s'il obéit à Ma Tora ou non" » (Exod. 16,4).

L'épreuve de la manne permet à l'israélite de témoigner du sérieux de sa foi et de la profondeur de sa confiance en Dieu, ainsi que du bien-fondé de ses « mérites » qui doivent le rendre digne de bénéficier de la grâce divine : une épreuve humaine répondant à la preuve divine, réelle, matérielle, du caractère supra-naturel, miraculeux, du Chabbat. Car le Chabbat est une manifestation de la volonté de Dieu, qui dispose librement de la nature qu'Il a créée, et une manifestation de la bonté généreuse de Dieu, qui « prévoit » tout ce qui est nécessaire et donc bon pour l'homme avec lequel Il daigne entrer en communication : le Chabbat est une institution divine ; le Chabbat est une œuvre divine [167]. Jusqu'à ce moment, seule l'idée du Chabbat avait été révélée aux israélites. Dès lors, les israélites « voient » réellement le Chabbat, car ils ont pu voir le don que Dieu leur a fait à l'occasion du Chabbat ; désormais ce don leur servira de signe matériel, immédiat et futur, du don total du Chabbat, dont ils « se souviendront » et qu'ils « garderont » « d'âge en âge » [168]. « *Voyez*, l'Éternel vous a *donné* le Chabbat ! C'est pourquoi Il vous *donnera*, au sixième jour, la provision de deux jours... Et le peuple respecta le Chabbat, le septième jour » (Exod. 16,29-30). Le peuple *voit* le don ; il touche la manne. « Ils en recueillent chacun selon ses besoins un *ômer* par tête ; autant chacun a de personnes dans sa tente (d'après le nombre des membres de sa famille). Ainsi firent les enfants d'Israël. Puis ils mesurèrent leur récolte à l'*ômer*. Moïse leur dit : "Que nul n'en réserve pour le lendemain". N'écoutant point Moïse, quelques-uns gardèrent de leur provision pour le lendemain ; mais elle fourmilla de vers et se gâta... » (Exod. 16,16-20 ; cf. Zohar, III, 105*b*.)

La manne, don et invitation, devient don et limitation : un don qui se limite au strict nécessaire, aux besoins du jour. La manne, don et invitation, devient don et obligation : elle contraint chacun à s'attacher à sa famille, car c'est seulement auprès d'elle qu'il peut trouver son « pain ». La manne, don et invitation, devient don et épreuve : elle force l'homme qui vit dans le désert « au jour le jour », dans l'incertitude, à écarter le souci du lendemain ; elle le forme pour qu'il ait foi en Dieu : une foi, une *émouna*, qui le conduise à la confiance, au *bita'hon*, en Dieu [169]. La manne, tangible, visible, amène l'israélite à une foi tangible, visible (à vrai dire : la « foi », l'*émouna*, est « vue », *reiya*, cf. Exod. 14,31). L'exclamation des israélites à la vue de la manne : *man hou*, « c'est la manne ! » se transforme en un cri de foi : les lettres qui composent les mots *man hou* sont les mêmes que celles qui composent le mot *émouna* ! Et même si les israélites avaient conçu les mots *man hou* comme une question : « Qu'est ceci ? », cette interrogation, expression de leur étonnement, s'est vite transformée en affirmation d'une certitude, de la certitude de la foi vécue, expérimentée. En effet, après avoir « recueilli (la manne) six jours de suite, lorsque, le septième jour, quelques hommes du peuple sortirent la récolter, ils ne trouvèrent rien » ! (Exod. 16,26-27). Par surcroît, lorsque Moïse interpella les israélites, en leur disant : « Regardez, l'Éternel vous a donné le Chabbat ! c'est pourquoi Il vous donne, au sixième jour, la provision de deux jours » (Exod. 16,29), la preuve du Chabbat fut apportée, elle est définitive : le Chabbat, inséré dans la nature, dépasse et surpasse la nature [170] ; il la vainc. Le Chabbat vient du monde miraculeux, il lui appartient. Il est dorénavant indéniable que le Chabbat exprime la volonté de Dieu, qui est maître de la nature, et manifeste la bonté de Dieu, qui « prévoit » tout ce qui est « naturellement » bon pour l'homme, pour l'israélite. L'israélite, en acceptant la preuve du Chabbat fournie par la manne, témoigne de sa foi, dont le fondement est le Chabbat [171].

Ayant la foi, l'israélite trouve dans la manne beaucoup plus que le strict nécessaire dont il a matériellement besoin : la manne dépasse sa qualité de nourriture matérielle. Le caractère limité de sa quantité s'efface devant sa qualité qui, elle, est sans bornes. La qualité l'emporte sur la quantité. Et la qualité consiste en « bénédiction » et en « sainteté ». Car à l'israélite qui croit dans la bénédiction et la sainteté du Chabbat, la manne apporte « bénédiction » et « sainteté » [172]. Or, tout « ce qui est bénédiction est surplus », est abondance ; et tout « ce qui est sainteté est différent » [173], est élevé. L'israélite, ayant déjà reçu à l'entrée du Chabbat un surplus d'âme, sa *tosséfet, sa nechama yeteira* [174], est à même de déceler la *tosséfet*, le surplus qualitatif dans la manne : il y ressent un *ta'am* particulier, un surplus de « goût », une richesse de goût insoupçonnable. Cependant, le *ta'am*, le goût qu'il y découvre, est celui qui lui convient, qu'il recherche, qu'il attend [175]. C'est le *ta'am* du Chabbat, de son Chabbat à lui, et de la saveur toraïque particulière qui l'accompagne. C'est le *ta'am* du Chabbat, à la fois spirituel et matériel, le *ta'am* de la Tora spirituelle et de la mitsva matérielle [176]. Ce *ta'am*, la manne (nourriture à la fois spirituelle et matérielle) l'a perpétué, l'a gardé et l'a transmis ; il est « resté en dépôt pour les générations » (cf. Exod. 16,32). Le juif, qui « fait plaisir au Chabbat » *(Meaneg Et HaChabbat)*, et qui se réjouit du Chabbat, retrouve ce *ta'am* dans le *tavchil chel chabbat*, dans les mets du Chabbat. Le Chabbat lui procure ce *ta'am*. Celui-ci est personnel, incommunicable, comme la foi elle-même, qui est personnelle et incommunicable [177]. Le *ta'am* du *tavchil chel chabbat* est chaque fois nouveau, « différent », comme l'a été le *ta'am* du *lé'hem michné*, le goût du « pain double » préchabbatique, *de la manne*, qui a été *mechouné*, chaque fois « différent » [178]. Le *tavchil chel chabbat* n'est que le rappel, le prolongement de la manne, du « pain céleste » (cf. Exod. 16,4), du « pain de l'âme », qui spiritualise le corps du juif et pénètre tout son être [179]. C'est donc à juste titre que le Zohar appelle le repas chabbatique du juif qui célèbre le Chabbat dans la foi et la joie *Seoudata DiMehemnouta*, « le banquet de la foi », ou

Seoudata DeKoudecha-Beri'h-Hou, Seoudata DeMalka, « le banquet du Saint, béni-soit-Il », « le banquet du Roi », qui a pour hôte le juif, *Chomère Chabbat KeHil'hato*[180].

Le don du Chabbat précède celui de la Tora

En réalité, Dieu, en s'exprimant par le Tétragramme, a fait don du Chabbat à Israël avant de lui faire don de la Tora (cf. Cho'heir Tov 92). Le Midrache constate que la Bible dit : « voyez » – et non pas « sachez » – que l'Éternel vous a gratifiés du Chabbat : *natane la'hem haChabbat*. C'est pourquoi Il vous donne, *notène la'hem*, au sixième jour, une provision de manne pour deux jours (Exod. 16,29 ; Exod. R. 25,15)[181].

C'est à ce don du Chabbat, précédant le don de la Tora, que fait allusion le mot *za'hor*, « souviens-toi », du Décalogue dans sa version du livre de l'Exode (20,6)[182] ; c'est à ce même don du Chabbat, précédant le don de la Tora, que se réfèrent les mots *ka'acher tsiv'ha*, « comme te l'a prescrit » (le verbe est au passé), du Décalogue dans sa version du Deutéronome (5,12)[183].

Dieu fait donc précéder le don visible (spirituellement) du Chabbat du don visible (matériellement) de la manne : Dieu fait passer ce don, de la manne, « de Sa main dans la main d'Israël »[184] ! Par son apparition miraculeuse et parce qu'ils en reçoivent une double portion la veille du Chabbat, la manne convainc les israélites du caractère divin du Chabbat. « *"Voyez"*, de vos yeux, que l'Éternel dans Sa propre gloire vous instruit sur le Chabbat, puisque, à chaque veille de Chabbat, un miracle se produit pour vous donner du pain pour deux jours »[185]. Le miracle de la manne « contraint ceux qui le *voient* » d'accepter le Chabbat[186]. Et ce *don* précieux du Chabbat, Dieu l'a fait aux israélites après leur avoir donné la « loi » du Chabbat pour qu'ils sachent comment l'utiliser[187].

Les deux Chabbatot que les israélites ont célébrés avant la promulgation de la Tora sur le Sinaï ont exercé une forte influence éducative sur eux : ils les ont rendus capables, dignes de recevoir le don de la Tora sur le Sinaï[188].

Le Chabbat rend Israël digne d'entrer, au Sinaï, en alliance avec Dieu[189], ainsi que le Chabbat rend l'enfant israélite digne d'entrer « dans l'alliance d'Abraham », par la circoncision, le huitième jour après sa naissance, donc après que « le Chabbat eut passé sur lui »[190] : « Il n'y a pas de circoncision sans Chabbat » : *eine mila belo chabbat !*[191]

Tora, Chabbat et Israël

« C'est le jour du Chabbat que la Tora fut donnée à Israël [192].

« Le Chabbat appartient à Israël, car ainsi qu'au jour du Chabbat le monde trouva son parachèvement, Israël, lui, est le parachèvement du monde. C'est pourquoi Israël est devenu un peuple le jour du Chabbat : la Tora lui fut donnée ce jour-là (et c'est la Tora qui fait d'Israël un peuple). C'est pourquoi la communauté d'Israël est le "conjoint" du Chabbat » [193]. Ces trois facteurs, Tora, Chabbat et Israël, sont descendus du monde supra-temporel pour accomplir leurs tâches et harmoniser leurs actions « civilisatrices » dans ce monde temporel ; ils fécondent et éclairent ce monde par leur présence ; ils s'y insèrent, provisoirement mais efficacement, pour mieux mériter leur retour, leur élévation vers le monde supra-temporel d'où ils sont venus et auquel ils appartiennent. La *Chemirat Chabbat*, « la garde du Chabbat », se fait dans un double sens : Israël garde le Chabbat et le Chabbat garde Israël. « Dieu vous a donné le Chabbat pour que vous le gardiez » [194].

« Six jours durant tu t'occuperas de tes travaux, mais le septième jour tu chômeras. Et vous vous garderez – *tichamérou* – (vous prendrez garde à tout ce que Je vous ai dit...) (Exod. 23,12-13). Que signifie le mot : *tichamérou*, "vous vous garderez" ? La Tora aurait dû dire : *tichmorou* : vous garderez ! Mais l'expression *tichamérou, vadaï*, signifie certainement : vous serez gardés (protégés) par le Chabbat ! [195] »

C'est à juste titre que le philosophe juif allemand Hermann Cohen (1842-1918) écrira – dans le même sens que son contemporain, le penseur juif originaire de Russie, A'had Haam (1856-1927) – : « Le Chabbat est le patron protecteur du peuple juif. [196] »

Au jour du Chabbat, la Tora fut accordée à Israël [197] ; en spiritualisant sa vie matérielle le jour du Chabbat, le juif fait de ce jour tout entier une Tora [198].

Le Chelah HaKadoche enseigne qu'à chaque âme juive correspond l'âme d'un Chabbat et l'âme d'une lettre de la Tora [199].

Chabbat individuel et Chabbat communautaire

« "Car c'est un signe entre Moi et vous" : c'est un signe de grande dignité entre nous, que Je vous aie choisis pour vous donner en héritage Mon jour de repos pour (en faire votre jour) de repos. "Pour savoir" – pour que les nations sachent – que c'est Moi l'Éternel qui vous *sanctifie : mekadich'hem* »[200].

Dieu *sanctifie* Israël en lui accordant le Chabbat. De ce fait, en respectant le Chabbat, Israël est capable, de son côté, de *sanctifier* le Nom de Dieu, de proclamer l'unité de Dieu, d'annoncer la gloire et la souveraineté du Créateur, de témoigner de la providence du Dieu d'Israël et de l'Humanité.

Les gens et les peuples se demandent : « Pourquoi les juifs ne travaillent-ils pas le Chabbat ? »[201] Israël, en respectant le jour du Chabbat, sanctifie donc le Nom de Dieu[202].

Deux aspects caractérisent le respect du Chabbat par les juifs : un aspect personnel et un aspect communautaire[203]. Il y aura par conséquent un aspect intérieur, juif, et un aspect extérieur, universel. Faut-il comprendre ainsi le verset biblique[204] : « Les *enfants* d'Israël observeront (individuellement[205]) le Chabbat, pour *faire* – *la'assot* – (collectivement[206]) le Chabbat », pour l'annoncer, en tant qu'Israël, au monde tout entier ? Faut-il comprendre ainsi l'adage talmudique[207] : « Lorsque Israël aura réussi à *faire* respecter – *mechamrine* – deux Chabbats (le Chabbat sous son double aspect), il sera, tout de suite, délivré (de sa peine), il obtiendra, tout de suite, le salut, car il est dit[208] : "Ainsi parle l'Éternel (à ceux) qui observent Mes Chabbats – *chabtotaï* – (au pluriel !)... *Et les fils de l'étranger*, qui se seront joints à l'Éternel ; tous ceux qui garderont le Chabbat... Je les conduirai sur Ma sainte montagne" » ? C'est dire qu'en faisant accepter aux non-juifs l'idée du Chabbat juif, Israël aura atteint à l'accomplissement de sa mission universelle : faire reconnaître Dieu comme Créateur et Souverain du monde, faire vivre Sa présence dans le monde.

En effet, Israël vit au service de Dieu et donc de l'humanité. Sa vocation est d'introniser Dieu dans ce monde et d'élever le monde vers Dieu, de faire admettre par les hommes la justesse de la volonté morale de Dieu – et de faire que « le but de la création » divine s'accomplisse. Cette tâche, Israël l'assume en tant que gardien du Chabbat[209]. L'humanité, estimant, avec sincérité et honnêteté, le patrimoine chabbatique, Israël s'acquitte de sa tâche et obtient le salut.

Le salut d'Israël confirme ainsi le salut de l'humanité ; le salut de l'humanité confirme ainsi le salut d'Israël.

Le parachèvement du Chabbat divin résultera de la collaboration entre Dieu et l'homme

Le Gaon Rabbi Yossef Baer de Volojine (1820-1892) commente d'une manière hardie le dernier verset du récit de la Genèse (2,3) : « Dieu bénit le septième jour et le proclama saint parce qu'en ce jour Il se reposa de l'œuvre entière pour qu'elle soit faite – *la'assot* ». Il écrit, dans son Beit HaLévi (p. 10) : « Toute l'œuvre des six jours a été alors terminée, mais la création du septième jour sera achevée dans les temps qui viendront (dans les temps messianiques) : *la'assot*. C'est pourquoi la Tora demande « aux enfants d'Israël d'observer le Chabbat, pour faire – *la'assot* – le Chabbat » (cf. Exod. 31,16). (Voir aussi Recanati, Bereichit, p. 8*a*. Mais voir aussi Abrabanel, Yitro, II, p. 190 ; Hagra, Siddour Ichei Yisraël, p. 222.)

Le Chabbat constitue déjà le fondement de la révélation de la gloire de Dieu. Toutefois, les enfants d'Israël, en observant le Chabbat, en observant les mitsvot, contribuent à ce que la gloire de Dieu se révèle davantage jusqu'à ce que, dans les « temps qui viendront », arrive « le jour qui est tout entier Chabbat ». En ce jour, lorsque « Dieu sera Un » (cf. Zach. 14,9), aura lieu l'inauguration du Chabbat (du grand Chabbat).

Une idée similaire (sans référence cependant aux deux versets bibliques mentionnés ci-dessus) est exprimée par le Tsadik, Rabbi Yehouda Arié Leib de Gour, dans son Sefat Emet (II, p. 88).

« Tous les jours furent créés avant qu'un seul fût éclos » (Ps. 139,16) ! Le Chabbat de la première semaine de création trouvera donc l'accomplissement de sa propre création seulement au Chabbat messianique, « à la fin des temps ». Car « Dieu bénit le septième jour... qu'Il avait créé, pour qu'il soit parachevé : *la'assot* ». Ce parachèvement résultera de la collaboration entre Dieu et l'homme. *La'assot* concerne à la fois Dieu et l'humanité.

La création du septième jour continue donc pendant la durée de toute l'histoire, c'est-à-dire pendant la durée de la coopération entre Dieu et l'humanité. Elle touchera à son terme lorsque adviendra le Chabbat messianique. C'est alors seulement que le Chabbat pourra être considéré véritablement comme totalement créé et qu'il atteindra à sa plénitude [210].

Chaque heure est irremplaçable

Si l'on oublie une seule fois de prononcer la « bénédiction » sur l'un des jours de la *sefira*, des « *sept* semaines », qu'on *compte* entre les fêtes de Pessa'h et de Chavouot (cf. Lev. 23,15-16), on n'a plus le droit de prononcer intégralement la « bénédiction » sur les autres jours de la *Sefirat HaOmer*, « du comput de l'Omer »[211].

Chaque jour compte, il est irremplaçable : « oublié », négligé, il entrave la bonne marche des jours qui suivent.

Ve'im lo a'hchav eimataï, disait Hillel (Ier siècle). « Et si (je ne le fais) pas maintenant, quand (le ferai-je)[212] ? »

À chaque heure il incombe à l'homme d'accomplir une bonne action ; car il ne sera pas à même d'accomplir la même action à une autre heure[213].

Les jours de la semaine sont inclus dans le Chabbat

Le psaume que le juif croyant récite chaque jour à la fin de la prière du matin est précédé de l'affirmation : « Aujourd'hui est le premier (deuxième...) jour *dans* le Chabbat. »

Les jours de la semaine sont donc inclus dans le Chabbat ; ils se rassemblent, selon le Chelah HaKadoche, sur un même « point » chabbatique, qui est la racine de tous les jours[214].

Les jours de la semaine s'appellent « jours du Chabbat »[215]. Les semaines s'appellent Chabbats[216]. Le principe des jours de fête israélites, au nombre de sept, correspondant au nombre des jours de la semaine, est virtuellement, initialement, contenu dans le nom même du Chabbat[217].

Rabbi Avraham de Sohatchov écrit : « Le Chabbat est la racine du temps sanctifié et les fêtes découlent du Chabbat. Le Chabbat est l'essence de la sainteté-*kodèche* ; et le jour de fête est "convocation sainte" – *mikra kodèche*[218]. » Cette dernière idée avait déjà été exprimée par Rabbi Lévi Yits'hak de Berditchev, qui la justifiait par la remarque suivante : « La sainteté du Chabbat vient uniquement de Dieu et c'est pourquoi le Chabbat est appelé *kodèche* ; tandis que les fêtes s'appellent *mikra kodèche*, car Israël sanctifie le temps avec les mitsvot que les israélites accomplissent pendant les fêtes[219]. »

La source de leurs considérations sur *chabbat kodèche* se trouve dans le Zohar[220].

Le Chabbat, limité à l'extérieur, est incommensurable en profondeur

Une seule unité pour le repos, face à six unités pour le travail. Mais cette unité, parce qu'elle a ses racines dans un monde supratemporel, est, en profondeur, en intériorité, plus étendue que les six autres [221]. La Tora ne dit pas seulement : « Observe le jour du Chabbat » (Deut. 5,12), mais aussi : « Les enfants d'Israël observeront le Chabbat » (Exod. 31,16), sans que ce dernier soit précédé par le mot *jour*. En effet, le Chabbat, vécu en profondeur, dans son intériorité incommensurable, dure beaucoup plus que le temps d'un jour : il vient de l'éternité et rejoint l'éternité à travers l'escale qu'il fait dans ce monde ; il est hors du temporel et assume toutefois sa temporalité : il établit un lien entre « ce monde », *Olam Hazé*, et « le monde qui vient », *Olam HaBa*.

Le juif qui observe le Chabbat, dans la foi et dans la joie, s'y prépare pour le « monde à venir » ; il y voit son modèle, il en éprouve déjà le goût : *Me'Eine Olam HaBa*, dit le Talmud. Dans ce « goût », dans ce *me'eine*, affirment les 'Hassidim, ce juif découvre le *Mayane Olam HaBa*, « la source du monde à venir ». En effet, *toaméa 'hayim za'hou*. « Ceux qui éprouvent ce goût ont le privilège d'éprouver le goût de la vie », de la vraie vie [222].

Le Chabbat, incommensurable en profondeur [223], est limité à l'extérieur [224] ; il est appelé « loi » [225], car il borne le travail effectué pendant les six jours de la semaine : il invite l'homme à la modération. Dieu, Lui-même, lui en donne l'exemple : Il s'appelle *Chaddaï*, car « Il a dit au monde », après lui avoir permis de s'étendre pendant six jours : *daï*, « assez [226] ! » « Il a créé les limites du monde [227] » et s'est contenté de ce qu'Il a fait pour atteindre son but [228]. La maison de Jacob, délimitée le jour de Chabbat, devient, de ce fait même, le vaste domaine de l'*oneg* du Chabbat, l'héritage illimité de la joie chabbatique [229].

Chabbat, jour d'ouverture et de découverte

Dans la pensée mystique juive, le temps chabbatique qui aboutit au temps chabbatique messianique est considéré comme le temps de la « royauté » divine : *Chabbat be'hinat mal'hout-mal'hout Chaddaï*.

Pendant le Chabbat, l'homme médite sur la concrétisation de toutes les bonnes actions humaines, et « fait de Dieu son Roi » ; il L'« intronise », car il a accepté Sa volonté, pendant les jours qui précèdent le Chabbat, en « introduisant le Royaume des cieux dans le monde de l'*assyia*, de l'action » ; il proclame donc Son nom[230]. Et Dieu, à Son tour, fait connaître à l'homme Son nom, le Nom que l'homme fera connaître au monde ; Il fait comprendre à l'homme ce que celui-ci n'a pas pu comprendre auparavant, à savoir que toutes Ses actions conduisent « au bien ». Dieu se révèle ainsi Lui-même, dans le tout qu'Il forme avec Son nom : Il se révèle à la fois comme Il est et comme Il apparaît. Il se révèle ainsi en jour de Chabbat qui est jour de l'« ouverture » de l'intériorité ; – en jour de Chabbat messianique, qui est jour de la « découverte » des mystères[231]. Chabbat est ainsi le jour d'« ouverture » et de « découverte », en ce monde déjà, du « monde à venir », de l'*Olam Ha-Ba*, c'est-à-dire du monde où l'homme peut comprendre « les pensées » de Dieu, découvrir, « voir » « les voies » de Dieu (et non pas seulement, comme auparavant, les « justifier » humblement).

Le Chabbat offre au juif, *chomère chabbat*, l'avant-goût de l'Éternité (*Me Eyine Olam Ha-Ba*), quoique celui-ci se trouve encore placé dans le Temps. Malgré sa temporalité, ce juif est déjà animé par le « souffle messianique » qui lui permet de s'exclamer, en toute conscience et en connaissance de cause : « En ce jour, Dieu est Roi, Il est Un et Son Nom est Un ! » (cf. Zach. 14, 9)[232].

Le Chabbat : entièrement jour, entièrement lumière

Le mystère du Chabbat sera révélé aux temps messianiques, comme aux temps premiers de la création, comme un jour qui est entièrement jour, entièrement lumière[233].

À propos du septième jour de la création, la Genèse (chapitre I) ne dit pas, comme au sujet des autres jours : « Il y eut un *soir*, et il y eut un matin », car le premier Chabbat fut entièrement lumière...[234].

Et à propos du jour messianique, le prophète d'Israël dit : « Ce sera un jour unique – Dieu seul le connaît – où il ne fera ni jour ni nuit ; et c'est au moment du soir que paraîtra la lumière »[235].

L'unité du Chabbat

Le Chabbat est un, car il contient en lui, dans son « point » intérieur, tous les jours de la semaine[236]. « Dieu (accomplit = *Vay'Hal* : dans) le septième jour l'œuvre faite par Lui et Il se reposa le septième jour de *toute* l'œuvre qu'Il avait faite » (Gen. 2,2-3). Il fit entrer « toute l'œuvre » dans le septième jour[237].

Le Chabbat est un dans ce monde de l'action, car en lui se réalisent toutes les mitsvot, les *mitsvot assé* et les *mitsvot lo ta'assé*, symbolisées par les deux mots clé du Chabbat : *Za'hor VeChamor*[238].

Le Chabbat est un dans le cosmos, car il inclut le Chabbat inférieur (d'en bas, de ce monde) et le Chabbat supérieur (d'en haut), qui forment à eux deux un seul Chabbat et constituent un mystère chabbatique[239].

Le Chabbat révélera la paix entre le monde supérieur et le monde inférieur, car il est la paix : sur lui se fondera le monde ainsi que le monde fut fondé sur lui[240].

Aux temps chabbatiques, messianiques, le monde diversifié retournera à sa racine, à son unité

Le monde, un à l'origine, s'est diversifié au cours des jours de la création et, encore beaucoup plus, au cours du temps. Le jour du « Chabbat », le monde retourne – *chav* – à sa racine ; il se dirige dans son intériorité vers Dieu, Un : il se réunifie[241].

Aux temps chabbatiques, messianiques, le monde retournera à sa racine, reviendra à Dieu ; mais alors il y retournera entièrement, c'est-à-dire également dans son extériorité : alors il sera un. Il sera un parce que l'homme, et notamment Israël, par son action éthique « unificatrice », consacrée au Dieu Un, par son action de *yi'houd* dans le monde, aura contribué à l'unification du monde naturel et du monde éthique en un seul monde, consacré au Dieu Un[242].

C'est par le nombre sept que la Création, la Tora, Israël et le Chabbat se relient entre eux

Le premier verset de la Genèse contient sept mots, correspondant aux sept jours de la création[243]. Le début même de la Bible indique donc le but de la création : le Chabbat dans le sens étendu du terme. Six jours de la semaine trouvent leur couronnement dans le Chabbat ; six années aboutissent à l'année chabbatique, *chemitta* ; sept *chemittot* conduisent à l'année jubilaire, *yovel*[244]. Pendant la lecture chabbatique de la Tora, sept hommes sont appelés pour prononcer leurs « bénédictions de la Tora » devant le *Séfer Tora*, devant le Rouleau de la Tora ; ces sept juifs appelés devant la Tora (que « Dieu regarda lorsqu'Il créa le monde ») correspondent aux sept jours de la création du monde et aux sept voix que Dieu a fait entendre lors de la révélation de la Tora sur le Sinaï[245].

Le premier verset du Livre de la Genèse contient sept mots ; et le verset qui introduit le Décalogue – quintessence de la Tora – révélé sur le Sinaï contient également sept mots (Exod. 20,1)[246].

Le verset des Dix Commandements (Exod. 20) qui ordonne le respect du Chabbat, du septième jour de la semaine, est le septième verset du Décalogue (Exod. 20,8). Ce verset commence par la lettre *Zayine*, dont l'équivalent numérique est sept : « *Za'hor* – souviens-toi du jour du repos – du jour du Chabbat – pour le sanctifier... Tu n'y feras aucun travail, ni toi, ni ton fils, ni ta fille, ni ton serviteur, ni ta servante, ni ton bétail, ni l'étranger qui est dans tes portes » (Exod. 20,8-10). Cette interdiction concerne sept catégories d'êtres. Et sept catégories de *Menou'ha*, de « repos », sont énumérées dans la prière d'*Ata E'had*, que le juif prononce à l'office religieux de *Mine'ha*, de l'après-midi du Chabbat[247].

La signification du nombre sept dans l'Histoire du monde et dans l'Histoire d'Israël.
Philosophie de l'Histoire de la Nature, de l'Homme et de l'Humanité, à la lumière du nombre sept

Le Midrache affirme : « Tous les septièmes sont aimés (de Dieu). (Parmi les cieux) le septième ciel : *Aravot*[248] ; parmi les terres : la septième, *Tével*[249] ; parmi les générations : la septième, celle de *Hano'h*[250] ; parmi les pères : le septième, Moïse[251] ; parmi les fils : le septième, David[252] ; parmi les années : la septième, l'année chabbatique[253] ; parmi les années chabbatiques : la septième, le Jubilé[254] ; parmi les jours : le septième (le Chabbat)[255] ; parmi les mois : le septième (*Tichri*, mois des grandes fêtes)[256-257]. » Dieu « aime » et « sanctifie » le septième : à la fois « fondement » et « aboutissement »[258] ; car le septième est l'« âme », le « centre », l'« intériorité » de toute chose, de tout être : il est le *tsadik*, le « juste »[259]. « Tout dépend du nombre sept »[260].

Dieu a « élu »[261] le nombre sept parmi les autres nombres. Tout en étant *nivdal*, « distingué », « particulier », ce nombre « sept », représenté par le chiffre *zayin*, est, par sa forme même, « ouvert » à tous ; étant « ouvert de tous les côtés », il s'adresse à tous ; il est disposé à offrir son *mazone*, sa « nourriture » spirituelle à tous[262]. Dieu a élu le nombre sept et l'a promu parmi les autres nombres ; Il l'a destiné à une tâche particulière et universelle : Il l'a appelé à rapprocher entre eux les « six coins », les « six extrémités »[263] des six autres jours, des jours de travail, et à les unifier sous son égide. Il l'a appelé à « influencer » les autres nombres, à les « sanctifier » par sa propre « sainteté » amoureuse.

Dieu a choisi le nombre sept pour marquer la relation qui doit exister entre le monde de la nature (sept cieux [264], sept étoiles [265], sept mers [266], sept terres [267]) et le monde de la Tora (sept voix se firent entendre pendant la révélation de la Tora, qui eut lieu le septième jour de la semaine [268], sur le Sinaï [269] ; les sept branches du chandelier, de la Menora [270] répandent la lumière de la Tora). Dieu a choisi le nombre sept pour marquer la relation qui doit exister entre le monde de la nature (assis sur sept fondements [271]) et le monde de l'au-delà de la nature (divisé en sept contrées, disposant de sept *hé'halot*, de sept « palais » [272]). Dieu a choisi le nombre sept pour marquer la relation qui doit exister entre le monde de la nature (établi sur sept principes énoncés avant que celui-ci soit créé [273]) et le monde de l'intelligence de la nature (qui se fait selon les sept principes de la sagesse [274]). Dieu a choisi le nombre sept pour marquer la relation qui doit exister entre le monde de la nature, de l'espace (soutenu par sept colonnes) et le monde de l'éthique, de l'histoire [275], du temps (soutenu par sept *tsadikim* [276], par sept « justes », par sept bergers [277], par sept générations, sept pères [278], sept fils [279], sept prophètes, sept prophétesses [280]). Dieu a choisi le nombre sept pour marquer la relation qui doit exister entre le monde de la nature dans son ordre et le monde du miracle dans son ordre (les sept nuées de la gloire divine [281]). Dieu a choisi le nombre sept pour marquer la relation qui doit exister entre le monde de la nature dans son intégralité, dans son extériorité (marquée par sept mers qui l'entourent) et le monde de la nature dans son essence, dans son intériorité (la Terre d'Israël que sept « mers » entourent [282] ; la Terre d'Israël composée de sept contrées, qui sont rattachées aux sept contrées de la « Terre de la vie », d'en haut [283] ; la Terre qu'Israël a rachetée des péchés des « sept peuples » [284] qui l'occupaient, ces sept peuples représentant la quintessence « décimale » des « septante nations du monde » ; la Terre d'Israël qui est distinguée par « sept espèces » [285] de richesses naturelles, végétales, dont la consommation par les israélites, selon les normes prescrites par la Tora, constitue une partie de leur service de Dieu, Propriétaire de cette Terre ; la Terre d'Israël dont les « prémices », *bikkourim*, comportant sept mitsvot [286], sont consacrées par les israélites à Dieu, Propriétaire de cette Terre).

Dieu a choisi le nombre sept qu'Il aime et sanctifie ; et c'est pourquoi Il l'a multiplié par le nombre de la « sainteté » : dix [287]. Il a fait du nombre septante, « arbre de la vie », le point de rencontre entre la vie de l'homme (dont la mesure de la vie est de septante années [288]) et la vie d'Israël (peuple dont la quintessence primordiale fut les « septante âmes » venues avec Jacob en Égypte[289]). Il a fait du nombre septante le point de rencontre entre la vie du peuple d'Israël (représenté par ses septante Anciens, *zekeinim*, « les yeux de la communauté »[290]) et la vie de l'humanité (représentée par les « septante nations du monde »[291], constituant l'ensemble des « familles de la terre »). Il a fait du nombre septante le point de rencontre entre la vie de la Tora (hébraïque, aux « septante visages »[292]) et la vie de l'humanité (comptant septante nations principales, s'exprimant en septante langues principales[293]). Il a fait du nombre septante le point de rencontre entre le cosmos (comptant septante mondes principaux[294]) et le Tabernacle (sanctuaire israélite dont la cour compte septante colonnes[295]). Il a fait du nombre septante le point de rencontre entre le cosmos[296], l'homme, Israël, l'humanité (dont la vie est gouvernée par le nombre septante[297]) et Lui, leur Dieu commun (dont la Présence parmi eux, la *Che'hina*, se manifeste par Ses septante noms[298]).

Tous, ils se relient à Lui, à Sa « sainteté », par la « sanctification » juive du Chabbat : le *kiddouche* chabbatique compte « septante mots »[299], représentant les « septante couronnes » qui « ornent » le « jour du Chabbat »[300]. Le « jour du Chabbat » est le « jour du Retour ». Le « jour du Grand Chabbat » messianique est le « jour du Grand Retour ». Les « septante âmes », « descendues » dans l'exil égyptien, « montent », « rentrent » en Terre promise. Après septante ans de « captivité » babylonienne, d'exil babylonien, les juifs commencent leur « Retour à Sion »[301]. Après septante unités majeures de temps, l'humanité célébrera avec Israël le Jour du Retour de la Dispersion spirituelle, de l'Exil moral ; elle reviendra à Dieu ; elle « montera à Sion », « gravira la montagne de l'Éternel ». Israël, au nom de l'humanité réconciliée avec Dieu et avec elle-même, fêtera la grande année du Jubilé, le grand jour du Retour, après « septante années de souffrances pré-messianiques », *'Hevlei Machia'h*, après « septante années de jours messianiques », *Yemot HaMachia'h*[302].

Dieu a choisi le nombre sept pour introduire l'éternité dans la temporalité (ordonnée en sept catégories : Jubilé, année chabbatique, année, mois, semaine, jour, heure[303]) ; septième jour, le Chabbat ; septième semaine « après le Chabbat » qui est Pessa'h, après la fête de la libération physique, se terminant par Chavouot, par la fête de la libération spirituelle ; septième mois de l'année, *Tichri*, mois des grandes fêtes ; sept fêtes israélites par année[304].

Dieu a choisi le nombre sept, et pour cela Il l'a multiplié par le même nombre sept, en laissant l'homme, l'israélite, après six jours et après six années de travail, de sanctification de l'activité et donc de coopération avec le Créateur, aboutir au septième jour, qui est le jour chabbatique, le jour saint, « Chabbat de Dieu », et à la septième année, qui est l'année chabbatique, « Chabbat de Dieu »[305]. Il a ensuite multiplié les sept ans de l'année chabbatique, de la *chemitta*, par sept, en laissant l'homme israélite et le peuple d'Israël, après les quarante-neuf années de sanctification de leur vie devant Dieu, aboutir à la « sanctification » particulière de la cinquantième année, que Dieu sanctionne (à l'instar de ce qu'Il a fait au sujet du Chabbat initial[306]) comme année « sainte », comme année de « retour »[307]. Ce **retour** est celui de l'homme vers Dieu et de l'homme vers lui-même, qui peut alors se pencher sur ce qu'il y a de vrai en lui, et s'arrêter là où il a droit de s'arrêter. L'année du *Yovel*, « l'année du Jubilé », est donc l'année de la « liberté » de l'homme qui se rattachera à Dieu, comme de l'égalité des hommes parce qu'ils se trouvent tous devant Dieu ; elle est l'année qui préfigure le temps de la « liberté » messianique. Dieu multiplie ainsi un « Jour de Dieu », un « millénaire »[308], par sept, en laissant les hommes, après six mille ans de collaboration plus ou moins féconde avec Lui, aboutir au septième millénaire : « Jour qui est entièrement Chabbat », « Jour qui est entièrement bon. » En ce millénaire, tout ce qui est éphémère, précaire, se transforme (selon des commentateurs des textes talmudiques et mystiques[309]) en « désert » ou est considéré (selon d'autres interprètes des mêmes textes fondamentaux et parfois contradictoires[310]) comme « désertique » ; et tout ce qui est durable, bon, se « renouvellera » pour « mieux » continuer de subsister, de se développer[311]. Il multiplie ensuite les sept millénaires par sept millénaires, en laissant l'humanité agir et s'épanouir sous Son regard et aboutir au cinquantième millénaire, qui est le millénaire de l'Accomplissement. Celui-ci s'entrouve sur la Porte de la Sagesse, à travers laquelle l'homme peut voir et comprendre, « un peu », ce qu'il n'a pu ni voir ni comprendre auparavant[312]. L'*Olam HaBa*, le « monde à venir », le « monde qui vient », ressenti potentiellement sur terre par les « gardiens du Chabbat » en jour de Chabbat, mais réalisé complètement au-delà de la terre, s'accomplira entièrement sur terre en ce *Chabbat HaGadol*, en ce Grand Chabbat du cinquantième millénaire, en ce *Yovel HaGadol*, en ce Grand Jubilé du cinquantième millénaire. Le monde sera alors entièrement (mais non pas définitivement) spiritualisé ; le monde sera devenu Tora[313].

Pour y arriver, le « chemin » est « droit »[314] mais difficile ; il est néanmoins ouvert à l'homme. Le chemin est plein de périls ; il est plein de mystères ; « il est comme un pont étroit ». Cependant, les moyens de vaincre les périls du trajet et les angoisses du passage, et la clé qui permet de déceler les mystères, sont donnés dans le nombre sept : « Tous les mystères et toutes (choses) saintes, précieuses : tout dépend du nombre sept ; et le sept suprême est le "monde qui vient" », affirme le Zohar[315]. Pour y parvenir, l'homme est appelé à collaborer avec son Créateur, en tenant compte du fait que sur l'économie « mouvante » de ce chiffre de la plénitude, sept, Dieu a « fondé » la « stabilité » du monde. Il a laissé toutefois à l'homme la possibilité de faire évoluer, sous Son regard, le monde. Il a accordé à l'homme la « liberté » de forger, sous Son œil, l'histoire de ce monde dont Il a d'ailleurs « prévu » l'évolution ; celle-ci s'effectuera néanmoins à l'intérieur de l'économie de ce chiffre de la réalisation, sept. Il a permis à l'homme, et avec celui-ci au monde, de tendre vers Lui. Il a fait ressentir à l'homme, et avec celui-ci au monde, la nostalgie du « retour » à la source. L'homme par ses « mérites » peut faire « se hâter » ce retour[316]. Dieu s'est cependant réservé la date ultime où Il agira, par Sa grâce, par Sa volonté, en faveur de Son nom pour que ce retour s'effectue, pour que la destinée humaine et donc cosmique se réalise : c'est la date à laquelle expirera la durée qu'Il a assignée au nombre sept.

La vie de l'homme et de l'israélite, du peuple d'Israël et du pays d'Israël, de l'humanité et de la terre, la vie du cosmos tout entier, constitue donc un processus qui se déroule à partir du nombre sept : il marque le « fondement » de toute existence et le commencement de tout devenir ; il marque le devenir, qui, après être arrivé à son achèvement, amorce un nouveau début de l'être, un nouveau départ du devenir[317].

À l'intérieur de ce processus septénaire, à la fois répétitif et nouveau, successif et inventif, cyclique et original, on enregistre des hauts et des bas, des réussites et des échecs. Cette dynamique vivante est celle de la liberté ; ce jeu sélectif est celui de la liberté ; ce combat amoureux est celui de la liberté. À l'intérieur de ce processus septénaire d'élaboration progressive de l'accomplissement (mais non pas à son début ni à sa fin), rien n'est déterminé. Si « tout est prévu », tout est aussi « libre »[318]. Mais si tout est linéaire, rien n'est régulier, rien n'est simple ; rien n'avance sans accrocs. Car tout est libre ; et la liberté de l'homme consiste dans le pouvoir qu'il a de prendre des initiatives – dans les limites de ses capacités et avec les moyens dont il dispose ; il peut prendre ses initiatives pour répondre aux initiatives, aux « éclairs », qui viennent d'en haut et qui s'adressent à lui. Tout est libre, car tout doit être libre puisque le processus dans lequel l'homme se trouve « enfermé » est d'ordre éthique et donc historique.

L'homme ne peut être autrement que libre, ne peut agir autrement que dans la liberté, qui est, il est vrai, relative, mais pourtant considérable.

Pour que cette dynamique de la liberté éthique, historique, puisse se déployer, puisse se réaliser, le nombre sept de la bénédiction, de l'action dans l'amour, de la joie[319], de la justice, de la droiture, de la positivité (« dans les sept versets de l'œuvre de la création il est écrit "que c'était bien" »[320] ; « sept bénédictions », *Cheva Bera'hot*, consacrent le droit et le devoir du couple juif de procréer[321]) se heurte à l'« autre côté » de ce même nombre[322], celui de la malédiction[323], de la destruction, de la tristesse[324], de la négativité, de la « vanité » (les sept vanités du monde face aux sept jours de la création[325]). Cependant, leur antagonisme engendre la vie[326], provoque la dynamique de la vie, et notamment de la vie éthique, historique. De leur affrontement résulte enfin l'unité créatrice, qui tend à rejoindre la seule unité absolue en elle-même, celle de Dieu. L'unité de l'œuvre humaine, de l'être humain, est toutefois issue de la réconciliation, ou de la conciliation des impulsions, des idées, des forces contradictoires. De l'affrontement des « sept bonnes propriétés » humaines, *middot tovot*[327], des sept bonnes « mesures » du « sage »[328] (qui lui permettent la réalisation des mitsvot, des commandements de Dieu, telles que les sept mitsvot de base, *Chéva Mitsvot DiB'nei Noa'h*[329], de caractère éminemment universel, ou des sept *Mitsvot DeRabbanan*[330], de caractère particulier juif) avec les sept mauvaises propriétés humaines du « sot »[331] (qui l'amènent à commettre sept violations graves des ordonnances de Dieu, *Chiv'a Goufei Aveira*[332], qui le poussent à perpétrer « sept abominations », *Cheva Toévot*[333], rappelant les sept noms du mauvais penchant, du *Yétser HaRa*[334]), découle chez l'homme la recherche de son unité, de l'unité de son action et de son être, de l'unité. Cette unité est due à la sublimation, à l'« élévation » des sept *middot* « naturelles » commandées par les « sept astres », et à la concrétisation, à la « descente » des sept *middot* « spirituelles », recommandées par les « sept cieux ». Cette unité est mouvante. Ainsi, cette unité est un équilibre, mais qui n'est pas définitif ; elle est une perfection, mais qui n'est pas ultime ; elle est un repos, mais qui n'est pas statique. Car si cette unité était définitive, ultime, statique, elle abolirait le sens de la vie, sa raison d'être éthique, historique.

Sur le plan personnel, cette unité marque le septième jour, qui est un jour de « réalisation » après les six jours d'action préparatoire, et la septantième année, avec les années qui la suivent, qui est une année de « jouissance »[335], d'ici-bas et de là-haut, après les six unités de temps, préparatoires[336]. Sur le plan personnel et communautaire, universel et cosmique, naturel et surnaturel, cette unité marque le Jour chabbatique, hebdomadaire, septennal, jubilaire, sept fois millénaire et cinquante fois millénaire, ou le Jour du Chabbat de l'au-delà : le Jour qui est uniquement Jour[337], après six jours et six nuits, après les jours et les nuits. Cette unité marque enfin la jonction de l'unité durement acquise dans la lutte pour le bien personnel et commun, âprement mais aussi joyeusement expérimentée dans l'épreuve de l'action altruiste, missionnaire – elle marque la jonction de cette dernière unité avec l'unité primordiale, donnée. L'unité dernière, obtenue, dépasse en valeur l'unité première qui, quoique parfaite, pure, était néanmoins offerte. Par l'unité acquise, l'homme messianique rejoint l'homme premier. Mais le Messie est bien supérieur à Adam, car il a le mérite du mouvement dans l'action et de la victoire après la lutte ; il a le mérite de la « purification »[338], de l'autopurification : il a le mérite de l'affinement.

L'homme messianique, se rapprochant de l'accomplissement du nombre sept, poursuit intensément son œuvre d'affinement (l'œuvre d'affinement se fait au moins sept fois[339]) ; il poursuit intensément son œuvre de sublimation, de dépassement, en s'approfondissant lui-même, en s'ouvrant aux autres, en coopérant, avec patience et confiance, avec son Grand Partenaire. Dans cette œuvre, certes, la grâce divine est décisive, mais non pas déterminante. L'unité de l'aboutissement du nombre sept, c'est-à-dire de la *chleimout*[340], de la perfection qui est elle-même perfectible[341], est une unité de *chalom*[342], de la paix qui se parfait. Cette unité de l'accomplissement du nombre est créatrice, annonciatrice. Elle annonce l'instauration de la *mal'hout*, de la royauté de Dieu. Celle-ci, bien qu'étant réalisation, c'est-à-dire « sortie des virtualités et acheminement de celles-ci vers l'action », est surtout *assiya*, « action » en développement, impliquant le commencement, l'inauguration, le renouveau de l'action ; elle constitue un arrêt, commandant un re-départ[343].

L'*A'hrit HaYamim*, la « fin des jours », tant « espérée », tant « attendue », sera en réalité le commencement d'« autres jours » *(a'hrit-a'her)* : d'autres jours meilleurs, toujours meilleurs[344]. La Présence divine, la *Che'hina*, sera ressentie, vécue par les hommes. Car ceux-ci auront réussi, à l'instar des sept *tsadikim*, depuis Abraham jusqu'à Moïse, à faire redescendre la *Che'hina* des sept cieux où Elle s'était retirée, successivement, chaque fois vers un ciel plus haut, après chacun des sept péchés commis par l'humanité[345]. À nouveau, la *Che'hina* est ici-bas, parmi les hommes, comme Elle « désire » l'être et comme Elle l'a déjà été avant qu'Adam ait commis son péché : *Ikar Che'hina BaTa'htonim.*

Le *Yi'houd*, l'unification divine, l'unification des mondes, étant réalisée, par l'action religieuse, éthique, historique, de l'homme, – l'unité totale est rétablie. Dans l'unité, l'homme, l'humanité, et notamment Israël, « le peuple qui sanctifie le septième », fêtent l'unité absolue de Dieu. Celle-ci se révèle grâce à l'*assiya* de l'homme. La *chevoua*, le « serment » que Dieu a fait de ne pas abandonner l'homme[346], Israël, et le serment que l'homme israélite, Israël, a fait au pied du mont Sinaï (le jour de *Chevouot-Chavouot*) de rester fidèle à Dieu, cette *chevoua* ayant ses racines dans *chiva*, dans le nombre « sept »[347], dans le principe primordial de la subsistance, de la permanence, s'accomplit. Le *chiva* chabbatique, messianique, indique le *kol*, le « tout »[348], la plénitude. Mais ce « tout » peut toujours se parachever davantage ; cette plénitude peut toujours se remplir davantage.

L'unité de Dieu est célébrée par la prière[349], parce qu'elle est elle-même l'aboutissement de la prière chabbatique. Celle-ci repose sur le principe du nombre sept : elle contient « sept prières », *tefilat chéva*[350], et tend, à travers ces sept bénédictions, vers l'« unité des bénédictions », vers la « source des bénédictions », *MeEine Chéva, MeEine HaBera'hot – Mayane HaBera'hot*[351]. La prière célébrant l'unité de Dieu est chabbatique également par son contenu, car elle est une prière de satisfaction et donc d'action de grâces (seuls la prière d'action de grâces – *hoda'a* – et le culte d'action de grâces – *toda* – seront pratiqués aux temps messianiques[352]). Elle exprime les *cheva hodaot*, les « sept actions de grâces », les « sept louanges »[353], qui devront être celles de l'homme à l'égard de son Dieu : l'homme est reconnaissant à son Créateur pour les « sept bénédictions »[354] qu'Il a accordées à son âme lorsqu'il la plaça dans son corps et la chargea d'une mission sur la terre. Les « sept gratitudes », devenues des gratitudes messianiques, sont célébrées sous *chéva 'houpot*, sous « sept baldaquins nuptiaux »[355], symbole d'une vie procréatrice qui commence[356], dans l'union joyeuse, cette fois-ci pleinement confiante, entre Dieu et l'homme.

La gueoula, la « délivrance », est ainsi réalisée ; le « salut » est ainsi obtenu. La gueoula, sera composée de *Chéva gueoulot*, de « sept délivrances »[357], à l'instar des « sept délivrances » prodigieuses dont Dieu a fait bénéficier Son peuple, Israël, lors de sa sortie du pays des Pharaons. La délivrance d'Israël de l'esclavage égyptien est célébrée, particulièrement, par Dieu et Israël[358], pendant les sept jours de fête de Pessa'h. L'union messianique entre Dieu et Israël sera particulièrement célébrée, par le Créateur et Son peuple, par le Roi d'Israël et le peuple d'Israël, durant « les sept Jours » de joie, à l'instar des *Chivat Yemei HaMichté* que célèbrent le fiancé et la fiancée, après avoir été proclamés époux et épouse[359].

Le nombre sept relie ainsi à tout jamais le Créateur et Sa création, Dieu et Son peuple : le Chabbat est leur trait d'union.

RÉFÉRENCES, SOURCES ET NOTES

ABRÉVIATIONS

TB = Talmud de Babylone.
TY = Talmud de Jérusalem.
Gen. R. = Genèse Rabba.
R. = Rabbi, Rav.
Rambam = (Michné Tora = Yad Ha'Hazaka), Hil'hot...

OBSERVATIONS PRÉLIMINAIRES

Ce livre contient des textes qui ont été conçus et rédigés sans que des notes leur soient adjointes. C'est seulement après qu'ils eurent été présentés, dans des cours et des conférences, et par écrit, dans des revues ou des recueils – c'est seulement au fur et à mesure qu'ils ont été médités, que les références aux textes traditionnels se sont imposées et que nous les avons ajoutées. Nombre d'entre elles, et notamment celles qui concernent les œuvres du Maharal, du Chelah HaKadoche, du Sefat Emet, du Avnei Neizer, du Rav Kouk, nous ont fait découvrir une convergence entre notre pensée et celle des vénérés maîtres, convergence qui va parfois jusqu'à une similitude dans la formulation des idées.

Les références et les sources proviennent de « toutes les chambres » qui forment le vaste palais « de la Tora ». Elles représentent tous les domaines de la création spirituelle juive qui constituent l'immense et presque quadrimillénaire patrimoine religieux hébreu. Ces domaines sont aussi différents que complémentaires : biblique, talmudique, midrachique, hala'hique, aggadique, rabbinique, mystique, philosophique, éthique, juridique, jurisprudentiel, exégétique, homilétique, 'hassidique, moussarique...

Pour faciliter l'utilisation de ces notes, nous avons adopté la méthode concise pratiquée dans les écoles du Gaon de Vilna et du Gaon de Rogatchov. Les références et les sources ne se bornent pas uniquement à fournir aux lecteurs les « fondements érudits » des textes auxquels elles se rapportent ; elles visent aussi, par leur disposition allusive et associative, à suggérer aux savants des explications sur maintes questions de la pensée et de la loi juives, comme à attirer leur attention sur des oppositions aux thèses que ces références mêmes défendent et à leur ouvrir des perspectives sur des thèmes voisins que ces références appuient ou qu'elles suggèrent.

RÉFÉRENCES, SOURCES ET NOTES DE LA PRÉFACE

1. Cf. Séfer Yetsira III, 6 ; VI, 1. Zohar, II, 47a ; III, 221b. Zohar, Im Peirouche HaSoulam, V, VaYakhel, p. 60. Sifra DiTseniouta, Im Biour Hagra, Likoutei Hagra, p. 78. Chir HaChirim Rabba 5. Pirkei DeRabbi Eliézer 18. Cho'heir Tov, 92,2. Yalkout Chim'oni, Tehilim 139,888. *Kouzari* III, 5 ; IV, 25. RABBEINOU BA'HYA, *ad* Exod. 20,8, p. 197-198. *Peirouchei Maharal MiPrague LeAgadot HaChass*, II, Chabbat 118b, p. 97. CHELAH I, p. 26a. MAHARCHA, *'Hidouchei Agadot :* Yoma 2a ; Beitsa 16a. RABBI ELIYAHOU, LE GAON DE VILNA, *Adéret Eliyahou*, p. 322 et 340. RABBI DOV BAER DE MEZRITCH, *Maguid Devarav LeYa'akov* : 20, p. 32-33 ; 86, p. 149. RABBI NA'HMAN DE BRATSLAV, *Likoutei Moharan* V, 2, p. 5a ; *Siddour Cha'arei Ratsone*, p. 480. RABBI TSEVI ELIMÉLE'H DE DINOV, *B'nei Issas'har* I, p. 22a et 23b ; RABBI AVRAHAM DE SLONIM, *Yessod HaAvoda* II, p. 83 ; *Be'eir Avraham*, p. 203-204, 215. RABBI AVRAHAM DE SLONIM, *Beit Avraham*, p. 102, 108, 109, 146, 152. RABBI AVRAHAM DE SOHATCHOV, *Avnei Neizer*, p. 125 ; *Neot HaDéché*, p. 2, 120, 136, 141. RABBI CHEMOUËL DE SOHATCHOV, *Chem MiChemouël, Bereichit* I, p. 5 ; *Bereichit* II, p. 223 ; *Chemot* II, p. 225 et 246 ; *VaYikra*, p. 351, 354 ; *BaMidbar*, p. 347-348 ; *Devarim*, p. 90 et 176 ; *Moadim*, p. 111. RABBI YEHOUDA ARIÉ LEIB DE GOUR, *Sefat Emet* I, p. 6, 9, 10, 53, 81, 222, 229, 246, 247 ; II, p. 79 et 210 ; III, p. 197-198 ; IV, p. 61, 174 et 199. RABBI MEÏR SIM'HA KOHEN DE DVINSK, *Méché'h 'Ho'hma*, p. 147-148. RAV KOUK, *Orot HaKodèche*, II, 303.

RÉFÉRENCES, SOURCES ET NOTES DE LA PREMIÈRE PARTIE

I. Peuple d'Israël, pays d'Israël

1. Cf. Zohar, II, 90b ; III, 7b ; 23b ; 252a. Tikounei HaZohar, 1b ; 21b ; 40a. Cant. R., 1,11. Voir aussi Gen. R. 74, 8 ; Cant. R. 4,6 ; RACHI, *ad Ta'anit* 8b. Cf. RAMBAN, *ad* Gen. 24,1. CHELAH I, p. 21b. RABBI ELIYAHOU, LE GAON DE VILNA, *Hagra, Biour HaRa'aya Meheimna*, p. 35 (III, Behar, 29b). *Tanya, Likoutei Amarim*, 19, p. 48 ; 37, p. 98 ; 41, p. 114. RABBI 'HAYIM DE VOLOJINE, *Néfèche Ha'Hayim*, I, 17, p. 17. RABBI LÉVI YITS'HAK DE BERDITCHEV, *Kedouchat Lévi*, p. 141. RAV KOUK, *Orot*, p. 140-141, 148. RABBI CHEMOUËL DE SOHATCHOV, *Chem MiChemouël, Devarim*, p. 210. RABBI YOSSEF 'HAYIM DE BAGDAD, *Bène Iche 'Haï, Da'at OuTevouna*, p. 72b. Voir aussi RABBI YA'AKOV EMDEN, *Siddour Beit Ya'akov*, I, p. 83.

2. Cf. Zohar I, 31*b*. Rabbi Yehouda Arié Leib de Gour, *Sefat Emet*, I, p. 49 ; II, p. 94, 109 ; IV, p. 5. Rabbi Yossef 'Hayim de Bagdad, *Bène Iche 'Haï*, p. 132-133.

3. Cf. Hakdamat Séfer HaZohar, I, 13*a*, 14*a*. Zohar, I, 25*a* ; 47*a* ; 97*a* ; II, 138*a* ; III, 7*b* ; 12*a* ; 26*a* ; 29*b* ; 170*a* ; 218*b* ; 219*a*. Zohar 'Hadache : Bereichit 6,4 ; 10,4 ; Balak 56,4. Hakdamat Tikounei HaZo'har, 1,1. Tikounei HaZohar, 22 (65*b*) ; 70 (138*a*). Séfer HaZohar Im Peirouche HaSoulam I, p. 5. Séfer HaZohar, éd. HaRav Reouven Margaliot, III, p. 339. HaRav Reouven Margaliot, *Cha'arei Zohar*, p. 264. Voir aussi TB Chabbat 152*b*. Rachi, *ad* 'Houline 91*a*. Targoum Yonathan, *ad* Gen. 28,12. Cf. Gen. R. 68,18 ; 78,6. Pessikta Zoutarta, Vayétsé. Ibn Ezra, *ad* Deut. 32,8. Ramban *ad* Gen. 2,7 et *ad* Deut. 32,7. HaRecanati, Bereichit 7,2. Alcheï'h, *Lé'h Le'ha* et *Nitsavim*. Rabbi 'Hayim Vital, *Cha'arei Kedoucha*, III. Chelah III, 164*b*. Maharal, *Be'eir Hagola*. 3, p. 19*a* ; *Nétsa'h Yisraël* 7 ; 11 ; *Déreh 'Hayim*, p. 7 ; *Peirouchei Maharal MiPrague LeAgadot HaChass*, IV, Yevamot 63*a*, p. 27 ; *Tiféret Yisraël*, 1, p. 4*b*-5*a* ; 19, p. 21*b* ; 24, p. 20*b* ; *Guevourot HaChème*, 47, p. 115 ; 67, p. 193. Le Gaon de Vilna, *Adéret Eliyahou*, p. 16 ; p. 515 *(Be'eir Yits'hak)* ; *Biourei Hagra Al Agadot*, II, *Likoutei Hagra*, p. 85 ; *Sifra DiTseniouta Im Biour Hagra*, 3, p. 28 ; 4, p. 32. Rabbi 'Hayim de Volojine, *Néfèche Ha'Hayim*, 1,5, p. 9 ; 1,17, p. 17 ; 2,17, p. 27 *a-b* ; *Roua'h 'Hayim*, Avot VI, 3, p. 96. *Tanya*, *Likoutei Amarim*, 2, p. 6*a* ; 19, p. 48 ; 37, p. 98 ; *Iguéret HaKodèche*, 7, p. 111-112. Rabbi Na'hman de Bratslav, *Likoutei Moharan*, 14,3, p. 19*a*. Rabbi Tsevi Eliméle'h de Dinov, *B'nei Issas'har*, I, p. 112*a* ; *Hagada Chel Pessa'h*, p. 25. Rabbi 'Hayim Atar, *Or Ha'Hayim, Nitsavim*, *ad* Deut. 29, 17. Rabbi Avraham de Slonim, *Yessod HaAvoda*, p. 253 ; *Be'eir Avraham*, p. 49. Rabbi Avraham de Sohatchov, *Neot HaDéché*, p. 152. Rabbi Yehouda Arié Leib de Gour, *Sefat Emet*, V, p. 36, 130, 182. Rabbi Meïr Sim'ha Kohen de Dvinsk, *Méche'h 'Ho'hma*, p. 28. Rav Kouk, *Olat Reiyah*, II, p. 326 ; *Orot HaKodèche*, III, p. 68. Rabbi David Kohen, *Kol HaNevoua*, p. 68. Rabbi Yossef 'Hayim de Bagdad, *Bène Iche 'Haï*, p. 5 et 132 ; *Od Yossef 'Haï*, p. 27. Rabbi Eliyahou Lapian, *Leiv Eliyahou*, p. 138-139. *Siddour Hagueonim VeHaMekoubalim*, III, p. 780, 781. Rabbi Yehouda HaLévi Achlag, *Matane Tora*, p. 129-130.

4. Cf. TB Bera'hot 30*a* ; Rambam, *Hil'hot Techouva* III, 11. Rabbi Yehouda Arié Leib de Gour, *Sefat Emet*, III, p. 158 ; V, p. 131. Rabbi Avraham de Sohatchov, *Avnei Neizer*, p. 70. Rav Kouk, *Orot*, p. 74 et 146 ; *Orot HaKodèche*, III, p. 201 et 319-320 ; *Orot HaTechouva*, p. 81 ; *Olat Reiyah*, I, p. 279 et II, p. 2. Rabbi Barou'h HaLévi Epstein, *Barou'h ChéAmar*, Avot, p. 14-15. Rabbi Bezalel Ze'ev Safran, *Che'eilot OuTechouvot Harbaz*, I, p. 267.

5. Cf. Gen. R. 30,11 ; Exod. R. 15,18 ; Yalkout Chim'oni, No'ah 3 ; Rachi, Noa'h, *ad* Gen. 6,9. *Keli Yakar*, Vayélé'h, *ad* Deut. 31,6. Rabbi Naftali Tsevi Yehouda Berline, *Natsiv, Ha'amek Davar*, I, *Vaye'hi ad* Gen. 48,15, p. 181.

6. Cf. Michna Sanhédrine, X, 1 et Rambam *ad loc.* ; TB Sanhédrine 90*a* et 104*b* et Rachi *ad loc.* Mais voir aussi TB Sanhédrine 10*b* et 90*a-b*, Rambam, *Hil'hot Techouva* III, 6. Cf. Maharal, *Déré'h 'Hayim*, Avot III, 11. Chelah, III, p. 201*a*. Rabbi Yossef 'Hayim de Bagdad, *Bène Iche 'Haï*, p. 133.

7. Cf. Rabbi Yisraël de Kojnitz, *Avodat Yisraël*, p. 193. Rabbi Yossef 'Hayim de Bagdad, *Bène Yehoyada*, II, p. 81*b*.
8. Cf. Deut. 4,4. Tan'houma Ki Tissa 8. Zohar I, 207*a*, Zohar 'Hadache, Bereichit 10,4.
9. Cf. Is. 60,21 ; Michna Sanhédrine X, 1. TB : Sanhédrine 90*a* ; Chabbat 153*a* ; Meguila 28*b* ; Ta'anit 22*a* ; Ketouvot 111*a* ; Mena'hot 53*b*. Cf. Tossafot *ad* Ketouvot 103*b*. Cf. Gen. R. 6,5 ; Exod. R. 32,1 ; Cant. R. 6,16. Zohar, I, 33*a* ; 59*b* ; 93*a* ; 95*b* ; 179*a* ; 216*a* ; II, 23*a* ; III, 113*a* ; 177*b*. Zohar 'Hadache, Ruth 78,4. Tikounei HaZohar, 5 (141*b*). Pirkei DeRabbi Eliézer 37. Tana Devei Eliyahou 24. *Kouzari* II, 14 ; Rambam, *Hil'hot Techouva* III, 5 ; *Issourei Bi'a* XIV, 4. Maharal, *Nétsa'h Yisraël* 15 ; *Déré'h 'Hayim*, Avot, p. 2, 6, 7-8, 251 ; *Tiféret Yisraël*, 5, p. 8*b* ; *Derachot Al HaTora*, p. 41. Chelah, III, 23*a* ; 171*b* ; 175*a* ; 201*a*. Rabbi Eliyahou, le Gaon de Vilna, *Biourei Hagra Al Agadot* I, p. 82. Rabbi Yehouda Arié Leib de Gour, *Sefat Emet*, II, p. 62 ; IV, p. 183. Rabbi Avraham de Sohatchov, *Avnei Neizer*, p. 28. Rabbi Naftali Tsevi Yehouda Berline de Volojine, *Ha'amek Davar*, V, *Ki Tavo, ad* Deut. 26,17, p. 108. Rav Kouk, *Olat Reiyah* II, p. 157. Rabbi Yossef 'Hayim de Bagdad, *Bène Iche 'Haï*, p. 133 et 147 ; *Da'at OuTevouna*, p. 110*a*. Rabbi Barou'h HaLévi Epstein, *Tosséfet Bera'ha* V, p. 106-107.
10. Cf. Is. 60,21. Cf. Jér. 2,21 ; Tan'houma Ki Tissa 8. Hakdamat Séfer HaZohar, I, 13*a*. Zohar I, 96*b*. Chelah I, 163*b*. Cf. aussi Cant. R. 7,7.
11. Cf. Exod. 6,7. Deut. 7,6 ; 14,2. Sam. I, 12,22. Reg. 1, 8,16. Is. 26,2. Zohar II, 121*a*. Rabbeinou Ba'hya, *ad* Exod. 19,6.
12. Cf. Is. 43,7 ; 49,3. Sifrei Vezot HaBera'ha (Deut. 33,26), 355, p. 148*a*. Pessikta Zoutarta, Chela'h (Nu. 14,21). TB Yoma 86*a*. Esther R. 7. Tan'houma, Kedochim 2. Midrache Léka'h Tov, Chela'h. Zohar I, 97*a* ; II, 79*a* ; 87*b* ; III, 4*b* ; 55*a* ; 112*a*. Cf. aussi Hakdamat Séfer HaZohar, I, 10*a*. Cf. Rambam, *Hil'hot Yessodei HaTora* V, 11. Rabbi 'Hayim Vital, *Ch'arei Kedoucha*, II, 4. Rabbi Na'hman de Bratslav, *Likoutei Moharan*, I, 17*a*, p. 21*b*-22*a* ; II, 40, p. 26*a*. Maharal, *Guevourot HaChème*, 44, p. 104-105. Rabbi Avraham de Slonim, *Be'eir Avraham*, p. 107.
13. Cf. Deut. 29. Cf. aussi Jud. 5,12 ; Sam. II, 6,21. Cf. Me'hilta Bechala'h, Massi'hta DeChira (Exod. 15,16), 9, p. 51*b* ; Is. 43,21.
14. Cf. Rachi, *ad* Deut. 30,19. Ramban, *ad* Deut. 28,9 ; 32,1. Zohar 'Hadache 4,2, Maharal, *Derachot Al HaTora*, p. 39.
15. Cf. Exod. 19,5 ; Me'hilta Yitro (Exod. 19,5), Massi'hta DiBa'Hodèche, 2, p. 71*a*. Cf. Exod. 31,16 ; 34,27. Jér. 33,25. (Cf. aussi Gen. 6,18 ; 9,9, 11,15. Gen. 15.) Cf. Nu. R. 9,54. Zohar III, 29*a*. Rabbi Na'hman de Bratslav, *Likoutei Moharan*, 31,3, p. 43*b*. Voir aussi R.D. Ts. Hoffmann, *Séfer Bereichit*, I, p. 235-236.
16. Cf. Gen. 12,2 ; 17, 7-9. Exod. 6,7. Lev. 26,12. Deut. 4,37 ; 7,6-8 ; 10,15 ; 14,2. Is. 41,8-9 ; 44,1-2. Jér. 30,22 ; 31,2 ; 31,32. Ez. 36,28 ; 37,27. Osée 11,1 ; 14,5. Mal. 1,2. Ps. 135,4. Neh. 9,7. Chron. I, 17,13. Sifrei, Re'éh (Deut. 14,1) 96, p. 94*a*. TY : Yoma VII, 1 ; Sanhédrine X, 1. TB : Béra'hot 6*a* ; 11*b* ; Chabbat 55*a* et Tossafot *ad loc.* ; mais voir aussi TB Kidouchine

I. PEUPLE D'ISRAËL, PAYS D'ISRAËL

70*b* et RACHI *ad loc.* Gen. R. 20,16 ; 29,7 ; 44,4. Exod. R. 32,2 ; 47,4 ; 49,1 ; 74,9-10. Lev. R. 7,1 ; 36,5. Nu. R. 3,2 ; 8,2. Deut. R. 5,6. Cant. R. 6,4. Eccl. R. 12,7. Pirkei DeRabbi Eliézer 24. Tanhouma Ki Tissa 8 et BaMidbar 17. Zohar, II, 205*b* ; 260*b* ; III, 128*a*, 256*a*, 263*b*. Zohar 'Hadache 49,2. RACHI, *ad* Gen. 18,19 ; *ad* Chron. I, 28,10. RAMBAM, *Iguéret Teimane* p. 114 ; mais voir aussi RAMBAM, *Hil'hot Avodat Ko'havim Ve'Houkot Ovdeiha* I, 3. RAMBAN *ad* Gen. 12,2 ; Exod. 3,15 ; Deut. 7, 6-7 et 9,4. RACHBAM, *ad* Deut. 7,8, mais voir aussi *idem, ad* Deut. 7,9. RABBEINOU BA'HYA, *ad* Gen. 11,28. RABBI YITS'HAK ARAMA, *ad* Gen. 12,1. ALCHEI'H, *ad* Deut. 9,4 et 10,15. Voir commentateurs hébreux classiques, *ad* Gen. 15,8. MAHARAL, *Nétsa'h Yisraël*, 11 ; *Guevourot HaChème* 8, p. 28 et 24, p. 64 ; *Déré'h 'Hayim*, Avot, p. 8, V, 2, p. 167 et V, 16-17, p. 200 ; *Derachot, Derouche LeChabat HaGadol*, p. 59 ; *Peirouchim LeAgadot HaChass*, II, Chabbat 55*a*, p. 52-53, et I, Kidouchine 70*b*, p. 103. CHELAH, I, p. 21*b*-22*a*, 69*a*, 78*b*, 79*a*, 93*b*. *Or Ha'Hayim, ad* Gen. 12,1. MALBIM, *ad* Exod. 19,5. RABBI SAMSON RAPHAËL HIRSCH, *ad* Exod. 32,13. *Ha'amek Davar, ad* Deut. 7,7-8, p. 38 ; *ad* Deut. 9,4, p. 44 ; *ad* Deut. 10,15, p. 51. RAV KOUK : *Orot*, p. 75 ; *Olat Reiyah* I, p. 60-61 ; *Igrot HaReiyah* II, p. 186. RABBI YA'ACOV MOSHÉ HARLAP, *Mei Meirom*, VI, p. 75-76, 189 ; VIII, p. 74. *Sefat Emet.* I, p. 45 et 136 ; V, p. 136. *Avnei Neizer*, p. 82. *Chem MiChemouël*, Moadim, p. 207-208. RABBI SIM'HA ZISSEL ZIV, *'Ho'hma VeMoussar*, I, p. 245. RABBI ELIÉZER ELIYAHOU DESSLER, *Mi'htav Me Eliyahou*, II, p. 22. RABBI AVRAHAM YAFFEN, *HaMoussar VeHada'at*, II, Jérusalem, 5733, p. 161. RABBI YITS'HAK HUTNER, *Pa'had Yits'hak, Roche HaChana*, New York, 5734 (1974), p. 41. *Méché'h 'Ho'hma*, p. 61 et 328. *Siddour Rabbeinou Chelomo de Garmaise* (Worms), p. 8.

17. Cf. Deut. 26,17-18. Cf. Deut. 4,4 ; 6,4 (cf. aussi Deut. 7,6 ; 32,9) ; Jos. 24,21-22. Is. 63,16 (cf. aussi Deut. 14,1 ; Chron. I, 17,13). Jér. 10,16 ; 11,4 ; 30,21. Ez. 36,28 ; 37,27. Cf. aussi Osée 1,9. Cf. Mal. 3,7. Ps. 16,5 ; 89,27 ; 119,57. Cant. 2,16 ; 6,3. Thr. 3,24 ; 5,21. Sifrei, Ha'azinou (Deut. 32,9) 312, p. 134*b*. Sifrei Ré'éh (Deut. 14,2) 97, p. 94*a* ; voir aussi Sifrei, Ha'azinou (Deut. 32,1) 306, p. 130-131. Sifrei, Vezot HaBera'ha (Deut. 33,2) 343, p. 143*a* ; voir aussi Sifrei, Vezot HaBera'ha (Deut. 33,26) 355, p. 148*a*. Me'hilta Bechala'h (Exod. 15,2), Maasi'hta DeChira 1, p. 42. TB : Bera'hot 6*a* ; 48*b* ; Pessa'him 87*a* ; 'Haguiga 3*a* ; Guitine 57*b* ; Kidouchine 70*b* et RACHI *ad loc.* ; Mena'hot 53*a*. Gen. R. 20,16 ; 46,7. Exod. R. 36,2-3 ; 42,9. Nu. R. 10,1 ; 14,22. Deut. R. 2,24. Esther R. 7. Cant. R. 7. Cant. R. 1,25 ; 2,34 ; 7,16 ; 7,18. Thr. R. 3,3. Ruth R. 2,24. Tan'houma : Michpatim 17 ; Nitsavim 1. Pirkei DeRabbi Eliézer 24. Tana Devei Eliyahou Zouta, 23. Zohar, II, 5*b* ; 20*a* ; 126*a-b* ; III, 61*a* ; 81*a* ; 128*a* ; 258*a*. *Kouzari* III, 17 ; IV, 3. RACHI, *ad* Cant. 8,5. RAMBAN, *ad* Deut. 26, 17-18. RABBEINOU BA'HYA, *ad* Exod. 25,8. RADAK, *ad* Jér. 3,19. *Siddour Rabbeinou Chelomo de Garmaise*, p. 285. MAHARAL, *Guevourot HaChème* 23, p. 31*a* ; 44, p. 103 ; 67, p. 193 ; *Peirouchei Maharal MiPrague LeAgadot HaChass*, I, Kidouchine 70*b*, p. 103 ; *Déré'h 'Hayim*, Avot III, 14, p. 111. RABBI LÉVI YITS'HAK DE BERDITCHEV, *Kedouchat Lévi*, p. 54*a* ; 90*b* ; 142*b*. *Sefat Emet*, IV, p. 172 ; V, p. 136-137.

RABBI AVRAHAM DE SLONIM, *Beit Avraham*, p. 107, 137. RABBI AVRAHAM DE SOHATCHOV, *Avnei Neizer*, p. 82. RAV HARLAP, *Mei Meirom* II, p. 47. RABBI MEÏR SIM'HA KOHEN DE DVINSK, *Méché'h 'Ho'hma*, p. 44. RABBI YITS'HAK ZE'EV HALÉVI DE BRISK, *'Hidouchei Marane Riz HaLévi*, p. 49.

18. Cf. Exod. R. 24,1 ; Cant. R. 5,3. Tikounei HaZohar, 62 (94b). Voir aussi Cant. R. 3,21. Voir aussi RACHI, *ad* Lev. 26,12. Cf. aussi ABRABANEL, *ad* Gen. 17,4-9, p. 222-223 ; MALBIM, *ad* Gen. 17,2. Cf. ALCHEI'H, *VaEt'hanane* ; MAHARAL, *Derachot*, p. 39 ; CHELAH, I, p. 25b.

19. Cf. Exod. 19,5 ; IBN EZRA et RABBI SAMSON RAPHAËL HIRSCH *ad loc.* M. D. CASSUTO, *Peirouche Al Séfer Chemot*, Jérusalem, 5719 (1959), p. 156. Cf. Exod. R. 47,4.

20. Cf. Nu. R. 9,54. Tan'houma, Tetsavé 6 ; Nitsavim 3. Cf. IBN EZRA et RADAK, *ad* Is. 45,23 ; 49,18 ; 62,8. Mais voir aussi Deut. 29,11.

21. Cf. TB Guitine 57b ; Gen. R. 76,1 ; Lev. R. 6,5. Cf. RACHI, *ad* Gen. 32,11 et *ad* Deut. 29,12 ; voir aussi RACHI, *ad* Exod. 32,13. Cf. RAMBAN, *ad* Gen. 16,7 ; 22,16 ; 26,3 ; et *ad* Deut. 9,4 ; 28,9 ; 28,42. Cf. RADAK, *ad* Gen. 22,16. Biour Hagra, *Séfer Michlei* 14,22, p. 88. *Mi'htav MeEliyahou*, II, p. 21-22. *'Hidouchei Marane Riz HaLévi*, p. 20, 52, 104.

22. Cf. TB Mena'hot 53b. Cf. Deut. 4,7 ; Jér. 12,7 ; Ps. 145,18 ; 148,14. TY Bera'hot IX, 1. TB : Chabbat 137b ; Sota 37a. Pessikta DeRav Kahana II, 464 (Jér. 11,9), Gen. R. 41,11 ; Exod. R. 27,8 ; Lev. R. 6,1 ; Nu. R. 10,3 ; Deut. R. 3,12. Cant. R. 3,21 ; 5,1. Esther R. 7,17 ; Eccl. R. 4,13. Tan'houma : Kedochim 5 (Cant. 5,1) ; Behar 1. Cho'heir Tov 4 ; 84 ; 118, Yalkout Chim'oni Bo, 13,222. Zohar I, 96a ; II, 55b (Ps. 122,8) ; 122a ; 160b ; III, 7b ; 77b ; 96a ; 277b ; Zohar 'Hadache 'Houkat 52,3. RACHI, *ad* Chabbat 31a (Prov. 27,10). Voir aussi RAMBAM, *Hil'hot Techouva* VII, 6. Cf. RAMBAN, *ad* Gen. 48,15. *Peirouchei Maharal MiPrague LeAgadot HaChass*, I, Sota 5b, p. 29 ; II, Chabbat 137b, p. 124-125. *K'li Yakar, ad* Exod. 19,4. *Beit Avraham*, p. 128.

23. Cf. TB 'Houline 89a et RACHI *ad loc.* Voir TB Makot 24a. Zohar, I, 48b ; 238a ; 240a ; II, 13a ; 81a. MAHARAL, *Netivot Olam*, I, *Netiv HaTemimout*, 1, p. 163b ; *Nétsa'h Yisraël*, 13 ; 30 ; 62 ; *Guevourot HaChème*, 3 ; 4 ; *Peirouchei Maharal MiPrague LeAgadot HaChass*, I, Sota, 5b, p. 29 et 42b, p. 73. CHELAH, III, p. 176b-177a. *Tanya, Likoutei Amarim*, 6, p. 20. *Toldot Ya'akov Yossef*, 30. *Sefat Emet*, III, p. 191 ; V. p. 136. *Beit Avraham*, p. 154. *Chem MiChémouël* : Bereichit I, p. 349-350 ; *Hagada Chel Pessa'h*, p. 95. RAV KOUK, *Orot*, p. 149.

24. Cf. Tan'houma, Eikev 3. Yalkout Chim'oni, Eikev 11,874. Cf. RACHI, *ad* 'Houline 89a ; cf. aussi RAMBAM, *Iguéret Teimane*, p. 128. Cf. TB Ta'anit 3b. Zohar I, 177-178a (Is. 41,14). CHELAH III, 178a. Cf. MAHARAL, *Netivot Olam*, I, *Netiv HaAvoda*, 1, p. 31. RAV KOUK, *Orot HaKodèche* III, p. 117. RABBI 'HAYIM DE VOLOJINE, Roua'h 'Hayim, Avot I, 1, p. 3-9. RABBI BEZALEL ZE'EV SAFRAN, *Ché'eilot OuTechouvot Harbaz* I, p. 137.

25. Cf. *Sefat Emet*, I, p. 2 ; V, p. 12, 136. *Mei Meirom*, VIII, p. 108, 110. MAHARAL, *Nétsa'h Yisraël*, 57 ; *Peirouchim LeAgadot HaChass*, I, Sota 4b, p. 27 et Sota 17a, p. 49.

26. Cf. Sifra Behar (Lev. 25,23), 4,8, p. 108. TB : Sota 5*a* ; 'Houline 89*a*. Lev. R. 7,2 ; 27,5. Tan'houma, Eikev 3. Cf. Zohar III, 256*b*. Tikounei HaZohar, 30 (73*b*). RABBEINOU NISSIM GAON, *ad* Bera'hot 56*b*. MAHARAL, *Nétsa'h Yisraël*, 30 ; *Tiféret Yisraël*, 10, p. 14*a*. CHELAH, *Siddour Cha'ar HaChamayim*, p. 152. RABBI DOV BAER, LE MAGUID DE MEZRITCH, *Maguid Devarav LeYa'akov*, 132, p. 229. *Kedouchat Lévi*, p. 47*a*. RABBI MOCHÉ YÉ'HIËL HALÉVI EPSTEIN, *Be'eir Moché, Bereichit*, p. 116, et *Chemot*, p. 549, Tel-Aviv, 5724 et 5726. *Chem MiChemouël, Bereichit*, II, p. 244. RAV KOUK, *Orot HaKodèche*, III, p. 115, 117-118.

27. Cf. MAHARAL, *Guevourot HaChème*, 44, p. 103.

28. Cf. Zohar III, 152*a*. *Biourei Hagra Al Agadot*, I, p. 34. *Sefat Emet*, IV, p. 175 ; V, p. 9. RAV KOUK, *Orot HaKodèche*, III, p. 117. *Mei Meirom*, II, p. 41.

29. RAMBAM, *Hil'hot Chemita VeYovel*, XIII, 12-13. HAGRA, *Siddour Ichei Yisraël*, p. 42 *(Sia'h Yits'hak)*. RABBI YEHOUDA HALÉVI ACHLAG, *Matane Tora*, Jérusalem, 5737, p. 45.

30. Cf. Gen. R. 34,11 ; 67,7, Deut. R. 2,24 (Prov. 24,21). Zohar I, 106*b*. Zohar 'Hadache, Noa'h 21,4. Voir aussi Avot IV, 1 ; TB Bava Batra 78*b* ; Yalkout Chim'oni, Chemouël II, 23,165. Cf. 'Hizkouni, Lé'h, *ad Gen*, 17,17, p. 24. *Sefat Emet* I, p. 211. *Be'eir Avraham*, p. 115.

31. Cf. Deut. 4,20 ; 9,26 ; 32,9. Joël 4,2. Me'hilta Béchala'h (Exod. 15,17), Massi'hta DeChira, 10, p. 51*b*. RAMBAN *ad* Lev. 18,25.

32. Voir aussi, au sujet de la tribu de Lévi, « racine » spirituelle du peuple d'Israël, Deut. 10,9 ; 18, 1-2 ; Exod. R. 37 ; Nu. R. 1 et 3 ; Pessikta Rabbati 21.

33. Cf. TB 'Haguiga 9*b*. Lev. R. 13 ; Cant. R. 1. Tana Devei Eliyahou Zouta 3. Cho'heir Tov 18 (Ps. 18,28 ; voir aussi Ps. 113,7). Zohar III, 273*b* (Sam. II, 22,28 ; Ps. 116,6 ; voir aussi Cephania 3,12). Mais voir aussi TB : Eirouvine 41*b* ; Meguila 11*a* ; Nedarim 64*b* ; Avoda Zara 5*a*. Exod. R. 31,11. Tan'houma, Michpatim 11. Zohar, II, 119*a* ; III, 33*b*. Tikounei HaZohar 22 (60*b*). Zohar 'Hadache, Tavo 60*a*. Voir aussi *Biourei Hagra Al Agadot*, II, p. 7 *(Likoutei Hagra)*.

34. Cf. Deut. 7,7 et *Ha'amek Davar ad loc.*, p. 38 ; Deut. 10,22 et *Ha'amek Davar ad loc.*, p. 52. Cf. Deut. 1,10-11. Gen. 13,16 ; 15,5 ; 22,17. Is. 48,19. Lev. R. 27,5. Nu. R. 11,1 ; 13,5. Eccl. R. 3,19 (Eccl. 3,15 ; voir aussi Ps. 34,19). Tan'houma, Eikev 3. Voir aussi TB Chabbat 88*b* et *Peirouchei Maharal MiPrague*, II, p. 75-77. TB : Eirouvine 54 ; Ta'anit 7*a* ; Bava Kama 93*a* ; 'Houline 89*a*. Cf. *Peirouchei HaTora LeRabbi Yehouda Hé'Hassid*, p. 202. CHELAH, I, p. 21*b* ; *Siddour Cha'ar HaChamayim*, p. 520. *Méché'h 'Ho'hma*, p. 238.

35. Cf. Is. 48,10 s. Cf. Prov. 3,34. Sam. I, 17,14. Voir aussi Amos, 7,2,5. Cf. TB : Eirouvine 13*b* ; Ta'anit 10*a* ; Meguila 11*a* ; Sanhédrine 96*b*-98*a* ; 'Houline 60*b*. Voir aussi TB Meguila 31*a*. Exod. R. 21,4 (Ps. 90,1 et 102,1) ; Lev. R. 30,3. Nu. R. 2,12-13 ; 11,1 (Is. 29,19). Tan'houma, 'Hayei Sara 8 (Is. 60,22). Zohar I, 238*a*. Zohar I, 122*b* ; 157*a* ; 168*a* ; 192*b* ; 249*b* ; 256*b*-

257a ; II, 43a ; 232b ; III, 49b ; 168a. Tikounei HaZohar 21 (53b). RACHI, *ad* Sota 5a. *Siddour Rabbeinou Chelomo de Garmaise*, p. 196. MAHARCHA, RABBI CHELOMO LOURIA, *'Ho'hmat Chelomo, ad* Bera'hot 17. *Peirouchei Maharal MiPrague LeAgadot HaChass*, I, Chabbat 55a, p. 11-12, et Sota 5a, p. 26. MAHARAL, *Guevourot HaChème*, 23, p. 62b. CHELAH, III, p. 25b, 178a, 183b-184a ; 202b. RABBI NA'HMAN DE BRATSLAV : *Likoutei Moharan* I, 1,1, p. 1a et II, 72, p. 33a ; *Séfer HaMidot*, p. 41-42 ; *Siddour Cha'arei Ratsone*, p. 360. *Kedouchat Lévi*, p. 57b. *Beit Avraham*, p. 78. *Avnei Neizer*, p. 83. *Chem MiChemouël, Hagada Chel Pessa'h*, p. 43. RAV KOUK : *Orot*, p. 160-161 ; *Olat Reiyah*, I, p. 386 ; *Orot HaTora*, p. 13-14. RAV HARLAP, *Mei Meirom*, VI, p. 268. RABBI YOSSEF 'HAYIM DE BAGDAD, *Od Yossef 'Haï*, p. 209-210. RABBI YEHOUDA HALÉVI ACHLAG, *Hakdama, Séfer Eits 'Hayim*, p. 2. RABBI BEZALEL ZE'EV SAFRAN, *Ché'eilot OuTechouvot Harbaz*, I, p. 27.

36. Cf. Exod. 6,7 ; 19,5 et Me'hilta *ad loc.*, Massi'hta DiBa-'Hodèche, 2, p. 71. Exod. 15,16. Lev. 20,26 ; 25,55 *et al.* Is. 43,1. Jér. 2,3. TB : Kidouchine, 22b, 53a et RACHI ad loc. ; Bava Kama 116b. Nu. R. 23,11. Tan'houma, Kedochim 3. Yalkout Chim'oni, Yitro 19,276.

37. Cf. Exod. 19,5. Deut. 7,6 ; 14,2 ; 26,18. Ps. 135,4. Voir aussi Eccl. 2,8. Yalkout Chim'oni, Kohélet 5, 572. TB Bava Batra 52a. Séfer HaBahir, 40, p. 18. Tan'houma Ki Tissa 8. RAMBAN et MALBIM, *ad* Exod. 19,5. RECANATI, *Yitro* p. 7b. *Derachot Maharal MiPrague, Derouche Al HaTora*, p. 41. *Biourei HaGra Al Agadot*, I, p. 51. RABBI SAMSON RAPHAËL HIRSCH, *ad* Exod. 19,5-6, p. 194-195 ; *Igrot Tsafone*, p. 77. *Ha'amek Davar, ad* Deut. 7,6, p. 38, et *ad* Deut. 26,18, p. 108. M.D. CASSUTO, *Peirouche Al Séfer Chemot, ad* Exod. 19,5, p. 156. *Beit Avraham*, p. 151. *Sefat Emet*, V, p. 182. RAV KOUK, *Orot*, p. 9-10, 94-95, 148, 167 ; *'Hazone HaGueoula*, p. 96-97 ; *Olat Reiyah*, I, p. 236, 269, 397 ; *Igrot HaReiyah*, II, p. 186, 194 ; *Chabbat Ha'Arets*, p. 9. RAV HARLAP, *Mei Meirom*, VI, p. 290.

38. Cf. Is. 43,1, 15,21 ; 44,2,24. Jér. 1,5. Ps. 102,19.

39. Cf. Deut. 32,6,15. Is. 44,2. Ps. 100, 3 ; 149,2. Cf. aussi Is. 54,5. Cf. aussi Is. 29,23.

40. Cf. RACHI, *ad* Exod. 19,5.

41. Cf. Lev. 25,23. Exod. R. 29,3. RACHI, *ad* Gen. 1,1 ; Exod. 19,5 ; Deut. 10,14. IBN EZRA, *ad* Exod. 19,5. *Sefat Emet*, I, p. 229.

42. Cf. IBN EZRA *ad* Exod. 33,21. Voir aussi TB Yevamot 79a.

43. Cf. Deut. 14,2 ; Exod. 22,30. Is. 6,13 ; Jér. 2,3 ; Ezra 9,2. Sifrei, Ré'eh (Deut. 14,2), 97, p. 94a. TB 'Houline 7b. Exod. R. 38,8. Zohar II, 121-122. *Kouzari* I, 95. *Peirouchei Maharal MiPrague LeAgadot HaChass I*, Kidouchine 70b, p. 103. RAV HARLAP, *Mei Meirom*, VIII, p. 74. MALBIM, *ad* Jér. 1,5.

44. Cf. Zohar I, 47a.

45. Cf. Michna, Avot VI, 11 ; Makot III, 16. RAMBAN, *ad* Deut. 26, 18.

46. Cf. Avot DeRabbi Nathan 4 (Prov. 2,5). Zohar II, 134b, 161b. Voir aussi TY Roche HaChana I, 3.

47. Cf. Zohar, I, 55a ; 177b ; II, 87b ; III, 11b ; 278b. Voir aussi TB Bera'hot 11b. Cf. RABBI 'HAYIM DE VOLOJINE, *Néfèche Ha'Hayim*, 4,32, p. 50.

I. PEUPLE D'ISRAËL, PAYS D'ISRAËL

48. Cf. Ps. 42,2-3 ; 63,2 ; 84,3. Cf. Cant. R. 7,16. Cf. aussi Gen. R. 64,2. Cf. aussi TB Souka 45*b*. Cf. Zohar I, 205*a* ; III, 112*a*. Zohar 'Hadache 16*a*. RACHI, *ad* Sanhédrine 76*b*. MAHARAL, *Nétsa'h Yisraël*, 21 ; *Guevourot HaChème*, 47, p. 115. *Tanya, Likoutei Amarim*, 19, p. 24. *Néfèche 'Ha'Hayim*, 1,4, p. 8. *Sefat Emet*, V, p. 78. *Beit Avraham*, p. 98. RAV KOUK, *Olat Reiyah*, II, p. 2 ; *Orot*, p. 48-49, 52, 64-65, 135, 138-139. *Chem MiChemouël : Chemot*, I, p. 22 ; *Devarim*, p. 210 ; *Hagada Chel Pessa'h*, p. 39, 46.

49. Cf. Yalkout Chim'oni, Yitro 19,276. RACHI, *ad* Chabbat 89*a*. *Sefat Emet*, III, p. 198. RAV KOUK, *Orot*, p. 139, 159.

50. Cf. Michna Bera'hot II, 2 ; TB Bera'hot 13*a-b*, Deut. 6,4. Hakdamat Séfer HaZohar, I, 12*a* ; Zohar III, 108*a*. Voir aussi Roche HaChana 32*a*.

51. Cf. Me'hilta Michpatim (Exod. 22,30), Massi'hta DeKaspa, 20, p. 104*a*. TB : Chabbat 104*a* ; Yoma 39*a*. Exod R. 38,8 ; Nu. R. 3,2. Tan'houma, Kedochim 2 et 9 (Ps. 20,2). Midrache Chemouël, 8,2. Zohar I, 62*a* ; 77*b* ; 88*b* ; 142*a* ; II, 11*b* ; 79*b* ; 121*a-b*. RAMBAN, *ad* Deut. 26,17. MAHARAL, *Tiféret Yisraël*, 7, p. 11*a*. *Sefat Emet*, V, p. 15, 62. RABBI AVRAHAM DE SLONIM, *Be'eir Avraham* p. 49. RAV KOUK, *Orot*, p. 96-97 ; *'Hazone HaGueoula*, p. 96 ; *Olat Reiyah*, I, p. 397 ; *Igrot HaReiyah*, II, p. 186 ; *Moussar Avi'ha*, p. 84.

52. Cf. Zohar II, 121-122. MAHARAL, *Nétsa'h Yisraël*, 10 ; *Déré'h'Hayim*, Avot, p. 7, VI, p. 251 ; *Tiféret Yisraël*, 1, p. 4-5, et 5, p. 8*a*. CHELAH, I, p. 69*a*. *B'nei Issas'har I*, p. 112*a*. RAV KOUK, *Orot*, p. 49, 52, 64, 90, 96, 110, 167 ; *Chabbat Ha'Aretz*, p. 7 ; voir aussi RAV KOUK, *Orot*, p. 93 et 150 ; *Olat Reiyah* I, p. 269 et 397, et II, p. 155-156 ; *Igrot HaReiyah*, II, p. 186. Cf. RAV HARLAP, *Mei Meirom, Missaviv LiChmona Perakim LeHaRambam*, p. 155.

53. Cf. *Or Ha'Hayim*, *ad* Gen. 12,1.

54. Cf. Gen. 21,33. Is. 29,23 ; 43,7, 21. Ps. 22,32 ; 102,19. Avot VI, 11. TB : Sota 10*a-b* ; Sanhédrine 110*b* ; Mena'hot 53*a* ; 'Houline 91*b*. Voir aussi TB Bera'hot 7*b*. Tossafot, *ad* Berahot 40*b*. Gen. R. 39,24 ; 43,8. Exod. R. 23,1,4. Lev. R. 6 ; 10,5. Nu. R. 5,6 ; 14,7. Cant. R. 2,1,4. Esther R. 6. Cho'heir Tov 104. Yalkout Chim'oni : Tehilim 110,469. Zohar I, 40*a* ; 90*a*, 189*a* ; II, 18*b*, 42*a*, 164*b* ; III, 22*a*. Tikounei HaZohar 3*a*. Zohar 'Hadache 17*a*. *Choul'hane Arou'h*, Yoré Déa, 260. RAMBAM, *Séfer HaMitsvot, Mitsvot Assé, Mitsva* 3 ; *Michné Tora, Hil'hot Avodat Ko'havim Ve'Houkot Ovdeiha*, I, 3. RAMBAN, *ad* Gen. 12,8 ; 21,33 ; 22,33 ; *ad* Exod. 13,16. *Likoutei Moharan*, I, 37,1, p. 51*a* ; II, 71, p. 32*b*. *Sefat Emet*, I, p. 203, 211, 214, 216, 218, 221, 225, 229, 245 ; II, p. 65, 68 ; V, p. 136. *Avnei Neizer*, p. 36. RAV KOUK, *Orot HaKodèche*, III, p. 106. *Siddour HaGuéonim VeHaMekoubalim*, III, p. 730. RABBI NATHAN TSEVI FINKEL DE SLOBODKA, *Or HaTsafoune*, I, p. 218-220.

55. Cf. MAHARAL, *Déré'h 'Hayim*, Avot, p. 7, 251 ; CHELAH, *Siddour Cha'ar HaChamayim*, p. 517 ; MALBIM, *ad* Exod. 19,5 ; *Beit Avraham*, **p. 136** ; RABBI Y.H. ACHLAG, *Matane Tora*, p. 41.

56. Cf. Sifrei, Ré'éh (Deut. 14,2), 97, p. 94*a* ; Sifrei, Ha'azinou (Deut. 32,8), 311, p. 134*a*. TB Beitsa 25*b* ; voir aussi TB Yoma 71*a*. Cf. Gen. R. 41,11. Exod. R. 21,5 ; 37,5 ; 42,9 ; 47,4. Lev. R. 18,3. Nu. R. 2,5 ; 3,1-2. Cant. R. 42,8. Tan'houma, BaMidbar 13. Tana Deveï Eliyahou Zouta 10.

Zohar II, 121*b*. *Kouzari*, I, 95 ; II, 14, 26. RAMBAN, *ad* Deut. 7,7. MAHARAL, *Déré'h 'Hayim*, Avot, p. 8 ; *Tiféret Yisraël*, 1, p. 4*b*-5*a* ; *Derachot*, p. 53 ; *Netivot Olam*, II, *Netiv Koa'h HaYetser*, p. 136*b* ; *Guevourot HaChème*, 23, p. 62*b*-63*a*, et 44, p. 102-103. *Siddour HaGra, Ichei Yisraël*, p. 43 (Sia'h Yits'hak) : *Ha'amek Davar* ; I, *Peti'hta LeSéfer Bereichit*, p. 1 ; *ad* Deut. 7,7, p. 38 ; *ad* Deut. 9,6, p. 45 ; *ad* Deut. 10,16, p. 51 ; *ad* Deut. 26,17, p. 105. *Sefat Emet*, IV, p. 174 ; V, p. 9, 78. *Avnei Neizer*, p. 29-30, 110. RABBI ELIYAHOU LAPIAN, *Leiv Eliyahou*, Jérusalem 5732, p. 71. *Mi'htav MeEliyahou*, II, p. 22. RABBI B.H. EPSTEIN, *Tosséfet Bera'ha*, Tel-Aviv, 5736 (1976), V, p. 244. RABBI Y.H. ACHLAG, *Matane Tora*, p. 37-38.

57. Cf. RAV KOUK, *Olat Reiyah*, I, p. 236.
58. Cf. Gen. R. 43,4 ; Exod. R. 6,2. *Tora Or*, p. 49*b*, 53*b*, 64*a*.
59. Cf. Zohar, II, 3*a* ; *Sefat Emet*, V, p. 78 ; cf. aussi Lev. R. 2,4.
60. Cf. TB Roche HaChana 16*a* ; 34*b*. Tan'houma, Ki Tissa 8.
61. Cf. TB Ta'anit 25*a* ; cf. aussi TB Sanhédrine 20*b*. Cf. Yalkout Chim'oni : Yitro 19, 276 ; Yechayahou 43, 555. Cho'heir Tov 20. RABBI YISRAËL DE KOJNITS, *Avodat Yisraël HaChaleim*, p. 210.
62. Cf. Sifrei, VaEt'hanane (Deut. 6,5), 32, p. 73*a*. TB : Yoma 86*a* ; Sota 10*b*. Zohar, I, 230*b*. RAMBAM, *Séfer HaMitsvot, Mitsvot Assé, Mitsva* 3 ; *Michné Tora, Hil'hot Yessodei HaTora*, V, 1. MAHARAL, *Guevourot HaChème*, 47 ; *Netivot Olam*, II, *Netiv Ahavat HaChème*, p. 105 ; *Peirouchim LeAgadot HaChass*, II, Chabbat 133*b*, p. 23-24. HAGRA, *Divrei Eliyahou*, p. 42 (Deut. 28,10). *Ha'amek Davar, ad* Deut. 10,16, p. 51*b*. *Sefat Emet*, V, p. 34. RABBI YEROU'HAM HALÉVI LIVOVITCHE, *Da'at 'Ho'hma OuMoussar*, p. 119-120.
63. Cf. Is. 2,11,17 ; 40,17. Cf. aussi Nu. 23,9. Cf. TB Sanhédrine 39*a-b*. Voir RACHI *ad* Exod. 19,5.
64. Cf. Jér. 9,22-23. TB : Nedarim 9*b* ; Avoda Zara 2*b*. Yalkout Chim'oni, Yechayahou 43,454. Tikounei HaZohar, 6(22*a*). HAGRA, *Siddour Ichei Yisraël*, p. 46 *(Sia'h Yits'hak)*.
65. Cf. RACHI, *ad* Gen. 14,19.
66. Cf. Ps. 24,1 ; cf. aussi Ps. 50,12 ; 89,12 ; 98,7. Cf. TB Bera'hot 35*b*. RACHI, *ad* Gen. 1,1. RAMBAM, *Michné Tora* : Hil'hot Yessodei HaTora, I, 3-5 ; *Hil'hot Chemita VeYovel*, XIII, 13. *Sefat Emet*, I, p. 5 ; III, p. 190 ; V, p. 35, 56, 68.
67. Cf. TB Yoma 69*b*.
68. Cf. Ez. 39,23,28 ; 36.
69. RABBI SAMSON RAPHAËL HIRSCH, *The Hirsch Siddour*, p. 221. *Sefat Emet*, III, p. 197.
70. Cf. TB Sanhédrine 39*a*. *Sefat Emet* I, p. 5 ; III, p. 196. *Mei Meirom*, VI, p. 294.
71. Cf. Is. 42,1 ; 51,16 ; 59,21. Joël, 3,1-2. Zach. 12,10. Chron. I, 29,14. Avot III, 8. Ei'ha R. 2,11. Cf. Yalkout Chim'oni, Michlei 2,532. Zohar, II, 43*a*. RABBI 'HAYIM VITAL, *P'ri Eits 'Hayim, Cha'ar 'Hag HaMatsot*, 7, p. 11. HAGRA, *Siddour Ichei Yisraël*, p. 42. RAV KOUK, *Olat Reiyah*, II, p. 356. RAV HARLAP, *Mei Meirom*, VI, p. 268.

I. PEUPLE D'ISRAËL, PAYS D'ISRAËL

72. Cf. Deut. 29,12 ; Nu. 11,29 ; Jud. 5,11 ; Ez. 36,20, *et al. Kouzari*, II, 56 ; IV, 3.

73. Cf. Is. 45,11 et RACHI *ad loc.* MAHARAL, *Nétsa'h Yisraël*, 11 ; *Tiféret Yisraël*, 17, p. 19*b* ; *Peirouchim LeAgadot HaChass*, IV, Yevamot 63*a*, p. 27. *Beit Avraham*, p. 98. RAV KOUK, *'Hazone HaGueoula*, p. 96-97.

74. Cf. Deut. 32,9. Cf. aussi TB Souka 51*b* ; 53*b*. Cf. Deut. R. 2,24. Tan'houma, Ha'azinou 6. Zohar I, 177*b* ; II, 39*b*, 96*a*, 278*b* ; III, 12*a*, 80*b*, 112*b*, 192*b*. Zohar 'Hadache, Bereichit 6 ; 74 (Jér. 10,16 ; 51,19). MAHARAL : *Nétsa'h Yisraël*, 11 ; *Guevourot HaChème*, 8 et 47 ; *Be'eir HaGola*, 3, p. 19*a* ; *Déré'h 'Hayim*, Avot, IV, 4, p. 130. *Maguène Avraham, ad Choul'hane Arou'h, Ora'h 'Hayim*, 224,5. CHELAH, I, p. 78*b* ; III, 21*b* ; 171*a* ; 201*a* ; *Siddour Cha'ar HaChamayim*, p. 517. HAGRA, *Adéret Eliyahou*, p. 484. RABBI DOV BAER DE MEZRITCH, *Maguid Devarav LeYa'akov*, 198, p. 321. RABBI LÉVI YITS'HAK DE BERDITCHEV, *Kedouchat Lévi*, p. 54*a*. *Sefat Emet*, III, p. 153 et 197. *Mei Meirom*, VI, p. 294. RABBI YOSSEF DOV BAER DE BRISK, *Beit HaLévi*, I, p. 35. RABBI YOSSEF 'HAYIM DE BAGDAD, *Bène Yéhoyada*, II, p. 81*b*.

75. Cf. Avot III, 14 (Deut. 14,1). Cf. MAHARAL, *Déré'h 'Hayim*, Avot, III, 14, p. 107 et 111 ; 'HANO'H ALBECK, *Chicha Sidrei Michna Meforachim, Séder Neziquine*, Avot, III, 14, p. 367.

76. Cf. Zohar I, 95*b*, 195*a*. *Or Ha'Hayim, ad* Deut. 32,8. RABBI SAMSON RAPHAËL HIRSCH, *ad* Deut. 32,9.

77. Cf. Deut. 32,9. Sifrei, Ha'azinou (*ad loc.*), 312, p. 134*b*. Lev. R. 2,4. Deut. R. 2. Tan'houma, Ki Tissa 8. Tana Devei Eliyahou Zouta (Ps. 16,5). Pirkei DeRabbi Eliézer 24. Zohar, II, 39*b* ; 126*a* ; 149*a* ; III, 80*b*, 149*a*. Voir aussi RAMBAN, *ad* Gen. 2,7. Cf. *Peirouchei Maharal MiPrague LeAgadot HaChass*, I, Sota 9*a*, p. 32. CHELAH : I, 70*a* ; III, 171*a* et 175*a* ; *Siddour Cha'ar HaChamayim*, p. 517. HAGRA, *Adéret Eliyahou*, p. 16. *Or Ha'Hayim, ad* Deut. 32,8. RABBI 'HAYIM DE VOLOJINE : *Néfèche Ha'Hayim*, 1,5, p. 9 ; 1,17, p. 17 ; 1,19, p. 18. *Roua'h 'Hayim*, Avot, VI, 3, p. 96. *Tanya : Likoutei Amarim*, 19 ; *Iguéret HaTechouva*, 5, p. 95 et 6, p. 96. *Sefat Emet*, III, p. 197-198. RAV KOUK, *Orot*, p. 139. RABBI YOSSEF 'HAYIM DE BAGDAD, *Bène Iche 'Haï*, p. 247.

78. Cf. Gen. 6,9 ; 17,1. Deut. 13,5. TB : Sota 14*a* ; Sanhédrine 90*b*. Zohar II, 160*b* (Deut. 27,9). Gen. R. 30,11. Nu. R. 14,7. Zohar III, 278*a*. RABBI YITS'HAK ARAMA, *Akeidat Yits'hak*, I, p. 117. *Mi'htav MeEliyahou*, II, p. 179-180.

79. Cf. Is. 43,10, 12. Lev. R. 6,5, Yalkout Chim'oni, Yechayahou 43, 555*a*. *Sefat Emet*, III, p. 197-198 ; V, p. 30, 132. RAV KOUK, *Orot*, p. 18, 138, 143.

80. Cf. Ps. 91,15 ; 149,2. TB : Bera'hot 3*a* ; Sota 38*b* ; Sanhédrine 46*a*. Exod. R. 30,21 ; Cant. R. 5,3. Tan'houma, Chemot 14. Zohar III, 17*a* ; 74*b* ; 197*b* ; 219*b*. Tikounei HaZohar, 6 (23*a*). *Mei Meirom*, VIII, p. 86.

81. Cf. TB Beitsa 25*b*. MAHARAL, *Nétsah Yisraël*, 13. RAV KOUK, *Orot*, p. 50 ; *'Hazone HaGuéoula*, p. 96-97. RABBI SAMSON RAPHAËL HIRSCH, *ad* Exod. 6,7 ; 12,3.

82. Cf. Deut. 32,6. Is. 42,6 ; 43,1,7,15,21 ; 44,1-2,24 ; 46,3 ; 49,1,5 ; 54,5. Ps. 22,32 ; 102,19 ; 149,2. Exod. R. 29,6. Nu. R. 11,4 (Gen. 12,2). Avot

DeRabbi Nathan, 1. Hakdamat Séfer HaZohar, 1, 13*a*. Zohar, I, 177*b*. Tossafot, *ad* Chabbat 137*b*. MAHARAL, *Guevourot HaChème*, 23 ; *Tiféret Yisraël*, 17, p. 19*b*-20*a* ; *Déré'h 'Hayim*, Avot, p. 7-8 ; *Peirouchim LeAgadot HaChass*, II, Chabbat 119*b*, p. 109, et Chabbat 137*b*, p. 124. CHELAH, I, p. 78. RABBI DOV BAER DE MEZRITCH, *Maguid Devarav LeYaakov*, 41, p. 62. RABBI SIM'HA BOUNIM DE PSHISKHE, *Midrache Sim'ha*, I, p. 27. RABBI YOSSEF 'HAYIM DE BAGDAD, *Bène Iche 'Haï*, p. 189.

83. Cf. Is. 44,2 ; 46,3. Jér. 1,5. TY Bera'hot, IX, 3. Exod. R. 25,13. RABBI AVRAHAM DE SLONIM, *Be'eir Avraham*, p. 98, 107.

84. Cf. Amos 3,2.

85. Cf. R. J. Z. MELENBURG, *HaKtav VeHaKabala*, I, *Chemot*, p. 8.

86. Cf. TB Chabbat 105*a*. Séfer HaBahir, 58. Exod. R. 33,1. Deut. R. 8,7 (Ps. 148,14). Cant. R. 1,32. Zohar I, 152*b* ; II, 60*a* ; 86*a* ; 87*b* ; 90*b* ; 124*a* ; III, 9*b* ; 61*a* ; 73*a* ; 81*a* ; 176*a* ; 238*b* ; 260*b* ; 278*b*. Zohar 'Hadache, 29*a*. RAMBAN, *Hakdama, Bereichit ; ad* Exod. 25,3. ALCHEI'H, *Bereichit*. MAHARAL, *Netivot Olam*, I, *Netiv HaTora*, 1 ; *Guevourot HaChème*, 8 et 47 ; *Nétsa'h Yisraël*, 5 ; *Tiférét Yisraël, Hakdama*, p. 2*a-b* ; *Déré'h 'Hayim*, p. 3, 93, 99, 211, 216 ; *Peirouchim LeAgadot*, I, p. 18, 49, 81. CHELAH, I, p. 2*b* ; 27*a* ; 96*a* ; III, p. 9*a* ; 12*a*. R. 'HAYIM YOSSEF DAVID AZOULAÏ, HIDA, *Na'hal Kedoumim*, Beha'alot'ha, Nu. 8,2. K'li Yakar, Deut. 33,10. *Be'eir Mayim 'Hayim*, Yitro, p. 123. R. MOCHÉ 'HAYIM LUZZATTO, RAM'HAL, *Déré'h HaChème*, 4,2,2. *Toldot Ya'akov Yossef, Hakdama. Maguid Devarav LeYa'akov*, 55 ; 56 ; 122 ; 132 ; 168. Tanya : *Likoutei Amarim*, 4, 35, 36, 37 ; *Iguéret HaKodèche*, 7,18,19,23. R. 'HAYIM DE VOLOJINE, *Néfèche Ha'Hayim*, 1,6 ; 4,2-3,10,17,19,24-25 ; *Roua'h 'Hayim*, p. 29, 30, 90, 96, mais voir aussi p. 65. *Likoutei Moharan*, I, 5,2 ; 33,4-5 ; 34,4 ; 48,1 ; II, 28-2 ; 60. R. MENA'HEM NA'HOUM DE TCHERNOBYL, *Me'or Einayim, 'Houkat. 'Hessed LeAvraham*, p. 52. *Sefat Emet*, III, p. 26 et 206 ; IV, p. 44 et 52 ; V, p. 53 et 65. *Chem MiChemouël : Bereichit*, I, p. 121 ; *Chemot*, I, p. 176. *Beit Avrakam*, p. 234. *Ha'amek Davar*, Deut. 26,17. *Olat Reiyah*, II, p. 410. *Orot HaTora*, p. 20. *Méché'h 'Ho'hma*, p. 20. *Bène Iche 'Haï*, p. 64. *Chiourei D'at*, II, p. 197-198. *Matane Tora*, p. 129-130 et 144.

87. Voir aussi TB Bera'hot 11*b*. Nu. R. 14,22 ; Zohar III, 53*b*.

88. Voir Zohar, II, 87*a* ; 124*a*, RAMBAN, *Hakdama Peirouche HaTora*.

89. Cf. Nu. R. 14,22. Zohar III, 53*b*.

90. Cf. Tana Devei Eliyahou Rabba 18. Cf. MAHARAL : *Déré'h 'Hayim* p. 111, 120, 210-212, 220 ; *Netivot Olam*, I, *Netiv HaTora*, 1 ; *Tiféret Yisraël*, 25.

91. Cf. TB : Chabbat 55*b* ; Sanhédrine 56*b*. Gen. R. 16,9 ; 24,5. Exod. R. 30,6. Cant. R. 1,16. Zohar, I, 35*b* ; III, 111*b*. Tikounei HaZohar, 56 (89*b*). Zohar 'Hadache, Yitro 33*b*. RAMBAM, *Hil'hot Mela'him* VIII, 11 ; IX ; X. RAMBAN, Gen. 34,13. *Séfer Ha'hinou'h*, 416. CHELAH, III, p. 2*a* (Gen. 2,16).

92. Cf. Me'hilta (Exod. 20,1), 5. TB Bava Kama 38*a*. Exod. R. 32*a*. Zohar III, 122*a*.

93. Cf. Nu. R. 13,15. RACHI, Exod. 24,12 ; RALBAG, Reg. I, 8,9. HaRecanati, Yitro, p. 8*b*. *Or Ha'Hayim*, Exod. 20,1. CHELAH, I, p. 11*a* ; III, p. 47*b* et 172*b*. Tanya, 36.

I. PEUPLE D'ISRAËL, PAYS D'ISRAËL 307

94. Cf. Me'hilta (Exod. 19,2), 1 et (Exod. 20,2), 5 ; Sifrei (Deut. 33,2), 343 ; Yalkout Chim'oni, Yitro 19,275. Pessikta Rabbati, 21,3 ; 31,4. Exod. R. 27,4 ; Thr. R. 3,3 ; Tan'houma, Choftim 9. TB : Chabbat 88*b* ; Ta'anit 25*a* ; Avoda Zara 2*b*-3*a*. Zohar, I, 25*a* ; II, 3*a* et 146*a* ; III, 91*b*, 122*a*, 192*a*, 193*a*. Zohar 'Hadache, Ruth, 83,3. Tikounei HaZohar, 22(64*a*). RAMBAM, *Iguéret Teimane*, p. 143. Mais voir aussi Pessikta DeRav Kahana 5, p. 81-82 ; R. YOSSEF DOV BAER HALÉVI, *Beit HaLévi*, II, p. 41.

95. Cf. TB Kidouchine 31*a* ; Pessikta Zoutarta, Tetsavé 27,2.

96. Cf. Exod. 6,7 ; Lev. 26,12 ; Deut. 4,20 ; 27,9 ; 29,12. Sam. I, 12,22 ; II, 7,23-24. Chron. I, 17,22, Is. 26,2. Jér. 7,23 ; 11,4 ; 24,7 ; 30,22-25 ; 32,38. Ez. 11,20 ; 14,11 ; 36,28 ; 37,23,27. Zach. 8,8 *et al.* Me'hilta (Exod. 19,11),3 ; Deut. R. 7,9. TB 'Houline 101*b*. Petit'hta DeRuth Rabba (Ps. 50,7). Voir aussi Zohar II, 189*a* ; III, 149*a* ; Nu. R. 11,4. Cf. *Or Ha'Hayim*, Deut. 32,8. TB Kidouchine 22*b* (Lev. 25,55). RABBEINOU SA'ADYA GAON, *Séfer HaEmounot VeHaDéot*, 3, 7. MAHARAL : *Dére'h 'Hayim*, p. 8-9 et 99 ; *Peirouchim LeAgadot*, I, p. 64 (Ps. 68,27 ; Prov. 14,28). *Tiféret Yisraël*, 17 ; *Guevourot HaChème*, 38 ; *Nétsa'h Yisraël*, 11 ; *Netivot Olam*, I, Netiv HaAvoda, 15. *Kouzari*, I, 25, 47, 87, 95 ; II, 56 ; III, 17,73 ; IV, 3,11. RAMBAM : *Iguéret Teimane*, p. 132-133 ; voir aussi *Michné Tora, Hil'hot Teroumot*, I, 1-2. RAMBAN, Deut. 32,26 ; 33,4. *Orot*, 21, 32-33, 50, 52, 96, 104-105, 109-110, 144, 154 ; *Igrot HaReiya*, I, p. 178. *Mei Meirom*, VIII, p. 81-82. *Beit Avraham*, p. 151. *Sefat Emet*, I, p. 109. *Ha'amek Davar* : Lev. 26,12 et Deut, 26,19. *Méché'h 'Ho'hma*, p. 156 et 328. *Bène Iche 'Haï*, p. 84-85.

97. Cf. Lev. R. 23,3 ; Cant. R. 2,2.

98. Cf. Exod. 19-6 ; 22,30 ; Deut. 6,9. Jér. 2,3. TB : 'Houline 7*b* ; Kidouchine 53*a* et Rachi *ad loc.* Zohar, II, 121*a* ; III, 81*a*. Me'hilta (Exod. 19,5-6), 2. Voir aussi Exod. 6,7 ; Lev. 26,12 ; Deut. 27-9 ; 29,12 *et al*.

99. Cf. Deut. 28,9. Sifrei (Deut. 33,2), 343 ; Me'hilta (Exod. 20,1), 5.

100. Cf. TB : Chabbat 33*b* ; Sota 14*a*. Lev. R. 25,3. *Sefat Emet*, III, p. 153.

101. Cf. TB : Avoda Zara 3*b* ; Bava Metsia 86*a*. Gen. R. 49,6 ; 64,4. Deut. R. 5,11. Zohar, III, 166*b*. *Bène Iche 'Haï*, Hakdama.

102. Cf. TY Roche HaChana, I, 3. TB Bava Kama 60*b*. Exod. R. 30,6 ; Lev. R. 35,3 ; Deut. R. 3,13. Pessikta Rabbati 31. *Biourei HaGra Al Agadot*, I, p. 103. CHELAH, III, p. 204*a*. *Sefat Emet*, III, p. 207. *Orot HaKodèche* II, p. 249-250.

103. Cf. Lev. 19,2. Cf. Lev. 11,44. Me'hilta (Exod. 22,30), 20 ; Sifra (Lev. 19,2), 1 ; Sifrei (Nu. 15,40), 115. Exod. R. 15,24 ; 38,8. Lev. R. 24,1 ; Nu. R. 9,4 ; 17,7. Tan'houma, Kedochim 1. Zohar III, 94*a*. RACHI, Lev. 11,44. HAGRA, *Siddour Ichei Yisraël*, p. 365-366. *Mei Meirom, Missaviv LiChmona Perakim LeHaRambam*, p. 155.

104. Cf. Lev. 11,44-45. Voir Is. 6,3 ; 40,25 ; 54,5. HASDAÏ CRESCAS, *Or HaChème*, I, 2,1. MAHARAL, *Tiféret Yisraël*, 44. R. MOCHÉ 'HAYIM EFRAÏM DE SUDYLKOW, *Déguel Ma'hané Efraïm*, Vayichla'h. *Sefat Emet*, III, p. 153.

105. Cf. TB Chabbat 133*b*.

106. Cf. Is. 57,15.

107. Cf. TB Beitsa 25*b*.
108. Cf. Cant. R. 1,32 ; Zohar III, 260*b*.
109. Avant la création du monde Dieu s'est « concentré » pour créer ce dernier. Cf. *Eits 'Hayim*, I, 1. *Maguid Devarav LeYa'akov*, 1, 71, 122, 189. *Kedouchat Lévi*, p. 25*b*, 47*a*, 61*a*, 92*a*. *Tanya : Likoutei Amarim*, 4 ; 35. *Iguéret HaKodèche*, 7 ; 19. R. NA'HMAN DE BRATSLAV : *Likoutei Moharan*, 33,4 ; 49,1 ; *Siddour Cha'arei Ratsone*, p. 207. R. MOCHÉ 'HAYIM LUZZATTO, *Pit'hei 'Ho'hma*, p. 24*b*. *Likoutei Hagra, in Sifra DiTseniouta*, p. 38. *Néfèche Ha'Hayim*, 3,7. *Da'at Tora*, p. 67. *Leiv Eliyahou*, p. 195. *Mei Meirom*, V, p. 179. Mais voir aussi Exod. R. 34,1 ; Lev. R. 29,4.
110. Cf. REMA, *Torat HaOla*, 2,2. *Tanya*, 50.
111. Cf. *Sefat Emet*, I, p. 9. Voir *Tan'houma, Devarim* 3.
112. Cf. Ps. 8,4.
113. Cf. Exod. 31,11.
114. Cf. R. 'HAYIM VITAL, *Eits 'Hayim*, I. R. MENA'HEM NA'HOUM DE TCHERNOBYL, *Me'or Einaïm, VaYéchev*. Voir aussi Avot, VI, 10 et MAHARAL *ad loc.*, *Déré'h 'Hayim*, p. 246.
115. Cf. Ps. 33,15.
116. Cf. Gen. R. 1,2. Tan'houma, Bereichit I. Zohar, I, 5*a* ; 90*a* ; 134*a-b* ; III, 35*a* ; 69*b* ; 178*a*. Zohar 'Hadache, Bereichit, 5*b*. RACHI, Job 28,23. *Maguid Devarav LeYa'akov*, 63. Cf. Lev. R. 35-4. MAHARAL : *Déré'h 'Hayim*, p. 111 et 210-211 ; *Tiféret Yisraël*, 20.
117. Cf. *Likoutei Moharan*, 36,1.
118. Cf. *Toldot 'Yossef, Hakdama. Maguid. Devarav LeYa'akov*, 192. *Tanya*, 37. *B'nei Issas'har, Hagada*, p. 44. *Likoutei Moharan*, 14,3. *Néfèche Ha'Hayim*, 4,11. *Avnei Neizer*, p. 68 et 70. *Yessod HaAvoda*, p. 273. *Bène Iche 'Haï : Od Yossef 'Haï*, p. 27 ; *Da'at OuTevouna*, p. 72*a-b* ; *Bène Yehoyada*, II, p. 22*b*.
119. Cf. TB : Chabbat 105*b* et Rachi *ad loc.* ; Moède Katane, 25*a*. Voir aussi TB : Sanhédrine 68*a* et 101*a* ; Makot 22*b* ; Avoda Zara 18*a*. Zohar III, 29*b*. Hakdamat Tikounei HaZohar, 11*b* ; Tikounei HaZohar, 10 (25*a*). *Derachot Maharal*, p. 46.
120. Cf. *Sefat Emet*, IV, p. 67.
121. Cf. MAHARAL : *Tiféret Yisraël* 17 ; *Déré'h 'Hayim*, p. 17-19. *Sefat Emet*, II, p. 89 et 93 ; IV, p. 175 ; V, p. 88.
122. Cf. Avot III, 14, et *ad loc.* : RABBEINOU YONA DE GIRONDI (p. 50) et MAHARAL, *Déré'h 'Hayim*, p. 111. Séfer HaBahir, 5. Gen. R. I,1 ; Tan'houma Bereichit 1. Zohar I, 5*a*, 47*a*. Hakdamat Tikounei HaZohar, 4*b*, 11*b* ; Tikounei HaZohar, 2 (18*a*). *Da'at Tora*, p. 12-14.
123. Cf. TB Bera'hot 11*b*. CHELAH, I, p. 43-44 ; MAHARAL, *Déré'h 'Hayim*, p. 8-9.
124. Cf. Exod. R. 47,4.
125. Cf. Is. 51,7 ; Jér. 31,30-32 ; Ps. 37,31 ; 40,9 ; 119,11. Prov. 22,18. Me'hilta (Exod. 13,17), 1. TB : Bera'hot 17*a* ; Eirouvine 53*b*-54*a* et RACHI *ad loc.* ; *Bera'hot* 18*a* ; Ta'anit 11*a* ; Moède Katane 21*b* ; Sanhédrine 106*b* (Ps. 119,11). Deut. R. 11,5 ; Cant. R. 1,19. Avot DeRabbi Nathan 24,4. Tana Devei Eliyahou Zouta, 14 ; Cho'heir Tov 119 (Ps. 37,31). Tossafot, Ketouvot

104*a* ; MAHARAL, *Tiféret Yisraël*, 68 ; *Peirouchim LeAgadot*, I, p. 63. CHELAH, III, p. 11*a-b* ; 12*a* ; 23*a*. *Néfèche Ha'Hayim*, 1,6 ; 4,29. R. TSADOK HAKOHEN DE LUBLIN, *Tsidkat HaTsadik*, p. 133. *Méché'h 'Ho'hma*, p. 258. *The Hirsch Siddur*, p. 8. *Sefat Emet*, II, p. 61 et 206 ; III, p. 206 ; IV, p. 42. *Bène Iche 'Haï*, p. 118. R. Y. SARNA, *Daliyot Ye'hezke'ël*, I, p. 353.
126. Cf. *Tanya*, 4 ; 23.
127. Michna Ohalot 1,8. Cf. TB : Makot 23*b* ; Nedarim 32*b*. Targoum YONATHAN BEN OUZIEL, Gen. 1,27 ; Gen. R. 12,1 ; Cant. R. 1,3. Tan'houma : Lé'h 15 ; Téstsé 2. Zohar, I, 170*b* ; 224*a* ; II, 25*a* ; 118*a* ; 162*b* ; III, 110*b* ; 278*b*. Tikounei HaZohar, 48 (81*b*) ; 70 (130*b*). Zohar 'Hadache, Tissa 44*a*. RAMBAM, *Séfer HaMitsvot*, p. 6 et 14. Cf. Aussi RAMBAN, Exod. 20,8. R. YITS'HAK LOURIA, *Likoutei Tora*, p. 104. R. 'HAYIM VITAL, *Cha'arei Kedoucha*, 1,2. MAHARAL : *Tiféret Yisraël*, 4 ; 7 ; 17 ; *Netivot Olam*, I, *Netiv HaTora*, 1. CHELAH, I, p. 22*a* ; 26*b* ; 27*a* ; 370*b* ; III, p. 3-4 ; 9*a* ; 50*a* ; 173*a* ; 198*b* ; 199*b*. R. ELIYAHOU DE VILNA : *Adéret 'Eliyahou*, p. 483 ; *Sifra DiTseniouta Im Biour Hagra*, p. 38 et, ibidem, *Likoutei Hagra*, p. 78. R. 'HAYIM DE VOLOJINE : *Néfèche Ha'Hayim*, 1,6 ; *Roua'h 'Hayim*, p. 27, 29, 30. *Tanya* : *Likoutei Amarim*, 37, 51 ; *Iguéret HaKodèche*, 7. *Or Ha'Hayim*, Deut. 4,4. *Toldot Ya'akov Yossef* : Hakdama ; *'Hayey Sara ; Chemini. Noam Eliméle'h*, *Devarim*. *'Hessed Le Avraham*, p. 36*a* ; 51*b* ; 52*a* ; 55*b*. *Be'eir Avraham*, p. 117 ; 170-171 ; 185 ; 188. *Avnei Neizer*, p. 156. Cf. aussi *Likoutei Moharan*, 5*b*. *Sefat Emet*, II, p. 151 ; IV, p. 74-5 ; 78 ; 82 ; 84. R. YISRAËL MEÏR HAKOHEN : *Hafets 'Hayim*, p. 4 ; *Michna Beroura*, III, 1,1. R. Y. H. ACHLAG, *Mavo, Séfer HaZohar Im Peirouche HaSoulam*, I, p. 29.
128. Cf. Sifrei (Deut. 11,13), 41 ; Yalkout Chim'oni, Eikev 11,461. Cf. Exod. R. 31,16. Cf. TB : Meguila 26*a* ; Kidouchine 30*b* et 40*b* ; Sota 21*b* (Prov. 6,23) ; Avoda Zara 17*b*. Cf. Zohar, II, 82*b*, 117*b*, 118*a* ; III, 82*b*-83*a*, 218*b*. Tikounei HaZohar, 52. Cf. R. ELIYAHOU VIDAS, *Reichit 'Ho'hma*, Hakdama. MAHARAL : *Derachot : Derouche Al HaMitsvot*, p. 73-93 ; *Hespède*, p. 15. MAHARAL : *Peirouchim LeAgadot* : I, p. 50, 90, 93, 95 ; II, p. 10, 67-68, 121. MAHARAL : *Netivot Olam*, I, *Netiv HaTora*, I, 1 ; 5 ; *Tiféret Yisraël*, 13 ; 59 ; *Dére'h 'Hayim*, p. 3, 119, 125-126, 211, 215. CHELAH, I, p. 2*b*. HAGRA : *Biourim Al Michlei*, 14,27 ; *Al Agadot*, I, p. 39. *Tanya* : *Likoutei Amarim*, 41 ; *Iguéret HaKodèche*, 20. *Néfèche Ha'Hayim*, 1,6 ; 4,30. *Likoutei Moharan*, 33,4. *Be'eir Avraham*, p. 211, 309. *Neot HaDéché*, p. 64, 88, 90-91, 239, 251. *Sefat Emet*, I, p. 67, 231, 234, 237 ; III, p. 195 ; IV, p. 68, 73-75, 82, 84, 99, 131 ; V, p. 66, 131. *Da'at OuTevouna*, p. 106*a*. *Beit HaLévi*, II, p. 50.
129. Cf. Gen. 26 ; 2-5. Deut. 4,1,5,14 ; 5,28 ; 8,1 ; 11,8,11,22-23. Ps. 105,44-45 et RADAK *ad loc*. Me'hilta (Exod. 15,16), 9. Sifra (Lev. 25, 38), 6. Sifrei : (Deut. 11,13-14), 41-42 ; (Deut. 12,29), 80. Pessikta Zoutarta, Vayéchev (Gen. 37,1). Gen. R. 46,7. Lev. R. 36,2. Nu. R. 10,3 ; 17,7 ; 23,7. Tana Devei Eliyahou Rabba, 11,12. Yalkout Chim'oni : Eikev, 11,860-861 ; Yechayahou, 53, 476. Tan'houma : Behar, 1 ; Re'èh 8. Michna Kidouchine I, 9. TB : Kidouchine 36*b*-37*a* ; Ketouvot 110*b* ; Sota 14*a*. Zohar I, 177*b*. Zohar 'Hadache, Bereichit 14. Hakdamat Tikounei HaZohar, 2*a*. *Kouzari* V, 23.

RAMBAN : Gen. 1,1 ; Lev. 18,25 ; Deut. 4,5. RACHBAM, Bava Batra, 91*a* ; 117*a*. Tossafot, Pessa'him 113*b*. *Tachbats*, III, 288. MAHARAL, *Nétsa'h Yisraël*, 24. CHELAH, I, p. 79*b* ; 168*b* ; III, p. 172*a*-173*a*. *Or Ha'Hayim*, Lev. 25,1 et Lev. 25,35. *Likoutei Moharan*, 20. 'HATAM SOFER : *Che'eilot OuTechouvot, Yoré Déa*, 234 ; *'Hidouchim, Souka*, 36*a*. R. YA'AKOV EMDEN, *Mor OuK'tsia*, p. 16*a*. *Orot*, p. 163. *Mei Meirom*, VI, p. 261 et 314. *Méché'h 'Ho'hma*, p. 63 et 269. *Ha'amek Davar*, Deut. 8,11. *Mi'htav MeEliyahou*, III, p. 191.

130. Cf. Gen. 12,2. TB : Roche HaChana 16*b* ; Ketouvot 112*a* ; Guitine 57*a*. Nu. R. 23, 5. Tana Devei Eliyahou Zouta 2. Tan'houma, Mass'ei 4. (Is. 42,5). Zohar : I, 177*b* ; 179*b*-80*a* ; III, 7. *Kouzari* I, 109 ; II, 8, 12, 14, 20, 50 ; IV, 17. RACHI, Deut. 32,43. RAMBAN : Gen. 10,15 et 14,18 ; Lev. 18,25. SEFORNO, Gen. 12,1. ALCHEI'H, Lé'h Le'ha. MAHARAL : *Nétsa'h Yisraël*, 1,6 ; *Guevourot HaChème*, 8,24 ; *Tiféret Yisraël*, 64 ; *Netivot Olam*, I, *Netiv Ha-Avoda*, 5,18 ; *Dére'h 'Hayim*, p. 189 ; *Perouchim LeAgadot*, I, p. 59, et IV, p. 103 ; *Gour Arié, Chela'h Le'ha*. CHELAH, I, p. 168*b*. *Kedouchat Lévi*, p. 21 et 74. *Kitvei Rabbi Na'hman de Bratslav*, p. 192. *Sefat Emet*, III, p. 148 ; IV, p. 174, 198-199. R. S. R. HIRSCH : Lev. 18-24 ; Deut. 4,5 ; 27,9 ; 32,9 ; *Igrot Tsafon*, p. 50-53 ; *Gesammelte Schriften*, II, Francfort-s-le-M., 1904, p. 322. RAV KOUK : *Orot*, p. 9, 33, 50-51, 165 ; *Hazone HaGueoula*, p. 98-99 ; *Olat Reiyah*, I, p. 203-204, et II, p. 83 ; *Chabbat HaArets*, p. 8. *Mei Meirom*, VI, p. 265 et 280. R. D. T. HOFFMANN, *Bereichit*, I, p. 210 ; *Ha'amek Davar*, Gen. 15,7. R. Y. Y. L. BLOCH, *Chiourei Da'at*, II, p. 122-123. R. B. Z. SAFRAN, *Dorèche LeTsione*, p. 12.

131. Cf. Exod. 23,20 ; Is. 51,16. Sifrei (Deut. 11,11), 38. TY 'Hala, II, 1. TB Ta'anit 10*a*. Gen. R. 1, 1,3,5. Tan'houma Yachane, Bereichit I. RACHI, Gen. 1,1 ; Lev. 20,2. *Be'eir Avraham*, p. 145. Yitshak BREUER, *Na'hliël*, Tel-Aviv, 5711-1951, p. 232. Voir aussi RACHI, IBN EZRA, SEFORNO *ad* Deut. 32,8. Zohar, I, 24*a* ; 118*b* ; II, 108*b*, 119*a-b* ; III, 229*b*. Hakdamat Tikounei HaZohar, 6*a*. *Kouzari*, II, 14.

132. Cf. Ez. 40,2 ; 47,18. Voir aussi Reg. II 5,2 et 6,23 ; Ez. 27,17, *et al.* Michna : Demaï VI, 11 ; Chekalim III, 4 ; Ketouvot XIII, 11 ; Guitine I, 3 ; Mikvaot VIII, 1 ; *et al.* RAMBAM, *Hil'hot Teroumot* I, 2. *Likoutei Moharan*, II, 40. R. YA'AKOV YITS'HAK HALÉVI DE LUBLIN, *Divrei Emet, Lé'h. Bé'eir Avraham*, p. 145. *Chem MiChemouël, Hagada*, p. 46.

133. Cf. Exod. 6,6-8. Me'hilta (Exod. 15,17), 10. Nu. R. 23,11. Pirkei DeRabbi Eliézer, 18. Tana Devei Eliyahou Zouta, 2. Tan'houma : BaMidbar 17 ; Re'èh 8. MAHARAL, *Guevourot HaChème*, 8.

134. Cf. Exod. R. 37,5 ; Nu. R. 23,7. Voir aussi Nu. R. 15,13 ; Tan'houma BeHa'alot'ha 11. Cf. RACHI et RADAK, Jér. 3,19. CHELAH, I, p. 168*b*. *Mei Meirom*, VI, p. 290.

135. Lev. R. 13,2. Cf. Ps. 135,4 ; 132,13. Sifrei : (Deut. 7,12), 37 ; (Deut. 26,1) 297 ; (Deut. 26,9) 301 ; (Deut. 32,8) 310. TB : Kidouchine 37*b* ; Bava Kama 38*a*. Gen. R. 44,17. Lev. R. 13,2 ; 28,4,6,7 (Gen. 44,17). Tan'houma, BaMidbar 17, mais voir aussi Nu. R. 3,1. Yalkout Chim'oni, 'Havakouk 3, 563. *Kouzari*, I, 95 ; II, 50. RAMBAM, *Peirouche HaMichnayot, Zeva'him* XIV,

I. PEUPLE D'ISRAËL, PAYS D'ISRAËL 311

8. Rachi, Gen. 15,8. Ramban, Deut. 7,7. Seforno, Exod. 6,8. Maharal : *Tiféret Yisraël*, 1 ; 17 ; *Guevourot HaChème*, 8 ; 24 ; *Derachot*, p. 32-35. *Sefat Emet*, III, p. 198.

136. Cf. Me'hilta (Exod. 15,16), 9. Rachi, Deut. 10,14-15. TY Yoma VII, 1. Tan'houma : Bo 5 ; Behar 1. Rachi, Gen. 1,1. Targoum : Onkelos, Yonathan, Yerouchalmi ; Ibn Ezra, Ramban, Seforno, R. S. R. Hirsch, *ad* Exod. 19,5-6 (Is. 43,21 ; 54,5). Ramban : Gen. 12,2 ; 28,21. Gen. R. 44,24 ; Zohar I, 22a ; II, 81a. Voir aussi Ramban : Gen. 24,3 et 26,5 ; Lev. 18,25 ; *Deracha LeRoche HaChana* (Kitvei Ramban I), p. 249-250. (Reg. II, 17,26.) Alchei'h, *Yitro*. Zohar, II, 135a. *Sefat Emet*, III, p. 196. *Méché'h 'Ho'hma*, p. 66, 259.

137. Cf. Gen. R. 1,1,3 ; Tan'houma Yachane, Bereichit, 1,11.

138. Cf. Sifrei (Deut. 11,10), 38 et (Deut. 11,12), 40. Rachi, Deut. 11,11,12. TB : Ta'anit 3b et 10a ; Yevamot 63a ; Avoda Zara 10b. Voir aussi TY Chevi'it IV, 3 ; TB Souka 55b. Gen. R. 66,2 ; Lev. R. 36,2 ; Nu. R. 1,3 ; Cant. R. 7,1 ; Cho'heir Tov 109,4. Zohar, I, 84b ; 86a ; 114a ; II, 5b ; 22b ; 121a ; 152b ; 157a ; 187a ; III, 221b ; 265b. Ramban, Deut. 11,11-12. Recanati, *Le'h Le'ha*, p. 21b. *Hafla'ah, Kidouchine*, p. 158a-b. *Or Ha'Hayim*, Gen. 28, 14. *Toldot Ya'akov Yossef, Hakdama. Maguid Devarav LeYa'akov*, 20 ; 118 ; 198. *Likoutei Moharan*, I, 47. *Orot*, p. 17, 33 ; *Olat Reiyah*, I, p. 96. *Likoutei Hagra* p. 76, in *Sifra DiTsetniouta Im Biour Hagra*.

139. Cf. Chelah, III, p. 171. *Orot*, p. 9 ; *Chabbat Ha'Aretz*, p. 12. *Mei Meirom*, VI, p. 278. *Olat Reiyah, I*, p. 211 ; *'Hazone HaGueoula*, p. 98-99. *Sefat Emet*, IV, p. 381. R. D. T. Hoffmann, *Bereichit*, I, p. 210 et II, p. 432.

140. Cf. *Déré'h 'Hayim*, p. 246-248. Cf. Nu. R. 11, 4 ; Gen. R. 39,14,18. *Orot*, p. 152, 157. Cf. Nu. R. 3,1.

141. Cf. *Déré'h 'Hayim*, p. 211. Cf. Ps. 105,45 ; Sifrei (Deut. 11,13) 41 ; Exod. R. 15,11. Zohar III, 193a.

142. Cf. TB : Bava Metsia 114b (Ez. 34,31) ; Yevamot 61a. Exod. R. 40,1 ; Lev. R. 5,7 ; Nu. R. 10,5 ; 12,7. Cf. TB Sanhédrine 38b ; voir aussi TB : Bava Metsia 84a ; Bava Batra 58a. Zohar I, 35b ; II, 111a ; III, 48a, 83b. Cf. Gen. R. 19,18. Zohar, I, 20b ; 27b ; 28b ; 130b ; II, 25a-b ; 86a ; III, 125a ; 238b. Tikounei HaZohar, 47. Tikounei Zohar 'Hadache, 98a. Recanati, *Bereichit*, p. 7b. Chelah, I, p. 3a, 9a, 11b, 21a-b, 70a, 137b, 162a ; III, 49a, 170a. Maharal : *Tiféret Yisraël*, 1 ; 17 ; 19 ; 24 ; 33 ; *Guevourot HaChème*, 23 ; 24 ; *Peirouchim LeAgadot*, IV, p. 26 ; *Déreh'Hayim*, p. 42-43, *Likoutei Hagra* p. 76 (in *Sifra DiTseniouta*) et *Adéret Eliyahou*, p. 482-484. *Tanya*, 19. *Néfèche Ha'Hayim*, 1. *Or Ha'Hayim*, Deut. 32,8-9. *Orot HaKodèche*, II, p. 303 ; III, p. 43, 74, 81, 357 ; *Orot*, p. 151, 169, 170. *Mei Meirom*, II, p. 138. *Sefat Emet*, I, p. 73, 229 ; V, p. 131. *Ha'amek Davar (Har'hev Davar)*, Gen. 34,1. *Beit Avraham*, p. 102. *Od Yossef 'Haï*, p. 142 ; *Da'at OuTevouna*, p. 60b. Voir A. Safran, *La Cabale*, p. 342.

143. Cf. Chelah, I, p. 21a ; 168a. *Orot HaKodèche*, III, p. 47, 68. Cf. Zohar III, 221b ; *Kouzari* II, 36. Cf. aussi Thr. R. 2. Voir TY Teroumot VIII, 4 ; Zohar III, 161a. Cf. Recanati : *Yitro*, p. 9a ; *Ki Tissa*, p. 15b. Maharal : *Nétsa'h Yisraël*, 8 ; *Guevourot HaChème*, 44 ; *Peirouchim LeAgadot*, IV, p. 26 ;

Dére'h 'Hayim, p. 207. *Néfèche Ha'Hayim*, 1,6. *Orot HaKodèche*, III, p. 349 ; *Orot*, p. 146 ; *'Hazon HaGueoula*, p. 121 ; *Igrot HaReiyah*, II, p. 65-66. *Beit Avraham*, p. 154.

144. Cf. Gen. R. 1,4. Zohar I, 118*b*. Tikounei HaZohar, 6 (23*b*). Zohar 'Hadache Yitro, 37*a*. Cf. RADAK, Gen. 49,24 ; TB Ta'anit 3*b* ; Zohar II, 5*b* ; *Maguid Devarav LeYa'akov*, 118. Cf. *Orot*, p. 17, 19-21, 30, 130, 138, 152, 155-156, 168-170. Cf. aussi RAMBAN, Gen. 24,1.

145. Cf. Gen. 12,1-3 ; Lev. 25,23 ; Yalkout Chim'oni, Tehilim 24, 695 ; RACHI, Ps. 24,1 ; RACHI et IBN EZRA, Deut. 32,22 ; Eccl. R. 1,9. Zohar I, 205*b* ; III, 266*a*. Cf. Sifra : Lev. 19,23 ; 23,10 ; 25,2. Nu. R. 23,11. Michna : Teroumot XI, 5 ; Bikourim III, 11 ; Ta'anit II, 4 ; Avot V, 9, *et al*. TB : Ta'anit 10*a* ; Guitine 47*a* et 76*b* ; Bava Batra 91*a* ; Makot 7*a*. Zohar II, 33*a*. *Likoutei Moharan*, II, 78 ; 109. *Mei Meirom*, VI, p. 144.

146. Cf. Sifrei (Deut. 11,10), 37. TB : Ta'anit 10*a* ; Yoma 54*b* (Job 38,5 ; Ps. 50,2). Gen. R. 69,3. Tana Devei Eliyahou Rabba 2. Zohar, I, 72*a* et 231a ; II, 222*a*. Tikounei HaZohar 18 (36*b*) ; 69 (110*a*). Zohar 'Hadache, Bereichit 2. TB 'Houline 91*b* (Gen. 28,13) ; Zohar I, 156*a*. Voir aussi TB Sanhédrine 38*a*. *Sefat Emet* I, p. 229. Cf. TB Sanhédrine 37*a* ; Cho'heir Tov 68,7 ; Tossafot, Roche HaChana 23*b*. Cf. Avot DeRabbi Nathan 34,10. Targoum : Jér. 11,19 ; Ez. 26,20. Zohar I, 115*a* ; III, 84*a*. *Yessod Ha'Avoda*, II, p. 83. Cf. Zohar, II, 191*a* ; III, 161*a-b*. Tikounei HaZohar 13 (29*a*). IBN EZRA, Exod. 8,18. CHELAH, I, p. 192*a*. *Sefat Emet*, I, p. 109. Voir A. SAFRAN, *La Cabale*, p. 330.

147. Cf. Sifrei (Deut. 11,10), 37 et (Deut. 33,17), 353. TB 'Houline 60*b*. Gen. R. 1,2 ; 32,2. Nu. R. 23,7. Tan'houma : Michpatim 17 ; Ki Tissa 2 ; Kedochim 10 ; Mass'ei 6 ; Re'eh 8. Cho'heir Tov 5,1. Yalkout Chim'oni, Jér. 3,271. Zohar, I, 78*a* ; 114*a* ; 128*b* ; 186*a* ; 226*a* ; 231*a* ; 260*b* ; II, 157*a* ; 184*b* ; 222*a* ; III, 65*b* ; 161*b*. Zohar 'Hadache, Bereichit 10*a* ; Ruth 76*a*. Tikounei HaZohar 21 (56*a*) ; 37 (78*b*). *Kouzari* I, 95 ; II, 10-12, 20. RACHI : Gen. 12,9 ; Is. 24,16 ; Ez. 5,5. IBN EZRA, Deut. 32,13. RAMBAN : Lev. 18,25 ; Deut. 11,10 ; *Deracha Al Divrei Kohélet*, p. 200 et *Deracha LeRoche HaChana*, p. 250 (*Kitvei Ramban* I) ; *Peirouche LeChir HaChirim*, p. 512 (*Kitvei Ramban* II). RADAK, Ez. 38,12. MAHARAL : *Guevourot HaChème, Hakdama*, III ; *Netivot Olam* I, *Netiv HaTora*, 10 et *Netiv HaEmet*, 3 ; *Be'eir HaGola*, 6 ; *Dére'h 'Hayim*, p. 7-8, 188, 226 ; *Peirouchim LeAgadot*, II, p. 55-56. Tossfot YomTov, Sanhédrine IV, 3. *Hafla'ah*, Kidouchine IV, p. 158 *a-b*. MAHARCHA, Kidouchine 69*a*. Voir TB Bava Batra 158*b*. HAGRA : *Biour*, Is. 6,12 ; *Divrei Eliyahou*, p. 49. *Kitvei R. Na'hman de Bratslav*, p. 194. *Avnei Neizer*, p. 154. *Beit Avraham*, p. 109, 115. *Orot*, p. 151. *Mei Meirom*, VI, p. 254 et 267. R. D. T. HOFFMANN, *Bereichit*, I, p. 210. *Méché'h 'Ho'hma*, p. 10. Voir A. SAFRAN, *La Cabale*, p. 354.

148. Cf. RAMBAN, *Deracha LeRoche HaChana (Kitvei Ramban I)*, p. 249-251. *Or Ha'Hayim*, Gen. 12,1. *Siddour Beit Ya'akov (Emden), Soulam Beit El*, p. 10*b* et 11*b*. *Orot*, p. 17, 19, 21, 30, 155-156 ; *Orot HaTora*, p. 9, 64.

149. Cf. Zohar 'Hadache 120*b*-121*a*. CHELAH, III, p. 170*a*. *Sefat Emet*, V, p. 18. *Orot*, p. 33, 35, 98-99, 130, 155, 169-170 ; *Igrot HaReiyah*, I, p. 39.

I. PEUPLE D'ISRAËL, PAYS D'ISRAËL

Cf. TY Meguila I, 9. RACHI, Deut. 32,8. RAMBAM, *Hil'hot Avodat Ko'havim* I, 1. Cf. Zohar, II, 59*a* ; 187*a* ; III, 103*b*. Voir aussi TB Souka 55*b*. Cf. MAHARAL, *Guevourot HaChème*, 9. *Maguid Devarav LeYa'akov*, 20 ; 196 (Nu. 31,2). *Tanya*, 37. *Chem MiChemouël, Devarim*, p. 236 (Deut. 32,7). RABBI YOËL TEITELBAUM, DE SATMAR, *Divrei Yoël*, I, New York, 5731 (1971), p. 580-581.
150. Cf. *Kitvei Maharal MiPrague*, I, p. 35. Cf. *Maguid Devarav LeYa'akov*, 196. RAV KOUK : *Orot*, p. 138 ; *Orot HaKodèche*, II, p. 384 ; *Igrot HaReiyah*, II, p. 65. Cf. Sifrei (Deut. 11,10), 37. (Prov. 8, 26,32). Cf. Thr. R. 8 ; Avot DeRabbi Nathan 37. Tana Devei Eliyahou Rabba 2. Yalkout Chim'oni : Chela'h 13, 743 ; Michlei 8, 943. RAMBAN, Deut. 11,10. (Deut. 8,9). MAHARAL, *Dére'h Hayim*, p. 252. CHELAH, III, p. 76*b*. Voir aussi TB 'Houline 91*b* ; Zohar I, 156*a*. LE GAON DE ROGATCHOV, *Tsafnat Pa'anéa'h, Bereichit*, p. 58-59. Mais voir aussi Amos 9,7-8.
151. Cf. Is. 2,3 ; Michée 4,2 ; Deut. 4,5-8. Sifrei (Deut. 33,19), 354 ; RAMBAN, Gen. 12,2. Cf. *Maguid Devarav LeYa'akov*, 20.
152. Cf. Lev. 20,26 *et al*. Me'hilta (Exod. 12,26), 12. Voir aussi Me'hilta (Exod. 12,25), 12 ; Sifra (Lev. 19,2), 1 ; Sifrei (Nu. 11, 16), 92. Cf. Lev. R. 24,4. Zohar, II, 121*a* ; III, 81*a* ; 126*a*. RACHI : Lev. 19,2 ; Kidouchine 53*a*. Cf. *Kouzari* IV, 3. RAMBAM, *Hil'hot Chemita VeYovel* XIII, 13. RAN, *Nedarim* 20*b*. MAHARAL : *Netivot Olam* I, *Netiv HaTora*, 1, 2, 3 ; *Tiféret Yisraël*, 1 ; 2 ; 5 ; 10 ; *Guevourot HaChème*, 8 ; 16 ; 24 ; 47 ; *Dére'h 'Hayim*, p. 188-189 ; *Derachot*, p. 5 ; *Peirouchim LeAgadot*, I, p. 97, et IV, p. 103. *Tanya, Iguéret HaKodèche*, 7. *Néfèche Ha'Hayim*, 3,5. MALBIM, Lev. 19,2. *Sefat Emet*, III, p. 184. *Orot*, p. 35, 39, 155. *Ha'amek Davar*, Exod. 15,11. *HaK'tav VeHaKabala*, II, *Devarim*, p. 30. M.D. CASSUTO, *Chemot*, p. 163. Cf. *Maguid Devarav Le'Yaakov*, 94.
153. Cf. Deut. 4,14. Pessikta Zoutarta, Vayétsé (Gen. 28,21). Yalkout Chim'oni, Chela'h 13, 743. *Kouzari* II, 20. R. S. R. HIRSCH, *Gesammelte Schriften*, II, p. 322.
154. Cf. Malachie 2,6 ; Néh. 9,13. Ps. 19,10 ; 119, 142, 151. Cf. TY Roche HaChana III, 8 ; TB Bera'hot 5*b* ; Peti'hta De'Ei'ha Rabbati 2 ; Tana Devei Eliyahou Zouta 21 ; Zohar, III, 85*b*, 90*b*. – Cf. Michée 7,20 ; Cant. R. 3,5 ; Zohar I, 120*a*, 146*b* ; Zohar 'Hadache 26*b* ; ARI HAKADOCHE, *Likoutei Tora*, p. 122 ; MAHARAL : *Tiféret Yisraël*, 20 ; *Netivot Olam* I, *Netiv HaEmet* 3. RAMBAN, Gen. 1,1 ; 19,5 ; 48,22 ; 49,15. *Kitvei R. Na'hman de Bratslav*, p. 192 ; *Likoutei Moharan* I, 47. *Déguel Ma'hne Efraïm, Mass'ei. Orot*, p. 10, 12-13, 70 ; *Orot HaTora*, p. 13, 77. Cf. Gen. R. 30,1 ; Exod. R. 36,2 (Ps. 48,3 ; Is. 60,3). Voir RACHI, Deut. 48, 19.
155. Cf. Exod. 12,25 ; 13,5,11s. Deut. 4,1,5 ; 6,18 ; 8,1 ; 11,8 ; 26,1 ; 30,16. Me'hilta (Exod. 20,6), 6 ; Sifrei (Deut. 11,7), 43. TY Chekalim III, 3 ; Lev. R. 34,7. *Kouzari* II, 18 ; II, 20, avec les commentaires *ad loc*. ; V, 23. RAMBAM : *Séfer HaMitsvot, Mitsvot Assé, Mitsva* 153 ; *Hil'hot Kidouche Ha'Hodèche*, I, 8 ; V, 13 ; *Hil'hot Teroumot*, I,2. RACHI, Deut. 11,18. RAMBAN : Gen. 26,5 ; Lev. 18,25 ; Deut. 4,5 et 11,18 ; *Deracha Al Divrei Kohelet (Kitvei Ramban* I), p. 200-201. RABBEINOU BA'HYA, Deut. 11,18. MAHARAL, *Gour Arié*,

Bereichit. CHELAH : I, p. 169*a* et 188*a* ; *Siddour Cha'ar HaChamayim*, p. 512. 'HATAM SOFER : *Che'eilot OuTechouvot, Yoré Déa*, 234 ; *Derachot, VaYechev* ; *'Hidouchim, Souka* 36*a*. *Igrot HaReiyah*, I, p. 112. *Mei Meirom*, VI, p. 252. *'Hafets 'Hayim*, p. 4. R. B. Z. SAFRAN, *Dorèche LeTsione*, p. 25.

156. Cf. Lev. 25,8-10 et Sifra 2 *ad loc*. Nu. 35,13,14. Deut. 17,14-19 ; 31,12. Me'hilta (Exod. 12,2), 2 et (Exod. 21,24), 4. Sifrei (Deut. 1,7), 6. Michna : Sota IX, 1 ; Sanhédrine I ; Chevouot II, 2. TB : Bera'hot 63*a* ; Ketouvot 25*a* ; Sota 44*b* ; Guitine 8*b*, RACHI et Tossafot *ad loc*. ; Kidouchine 38*b* ; Bava Batra 4*a* ; Sanhédrine 2*a* ; 20*b* ; 56*b* ; Makot 7*a* ; Chevout 14*b* ; Avoda Zara 21*a* et Tossafot *ad loc*. ; Ara'hine 32*b*. Tossefta Sanhédrine IV,10. RAMBAM : *Séfer HaMitsvot : Chorèche* 14 ; *Mitsvot Assé, Mitsva* 153 ; *Hil'hot Teroumot* I ; *Hil'hot Kiddouche Ha'Hodèche* I, 8 ; V, 1 ; *Hil'hot Rotséa'h OuChmirat Nafèche*, VIII, 1 ; *Hil'hot Sanhédrine* I, 1 ; *Hil'hot Chemita VeYovel* X, 8 ; *Hil'hot Mela'him* I ; V ; VII ; *Moré Nevou'him* III, 48. *Séfer Ha'Hinou'h, Mitsva* 4. *Sefat Emet*, IV, p. 174. *'Hidouchei Marane Riz HaLévi*, p. 21.

157. Cf. Exod. 23. Lev. 19 ; 25. Nu. 15 ; 18. Deut. 18 ; 24 ; 26. Michna, Kidouchine I, 9. TY : Chevi'it VI, 5 ; Kidouchine I, 8. TB Kidouchine 36*b*-37*b*-38*a*. RAMBAM : *Hil'hot Matnot Ani'yim* I ; *Hil'hot Chemita VeYovel* XI, I. *Séfer Ha'Hinou'h, Mitsva* 216. *Choul'hane Arou'h, Yoré Déa*, 293 ; 333. *Beit HaLévi, Chemot*, p. 39.

158. Cf. Deut. 29,9 ; Chron. I, 17, 21. Michna : Sanhédrine IV, 5 ; Temoura I, 6. TB : Ketouvot 75*a* (Ps. 87,5) ; Bava Batra 119*a*, 122*a* ; Makot 23*b* ; Avoda Zara 21*a* ; Temoura 13*a*. Gen. R. 39,10. Exod. R. 1,13 ; 48,2. Tana Devei Eliyahou Rabba 25. – TY : Ta'anit IV, 2 ; Meguila III, 6 (Is. 51,16). Zohar III, 35*a*. Voir aussi Zohar I, 172*b*. Voir RACHI, 'Houline 135*a* ; Tossafot, Bava Batra 44*b* ; mais voir aussi Tossafot, Pessa'him 3*b* ; RAMBAM, *Hil'hot Teroumot* I, 2. RAN, *Nedarim* 28. ALCHEI'H, *Nitsavim*. MAHARAL, *Guevourot HaChème*, 11. CHELAH, I, p. 21*a* ; III, p. 201*a-b*. *Or Ha'Hayim*, ad Lev. 26,43. *'Hidouchei OuBiourei Hagra*, p. 82. *Kitvei R. Na'hman de Bratslav*, p. 192-193 ; *Likoutei Moharan*, II, 71. *Sefat Emet*, III, p. 196 ; IV, p. 174 et 176. *Avnei Neizer*, p. 149-153. RAV KOUK : *Che'eilot OuTechouvot Michpat Cohen*, 154 ; *Olat Reiyah*, I, p. 203 ; *Orot*, p. 45. R. I. SCHEPANSKI, *Erets-Yisraël BeSifrout HaTechouvot*, Jérusalem, 5727 (1966), I, p. 27. *Chem MiChemouël, Vayikra*, p. 287. *Tsafnat Pa'ané'a'h*, Devarim II, p. 247. *'Hazone Iche, Chevi'it*, 21,5. – Cf. Lev. 26,42-43 ; Is. 56,8. TY Yoma I, I. Cf. aussi TB Yevamot 64*a*. Cf. RAMBAM, *Séfer HaMitsvot, Mitsvot Assé* 4. Voir aussi *Ché'eilot OuTechouvot Avnei Neizer, Yoré Déa*, 453 ; *Ch'eilot OuTechouvot Yechouot Malko, Yoré Déa*, 66. R. B. Z. SAFRAN, *Dorèche LeTsione*, p. 9-10.

159. Cf. Lev. 18,25,26,28 ; 19,29 ; 20,22 et Sifra *ad loc* ; 25,2 et K'li Yakar *ad loc*. ; 25,2,4,6,19,24 ; 26,34,42 et Sifra *ad loc*., 43 ; 36,4. Nu. 13,32 ; 14 ; 35,33-34, Deut. 24,4 ; 29,21-28. Is. 24,5. Jér. 3,1-2. Osée 2,23-24. Sifra (Lev. 18,28), 13 et (Lev. 26,34), 7. Sifrei (Deut. 11,10) 37-38 et (Deut. 32,43), 333. Avot V, 9. TY : Kilaïm I, 7 et IX, 3 ; Chekalim III, 3 ; Ta'anit III, 3. TB : Roche HaChana 16*b* ; Guitine 57*a* ; Ketouvot 111-112 ; Bava Batra 25*b* ; Avoda Zara 15*b*. Pessikta Zoutarta, Exod. 3,8. Exod. R. 32,2 ; Lev. R. 36,4.

Deut. R. 3,7 ; Peti'hta d'Ei'ha Rabbati 34. Yalkout Chim'oni, Jér. 41,328. Tan'houma : Michpatim 10 ; Re'éh 8. ONKELOS, Deut. 32,43. RACHI : Lev. 18,25 ; Deut. 32,43 ; Kidouchine 37*a*. Tossafot, Bava Batra 81*a*. RAMBAN : Gen. 1,1 ; Lev. 18,25 ; Nu. 35,33 ; Yevamot 64*a*. RADAK, Ez. 33,25 ; *Kouzari*, I, 109 ; II, 18. RAMBAM : *Séfer HaMitsvot, Mitsvot Assé, Mitsva* 135 ; *Hil'hot Chemita VeYovel* I, 1 ; *Mela'him* V, 11. *Tour, Ora'h 'Hayim*, 208. ALCHEI'H, *Noa'h*. MAHARCHA, *Bava Metsia* 91. MAHARAL : *Dére'h 'Hayim*, p. 189 ; *Peirouchim LeAgadot*, I, p. 59. CHELAH, III, p. 23*a*. *Or Ha'Hayim* : Lev. 26,43 ; Deut. 32,43. *Siddour Beit Ya'akov (Emden), Soulam Beit El*, p. 11*a-b*. *Sefat Emet*, III, p. 191. RAV KOUK, *Chabbat HaArets*, p. 10 et 12. RAV HARLAP, *Mei Meirom*, V, p. 205-206 ; VI, p. 144 et 186. RAV EPSTEIN, *Tosséfet* Bera'ha, V, p. 259 et 316 (Gen. 3,17). RAV B. Z. SAFRAN, *Che'eilot OuTechouvot Harbaz*, I, p. 21.

160. Cf. Is. 54,1,4-5 ; 62,4-5. RACHI et RADAK *ad loc.* – Cf. Lev. 26,4 ; Deut. 11,14.

161. Cf. Gen. 5,7 ; Pessikta Zoutarta, Gen. 1,1 ; Zohar 'Hadache 20*a* ; ONKELOS et RACHI, Lev. 26,34 ; *Sefat Emet*, III, p. 190 ; *Chem MiChemouël, Hagada*, p. 39 et 46 ; voir aussi A. SAFRAN, *La Cabale*, p. 41 et 288. – Cf. TB Bava Batra 25*b* ; Lev. 25,23.

162. Cf. *Biourei Hagra Al Agadot*, II, p. 9 et 80. – Cf. *Peirouchei Maharal MiPrague LeAgadot HaChass*, I, p. 83-84.

163. Cf. Sam. II, 7,10. Voir *Biourei Hagra Al Agadot*, I, p. 13.

164. Cf. Deut. 12, 11, 14, 18, 21, 26 ; 14, 23, 24, 25 ; 15,20 ; 16, 2, 6, 7, 11, 15 ; 17, 8, 10 ; 23,17 ; 31,11 ; Jos. 9,27. Néh. 1,9. Chron. II, 7,12. – Ps. 132,13. – Reg. I, 8, 16, 44, 48 ; 11, 32, 36 ; 14,21. Chron. II, 6, 5, 34, 38 ; 12,13. – Reg. I, 11, 13, 32 ; 14,21. Reg. II, 21,7 ; 23,27. Chron. II, 6,6 ; 12,13 ; 33,7. Zach. 1,17 ; 2,16 ; 32. – Chron. II, 6, 34, 38 ; 7,16. – Voir Zohar I, 85*a*. – Voir aussi RACHI, Ta'anit 16*a*. TB Bava Batra 75*b*.

165. Cf. Gen. R. 68,10 (Exod. 33,21). Cf. Me'hilta (Exod. 13,21), 1. Sifrei (Nu. 27,12), 134, TB Bera'hot 13*b*. Voir aussi Gen. R. 4,3 ; 46,2 ; mais voir TB Souka 5*a*. Cf. Exod. R. 2,9 ; 28, 4 ; 34,1 ; 46,6. Nu. R. 12,3-4. Cant. R. 3,15. Pessikta Rabbati, 21,10 ; Pessikta Zoutarta, Deut. 33,27. Cho'heir Tov, 90,10. Tan'houma, Ki Tissa 27. *Sépher HaBahir* 14, p. 8 ; 90, p. 38. Zohar, II, 99*b* ; III, 242*a*. Tikounei HaZohar 26 ; 70. *Kouzari* IV,3. Voir RAMBAM, *Moré Névou'him* I,8. Cf. R. YOSSEF ALBO, *Ikkarim* II,17. RACHI, Exod. 33,21. *Perouchei HaTora LeRabbi Yehouda He'Hassid*, p. 126. *Siddour Rabbeinou Chelomo de Garmaise* p. 176-177. MAHARAL : *Netivot Olam* I, *Netiv HaAvoda*, 5 ; *Guevourot HaChème*, 23 ; 30 ; 70. CHELAH, III, p. 40*b*. REMA, *Torat HaOla*, 1,2. R. DOV BAER DE MEZRITCH, *Maguid Devarav LeYa'akov*, 124 ; 146. R. 'HAYIM DE VOLOJINE, *Néfèche Ha'Hayim*, 2,14 ; 3,1,4 ; *Roua'h 'Hayim*, p. 41 et 90. *Tanya*, 36. *Kedouchat Lévi*, p. 54. R. NA'HMAN DE BRATSLAV, *Hagada Chel Pessa'h*, p. 44-45, 47. Voir Deut. 4,39 ; Jér. 23,24 ; Is. 6,3 ; voir aussi Reg. I, 8,27 ; Is. 60, 1-2. Voir R.I. WEINSTOCK, *BeMa'aglei HaNiglé VeHaNistar*, Jérusalem, 5730 (1969), p. 212. R.Y. ROZINE, LE GAON DE ROGATCHOV, *Mefa'anéa'h Tsefounot*, p. 253. Esther STAROBINSKI-SAFRAN, *Philon d'Alexandrie, De Fuga et inventione*, p. 156.

166. Cf. Ps. 135,21 ; Joël 4, 17, 21 ; Chelah, *Siddour Cha'ar HaChamayim*, p. 381 ; *Kedouchat Lévi*, p. 54 ; *Sefat Emet*, I, p. 9 ; R.S. R. Hirsch, *ad* Exod. 15,17.

167. Cf. Ramban, *ad* Deut. 31,16 ; Maharal, *Dére'h 'Hayim*, p. 188-189. – Cf. Tan'houma, Bo 5. Cf. Zohar II, 85*b*. Voir Deut. 14, 1 ; Avot III, 14 ; TB Kidouchine 36*a*. – Cf. TB Sanhédrine 14*b*.

168. Cf. Deut. 11,12. Cf. *Derachot Maharal*, p. 22-23. Chelah, I, p. 168*b*-169*a*. *Maguid Devarav LeYa'akov*, 118 ; 142. *Sefat Emet*, I, p. 9 ; II, p. 139.

169. Cf. Nu. R. 7,8 ; 10 ; Nu. 35,34. – Cf. Gen. R. 64,3 (Gen. 26,2). Zohar I, 141*b*. *Or Ha'Hayim*, Gen. 12,1. *Kitvei R. Na'hman de Bratslav*, p. 194. – Cf. Sifra (Lev. 25,38), 6 ; *Cho'heir Tov*, 105 ; 24 (Gen. 28,11 ; voir aussi Gen. 35,15). Pirkei DeRabbi Eliézer, 35. Cf. TY : Chekalim III, 3 ; Chabbat I,3. TB : Pessa'him 113 ; Ketouvot 111 et *Meïri ad loc.* Cf. Zohar, I, 120*a* ; II, 79*b* ; III, 4*b*, 238*b*, 268*a*. Rachi et Radak, Reg. I, 9,3 ; Rachi, Reg. I, 9,7. Rambam, *Hil'hot Chemita VeYovel*, XIII, 13. *Séfer Ha'Hinou'h, Mitsva* 95. Chelah, I, p. 1*b*.

170. Cf. Exod. 20,24 ; 25,8 ; 29,45. Lev. 26,11. Nu. 5,3 ; 35,34. Ez. 37,26-28. Osée 11,9. Ps. 78,60. Sifrei (Deut. 11,10), 38. Michna : Bera'hot IX,1 ; Avot III, 2,6,14. TY : Bikourim III, 3 ; Kidouchine 1,7. TB : Bera'hot 6*a* ; 54*a*. Chabbat 31*b* ; 33*a* ; 55*a* (Ez. 9,6), Ta'anit 22*a* (Exod. 19,13 ; 34,3). 'Haguiga 16*b* ; 46*b*. Yevamot 6*a* (Lev. 19,30) ; 64*a* (Gen. 17,8). Ketouvot 5*a*. Sota 17*a*, 38*a*. Bava Batra 25*b*. Chevouot 16*a*. Avoda Zara 4*a*. Mena'hot 110*a*. 'Houline 92*a*. (Voir aussi TY : Ta'anit III, 10 ; Yevamot I, 6. TB : Bera'hot 16*b* ; Chabbat 12*b*. Souka 33*a* ; 35*b*. Nedarim 66*b*. Kidouchine 30*b*, 31*b*. Sanhédrine 17*a*, 46*a*.) Cf. Gen. R. 19,13 ; 68,7. Exod. R. 1,5 ; 18,6 ; 24,1 ; 30,20 ; 33,4,10 ; 34,4 ; 45,6 ; 46,2. Lev. R. 29,3. Nu. R. 12,3. Deut. R. 7,2. Cant. R. 1,20 ; 5,1 ; 8,16 ; Thr. R. 1,39 ; 2,4. Pirkei DeRabbi Eliézer 35 ; 40. Cho'heir Tov 68. Yalkout Chim'oni, Vayétsé 28,119. (Voir aussi Lev. R. 5,4 ; 11,8.) Cf. Zohar I, 55*b* ; 68*a* ; 85*a* ; 150*a* (Gen. 28,17) ; 205*b* ; II, 146*a* ; 163*b* ; III, 79*b* ; 82*a* ; 106*b* ; 179*b*. Tikounei HaZohar, 22*b* ; 132*a*. Rachi, Gen. 28,10 ; 33,20 ; 35,7 ; Exod. 17,15 ; Jér. 3,16. Ibn Ezra, Exod. 8,18. Ramban, Deut. 11,22. Seforno, Exod. 3,5-6. Alcheï'h, Exod. 3,1 ; 25,8 ; Reg. I, 6,11-13. *Or Ha'Hayim*, Gen. 35,7,15 ; 46,4 ; Lev. 26,11. Malbim, Jér. 7,4,7. *Ha'amek Davar*, Gen. 35,15. Tossafot, Beitsa 5*b*. *Derachot Ran*, 8. Maharal : *Tiféret Yisraël*, 10 ; 33 ; *Guevourot HaChème*, 70 ; *Dére'h 'Hayim*, p. 208, mais voir aussi *ibidem*, p. 11-12. Maharcha, *Bera'hot* 8*a*. Chelah : I, p. 117*a* ; III, p. 11*b* et 165*b* ; *Siddour Cha'ar HaChamayim*, p. 515-516. R. Eliyahou, le Gaon de Vilna, Biour Hagra, Cant. 1,16 ; *Siddour Icheï Yisraël*, p. 333. *Tanya : Likoutei Amarim*, 36, 37 ; *Iguéret HaKodèche*, 23. *Néfèche Ha'Hayim*, 1,4. *Kedouchat Lévi*, p. 59*a*, 119*b*. Likoutei Moharan, 94. Chemouël Chmelke de Nikolsburg, *Divrei Chemouël*, p. 26-27. R. Yisraël de Kojnits, *Avodat Yisraël* I, p. 205, R. Avraham de Slonim, *Yessod HaAvoda* II, p. 83 ; *Beit Avraham*, p. 104-143 ; *Be'eir Avraham*, p. 128-129, 160, 166, 182, 185, 189, 209. *Avnei Neizer*, p. 40 ; *Sefat Emet*, II, p. 140. Rav Kouk, *Che'eilot OuTechouvot Michpat Kohen*, 185 ; *Olat Reiyah*, II, p. 274-275. *Méché'h 'Ho'hma*, p. 68. 'Hafets 'Hayim, *Al Siddour HaTefila*, p. 53-54.

171. Cf. Lev. R. 19,5 ; Tan'houma Behar 1 ; Rachi, 'Houline 92*a* ; Tossafot, Avoda Zara 21*a* ; *Or Ha'Hayim*, Lev. 25,29. Voir aussi Gen. 28, 17, 19 ; 30,30. Voir Zohar III, 243*b* ; 226*b*. *Sepher HaBahir* 66, p. 30. R. Yossef Sikatila Cha'areiOra I, p. 16.

172. Cf. Lev. 25,38 et Sifra *ad loc*. Voir Lev. 25,23 ; Sifra et Rachi *ad loc*. Voir aussi Lev. 25,42 et Sifra *ad loc*. TB Kidouchine 22*b*. Cf. Me'hilta (Exod. 19,6), 2. TB Ketouvot 110*b* et *P'nei Yehochoua ad loc*. (Sam. I, 26,19). Voir Gen. 17,8 ; Exod. 6,6-8 ; Nu. 15,41 ; voir aussi Lev. 22,33 et Sifra *ad loc*. Cf. Rambam, *Hil'hot Mela'him* V, 12. Ramban, Gen. 28, 21. Maharal, *Dére'h 'Hayim*, p. 188. *Kitvei R. Na'hman de Bratslav*, p. 193. Rav Kouk, *Orot*, p. 140. R.Y.Y. Bloch, *Chiourei Da'at*, II, p. 123. – Cf. Zohar I, 85*a*. Chelah, I, p. 169*a*. – Cf. Cant. R. 1 ; Thr. R. 2. Zohar I, 27*b*. Tikounei HaZohar 1*b* ; 21. Cf. Exod. 19,6. – Cf. Zohar III, 84*a*. – Cf. Zohar II, 126*a*. – Cf. Cant. R. 5,3. Tikounei HaZohar 62. – Cf. Zohar I, 256*b*-257*a* ; II, 101*b* ; III, 90*b*. 'Hida, *Nitsotsei Orot*, Zohar III, 159*b*. *Likoutei Moharan*, 74.

173. Cf. Zohar II, 85*b*. Voir aussi Zohar II, 79*b*-80*a* ; 85*b*. Cf. R. Yisraël de Kojnitz, *Avodat Yisraël* I, p. 204-205.

174. Cf. Zohar III, 82*b*-83*a*.

175. Cf. Lev. 22,32 et Sifra *ad loc*. Cf. Is. 29,23. TY Chevi'it IV,3. TB Sanhédrine 74*b*. Rambam : *Séfer HaMitsvot, Mitsvot Assé, Mitsva* 9 ; *Hil'hot Yessodei HaTora* V,1 ; *Iguéret Teimane*. – Cf. Lev. 11,44 et Sifra *ad loc*. Voir Lev. 20,7 ; 22,33. Cf. Exod. R. 15,24 ; Lev. R. 24,1. Zohar, I, 61*a* ; II, 133*a* ; III, 24*b* ; 80*a*. – Cf. Lev. 22,32. TB Sota 14*a*. *Biourei Hagra Al Agadot*, I, p. 12. Voir aussi Maharal, *Guevourot HaChème* 47.

176. Cf. Zohar I, 174*a* ; *Biourei Hagra Al Agadot*, I, p. 29. – Cf. Gen. 32,11 ; voir Zohar I, 148*b* (Gen. 28,11).

177. Cf. Gen. 33,31 ; 32,29 ; 35,9 et Seforno *ad loc*. ; 35,10 et Ramban *ad loc*. Cf. Ramban, Gen. 46,2. – Cf. TB 'Houline 101*b* ; Chelah, I, p. 21*a*. – Cf. Zohar I, 194*b* ; Is. 49,3 ; Tan'houma, Kedochim 2. Cf. aussi TB Bava Batra 75*b* ; Zohar I, 93*b*. (Voir aussi Gen. 33,20, Ramban et Rabbeinou Ba'hya *ad loc*.) TB Meguilla 18*a*. Gen. R. 79,10 ; Zohar I, 138*a*. Tan'houma, Kedochim 5 ; Ps. 82,6. – Voir aussi Zohar I, 213*b* ; II, 66*b* ; III, 86*a*. – Voir aussi Zohar, II, 38*a* ; 90*b* ; 124*b*. Rabbeinou Ba'hya, Exod. 33,7. Targoum Yerouchalmi, Rachbam, *Ha'amek Davar, ad* Gen. 25,22. – Voir aussi Rachi et Ibn Ezra *ad* Gen. 25,23. Gen. R. 63,8. TY Eirouvine V,1.

178. Cf. Gen. 49,8 ; Gen. R. 98,11 ; TB Sota 36*b* et Rachi *ad loc*. Zohar I, 89*b*. Cf. Gen. R. 63,3. Ari HaKadoche, *Likoutei Tora*, p. 86. Cf. Sota 37*a* ; Ps. 114,2. Voir aussi Esther R. 6,2.

179. Cf. TB Sota 36*b* ; Gen R. 71,3 ; Jér. 31,14 ; Rachi, Ps. 80,2 ; Maharcha, *Bera'hot* 55*b*. Voir aussi Maharal : *Netivot Olam*, II, *Netiv Ahavat HaChème*, 2 ; *Peirouchim LeAgadot*, I, p. 39.

180. Cf. Zohar I, 154*b*. Voir TB Eirouvine 18*b* ; Zohar II, 228*b*. – Cf. Rachi, Exod. 17,16 ; TB Bera'hot 58*a* ; Yalkout Chim'oni Bechala'h 17, 268. Cf. TB Sanhédrine 20*b* ; Me'hilta (Exod. 17,15), 1 ; Sifrei (Deut. 25,19), 296 ; Pessikta Rabbati (Deut. 25,17-19), 12 ; Ps. 9,7-8. Cf. Tan'houma, Ki Teitsei

11. Voir aussi TB : Pessa'him 50*a* ; Kidouchine 71*a*. Nu. R. 11,7 ; Rachi, Exod. 3,15. Zohar III, 230*a* ; 281*a*. Tikounei HaZohar 17 ; 57. Cf. Exod. R. 3,9. Cf. *Peirouchei HaTora LeRabbi Yehouda Hé'Hassid*, p. 75-76. *'Hidouchei Marane Riz HaLévi*, p. 12.

181. Cf. Gen. 2,4 ; Gen. R. 12,9-10. TB Mena'hot 29*b*. Zohar I, 3*b* ; 25*a* ; 46*b* ; 86*b* ; II, 123*b* ; III, 29*a* ; 34*b* ; 122*b*-123*a*. Voir aussi Zohar III, 4*b* ; *Sefat Emet*, I, p. 109.

182. Zacharie 14,9.

183. Cf. *Yalkout Reouvéni*, Chela'h ; Nu. 14,21 ; Is. 43,7. – Cf. Zohar I, 9*a* ; II, 90*b*. Cf. Lev. R. 11,3 (Ps. 82,6). Cf. aussi Zohar II, 96*a* ; 124*a*. Voir aussi TB Nedarim 81*a* ; Maharal, *Tiféret Yisraël, Hakdama*, p. 2*a-b*.

184. Cf. TB Nedarim 81*a* (Jér. 9,11-12 ; cf. Jér. 32,23) ; cf. TB Bava Metsia 85*a*. Cf. Sifrei : (Deut. 11,11), 38 et (Deut. 11,13) 41 (Is. 5,24 ; Amos 2,4). Sifra (Lev. 26,19) 5. TY : Roche HaChana III, 8 ; 'Haguiga I, 7. Massé'het Kala 8. TB Chabbat 119*b*. Deut. R. 3,12. Peti'hta d'Ei'ha Rabbati 2 ; Thr. R. 1,1. Tana Devei Eliyahou Rabba 18 ; Tana Devei Eliyahou Zouta 1. Cho'heir Tov 119. Yalkout Chim'oni, Eikev 11, 860. Zohar I, 185*a* ; Zohar 'Hadache, Bereichit 8. Ramban, *Deracha LeRoche HaChana* (*Kitvei Ramban* I), p. 289. Abrabanel, Exod. 20 (II, p. 191). Maharal, *Nétsa'h Yisraël*, 19. Chelah, III, p. 203*a*. *Or Ha'Hayim*, Lev. 36,43. *Sefat Emet*, V, p. 5. Voir aussi TB Sota 14*a* ; *Mei Meirom* VI, p. 277. 'Hatam Sofer, *Hagada Chel Pessa'h*, p. 71.

185. Cf. Deut. 11,13*s*. ; 29, 23-24. Sifra (Lev. 26,3), 1. Voir Sifrei (Deut. 11,12), 40. Cf. Tana Devei Eliyahou Rabba 11,12,14. Tan'houma, Re'éh 8. Voir aussi TB Yoma 38*b*. Cf. *Siddour Beit Ya'akov (Emden), Soulam Beit El*, p. 11*a-b*. *Méché'h 'Ho'hma*, p. 63. 'Hafets 'Hayim : *Al HaTora*, p. 65 ; *Peirouchim al Siddour HaTefila*, p. 18.

186. Cf. Lev. 18,25 ; Deut. 11,17 ; 29, 21-28 *et al.* TY : Péa VII, 7 (Ps. 106,34) ; Kilaïm IX,3 ; Ta'anit IV, 5. Zohar III, 114*a*. Deut. R. 11,17. Gen. R. 19,18 (Gen. 3,17). Lev. R. 17,5. Zohar II, 262*b* ; III, 122*a*. (Osée 6,7). Voir aussi Avot V, 9 ; Avot DeRabbi Nathan 20. TB : Chabbat 33*a* ; Sanhédrine 39*a*. Tan'houma : Behar 1 ; Nitsavim 3 (Dan. 9,11). Rachi, Lev. 25,15. Chelah, III, p. 168*a*, 169*b*, 170*a*. R. Yerou'ham Halévi Livovitch, *Da'at Tora*, p. 160.

187. Cf. Nu. R. 7,10 (Nu. 5,2 ; Jér. 15,1). Rav Kouk, *Chabbat HaArets*, p. 11.

188. Cf. Chelah, III, p. 170*a-b* (Nu. 33,2). *Likoutei Moharan*, p. 74. Voir aussi *Toldot Yaakav Yossef, Noa'h ; B'nei Issas'har*, I, p. 111*a*.

189. Cf. TY Péa II, 5. TB : Souka 30*b* et Tossafot *ad loc.* ; Bava Batra 44*b* et Tossafot *ad loc.* ; 119*a*. R. I. Schepanski, *Erets-Yisraël BeSifrout HaTechouvot*, I, p. 27. N. Rakover, *HaCheli'hout VeHaHarcha'a BeMichpat Haivri*, Jérusalem, 5732 (1972), p. 257-258 ; R.Y. Rozine, le Gaon De Rogatchov, *Mefa'anéa'h Tsefounot*, p. 184 ; *'Hazone Iche, 'Hochène Michpat*, 1,27.

190. Cf. Gen. 15,13-16 ; 46,4 ; Lev. 26,34. Deut. 30,2-5. Is. 65, 8-9, 21-23. Jér. 3,14 ; 29,10 ; 30,10-11 ; 31,10,15-16 ; 32. Ez. 20,41-42 ; 28,25-26 ;

36,24-25 ; 37,21-22 ; 38,16 ; 39,28. Zach. 8,7-8. Cf. TY Kidouchine I, 8. Gen. R. 44,21 ; 46,4 ; 68,12. Exod. R. 3,4 ; 46,4. Lev. R. 29,2. Nu. R. 23,14. Pessikta DeRav Kahana, II, 23, Roche HaChana, 2, p. 336 ; Likoutei Midrache, p. 464. RAMBAN : Gen. 46,1-2 ; Lev. 26,16. *Or Ha'Hayim*, Lev. 25,2. HAGRA, *Siddour Ichei Yistraël*, p. 44 *(Sia'h Yits'hak)*. *Ha'amek Davar*, Lev. 26,42-43.

191. Cf. Gen. 13,15 ; 17,8 (voir aussi Gen. 15,5 ; 22,16-17) ; 17,8. Exod. 32,13. Jér. 7,7. Ez. 37,25. Chron. I, 16,15-18. Cf. Sifra (Lev. 18,25,28) 13. TB Roche HaChana 12,2. Gen. R. 17,8. Esther R. 1. Cf. RAMBAN, Gen. 15,18 ; 22,16 ; Deut. 9,4 ; voir aussi RAMBAN, Lev. 26,16 ; RAMBAM, *Hil'hot Techouva* VII, 5 et *Hil'hot Mela'him* XI, 1. Nu. R. 7,10 (Is. 30,15) ; TB Sanhédrine 97b. Voir MAHARAL, *Guevourot HaChème*, 8. *Beit HaLévi*, I, p. 22 (TB Meguila 31b). *Méché'h 'Ho'hma*, p. 63. R. S. R. HIRSCH, Exod. 32,13. *Olat Reiyah*, II, p. 83. *Mi'htav MeEliyahou*, II, p. 50.

192. Cf. Deut. 4,20 et Targoum Yerouchalmi *ad loc.* ; Reg. I, 8,51 ; Jér. 11,14 ; Zach. 13,9. Cf. TB : Bera'hot 56a ; Ta'anit 16a ; Ketouvot 112b ; Sanhédrine 37b, Cf. Gen. R. 44,1,8. Zohar, I, 83a ; III, 216a ; *Kouzari*, II,44 ; III, 11-12 ; IV, 23, ABRABANEL, Gen. 15,12. R. MOCHÉ CORDOVÉRO, *Pardess Rimonim*, 13, 3. MAHARAL : *Nétsah Yisraël*, 14 ; *Guevourot HaChème*, 3. CHELAH : III, 22b ; 170a-b ; *Siddour Cha'ar HaChamayim*, p. 517. *Or Ha'Hayim*, Lev. 25,26. *Kedouchat Lévi*. p. 36a. RAV KOUK, *'Hazone HaGueoula*, p. 96. *Chem MiChemouël, Hagada Chel Pessa'h*, p. 46.

193. Cf. Tan'houma, Re'éh 8 ; *Kedouchat Lévi*, p. 74. Cf. aussi CHELAH, III, p. 23a. – Cf. Sifrei (Deut. 1,8) 8 et (Deut. 6,4) 31. Voir *Or Ha'Hayim*, Deut. 11,26. – Cf. Gen. 12,7 ; 12,15 ; 13,17 ; 15,18 et RAMBAN *ad loc.* ; 17,8 ; 26,3-4 et RAMBAN *ad loc.* ; 28,13 ; 35,12, Exod. 6,4-8 ; Jos. 1,3-4 ; Jér. 31,4-5 ; Chron. I, 16,15. Cf. Me'hilta (Exod. 13,5) 17 ; Yalkout Chim'oni, Bo 13, 222.

194. Cf. TB Bava Kama 29b. Bava Batra 117b ; 119b ; Avoda Zara 53b ; cf. aussi Bava Batra 119a. Cf. RAMBAN, Gen. 13,17 ; ABRABANEL, Gen. 17, 7-8 ; *Biourei Hagra Al Agadot*, I, p. 63 ; *Ha'amek Davar*, Gen. 15,7. – Cf. TB Bava Batra 49b. MAHARAI, *Guevourot HaChème*, 47. *Mei Meirom*, V, p. 235 ; VI, p. 276-278. Voir aussi *Méché'h 'Ho'hma*, p. 328. – Cf. aussi TY Bava Batra VIII, 2 (Exod. 6,8) ; TB Bava Batra 119b ; Deut. 26,15 ; Zohar II 79b. Ez. 11,15 ; 33,24. Lev. R. 35,7. Voir SEFORNO, Deut. 26,5. Voir aussi A. SAFRAN, *La Cabale*, p. 177-178.

195. Cf. Ez. 20,31-40. Sifrei (Deut. 32,1) 132 ; TY Ta'anit I, 1 ; TB Sanhédrine 97b ; Exod. R. 3,7 ; Exod. 6,1 ; 11,1. SEFORNO, Lev. 26,15. *Akeidat Yits'hak, Nitsavim*, 99. MAHARAL : *Nétsa'h Yisraël*, 11 ; *Guevourot HaChème*, 38. 'HATAM SOFER, *Derachot*, II, p. 312. RAV KOUK : *Orot*, p. 63 ; *Olat Reyiah*, I, p. 203. *Mei Meirom*, V. p. 238. *Beit HaLévi*, II, p. 5. *Méché'h 'Ho'hma*, p. 191-192. R. EL'HANAN WASSERMANN DE KOVNO, *Ikvata DiMechi'ha*, IV. – Sifrei (Deut. 6,5) 32 ; Exod. R. 1,1 ; Tan'houma, Chemot I ; Cho'heir Tov, 94,2. TB Bera'hot 5a. MAHARAL, *Derachot*, p. 5. *Siddour Beit Ya'akov (Emden), Soulam Beit El*, p. 11b. CHELAH, I, p. 169b. *Kitvei R. Na'hman de Bratslav*,

p. 194. *Mei Meirom*, VI, p. 276. R. Yossef 'Hayim de Bagdad, *Benayahou Bène Yéhoyada*, I, p. 3*a*.

196. Cf. Lev. 20,24. Deut. 1,8 ; 15,4 ; 16,20 ; 17,14 ; 26,1 ; 30,5. Jos. 1,5. Ez. 33,24. Cf. TB : Bava Batra 117*b* ; 119*b* ; Avoda Zara 53*b* et Rachi *ad loc.* Pessikta Zoutarta, Chela'h, Nu. 15,2. Voir TY Chevi'it VI,1. Voir Ramban, Gen. 15,7 (8). *Kedouchat Lévi*, p. 74*b*. *Sefat Emet*, III, p. 202. *Mei Meirom*, VI, p. 302. *Ha'amek Davar*, Gen. 15,7. – Me'hilta, (Exod. 13,11) 18. Deut. 26,3. *Sefat Emet* III, p. 196.

197. Cf. Deut. 28,65 ; Thr. 1,3 ; Gen. R. 33,8 ; Cho'heir Tov 146. *Sefat Emet*, V, p. 5 ; *Orot*, p. 11 ; *Mei Meirom*, VI, p. 242 et 277 ; 'Hatam Sofer, *Hagada*, p. 120.

198. Ez. 20,32. Cf. Sifra (Lev. 26,30) 6 ; Tan'houma, Nitsavim 3 ; Rachi, Nu. 15,41 ; Rambam, *Iguéret Teimane*, p. 136 ; Chelah, I, p. 68*a*-*b*-69*a* ; *Sefat Emet*, III, p. 185. Voir aussi TB 'Houline 16*b* ; Rachi, Gen. 36,7 ; Rav Kouk, *Michpat Kohen*, 144. Friedrich Dürrenmatt, *Sur Israël*, Paris, 1977, p. 31. – Cf. Osée, 11,4. – *Kitvei R. Na'hman de Bratslav*, Tel-Aviv, 5711, p. 192-193, 343.

199. Cf. Lev. 25,23 ; Sifra (Lev. 25,23) 4 et (Lev. 26,34) 7.

200. Les prières que les juifs récitent quotidiennement pour Jérusalem et Erets-Israël sont, selon Rabbi Na'hman de Bratslav, un « cri de protestation » d'Israël contre ceux qui se sont approprié par la force la Terre d'Israël. Voir *Kitvei R. Na'hman de Bratslav*, p. 192-194. Cf. TY Ma'asser Cheini V, 2. TB Bera'hot 44*a* ; 48*b* ; 49*a*. Nu. R. 23,7 ; Cant. R. 5,5. Cho'heir Tov 121. Tan'houma : Noa'h 11 ; Mass'ei 6. Zohar, I, 134*a* ; II, 157*b* ; 169*a* ; III, 274*a*. Rambam, *Hil'hot Bera'hot* I, 1 ; II, 1,3. *Tour* et *Choul'hane Arou'h, Ora'h'-Hayim*, 187. Maharal, *Netivot Olam*, I, *Netiv HaAvoda*, 18 ; *Guevourot HaChème*, 24. Cf. aussi Targoum Onkelos et Rachi *ad* Gen. 48,22.

201. Cf. Exod. 32,2 ; Nu. R. 9 *in fine* (Ez. 37,21-26) ; Zohar 'Hadache 69*a*. – Cf. TY : Ta'anit IV, 5 ; Souka IV, 6. TB : Bera'hot 32*b* ; 58*b* ; 59*a* ; Chabbat 63*a* ; 119*b* ; Ta'anit 29*a* ; Meguila 12*b* ; Sota 48*a*-*b*-49*a* ; Bava Metsia 30*b* ; Bava Batra 12*b* ; 25*b* ; 60*b* ; Sanhédrine 75*a* ; Avoda Zara 3*b* ; Ara'hine 11*b* ; Massé'het Sofrim XIX, 12. Exod. R. 31,9 ; Nu. R. 16,12 ; Cant. R. 4,11 ; Thr. R. 1,32 ; 4,5 ; Tana Devei Eliyahou Rabba 21 ; Pirkei DeRabbi Eliézer 17 ; Tan'houma, Tetsavé 13. Zohar, II, 5*b* ; 6*a* ; 170*a* ; III, 15*b* ; 74*b* ; 236*a* ; 267*a*.

202. Cf. Alchei'h, Be'houkotaï ; Chelah, I, p. 168*b*-169*a* ; *B'nei Issas'har*, I, p. 111*a*.

203. Cf. Thr. 1,1 ; TB Sanhédrine 104*b*. Voir aussi Zohar, III, 277*a* ; *Ha'amek Davar*, Lev. 26,32. – Cf. aussi Rachi, Bera'hot 58*b*.

204. Cf. Radak, Is. 54,1,6.

205. Cf. Lev. 26,32 ; Sifra (6,5), Rachi et *Or Ha'Hayim ad loc.* Cf. Ramban, Lev. 26,16 ; *Tefila Al 'Horvot Yerouchalayim (Kitvei Ramban* I, p. 428) ; *Séfer HaGueoula (Kitvei Ramban* I, p. 270. Recanati, Lev. 33,1). Cf. aussi Chelah, III, p. 26*b* ; *Siddour Beit Ya'akov (Emden), Soulam Beit El*, p. 11*a*-*b*. Cf. aussi TB Bera'hot 58*b*. Voir TB : Guitine 57*a* ; Ketouvot 112*a*. TY : Péa VII, 3 ;

Kilaïm IX, 3 ; Ta'anit IV, 5. Peti'hta d'Ei'ha Rabbati 34 ; Thr. R. 7. Pirkei DeRabbi Eliézer 34. RACHI et MAHARCHA, *ad* Sanhédrine 98*a*. MAHARAL : *Nétsa'h Yisraël*, 6 ; *Peirouchim LeAgadot*, IV, p. 103. RAV 'HARLAP, *Mei Meirom*, VI, p. 292. Cf. aussi Amos 9,14 ; Is. 61,4.

206. Voir Is. 54,4(-8) ; 62,4 ; RADAK *ad loc.* Voir aussi Is. 62,5. Voir aussi Is. 61,10-11 ; voir Osée 2,18. – Cf. TB Sanhédrine 104*a* (Thr. 1,1) ; voir RADAK, Is. 54,1,6.

207. Cf. *Sefat Emet* IV, p. 199. RAV KOUK : *Orot*, p. 9 ; *Olat Reyiah*, II, p. 265. RAV 'HARLAP, *Mei Meirom*, VI, p. 59. – Cf. RADAK, Is. 54,6 ; TB Sanhédrine 104*b*. MAHARAI, *Nétsa'h Yisraël*, 56.

208. Cf. Ezra 9,9. Ps. 44,18,23. TB Guitine 57*b*. Exod. R. 15,7 ; 42,9. Nu. R. 11 ; 13,3. Cant. R. 1,63. Tan'houma, Tetsavé 5. Cho'heir Tov, 9. Zohar, II, 119*b* ; III, 61*a*. RACHI, Deut. 32,43 ; Cant. 3,5 ; 5,8 ; 8,7. RAMBAN, Deut. 7,7 ; 32,26,40. RAMBAM, *Iguéret Teimane*, p. 134-135. MAHARAL, *Peirouchim LeAgadot*, II, p. 123. – RACHI, Cant. 1,15. RAMBAN, *Séfer HaGueoula (Kitvei Ramban* I), p. 263. – Voir aussi Lev. 26,42. TB : Meguila 11*a* ; Pessa'him 87*a*. Exod. R. 23,6. Zohar III, 112*a* ; 256*a*. Tikounei HaZohar, 40*a*. Ps. 94,14 ; 132,13 ; 135,4. RAMBAN, *Peirouche HaMichnayot, Zeva'him* XIV, 8. CHELAH, *Siddour Cha'ar HaChamayim*, p. 518. *Siddour HaGueonim VeHa-Mekoubalim*, II, p. 502. *Mei Meirom*, VI, p. 179-181, 205.

209. Cf. TB Guitine 57*b* ; Sifrei (Deut. 32,1) I ; Deut. R. 2,6 et 3,2 ; RACHI, Deut. 29,12 ; RAMBAN, *Séfer HaGueoula (Kitvei Ramban* I), p. 263. Voir aussi TB Pessa'him 87*a*. Deut. R. 2,23. *Orot*, p. 142.

210. Cf. Ps. 91,15 ; Lev. 26,44 ; Tan'houma, Chemot 14 ; Zohar III, 298*a* ; RACHI, Exod. 3,2 ; MAHARAL, *Guevourot HaChème*, 3.

211. Cf. Zohar I, 69*a* ; *Méché'h 'Ho'hma*, p. 268. *Ha'amek Davar*, Exod. 6,6 ; Lev. 26,42. Cf. Deut. 11,12. Voir aussi Zohar III, 298*a-b*. Mais voir aussi Peti'hta d'Ei'ha Rabbati, 24 ; Thr. R. 1,33 ; Tan'houma (éd. Buber), Chemot 10. TB : Roche HaChana 31*a* ; Guitine 57*b*. *Séfer Yéreï'm*, 249.

212. Cf. TB Meguila 29*a* ; Me'hilta (Exod. 12,41) 14. Sifrei (Nu. 10,38) 84 et (Nu. 35,34) 161. Exod. R. 15,17 ; 23,6 ; 30,21. Lev. R. 9,3. Nu. R. 7,10 ; 11,19. Cant. R. 4,8. Peti'hta d'Ei'ha Rabbati, 20. Eccl. R. 4,3. Mais voir aussi Gen. R. 19,7 ; Nu. R. 12,6. Cf. Tan'houma : VaYischla'h 10 ; Chemot 14 ; A'hrei 12. Cho'heir Tov : 13 ; 20. Yalkout Chim'oni : Chemot 27,776 ; Ze'haria 9,577 ; Ei'ha 1,1009. Cf. Gen. 46,4 ; Lev. 26,44 ; Deut. 33,29. Is. 45,17 ; 56,1 ; 63,9. Zach. 9,9. Ps. 3,9 ; 13,6 ; 50,23 ; 80, 3,4,8,20 ; 91,15. Chron. I, 17,21. TY : Souka IV, 3. TB : Bera'hot 3*a* ; Meguila 11*a* ; 'Haguiga 5*b* ; 15*b* ; Sanhédrine 46*a* ; Avoda Zara 3*b*. Zohar, I, 28*a* ; 69*a* ; 120*b* ; 124*a* ; 128*a* ; 134*a* ; 149*a* ; 166*a* ; 194*a* ; 211*a* ; 213*b* ; II, 2*b* ; 41*b* ; 55*a* ; 57*b* ; 82*a* ; 216*b* ; III, 17*a* ; 28*a* ; 69*a* ; 75*a* ; 90*b* ; 112*a* ; 197*b* ; 203*b* ; 266*b*. Tikounei HaZohar, 6 (23*a*). RACHI, Exod. 3,14 ; Deut. 30,3. RADAK, Exod. 2,7,23 ; Sam. II, 7,23. MAHARAL, *Nétsa'h Yisraël*, 62 ; *Guevourot HaChème*, 23 ; *Netivot Olam* I, *Netiv Guemilout 'Hassadim*, 1. *Séfer Ha'Hinou'h, Mitsva* 95. MAHARCHA, *Ta'anit* 16*a*. *Toldot Ya'akov Yossef*, *Vayéra*. *Tanya*. *Iguéret HaTechouva*, 6. *B'nei Issas'har*, *Hagada*, p. 24, 25. HAGRA, *Séfer*

HaEmouna VeHaHachga'ha, I, p. 15*a*. *Sefat Emet*, I, p. 210-211 ; V, p. 5. *Orot*, p. 77-78. *Mei Meirom, Missaviv LiChmona Perakim LeHaRambam*, p. 216. *Bène Yéhoyada*, II, p. 1*b*. *Siddour HaGueonim VeHaMekoubalim*, III, p. 715-716.

213. Cf. Lev. 16,16 et RACHI *ad loc.* TB Yoma 56*b*-57*a*. Exod. R. 15,6,19 ; 18,6. Nu. R. 7,9. Pirkei DeRabbi Eliézer 39. Tan'houma, Vayichla'h 10. Zohar III, 155*a*. RACHI, Nu. 23,21 ; 36,34. CHELAH, *Siddour Cha'ar HaChamayim*, p. 518. *Orot*, p. 150-151.

214. Cf. RAMBAM, *Hil'hot Teroumot*, I, 5,10 ; *Hil'hot Beit HaBe'hira* VI, 16 ; Michna Edouyot VIII, 6 et RAMBAM *ad loc.* TY : Chevi'it VI, 1 ; Demaï III, 4. TB : 'Haguiga 3*b* ; Chevouot 16*a* ; Ara'hine 32*b*. RAMBAN, Lev. 26,42. 'HATAM SOFER, *Ch'eilot OuTechouvot, Yoré Déa*, 234.

215. Cf. Michna Meguila III, 3 (Lev. 26,31). RAMBAM, *Hil'hot Beit HaBe'hira* I, 2-3 ; VI, 14,16 ; Michna Zeva'him IV, 8 et RAMBAM *ad loc.* Voir aussi Ps. 132,14. Chron. II, 7,16 ; 30,8. Pessikta Zoutarta, VaYétsé, Gen. 28,16. Exod. R. 2,2 ; Nu. R. 11,3 ; Cant. R. 2,22. Tana Devei Eliyahou Rabba 21. Cho'heir Tov 11,3. Tan'houma, éd. Buber, Chemot 51. Yalkout Chim'oni, Mi'ha 4,552. TB : Meguila 28*a* ; Zeva'him 119*a*. Zohar, II, 5*b* ; 116*a*. Tossafot : Yoma 44*a* ; Chevouot 14*b*. *Séfer Yereïm* 277. Rachbats, III, 201. 'Hidouchei HaRachba et HaRitva, ad Meguila 10*a*. 'Hidouchei HaRamban, ad Chevouot 16*a* ; mais voir aussi RAMBAN, *Mil'hamot*, ad Avoda Zara 52*b*. *Séfer Ha'Hinou'h, Mitsvot* 184, 362, 363. *Semag, Mitsvat Assé* 363. MAHARCHA, *Ta'anit* 29*b*. TSELA'H, Bera'hot 48*b*. 'HATAM SOFER, *Yoré Déa*, 233 et 234. RAV KOUK, *Orot HaKodèche*, III, p. 288 ; *Hazone 'HaGueoula*, p. 161 ; *Michpat Kohen*, 63 ; 96. Voir aussi *Choul'hane Arou'h, Ora'h 'Hayim*, 151, 10-11. Mais voir aussi RABAD *ad* RAMBAM, *Hil'hot Beit HaBe'hira* VI, 4 ; MEÏRI, Chevouot 16*a*. *Che'eilot OuTechouvot HaRadbaz*, II, 591. Mais voir aussi TY Ta'anit II, 1 ; TB Yoma 21*b* (mais aussi TB Yoma 9*b*) ; Cant. R. 8 ; Zohar I, 26*a*. Mais voir aussi Peti'hta d'Ei'ha Rabbati 24. – Cf. *Mei Meirom*, VI, p. 237. *Ha'amek Davar*, Lev. 26,31. – Cf. RABBI YOSSEF ROZINE, LE GAON DE ROGATCHOV, *Mefa'anea'h Tsefounot*, Jérusalem 5736, p. 141.

216. Mais voir aussi Yalkout Chim'oni, Ei'ha, 3,10,38.

217. Voir *supra*, p. 29.

218. Cf. Jér. 16,11 ; Peti'hta d'Ei'ha Rabbati 2 ; TY 'Haguiga I,7 ; Massé'het Kala VIII.

219. Cf. Masséhet Kala VIII ; Me'hilta (Exod. 12,1) 1 ; TB Moède Katane 25*a* et RACHI *ad loc.* ; Pessikta Rabbati 35 ; Zohar II, 79*b* ; *Kouzari* II,14 ; RACHI, Jonas 1,3 ; RAMBAN, Lev. 13,47. Voir aussi TY 'Haguiga I,7 ; TB Sanhédrine 14*a*. Cf. MAHARAL, *Tiféret Yisraël*, Hakdama, p. 2*a*-*b*.

220. TB Ketouvot 110*b* (Lev. 25,38 ; Sam. I 26,19). Cf. Sifra (Lev. 25,38) 5,4. Zohar II, 79*b* ; III, 109*b*. *Rif* et *Hafla'ah*, Ketouvot 110 et *Meïri*, Ketouvot 111. RACHI : Gen. 17,8 ; Deut. 11,16. RAMBAN, Gen. 28,21 ; Lev. 18,25 ; Deut. 4,28. RAMBAM, *Peirouche HaMichnayot, Avoda Zara* I,4. *Hil'hot Mela'him*, V, 12. *Techouvot HaRachba*, I,134. *Tachbatz Katane*, 562. MAHARAL *Déré'h 'Hayim*, p. 188. Voir Tossefta, Avoda Zara V. Gen. R. 25,3 ; 64. Avot

DeRabbi Nathan, 26. RAMBAM, *Hil'hot Mela'him*, V. Voir aussi TB Bava Batra 91a. Cf. ALCHÉI'H, *Eikev*, Deut. 11,12. CHELAH, I, p. 168a-b ; III p. 22b ; 23b. *Or Ha'Hayim*, Deut. 26,17. MALBIM, Lev. 25,38. *Mi'htav MeEliyahou*, III, p. 194, *Benayahou Bène Yehoyada*, II-III, p. 74b.

221. Cf. Is. 43,10 ; Sifrei (Deut. 33,5) 346 ; Lev. R. 6,1 ; Yalkout Chim'oni, Yechayahou 63, 507 ; Ba'al HaTourim, Deut. 6,4.

222. Cf. Gen. R. 46,7 (Gen. 17,8) ; Tossefta, Avoda Zara V ; Zohar III, 4b ; RACHI : Gen. 17,8 ; Lev. 25,38 ; Ketouvot 110b ; RAMBAN : Gen. 28,21 ; Lev. 18,25. MAHARAL, *Déré'h 'Hayim*, p. 188. HAGRA, *Séfer HaEmouna VeHaHachga'ha*, p. 1 (Eirouvine 18b).

223. Cf. Zohar I, 177b (Deut. 11,16) ; TB Avoda Zara 8a ; cf. aussi Zohar I, 225a ; II, 9a ; III, 226b. Tikounei HaZohar 69 (97b). Cf. RACHI et RAMBAN, Deut. 4,28 ; RAMBAN, Lev. 18,25 ; R. MOCHÉ CORDOVERO, *Chiour Koma*, 110 ; MAHARAL, *Guevourot HaChème*, 8 ; 47. *Siddour Beit Ya'akov* (Emden), *Soulam Beit El*, p. 20 ; *Sefat Emet*, I, p. 188.

224. Cf. CHELAH, *Siddour Cha'ar HaChamayim*, p. 512.

225. TB : Bava Batra 8a et RACHI *ad loc.* : Sanhédrine 99b. Zohar III 270a ; Zohar 'Hadache, Chir HaChirim 74 ; Exod. R. 30,5 ; Lev. R. 7,3 ; Targoum, Is. 35,4 ; Pessikta Rabbati 16,17 ; Tana Devei Eliyahou Zouta 14 ; Yalkout Chim'oni, Hochéa 8,525. Voir Thr. R. 3,19 (Ps. 119,92). Voir aussi TB Bera'hot 8a ; Zohar III, 202b. Cf. CHELAH, I, p. 168a ; *Sefat Emet*, V, p. 8 ; *Mei Meirom*, VI, p. 15. Voir aussi RABBI BEZALEL ZE'EV SAFRAN, *Dorèche LeTsione*, p. 12.

226. Cf. Sifrei (Deut. 11,17) 43 ; RACHI et RAMBAN, Deut. 11,18 ; RAMBAN : Lev. 18,25 ; Deut. 4,5 ; *Deracha Al Divrei Kohélet* (*Kitvei Ramban* I), p. 200-201. Cf. Zohar II, 11b. *Adéret Eliyahou*, p. 390.

227. Voir *supra*, p. 61.

228. Cf. Michna, Demaï VI, 2. TY Moède Katane II,4. TB : Souka 36a ; Bava Kama 81b ; Bava Metsia 101a ; Sanhédrine 102b. Gen. R. 2,8 ; 39,10 ; 64,3. 'HIDA, *Yossef Omets*, 19. 'Hatam Sofer, Souka 36a. Rav KOUK, *'Hazone HaGueoula*, p. 221-222.

229. Mon père (que sa mémoire soit bénie) a analysé dans son *Dorèche LeTsione* tous les aspects halachiques qu'implique la *mitsva* ordonnant au juif d'habiter Erets-Israël ; il y a approfondi les thèses différentes, et toutefois complémentaires, que présentent à ce propos, d'une part, RAMBAN et, d'autre part, RACHI, RAMBAM, Tossafot... Il y a concilié leurs points de vue qui se réfèrent soit à la *mitsva*, au devoir du juif d'agir pour qu'il puisse résider en Erets-Israël, soit à la *havta'ha*, à la promesse divine d'aider le juif à y demeurer.
– Voir Sifrei : (Deut. 12,29) 80 ; (Deut. 11,10) 38 ; (Deut. 32,43) 333. TB Ketouvot 110b et Tossafot *ad loc.* Cf. TY Chekalim III, 3 ; Chabbat I, 3. TB : Ketouvot 110b-111a ; Pessa'him 113a. Tossefta, Avoda Zara V, 3. Zohar 'Hadache, 44a. RAMBAN, Nu. 33,53 ; mais voir RACHI, *Or Ha'Hayim*, MALBIM, *ad* Nu. 33,53. Mais voir aussi RACHI, Guitine 8b ; 47a. RAMBAN : *Séfer HaMitsvot, Mitsva* 4 ; *'Hidouchim*, Chabbat 130b ; *Deracha Al Divrei Kohélet* (*Kitvei Ramban* I), p. 204. *Séfer 'Hareidim*, 2 (*Hala'hot HaTlouyot BaArets*). Cf. *Che'ei-*

lot OuTechouvot : *Tachbatz*, III, 288 ; *Mabit*, I, 245 ; *Maharit, Yoré Déa*, 28 ; *Noda BiYehouda*, II, *Yoré Déa*, 206 ; *Avnei Neizer, Yoré Déa*, 254 ; *Igrot Moché* (Feinstein), *Evène HaEzer*, 102. Voir CHELAH, I, p. 169a. R. OVADYA YOSSEF, *Mitsvat Yichouv Erets Yisraël Bazemane Hazé*, in *Tora Ché-Be-Al-Pé*, XI, Jérusalem, 5729 (1969), p. 35s. Voir aussi R. YOËL TEITELBAUM DE SATMAR, *VaYoél Moché*, New York, s.d., p. 237-239, 254, 260 et 294.

230. Cf. TB : Guitine 8b ; Bava Kama 80b ; cf. aussi TB Sota 44b. Yalkout Chim'oni, Eikev 11,860. RAMBAN, *'Hidouchim*, Chabbat 130b. RAMBAM, *Hil'hot Chabbat* VI, 11. *Tour* et *Choul'hane Arou'h*, *Ora'h 'Hayim*, 248,4 ; 306,11. *Michpat Kohen*, 146. *Dorèche LeTsione*, p. 24. – Voir *Noam Elimélé'ha* ; 129a. Gen. R. 47,12 ; Nu. R. 14,5 ; Tan'houma, Mass'ei 5.

231. Cf. *Noam Elimélé'h*, Noa'h ; *Mei Meirom*, VI, p. 213. Voir TB Chabbat 118b.

232. Cf. TB Ta'anit 5a ; Nu. R. 12 ; Tan'houma, PeKoudei 1. Zohar, I, 1b ; 35a ; 129a ; 231a ; II, 55b ; 140b ; 159a ; 234b ; 235b ; III, 3b ; 15b ; 68b ; 147b ; 262b ; 267a ; 278a. Tikounei HaZohar 6 (21a) ; 26 (71a) ; 50 (86b). Voir aussi TB Sanhédrine 99b ; Zohar II, 240a ; Zohar 'Hadache : Noa'h 20 ; Terouma 42 ; Chir HaChirim 71. Voir *Cha'arei Zohar*, p. 55, 151, *'Hazone HaGueoula*, p. 127.

233. Cf. Exod. R. 23,11 ; Cant. R. 1,16 ; Zohar I, 171b ; Tikounei HaZohar 6 (146a) ; Thr. 5,5.

234. Cf. TB Bera'hot 43b ; Pessikta DeRav Kahana 1,1.

235. Cf. TB Pessa'him 87b ; cf. Deut. 32,8 ; cf. TB Souka 55a ; Zohar III, 117a. *Kouzari* IV, 23. RECANATI, *Lé'h Le'ha*, p. 21b. MAHARAL, *Guevourot HaChème*, 9. CHELAH, III, p. 201. ARI HAKADOCHE, *Likoutei Tora*, p. 208-209 ; *Eits 'Hayim*, 1 ; 2. HAGRA : *Siddour Ichei Yisraël (Sia'h Yits'hak)*, p. 45 ; *Séfer HaEmouna VeHaHachga'ha* II, p. 8b. *Or Ha'Hayim* : Lev. 25,39 ; Nu. 10,35 et 24,8. *Maguid Devarav LeYa'akov*, 66 ; 70 ; 78. *B'nei Yssas'har*, Hagada, p. 44-45, 99, *Kedouchat Lévi*, p. 59a ; 74b ; 82. *Likoutei Moharan*, II, 76. *Be'eir Mayim 'Hayim*, Deut. 30, 3-4. *Sefat Emet*, I, p. 54-55, 109, 123, 211, 273 ; II, p. 80 ; V, p. 35. *Beit HaLévi*, I, p. 32 ; II, p. 33. *Orot HaKodèche*, II, p. 343 ; III, p. 116, 367. *Mei Meirom*, VIII, p. 80, 98, 106, 255. R.S.R. HIRSCH, *Peirouche Tehilim*, p. 415s. ; *Igrot Tsafone*, p. 54-55. *VaYoel Moché* (Satmar), p. 316. *Matane Tora* (ACHLAG), p. 36-37, 45.

236. Cf. Gen. R. 30,11 ; cf. aussi Gen. R. 47,8. CHELAH, III, p. 170a. *Kedouchat Lévi*, p. 21a. *Orot*. p. 98-99, 152, 156, 169, 170.

237. Cf. TB Ta'anit 3b et RACHI *ad loc*. MAHARCHA, Pessa'him 87b ; Avoda Zara 10b. CHELAH, III, p. 169b-170a. *Tanya*, 37. *Sefat Emet*, II, p. 32 ; V, p. 5. *VaYoel Moché*, p. 317.

238. Cf. Sifrei (Deut. 11,10) 37. Yalkout Chim'oni, Chela'h 13, 743. Voir TB : Bava Batra 158b et RACHBAM *ad loc*. ; Kidouchine 49b. Voir aussi RAMBAN, Gen. 26,5 ; Lev. 18,25 ; *Deracha Al Divrei Kohélet (Kitvei Ramban* I), p. 200.

239. Cf. Sifrei (Deut. 11,10) 37 ; Gen. R. 16,7. Lev. R. 13,4 ; 34,7. Esther R. 1. Avot DeRabbi Nathan, 28. Voir aussi TB : Bava Metsia 85a ; Sanhédrine

I. PEUPLE D'ISRAËL, PAYS D'ISRAËL

24a. Cf. MAHARAL, *Netivot Olam*, I, *Netiv HaTora*, 13 ; *Peirouchim LeAgadot*, I, p. 97. *Likoutei Moharan*, I, p. 246 ; II, p. 71 ; *Chiv'hei Haran*, p. 52. *Orot HaKodèche*, I, p. 133.

240. Cf. Gen. R. 46,7 ; Cho'heir Tov, 105,1.

241. Cf. RAMBAN, Gen. 24,3 ; Lev. 18,25 ; Deut. 31,16 ; voir Reg. II, 17,26 ; Chron. II, 32,19. Cf. MAHARAL, *Déré'h 'Hayim*, p. 8-9, 188.

242. Cf. Is. 54,5 ; Zach. 14,9 ; cf. Zohar I, 171a.

243. Cf. Gen. R. 47,8 ; cf. aussi Gen. R. 68 ; 78 ; 82 ; Yalkout Chim'oni, VaYichla'h 35, 136 ; Zohar III, 28b ; 257b. RAMBAM, *Iguéret Teimane*, p. 162 ; RAMBAN, Deut. 11,22. R. 'HAYIM VITAL, *Eits 'Hayim*, 1. CHELAH, III, p. 23b, 161a, 201b ; *Maguid Devarav LeYa'akov*, 65 ; *Tanya*, 18 ; 23 ; *Sefat Emet*, II, p. 3.

244. Cf. Nu. R. 10,14 ; cf. aussi MAHARAL, *Déré'h 'Hayim*, p. 8, 188, *Maguid Devarav LeYa'akov*, 90 ; voir aussi *ibidem*, 67. Orot, p. 119. Mais voir aussi RAMBAM, *Moré Nevou'him*, III, 24.

245. Cf. Gen. R, 17,4 ; cf. aussi Tan'houma (éd. Buber), Bereichit 30. Cf. Zohar 'Hadache : A'hrei 49a ; Ruth 84a (Prov. 10,7) ; 89b. PHILON, *Mos.* II, 38 ; *idem, Mutat.* 60-129. RAMBAM, *Moré Nevouhim*, II, 30. RAMBAN, Gen. 2,20 ; cf. *idem*, Exod. 3,13. RADAK, Ps. 24,4. SEFORNO, Exod. 1,1. *Techouvot HaRachba*, IV, 30. MAHARAL, *Guevourot HaChème*, 43,70 ; *Déré'h 'Hayim*, p. 62, 129, 143-145 ; *Derachot*, p. 26 ; *Peirouchim LeAgadot*, I, p. 59. CHELAH, I, p. 20b. R. YA'AKOV YOSSEF DE POLONNOYE, *Tsafnat Pa'anéa'h*, 6 ; R. DOV BAER DE MEZRITCH, *Maguid Devarav LeYa'akov*, 13 ; 188 ; R. ELIMÉLE'H DE LISENSK, *Noam Elimélé'h, Chemot* ; R. SIM'HA BOUNIM DE PCHISKHE, *Midrache Sim'ha*, I, p. 24 ; R. LÉVI YITS'HAK DE BERDITCHEV, *Kedouchat Lévi*, p. 50 ; R. AVRAHAM 'HAYIM DE ZLOTCHOV, *Ora'h Le'Hayim*, BaMidbar ; R. CHNÉOUR ZALMAN DE LIADY, *Tanya, Cha'ar HaYi'houd VeHaEmouna*, 1 ; R. NA'HMAN DE BRASTSLAV, *Likoutei Moharan*, 260 (Gen. 2,19) ; *Kitvei Rabbi Na'hman de Bratslav*, p. 193. *Or Ha'Hayim*, Deut. 29,19 ; 31,1. R. ELIYAHOU DE VILNA, *Biourei Hagra Al Agadot*, I, p. 19 et 51. R. AVRAHAM DE SOHATCHOV, *Avnei Neizer*, p. 27-28. R. YOSSEF ROZINE, LE GAON DE ROGATCHOV, *Mefa'anéa'h Tsefounot*, p. 237. R. *Yerou'ham HaLévi Livovitch, Da'at Tora*, I, p. 17-18.

246. Cf. TY : Meguila I, 11 ; Sanhédrine X, 2. TB : Bera'hot 7b ; Chabbat 147b ; Eirouvine 13b ; Roche HaChana 25a ; Meguila 12b ; 13a ; Sota 11b ; 13b ; Bava Batra 14b, 90a-b ; Sanhédrine 44b, 82b, 94b, 102b, 105a, 109b ; Avoda Zara 3a ; Temoura 16a. Gen. R. 6,6 ; 23,4 ; 37,10 ; 42,4 ; 61,4 ; 67,10 ; 70,17 ; 98,21. Exod. R. 1,7 ; 1,21 ; 1,39. Lev. R. 10,10 ; 11,7. Nu. R. 10,14 ; 13,9 ; 21,4. Thr. R. 5,6. Eccl. R. 9,9. Tan'houma : Toldot 6 ; VaYechève 6 ; VaYakhel 3 ; Ha'azinou 7. Pirkei DeRabbi Eliézer 32. MAHARAL, *Déré'h 'Hayim*, p. 128.

247. Cf. Gen. R. 1,5 ; Eccl. R. 7,3 ; Tan'houma VaYakhel 1. Séfer HaBahir 35. Cf. Gen. R. 78,7, Exod. R. 40,4 ; 48 ; Lev. R. 32,5. Nu. R. 10, 14, 18 ; 11, 19 ; 20, 21. Cant. R. 4,24 ; Ruth 2,7. Cf. TY : Bera'hot I, 6. TB : Bera'hot 7b, 13b, 17a, 39b, 55a ; Pessa'him 54a ; Meguila 14a ; Yoma 38b ; Sota 12a. Tan'houma, Chemot 4 ; Ki Tissa 13 ; Ha'Azinou 7. Voir Gen. 17,

19 ; 21,13. Is. 49,1. Cf. Zohar, I, 6*a* ; 58*b* ; 157*b* ; II, 179*b* ; 223*a* ; III, 75*b*. Zohar 'Hadache, Chir HaChirim 72,3. Tikounei HaZohar, 57 (91*b*). RACHI : Gen. 15,5 ; 17, 19 ; 21,3 ; 25,26 ; Michée 6,9 ; Sanhédrine 44*a*. RAMBAN, Gen. 35,18. RADAK, Is. 40,26. R. YEHOUDA HE'HASSID, *Séfer 'Hassidim*, 246. ALCHÉI'H, *Mikets*. MAHARAL, *Déré'h 'Hayim*, p. 62, 143-145 ; *Netivot Olam*, II, *Netiv Ahavat HaChème*, 2. CHELAH, *Siddour Cha'ar HaChamayim*, p. 517-518. *Sefat Emet*, I, p. 48 (Gen. 12,2) ; II, p. 3s., 7 ; IV, p. 174. RAV KOUK, *Orot HaKodèche*, III, p. 137 et 139. R. YOSSEF YEHOUDA LEIB BLOCH, *Chiourei Da'at*, II, p. 140. R. YITS'HAK HEINEMANN, *Darkei HaAgada*, Jérusalem, 5710 (1949), p. 111-112. R. A. H. GALITZENSTEIN, *Rabbi Yisraël Ba'al Chem Tov*, New York-Kfar Chabad, 5720, p. 43. R. YOSSEF 'HAYIM DE BAGDAD, *Che'eilot OuTechouvot Tora Cheleima*, p. 375.

248. Cf. Exod. 2,10 ; TB Yoma 83*b* ; *et al.* Cf. Gen. R. 42, 5, 8, 9 ; 85,5 ; *et al.* Cf. RACHI, Gen. 14,2. Voir *Siddour HaGueonim VeHaMeKoubalim*, III, p. 565, 575-576.

249. Cf. TB : Chabbat 89*a* ; Yevamot 61*a* ; Bava Metsia 114*b*. Cho'heir Tov 9. Zohar I, 20*b* ; II, 75*b* ; 86*a* ; III, 29*a* ; 48*a* ; 125*a* ; 145*b*. Zohar 'Hadache 16*a*. RECANATI, *Bereichit* p. 10*a* ; RACHI et RADAK, Gen. 1,26 ; RACHI et MALBIM, Ps. 49,3. RAMBAM, *Hil'hot Yessodei HaTora* IV, 8. RABBEINOU BAHYA, Gen. 5,1. ALCHÉI'H, Lev. 3,2. MAHARAL, *Guevourot HaChème*, 44 ; *Tiféret Yisraël*, 3 ; *Netivot Olam*, I, *Netiv HaTora* 14 ; 15 ; et *Netiv HaEmet*, 3 ; *Déré'h 'Hayim*, p. 109-110, 119 ; 126-127, 158. *Biour Hagra* : Is. 2,9 ; Prov. 8,4 ; 14,28 ; Chron. I, 1,1 ; *Adéret Eliyahou*, p. 383. *Toldot Ya'akov Yossef, Tsav*. MALBIM, Lev. 1,2. *HaK'tav VeHaKabala*, II, p. 46*a*. Mais voir aussi Gen. R. 17,4-5 ; Tan'houma : Tsav. 14 ; Bera'ha 6. RACHI, Gen. 2,7 et Is. 2,9. RADAK, Gen. 2,20. *Moré Nevou'him* I, 14. MAHARCHA, Bava Batra 164*b*. – Cf. Gen. R. 2,4 ; RACHI, Is. 8,1 ; RAMBAM, *Hil'hot Avodat Ko'havim* I, 1. – Cf. Deut. 1,13 ; Sam. I, 17,12. TY Sanhédrine X, I. TB Yoma 71*a* (Prov. 8,4). Lev. R. 36,5 ; Deut. R. 11,4. Séfer HaBahir 48. Tan'houma, Chemini 9. Yalkout Chim'oni, Michlei 8, 940. Zohar II, 128*a*. RACHI, Is. 2,9 ; Avoda Zara 19*a*. Voir RAMBAM, *Hil'hot Yessodei HaTora* VII, 1. MAHARAL, *Tiféret Yisraël*, 12 ; *Peirouchim LeAgadot* I, p. 73. *Biour Hagra*, Prov. 12,14. *HaK'tav VeHaKabala*, II, p. 35*a*.

250. Cf. Is. 14,14 ; CHELAH, III, p. 201*b* ; R. S. R. HIRSCH, Gen. 1,26 ; R. AVRAHAM DE SLONIM, *Be'eir Avraham*, p. 341 (TB Chabbat 133*b*).

251. Cf. TB Sota 5*a* ; Zohar III, 29*b*.

252. Cf. TB Sota 42*b* ; Eccl. R. 1,2 ; Zohar, I, 58*a-b* ; II, 179*b*.

253. Cf. Gen. 2,19-20 et RACHI, RAMBAN, RADAK, *'Hiskouni*, ABRABANEL ad loc. Gen. R. 17,5 ; Yalkout Chim'oni, Yechaya 42,551 ; *Adéret Eliyahou*, p. 50 ; *Sefat Emet*, V, p. 152 ; R. D. T. HOFFMANN, *Bereichit* I, p. 55 ; M. D. CASSUTO, *MeAdam Ad Noa'h*, Jérusalem 5713 (1953), p. 85-86.

254. Cf. DON YITS'HAK ABRABANEL, *Peirouche Al HaTora*, I (Gen. 2), p. 96.

255. Cf. Exod. R. 1,3 ; MAHARAL, *Gour Arié, VaYichla'h*.

256. Cf. *Chedal*, CHEMOUEL DAVID LUZZATTO, *Peirouche Al'Hamicha 'Houmchei Tora* (Gen. 2,19), p. 26. Voir R. 'HAYIM VITAL, *Ta'amei HaMitsvot*, in *Likoutei Tora d'Ari HaKadoche*, Eikev, p. 97.

I. PEUPLE D'ISRAËL, PAYS D'ISRAËL

257. Cf. Seforno, Gen. 2,19. Cf. Lev. R. 27,1.
258. Cf. TB Eirouvine 13*b*.
259. Cf. TY Sanhédrine X, 1 ; Yalkout Chim'oni, Yiov 29, 917. *Orot HaKodèche*, III, p. 139 ; *Sefat Emet*, IV, p. 93. R. Yossef 'Hayim de Bagdad, *Da'at OuTevouna*, p. 113*a*.
260. Cf. TB Sanhédrine 106*b* ; cf. aussi TB Sota 34*b*. Cf. Gen. R. 42,4 ; 71,4 ; 85,5. Lev. R. 11,7. Nu. R. 10,14. Tan'houma, Chemot 2. Zohar I, 25*b*. Zohar 'Hadache 32*a*. Rachi, Gen. 14,2 ; Exod. 35,27. *Sefat Emet* II, p. 3. R. 'Hayim de Volojine, *Roua'h 'Hayim*, p. 21.
261. Cf. TB Meguila 14*a* ; Tana Devei Eliyahou Zouta 22 ; Midrache Chemouël 23. Voir Zohar II, 174*a* ; voir aussi Zohar III, 135*b*.
262. Voir Maharcha, 'Houline 139*b*.
263. Cf. Gen. 12,2 ; Rachi et *Be'hor Chor ad loc.* Cf. Gen. R. 14,14 ; 43,2. Nu. R. 13,6. Tan'houma, Le'h 16. Yalkout Chim'oni, Tehilim 45, 747. Cf. Is. 62,2 ; 65,15. *'Hizkouni*, Lé'h, Gen. 17,5, p. 24. Alchéi'h, Sam. I, 19. Ramban, Nu. 10,29 (cf. TB : Yevamot 22*a* ; Be'horot 47*a*).
264. Cf. TY Bera'hot I, 6. TB : Bava Kama 66*b* ; Roche HaChana 16*b* ; Horayot 11*b* ; Bava Metsia 75*b*. Cf. Gen. 17,5 et Rachi *ad loc.* ; (17,19) ; 32, 29 ; 35,10. Cf. Is. 65,15. Cf. Gen. R. 30,4 ; 39,17 ; 44,12,15 ; 61,4 ; 64,4 ; 77,8. Exod. R. 2,12 ; 17,5. Pessikta Rabbati 44. Pessikta DeRav Kahana 22. Pirkei DeRabbi Eliézer 32. Tan'houma, Choftim 11. Zohar, I, 60*a* ; 90*b* ; 96*a* ; 126*a* ; 133*b* ; 174*a* ; III, 9*a* ; 76*b* ; 111*b* ; 113*a* ; 148*a* ; 217*b*. Zohar 'Hadache : Chir HaChirim 72*a-b* ; Ruth 79*a* ; 85*a*. Philon, *Mutat.* 60-129. Rachi, Gen. 15,5 ; 25,26. Ramban, Nu. 10,29. *Be'eir Mayim 'Hayim*, Gen. 2,19. Rambam, *Hil'hot Techouva* II, 4. Rabbi Yehouda He'Hassid, *Séfer 'Hassidim*, 244-246. Maharal, *Guevourot HaChème*, 43 ; voir aussi *ibidem*, 7. R. D. T. Hoffmann, *Bereichit*, I, p. 55 ; II, p. 498. R. Eliyahou Lapian, *Leiv Eliyahou*, p. 194. R. Yerou'ham Halévi Livovitch, *Da'at Ho'hma OuMoussar*, p. 111. R. Barou'h Halévi Epstein, *Tosséfet Bera'ha*, I, p. 204.
265. Cf. TB : Bava Batra 75*b* ; Sota 10*a*. Zohar II, 90*b* ; 124*a*. Tikounei HaZohar, 9*a* ; 69 (111*a*). Maharal : *Déré'h 'Hayim*, p. 143 ; *Peirouchim LeAgadot*, I, p. 39-40. Rabbi Eliyahou de Vilna, *Divrei Eliyahou*, p. 42.
266. Cf. Zohar 96*a* ; 124*a-b* (Deut. 4,4 ; 32,9. Ps. 81,9). Maharal, *Netivot Olam*, II, *Netiv Ahavat HaChème*, 2 ; *Peirouchim LeAgadot*, I, p. 104 ; mais voir aussi *ibidem*, p. 67. – Cf. Exod. R. 3 ; Nu. R. 10,14.
267. Cf. TB Sota 36*b* ; Cho'heirTov, 20 (Is. 43,7) ; voir aussi Exod. R. 17,5 ; Zohar II, 36*a*.
268. Cf. Lev. R. 27,1 ; 35,6. Voir aussi Gen. R. 39,21. Cf. Tan'houma, KiTavo 1, TB Sanhédrine 99*b*. Zohar, II, 198*a* ; III, 113*a*. Zohar 'Hadache 11*a*. Voir A. Safran, *La Cabale*, p. 115.
269. Cf. Midrache Chemouël, 23.
270. Cf. Zohar I, 173*b*. – Cf. Exod. 3,6 ; Zohar II, 42*b*. Cf. Zohar I, 174*a*. Cf. Gen. 35,10,15. Cf. TB Bera'hot 7*b* ; Zohar I, 99*b*. Voir Gen. R. 17,5 (Is. 42,8) ; Nu. R. 16,3. Yalkout Chim'oni, Is. 42,551. Voir aussi Maharal, *Tiféret Yisraël*, 33 ; mais voir aussi Rachi, Gen. 4,26. Cf. *Kitvei Rabbi Na'hman de Bratslav*, éd. Steinman, Tel-Aviv, 5711, p. 193.

271. Cf. Lev. R. 27,1 ; Zohar III, 113*a* ; cf. aussi Zohar III, 152*a*. Cf. CHELAH, I, p. 22*b* ; III, p. 136*b*.

272. Cf. TB : Bava Batra 75*b* ; Ta'anit 22*b* et RACHI *ad loc.* Zohar III, 149*a*. MAHARAL, *Tiféret Yisraël*, 17. R. YEROU'HAM HALÉVI LIVOVITCH, *Da'at 'Ho'hma OuMoussar*, p. 22-23. R. YOSSEF 'HAYIM DE BAGDAD, *Bène Iche 'Haï*, p. 175 ; *Od Yossef 'Haï*, p. 113 ; *Che'eilot OuTechouvot Tora Cheleima*, p. 28-29.

273. Cf. TB Bera'hot 55*a* ; Zohar II, 152*a* ; 222-224 ; 234*a-b*. Tikounei HaZohar 13*a*. Tan'houma, Pekoudei 3. *Od Yossef 'Haï*, p. 194.

274. Cf. Gen. R. 79,10 ; Zohar I, 138*a* ; 213*b* ; RAMBAN, Gen. 33,20. Voir Gen. R. 38,6.

275. Cf. RAMBAN, Gen. 12,8. – Cf. TB Sota 36*b*. Gen. R. 43,4. Nu. R. 11,7. Yalkout Chim'oni, Is. 43,552. Zohar III, 4*b* ; 149*a*. Tikounei HaZohar 17*b* ; 57 (91*b*). R. YISRAËL DE KOJNITZ, *Avodat Yisraël*, p. 204.

276. Cf. Zohar II, 87*a* ; 124*a* ; III, 13*b* ; 73*a* ; RAMBAN, *Hakdama, Peirouche HaTora* ; CHELAH, III, p. 9*a*. – Voir A. SAFRAN, *La Cabale*, p. 14.

277. Zohar III, 73*a*. Cf. CHELAH, *Siddour Cha'ar HaChamayim*, p. 399. *Tanya*, 23 ; voir *ibidem*, 4. *Néfèche Ha'Hayim* 1,6,17 ; 4,22. *Sefat Emet*, V, p. 53.

278. Cf. Zohar 'Hadache 120*b*-121*a*.

279. Cf. Gen. 33,20 ; TY Ta'anit II, 6 et Korbane HaEda *ad loc.* TB Meguila 18*a*. Cf. Zohar I, 138*a* ; 213*b* ; II 66*b* ; III, 86*a*. Tikounei HaZohar 21 (45*a*). Cf. Gen. R. 77,1 ; *Kedouchat Lévi*, p. 20*b*-21*a* (Sam. II, 23,3). TB ; Moède Katane 16*b* ; Chabbat 63*b*. Zohar II, 15*a* ; III, 15*a*. Voir TB Pessa'him 111*a* ; Zohar I, 94*a*. Voir aussi Tan'houma Kedochim 5.

280. Cf. Gen. 35,10 ; Is. 49,3 ; Tan'houma, Kedochim 2. Cf. Zohar II, 132*b* (Ps. 48,11).

281. Cf. Esther R. 6 ; voir aussi TB Meguila 13*a*. Cf. TB Pessa'him 118*a*.

282. Cf. Exod. R. 29,3. Cf. Sifrei (Nu. 27,12) 134 ; (Deut. 6,4) 31 ; (Deut. 32,18) 319. Voir aussi TB 'Haguiga 3*b*. Tan'houma, Kedochim 5.

283. Cf. TY Ta'anit II, 6 ; Yalkout Chim'oni, Yehochoua 7,17 ; voir RACHI : Jos. 7,9 ; Jér. 14,9. Cf. Pirkei DeRabbi Eliézer 40. Voir RABBI NA'HMAN DE BRATSLAV, *Likoutei Moharan*, II, 66, p. 30*a*.

284. Cf. Deut. 33,26 et Sifrei *ad loc.*, 355 ; Gen. R. 77*a*. Cf. Tana Devei Eliyahou 21 (Is. 44,2). Cho'heir Tov 4 ; 25 (Ps. 25,8) ; 69. Zohar I, 177*b*. Voir TB Avoda Zara 25*a* ; voir aussi TB 'Houline 101*b*. MAHARAL, *Netivot Olam*, I, *Netiv HaAvoda*, 1 ; *ibidem*, II, *Netiv HaTemimout*, 2 ; *Déré'h 'Hayim*, p. 8 ; *Derachot*, p. 33-34 ; *Peirouchim LeAgadot*, II, p. 52, 55, 77, 95. Voir Gen. 17,1. Deut. 18,13 ; 33,4. Michée 6,8. Prov. 11,3 ; voir aussi Gen. 25,27 ; Job 1,1. Mais voir aussi Deut. 32,15. Cf. RAMBAM, *Hil'hot Chemita VeYovel* XIII, 13. Voir Zohar II, 150*a* (Eccl. 7,29). Cf. RAMBAN, Deut. 33,5. CHELAH, III, p. 176*b*. *Biour Hagra*, Michlei 2,7. *Kedouchat Lévi*, p. 20*b*. *Olat Reiyah*, II, p. 326. *Sefat Emet*, V, p. 90 (Deut. 32,9 ; Malachie 3,6). *Ha'amek Davar*, I, *Peti'hta, Bereichit*, p. 1, *Méché'h 'Ho'hma*, p. 318. *Avnei Neizer*, p. 37. Voir aussi A. SAFRAN, *La Cabale*, p. 190.

285. TY Ta'anit II, 6. Cf. TiKounei HaZohar 11*a*.

286. TY Ta'anit II, 6. Cf. MAHARAL, *Nétsa'h Yisraël*, 10. R. 'HAYIM DE VOLOJINE, *Néfèche Ha'Hayim*, 1,19.
287. Cf. Zohar II, 79*b*-80*a* ; III, 210*b*, MAHARAL, *Guevourot HaChème*, 23. HAGRA, *Siddour Ichei Yisraël (Sia'h Yits'hak)*, p. 44. – Cf. Zohar I, 148*b* ; 174*a* ; III, 112 ; 210*b* ; 306*b*. (Is. 44,2 ; Exod. 4,22). MAHARAL, *Guevourot HaChème*, 3 ; 44. CHELAH, III, p. 51*a* ; 53*a* ; 53*a-b*, 54*a* (Ps. 135,4) ; 176*b*. *Kedouchat Lévi*, p. 20*b*. *Or Ha'Hayim*, Gen. 35, 10 ; 47,28 ; Nu. 24,17. *Avnei Neizer*, p. 86. *Ha'amek Davar*, Gen. 35,10 ; 48,20. RABBI NA'HMAN DE BRATSLAV : *Siddour Cha'arei Rat'sone*, p. 135 ; *Likoutei Moharan*, 47, p. 55*b*. R. SAMSON RAPHAËL HIRSCH, *Peirouche, Tehilim*, p. 416.
288. Cf. TY Bera'hot 1,6 ; TB Bera'hot 13*a*. Gen. R. 46,6 ; 78,5, Zohar I, 96*a* ; 173*b*-174*a* ; 177*b*. Zohar 'Hadache, 'Houkat 51. IBN EZRA, Gen. 35, 10 ; Exod. 6,3. RAMBAN et RABEINOU BA'HYA, Gen. 35,10. ABRABANEL, Gen. 17,4. *Biourei Hagra Al Agadot*, I, p. 29.
289. Cf. Gen. 32,29. Zohar III, 73*a*. CHELAH, I, p. 4*a* ; 28*b* ; mais voir aussi CHELAH, III, p. 52-53. – Cf. Gen. 28,12.
290. Cf. Gen. R. 63,3. ARI HAKADOCHE, *Likoutei Tora*, p. 86. CHELAH, III, p. 164*b*.
291. Cf. RACHI, Gen. 32,5. Cf. CHELAH, I, p. 21*a-b* ; 25*b* ; 27*a-b*.
292. Cf. Prov. 16,15. Cf. Zohar I, 146*b*. *Biourei Hagra Al Agadot*, II, p. 5.
293. Cf. RABBI NA'HMAN DE BRATSLAV, *Likoutei Moharan*, II, 82, p. 38*b*.
294. Cf. Sifrei (Deut. 6,9) 36 ; TB Chabbat 14*a* ; Targoum, Eccl. 5,14 ; Tan'houma, Chemot 12. Zohar III, 110*a* ; 175*a* ; cf. aussi Avot, VI, 1. MAHARAL, *Tiféret Yisraël*, 13. *Biour Hagra, Michlei* 31, 21. *Tanya*, 4 ; 8 ; 9 ; 10 ; 23. *Likoutei Moharan*, 33,4 ; 34,4. *B'nei Issas'har, Hagada*, p. 31. *Sefat Emet*, I, p. 60 ; II, p. 62. MALBIM, Exod. 28,2.
295. Cf. Zohar III, 110*b* ; *B'nei Issas'har* II, p. 21*a* ; cf. aussi RABBI NA'HMAN DE BRATSLAV, *Siddour Cha'arei Ratsone*, p. 207.
296. Cf. Tan'houma, Behar 1 ; *Kouzari*, II, 12 ; V, 23. Cf. Exod. 19,6 ; Deut. 7,6 ; Is. 6,13 ; Lev. 11,44 ; 20,7 ; Sifrei (Deut. 14,21) 104 ; TB Yevamot 20*a* ; RACHI, Lev. 20,2 ; *'Hatam Sofer, Che'eilot OuTechouvot, Yoré Déa*, 234. RAV KOUK, *Orot*, p. 160 ; RAV HARLAP, *Mei Meirom*, VI, p. 233. – Cf. Michna Kelim I, 6 ; Nu. R. 7-8 ; RAMBAM, *Hil'hot Beit HaBe'hira* VII, 12.
297. Cf. RABBI NA'HMAN DE BRATSLAV, *Likoutei Moharan*, II, 40, p. 26*a* (Is. 49,3).
298. Malachie 3,12 ; cf. Zohar I, 3*a*.
299. Cf. Yalkout Chim'oni, Yitro 19, 276.
300. Cf. Nu. R. 23,11 ; Tan'houma, Mass'ei 10.
301. TB Yoma 86*a*.
302. Eccl. R. 1,9 (Malachie 3,12). Cf. Zohar, I, 31*b* ; III, 85*b* ; 216*b* ; 266*b*. Cf. Deut. 29, 23-27 ; Joël 4,2 ; RACHI : Deut. 32,43 ; Eccl. 1,4 ; RABBI ELIYAHOU, LE GAON DE VILNA, *Adéret Eliyahou*, p. 483-484.
303. Is. 51,16.
304. Zohar I, 5*a* ; III, 35*a*. Cf. TY : Ta'anit IV, 2 ; Meguila III, 6 ; cf. aussi TB Ketouvot 75*a*. Cf. Thr. R. 3,18 ; Yalkout Chim'oni, Ei'ha 3, 1038. Tikounei HaZohar 69 (104*a*). Cf. HAGRA, *Adéret Eliyahou*, p. 440. Voir aussi

Zohar I, 117b. Voir RAMBAM, *Séfer HaMitsvot, Mitsvot Assé, Mitsva* 153. Cf. *Likoutei Moharan,* 47, p. 55b. *Sefat Emet,* I, p. 5. Voir aussi M.M. BUBER, *Darko Chel Mikra,* Jérusalem, 5724 (1964), p. 90, 93, 300. RABBI BEZALEL ZE'EV SAFRAN, *Dorèche LeTsione,* p. 4. RABBI BAROU'H HALÉVI Epstein, *Tosséfet Bera'ha,* I, p. 164.

305. Cf. Zohar II, 86a.

306. Cf. Gen. 49,1 ; Is. 2,2 ; Haggai 2,9. Cf. Sifrei (Deut. 7,12) 37. TB : Ta'anit 10a ; Sanhédrine 38a. Gen. R. 1,5 ; 8, 1-2 ; 14,1 ; 63, 10-11 ; 78,11 (Pessikta Zoutarta et RACHI *ad* Gen. 33,2). Lev. R. 14,1 ; 19,1. Deut. 5,6. Cant, R. 2,6. Eccl. R. 1,30. Tan'houma, Léh 19. Zohar I, 177b ; 266b ; II, 28a ; 108b ; III, 159a ; 221a. TiKounei HaZohar 6a. RAMBAM, *Moré Nevou'him* I, 34. ABRABANEL : 1, Bereichit 2, p. 77 ; II, Yitro, p. 73. R. YITS'HAK ARAMA, *Akeidat Yits'hak, Noa'h,* 15, p. 109. ARI HAKADOCHE, *Likoutei Tora, VaYichla'h,* p. 44. MAHARAL : *Tiféret Yisraël,* 12 ; 17 ; *Guevourot HaChème,* 70 ; *Déré'h 'Hayim,* p. 9,52 ; *Peirouchim LeAgadot,* I, p. 94-95. CHELAH, III, p. 9a, 22a. RABBI ELIYAHOU, LE GAON DE VILNA, *Biourei Hagra Al Agadot I,* p. 79 ; *Séfer HaEmouna VeHaHachga'ha* I, p. 12 ; mais voir aussi *Adéret Eliyahou,* p. 427. RABBI 'HAYIM DE VOLOJINE, *Néfèche Ha'Hayim,* 1,6. RABBI DOV BAER DE MEZRITCH, *Maguid Devarav Le Ya'akov,* 30 ; 79. RABBI NA'HMAN DE BRATSLAV, *Hagada,* p. 47. RABBI YEHOUDA ARIÉ LEIB DE GOUR, *Sefat Emet,* I, p. 244. RABBI YOSSEF DOV BAER DE BRISK, *Beit HaLévi,* I, p. 26. RABBI AVRAHAM DE SLONIM, *Be'eir Avraham,* p. 114-115 et 267. RABBI AVRAHAM YAFFEN, *HaMoussar VeHaDa'at,* II, p. 83. RABBI YOSSEF 'HAYIM DE BAGDAD, *Bène Iche 'Haï,* p. 98 (Job 8,7).

307. Cf. CHELAH, III, p. 40a.

308. Mais voir aussi Sifrei (85) et RACHI, Nu. 11,1 ; Nu. R. 20,5 (Michée 6,3) ; Exod. 17,4 ; Is. 1,4 ; Jér. 13,10. Mais voir aussi Is. 19,25 ; Zach. 2,15. Voir aussi Osée, 1,9 ; 2,25 ; Pessikta Rabbati, 44.

309. Cf. Lev. 19,15 ; TB Bava Metsia 59a. Voir aussi Tosséfet Bera'ha, I, 164.

310. Cf. Exod. R. 31,12. Cf. aussi Cant. R. 3,21 ; Rachi : Lev. 5,21 (et Sifra 22 *ad loc.*) ; Is. 51,4 ; Cant. 3,11. Voir aussi Gen. R. 20,28. Cf. aussi TB Kidouchine 20a.

311. Voir RAMBAM, *Hil'hot Temoura* IV, 13 (Is. 25,1 ; Jér. 32,19 ; Prov. 22, 20-21). Cf. Sifrei (Deut. 32,28) 322 ; TB Sanhédrine 26b ; Nu. R. 14,22. Zohar, II, 82b ; III, 53b. MAHARAL, *Tiféret Yisraël,* 13, p. 16a-b.

312. Cf. RACHBAM, Lev. 19,18. Prov. 3,29.

313. Voir Julius FUERST, *Librorum Sacrorum... Concordantiae,* Lipsiae, 1932, p. 842.

314. Cf. Zohar II, 160b ; 86a-b. TB Bera'hot 53b.

315. Cf. Is. 5,7 ; Ps. 80,9. Cant. 1,6 ; 2,15. Cf. TB : Bava Metsia 83b ; 'Houline 92a. Gen. R. 42,4 ; Exod. R. 44,1 ; Lev. R. 36,2. Cant. R. 1,42 ; 8,12. Tana Devei Eliyahou Rabba 7. Pessikta DeRav Kahana, I, 14,4, p. 244.

316. Cf. Jér. 3,17. Pessikta Rabbati 12. Otiot DeRabbi Akiva, Dalet. Voir aussi Chron. I, 29,23 ; TB Sanhédrine 20b. RAV KOUK, *Orot HaKodèche,* III, p. 191 ; *Orot,* p. 160. Voir aussi RAMBAM, *Moré Nevou'him,* I, 9 (Jér. 17,12).

I. PEUPLE D'ISRAËL, PAYS D'ISRAËL

317. Ps. 50,2. Cf. TB : Yoma 54*b* ; Ta'anit 16*a*. Tan'houma (éd. Buber) VaYéra 45 (Is. 2,3 ; cf. Michée 4,2 ; Is. 42,6 ; 60,3 ; Cant. R. 1, 21,65). Zohar 'Hadache, 'Houkat 50. Voir aussi Gen. R. 70,8.

318. Cf. TY Chevi'it IV, 3. Nu. R. 21,22. Cho'heir Tov 109 (Ps. 109,4-5). Léka'h Tov, Chemot. Tan'houma, Bechala'h 25. R. Dov Baer de Mezritch, *Maguid Devarav LeYa'akov*, 198. Rav Kouk, *Olat Reiyah*. I, p. 96 ; *Orot*, p. 33. Rav Harlap, *Mei Meirom*, VI, p. 28-29. – Cf. TB Yevamot 63*a*. Gen. R. 66,2 ; Lev. R. 1,11. Zohar, II, 5*b* ; III, 148*b*.

319. Cf. Is. 2,3 ; Michée 4,2 ; Is. 55,4. Cho'heir Tov, 87. Zohar II, 218*b*.

320. Cf. Tana Devei Eliyahou Rabba 10 ; Rambam, *Hil'hot Chemita VeYovel* XIII, 13 ; R. Y. H. Achlag, *Matane Tora*, p. 46.

321. Cf. Zach. 8,23 ; cf. aussi Nu. R. 1,3.

322. Cf. Avot DeRabbi Nathan 36. Zohar, II, 176*b* ; III 83*a*, 103*b* ; 242*b*. Rambam : *Hil'hot Mela'him* XII, 4 ; *Hil'hot Techouva* IX, I. Rabbi Na'hman de Bratslav : *Likoutei Moharan*, 17 ; *Siddour Cha'arei Ratsone*, p. 480 (Is. 44,5). *Sefat Emet*, I, p. 5 ; III, p. 200. *Olat Reiyah*, I, p. 234. *Vayoël Moché*, p. 317. R. Y. H. Achlag, *Hakdama, Eits 'Hayim* p. 2. Voir aussi A. Safran, *La Cabale*, p. 342-343.

323. Cf. Sifrei (Deut. 1,1) 1 ; Yalkout Chim'oni, Yechaya 60,503. Zohar, II, 220*a* ; III, 56*a*. *Sefat Emet*, I, p. 5. *Mei Meirom*, VI, p. 254-255.

324. Cf. Zach. 2,15 ; voir aussi Is. 56,6-7. Cf. R. S. R. Hirsch, Ps. 147-20 (éd. allemande, p. 306 ; éd. hébraïque, p. 548).

325. Exod. 19,6. Voir aussi Tan'houma (éd. Buber), Tetsavé 9 ; Lev. R. 2,2 ; Nu. R. 15,13 ; Yalkout Chim'oni, Terouma 25, 364.

326. Cf. Is. 66,21 ; Tana Devei Eliyahou Zouta 20. Voir aussi Exod. R. 19,4.

327. Cf. Is. 61,6 ; Nu. R. 8,2 ; Sifrei (Nu. 18,20) 119. Zohar III, 234*b*. Rachi, Exod. 28,3 ; 29,30. Rabbeinou Ba'hya, Seforno et *Or Ha'Hayim, ad* Exod. 19,6 (Cephania 3,9) ; Hirsch et Cassuto, *ad* Exod. 19,5-6.

328. Cf. Zach. 2,15.

329. Cf. Michée 4,5.

330. Is. 19,25 ; cf. Exod. R. 35,5. TB Pessa'him 118*b*.

331. Cf. Zohar III, 111*b* ; *Sefat Emet*, III, p. 189, 192-198.

332. Cf. Gen. 32,29.

333. Cf. Gen. R. 39,18 ; 61,4. Exod. R. 19,5 ; 36,2-3. Nu. R. 13,15. Deut. R. 1,11. Pessikta Zoutarta, 'Hayéi, Gen. 25,1. Tan'houma, 'Hayéi 7. TB : Chabbat 122*a* ; Ta'anit 8*b* ; Sota 38*b*. Zohar, I, 199*b* ; II, 3*a* ; 86*b* ; III, 63*b* ; 147*b* ; 220*a* ; 242*b* ; 272*b*. Zohar 'Hadache, Bereichit 8. Tikounei Zohar 'Hadache 94*a*. Rachi, Sota 10*a*. Ibn Ezra, Deut. 11,27. Recanati, *Yitro*, p. 9. Maharal : *Netivot Olam*, I, *Netiv Guemilout 'Hassadim*, 1 ; *Peirouchim LeAgadot*, I, p. 116. Chelah, III, p. 24*b*, 202*a*, 204*a*. *Hafla'ah*, II, p. 158*a*. *Biourei Hagra Al Agadot*, II, p. 30. *Tanya*, 36. Voir *Néfèche Ha'Hayim*, 3,5. Cf. R. Avraham HaMala'h, *'Hessed LeAvraham*, p. 114. *Avnei Neizer*, p. 160. *Orot*, p. 39 et 156. *Mei Meirom*, VI, p. 182-183 ; VIII, p. 94. Voir aussi Is. 40,5 ; 49,26. Prov. 22,9.

334. Cf. Gen. 12,2-3.

335. Cf. Lev. R. 2,2 ; Nu. R. 15,13. Yalkout Chim'oni, Terouma 25,364 ; MAHARAL, *Derachot*, p. 41. Voir CHELAH, III, p. 202*a*.

336. Voir Michna Sanhédrine X, 1 et RAMBAM *ad loc.* : TB Sanhédrine 90*a*. Cf. Pirkei DeRabbi Eliézer 37. Zohar I, 33*a* ; 59*b* ; 93*a* ; 216*a* ; II, 23*a* ; 82*b*. Cant. R. 6,8. RACHI, Kidouchine 39*b*. RAMBAM, *Hil'hot Techouva* III, 5 ; voir aussi *ibidem* VIII, 7-8. MAHARAL, *Déré'h 'Hayim*, p. 6-8. CHELAH, III, p. 171*b*. *Da'at Tora*, I, p. 147.

337. Voir Lev. 20,26. Cf. Sifra (Lev. 11,44) 12,3. *Kouzari* II, 14. RAMBAM, *Hil'hot Avodat Ko'havim* XI, 1. MAHARAL : *Tiféret Yisraël*, 44 ; *Guevourot HaChème*, 8 ; 16 ; 23 ; 29 ; 44 ; *Déré'h 'Hayim*, p. 132, 175, 188 ; *Peirouchim LeAgadot* : I, p. 85-86 ; II, p. 8,80 ; IV, p. 15, 103. HAGRA, *Siddour Ichei Yisraël*, p. 46. *Tanya, Iguéret HaKodèche*, 17. R. AVRAHAM DE SOHATCHOV, *Neot HaDéché*, p. 202.

338. Cf. MAHARAL : *Nétsa'h Yisraël*, 11 ; *Be'eir HaGola*, 3. CHELAH, III, p. 175*a* ; *Sefat Emet*, I, p. 11 ; III, p. 191 ; IV, p. 17.

339. Cf. Avot VI, 7. TB : Kidouchine 30*b* ; Chabbat 30*b* ; 88*a* ; Eirouvine 54*a* ; Yoma 72*b* ; Ta'anit 7*a* ; Avoda Zara 5*a*. Tana Devei Eliyahou Rabba 18. Deut. R. 7,3 ; Cant. R. 1,19. Zohar, III, 135*a* ; 177*b*. Zohar 'Hadache 49*b*. Tikounei HaZohar 21 (49*a*) ; 70 (137*a*), MAHARAL : *Tiféret Yisraël*, 15 ; *Déré'h 'Hayim*, p. 34-35, 62. *Biourei Hagra Al Agadot*, I, p. 51. R. 'HAYIM DE VOLOJINE, *Néfèche Ha'Hayim*, 4,32. *Tanya*, 36. *Be'eir Avraham*, p. 309.

340. Cf. TB Avoda Zara 5*a* ; Avot DeRabbi Nathan 34 (Deut. 4,4) ; Exod. R. 32,1 ; Zohar I, 13*a* ; III, 218*a* (Is. 65,22). MAHARAL, *Déré'h 'Hayim*, p. 2. CHELAH, III, p. 175*a*. *Biourei Hagra Al Agadot*, I, p. 51.

341. Cf. Ps. 116,9 ; Ez. 26,20 ; Me'hilta (Exod. 18,9) 1 (Gen. 33,19). TY : Kelaïm IX, 3 ; Chekalim III, 3. TB : Ketouvot 111*a* ; Pessa'him 113*a*. Avot DeRabbi Nathan 34. Gen. R. 74,1 ; Deut. R. 11,4. Cho'heir Tov 56. Yalkout Chim'oni, Michlei 17, 956, Zohar, I, 1*b* ; 114*a* ; 115*a* ; 131*a* ; 177*b* ; 193*a* ; 205*b* ; 216*a* ; 219*b* ; II, 152*a* ; 184*b* ; III, 84*a* ; 284*b*. RACHI, Kidouchine 39*b*. RAMBAM, *Hil'hot Techouva* III, 5. MAHARAL : *Netivot Olam*, I, *Netiv HaAvoda*, 55 ; *Déré'h 'Hayim*, p. 7-8, 188, 252. ALCHÉÏ'H, *Le'h Le'ha*. CHELAH, III, p. 171*b*. *Massé'het Déré'h Eretz Zouta*, in *Beiourei Hagra*, Jérusalem 5731, p. 134. *Sefat Emet*, III, p. 201. *Orot*, p. 13 ; *Mei Meirom*, VIII, p. 19 et 21 ; *Bène Iche 'Haï*, p. 234.

342. Cf. Zohar, I, 63*b* ; III, 25*a* ; 113*a* ; 152*b* ; 176*a*. *Peirouchei Maharal MiPrague LeAgadot HaChass*, IV, p. 103. *Néfèche Ha'Hayim*, 4,32. *Sefat Emet*, V, p. 90 et 130.

343. Cf. TB : Chabbat 88*b* ; Ketouvot 111*b*. Sifra DiTseniouta, 5, p. 66 (Sam. I, 25, 29 ; Ps. 116,9). *Néfèche Ha'Hayim*, 4,17.

344. Cf. Prov. 3,18 et IBN EZRA *ad loc.* Avot VI, 7. Sifrei (Deut. 11,21) 47. TB Ara'hine 15*b*. Gen. R. 12,5 ; 32,2. Lev. R. 9,3 ; 35,5 ; Nu. R. 13,11. Avot DeRabbi Nathan 34. Yalkout Chim'oni, Michlei 3,934. Zohar I, 193*a* ; II, 60*b* ; 121*a* ; 134*b* ; III, 53*b* ; 83*a* ; 153*a* ; 159*b* ; 176*a* ; 218*a*. Tikounei HaZohar 21 (60*a*). MAHARAL, *Déré'h 'Hayim*, p. 3 ; 113. R. 'HAYIM DE VOLOJINE, *Néfèche Ha'Hayim*, 4, 26, 33.

345. Cf. Is. 65,22 ; Sifrei (Deut. 11,21) 47 ; TB Ta'anit 7*a* ; Avot DeRabbi Nathan 34 ; Gen. R. 12,5. Zohar I, 178*a* ; II, 48*b* ; 84*b* ; 121*a* ; III, 66*b* ; 82*b*. Tikounei HaZohar 43 (82*b*).

346. Cf. Zohar III, 159*b* ; MAHARAL, *Derachot*, p. 41.

347. Cf. *Sefat Emet*, I, p. 11 ; *Mei Meirom*, VI, p. 51.

348. Cf. Zohar I, 61*a* (Ps. 68,35) II, 32*b*.

349. Cf. Is. 60,3 ; Prov. 6,23 ; TB Bava Batra 4*a* ; Lev. R. 31,6 ; MAHARAL, *Tiféret Yisraël*, 15.

350. Cf. TB Bera'hot 5*a* ; Me'hilta (Exod. 18,9) 1 ; MAHARAL, *Tiféret Yisraël*, 13 ; *Déré'h 'Hayim*, p. 9, 96, 236. *Bène Iche 'Haï*, p. 132-133.

351. Cf. TB : Bera'hot 17*a* ; Ketouvot 111*a*. Zohar I, 177*b* ; Zohar 'Hadache 49*b*. Cho'heir Tov 56. RAMBAM : *Hil'hot Techouva* VIII, 7 ; *Hil'hot Mela'him* V, 11. *Sefat Emet*, III, p. 197. R. YISRAËL DE KOJNITZ, *Avodat Yisraël*, p. 204.

352. Cf. TB Chabbat 152*a* ; MAHARAL, *Derachot*, p. 17. *Chem MiChemouël, VaYikra*, p. 194.

353. Cf. Zohar III, 113*a*.

354. Cf. MAHARAL, *Guevourot HaChème*, 23 ; *Sefat Emet*, III, p. 196-197.

355. Cf. TB : Bera'hot 17*a* ; Bava Batra 16*b*-17*a* ; 'Houline 44*b*. Cho'heir Tov. 1. Zohar II, 86*b* ; III, 301*b*. MAHARAL : *Tiféret Yisraël*, 15 ; *Netivot Olam*, I, *Netiv HaTora*, 1 ; *Peirouchim LeAgadot*, III, p. 80 ; *Déré'h 'Hayim*, p. 62, 236. *Mei Meirom*, VI, p. 279.

356. Cf. Zohar II, 85*b*. *Tanya : Likoutei Amarim*, 4 ; 35 ; *Igueret HaKodèche*, 23.

357. Cf. TB Sanhédrine 99*b*.

358. Cf. TB Bava Metsia 59*b* ; Deut. 30,12. MAHARAL : *Peirouchim LeAgadot* : I, p. 146-147 ; II, p. 121 ; *Derachot, Hespède*, p. 15.

359. Cf. TB Ta'anit 5*a* ; Cho'heir Tov 122. Zohar I, 1*a* ; II, 55*b*.

360. Cf. Avot II, 7 ; TB Pessa'him 113*a* ; Chabbat 63*a*. Exod. R. 2,6. Zohar I, 88*a* ; 168*a* ; 175*b* ; 190*a* ; II, 86*b* ; III, 301*b*. R. YOSSEF 'HAYIM DE BAGDAD, *Bène Iche 'Haï*, p. 133.

361. Cf. Zohar, I, 171*b* ; 177*b* ; 179*a* ; 205*b* ; III, 82*b*. *Peirouchei Maharal LeAgadot HaChass*, I, p. 85-86.

362. Cf. TY Chekalim III, 3. TB : Ketouvot 111*a* ; Pessa'him 113*a* ; Bava Batra 158*b*. Cho'heir Tov 56. Yalkout Chim'oni, Michlei 17, 556. Zohar I, 177*b* ; III, 245*b*. Tikounei HaZohar 5 (141*b*). *Chirei Yehouda HaLévi (Tsione halo tichali)*, p. 233. RAMBAM, *Hil'hot Techouva* III, 5. IBN EZRA, Gen. 33,19 ; RAMBAN, Gen. 33,18. MAHARAL, *Déré'h 'Hayim*, p. 7, 252. CHELAH, III, p. 23*a*, 171*b*. *Sefat Emet*, III, p. 197 et 201. *Mei Meirom, Missaviv LiChmona Perakim LeHaRambam*, p. 212. *Bène Iche 'Haï*, p. 133.

363. Cf. Me'hilta : (Exod. 16,25) 4 ; (Exod. 18,9) 1. TB Bera'hot 5*a*. MAHARAL : *Derachot*, p. 5,41 ; *Déré'h 'Hayim*, p. 251-252. *Sefat Emet*, III, p. 201-202.

364. Cf. TY Roche HaChana 1,3. TB : Kidouchine 32*b*, et RACHI *ad loc.* ; Avoda Zara 19*a* et RACHI *ad loc.* Exod. R. 47,13 ; Tan'houma, Choftim 5.

RACHI, Ps. 1,2. RABBI BEZALEL ZE'EV SAFRAN, *Che'eilot OuTechouvot Harbaz*, I, p. 30.

365. Cf. Exod. 3,7 *et al.* ; Nu. 11,29 ; 17,6. Sam. II, 14,13 ; Ez. 36,20 ; Ps. 50,7 ; Chron. I, 28,2 ; *et al.* TB 'Houline 101*b*. Peti'hta DeRuth Rabba. Zohar II, 160*b*.

366. Cf. Joël 4,2. RAMBAM, *Hil'hot Teroumot* I, 2. RAMBAN : *Deracha LeRoche HaChana* (*Kitvei Ramban* I), p. 249-251 ; *ad* Deut. 31,16. MAHARAL, *Déré'h 'Hayim*, p. 188.

367. Cf. Me'hilta (Exod. 13,5) 18. TB : Eirouvine 13*b*, 54*a* ; Roche HaChana 17*b* ; Ta'anit 7*a* ; Meguila 29*a* ; Nedarim 55*a* ; Sota 5*a*, 21*b* ; Avoda Zara 5*b* ; 'Houline 89*a*. Cf. Nu. 12,13. Avot, I, 1 ; IV, 9. Nu. R. 1,6 ; Cant. R. 1,19. Zohar I, 256*a* ; 260*b* ; II, 54*a*. RACHI : Chabbat 104*a* ; Sota 5*a* ; Zeva'him 54*b*. CHELAH, III, p. 22*b*. 'HIDA, *Nitsotsei Orot*, Zohar III, 159*b*. *Toldot Ya'akov Yossef, VaYakhel*. RABBI CHNÉIOUR ZALMAN DE LIADY, *Likoutei Tora, BaMidbar*. RABBI YA'AKOV YITS'HAK DE LUBLIN, *Divrei Emet*, CHELA'H. *Sefat Emet*, V, p. 24 et 26. *Beit Avraham*, p. 78 ; *Be'eir Avraham*, p. 171 et 206. *Chem MiChemouël, Bereichit*, II, p. 321.

368. Cf. MAHARAL, *Tiféret Yisraël*, 10. R. CHEMOUËL DE SOHATCHOV, *Chem MiChemouël, Hagada*, p. 43-44. Voir aussi Alexandre SAFRAN, *La Cabale*, p. 288.

369. Cf. TB 'Houline 89*a* (Deut. 7,7) ; cf. aussi TB Chabbat 88*b* ; Avot V, 19. Cf. Nu. R. 13,5 ; Tan'houma, Eikev 3. Léka'h Tov, Chemot 5. *Sefat Emet*, I, p. 201 ; III, p. 190. RABBI BEZALEL ZE'EV SAFRAN, *Che'eilot OuTechouvot Harbaz*, I, p. 27.

370. Cf. Is. 55,5 ; 41,16. Cf. Deut. 10,21. Ps. 89,18 ; 105,3 et RACHI *ad loc*.

371. Cf. Sam. II, 22,33 ; Ps. 43,2.

372. Cf. Exod. 7,4 et *Or Ha'Hayim ad loc.* ; 12,41. Cf. Is. 5,7. Cf. aussi TB Chevouot 35*b* ; Bera'hot 31*b*. RAMBAN, Nu. 11,16 ; *Or Ha'Hayim*, Exod. 19,6. Voir aussi Tikounei HaZohar 86*a*.

373. Cf. Ps. 20,6.

374. Cf. Ez. 34. TB : Yevamot 61*a* ; Bava Metsia 114*b*. Zohar II, 21*a* ; 25*b* ; cf. aussi Zohar II, 119*b*. Voir Exod. R. 24,3.

375. Cf. Ez. 36,38. Ps. 36,7 ; 73,22-24 ; Cant. 1,4. TB : 'Houline 5*b* et RACHI *ad loc.* ; Kidouchine 22*b* et RACHI *ad loc.* ; Avoda Zara 5*b* ; Behorot 44*b* et Tossafot *ad loc.* Exod. R. 24,3 ; 34,4. Lev. R. 27,1 ; Nu. R. 23,2. Eccl. R. 1, 31, 39. Tana Devei Eliyahou Rabba 2 ; 22. Zohar II, 87*a* ; III, 108*a* ; 147*a*. MAHARAL, *Netivot Olam*, II, *Netiv HaTemimout*, 2. *Sefat Emet*, III, p. 192, 205 ; V, p. 9, 136. *Orot*, p. 74,167 ; *Mei Meirom*, VI, p. 311. *Avnei Neizer*, p. 118. *Da'at Tora*, p. 194.

376. Cf. TB : Yevamot 62*a* ; Nida 17*a*. Lev. R. 20,2. Tan'houma, Vayéra 23 ; Pirkei DeRabbi Eliézer 31 ; MAHARAL, *Guevourot HaChème*, 54.

377. Cf. MAHARAL, *Derachot*, p. 90 ; ALCHÉI'H, *Le'h Le'ha* ; cf. aussi ALCHÉI'H, *Noa'h*.

378. Cf. Is. 30,7 et RACHI *ad loc*. TB : Meguila 6*a* ; Bava Batra 10*b*. Nu. R. 11. MAHARAL : *Guevourot HaChème*, 44.

379. Cf. TB 'Houline 89*a* ; cf. R. SAMSON RAPHAËL HIRSCH, Exod. 19,5-6.
380. Cf. MAHARAL : *Nétsa'h Yisraël,* 14 ; *Gour Arié, Lé'h Lé'ha* et *Matot.*
381. Cf. Zohar, I, 158*a* ; II, 23*a* ; 240 *a-b* ; III, 71*b* ; 73*a-b* ; 98*b*. RECANATI, *Bereichit,* p. 7*b*. CHELAH, III, p. 199*b* ; *Siddour Cha'ar HaChamayim,* p. 515-516. *Néfèche Ha'Hayim,* 1,6 ; *Kedouchat Lévi,* p. 57*b* ; *B'nei Issas'har, Hagada,* p. 63. *Likoutei Moharan,* II, 39. *Sefat Emet,* I, p. 42, 60, 76, 202 ; III, p. 200-202 ; IV, p. 68. *Orot,* p. 156. *Mei Meirom,* VI, p. 312 ; VIII, p. 91, 94 ; *Missaviv LiChmona Perakim LeHaRambam,* p. 7-8, 209-212. R. Y. L. H. ACHLAG, *Hakdama, Séfer HaZohar Im Peirouche HaSoulam,* I.

382. *Tora :* Cf. TB : Pessa'him 119*a* ; Souka 49*b* ; 'Haguiga 13*a*. Gen. R. 1,1. Deut. R. 1,17 ; 7,10. Tan'houma, Ki Tissa 34, Zohar, II, 111*b* ; III, 3*a* ; 73*a* ; 91*b* ; 98*b*. Tikounei HaZohar 28 (72,2). Tikounei Zohar 'Hadache 107. RECANATI, *Yitro,* p. 9*a*. R. Moché CORDOVERO, *Séfer HaPardess,* 27. MAHARAL, *Peirouchim LeAgadot HaChass,* I, p. 63-64 ; 97 ; *Déré'h 'Hayim,* p. 226. *Néfèche Ha'Hayim,* 4,28. *Sefat Emet,* III, p. 206 ; IV, p. 64, 150-151. *Avnei Neizer,* p. 133, 154, 160.

Israël : Cf. TB, Souka 29*a* ; Ketouvot 111*a* ; Bava Batra 10*b*. Gen. R. 6,5 ; Exod. R. 19,7. Nu. R. 10,3 ; 20,21. Cant. R. 6,4. Tana Devei Eliyahou Rabba 7 ; 8. Cho'heir Tov 18 ; 114. Pessikta Zoutarta, Exod. 12,3. Zohar I, 230*b*. Tikounei HaZohar 22. Zohar 'Hadache 44*b*. RECANATI, Yitro, p. 9*a*. MAHARAL, *Netivot Olam,* I, *Netiv HaAvoda,* 13 ; *Guevourot HaChème,* 18 ; 23 ; 43 ; 63 ; 67 ; *Peirouchim LeAgadot,* IV, p. 27 ; *Derachot,* p. 35-36. CHELAH, I, p. 4*a*, 21*a*, 22*a* ; III, p. 24*b*, 26*a*, 34*a*, 171*a*, 183*b* ; *Siddour Cha'ar HaChamayim,* p. 517. *Toldot Ya'akov Yossef, Hakdama. Kedouchat Lévi,* p. 97. *'Hatam Sofer, Derachot,* II, p. 244. RAV KOUK, *Orot,* p. 94, 192 ; *Orot Hakodèche,* I, p. 86-87 ; III, p. 33, 180, 181 ; *Michpat Kohen* 124. RAV HARLAP, *Mei Meirom,* VI, p. 312 ; VIII, p. 91, 94 ; 118. *Sefat Emet,* IV, p. 158, 202. R. AVRAHAM DE SLONIM, *Be'eir Avraham,* p. 115, 257-258. R. AVRAHAM DE SOHATCHOV : *Avnei Neizer,* p. 42 ; *Neot HaDéché,* p. 138, 173. R. CHEMOUËL DE SOHATCHOV, *Chem MiChemouël, Hagada,* p. 42-43. R. Y. L. H. ACHLAG, *Hakdama, Séfer HaZohar Im Peirouche HaSoulam,* I, p. 18.

Erets-Israël : Cf. Michna, Bera'hot IV, 5-6 ; TB Bera'hot 28*b* ; TY Bera'hot IV, 4. Michna, Kelim I, 6. TB : Bera'hot 30*a*, 31*a*, 34*b* ; Ta'anit 10*a* ; 'Houline 91*b*, 92*a* et RACHI *ad loc.* Ps. 84,11. Gen. R. 4,5 ; Deut. R. 4,10. Déré'h Erets Zouta 9. Tana Devei Eliyahou Zouta 2. Cho'heir Tov 68. Tan'houma : Kedouchim 10 ; Re'éh 8. Zohar, 1, 55*a*, 72*a*, 84*a* ; 128*b* ; II, 157*a* ; III, 84*a* ; 161*a-b*. Zohar 'Hadache 69*a*. Tikounei HaZohar 37 (78*b*). MAHARAL, *Gour Arié, Chemot*. CHELAH, III, p. 23*b*, 24*a-b*, 172*b*-173*a*. *Hafla'ah,* II, p. 158*b*. *Likoutei Moharan,* II, 40. *Néfèche Ha'Hayim,* 1,4. *Orot,* p. 9. *Mei Meirom :* VI, p. 233, 235, 254, 293-294, 312 ; VIII, p. 19, 21 ; *Missaviv LiChmona Perakim LeHaRambam,* p. 212. *Sefat Emet,* I, p. 60 ; III, p. 189, 200, 202, 206 ; IV, p. 96, 102, 109 ; V, p. 26. *Be'eir Avraham,* p. 324.

383. Cf. MAHARAL, *Derachot,* p. 88-89.

384. Cf. MAHARAL, *Déré'h 'Hayim,* p. 21, 96. R. ELIYAHOU DE VILNA, *Siddour Ichei Yisraël,* p. 287.

385. Cf. MAHARAL, *Derachot*, p. 88.
386. Cf. RAV KOUK : *Orot*, p. 33, 155-156 ; *Orot HaKodèche*, I, p. 86-87.
387. Cf. Tan'houma, Ki Tissa 34. Voir A. SAFRAN, *La Cabale*, p. 57.
388. Cf. Tan'houma, Noa'h 3.
389. Cf. TY Péa II, 4. TB Guitine 60*b* et Tossafot *ad loc*. Exod. R. 47, 1,4 ; Nu. R. 14,22. Tan'houma : VaYéra 5 ; Ki Tissa 34. *Beit HaLévi*, II, p. 41, 45, 48.
390. Cf. TB Sota 38*a* ; RAMBAM, *Moré Nevou'him* III, 8 ; RAMBAN, Exod. 30,13. MAHARAL : *Netivot Olam*, II, *Netiv HaTseniout*, 3 ; *Guevourot HaChème*, 43. *Likoutei Moharan*, 19. *Sefat Emet*, III, p. 191 ; IV, p. 157. Franz ROSENZWEIG, *Ko'hav HaGueoula*, Jérusalem, 5730, 1970, p. 326. RAV KOUK, *Orot*, p. 164. RABBI BEZALEL ZE'EV SAFRAN, *Che'eilot OuTechouvot Harbaz*, I, p. 21.
391. Cf. TY Meguila I, 9 ; TB Bera'hot 55*a* ; Cant. R. 1. Tan'houma, Noa'h 19. Cephania 3,9 ; RACHI, Gen. 11,1. Zohar I, 204*a* ; 205*b* ; II 265*a*. CHELAH : I, p. 25*a* ; *Siddour Cha'ar HaChamayim*, p. 512. *Sefat Emet*, III, p. 191 et 200 ; IV, p. 20 ; V, p. 17. *Siddour HaGueonim VeHaMekoubalim*, III, p. 724.
392. Cf. Gen. R. 18,6 ; 31,8 ; voir aussi *ibidem* 1,1 ; 12. Tan'houma Le'h 9. RACHI, Gen. 2,23 ; RAMBAN, Exod. 30,13. CHELAH, I, p. 17*a*. *Sefat Emet*, V, p. 4 et 14.
393. Cf. Sifrei (Deut. 11,19) 46. TY : Chekalim III, 3 ; Chabbat I, 3.
394. Voir H. MERHAVIA, *HaTalmoud BiRe'i HaNatsrout*, Mossad Bialik, Jérusalem, 1970.
395. Cf. TB : Bera'hot 5*a* ; Souka 42*a* ; Nedarim 22*b* ; Guitine 60*b* ; Kidouchine 37*a* et RACHI *ad loc*. Exod. R. 47,1 ; Nu. R. 14,22 ; Deut. R. 7,10. Zohar, I, 247*b* ; II, 129*b* (Lev. 22,32) ; 166*a* ; III, 4*b*. RAMBAM : *Peirouche HaMichna*, Avot II ; *Hakdama, Michné Tora. Tour, Ora'h 'Hayim*, 139 ; *Ba'h, Tour, Ora'h 'Hayim*, 47. RECANATI, *Yitro*, p. 8*a*. CHELAH : III, p. 21*b*, 202*a*, 204*a* ; *Siddour Cha'ar HaChamayim*, p. 512. MAHARCHA, 'Hidouchei Agadot, Sota 37*a*. *Kedouchat Lévi*, p. 75. *Adéret Eliyahou*, p. 429-430. *Likoutei Moharan*, 19. *Sefat Emet*, I, p. 5 ; III, p. 189, 191 ; IV, p. 103, 174-175, 202 ; V, p. 5. *Orot HaKodèche*, III, p. 356 ; *Orot*, p. 26, 86-87 ; *Orot HaTora*, p. 7-9, 69, 75. *Mei Meirom*, VI, p. 254, 302. *'Hidouchei Marane Riz HaLévi*, p. 86 ; *Bène Iche 'Haï*, p. 182 et 253. R. B. Z. SAFRAN : *Che'eilot OuTechouvot Harbaz*, I, p. 21 ; *Dorèche LeTsione*, p. 25.
396. Cf. Lev. 20, 22-26 ; Sifra et RACHI *ad loc*. Nu. 23,9 ; IBN EZRA, RAMBAN et MALBIM *ad loc*. Deut. 32,12. Exod. R. 15,8 ; 36,1 ; Nu. R. 10,3 ; 23,9. Deut. R. 7,3, Cant. R. 1,21 ; 6,4. Voir aussi TB : Chabbat 156*a* ; Bava Batra 8*a* ; Sanhédrine 39*a*. MAHARAL : *Tiféret Yisraël*, 1 ; *Guevourot HaChème* 11 ; 12.
397. Voir *supra*, p. 30.
398. Cf. Gen. R. 1,5 ; cf. Zohar, 1, 24*a* ; 118*b* ; II, 108*b* ; 119*a-b* ; III, 229*b*. Zohar 'Hadache, Yitro, 37*a*. Tikounei HaZohar 6*a* ; 6 (23*b*).
399. Cf. Gen. R. 1, 5-6 ; 8,2. Exod. R. 30,6. Lev. R. 19,1. Cho'heir Tov 90. Zohar I, 2*b* ; II, 49*a* ; 84*b* ; III 91*b*. Zohar 'Hadache, Bereichit, 5*a*.
400. Cf. Sifrei (Deut. 11,10) 37.

I. PEUPLE D'ISRAËL, PAYS D'ISRAËL

401. Cf. Michna, Péa I, 1 ; Eccl. R. 1,9 ; Tana Devei Eliyahou Zouta 1 ; Tan'houma, Bechala'h 20 ; Rambam, *Hil'hot Talmoud Tora* III, 3.

402. Tana Devei Eliyahou Rabba 14. Eccl. R. 1,9. Cf. Rabbeinou Sa'adya Gaon, *Emounot VeDeot* III, 7 ; *Kouzari* II, 56. Maharal, *Déré'h 'Hayim*, p. 8-9 ; Chelah, III, p. 11a.

403. Cf. TB Avoda Zara 13a et Tossafot *ad loc.* Exod. R. 47,4 ; Nu. R. 14,23, Maharal : *Derachot, Hespède*, p. 14-15 ; *Déré'h 'Hayim*, p. 99 ; *Peirouchim LeAgadot*, I, p. 81 ; *Guevourot HaChème*, 8 ; 47. Chelah, I, p. 11a. *Biourei Hagra Al Agadot*, I, p. 37, R. 'Hayim de Volojine : *Néfèche Ha'Hayim*, 1,16 ; 4,11 ; *Roua'h 'Hayim*, p. 12. Rav Kouk, *Orot HaTora*, p. 8 ; *Sefat Emet*, III, p. 184.

404. Cf. Exod. R. 47,4 ; Chelah, I, p. 4a ; R. Ya'akov Emden, *Siddour Beit Ya'akov, Soulam Beit El*, p. 11b ; Rav Kouk, *Michpat Kohen*, 144.

405. Cf. Exod. R. 40,1 ; Cant. R. 2,6 ; Esther R. Peti'hta ; Pessikta Zoutarta, Bereichit 30,4. Zohar, III, 11a ; 221b. R. 'Hayim de Volojine : *Néfèche Ha'Hayim*, 4,25 ; *Roua'h 'Hayim*, p. 88-90. R. Samson Raphaël Hirsch, Deut. 4,5.

406. Cf. TB : Pessa'him 118a ; Bera'hot 6b ; 17b ; Eirouvine 18b ; Bava Metsia 58b et Tossafot *ad loc.* TY Orla I, 3. Voir R. Ovadya Bartenora, Avot III, 11 ; Tossafot Yom Tov, Orla I, 5. Cf. Gen. R. 91,5 ; Nu. R. 12,14. Alcheï'h, *Lé'h Le'ha*. R. Moché 'Hayim Luzzatto, Ram'hal, *Déré'h HaChème*, 1,2. Hagra, *Siddour Ichei Yisraël*, p. 98 ; R. 'Hayim de Volojine, *Roua'h 'Hayim*, p. 93. R. Ya'akov Yits'hak, le 'Hozé de Lublin, *Divrei Emet, 'Hayei Sara. Sefat Emet*, I, p. 28, 48-49, 64-65, 121, IV, p. 27. *Méché'h 'Ho'hma*, p. 189. R. Avraham de Slonim ; *Yessod HaAvoda*, p. 233 ; *Be'eir Avraham*, p. 145, 273, 285 ; *Beit Avraham*, p. 151. R. Avraham de Sohatchov, *Avnei Neizer*, p. 91. *Chem MiChemouël, Chemot*, II, p. 175. R. Eliyahou Lapian, *Lev Eliyahou*, p. 149.

407. Cf. Rachi, *ad* Gen. 27,28. Rachi, Seforno, *Ha'amek Davar, ad* Deut. 11, 12-13. Malbim, *ad* Gen. 48,15. *'Hatam Sofer, Hagada Chel Pessa'h*, p. 139. *Sefat Emet*, I, p. 54-56. Rav Kouk, *Olat Reiyah*, II, p. 154, R. Sim'ha Zissel Ziv, *'Ho'hma OuMoussar*, I, p. 245. R. Yits'hak Hutner : *Pa'had Yits'hak, Yéra'h HaEitanim*, p. 46-47, 54 ; *Yar'ha Telitaei*, New York, 5731 (1971), p. 64-65, 98-99. R. Y.H. Achlag, *Matane Tora*, p. 23-26.

408. Cf. Sifrei (Deut. 32,4) 307.

409. Cf. Gen. 2,16-17. Cf. Exod. R. 30,6,18. Cf. TB Avoda Zara 3a ; Tan'houma, Choftim 9 ; Zohar III, 122a. Rambam, *Michné Tora, Hil'hot Mela'him* IX. Maharal, *Tiféret Yisraël*, 4 ; 7 ; 17.

410. Cf. Sifrei (Deut. 32,28) 322. TB Avoda Zara 17b. Nu. R. 10,9. Zohar, II, 82b ; 96b ; III, 77a. Rambam, *Hil'hot Temoura* IV, 13. Rabbeinou Ba'hya Ibn Pakouda, *'Hovot HaLevavot, Cha'ar HaPerichout*, 7.

411. Cf. Gen. R. 95,2. Ramban : *ad* Gen. 6,2,13 ; *Torat HaChème Temima (Kitvei Ramban* I), p. 173. Abrabanel, *Yitro*, Exod. 19 (II, p. 161 s.). Maharal : *Tiféret Yisraël*, 25 ; *Déré'h 'Hayim*, p. 111, 212, 220. *Likoutei Moharan*, II, 78. *Be'eir Avraham*, p. 49.

412. Cf. Nu. R. 11,4 ; Zohar II, 32*a*. R. D. T. HOFFMANN, *Bereichit*, I, p. 206.

413. Cf. Gen. R. 39,12 ; RACHI, Gen. 22,2. RAMBAN, Gen. 12,1 ; *idem, Deracha Al Divrei Kohélet* (*Kitvei Ramban* I), p. 202. *Or Ha'Hayim*, Gen. 12,1. Voir aussi Zohar I, 78*a*. Cf. ARI HAKADOCHE, *Likoutei Tora*, p. 42. CHELAH HAKADOCHE, III, p. 23*b*-24*a* ; *Kitvei Rabbi Na'hman de Bratslav*, p. 287. *Sefat Emet*, I, p. 46, 48 ; III, p. 200 ; IV, p. 199. *Mei Meirom*, V, p. 237 ; VI, p. 293, 312 ; VIII, p. 62-64 ; *Missaviv LiChmona Perakim LeHaRambam*, p. 212. R.D.T. HOFFMANN, *Bereichit*, I, p. 209-210.

414. Cf. TB Kidouchine 31*a* ; Zohar 'Hadache 44*a*, RAMBAN : Gen. 26,5 ; Lev. 18,25.

415. Cf. TB Makot 23*b* ; Exod. R. 30,6 ; Zohar II, 82*b* ; Tan'houma, Mass'ei 6 ; MAHARAL, *Tiféret Yisraël*, 7.

416. Cf. Gen. 6,6 ; Gen. R. 27, 6-7 ; RAMBAN, Gen. 6,6.

417. Cf. Massé'het Sofrim XVI, 10 ; Gen. R. 14,6 ; Exod. R. 28,1 ; cf. aussi TB Avoda Zara 19*a*.

418. Mais voir aussi RAMBAN, *Moré Nevou'him*, I, 63 ; II, 39 ; ABRABANEL, *Yitro* 19 (II, p. 161 s.) ; Yé'hezke'ël KAUFMANN, *Toldot HaEmouna HaYisreélit*, Tel-Aviv, 5712 (1952), I, p. 732, II, p. 29.

419. Cf. MAHARAL, *Tiféret Yisraël*, 20.

420. Cf. Gen. R. 39,24 ; 49,20. Voir Zohar I, 105*b*. Cf. R. YITS'HAK ARAMA, *Akédat Yits'hak*, I, *Le'h Le'ha*, 18.

421. Cf. Gen. 18, 18-19 et SEFORNO *ad loc.* Chron. I, 16, 16-19. TY Sanhédrine X, 1 ; voir aussi TB Chabbat 55*a*. Cf. Gen. R. 44,6 ; 63,2-3. Lev. R. 36,3-5. Tan'houma, Chemot 4. Zohar I, 86*a* ; 154*b*. RAMBAM, *Hil'hot Avodat Ko'havim* I, 2. RACHI, Gen. 18,19. RAMBAN, Gen. 24,1. RABBEINOU BA'HYA, Gen. 46,8. RADAK, Gen. 12,7. MAHARAL, *Nétsa'h Yisraël*, 11. CHELAH, I, p. 21*b* et 142*b*. *Mi'htav MeEliyahou*, III, p. 200-201. *Beit HaLévi*, II, p. 9.

422. Cf. Exod. 3,8,12,17 ; 6, 6,8. Exod. R. 3,4 ; Nu. R. 11,4. Zohar III, 221*a*.

423. Cf. MAHARAL, *Tiféret Yisraël*, 17.

424. Cf. TB Avoda Zara 2*b*, Zohar, I, 25*a* ; II, 3*a* ; III, 91*b* ; 192*a*-193*a* ; 227*b*. Cf. Tossefta, Demaï II, 4 ; Sifrei (Deut. 33,2) 343 ; TB Be'horot 30*b* ; RAMBAM, *Hil'hot Issourei Bi'a* XIV, 5 ; MAHARAL, *Tiféret Yisraël*, 1.

425. Cf. TB Avoda Zara 2*b*. Tan'houma, Bera'ha 4 ; voir aussi Thr. R. 3,3. Cf. RAMBAN, Deut. 26,17-18.

426. Cf. Exod. 6,7-8.

427. Cf. TB Chabbat 89*a* ; Pirkei DeRabbi Eliézer 41. RAMBAM, *Iguéret Teimane*. MAHARAL : *Be'eir HaGola*, 7 ; *Déré'h 'Hayim*, p. 219. 'Hatam Sofer, *Hagada Chel Pessa'h*, p. 5 ; R. AVRAHAM DE SLONIM, *Be'eir Avraham*, p. 145 ; R. AVRAHAM DE SOHATCHOV, *Avnei Neizer*, p. 97 et 148 ; RAV KOUK, *Orot*, p. 38-39, 49-50, 52-53, 88-89, 112, 138, 155, 157.

428. Cf. Is. 42,1. Cf. Lev. R. 13,14. MAHARAL, *Guevourot HaChème*, 54 ; ALCHÉI'H, *Noa'h*.

429. Cf. Me'hilta (Exod. 14,15) 3.

I. PEUPLE D'ISRAËL, PAYS D'ISRAËL 339

430. Cf. Nu. 10,35 et Rachi *ad loc.* ; Exod. R. 13,2. Sifrei (Nu. 10,35) 84 (Exod. 15,7 ; Ps. 74,23 ; 83,4 ; Zach, 2,12). Léka'h Tov, Chemot. Deut. 32,10 ; Rachi et Ramban, Deut. 32,7. Rachi, Deut. 32,11. Ramban, Deut. 32,40. Jér. 2,3 ; TB 'Haguiga 5*b* ; Exod. R. 24,13 ; Nu. R. 2,12 ; 10,5. Me'hilta (Exod. 15,7) 6, Thr. R. 1 ; Esther R. 7 ; Tana Devei Eliyahou Rabba 30 ; Zohar III, 122*a* ; *Séfer Ha'Hinou'h, Mitsva* 603. Voir aussi TB Sanhédrine 58*b*, Is. 63,9 ; Yalkout Chim'oni, Matot 31, 785. *Beit HaLévi*, II, p. 11.

431. Cf. Eccl. R. 1,9. – Cf. Exod. 4,22 ; Avot III, 14 ; TB Chabbat 31*a*. – Is. 41,8-9 ; 42,1,19 ; 44,2 (Zohar I, 145*b*), 21 ; 45,4 ; 49,3 (Zohar III, 112*a*), 6 ; 52,13. Jér. 30,10 ; 46,27-28. Lev. 25,55. TB : Kidouchine 22*b* ; Bava Kama 116*b*. Cant. R. 1,39. Maharal, *Guevourot HaChème*, 44. *Sefat Emet*, III, p. 193.

432. Cf. Gen. 15,1 ; 28,15. Is. 41,9 ; Zohar I, 177*b* ; 145*b*. Ps. 121,4 ; Tan'houma, Nitsavim 3. Tan'houma Yachane, Lé'h 14. Yalkout Chim'oni, Yitro 19,276.

433. Cf. Rachi, Nu. 23,9.

434. Cf. TB Avoda Zara 18*a*. Rabbeinou Sa'adya Gaon, *Emounot VeDeot* III, 7.

435. Cf. Tan'houma, Eikev 2. Voir *supra*, p. 56.

436. Cf. Deut. 10,15 ; Gen. 18,19. Voir Lev. R. 36.

437. Cf. Gen. 6,12.

438. Cf. Lev. R. 9,3 ; 35,5. Tana Devei Eliyahou Rabba 1. Tan'houma, Lé'h 11. *Kouzari* I, 47. Rambam, *Hil'hot Avodat Ko'havim* I, 1-3. Rabbeinou Ba'hya Ibn Pakouda, *'Hovot HaLevavot, Cha'ar HaPerichout*, 2,7. Maharal : *Netivot Olam*, II, *Netiv Déré'h Erets*, 1 ; *Déré'h 'Hayim*, p. 3 et 8. Chelah, I, p. 101*b*. *Likoutei Moharan*, II, 78, *Sefat Emet*, I, p. 55. *Mi'htav MeEliyahou*, III, p. 201. *Da'at Tora*, I, p. 10.

439. Cf. Gen. R. 14 ; TB 'Haguiga 12*a* ; Zohar I, 53*b*, 142*b* ; III, 83*b* ; 117*a*.

440. Cf. Targoum Yonathan ben Ouziël, Gen, 22,19 ; Targoum Yerouchalmi et Rachi, Gen. 25,22. TB : Meguila 16*b* ; Yoma 28*b* ; Avoda Zara 36*b* ; Makot 23*b*. Gen. R. 36,9 ; 37,10 ; 56,20 ; 63,7,14,15 ; 67,8 ; Tan'houma, Chemot 1. Zohar, I, 137*b* ; 138*b* ; 139*a* ; 255*b*. Tikounei HaZohar 69 (113*a*). *Kouzari*, I, 47 ; 63 ; 95 ; 103 ; II, 68. Rambam : *Hil'hot Avodat Ko'havim* I, 2 ; *Moré Nevou'him* II, 39. Rachi, Gen. 21,8 ; 25,16,27 ; 28,9,11. Ramban, Gen. 37,3. R. S.R. Hirsch, Gen. 10,21. *'Hatam Sofer, Che'eilot Outechouvot, Yoré Déa*, 356.

441. Cf. Gen. 12, 6-7 et Rachi *ad loc.* Gen. 14,18 et Rachi *ad loc.* Gen. 9,18,22 ; 10,6 ; 24,31. Michée 1,15 et Rachi *ad loc.* Gen. R. 1,3 ; 42,13 ; 59,12. Lev. R. 17,5. – Cf. Me'hilta (Exod. 13,17) 1 ; Gen. 21,23. Ramban, Gen. 15,11. Voir aussi Me'hilta (Exod. 15, 15-16) 9 ; Sifrei (Deut. 11,10) 38. – Cf. TB Sanhédrine 97*a* ; Tikounei HaZohar 36 (77*b*). – Cf. Pirkei DeRabbi Eliézer 31 ; Tan'houma, Chela'h 8. – Cf. Gen. 15,13,15,16 et Rachi *ad loc.* Lev. 18,28 ; 20,23,24. Is. 27,8. Zohar I, 113*b*. – Cf. Me'hilta : (Exod. 13,5) 18 ; Ramban, Gen. 10,15 ; voir Lev. R. 17,5 ; Gen. R. 59,12. Cf. TB Sanhédrine 91*a*. 94*a*. TY Chevi'it VI, 1 ; voir aussi Zohar I, 83*a*.

442. Cf. TB Yoma 28b ; Zohar I, 264b.
443. Cf. Avot V, 1 ; Exod. 34,28. Exod. R. 24,4 ; 29,7. Lev. R. 35,4 ; Nu. R. 14,24. Pessikta Rabbati 21. Zohar I, 63b ; III, 11b ; 117a. CHELAH, I, p. 56b, 176b. *Likoutei Moharan* II, 78. Voir Alexandre SAFRAN, *La Cabale*, p. 50.
444. Cf. Gen. 15,16 ; RACHI et RAMBAN *ad loc.* Deut. 9, 4-5 et RAMBAN *ad loc.* Exod. R. 30,1 ; Cant. R. 2,12. Yalkout Chim'oni, Chela'h 13,742. Me'hilta (Exod. 13,5) 18 ; (Exod. 13,17) 1. Voir aussi TB Ara'hine 15a. Cf. Zohar, I, 61b ; 73b ; 113b ; 121b. RECANATI, *Noa'h*, p. 20b.
445. Cf. Sifra (Lev. 18,4) 9 ; TB : Yoma 67b ; Eirouvine 100b ; Sanhédrine 56a ; 108a ; Bava Kama 87a. Gen. R. 61,1 ; 95,2. Lev. R. 2,9 ; 9,3 ; 13,2. Cant R. 1,16. Tan'houma, Le'h 11. RABBEINOU SA'ADYA GAON, *Emounot VeDeot* III, 1 ; 2. IBN EZRA, Gen. 26,5 ; Exod. 20,2. *Kouzari* II, 48. RAMBAM : *Chemona Perakim*, VI ; *Hil'hot Gueneiva* VII, 12 ; *Hil'hot Rotséa'h Ouchmirat Nafèche* IV, 9 ; *Hil'hot Mela'him* VIII, 11 ; IX, 1. RACHI, Gen. 26,5 ; Kidouchine 40a. RAMBAN : Gen. 6,2,13 ; 15,25 ; 26,5 ; Lev. 19,2 ; Deut. 6,18 ; *Torat HaChème Temima (Kitvei Ramban* I), p. 173. RABBEINOU BA'HYA, Gen. 13,17. MAHARAL : *Guevourot HaChème*, 29 ; *Tiféret Yisraël*, 19 ; 20 ; *Déré'h 'Hayim*, p. 3, 48, 52. *Likoutei Moharan*, II, 78. *Roua'h 'Hayim Avot*, V, 10. *Sefat Emet*, I, p. 24, 55 ; II, p. 31, 33 ; III, p. 32-33 ; *Olat Reiyah*, I, p. 215 ; *Orot HaKodèche*, III, p. 21, 32-33 ; *Orot HaTora*, p. 64-65. *Mei Meirom*, VIII, p. 18. *Méché'h 'Ho'hma*, p. 328. *Mi'htav MeEliyahou*, III, p. 51. *Bène Iche 'Haï*, p. 180.
446. Cf. Sifrei (Deut. 33,2) 343. TB : Chabbat 88b ; Sota 36b. Exod. R. 28,4 ; Nu. R. 14,22. Tan'houma, Le'h 19. Yalkout Chim'oni, Yechaya 60,503. Zohar II, 146a ; 220a. Tikounei HaZohar 22 (64a). MAHARAL : *Tiféret Yisraël*, 1 ; 17 ; *Derachot*, p. 26-28.
447. Cf. TB : Bava Kama 38a ; Avoda Zara 2b. Lev. R. 13,2 ; Cant. R. 19,11 ; Thr. R. 3,3 ; Yalkout Chim'oni, Yechaya 43, 454. Zohar, I, 25a ; II, 3a ; III, 91b ; 192a. RAMBAN, Deut. 32,26. MAHARAL : *Peirouchim Al Agadot*, I, p. 63 ; *Déré'h 'Hayim*, p. 212. RAV KOUK : *Olat Reiyah*, I, p. 363, 386.
448. Cf. Sifrei (Deut. 32,9) 312. TB Ara'hine 10b. Gen. R. 39,13. Lev. R. 1,12 ; 36,4. Nu. R. 3,8 ; 14,22. Cant. R. 2,12 ; 3,5. Tan'houma : Bo 5 ; Terouma 9. Tana Devei Eliyahou Zouta 2 ; Cho'heir Tov 132 ; Yalkout Chim'oni, Yé'hezke'ël 1, 336. Zohar I, 86a. *Kouzari* I, 95 ; II, 44. R. MOCHÉ CORDOVERO, *Pardess Rimonim*, 13,3 ; ALCHÉI'H, *Toldot*. MAHARAL, *Guevourot HaChème*, 9 ; *Netivot Olam*, II, *Netiv HaTemimout*, 2. *Sefat Emet*, I, p. 25. *Be'eir Avraham*, p. 145 ; *Chem MiChemouël, Hagada*, p. 76. *Méché'h 'Ho'hma*, p. 18-19. – Cf. Gen. 21,12 ; RACHBAM et RADAK *ad loc.* Gen. 28,4 et RACHI *ad loc.* Michna, Nedarim III, 11 et RAMBAM *ad loc.* TY Nedarim IX, 8. TB Nedarim 31a ; RACHI et RAN *ad loc.* Zohar, I, 120a. RAMBAM, *Hil'hot Nedarim* IX, 21 ; *Hil'hot Mela'him* X, 7 ; *Iguéret Teimane*, p. 140-141. TB Sanhédrine 59b. Gen. R. 53,12 ; 63,11. Tan'houma, Bera'ha 1. RAMBAN, Gen. 17,6 ; 26,3. RAMBAN et SEFORNO, Gen. 25,19. RADAK, Gen. 17,7. *Or Ha'Hayim*, Gen. 16,5 ; 28,12. MAHARAL, *Guevourot HaChème* 54, *Tosséfet Bera'ha*, V, p. 34. – Me'hilta (Exod. 12,1) 1 ; Michna, Zeva'him XIV ; TB Zeva'him 112b ;

115*a*. Rambam, *Hil'hot Beit HaBe'hira* I, 3 ; Chelah, III, 204*a* ; Hagra, *Siddour Ichei Yisraël*, p. 287 ; *Mei Meirom*, VI, p. 254.
449. Cf. Lev. 20,26 ; Nu. R. 10,3 ; Ramban, Deut. 32,26 ; *Sefat Emet*, I, p. 11 ; *Orot HaKodèche*, III, p. 439-441.
450. Cf. TB Avoda Zara 2*b* ; Yalkout Chim'oni, Yechaya 43, 454 ; Recanati, *Noa'h*, p. 20*b* ; *Or Ha'Hayim*, Deut. 32,9 ; *Mi'htav MeEliyahou*, III, p. 200-201.
451. Cf. Is. 44,5 et Rachi *ad loc.* ; cf. Is. 40,5. Voir Is. 2,3 ; Michée 4,2. Cf. Sifrei (Deut. 1,1) 1 ; Exod. R. 23,11 ; Cant. R. 7,10 ; Avot DeRabbi Nathan 35 ; Yalkout Chim'oni, Yechaya 60, 503 ; *Likoutei Moharan*, 47.
452. Cf. Maharal, *Déré'h 'Hayim*, p. 111 ; Rav Kouk, *Orot*, p. 33 ; *Olat Reiyah*, I, p. 363. R. Y. H. Achlag, *Matane Tora*, p. 36-37, 41.
453. Cf. TY'Hala II, 1. Voir *supra*, p. 48.
454. Cf. TB Sanhédrine 98*a* ; Zohar I, 177*b* ; Rabbeinou Sa'adya Gaon, *Emounot VeDeot* VIII, 2 ; Ramban, Exod. 12,42 ; *Séfer HaGueoula (Kitvei Ramban I)*, p. 277. R. Y. H. Achlag, *Matane Tora*, p. 64-65. Mais voir aussi Ramban, Exod. 2,25 ; *Séfer HaGueoula*, p. 287. *Or Ha'Hayim*, Lev. 25,27. – Cf. R. Moché 'Hayim Luzzatto, Ram'hal, *Pit'hei 'Ho'hma*, p. 8*b*.
455. Cf. Exod. R. 34,1 ; Pessikta Rabbati 16,8 ; Tan'houma, Ki Tissa 10 ; Yalkout Chim'oni, Yitro 43, 454.
456. Cf. Me'hilta (Exod. 19,2) 1 ; Tan'houma, VaYakhel 8 ; Yalkout Chim'oni, Yitro 19, 275. Voir Tossafot, Sota 35*b*.
457. Cf. Me'hilta (Exod. 20,2) 5 ; TB Avoda Zara 2*b* ; Lev. R. 2,8 ; Nu. R. 2,16 ; Tana Devei Eliyahou Zouta 7 ; Yalkout Chim'oni, Yechaya 43, 454. Voir Rachi, Nu. 22,5 ; *Sefat Emet*, IV, p. 151-153, 156.
458. Cf. Sifrei (Deut. 34,10) 357 ; TB Bava Batra 15*b* ; Gen. R. 52,7 ; 65,16. Nu. R. 14,34. Zohar II, 22*a*. Nu. 23,4,16. Rachi, Lev. 1,1 ; Nu. 23,4. Maharal, *Déré'h 'Hayim*, p. 11. Rav Kouk, *Orot*, p. 35 ; Rav Harlap, *Mei Meirom*, VIII, p. 74.
459. Cf. Nu. R. 20,1. Rambam, *Moré Nevou'him* II, 45 ; voir *Hil'hot Yessodei HaTora* VII, 1. Chelah, III, p. 164*b* (Jér. 4,22). Voir Massé'het Sofrim XIII, 9. R. Samson Raphaël Hirsch, Nu. 22,8 ; *The Hirsch Siddur*, p. 340-341. R. Yossef 'Hayim de Bagdad, *Od Yossef 'Haï*, p. 48.
460. Cf. TB Sanhédrine 105*b* ; Tan'houma, Balak 12 ; Pessikta Zoutarta 24,6. Tossafot, Avoda Zara 4*b*. Maharal, *Déré'h 'Hayim*, p. 204, *Bène Iche 'Haï*, p. 252. R. Y. Y. L. Bloch, *Chiourei Da'at*, I, p. 72 s. et 250 s.
461. Cf. Maharal, *Tiféret Yisraël*, 1, *Likoutei Moharan*, 17.
462. Cf. Exod. 1,5 ; TB : Soukka 55*b* ; Sota 36*b*. Nu. R. 13,15 ; 21,21. Pessikta DeRav Kahana 30. Tan'houma (éd. Buber), VaYichla'h 30. Zohar, II, 58*b*-59*a* ; 187*a* ; III, 24*b* ; 103*b*. Rachi, Deut. 32,8 ; Recanati, *Le'h Le'ha*, p. 21*b*. Ba'al IIaTourim, Nu. 11,16. Maharal, *Guevourot HaChème*, 9 ; 11. Chelah, III, p. 171*a* ; 201. *Maguid Devarav LeYa'akov*, 78 ; 107. *'Or Ha'Hayim*, Gen. 28,14 ; Deut. 32,8. *Likoutei Moharan*, 136*a*. *Avnei Neizer*, p. 74.
463. Cf. TY Chevi'it VI, 1. Sifra (Lev. 18,3) 9, Gen. R. 44,27 ; Cant. R. 1,37. Ramban, Deut. 19,8. Ari HaKadoche, *Likoutei Tora*, Le'h, p. 50.

MAHARAL, *Guevourot HaChème*, 4. R. DOV BAER DE MEZRITCH, *Maguid Devarav Le'Ya'akov*, 78. *Ha'amek Davar*, Deut, 9,4-5 ; *Avnei Neizer*, p. 13, 76, 78 ; *Bène Iche 'Haï*, p. 174. – Cf. Deut. 7,1 ; Gen. 15,19,21. Lev. R. 17,5. Voir TB Bava Batra 56*a*. Cf. RACHI, Exod. 13,5 ; RACHI et RAMBAN, Deut. 18,2.

464. Cf. Zohar III, 193*a* ; RAMBAN, Deut. 11,10. Voir R. D. T. HOFFMANN, *Bereichit*, I, p. 210-211.

465. Cf. Sifra (Lev. 20,22) 13. Voir Nu. 35,33 ; Deut. 24, 3-4, 14 ; 25,15. Cf. RAMBAN, Gen. 1,1 ; 19,5 ; Lev. 18,25 ; Nu. 35,33. RADAK, Ez. 33,25. ALCHÉÏ'H, *Eikev*. MAHARAL, *Déré'h 'Hayim*, p. 188. *Mei Meirom*, VI, p. 237. *Mi'htav MeEliyahou*, III, p. 194-196.

466. Cf. Lev. 18,25 ; Amos 3,2. TB Avoda Zara 4*a* et RACHI *ad loc*. Exod. R. 3,11 ; Lev. R. 27,1. RAMBAN, Gen, 19,5 ; Lev. 18,25 ; *Deracha Al Divrei Kohélet* (*Kitvei Ramban* I), p. 200-202 ; *Deracha LeRoche HaChana* (*ibidem*), p. 249-250 ; *Iguéret 7* (*ibidem*), p. 368. R. 'Hayim VITAL, *Peri Eits 'Hayim*, p. 20. ALCHÉÏ'H, Deut. 11,12. MAHARAL, *Guevourot HaChème*, 9 ; *Déré'h 'Hayim*, p. 162. CHELAH, III, p. 136*b*. *Sefat Emet*, III, p. 148 ; IV, p. 103. RAV KOUK, *Chabbat HaARéts*, p. 11 ; *Olat Reiyah*, II, p. 156-157. RAV HARLAP, *Mei Meirom*, VI, p. 148-149 ; *Missaviv LiChmona Perakim LeHaRambam*, p. 7-8. R. S. R. HIRSCH, *Igrot Tsafone*, IX, p. 54. *Ha'amek Davar*, Deut. 7,6. *Od Yossef 'Haï*, p. 47. *Lev Eliyahou*, p. 162. *Avnei Neizer*, p. 69-70.

467. Cf. Lev. 18 et RAMBAN *ad loc*. Lev. 19,12 ; Sifra et RACHI *ad loc*. Lev. R. 24,6. MAHARAL, *Déré'h 'Hayim*, p. 188. CHELAH, I, p. 169*a*. *Likoutei Moharan*, 36*b*.

468. Cf. Sifra (Lev. 18,3) 9, RAMBAN, Deut. 9,4 ; 32,35. MAHARAL, *Guevourot HaChème*, 4.

469. Cf. Lev. 18,28 et Sifra (13) *ad loc*. RACHI, Sota 35*b* ; RAMBAN, Gen. 15,7. Voir RAMBAM, *Hil'hot Techouva* VI, 3.

470. Cf. Midrache Chemouël, VaYéchève. *Sefat Emet*, III, p. 197-198, R. MENA'HEM M. KACHER, *HaTekoufa HaGuedola*, Jérusalem, 5729, p. 478.

471. Cf. RACHI, Exod. 19,4 ; Nu. R. 10,5.

472. Cf. Gen. 15,16 ; Nu. 32,22 ; Ps. 105, 44-45. Sifrei : (Deut. 11,13) 41 ; (Deut. 11,23) 50. Michna Bera'hot IX, 1. TY 'Hala II, 1. TB : Avoda Zara 45*b* ; Temoura 16*a* et RACHI *ad loc*. Jos. 15, 15-17 ; voir *Arvei Na'hal, Chela'h*. Eccl. R. 11,10 ; Tan'houma, Kedochim 11 ; Yalkout Chim'oni, Eikev 11,860 ; voir aussi Pirkei DeRabbi Eliézer 34. Zohar, I, 151*b* ; III, 177*a*. RAMBAM, *Hil'hot Avodat Ko'havim*, VII, 1. RACHI : Deut. 12,10 ; Bava Metsia 89*a*. RAMBAN, Lev. 18,25. *Choul'hane Arou'h*, *Ora'h 'Hayim*, 224,2. *Séfer Ha'Hinou'h*, Mitsva 436. MALBIM, Deut. 26,1. *Kedouchat Lévi*, p. 82. *Midrache Sim'ha* (Pchiskhe), II, p. 221. *Sefat Emet*, III, p. 197-200 ; IV, p. 102, 175, 194, 199 ; V, p. 8. *Bène Iche 'Haï*, p. 37,171. *Chem MiChemouël, VaYikra*, p. 319 ; *Devarim*, p. 251. *Neot HaDéché*, p. 84 ; *Mei Meirom*, VI, p. 310.

473. Cf. Ps. 42,6 ; Lev. R. 13,5 ; Gen. R. 16,7. Lev. 25,23. *Sefat Emet*, III, p. 190.

474. Cf. Gen. 6,11.

475. Cf. TB Sanhédrine 108*a* ; Pessikta Zoutarta, Bereichit 6,5 ; Tan'houma (éd. Buber), Bereichit 21. Zohar I, 66*b*-67*a* ; Zohar 'Hadache, Noa'h 21. – Gen. R. 19,18.

476. Cf. TY Sanhédrine XI, 5, Tan'houma, Chemini 9, voir Nu. R. 10,3. Cf. MAHARAL, *Peirouchim LeAgadot*, IV, p. 15. RAV KOUK, *Orot HaKodèche*, I, p. 151 ; *ibidem* II, p. 376, 544-545 ; *Olat Reiyah*, I, p. 13 ; *Orot HaTechouva*, p. 38-39. *Sefat Emet*, V, p. 18.

477. Voir MAHARAL, *Guevourot HaChème*, 44.

478. Cf. Is. 11,9.

479. Voir Avot V ; voir aussi *supra*, p. 26.

480. Cf. Lev. R. 23,3 ; Cant. R. 2,6.

481. Cf. Gen. R. 83,4. Nu. R. 10,3 ; 17,7. Cant. R. 6,4 ; 7,7. Voir Zohar III, p. 193*a*. Cf. R. SAMSON RAPHAËL HIRSCH, Exod. 19,5-6 ; Lev. 25,7 ; Ps. 81 (éd. allem. II, p. 53-56 ; éd. hébr. p. 337-340). RAV KOUK, *Orot*, p. 155.

482. Cf. Exod. 4,22. MAHARAL, *Guevourot HaChème*, 29.

483. Cf. Is. 44,5 ; Avot DeRabbi Nathan 36.

484. Cf. Nu. 16,22 ; 27,16. Jér. 1,7. Exod. R. 29,3,7. – Is.40,5 ; Tana Devei Eliyahou Zouta 2.

485. Cf. Me'hilta : (Exod. 19,6) 2 ; (Exod. 22,30) 19 ; Sifra (I) et MALBIM, Lev. 19,2. Voir TB Pessa'him 104*a*. Cf. Exod. R. 31,8 ; Nu. R. 10,3 ; Cant. R. 6,4. Zohar III, 126*a*. RACHI, Lev. 20,26 ; RAMBAN, Exod. 22,30. Voir IBN EZRA, Lev. 20,24.

486. Cf. Lev. 20,24,26 ; Sifra (11) et RACHI *ad loc.* Deut. 4,20,34. TY Bera'hot V, 2. Gen. R. 14,1 ; Lev. R. 20,2. Nu. R. 3,8 ; 10,3 ; 14,22. Tan'houma : Noa'h 1 ; A'hrei 2 ; BaMidbar 17. Tana Devei Eliyahou Zouta 2. Cho'heir Tov 107 ; 114. Zohar, II, 135*a* ; III, 90*b* ; 125*a*. ONKELOS et RACHI, Exod. 8,19 ; RACHI, Deut. 26,17. RAMBAM, *Iguéret Teimane*, p. 140. RAMBAN, Exod. 20,3 ; Deut. 7,7. RAN, Nedarim 20*b*. MAHARAL, *Guevourot HaChème*, 3. *Sefat Emet*, I, p. 11 ; III, p. 197. *Chem MiChemouël, Hagada*, p. 78. *Beit Avraham*, p. 153.

487. Exod. 24,7.

488. Lev. R. 23,3 ; cf. Cant. R. 2,6 ; 6,6. Exod. R. 42,6 ; Zohar III, 61*b*. Voir Cant. 2,2 ; Cant. R. 7,7 ; Gen. R. 83,4. Zohar, I, 1*a* ; II, 189*b* ; III, 286*b*-287*a*.

489. Cf. Is. 54,5. RAMBAN, *Deracha LeRoche HaChana* (*Kitvei Ramban* I), p. 250 ; *ad* Lev. 18,25. – Tan'houma : Michpatim 17 ; Kedochim 12.

490. Cf. Gen. 6,11.

491. Cf. TB Zeva'him 113*a*. Cf. Gen. R. 33 ; Lev. R. 31,8 ; Cant. R. 1,68 ; Pirkei DeRabbi Eliézer 23 ; Zohar I, 61*a*.

492. Cf. Tan'houma Re'éh 8 ; Deut. 32,9. Tan'houma, BaMidbar 17 ; Joël 4,2. Voir Yalkout Chim'oni, Eikev 11,860.

493. Cf. Deut. 11,12 et ALCHEI'H *ad loc.* ; cf. Deut. 32,9,12 ; Exod. 33,14-15. Cf. Me'hilta (Exod. 19,6) 2 ; Sifrei (Deut. 11,14) 42. TY Chevi'it IV, 3 ; voir aussi TB Chabbat 156*a*. TB : Ta'anit 3*a* ; 10*a* ; voir aussi TB : Souka 29*a* ; Yevamot 63*a*. Gen. R. 39,2,19 ; Exod. R. 32,7-8 ; Nu. R. 2,12 ; Cant. R. 7,7 ; Pessikta DeRav Kahana 32. Cho'heir Tov 82. Pirkei DeRabbi Eliézer 24. Tan'houma : Michpatim 17 ; Re'éh 8 ; Ha'azinou 4 ; 6. Yalkout Chim'oni : Yitro 19,276 ; Eikev 11,860. Zohar, I, 10*a* ; 61*a* ; 69*a* ; 108*b* ; 177*a-b* ; 195*a* ; II, 152*b* ; III, 12*a* ; 260*b*. *Kouzari* II, 14,44. IBN EZRA, Deut.

4,19. Ramban, Gen. 12,2 ; 15,18 ; 28,12 ; Lev. 18,25 ; Deut. 4,16 ; 7,6 ; 10,21 ; 11,12 ; 32,12 ; *Deracha LeRoche HaChana* (*Kitvei Ramban* I), p. 249-250. Rabbeinou Ba'hya, Exod. 19,5. Recanati, *Yitro* p. 7*b*. Abrabanel, Gen. 12 ; 17 ; 48. Maharal, *Déré'h 'Hayim*, p. 188. Chelah, III, p. 136*b* ; *Siddour Cha'ar HaChamayim*, p. 354, *Maguid Devarav LeYa'akov*, 198. R. Eliyahou de Vilna, *Sifra DiTseniouta Im Biour Hagra, Likoutei Hagra*, p. 76 ; *Adéret Eliyahou*, p. 85, 388 ; *Siddour Ichei Yisraël*, p. 47, 329. *Or Ha'Hayim*, Deut. 26,17 ; 32,8. Malbim, Reg. I, 18,31. *Likoutei Moharan*, II, 8,10 ; 40. R.S.R. Hirsch, Ps. 105 (hébr. p. 415). *Sefat Emet*, III, p. 190, 198. Rav Kouk, *Orot*, p. 16-17. *Mei Meirom*, VIII, p. 66. *Méché'h 'Ho'hma*, p. 315. *Ha'amek Davar*, Deut. 6,4 ; *Beit Avraham*, p. 103-104 ; *Avnei Neizer*, p. 102, 148 ; *Chem MiChemouël, Hagada*, p. 85. *Mi'htav MeEliyahou*, II, p. 50.

494. Cf. Maharal, *Guevourot HaChème*, 23. *Sefat Emet*, IV, p. 35.

495. Cf. Zohar I, 205*b* ; Is. 45,12. Cant. R. 7,7. Chelah, III, p. 22*a*.

496. Cf. TB : Sanhédrine 97*a* ; Avoda Zara 9*a* ; Roche HaChana 31*b*. Tikounei HaZohar 36 (77*b*).

497. Cf. Gen. R. 2,4 ; Onkelos, Gen. 12,5. Voir TB Avoda Zara 9*a*. Cf. Zohar, I, 4*a* ; 24*b* ; II, 83*b* ; 147*b* ; Tikounei HaZohar 70 (137*a*). Maharal, *Guevourot HaChème*, 5 ; *Peirouchim LeAgadot*, I, p. 24. Chelah, III, p. 23*a* ; 25*b*. Malbim, Gen. 17,2.

498. Cf. Exod. R. 30,2 (Gen. 2,4 ; Ruth 4,18). *Tanya*, 36.

499. Cf. TB : Chabbat 156*a* ; 146*a* ; Nedarim 32*a* ; mais voir aussi TB Moède Katane 28*a*. Cf. TY Roche HaChana III, 8. Gen. R. 44,14 ; Exod. R. 38,7 ; Nu. R. 20,11. Deut. R. 8,6. Is. 40,26 ; Jér. 10,2. Pessikta Rabbati 44,1 ; Pessikta Zoutarta, Le'h, Gen. 15,5. Tan'houma, Choftim 11. Zohar, I, 90*b* ; II, 78*b* ; III, 148*a* ; 216*b* ; 235*a*. Zohar 'Hadache, Yitro 32. Tikounei HaZohar 50 (86*b*) ; 69 (100*a*). *Kouzari* IV, 17 ; 27. *Iguéret Teimane*, p. 157-159. Rachi, Gen. 1,14. Ibn Ezra, Exod. 6,3 ; 20,1 ; 33,21 ; Deut. 4,19. Abrabanel, Gen. 12. R. Yehouda Hé'Hassid, *Peirouchei HaTora*, p. 122. Maharal, *Guevourot HaChème*, 7. Alchéi'h, Lé'h ; Bo. Chelah, III, p. 23 a-b-24a ; *Siddour Cha'arei HaChamayim*, p. 351-355. Hagra, *Siddour Ichei Yisraël*, p. 44, 46. R. 'Hayim de Volojine, *Roua'h 'Hayim*, p. 36. *Maguid Devarav LeYa'akov*, p. 100 ; *Kedouchat Lévi*, p. 77*a* ; *B'nei Issas'har*, II, p. 94. *Keli Yakar*, Exod. 19,4 ; *Sefat Emet*, I, p. 53, 55 ; II, p. 58. *Chem MiChemouël, Bereichit*, II, p. 349 ; *Da'at 'Ho'hma OuMoussar*, p. 146-147 ; *Mi'htav MeEliyahou*, I, p. 185-186 ; III, p. 169-170.

500. Cf. TB : Chabbat 146*a* ; Avoda Zara 22*b*. Cant. R. 4 ; 7,1. Tana Devei Eliyahou Rabba 17. Zohar, I, 36*b* ; 52*b* ; 63*b* ; 70*b* ; 126*b* ; 228*a* ; II, 94*a* ; 168*a* ; 193*b* ; 236*b* ; 242*b* ; III, 14*b* ; 97*b* ; 117*a*. *Cha'arei Zohar*, p. 35. Maharal, *Peirouchim LeAgadot*, I, p. 25 ; *Derachot, Hespède*, p. 15. Chelah, III, p. 22a-b ; 137*b*. Hagra, *Siddour Ichei Yisraël*, p. 43, 46, 47. *Sefat Emet*, I, p. 8 ; II, p. 40, 84, 86, 93, 109 ; III, p. 190, 200.

501. Cf. Gen. 2,4 et Radak *ad loc.* Gen. R. 12. Zohar II, 223*a*. Cf. R.D.T. Hoffmann, *Bereichit*, I, p. 54s., 117. Voir A. Safran, *La Cabale*, p. 366.

I. PEUPLE D'ISRAËL, PAYS D'ISRAËL

502. Cf. Zohar I, 55*b* (Gen, 2,4 ; 5,1) ; cf. Zohar I, 60*b*.
503. Cf. Gen. R. 13,3. Zohar, I, 4*a* ; 48*b* ; II, 88*a* ; III, 113*b* ; 264*a*. IBN EZRA, Gen. 2,12 ; RADAK, Gen. 2,4 ; R.D.T. HOFFMANN, *Bereichit*, I, p. 59 ; M.D. CASSUTO, *MeAdam Ad Noa'h*, p. 55-56. CHELAH, III, p. 26*a* ; HAGRA, *Séfer HaEmouna VeHaHachga'ha*, II, p. 6*b* ; *Sefat Emet*, V, p. 165 ; *Be'eir Avraham*, p. 50-51.
504. Cf. TB Avoda Zara 9*a*, Nu. R. 13,5. Is. 51,2 ; Ez. 33,24. Zohar I, 85*b*. ALCHÉI'H, *Toldot*. MAHARAL, *Guevourot HaChème* 5 ; 6 ; 36 ; *Déré'h 'Hayim*, p. 172.
505. Voir Avot V, 2 ; VI, 9. Massé'het Sofrim XVI, 10 ; XXI, 9. TB : Roche HaChana 11, *a ;* Bava Batra 15*a ;* 91 *a-b*. Gen. R. 2,4 ; 14,6 ; 15,5 ; 39,13. Nu. R. 13,5. Pessikta DeRav Kahana II, 23, p. 341. Zohar I, 86*a*. RAMBAM, *Hil'hot Avodat Ko'havim*... I, 2. MAHARAL, *Déré'h 'Hayim*, p. 167-168, 244. *Sefat Emet*, I, p. 18.
506. Cf. MAHARAL, *Tiféret Yisraël*, 19 ; *Sefat Emet*, II, p. 31-33.
507. Gen. 17,4-5. TY Bikourim I, 4. TB : Bera'hot 13*a* ; Chabbat 105*a* ; Pessa'him 88*a* ; Souka 49*b*. Is. 2,3. Zohar, I, 96*a* ; 105*b* ; II, 89*b*-90*a*. RAMBAM, *Hil'hot Bikourim* IV, 3 ; *Hil'hot Avodat Ko'havim*... I, 2 ; *Iguéret Teimane*, p. 161-162. MAHARAL, *Déré'h 'Hayim*, p. 200. CHELAH, III, p. 26*a*. *Sefat Emet*, I, p. 66. *Mi'htav MeEliyahou*, II, p. 82.
508. Cf. Is. 51,1-2. TB Bera'hot 16*b*. Gen. R. 1,5. Zohar I, 1*b*. MAHARAL, *Nétsa'h Yisraël*, 11 ; *Guevourot HaChème* 5 ; 6 ; 7 ; 9 ; 36 ; *Déré'h 'Hayim*, p. 169. RAV KOUK, *Igrot HaReiyah*, I, p. 320. *Mei Meirom*, VIII, p. 65. *Da'at Tora*, I, p. 81, 85.
509. Cf. Avot V, 2. Zohar III, 111*b*. HAGRA, *Siddour Ichei Yisraël (Sia'h Yits'hak)*, p. 43. *Sefat Emet*, I, p. 53.
510. Gen. 2,4. Cf. Gen. R. 12,8-9, voir TB Mena'hot 29*b*. Zohar, I, 3*b* ; 4*a* ; 25*a* ; 86*b* ; 91*b* ; 93*a* ; 105*b* ; 128*b* ; 154*b* ; 230*b* ; 247*a* ; II, 31*a* ; 48*b* ; 79*a* ; 220*b* ; III, 31*a* ; 38*a* ; 298*a*. Zohar 'Hadache 44*a*. *Cha'arei Zohar*, p. 256. *Ba'al HaTourim*, Gen. 12,3. MAHARAL, *Guevourot HaChème*, 5 ; *Peirouchim LeAgadot*, I, p. 24. CHELAH, III, p. 22*a*, 25*b*, 46*a*.
511. Cf. TB : Nedarim 32*a* ; Bera'hot 7*b* et MAHARCHA ad loc. Gen. R. 64,4. Nu. R. 14,7 ; 18,17. Tan'houma : Le'h 3 ; VaYigache 12 ; Behar 1. RAMBAM, *Hil'hot Avodat Ko'havim* : I, 3 ; *Iguéret Teimane*, p. 162. MAHARAL, *Netivot Olam*, I, *Netiv Guemilout 'Hassadim*, 1 ; *Peirouchim LeAgadot*, I, p. 24.
512. Cf. Gen. R. 61,1 ; 95,2. Tan'houma, VaYgache 11. Avot DeRabbi Nathan 33,1. RAMBAN, et *Or Ha'Hayim*, Gen. 12,1. RAMBAM, *Hil'hot Avodat Ko'havim*, 1,3. MAHARAL, *Guevourot HaChème*, 29. CHELAH, III, p. 23*b*. *Kedouchat Lévi*, p. 142*b*-143*a*.
513. Cf. Michna Kidouchine IV, 14 ; TB Yoma 28*b*. Gen. R. 49,6 ; 64,4 ; 95,2. Lev. R. 2,9. Cho'heir Tov 41 ; 112. Tan'houma, Lé'h 11 ; Behar 1. Zohar III, 276*b*.
514. Cf. Ez. 33,24. Mais voir aussi RADAK, Gen. 12,7.
515. Cf. Gen. R. 40,8 ; 63,3 ; 76,6. Nu. R. 14,22. Tan'houma, Lé'h 9 ; 19. Zohar I, 83*a*. RACHI, Gen. 12,6-7. RAMBAN, Gen. 11,28 ; 12,6,10 ; Lev.

24,10. Recanati, *Chela'h*, p. 37*b*. Abrabanel, Gen. 15 (I, p. 214). Maharal, *Déré'h 'Hayim*, p. 172. Chelah I, p. 142*b* ; III, p. 24*b*-25*a*. R.S.R. Hirsch, Gen. 15,7 ; Ps. 105 (hébr. p. 417). *Sefat Emet*, I, p. 52-54, 69. *Bène Iche 'Haï*, p. 18. – *Méché'h 'Ho'hma*, p. 10.

516. Cf. TB Nedarim 32*b*. Voir Tan'houma : Le'h 11 ; Kora'h 12. Cf. Zohar I, 83*a* ; Zohar 'Hadache 44*b*. Ramban, Gen. 26,5.

517. Cf. TB Chabbat 146*a* ; 156*a*. Zohar, I, 78*a* ; 90*b* ; III, 148*b*. *Sefat Emet*, I, p. 54-55.

518. Cf. Gen. R. 2 ; 35,2 ; 42,13 ; 44,22. Targoum Yonathan ben Ouziël, Nu. 23,21. Ramban, Gen. 22,16. Maharal, *Guevourot HaChème*, 29. Chelah, III, p. 29*b*. *Mi'htav MeEliyahou*, I, p. 158. R.M.M. Kacher, *HaTekoufa Haguedola*, p. 478.

519. Cf. Is. 65,17 ; 66,22. – Gen. 2,4.

520. Cf. Is. 41,8.

521. Cf. Rambam, *Peirouche HaMichna*, *'Houline* VI, 6.

522. Cf. TB, Chabbat 137*b* ; Kidouchine 72*b* ; Mena'hot 43*b*. Exod. R. 19,6. Zohar III, 73*b* ; Tikounei HaZohar 22 (65*b*). Rambam, *Hil'hot Mila* III, 3. *Tour Yoré Déa*, 260. *Séfer Ha'Hinou'h, Mitsva 2*. Chelah, III, p. 21*b*.

523. Cf. Gen. 17,9-13. Michna Chabbat XIX, 6 ; Tossefta Chabbat XVI, 8 ; TB Chabbat 108*a* ; 137*a*. TY Yevamot VIII, 1. Gen. R. 46,4 ; 48,2. Nu. R. 10,5. Esther R. Peti'hta 10 (Job 19,26 ; cf. Jér. 11,5). Pirkei DeRabbi Eliézer 29. Tan'houma, Le'h 20. Zohar, I, 94*a* ; 95*a* ; 214*b* ; II, 86*a* ; III, 29*a*. Rambam, *Hil'hot Mila* II, 4 ; III, 1 ; *Moré Névou'him* III, 49 ; Is. 41,8 (Ps. 105,6). Rachi, Gen. 17,3,14 ; Lev. 19,23. (Voir aussi Ramban, Deut. 19,8 ; 30,6. Cf. Deut. 10,16 et Pessikta Zoutarta *ad loc.* ; Lev. 26,4 ; Jér. 4,4 ; 9,25 ; Ez. 44,7,9. Voir Rom. 2,25-29). Cf. Radak, Gen. 17,1-2 ; R. Yits'hak Arama, *Akédat Yits'hak, Lé'h Le'ha* XVIII ; Malbim, Gen. 17,2,5. Maharal, *Tiféret Yisraël*, 19 ; *Derachot*, p. 40. Chelah, I, p. 2*b*, 164*b*, 187*a*-*b* ; III 9*a* ; 169*b*. R. Na'hman de Bratslav, *Likoutei Moharan*, II, 19 ; *Likoutei Hala'hot, Hil'hot Mila*, 2, Rav Kouk, *Orot*, p. 170 ; *Olat Reiyah*, I, p. 397-398. *Sefat Emet*, I, p. 45, 51, 61. *Beit HaLévi*, I, p. 18-20.

524. Cf. Gen. 17,7. Tan'houma (éd. Buber), Bechala'h 12. Tana Devei Eliyahou Zouta 25. Pirkei DeRabbi Eliézer 29. Ramban, Gen. 15,18.

525. Cf. Gen. 17,9. Ramban, Gen. 17,4. Abrabanel, *Lé'h Le'ha* 17, 4-9 (I, p. 222-223). *Sefat Emet*, I, p. 46.

526. Cf. Gen. 17,8-11. Gen. R. 46,7 ; Zohar I, 93*b* ; II, 26*a*. Zohar 'Hadache, Bereichit 32. Pirkei DeRabbi Eliézer 29 ; Jos. 5,2. Ramban, Gen. 15,18. Chelah, III, p. 21*b*-22*a*.

527. Cf. *Chem MiChemouël, Hagada*, p. 76.

528. Cf. TB Bava Batra 91*b*.

529. Cf. Exod. R. 31,1 ; Lev. R. 9,3 ; Tan'houma, Lé'h 11. – Cf. Nu. R. 10,1.

530. Cf. Michna Nedarim III, 11 ; TB Nedarim 31*b* (Jér. 33,25).

531. Cf. TB : Chabbat 137*b* ; Nedarim 32*a*. Zohar, I, 32*a* ; 56*a* ; 59*b* ; 66*b* ; 89*a* ; 91*b* ; 93*b*. Voir R.S.R. Hirsch, Gen. 17,2.

I. PEUPLE D'ISRAËL, PAYS D'ISRAËL

532. Cf. Gen. 17,1. TB Nedarim 31*b* ; Tan 'houma, Tazria 5 ; Zohar III, 14*a* ; Tikounei HaZohar, 37. *Moré Nevou'him* III, 49. ABRABANEL, Gen. 17,1. MAHARAL, *Tiféret Yisraël*, 2 ; 19 ; *Derachot, Derouche LeChabbat Techouva*, p. 29. *Sefat Emet*, I, p. 44-45 ; III, p. 136. *Chem MiChemouël, Hagada*, p. 26.

533. Cf. Exod. 19,5 ; 34,27. Deut. 4,13. TB : Chabbat 33*a* ; Avoda Zara 3*a*. Lev. R. 21,6. Zohar III, 14*a* ; 73*b*. MAHARAL, *Guevourot HaChème*, 8,47.

534. Cf. TB 'Houline 101*b*. Zohar, I, 25*a* ; 63*b* ; II, 94*a* ; III, 117*a*. *Sefat Emet*, II, p. 52, 55, 85-86, 93 ; III, p. 190.

535. Cf. TB : Chabbat 88*a* ; Pessa'him 68*b* ; Avoda Zara 3*a*. Deut. R. 8,6 ; Tan'houma, Bereichit 1. Zohar, I, p. 77*a* ; 89*a* ; 134*b* ; 185*a* ; II, 94*a* ; 200*a* ; III, 11*b* ; 193*a*. RACHI, Gen. 1,31. MAHARAL, *Netivot Olam*, I, *Netiv HaTora*, p. 3*a* ; *Derachot, Hespède*, p. 15*a* ; *Peirouchim LeAgadot*, I, p. 24-25.

536. Cf. Lev. R. 35,4. Pessikta Rabbati 21 (Lev. 26,3 ; Jér. 33,25). Zohar III, 11*b* ; 73*b*. MAHARAL, *Déré'h 'Hayim*, p. 164-165. *Tanya*, 36.

537. Cf. Exod. R. 19,5 ; Tan'houma : Tsav 14 ; Tazria 5. RAMBAM, *Hil'hot Mila* III, 8. *Siddour Rabbeinou Chelomo de Garmaise*, p. 246, 306. *Chem MiChemouël, VaYikra*, p. 319. – Gen. 15 ; 17. Exod. 19,5 ; 24,8. Ez. 16,6. Lev. R. 6,5. Nu. R. 9. Pirkei DeRabbi Eliézer 29. Zohar I, 93*a*. *Séfer Yetsira* I, 3. MAHARAL, *Peirouchim LeAgadot HaChass*, II, p. 124-125. *Sefat Emet*, V, p. 95-96. RAV KOUK, *Orot*, p. 38. – Zohar III, 73*b*. MAHARAL, *Peirouchim LeAgadot HaChass*, I, p. 6 ; *Derachot*, p. 39. *Sefat Emet*, I, p. 53. – Zohar II, 92*a*. *Yessod HaAvoda*, p. 282 ; *'Hessed LeAvraham*, p. 114 ; *Neot HaDéché*, p. 208. *Avnei Neizer*, p. 8. – Gen. R. 19,18. Zohar, II, p. 168*b* ; *Sefat Emet*, IV, p. 178.

538. Cf. Sifrei (Deut. 6,9) 36. TB Mena'hot 43*b*. *Choul'hane Arou'h, Yoré Déa*, 260. Tossefot Yom Tov, Michna Nedarim III, 11. – TB Nedarim III, 9. – TB Nedarim 32*a*. Zohar I, 197*a* ; II, 61*a* ; III, 13*b*. Tikounei HaZohar 47 (84*a*).

539. Cf. Michna Nedarim III, 11 ; TB Nedarim 31*b*. RAMBAM, *Hil'hot Mila* III, 9. *Chelah*, III, p. 26*a*. *Bène Iche 'Haï*, p. 142.

540. Cf. Zohar, I, 24*b* ; III, 73*b*. – MAHARAL, *Peirouchim LeAgadot*, II, p. 8-9 (voir TB Eirouvine 40*b*). – TB Bera'hot 48*b* et Tossafot *ad loc*. Nu. R. 23,7. Zohar II, 168*b*. – RAMBAM, *Hil'hot Bera'hot* II, 3 ; *Tour* et *Choul'hane Arou'h, Ora'h 'Hayim*, 187,3. MAHARAL, *Netivot Olam*, I, *Netiv HaAvoda*, p. 18.

541. Michna Péa I, 1. Cf. RAMBAM, *Hil'hot Talmud Tora* III, 3-4. *Tour* et *Choul'hane Arou'h, Yoré Déa*, 246,18.

542. Cf. Michna Nedarim III, 11. TB : Nedarim 31*b* ; Chabbat 137*b* ; Roche HaChana 19*a*. Gen. R. 46,7 ; Exod. R. 36,9 ; Yalkout Chim'oni, Tehilim 147, 888. Zohar, II, 86*a* ; III, 13*b*. MAHARAL, *Nétsa'h Yisraël*, 6 ; *Guevourot HaChème*, 23. *B'nei Issas'har, Hagada*, p. 63. *Olat Reiyah*, I, p. 397-398. *Beit HaLévi*, I, p. 19-20.

543. Cf. TB Nedarim 32*a*. Lev. R. 36. Pirkei DeRabbi Eliézer 29. Tan'houma, Lé'h 20. *Siddour Rabbeinou Chelomo de Garmaise*, p. 285, 289. *Bène Iche 'Haï*, p. 7.

544. Cf. Is. 51,16. Zohar III, 35*a*. ALCHEI'H, *Le'h Le'ha*, Gen. 12,1. Voir aussi TB Nida 30*b*.

545. Cf. Gen. R. 1,5 ; voir aussi Zohar I, 24*a* ; II, 108*b* ; III, 229*b*.
546. Cf. Sifrei (Deut. 11,10) 37. Voir RACHI, Gen. 1,1.
547. Cf. RABBI ELIYAHOU DE VILNA, *Adéret Eliyahou*, p. 9.
548. Cf. TB : Chabbat 88*b* ; Pessa'him 54*a* ; Zeva'him 116*a*. Gen. R. 8,2. Exod. R. 30,6. Lev. R. 19,1,3 (Prov. 8,22). Cho'heir Tov 90. Tan'houma : VaYéchève 4 ; Yitro 14. Séfer HaBahir 55. Zohar, I, 5*a* ; 24*b* ; 47*a* ; 90*a* ; 134*b* ; II, 161*a* ; 200*a* ; III, 34*b* ; 35*a* ; 69*b*. Tikounei HaZohar 4*b* ; 11*b* ; 28 (70*a*) ; 69 (98*b*) ; 70 (120*a*). Zohar 'Hadache : Bereichit 5*a* ; VaYéchève 29*b* ; A'hrei 49*a*. Cha'arei Zohar, p. 80. MAHARAL, *Ne'tsa'h Yisraël*, 3.
549. Cf. TB : Ta'anit 10*a* ; Yoma 53*b* ; Chabbat 32*a* et RACHI *ad loc*. Lev. R. 36,4 (Jér. 2,3). Zohar I, 1*b*. R. YISRAËL DE KOJNITZ, *Avodat Yisraël*, p. 211.
550. Cf. Gen. R. 1,5 ; 63,10 ; Zohar III, 34*a*.
551. Cf. Is. 51,16. – Cf. TB Pessa'him 87*b* ; *Adéret Eliyahou*, p. 13. *Kitvei Maharal MiPrague*, éd. Kariv, Jérusalem, 5720 (1960), I, p. 17-18, 375. MAHARAL, *Guevourot HaChème*, 29. *Sefat Emet*, I, p. 11, 15 ; V, p. 104, 110, 155.
552. Cf. MAHARAL, *Guevourot HaChème*, 38 ; 57 ; *Déré'h 'Hayim*, p. 7 ; *Derachot, Deracha LeChabbat HaGadol*, p. 88. Voir *Kouzari* II, 20. – Cf. MAHARAL, *Guevourot HaChème*, 38. CHELAH, III, p. 199*a-b*. *Sefat Emet*, II, p. 140.
553. Cf. Exod. 23,19 ; 34,26. Nu. 18,12 ; Deut. 26,2. Gen. R. 1,6. Zohar II, 79*b* ; 121*a*-122*b*. *Séfer 'Hassidim*, 155. *Sefat Emet*, I, p. 15.
554. Cf. Lev. 25,23 et Sifra (4) *ad loc*. TB Sanhédrine 39*a*. Lev. 25,42 et Sifra (6) *ad loc*. (Gen. 15,13 ; Thr. 5,8). (Voir Gen. 23,4 ; 26,3 ; 37,1. Exod. 6,4. Ps. 39,13 ; 119,19. Chron. I, 29,15.) RAMBAM, *Séfer HaMitsvot, Mitsvot Lo Taassé, HaMitsva* 227 ; *Hil'hot Chemita VeYovel* XI, 1. *Séfer Ha'Hinou'h, Mitsva* 339. MAHARAL, *Déré'h 'Hayim*, p. 149-150. CHELAH, I, p. 101*a-b* ; III, p. 22*b*-23*a*. *Or Ha'Hayim*, Lev. 25,2. *Sefat Emet*, V, p. 154. *Mei Meirom*, VI, p. 282-283.
555. Cf. Chron. I. 29,14. Avot III, 8. Exod. R. 31. TB Bera'hot 35*a* ; Guitine 47*a*. MAHARAL, *Déré'h 'Hayim*, p. 96-97.
556. Cf. TB Mena'hot 62*b*. Gen. R. 1,6 ; 12,8. Exod. R. 48,2. Ez. 44,30. Ps. 8,4. Prov. 1,7. Tan'houma (éd. Buber), Bereichit 3. Pessikta Zoutarta, Bereichit 1,1. Zohar II, 79*b* (Deut. 26,3). *Sefat Emet*, I, p. 5.
557. Cf. Gen. R. 1 ; Lev. R. 36,4 ; Yalkout Chim'oni, Yechaya, 43,452 ; Otiot DeRabbi Akiva, A. RACHI, Is. 45,11. R. YEHOUDA HÉ'HASSID, *Peirouchei HaTora*, p. 2. CHELAH, III, p. 201*b*. MAGUID DE MEZRITCH, *Maguid Devarav Le'Ya'akov*, 65.
558. Cf. Exod. R. 38,5. MAHARAL, *Guevourot HaChème*, 54. *Sefat Emet*, I, p. 15-16.
559. Cf. Exod. R. 5,4 ; 21,6. Lev. R. 35,4. Zohar I, 47*a* ; II, 49*a* ; 56*a* ; 170*b*. RAMBAM, *Peirouche HaMichna*, Avot V, 5. MAHARAL, *Déré'h 'Hayim*, p. 177-178.
560. Cf. TB : Chabbat 88*a* ; Avoda Zara 3*a* (Jér. 33,25). Nu. R. 19,3 ; Cant. R. 7 ; 8. Peti'hta Ruth R. 1. Tan'houma, Bereichit, 1. Zohar, 1, 185*a* ; II 94*a*.

I. PEUPLE D'ISRAËL, PAYS D'ISRAËL

561. Cf. Lev. 26,3 ; voir aussi RACHI, Avoda Zara 5*a*. Deut. 11,13 ; 28,1 (voir aussi Deut. 28, 47, 48). Is. 1,19-20 ; Lev. R. 13,4. TB : Chabbat 88*a* ; Ketouvot 111*a* ; Kidouchine 61*b* ; Bava Metsia 66*b*. Tan'houma, Devarim 4. RAMBAM, *Hil'hot Me'hira* XI, 8. *Choul'hane Arou'h, 'Hochène Michpat*, 207,13.
562. Cf. Tan'houma, Ré'éh 8 (Deut. 12,29). Voir aussi TY Ta'anit I, 1 ; Exod. R. 32,3 ; Eccl. R. 12,8.
563. Cf. Michna Kidouchine IV, 3 ; TB : Kidouchine 61*a* ; Bava Metsia 94*a* ; Bava Batra 137*b*.
564. Cf. Me'hilta : (Exod. 18,27) 2 ; (Exod. 19,2) 1. Michna Kidouchine I, 9. TB Kidouchine 36*b* ; 38*a*. TY Kidouchine I, 8. TB Chabbat 88*a* ; Lev. R. 35. Cho'heir Tov 132. Yalkout Chim'oni : Tehilim 132, 881 ; Mela'him I, 2,170. RAMBAN, Gen. 12,2.
565. Cf. Exod. 19,5. Deut. 28,9. Cf. Sifra : Lev. 20,26 ; 22,33 ; 25,42. Sifrei : Deut. 14,1 (96) ; 33,5 (346). TB : Chabbat 88*b* ; Ketouvot 66*b* ; Kidouchine 36*a* ; Sanhédrine 98*a*. Exod. R. 25,13 ; 31,9. Lev. R. 35, 1-2. Nu. R. 12,5 ; 15, 1, 3, 5. Deut. R. 3,2 ; 4, 1, 4 ; 7,10 ; 8,6. Tan'houma : Kedochim 6 ; Nasso 22 ; Nitsavim 3. Pessikta Rabbati 5,7. Zohar III, 112*b* ; 125*a*. Zohar 'Hadache, Yitro 38*a*. RAMBAM, *Séfer HaMitsvot, Mitsvot Assé, Mitsva* 2 ; *Mitsva* 9. RACHI, Gen. 27,40 ; Lev. 6,5 ; 11,45 ; 18,30 ; 20,24 ; 20,26 ; 22,33 ; Nu. 15,41 ; Deut. 24,18. RACHI, IBN EZRA et RAMBAN, *ad* Exod. 29,46. RAMBAN, Exod. 2,25 ; 12,42 ; 25,1 ; 29,46 ; *Séfer HaGueoula* (*Kitvei Ramban* I), p. 277 (TB Sanhédrine 94*a*). ABRABANEL, Deut. 7,12. MAHARAL, *Nétsa'h Yisraël*, 11 ; *Guevourot HaChème*, 8. MALBIM, Ps. 132,12. *Ha'amek Davar* : Exod. 19,5 ; Deut. 26,18. *Tsafnat Pa'anéa'h, Devarim*, II, p. 300. *Beit Avraham*, p. 107.
566. Cf. Deut. 11,13s., 22. Ps. 105,45. Me'hilta ; Exod. 15,25 (5) ; 18,27 (2). Sifrei : Deut. 11,11 (38) ; 11,12 (40) ; 11,13 (41). Voir TB Bava Batra 25*b*. Cf. Gen. R. 19,18 ; 46,7 ; 67,6. Exod. R. 15,11,23 ; 31,9. Lev. R. 13,4 ; 28,6. Tana Devei Eliyahou Rabba 11. Tan'houma : Massei 9 ; Re'éh 8. Tan'houma (éd. Buber), VaYichla'h 10. Yalkout Chim'oni, Tehilim 132, 881. RACHI, Gen. 27,40 ; Lev. 18,30 ; 26,3-4. Nu. 15,41 ; Reg. I, 9,3 (et Radak), 7. RADAK, Ps. 105, 44-45. IBN EZRA, Lev. 25,1. RAMBAN, Gen. 1,1 ; Lev. 2,14 ; Deut. 19,8. RACHBAM, Deut. 7,9 ; Bava Batra 117*a*. MAHARAL, *Déré'h 'Hayim*, p. 189. *Or Ha'Hayim*, Lev. 25, 1-2. *Kedouchat Lévi*, p. 113*b*. *Ha'amek Davar*, Deut. 9,4. *'Hidouchei Marane Riz HaLévi*, p. 5.
567. Cf. Sifrei : Deut. 32,6 (309) ; 32,7 (310). Massé'het Sofrim XIII, 11. Exod. R. 15,18,23. Deut. R. 3,3 ; Esther R. 7. RACHI, Exod. 6,6. MAHARAL, *Guevourot Hachème*, 7. – Cf. Deut. 28,1-2, 8-9. Cf. *Olat Reiyah*, I, p. 202-203.
568. Cf. TB : Bera'hot 7*a* ; 32*a* ; Meguila 11*a* (Lev. 26,44). Mais voir aussi TY Sanhédrine X, 2 (Deut. 31,18). Cf. Deut. R. 3,2 ; Tan'houma, Nitsavim 3. RACHI, Deut. 29,12. IBN EZRA, RAMBAN, ABRABANEL, ALCHÉI'H, CHEDAL, *ad* Gen. 15,6-7-8. RAMBAN, Deut. 7,7. RADAK et R. S. R. HIRSCH, *ad* Gen. 22,16. MAHARAL, *Guevourot HaChème*, 8. CHELAH, I, p. 69*a*.
569. Cf. Nu. R. 4,6. Zohar III, 285*b*. RACHI, Exod. 6,6 ; Nu. 15,41 ; Chabbat 119*b*. RAMBAN, Deut. 7,9.

570. Cf. TB : Bava Metsia 85*a* ; Sanhédrine 101*a*. Pessikta Zoutarta, Eikev, Deut. 8,5 ; Tan'houma, Teitsei 2 ; Cho'heir Tov 94.

571. Cf. RAMBAN, Gen. 26,3 ; Deut. 32,40 ; *Séfer HaGueoula* (*Kitvei Ramban* I), p. 277. MAHARCHA, Yoma 35*b*. HAGRA, *Siddour Ichei Yisraël (Sia'h Yits'hak)*, p. 48. *Siddour HaGueonim VeHaMekoubalim*, III, p. 528. *Sefat Emet*, V, p. 130.

572. Cf. Sifrei (Deut. 26,15) 303. RAMBAN, Deut. 9,4.

573. Cf. Jér. 18, 4,6.

574. Cf. Exod. 19,5, Deut. 7,6 ; 14,2 ; 26,18. Ps. 135,4. Lev. R. 2,1 ; Yalkout Chim'oni, Yitro 19, 276.

575. Cf. Me'hilta (Exod. 19,5) 2. Sifrei (Deut. 32,6) 309. TB 'Houline 56*b*. RACHI, Gen. 14,19.

576. Cf. Me'hilta (Exod. 15,16) 9. Avot VI, 9. TB Pessa'him 87*b* et RACHI *ad loc.* Massé'het Kala Rabbati 8. Tana Devei Eliyahou Zouta 7 ; 9. Tan'houma, Ha'azinou 6. MAHARAL, *Déré'h 'Hayim*, p. 241-246. *Sefat Emet* I, p. 57. M. D. CASSUTO, *Peirouche Al Séfer Chemot*, Jérusalem, 5719 (1959), p. 156.

577. Cf. Ps. 24,1 ; 104,24.

578. Cf. Ps. 84. Cf. SIFREI, Deut. 26,2 (298) ; 26,9 (301). Michna Kelim I,6. RAMBAM, *Peirouche HaMichnayot*, *Souka* III, 12 ; *Roche HaChana* IV, 1. TY : Bera'hot IV, 3 ; Ma'asser Cheini III, 6. TB : Ketouvot 8*a* ; Zeva'him 119*a* (Deut. 12,9) ; mais voir aussi TB : Bava Kama 100*b* ; 'Houline 133*b* ainsi que RAMBAM, *Hil'hot Nessiat Kapaïm* XIV, 39. Gen. R. 13,2. Exod. R. 15,9 ; 32,2, Cant. R. 7,10. Thr. R., Petih'ta 8. Tana Devei Eliyahou Zouta 2. Zohar, II, 157*a* ; III, 114*b* ; 161*b*. Zohar 'Hadache 69*a*. Tikounei HaZohar 6 (23*a*). RACHI, Deut. 12,9 ; Ta'anit 16*a*. Tossafot, Zeva'him 60*b*. RAMBAN, *Séfer HaGueoula* (*Kitvei Ramban* I), p. 283. R. ELIYAHOU DE VILNA, *'Hidouchei OuBiourei Hagra.* p. 132 ; *Adéret Eliyahou*, p. 427 ; *Siddour Ichei Yisraël*, p. 356-357 ; mais voir aussi *Biourei Hagra Al Agadot*, I, p. 69. *Orot HaKodèche*, III, p. 288. *Mei Meirom :* V, p. 235 ; *Missaviv LiChmona Perakim LeHaRambam*, p. 211. *Da'at Tora*, p. 159.

579. Cf. Lev. R. 2,2. Voir MAHARAL, *Déré'h 'Hayim*, Avot VI, 9, p. 245-246.

580. Is. 60,21.

581. Voir R. YITS'HAK ARAMA, *Akédat Yits'hak, Lé'h Le'ha*, XVIII ; *The Hirsch Siddur*, p. 526-528.

582. Cf. Me'hilta (Exod. 15,16) 9. – Cf. Gen. R. 13, 4-5. *Sefat Emet*, I, p. 5.

583. Cf. Deut. 11, 13-14*s*. Avot V, 9. Sifra, Lev. 26,4(1). TY Ta'anit III, 5. TB : Ta'anit 7*a* ; Chabbat 32*b*. Avot DeRabbi Nathan 38,1. Pirkei DeRabbi Eliézer 17. Gen. R. 13,5 ; Nu. R. 8,4 ; Ruth R. 4,7. Tan'houma : Bereichit 12 ; Behar 1 ; Be'houkotaï, 1-2. Yalkout Chim'oni, Eikev 11,857. Zohar I, 27*b*. RACHI, Gen. 27, 28 ; Lev. 25,18. – Nu. R. 9.

584. Cf. Exod. R. 33,1.

585. Voir MAHARAL, *Guevourot HaChème*, 23.

586. Cf. Sifrei (Deut. 32,29) 323. TB Bava Kama 17*a* ; Pessa'him 87*a* ; Beitsa 25*b* ; Sota 21*a*. Tana Devei Eliyahou Rabba 2,18. Tana Devei Eliyahou

Zouta 1 ; 13. Zohar, I, 132*a* ; II 134*b* ; 167*a*. MAHARAL, *Guevourot HaChème*, 47 ; *Derachot, Hespède*, p. 15, R. 'HAYIM DE VOLOJINE, *Néfèche Ha'Hayim*, 4,33.
587. Cf. TB : Bera'hot 61*b* ; Avoda Zara 3*b*. Zohar III, 278*b* ; CHELAH, I, p. 43-44. *Néfèche Ha'Hayim* 4,29.
588. Cf. TY Nedarim VI, 8. RAMBAM, *Séfer HaMitsvot, Mitsvot Assé, Mitsva* 153 ; *Hil'hot Kidouche Ha'Hodèche* V, 13 ; mais voir *ibidem* V, 2 et voir aussi *Hil'hot Sanhédrine* IV. R. MEÏR SIM'HA KOHEN DE DVINSK, *Or Saméa'h, ad Rambam, Hil'hot Kidouche Ha'Hodèche* II, 8. R. AVRAHAM DE SOHATCHOV, *Che'eilot OuTechouvot Avnei Neizer, Ora'h 'Hayim*, 310-311. *Sefat Emet*, V, p. 5. – Voir aussi Lev. 26,44. TB : Chabbat 55*a* et Tossafot *ad loc*. Meguila 11*a* ; 12*a* ; Sota 41*b* ; Bava Batra 115*b* ; mais voir aussi Ta'anit 7*b*. Lev. R. 36. RAMBAN, Exod. 3,15 ; Deut. 28,42. *'Hidouchei Marane Riz HaLévi*, p. 20.
589. Cf. TY Horayot I, 2. TB : Bera'hot 58*a* ; Horayot 3*a* ; Ara'hine 32*b* (Lev. 25,10). Yalkout Chim'oni, Behar (Lev.) 25,659. Chron. I, 17,21. RAMBAM, *Peirouche HaMichnayot, Horayot* I, 1 et *Be'horot* IV,3 ; *Hil'hot Bera'hot* X, 11 ; *Hil'hot Cheguaguot* XIII, 2. MAHARAL, *Netivot Olam*, I, *Netiv Guemilout 'Hassadim*, 1. *Sefat Emet*, III, p. 191, 198. RAV KOUK, *Orot*, p. 163, 166 ; *Olat Reiyah*, I, p. 387-388 ; *'Hazone HaGueoula*, p. 98-99. *Mei Meirom*, VI, p. 302, 310. *Tsafnat Pa'anéa'h, Bereichit*, p. 60. R. J. SCHEPANSKI, *Erets-Ysraël BeSifrout HaTechouvot*, II, Jérusalem, 5728 (1968), p. 79.
590. Cf. TB : Bera'hot 58*a* ; Sanhédrine 111*a*. Zohar I, 2*b* ; 25*a*.
591. Voir *Che'eilot OuTechouvot 'Hatam Sofer, Yoré Déa*, 234, p. 97.
592. Cf. RAMBAM, *Iguéret Teimane*, p. 117, 127-128. Voir TB Yoma 69*b*. Cf. *Kitvei Rabbi Na'hman MiBratslav*, p. 193.
593. Cf. TB Pessa'him 87*b* et RACHI, *ad loc*. ; cf. TB : Guitine 88*a* ; Sanhédrine 38*a* ; Avoda Zara 10*b*. Gen. R. 76,3. Tana Devei Eliyahou Zouta 10. RAMBAN, Gen. 32,9, CHELAH, III, p. 170*a*. 'HIDA, *Na'hal Kedoumim*, Deut. 4,26. *Beit HaLévi*, II, p. 6.
594. Cf. Jér. 46,28. – Cf. Exod. R. 2,9-10 ; 15,27 (Exod. 3,2). Cant. R. 2,9.
595. Cf. Malachie 3,6. Deut. R. 3,9. RAMBAM, *Iguéret Teimane*, p. 129. *Likoutei Moharan*, 251. *Sefat Emet*, IV, p. 52.
596. Cf. Gen. 28,13 ; Is. 59,21 ; Ps. 82,6. Gen. R. 41,12. Exod. R. 32,17 ; 47,9. Lev. R. 18,3 ; Eccl. R. 1,9. Voir aussi TB Eirouvine 54*a*. Cf. Zohar, I, 152*b* ; II, 45*b* ; 113*b* : 134*b* ; 183*a* ; III, 6*b* ; 17*b*. RABBEINOU SA'ADYA GAON, *Emounot VeDéot* III, 7. RAMBAM, *Moré Nevou'him* II, 29. MAHARAL, *Guevourot HaChème*, 42 ; *Déré'h 'Hayim*, p. 220. ALCHÉI'H, *Ki Tissa*. – Cf. R. YOSSEF ROZINE, LE GAON DE ROGATCHOV, *Mefa'ane'a'h Tsefounot*, p. 222. R. AVRAHAM DE SLONIM, *Be'eir Avraham*, p. 215.
597. Cf. MAHARAL, *Guevourot HaChème*, 47. Rav KOUK, *Orot*, p. 64.
598. Cf. MAHARAL, *Guevourot HaChème*, 24. *Be'eir Avraham*, p. 214-215, 334. *Chem MiChemouël : Chemot*, I, p. 287 ; *Devarim*, p. 214 ; *Moadim*, p. 130 (TB Sanhédrine 92*a*) ; *Hagada*, p. 28,42.
599. Cf. Cant. R. 6,10 (Deut. 4,4).
600. Cf. TB : Meguila 29*a* ; Mena'hot 53*b*. Gen. R. 6,5. Zohar I, 177*b*. RARBEINOU BA'HYA, Exod. 19,6. MAHARAL : *Nétsa'h Yisraël*, 10 ; *Derachot*, p. 41. R. MENA'HEM NA'HOUM DE TCHERNOBYL, *Likoutim*, p. 243.

601. Cf. Zohar I, 60*a* ; *Kitvei Rabbi Na'hman MiBratslav*, p. 193. Voir TB Yoma 38*b* (Prov. 10,7).

602. Cf. Maharal, *Tiféret Yisraël*, 17 ; *Peirouchim LeAgadot*, I, p. 146-147. Rav Kouk, *Orot*, p. 157. Voir Lev. R. 18,3. – Cf. Deut. 28,10, Nu. R. 5,6 (Is. 48,9). Maharal, *Nétsa'h Yisraël*, 62.

603. Cf. TB Bera'hot 12*a* ; 32*a*. Exod. R. 17,5 ; 44,2. Zohar II, 36*a* ; 96*a*. Rachi, Exod. 32,13. R.S.R. Hirsch, Ps. 135,13 (hébr. p. 508).

604. Cf. Reg. II, 14,27. Is. 54,10 ; 66,22 (cf. R. Yossef Albo, *Ikkarim* IV, 42). Jér. 31,35-36 ; 33,20-21. Deut. 11,21. Me'hilta (Exod. 14,15) 3. Exod. R. 31,9. Nu. R. 2,12 ; Esther R. 7. TB Bera'hot 32*a*. Rambam, *Iguéret Teimane*, p. 129, 130. Rachi, Exod. 32,13 ; Deut. 1,10 ; 30,9 ; Sanhédrine 44*a*. Ramban, Deut. 32,1. Maharal, *Guevourot HaChème*, 24. *'Hatam Sofer, Hagada*, p. 120. Malbim, Is. 51,16 R. 'Hayim de Volojine, *Roua'h 'Hayim*, p. 94. *Mei Meirom* : V, p. 241 ; VI, p. 16. R.B.Z. Safran, *Dorèche LeTsione*, p. 17.

605. Cf. Eccl. R. 1,9. Gen. R. 41,12 (Gen. 13,16) ; 68 ; 100,10. Exod. R. 32,7. Lev. R. 29,2. Nu. R. 2,12. Tan'houma, VaYeitsei 2. Pirkei DeRabbi Eliézer 35. Cho'heir Tov 36. *Iguéret Teimane*, p. 128. Ramban, Gen. 28,12. Rav Kouk, *'Hazone HaGueoula*, p. 97.

606. Cf. Exod. 1,12. Deut. 32,23. Is. 6,13 ; 54,10 ; 65,8,17 ; 66,22. Jér. 30,11 ; 31, 35-36 ; 46,28. Ps. 83,5 ; 94,14 ; 129,1-2. Sifrei (Deut. 11,21) 47. TB : Bera'hot 32*a* ; Sota 9*a* ; Mena'hot 53*b* ; Ketouvot 111*a*. Gen. R. 41,1 ; Exod. R. 31,9. Lev. R. 29,2. Nu. R. 2,12 ; 5,6 ; 10,5. Deut. R. 3,2. Esther. R. 1. Tan'houma, Nitsavim 1 ; 3. Pessikta DeRav Kahana, II, 23, p. 336. Zohar, I, 140*b* ; 180*b* ; 205*a* ; II, 21*b*. Kouzari II, 44. Rachi, Gen. 15,10 ; Nu. 23,9 ; Deut. 29,12 ; 32,1. Rambam, *Hil'hot Issourei Bi'a* XIV, 5 ; *Iguéret Teimane*, p. 117, 126-129. Ramban, Gen. 22,16 ; 28,12 ; Nu. 23,10 ; Deut. 32,2,43. Radak, Gen. 15,11. Maharal, *Guevourot HaChème*, 8 ; *Peirouchim LeAgadot*, I, p. 32 (Sota 9*a*). *Siddour Rabeinou Chelomo de Garmaise*, p. 28. Chelah, I, p. 22*a*. Hagra, *Siddour Ichei Yisraël*, p. 45, 543. R.S.R. Hirsch, Gen. 15,8-9. Na'hman Krochmanl, *Moré Nevou'hei Hazmane*, Londres, 5721, p. 23-24*s*. *Méché'h 'Ho'hma*, p. 192. *Mei Meirom* : VI, p. 152-153 ; VIII, p. 67. *Yessod HaAvoda*, p. 235 ; *Be'eir Avraham*, p. 214, 334. *Chem MiChemouël, Hagada*, p. 40. *Tosséfet Bera'ha*, V, p. 247-248. *Mi'htav MeEliyahou*, III, p. 201.

607. Deut. 4,4 ; cf. Zohar I, 207*b*. Nu. R. 12,23 ; Cant. R. 6,10. Avot DeRabbi Nathan 34. Tan'houma, Nitsavim 1. Maharal, *Peirouchim LeAgadot HaChass*, I, p. 32 et II p. 124-125. *Tanya*, 50.

608. Cf. Is. 4,10 ; 55,3 ; 61,8. Jér. 32,40 ; Ez. 16,60 ; 37,26. Ps. 105,10, *et al.* TB Chabbat 55*a* et Tossafot *ad loc.*

609. Cf. Lev. 2,13 ; Nu. 18,19. Cf. TB Bera'hot 5*a* ; Lev. R. 29*b*.

610. Cf. Sifrei (Nu. 18,19) 118. Voir TB Be'horot 8*b* ; Rachi, Ibn Ezra, R. S. R. Hirsch *ad* Lev. 2,13. *Kedouchat Lévi*, p. 113.

611. Cf. Tan'houma, Nitsavim 1 (Deut. 29,9). Cf. Yalkout Chim'oni, Re'e'h 13,890. Voir aussi TB Sota 9*a* ; Eccl. R. 1,9. Cf. Zohar II, 216*b*. *Akédat Yitshak, Nitsavim*.

I. PEUPLE D'ISRAËL, PAYS D'ISRAËL

612. Ps. 94,14.
613. Cf. Gen. R. 41,12 ; 69,3. Nu. R. 2, 11-12. (Gen. 13,6). MAHARAL, *Nétsa'h Yisraël*, 14.
614. Is. 54,17.
615. Voir *supra*, p. 26.
616. Cf. RABBI DOV BAER DE MEZRITCH, *Maguid Devarav LeYa'akov*, 71. Voir Esther R. 7.
617. Cf. Gen. R. 66*b* ; Exod. R. 37,4 ; Nu. R. 1,3 ; Deut. R. 8,6 ; Cant. R. 7,1. Cho'heir Tov 20 ; 109. Zohar III, 11*a*. Voir RAMBAN, Deut. 32,26.
618. Cf. TB. Sanhédrine 96*a* ; Avoda Zara 9*a* ; Tana Devei Eliyahou Rabba 2.
619. Cf. Gen. 9,11. Is. 54,9. TB : Sota 11*a* ; Zeva'him 116*a*. Tossefta Ta'anit I, 11.
620. Cf. Exod. R. 40,1.
621. Cf. TB : Chabbat 88*a* ; Avoda Zara 2*b*-3*a*. Gen. R. 1 ; Lev. R. 36. Tan'houma : Bereichit I ; Chemini 9. Cho'heir Tov 20. TY Sanhédrine X, 2. Avot III, 14. Zohar III, 11*b* ; 125*a*. Zohar 'Hadache, Yitro 38*a*. MAHARAL, *Nétsa'h Yisraël*, 11 ; *Tiféret Yisraël*, 32 ; *Gour Aryé, Yitro ; Derachot, Hespède*, p. 15 ; *Peirouchim LeAgadot*, II, p. 75, 121. R. 'HAYIM DE VOLOJINE, *Néfèche Ha'Hayim*, 1,16 ; *Roua'h 'Hayim*, p. 89. *Avnei Neizer*, p. 80-81.
622. Cf. TB : Ta'anit 3*b* ; Yevamot 63*a*. Pessikta Zoutarta, Va Yeitsei, Gen. 28,14. Gen. R. 66,2 ; Exod. R. 38. Cho'heir Tov, 2 ; 109. – Gen. 9,12. Jér. 33,25. – Zohar, I, 24*b*-25*a* ; 121*b* ; II, 5*b*. Zohar 'Hadache, VaYeitsei 28. MAHARAL, *Neitivot Olam*, I, *Neitiv HaTora*, 1 ; *Déré'h 'Hayim*, p. 166. *Tanya*, 37. *Néfèche Ha'Hayim*, 1,6,16 ; 2,6 ; 4,11,25. *Sefat Emet*, II, 93. RAV KOUK, *Orot*, p. 139, 142-143.
623. Cf. TB Pessa'him 68*b* ; Esther R. 7,17 ; Tan'houma, Ha'azinou 3 ; Tana Devei Eliyahou Rabba 14 ; 18. Zohar I, 24*b*.
624. Cf. TB Avoda Zara 3*a* ; Exod. R. 7,5 ; 37,4. Deut. R. 8,6. Tan'houma Bereichit 1. Zohar I, 77*a* ; 89*a* ; 134*b* ; 185*a* ; II, 94*a* ; 200*a* ; III, 11*b* ; 193*a*.
625. Cf. TB Sanhédrine 97*a* ; Avoda Zara 9*a*.
626. Cf. R. 'Hayim VITAL, *Eits 'Hayim, Cha'ar HaKelim*, 1. Voir RAMBAN, Deut. 10,12. Cf. R. DOV BAER, le MAGUID DE MEZRITCH, *Maguid Devarav LeYa'akov*, 125. R. LÉVI YITS'HAK DE BERDITCHEV, *Kedouchat Lévi*, p. 56*b*. R. NA'HMAN DE BRATSLAV, *Likoutei Moharan*, 64. R. MOCHÉ 'HAYIM LUZZATTO, *Pit'hei 'Ho'hma*, p. 10*b*. R. YISRAËL, LE MAGUID DE KOJNITZ, *Avodat Yisraël*, p. 1.
627. Ps. 104,31 ; 8,4.
628. Cf. Ez. 18,32. – Cf. TB : Bera'hot 18*b* ; Yoma 71*a*. Gen. R. 39,7. Tan'houma : Yitro 1 ; Bera'ha 7. Tikounei HaZohar 66*b*. – Ez. 33,11.
629. Cf. TB Sanhédrine 99*b*. Voir Tan'houma (éd. Buber), Bereichit 3. Pessikta Zoutarta, Bereichit 1,1. Cf. RAMBAN, Deut. 32,26. MAHARAL, *Déré'h 'Hayim*, p. 215-216 ; *Derachot, Hespède*, p. 14-15. *Ha'amek Davar*, Deut. 26,18.
630. Cf. Is. 43,10 ; Lev. R. 6,1. Voir Rav KOUK, *Orot*, p. 143.

631. Cf. TB Avoda Zara 4*b* ; Pessikta Zoutarta, VaEt'hanane, Deut. 5,26. MAHARAL, *Netivot Olam*, II, *Netiv HaTechouva*, 4. Voir aussi Me'hilta (Exod. 12,1) 1 ; Pirkei DeRabbi Eliézer 10.

632. Cf. Cant. R. 7,6. Cf. Rav KOUK, *Orot*, p. 26, 42, 141 ; *Orot HaTechouva*, p. 37, 122 ; voir aussi *ibidem*, p. 33-34.

633. Cf. Lev. R. 36,4. Cf. Gen. R. 1,5 ; 2, 4-5. Voir TB Pessa'him 54*a* ; Zohar I, 113*a*. Voir aussi TB Chabbat 119*b*.

634. Cf. Is. 59,2. Zohar, II, 262*b* ; III, 122*a*. Voir RAMBAN, *Hil'hot Techouva* VII, 7.

635. Cf. *Sefat Emet*, I, p. 211 ; *Orot HaTechouva*, p. 72.

636. Cf. TY Roche HaChana IV, 8. Lev. R. 30,3. Cho'heir Tov 102. Yalkout Chim'oni, Pin'hass 29, 782 (Is. 66,22). RAMBAM, *Hil'hot Techouva* VII, 6. HAGRA, *Divrei Eliyahou*, p. 39. RAV KOUK, *Olat Reiyah*, II, p. 338.

637. Cf. TB : Chevouot 39*a* ; Chabbat 146*a*. Exod. R. 28,4. Tikounei HaZohar 86*a*. Voir Zohar I, 91*a* ; Pirkei DeRabbi Eliézer, 41.

638. Cf. TB Yoma 86*b* ; Bera'hot 34*b* ; Sanhédrine 99*a* ; *et al*. – Cf. Zohar 'Hadache, Noa'h 23. – Cf. R. AVRAHAM DE SLONIM, *Be'eir Avraham*, p. 91.

639. Cf. *Orot HaKodèche*, III, p. 175-178. *Da'at 'Ho'hma OuMoussar*, p. 105-106, 113.

640. Cf. Is. 27,13 ; *et al*. Cf. Lev. R. 27,4.

641. Cf. Exod. R. 23,11 ; Yalkout Chim'oni, Yona, 550 ; voir aussi Tan'houma : Chemini 9 ; Ha'azinou 4. Zohar III, 122*b*. MAHARAL, *Nétsa'h Yisraël*, 14 ; *Guevourot HaChème*, 44 ; *Netivot Olam*, II, *Nétiv HaTechouva*, 4. *Tanya*, 19. *B'nei Issass'har*, II, p. 24. R. NA'HMAN DE BRATSLAV, *Hagada*, p. 84. RAM'HAL, *Déré'h HaChème*, II, 4. Rav KOUK, *Orot*, p. 97 ; *Orot HaTechouva*, p. 37, 122 ; *Olat Reiyah*, II, p. 2. *Mei Meirom* : VII, p. 253*s*. ; *Missaviv LiChemona Perakim LeHaRambam*, p. 199. *'Hidouchei Marane Hiz HaLévi*, p. 43. *HaMoussar VeHaDa'at*, II, p. 280. *Bène Iche 'Haï*, p. 132. *Chem MiChemouël, Bereichit*, II, p. 244.

642. Cf. TB Pessa'him 54*a*. Zohar, I, 90*a* ; 134*b* ; III, 69*b*. Zohar 'Hadache, Ruth 85*a*. – Cf. Gen. R. 1,5. – *Orot HaKodèche*, III, p. 81. – *Chem MiChemouël, Devarim*, p. 221.

643. Cf. RAMBAM, *Séfer HaMitsvot, Mitsvot Assé, Mitsva* 73 ; *Hil'hot Techouva* I, 1. RAMBAN, Deut. 30,11.

644. Cf. TY Ta'anit I, 1 ; II, 2. TB : Sanhédrine 97*b*-98*a* ; Yoma 86*b* (Is. 56,1). Nu. R. 7,10 ; Cant. R. 5,3. Tan'houma, Be'houkotaï 3. Zohar, II, 188*b* ; III, 122*a* ; 270*a* ; 278*a*. Zohar 'Hadache, Bereichit 8*a*. 23*b*. Tikounei HaZohar 6 (22*b*). RACHI et MAHARCHA, Sanhédrine 97*b*. RAMBAN, Lev. 26,16 ; *Séfer HaGueoula* (*Kitvei Ramban I*), p. 267, 277. MAHARCHA, Meguila 31*b*. *Siddour Rabbeinou Chelomo de Garmaise*, p. 230.

645. Cf. Zohar 'Hadache 59*b*. RAMBAM, *Hil'hot Techouva* VII, 5 (Deut. 30, 1-3) ; *Hil'hot Mela'him* XI, 1. RAMBAN, Exod. 2,25 ; 12,42 ; Deut. 30, 6,11 ; 32,40. MAHARAL, *Nétsa'h Yisraël*, 31. *Or Ha'Hayim*, Deut. 4,29. *Be'eir Mayim 'Hayim*, Deut. 30, 3-4. Rav KOUK, *Orot HaTechouva*, p. 123. Voir aussi Ez. 36. Exod. R. 15,5. MAHARAL, *Nétsa'h Yisraël* 13 ; 62. MALBIM, Is. 12,2. *Mi'htav MeEliyahou*, II, p. 50. *Beit Avraham*, p. 93.

I. PEUPLE D'ISRAËL, PAYS D'ISRAËL

646. Cf. Gen. 22,16. Ez. 36. Is. 48,11. Ps. 106,8. Dan. 12,7. Exod. R. 1,41-42 ; 3,3. Cant. R. 2,6 ; 2,19 ; 8,16. Cho'heir Tov 94. Tan'houma, Chemot 12. Pessikta Zoutarta, Tetsavé 27,20. Yalkout Chim'oni, Mala'hei 3, 595. Voir aussi TY Sanhédrine X, I ; TB : Bera'hot 32*a* ; Chabbat 55*a*. Lev. R. 36,5. Cf. Zohar, I, 117*b* ; 119*a* ; II, 6*a* ; 10*a* ; III, 66*b*. Tikounei HaZohar 21 (55*a*) ; Tikounei Zohar 'Hadache 8*b*. RAMBAM, *Hil'hot Techouva* VII, 5. RAMBAN, Lev. 26,45 ; Deut. 9,4 ; 32, 26,40,43 ; *Séfer HaGueoula* (*Kitvei Ramban* I), p. 277, 287, 290. MAHARAL, *Guevourot HaChème*, 21 ; 24. *Siddour Rabbeinou Chelomo de Garmaise*, p. 229. CHELAH, III, p. 24*b*, 165*b*. Or Ha'Hayim, Lev. 25,27 ; Nu, 24,17 ; RAV KOUK, *Orot HaTechouva*, p. 33-34 ; *Igrot HaReiyah*, II, p. 186-187. *Mei Meirom*, VI, p. 16 ; *Missaviv LiChemona Perakim LeHaRambam*, p. 192. R. M. M. KACHER, *HaTekoufa HaGuedola*, p. 471, 475 ; *Mil'hémet Yom HaKippourim*, Jérusalem, 5734, p. 12-14, 32-33, 41, 62, 74. R. B. Z. SAFRAN, *Dorèche LeTsione*, p. 5, 13.

647. Cf. MAHARAL, *Nétsa'h Yisraël*, 62. Rav KOUK, *Orot*, p. 136-137.

648. Cf. TB Sota 4*b* ; Gen. 14,22. Avot VI, 10. TB Pessa'him B7*b*. Gen. R. 13,5 ; 30,8 ; 43,8. Nu R. 12,13 ; Cant. R. 2,2. Tan'houma, Behar 1. RACHI, Sanhédrine 81*b*. *Akédat Yits'hak, Lé'h Le'ha*, XVIII. *Peirouchei Maharal LeAgadot HaChass*, I, p. 24. *Orot HaKodèche*, II, p. 572-574 ; *Orot*, p. 22. A. SAFRAN, *La Cabale*, p. 343.

649. Cf. Pessikta Rabbati, 28. *Séfer Yereïm HaChalem*, 413. CHELAH, I, *Toldot Adam. Maguid Devarav LeYa'akov*, 66 ; 127. *Be'eir Mayim Hayim*, Gen. 1, 1, VI. *Sefat Emet*, I, p. 16 ; III, p. 189, 191, 195, 197, 200. *Orot HaKodèche*, I, p. 151.

650. Cf. TB Sanhédrine 38*b*. Zohar, I, 23*b* ; 24*b* ; 34*b* ; 130*b* ; 205*b* ; II, 23*b* ; III, 83*a*. RACHI, Gen. 2,7.

651. Cf. Gen. 28, 17. Pirkei DeRabbi Eliézer 35. Cho'heir Tov 91. Zohar, I, 147*b* ; III, 190*b*. *Sefat Emet*, III, p. 197-198. *Chem MiChemouël, BaMidbar*, p. 347-348.

652. RAMBAN, *Torat HaAdam* (*Kitvei Ramban* II), p. 296, Voir Gen. R. 19, 18.

653. Cf. Gen. R. 14,9. Targoum Yonathan, Hochéa 6,7. Zohar, I, 80*a* ; 147*b* ; II, 262*b*. CHELAH, I, 70*a*.

654. Cf. MAHARAL, *Déré'h 'Hayim*, p. 210-211, 220. RAV KOUK, *Orot HaKodèche*, I, p. 151.

655. Cf. Gen. R. 13,5. CHELAH, I, p. 24*b*, 26*a*. *Sefat Emet*, I, 5,16 ; II, 49 ; III, 190, 196-197, 200 ; V, p. 164. RAV KOUK, *Orot HaKodèche*, II, 573 ; *Orot HaTechouva*, p. 30.

656. Cf. Gen. R. 43. MAHARAL, *Déré'h 'Hayim*, p. 245. *Sefat Emet*, III, p. 197. *Avnei Neizer*, p. 1-2. Voir TB Roche HaChana 31*a* ; RAMBAN, Gen. 14, 18-19.

657. Cf. CHELAH, *Siddour, Cha'arei HaChamayim*, p. 576. HAGRA, *Siddour Ichei Yisraël*, p. 395. *Sefat Emet*, III, p. 191. *Mei Meirom*, VI, p. 311 ; VIII, p. 64.

658. Cf. TB : Pessa'him 118*b* ; Avoda Zara 24*a* ; Sanhédrine 92*b* ; Chevouot 39*a*. Gen. R. 6 ; 8 ; 54. Exod. R. 29. Tan'houma, A'hrei 9. *Sefat Emet*, II, p. 65, 68 ; III, p. 189, 190, 198-200. *Mei Meirom*, VI, p. 257.

659. Cf. R. AVRAHAM DE SLONIM, *Be'eir Avraham*, p. 143.
660. Cf. MAHARAL, *Guevourot HaChème*, 57 ; cf. aussi TB Eirouvine 41a.
661. Cf. Pirkei DeRabbi Eliézer 8 ; Yalkout Chim'oni Pin'hass 29,782. Zohar III, 100b ; Zohar 'Hadache, Bereichit 14. CHELAH, I, p. 11a.
662. Cf. *Tanya, Iguéret HaKodèche*, 14. *Sefat Emet*, I, p. 56, *et al.* ; III, p. 196. *Be'eir Avraham*, p. 123. *Chem MiChemouël*, Ber. II, p. 180.
663. Cf. *Sefat Emet*, V, p. 78 ; 154-6.
664. Cf. Lev. 16,30, TB Roche Hachana 18a. RAMBAM, *Hil'hot Techouva* II, 6-7. CHELAH, I, p. 11a, 26a. RAV KOUK, *Olat Reiyah*, II, 342 ; *Orot HaTechouva*, p. 57.
665. Cf. TB Roche Hachana 16a ; 34b. *Siddour Rabbeinou Chelomo de Garmaise*, p. 210-214.
666. Cf. Is. 44,6 *et al.*
667. Ps. 103,19. Voir CHELAH, *Siddour Cha'ar HaChamayim*, p. 576.
668. Cf. R. ELIYAHOU DE VILNA, *Biour, Michlei* 27,27, p. 81a-b ; *Adéret Eliyahou*, p. 10 ; *Siddour Ichei Yisraël*, p. 69. R. NA'HMAN DE BRATSLAV, *Likoutei Moharan*, 17. Voir aussi RACHI, Deut, 6,4.
669. Zach. 14,9 ; cf. aussi Ps. 47,8.
670. Prières de Roche HaChana et Yom Kippour. Cf. MAHARAL, *Guevourot Hachème*, 24.
671. Cf. Ps. 145,17. Nu. R. 11,1 ; Cant. R. 5,2. Zohar, I, 93a (Prov. 3,33 ; Is. 60,21) ; 216a (Is. 26,2) ; II, 23a ; III, 61a ; 125a ; 266b. Voir aussi RAMBAM, *Hil'hot Mela'him* III, 6. Cf. RACHI, Ps. 72,7 ; *Rabbeinou Ba'hya*, Exod. 19,6 ; MAHARAL, *Derachot, Hespède*, p. 10-11 ; *Maguid Devarav LeYa'akov*, 191 ; *Néfèche Ha'Hayim*, 116.
672. Prov. 10,25. Cf. TB 'Haguiga 12b. Zohar, I, 31a ; 45b ; 59b ; 105b ; 195a ; 208a ; II, 116a. Tikounei HaZohar 1a ; 2b ; 21 (50b). Zohar 'Hadache, Bereichit 7. Voir TB : Sanhédrine 97 b ; 103b ; Yoma 38b. Gen. R. 35b. Tan'houma, Nitsavim 2. *Orot Hakodèche*, III, p. 156-157.
673. Cf. TB Bera'hot 16b.
674. Cf. TB : Sanhédrine 27b ; Chevouot 39a. Lev. R. 30. RACHI, Roche HaChana 29a. RAMBAM, *Peirouche HaMichna, Makot* III, 16. R. Yossef ALBO, *Séfer HaIkkarim*, 29. ARI HAKADOCHE et R. 'HAYIM VITAL, *Likoutei Tora* et *Ta'amei HaMitsvot*, Kedochim, p. 77. R. MOCHÉ CORDOVÉRO, *Tomère D'vora*, I. CHELAH, III, p. 2a. R. YA'AKOV YOSSEF DE POLONNOJE, *Toldot Ya'akov Yossef, Hakdama* II ; *Bereichit ; Lé'h.* R. ELIMÉLÉ'H DE LISENSK, *Noam Elimélé'h, Devarim.* R. CHNÉOUR ZALMAN DE LIADY, *Tanya*, 41. *Or Ha'Hayim*, Exod. 39,32.
675. Cf. *Kouzari* II, 24. *Sefat Emet*, III, p. 195-197, 199, 200. *Orot HaKodèche*, I, p. 134 ; *'Hazone HaGueoula*, p. 98-99, 118 ; *Orot*, p. 12, 166. *Mei Meirom*, VI, p. 244, 282-283.
676. Cf. TY Chekalim III, 3. TB : Roche HaChana 9b ; Moède Katane 2b ; Guitine 36-37 ; Kidouchine 36b-37a ; 38b ; Ara'hine 32b. Lev. R. 34,7 ; Nu. R. 17,7. RAMBAM, *Hil'hot Chemita VeYovel* X, 8. RAMBAN, Deut. 11,18. *'Hatam Sofer, Yoré Déa*, 234. *Olat Reiyah*, I, p. 387-388 ; *Orot*, p. 13 ; *Orot HaTora*, p. 68, 78.

677. Cf. TB : Bera'hot 17*a* ; Chabbat 14*b* ; Pessa'him 34*b* ; Yoma 57*a* ; Meguila 12*b* ; 14*a* ; Ketouvot 110*b* ; Nedarim 22*a* (Deut. 28,65) ; Sanhédrine 24*a* ; Avoda Zara 5*a* ; Zeva'him 60*b* ; Mena'hot 52*a* ; 110*a*. Cf. *Meïri*, Ketouvot 111*a*. Yalkout Chim'oni : Bechala'h 14, 234 ; Michlei 17,956. Zohar, I, 28*a* ; 141*b* ; II, 40*a* ; III, 82*b* ; 238*b*. Tikounei HaZohar 69 (97*b*). Rambam, *Hil'hot Chofar* III, 2 ; *Moré Nevou'him*, II, 36. Ramban, Lev. 18,25. Alchéi'h, *Lé'h*, Gen. 12,1 ; *Ki Tavo*, Deut. 26,6. Cant. 5,2, Maharal, *Guevourot HaChème*, 8 ; *Derachot, Derouche LeChabbat Techouva*, p. 32-33. Chelah, *Siddour Cha'ar HaChamayim*, p. 521, R. Eliyahou de Vilna, *'Hidouchei OuBiourei Hagra*, p. 58 ; *Séfer HaEmouna VeHaHachga'ha* I, p. 1. *Likoutei Moharan* : I,19 ; II,17, *Sefat Emet*, III, p. 198. *'Hatam Sofer, Hagada*, p. 27. Rav Kouk, *Orot*, p. 10, 42, 77-78, 86, 90, 94, 142, 158 ; *Orot HaKodèche*, I, p. 134 ; III, p. 116, 288 ; *'Hazone HaGueoula*, p. 89, 103, 114 ; *Orot HaTora*, p. 9 ; *Igrot HaReiyah*, I, p. 110. *Mei Meirom* ; V, p. 243-244 ; VI, p. 26, 63-64, 85, 244, 256, 309 ; VIII, p. 53, 67, 69 ; *Missaviv LiChmona Perakim LeHaRambam*, p. 200. *Mi'htav MeEliyahou*, III, p. 192. *Pa'had Yits'hak, Yéra'h HaEitanim*, p. 45-46. *Bène Iche 'Haï*, p. 104. *Tosséfet Bera'ha*, V, p. 88. *Chem MiChemouël, Hagada*, p. 46.

678. Cf. Sifrei (Deut. 11,10) 37. TB : Sanhédrine 24*a* ; Bera'hot 6*b*. Gen. R. 16,7 ; 70,8. Lev. R. 13,4. Avot DeRabbi Nathan, 28 ; 34. Cho'heir Tov, 147. Zohar III, 118*a*. Recanati, *Yitro*, p. 8*b*. Chelah, I, p. 169*b*. *Or Ha'Hayim*, Deut. 26,1. *Kedouchat Lévi*, p. 25*b*. *Sefat Emet*, I, p. 216 ; V, p. 5. Rav Kouk, *Orot HaTora*, p. 80 ; *Igrot HaReiyah*, I, p. 123*s*. ; *Chabbat HaArets*, p. 12 ; *Orot*, p. 12, 77-78 ; *Moussar Avi'ha*, p. 85 ; *Orot HaKodèche*, III, p. 138, 288. *Mei Meirom*, II, p. 79 ; VI, p. 253, 258, 265, 310 ; VIII, p. 20, 69, 106. *Ha'amek Davar*, Gen. 16,7. *Be'eir Avraham*, p. 145 ; *Da'at Tora*, p. 160.

679. Cf. Deut. 26,13 ; cf. aussi Lev. 26,42 ; Deut. 25,19. Cf. Zohar I, 170*b*. *Rabbeinou Yona de Girondi, Peirouchim*, Avot III, 1, p. 39. Ramban, Deut. 8,11. Maharal, *Déré'h 'Hayim*, p. 161. Hagra, *Siddour Ichei Yisraël*, p. 98. *Toldot Ya'akov Yossef, Mikeits* ; *Maguid Devarav LeYa'akov*, 110 ; *Kedouchat Lévi*, p. 142*b* s. Moharan, *Séfer HaMidot*, p. 229-230 ; *Kitvei R. Na'hman de Bratslav*, p. 193. *Orot Hakodèche*, III, p. 187. *Mei Meirom*, VI, p. 66, 254. *Avnei Neizer*, p. 29 ; *Neot HaDéché*, p. 108-109. *Chem MiChemouël : Bereichit*, II, p. 254, 322 ; *Hagada*, p. 22. *VaYoël Moché*, p. 162-163. Mais voir aussi Deut. 8,14 ; 32,15. Osée 13,6. *Ha'amek Davar*, Deut. 8,11-12. TB Souka 20*a*. *Tosséfet Bera'ha*, V, p. 244.

680. Cf. Maharcha, Meguila 13*b*.

681. Cf. Sifrei (Nu. 11,16) 92. Lev. R. 2,2. Tan'houma, Terouma 3. Rachi, Lev. 26, 12. Maharal, *Derachot*, p. 41. *Kedouchat Lévi*, p. 87*b*. *Sefat Emet*, II, p. 149.

682. Cf. Deut. 12,9 ; Ps. 132,14 ; 95,11, TB : Zeva'him 119*a* ; Horayot 10*b*. Cant. R. 1,66. Zohar, II, 221*b* ; 240*a*. Maharal, *Déré'h 'Hayim*, p. 7, 188. *Kedouchat Lévi*, p. 59*a*. *Biourei Hagra Al Agadot*, II, p. 71. Rav Kouk, *Moussar Avi'ha*, p. 80. *Mei Meirom*, VI, p. 278, 281-282. *Sefat Emet*, III, p. 189, 198. *Neot HaDéché*, p. 123. Mais voir Avot IV, 15 ; Rachi, Gen. 37,1. Mais voir aussi Zohar II, 174*a* ; Jér. 46,27.

683. Cf. Midrache HaGadol, Vayéchev, Gen. 37,1. Yalkout Chim'oni, Be'houkotaï, 26,672. Lev. 26,5 et Sifra *ad loc.* Deut. 12,9 ; 8,12. TY Moède Katane III, 1 ; Tossafot, Avoda Zara 21*a*. – Voir TB Mena'hot 44*a* ; Rambam, *Hil'hot Tefiline* V, 10 ; *Tour* et *Choul'hane Arou'h, Yoré Déa*, 286,22. *Beit Yossef, Ora'h 'Hayim*, 228. Deut. 8,12. Voir TY Sota VIII, 4. Voir aussi Gen. R. 39,10 ; 74,1.

684. Cf. Gen. 13,7. Ps. 84,8. TB Bera'hot 4*a* ; Zohar I, 151*a* ; II, 143*a* ; III, 61*a* ; 218*b*. TB Bera'hot 64*a* et Maharcha *ad loc*. – Mais voir TB Bera'hot 17*a* ; Avot DeRabbi Nathan 1,5. Cho'heir Tov 48. Rambam, *Hil'hot Techouva* VIII 2. Mais voir R. 'Hayim Vital, *Peri Eits 'Hayim*, p. 20. Maharal, *Netivot Olam*, I, *Netiv HaTora*, 9 ; *Déré'h 'Hayim*, p. 188. – Cf. Gen. R. 37,2 ; 84,1. Exod. R. 31,4. Pessikta Zoutarta, VaYéchève, Gen. 37,1. Tan'houma, Be'houkotaï 2. Amos 9,15 ; Lev. 26,3. Yalkout Chim'oni, Tehilim 84, 833. Mais voir Is. 57,20 ; Avot IV, 15. Mais voir aussi *Moré Nevou'him* III, 24. Cf. Chelah, I, p. 25*a-b* ; III, p. 23*a*. Maharcha, Makot 24*b*. Hagra, *Siddour Ichei Yisraël*, p. 255. R. 'Hayim de Volojine, *Roua'h 'Hayim*, p. 92. *Kedouchat Lévi*, p. 59*a*. *Sefat Emet*, I, p. 42, 211. *Olat Reiyah*, II, p. 181 ; *Orot*, p. 84. *Mei Meirom*, VI, p. 247, 282. *Da'at Tora*, p. 144, 222.

685. Cf. Michna Bera'hot I, 5. TB : Bera'hot 12*b* ; Avoda Zara 3*b* ; Zeva'him 118*b*. Gen. R. 91,13 ; Zohar I, 126*a*. Nu. R. 21,20 ; Is. 60,1. Voir aussi TB Chabbat 63*a* ; Zohar I, 88*a*.

686. Cf. Prov. 3,6. Deut. 32,43 et Sifrei (333) *ad loc*. TY : Bera'hot IX, 5 ; Chekalim III, 3 ; Chabbat I, 3. TB : Bera'hot 63*a* ; Pessa'him 113*a* ; Ketouvot 111*a* ; Bava Batra 158*b*. Pessikta Zoutarta, VaYeitsei, Gen. 28,21. Gen. R. 26,11 ; Cho'heir Tov 56 ; 84. Yalkout Chim'oni : Yechaya 1,390 ; Michlei 17,956. Zohar, I, 177*b* ; III, 70*b*. Chelah, I, *Toldot Adam* ; I, p. 169*b*. *Tanya*, 37. *Kitvei Rabbi Na'hman MiBratslav*, p. 354. *Sefat Emet*, III, p. 189, 195, 200. *Orot*, p. 22, 28-29, 171. *Beit Avraham*, p. 153.

687. Cf. Deut. 8,11,14. Sifrei : Deut, 11,16 (43) ; 32,15 (319). TB Bera'hot 32*a*. Rachi, Sota 5*a*.

688. Cf. Lev. 25, 18,19 ; Lev. 26,5 et Sifra *ad loc*.

689. Cf. TB Kidouchine 81*b* (Lev. 5,17).

690. Cf. *Sefat Emet*, III, p. 198.

691. Cf. Ps. 48,3 ; voir Is. 24. Cf. Cant. R. 7,10. Zohar III, 118*a*. R. Avraham de Slonim, *Yessod HaAvoda* II, p. 83-84.

692. Cf. Ps. 2,11. – Deut. 26,3-5.

693. Cf. TB : Bera'hot 9*b* ; Chabbat 67*a* ; 128*a*. Bava Metsia 113*b* ; Horayot 13*a*. Zohar, II, 26*b* ; III, 255*a*, 276*a*. Tikounei HaZohar 1*b*, 21 (60*a*). Zohar 'Hadache, Yitro 33.

694. Cf. Rabbi Bezalel Ze'ev Safran, *Dorèche LeTsione*, p. 25.

695. Cf. Sifrei (Deut. 19,14) 188. TY Bera'hot VIII, 5. TB Sanhédrine 99*b*. Rachi, 'Houline 92*a*. Ramban, Gen. 19,5 ; *Deracha LeRoche HaChana* (*Kitvei Ramban* I), p. 249-251. Alchéï'h, Deut. 11,12. *Haféts 'Hayim, Peirouche, Séder HaTefila*, p. 169-170. *Dorèche LeTsione*, p. 12.

696. Cf. TB Eirouvine 19*a*. Avot DeRabbi Nathan 34. Cho'heir Tov 56. Zohar, II, 184*b* ; III, 84*a*. Chelah, I, p. 168*a* ; III, p. 22*a*, 169*b*-170*a*. *Mei Meirom* : VI, p. 233-234 ; VIII, p. 20-21.

I. PEUPLE D'ISRAËL, PAYS D'ISRAËL

697. Gen. 2,15. Voir Lev. R. 25,3 (Lev. 19,23) ; Gen. R. 64,3. – Cf. Zohar I, 27*a*. Sifrei (Deut. 11,13) 41. Pirkei DeRabbi Eliézer 12. Chelah, III, p. 169*b*-170*a*.

698. Cf. Gen. R. 19,18. RAMBAN, *Deracha LeRoche HaChana* (*Kitvei Ramban* I), p. 200-201, 251. ARI HAKADOCHE, *Likoutei Tora, Lé'h Le'ha*, p. 48.

699. Voir *supra*, p. 31.

700. Cf. TB : Bera'hot 63*b* ; Chabbat 138*b*.

701. Cf. Ps. 137,5-6. Cf. Lev. 26,42. TY Bera'hot V, 3. Tana Devei Eliyahou Rabba 30. Tan'houma : Noa'h 11 ; VaYikra 2. Yalkout Chim'oni, Tehilim 137,885. *Tour, Ora'h 'Hayim*, 126. Tossafot Avoda Zara 3*b*. Cf. Zohar, I, 114*a* ; III, 213*b* ; 221*a* ; 298*a*-*b*.

702. Cf. *Beit HaLévi*, I, p. 21.

703. Cf. Deut. 4,39. Jér. 2,3 ; 3,12 ; 31,2,8. Osée 7,1 ; 14,2,5. Cant. 4,3 ; 6,7. TB : Bera'hot 17*a* ; 57*a* ; Eirouvine 19*a* ; 21*b* (voir aussi Roche HaChana 17*a*) ; 'Haguiga 27*a* ; Yevamot 7*b* ; Kidouchine 53*a* ; Bava Batra 47*b* ; Sanhédrine 37*a* ; 44*a* et RACHI *ad loc.* ; 102*b* ; Be'horot 30*b* ; Kareitot 6*a*. Gen. R. 32,16 ; 41,1 ; 65. Exod. R. 24,3 ; 42,9. Lev. R. 30,11. Nu. R. 3,1 ; 7,10 ; 13 ; Deut. R. 2. Cant. R. 4,5,7 ; 5,7 ; 6,17. Tana Devei Eliyahou Rabba 18. Pirkei DeRabbi Eliézer 43. Yalkour Chim'oni 'Chir HaChirim 4,988. Zohar, II, 100*a* ; 119*b* ; 121*a* ; III, 25*a*-*b* ; 27*a* ; 112*a*. Tikounei HaZohar : 6 (44*a*) ; 22 (68*b*). Zohar 'Hadache 44*b* ; 120*b*-121*a*. Zohar 'Hadache, Ruth 83. RAMBAM, *Peirouche HaMichna, Sanhédrine* X, XII ; *Hil'hot Gueirouchine* II, 20 ; *Hil'hot Ichout* IV, 15 ; *Hil'hot Techouva* III, 5 ; VII, 5 ; *Iguéret Teimane*. *Tour, Ora'h 'Hayim*, 619. Choul'hane Arou'h : *Evène HaEzer*, 157,5 ; *'Hochène Michpat*, 253. RACHI, Chabbat 105*b* ; Kidouchine 70*b*. Tossafot, Chabbat 55*a*. *Tomère D'vora*, 2. MAHARAL : *Guevourot HaChème*, 23 ; 42 ; *Peirouchim LeAgadot*, II, p. 123 ; *Déréh 'Hayim*, p. 200, 251-252 ; *Tiféret Yisraël*, 5 ; *Nétsa'h Yisraël*, 11 ; *Be'eir HaGola*, 3. CHELAH, I, p. 69*a* ; II, p. 44*b* ; III, p. 200*b*. HAGRA, ad Is. 1,25 ; *Siddour Ichei Yisraël*, p. 543. B. LANDAU, *HaGaon Hé'Hassid MeVilna*, Jérusalem, 5728, p. 104, 187, 192. *Tanya*, 14 ; 18 ; 19 ; 25 ; 32 ; 41 ; 44. *Noam Elimélé'h, Devarim. Meor Einaïm, Likoutim, Atème Nitsavim. Moharan, Siddour Cha'arei Ratsone*, p. 206. *Sefat Emet*, I, p. 103 ; 202 ; III, p. 197 ; V, p. 9, 102. *Beit HaLévi*, II, p. 12. Rav KOUK, *Orot*, p. 12-13, 74, 76, 84, 144-147, 150-151, 171 ; *'Hazone HaGueoula*, p. 275. *Mei Meirom, Missaviv LiChmona Perakim LeHaRambam*, p. 198-199. *Avnei Neizer*, p. 57. *Be'eir Avraham*, p. 314. *Mi'htav MeEliyahou*, II, p. 278. *HaMoussar VeHaDa'at*, II, p. 79-80. *Siddour HaGueonim VeHaMeKoubalim*, III, p. 528. Alexandre SAFRAN, *Moussar VeHévra Beïdane MaModerni, in Hagout Ivrit BeAiropa*, Tel-Aviv, 5729 (1969), p. 216 s.

704. Cf. TB Sanhédrine 105*b*. Lev. R. 35,1. Zohar III, 143*b*. Zohar 'Hadache 59*b*. Cho'heir Tov 22. *Mei Meirom*, V, p. 243-244.

705. Cf. Deut. 14,1 ; Exod. 4,22 ; Ps. 2,7 ; Jér. 31,19. Avot III, 14. TB : Chabbat 31*a* ; 89*a* ; Yoma 85*b*. Massé'het Gueirim I, 5. Nu. R. 10,5. Deut. R. 2 ; mais voir aussi Exod. R. 29,4. Cf. Avot DeRabbi Nathan 3. Zohar, I, 47*a* ; 154*b* ; 205*b* ; 213*b* ; II, 2*a* ; 43*b* ; III, 111*b* ; 237*b* ; 238*a* ; 277*b* ; 278*b* ; 298*a*. MAHARAL, *Nétsa'h Yisraël*, 11 ; *Be'eir HaGola*, 3.

706. Cf. Is. 1,2,4 ; 30,1,9. Jér. 3,14,22 ; 4,22. TB : Bera'hot 3*a* ; 32*b* ; Chabbat 89*a* ; Pessa'him 87*b* ; Yoma 85*b* (Michna Yoma VIII, 9) ; Ta'anit 23*a* ; 25*b*. Deut. R. 2,16. Tana Devei Eliyahou Rabba 18. Zohar, I, 47*a* ; II, 43*b* ; III, 4*b* ; 99*b* ; 257*a* ; voir aussi III, 143*b*. R. 'HAYIM VITAL, *Peri Eits 'Hayim, Cha'ar HaChofar*, 1, p. 23*a*. *Toldot Ya'akov Yossef, Noa'h*.
707. Cf. TB Kidouchine 36*a*. RACHI, Chabbat 89*b*. *Techouvot HaRachba*, II, 194 ; 242, *Igrot HaReiyah*, II, p. 194. *Sefat Emet*, III, p. 198. *Chem MiChemouël, Hagada*, p. 46.
708. Cf. TB Avoda Zara 3 ; Nu. R. 13,15. Voir aussi Nu. R. 8,2 ; Ps. 146,8. Cf. Zohar 'Hadache, Ruth 78. RAMBAM, *Hil'hot Techouva* III, 5 ; *Hil'hot Mela'him* VIII, 11. RABBI YEHOUDA HÉ'HASSID, *Séfer 'Hassidim*, 358.
709. Cf. TB Bava Kama 38*a*. Voir RABBEINOU YONA GERONDI, *ad* Avot IV, 17. Mais voir aussi Tossafot, *ad* Avoda Zara 3*a*.
710. Cf. Is. 63,8. Jér. 31,2. Osée 1,9 ; 2,1,21,25. Sifrei : Deut. 14,1 (96) ; Deut. 32,5 (308). TY : Kidouchine I, 7 ; Sanhédrine X, 1. TB : Bera'hot 3*a* ; 32*a* ; Chabbat 55*a* ; Kidouchine 36*a* ; Bava Batra 10*a* ; Sanhédrine 44*a* ; 105*a*. Pessikta Rabbati 44 ; Targoum Yonathan, Osée 2,1. Gen. R. 20,16. Exod. R. 24,1,3 ; 30,5 ; 42,6-7 ; 49,1 ; mais voir aussi Exod. R. 25,13. Lev. R. 36,5. Nu. R. 2,16 ; 9,4 ; 10,2. Deut. R. 2,16 ; 3,2 ; 7,10. Cant. R. 7,16 ; 8,7. Thr. R. Peti'hta 31. Tana Devei Eliyahou Rabba 18 ; Cho'heir Tov 100, 3. Tan'houma : Massei 7 ; Eikev 3. Mais voir aussi Pirkei DeRabbi Eliézer 45 ; Ez. 36,20. Zohar, 1, 95*b* ; 213*b* ; II, 20*a* ; 205*b* ; III, 11*b* ; 81*a* ; 111*b* ; 112*b* ; 256*a* ; 286*b* ; 298*a*. – Rom. 11,29. – RAMBAM, *Peirouche HaMichna*, Avot V, 15 ; *Iguéret Teimane*, p. 128-129. RACHI, Nu. 23,21 ; Deut. 7,8 ; 29,12 ; 32,6,9 ; Is. 63,8 ; Chabbat 89*b* ; Sanhédrine 44*a*. RAMBAN, Deut. 7,7 ; 9,4. Tossafot, Yevamot 22*b*. *Siddour Rabbeinou Chelomo de Garmaise*, p. 28. MAHARAL, *Nétsa'h Yisraël*, 11 ; *Peirouchim LeAgadot*, I, p. 32 ; *Derachot, Derouch LeChabbat Techouva*, p. 32. CHELAH, *Siddour Cha'ar HaChamayim*, p. 516. MAHARCHA, Bava Batra 10*a*. R. NA'HMAN DE BRATSLAV, *Hagada*, p. 39. *Beit HaLévi*, II, p. 60. *Sefat Emet*, III, p. 198. RAV KOUK, *Orot*, p. 150-151 ; *Igrot HaReiyah*, II, p. 184-198 ; *Michpat Kohen*, 124. *Haamek Davar*, Deut. 7,8. R. AVRAHAM DE SLONIM, *Be'eir Avraham*, p. 314. R. B. Z. SAFRAN, *Dorèche LeTsione*, p. 21.
711. Is. 60,21. Cf. Nu. 23,21 ; 23,13. Is. 44,5. Jér. 2,21 ; 31,36. (Prov. 10,25 ; Eccl. 7,20.) Cant. 4,7. TB : Pessa'him 87*a* ; Souka 45*b* ; Sanhédrine 97*b* ; Avoda Zara 4*b* ; Mena'hot 53*b*. Gen. R. 35,2. Exod. 7,4 ; 32,7 ; Exod. R. 41,12 ; 42,6 (Osée 1,9 ; 2,1). Nu. 2,16 ; 13. Zohar, I, 95*b* ; 105*b* ; 216*a* ; II, 106*a* ; 190*a* ; III, 234*b*. RAMBAM, *Hil'hot Techouva* III, 5 ; *Iguéret Teimane*, p. 128-129. RACHI, Ps. 72,8 ; Sanhédrine 44*a* ; Avoda Zara 22*b*. RAMBAN : Gen. 22,16 ; Deut. 9,4. RADAK, Gen. 22,16. ALCHÉI'H, Gen. 15,7-8. MAHARAL, *Tiféret Yisraël*, 5 ; *Nétsa'h Yisraël*, 11 ; *Dérè'h 'Hayim*, p. 55 ; *Guevourot HaChème*, 3. R. ELIYAHOU DE VILNA, *Adéret Eliyahou*, p. 483. *Or Ha'Hayim*, Lev. 26,11. *Noam Elimélé'h, Devarim. Sefat Emet*, III, p. 13. RAV KOUK, *Orot*, p. 12, 63-64, 74, 144, 149, 183 ; *'Hazone HaGueoula*, p. 104 ; *Orot HaKodèche*, III, p. 319 ; *Olat Reiyah*, II, p. 490 ; *Igrot HaReiyah*, I, p. 369. *Mei Mei-*

rom : V, p. 212 ; VI, p. 12, 327, 329 ; VIII, p. 79, 91, 94 ; *Missaviv LiChmona Perakim LeHaRambam*, p. 199-200. R. S. R. HIRSCH, Exod. 32,13. *Méché'h 'Ho'hma*, p. 324. *Beit Avraham*, p. 137, 235. *Leiv Eliyahou*, p. 143. *Pa'hd Yits'hak, 'Hanouka* (New York, 5724), p. 72. R. YOSSEF ROZINE, LE GAON DE ROGATCHOV, *Mefa'anéa'h Tsefounot*, p. 180, 189, 239.

712. Cf. *Beit HaLévi*, I, p. 21 (Gen. 17,7) ; *Mei Meirom*, V. p. 241.

713. Cf. TB : Bera'hot 17*a* ; Avoda Zara 4*b*. Gen. R. 65,10. Cant. R. 1,41 ; Cant. I, 5-6. Yalkout Chim'oni, Chir HaChirim 4,988. Pessikta Zoutarta, VaEt'Hanane, Deut. 5,26. Zohar II, 107*b*. *Biour Hagra*, Zohar II, 119*b* ; cf. B. LANDAU, *HaGaon Hé'Hassid MiVilna*, p. 187, 192. Cf. RACHI, Nu. 23,21. MAHARAL, *Nétsa'h Yisraël*, 11 ; 25 ; *Guevourot HaChème*, 8 ; *Netivot Olam*, II, *Netiv HaTechouva*, 4 ; *Peirouchim LeAgadot*, II, p. 79 ; *Derachot, Derouche LeChabbat Techouva*, p. 30, 32. – Is. 1,18 ; Ps. 130,4 ; Thr. 1,17. – *Or Ha'Hayim*, Lev. 13,2. *B'nei Issas'har*, I, p. 112*a* ; II, p. 24*a*. R. TSADOK HAKOHEN DE LUBLIN, *Dover Tsédek*, 19. *Sefat Emet*, V, p. 87. RAV KOUK, *Orot*, p. 74-76, 149, 154-155. *Mei Meirom*, V, p. 243 ; VI, p. 11, 162-163 ; VII, p. 253. R. AVRAHAM DE SLONIM, *Yessod HaAvoda*, p. 248 ; *Be'eir Avraham*, p. 214, 297. *Avnei Neizer*, p. 121. R. B. Z. SAFRAN, *Dorèche LeTsione*, p. 21.

714. Cf. Deut. 4,4. TB : Guitine, 57*b* ; Pessa'him 87*a*. Lev. R. 24,2. Deut. R. 2,23 ; Ps. 73,25. Thr. R. 3,19 ; Ps. 44,18. Tan'houma, Tetsavé 1. Zohar, I, 95*b* ; 178*a* ; III, 61*a* ; 80*b* ; 112*a* ; 260*b*. RACHI, Yevamot 49*b* ; Is. 1,18. RAMBAN, Lev. 1,14. MAHARAL, *Déré'h 'Hayim*, p. 9 ; *Guevourot HaChème*, 8 ; 42 ; *Netivot Olam*, II, *Netiv Koa'h HaYétsère*, 4. CHELAH, I, p. 21*a* ; II, p. 44*b* ; III, p. 200*b*. *Moharan, Siddour Cha'arei Ratsone*, p. 206. RAV KOUK, *Orot*, p. 63-64 ; 142 ; *Chabbat HaArèts*, p. 7 ; *Olat Reiyah*, I, p. 236. *Mei Meirom*, V, p. 212 ; VI, p. 12, 329 ; VIII, p. 91 ; *Missaviv LiChmona Perakim LeHaRambam*, p. 216. R. AVRAHAM DE SLONIM, *Be'eir Avraham*, p. 49 ; *Beit Avraham*, p. 163. R. B. Z. SAFRAN, *Dorèche LeTsione*, p. 35.

715. Cf. Zohar 'Hadache 44*b*. RAMBAM, *Hil'hot Gueirouchine* II, 20. HAGRA, *Siddour Ichei Yisraël*, p. 21. *Tanya, Iguéret HaKodèche*, 18. *Kedouchat Lévi*, p. 47*a*. *Likoutei Moharan*, II, 78 ; *Moharan, Hagada*, p. 39, 53. *Sefat Emet*, I, p. 62, 88, 103, 202, 210-211 ; III, p. 13, 153, 157 ; V, p. 9, 62, 88, 175. *Olat Reiyah*, II, p. 254-255. *Mei Meirom*, V, p. 243 ; VIII, p. 19, 118. *Avnei Neizer*, p. 34, 125, 127. *Yessod HaAvoda*, p. 164, 253 ; *Be'eir Avraham*, p. 297. *Chem MiChemouël, Hagada*, p. 42-43. *Leiv Eliyahou*, p. 145.

716. Cf. *Peirouchei Maharal LeAgadot HaChass*, IV, p. 27. RAMBAN, Deut. 32, 32. *Tanya*, 32. R. 'HAYIM DE VOLOJINE, *Néféche Ha'Hayim*, 1,5.

717. Cf. S. A. HORODEZKI, *Religiöse Strömungen im Judentum*, Berne, Leipzig, 1920, p. 64.

718. Cf. Ps. 102,13-15. Is. 66,13. TB Ketouvot 112*a-b*. *Chirei Yehouda HaLévi*, p. 194. CHELAH, I, p. 168*b*. *Or Ha'Hayim*, Lev. 19,23. *Mei Meirom*, VI, p. 14.

719. Cf. TY Nedarim IX, 4. RAV KOUK, *Orot*, p. 149. Lev. 19,18 ; Deut. 6,5. Voir TB Bera'hot 61*b*, Chabbat 59*a-b*.

720. Voir *supra*, p. 49, 58.

721. Voir *supra*, p. 33.
722. Voir *supra*, p. 39.
723. Cf. TB : Bera'hot 6*a* (Deut. 6,4 ; Chron. I, 17,21 ; cf. Sam II, 7,23) ; Pessa'him 118*a*. Gen. R. 38,6 ; 46,3 ; 77,1 (Gen. 32,25. Is. 2,17). Zohar I, 164*a*. MAHARAL, *Guevourot HaChème*, 23 ; *Déré'h 'Hayim*, p. 9, 245-246.
724. Cf. Esther R. 6 ; voir TB Sanhédrine 106*a*.
725. Cf. Lev. 20,26 et RACHI *ad loc*. YONATHAN BEN OUZIEL, Nu. 23,9. Voir Tan'houma, Ki Teitsei 9. MAHARAL, *Guevourot HaChème*, 42. *Beit HaLévi*, II, p. 3-6.
726. Cf. Nu. 23,9 ; Is. 49,6. MAHARAL, *Guevourot HaChème*, 23. RAV KOUK, *Orot*, p. 152.
727. Cf. *Mei Meirom*, VI, p. 28-29. Voir *supra*, p. 25.
728. Cf. MAHARAL, *Déré'h 'Hayim*, p. 172, 242*s*. Voir aussi RAMBAM, *Moré Nevou'him* III, 24.
729. Cf. Gen. R. 42,13 ; Gen. 14,13. Pessikta Rabbati 33. Voir RAV KOUK, *Orot*, p. 169.
730. Cf. Nu. 23,9 ; Targoum et RACHI *ad loc*. Deut. 32,12. Voir Jér. 30,11 ; 46,28. Sifrei (Deut. 33,8) 356. Gen. R. 42,13 ; 46,3 ; 77,1. Zohar III, 210*b*. CHELAH, III, 201*a* ; *Siddour Cha'ar HaChamayim*, p. 518. R. DOV BAER DE MEZRITCH, *Maguid Devarav LeYa'akov*, 198. R. YEROU'HAM HALÉVI LIWOWITCH, *Da'at Tora*, p. 205-206.
731. Cf. Gen. R. 59,12 ; Osée 12,8. Lev. R. 17,5. Nu. R. 23,10. Tan'houma Massei 9. Targoum Yonathan, Zach. 14,21.
732. Cf. Is. 40,5.
733. Cf. Is. 2,3 ; Michée 4,2.
734. Cf. Deut. 11,12.
735. Voir *supra*, p. 53.
736. Cf. Jér. 42,2 ; 43,5 ; *et al*. Zohar II, 54*a*. *Mei Meirom*, VIII, p. 20. Chem MiChemouël, Hagada, p. 43.
737. Cf. Gen. R. 2,7 ; Haggai 2,9 ; voir Gen. R. 85,2 ; Jér. 29,11. Cf. MAHARAL, *Be'eir HaGola*, 5. CHELAH, III, p. 166*a*. *Tanya : Likoutei Amarim*, 36 ; *Iguéret HaKodèche*, 20. Voir *Tour, Ora'h 'Hayim*, 292. *Mi'htav MeEliyahou*, I, p. 158. *Da'at Tora*, p. 5.
738. Cf. Gen. R. 1,8 ; 2,4,5,9 ; 85,2. Lev. R. 14,1. Pessikta Rabbati 35-37. Yalkout Chim'oni, Yechaya 60, 499. TB Pessa'him 54*a*. Zohar, I, 113*a* ; 130*b*-131*a* ; 192*b* ; 203*b* ; 240*a* ; III 34*b*. Zohar 'Hadache : Bereichit 5*a* ; Ruth 88*a*. Tikounei HaZohar 26 (71*b*) ; 30 (73*b*). Cf. RAV KOUK, *Orot*, p. 27-30.
739. Cf. TB : 'Haguiga 12*a* ; Ta'anit 7*b*. Gen. R. 3,6 ; 11,2 ; 12,5. Nu. R. 13,7. Tana Devei Eliyahou Zouta 21. Zohar I, 1*a* ; 31*b* ; II, 148*b* ; III, 231*b*. Zohar 'Hadache, Ruth 85*a*. Meor Einaïm, Tsav. *Déguel Ma'hané Efraïm, Bereichit*.
740. Cf. 'HIDA, *Na'hal Kedoumim*, Bereichit. Cf. Michée 4,7 ; Cephania 3,13. Lev. R. 35,4.
741. Cf. Gen. R. 3,6 ; 11,2 ; 12,5. Nu. R. 13,7.
742. Cf. Gen. R. 63,10 ; Is. 41,27. Cf. *Be'eir Avraham*, p. 299-300. Voir TY Bera'hot II, 4.

743. Cf. TB : Bera'hot 12*b* ; Chabbat 30*b* ; Bava Batra 16*b* et 17*a* ; Sanhédrine 97*b*. MAHARAL, *Déré'h 'Hayim*, p. 236 ; *Peirouchim LeAgadot*, III, p. 80. CHELAH, III, p. 23*a*. *Orot HaKodèche*, III, p. 74 ; *Olat Reiyah*, II, p. 157. *Mei Meirom*, VI, p. 14, 240. Voir RAMBAM, *Hil'hot Techouva*, VIII, 8.

744. Cf. TY Bera'hot I, 1 ; Zohar I, 170*a*.

745. Hymne chabbatique : *Le'ha Dodi* de RABBI CHELOMO ALKABETS (XVIᵉ s.). Voir R. DOV BAER DE MEZRITCH, *Maguid Devarav Le Ya'akov*, 79.

746. Cf. Zohar I, 86*a* ; Is. 41,4.

747. Is. 46,9-10.

748. Cf. TB Sanhédrine 98*a* ; Is. 60,22. Cf. TY Ta'anit I, 1 ; Cant. R. *in fine*. Zohar I, 117*b* ; 119*a* ; II, 10*a* ; III, 66*b* ; 252*a*. Tikounei HaZohar 21(55*a*). Tikounei Zohar 'Hadache 98*b*.

749. Is. 41,4.

750. Cf. Lev. R. 36,4 ; Jér. 2,3. Voir CHELAH, III, p. 9*a*.

751. Cf. RACHI, Gen. 1,1 ; Ps. 111,6. Voir *Mei Meirom*, VI, p. 292-294.

752. Cf. MAHARAL, *Nétsa'h Yisraël*, 39.

753. MAHARAL, *Guevourot HaChème*, 70. CHELAH, III, p. 26*a* ; 29*b* ; 166*a*. *Biourei Hagra Al Agadot*, I, p. 59. *Be'eir Mayim 'Hayim*, Deut. 33,10.

754. Cf. Deut. 11,26 ; 26,16 ; 27,9. Me'hilta (Exod. 13,11) 18. Sifrei (Deut. 6,6) 33. Pessikta DeRav Kahana 12. Pessikta Zoutarta, VaEt'Hanane, Deut. 6,6. TY Péa II, 4. TB : Bera'hot 63*b* ; Eirouvine 54*b* ; Kidouchine 30*a*. Gen. R. 97,5 ; Cant. R. 1,52. Tan'houma (éd. Buber), Yitro 13,10 ; Tan'houma, Ki Tavo 1. Léka'h Tov, Ki Tavo. Zohar I, 4*b* ; II, 79*b* ; III, 179*b* ; 216*b*. RACHI, Deut. 6,6 ; 26,16 ; 27,9. *Tour* et *Choul'hane Arou'h, Ora'h 'Hayim*, 61. CHELAH, III, 200*b*. Kedouchat Lévi : VaEt'Hanane, p. 85*b* ; Re'éh, p. 88*b*-89*a* ; Ki Tavo, p. 90*b*. Moharan, Hagada, p. 42. *Déguet Ma'hane Efraïm, Eikev, B'nei Issass'har*, I, p. 106*a*. *Sefat Emet*, III, p. 10 ; V, p. 20.

755. Cf. Avot VI, 2. ONKELOS, Deut. 5,19. TB Sanhédrine 17*a* et RACHI *ad loc*. Zohar, I, 224*a* ; II, 5*a* ; III, 52*b* ; 127*b*. Kedouchat Lévi : 'Hayei Sara, p. 12*b* ; VaEt'Hanane, p. 85*b* ; Ki Tavo, p. 90*b*. *Déguel Ma'hane Efraïm, VaYikra*. *Sefat Emet*, V, p. 20, 27, 35-37. *Neot HaDéché*, p. 153. Meïr Orian, *Madréguot* (Ramat-Gan, 1975), p. 193. Alexandre SAFRAN, *La Cabale*, p. 11 s., 110 s., 118 s.

756. Cf. Is. 26,2. Lev. R. 5,7 ; Nu. R. 11,1. Zohar I, 216*a*. RACHI, Ps. 72,7. RAMBAM, *Hil'hot Issourei Bi'a* XIV, 4. *Noam Elimélé'h, Devarim*. Voir Cant. R. 5,2.

757. Voir *supra*, p. 65.

758. Cf. Gen. 44,26 ; Jér. 32. TY 'Hala II, 1. TB : Bera'hot 5*b* et Tossafot *ad loc*. ; 8*a* ; 17*a* ; Ta'anit 30*b* ; Bava Batra 60*b* ; Horayot 10*b*. Gen. R. 77,1. *Cho'heir Tov* 105. Séfer HaBahir, 5, p. 2. Zohar, I, 10*a* ; 114*b* ; III, 301*b*, Zohar 'Hadache 49*b*, RAMBAN, Deut. 11,22. R. 'Hayim VITAL, *Eits 'Hayim, Hakdama*, p. 1*b*. MAHARAL, *Guevourot HaChème*, 7 ; *Nétsa'h Yisraël*, 10 ; *Déré'h 'Hayim*, p. 93, 216 ; *Gour Arié, Balak* ; *Netivot Olam*, I, *Netiv Guemilout 'Hassaadim*, I. CHELAH, III, p. 171*b*-172*a* ; 174*a* ; *Siddour Cha'ar HaChamayim*, p. 530. R. 'HAYIM DE VOLOJINE, *Roua'h 'Hayim*, p. 1. *Meor Einaïm, Tsav*. RAV

Kouk, *Moussar Avi'ha*, p. 101. *Mei Meirom*, VI, p. 14. R. Moché Grossberg, *Tsefounot HaRogatchovi*, Jérusalem, 5736, p. 22. *Tosséfet Bera'ha*, I, p. 225.

759. Cf. Gen. 14,19. Is. 42,5 ; 44,24 ; 45,7,18. Ps. 115,15 ; 121,2 ; 124,8 ; 134,3. Thr. 3,23 et Targoum *ad loc.* TB Bera' hot 11*b*. Gen. R. 44,26 ; 49,6 ; 64,4. Zohar III, 216*b*. *Tanya, Cha'ar HaYi'houd VeHaEmouna*, 1 ; 2. *Kedouchat Lévi : Bereichit*, p. 1*a* ; *Re'éh*, p. 88*b*. *Sefat Emet*, II, p. 87 ; III, p. 190 ; IV, p. 28. Alexandre Safran, *La Cabale*, p. 117-118.

760. Cf. Ps. 119,89 ; 33,9 ; Is. 40,8. Cho'heir Tov 119. *Tanya, Cha'ar HaYi' houd VeHaEmouna*, 1.

761. Cf. TY Roche HaChana IV, 8. Cho'heir Tov 102. Yalkout Chim'oni, Pine'hass 29,782. *Déguel Ma'hane Efraïm, Eikev*.

762. Cf. Deut. 31,19. TB Bera'hot 63*b*. Rambam, *Hil'hot 'Haguiga* III, 6. Rachi, Deut. 26,16. Tossafot, Meguila 3*a*. *Choul'hane Arou'h, Ora'h 'Hayim*, 61. Léka'h Tov, Ki Tavo. *Sefat Emet*, IV, p. 175. *Avnei Neizer*, p. 99. *Chem MiChemouël, Chemot*, I, p. 242.

763. Cf. Prov. 3,17. Cf. *Sefat Emet*, IV, p. 175.

764. Cf. Deut. 4,8 ; 4,2. TB Bera'hot 11*b*.

765. Cf. Deut. 26,17 ; 27,9 et Rachi *ad loc.* TY Yoma VIII, I, TB Bera'hot 6*a* ; 63*b* et Maharcha *ad loc.* ; Kidouchine 30*a* ; voir aussi TB 'Houline 101*b*. Cf. Zohar III, 179*b*.

766. Cf. Lev. 14,34 ; 23,10. Nu. 13,2 ; 15,2,18. Deut. 4,1 ; 11,17 ; 16,20 ; 26,1 ; 27,3 ; 28,8 ; 32, 49,52. Ps. 147,2. Me'hilta (Exod. 13,11) 18. Sifrei (Deut. 26, I) 297. Zohar, I, 172*b* ; II, 79*b*. Maharcha, Mena'hot 87*a*. Hagra, *Siddour Ichei Israël*, p. 133. *Or Ha'Hayim*, Lev. 25,2. *Tanya, Iguéret HaKodèche*, 14. *Kedouchat Lévi, Chela'h*, p. 74*b*. *Sefat Emet*, III, p. 196, 202. *Mei Meirom*, VI, p. 276, 282. Alexandre Safran, *Ora chel Yerouchalayim, in Chana BeChana*, Jérusalem, 5738, p. 192 s.

767. Cf. *Sefat Emet*, V, p. 178.

768. Cf. R. Avraham de Slonim, *Beit Avraham*, p. 274.

769. Cf. Exod. 15,2 ; 33,20. Lev. 26,12. Is, 25,9 ; 30,20 ; 40,5 ; 52,8. Ps. 48,15 ; 102,17. Me'hilta : Exod. 15,2 (3) ; Exod. 20,18 (9). TB : Ta'anit 31*a* et Rachi *ad loc.* ; Sanhédrine 102*a*. Exod. R. 21,3 ; 23,15. Nu. R. 14,36 ; 20,19. Cant. R. 1,23. Eccl. R. 1,30. Tan'houma : Tsav 12 ; BaMidbar 17 ; Devarim 1. Cho'heir Tov, 13 ; 105. Zohar, I, 115*a* ; II, 5 ; 55*b* ; 60*a* ; 82*a* ; 94*a* ; III, 84*a*. *Kouzari* V, 23. Rachi : Exod. 15,2 ; Lev. 26,12 ; Nu. 23,23. Ramban, Lev. 26,12. Maharal, *Déré'h 'Hayim*, p. 149. Chelah, III, p. 11*b* ; 118*b*. *Kedouchat Lévi*, p. 87*b*. *Likoutei Moharan*, 33,5.

770. Cf. Tikounei Zohar 'Hadache 95*b*.

771. Cf. Ps. 102,13-14. Voir aussi *Mei Meirom, Missaviv LiChmona Perakim LeHaRambam*, p. 153.

772. Cf. Gen. R. 95,2 ; Exod. R. 21,3. Lev. R. 11,3 ; Is. 58,4. Nu. R. 19,4 ; 20,19. Eccl. R. 11,12. Tana Devei Eliyahou Zouta 20. Tan'houma, Ki Tavo 4. Yalkout Chim'oni, Yechaya 54,479. Cho'heir Tov 21 (Is. 54,13). Zohar, I, 118*a* ; III, 23*a*. Rachi, Nu. 23,23. Chelah : I, p. 96*a* ; *Siddour Cha'ar HaChamayim*, p. 530, Hagra, *Adéret Eliyahou*, p. 483 ; B. Landau, *HaGaon Hé'Hassid MiVilna*, p. 143, R. 'Hayim de Volojine, *Néfèche Ha'Hayim*, 4,21. R. Dov

BAER DE MEZRITCH, *Maguid Devarav LeYa'akov*, 5. *Likoutei Moharan*, 33,5. R. MOCHÉ 'HAYIM EPHRAÏM DE SUDYLKOW, *Déguel Ma'hne Ephraïm*, Bereichit. RAV KOUK : *Orot*, p. 30, 84, 89, 90-91, 93, 96 ; *'Hazone HaGueoula*, p. 89, 115 ; *Orot HaKodèche*, III, p. 116, 138. *Mei Meirom*. *Missaviv LiChmona Perakim LeHaRambam*, p. 214, 218-219. R. M. M. KACHER, *HaTekoufa HaGuedola*, p. 473, 486, 496, 506, 515, R.Y.H. ACHLAG, *Matane Tora*, p. 10-11, 133-135, 200. R. YOSSEF 'HAYIM DE BAGDAD, *Da'at OuTevouna*, p. 72a.

773. CHELAH, III, p. 26a. *Mei Meirom*, VI, p. 234, 282 ; VIII, p. 68.

774. Cf. R. AVRAHAM 'HANO'H GALITZENSTEIN, *Rabbi Yisraël Ba'al Chem Tov*, p. 151.

775. Is. 40,5. Cf. Massé'het Sofrim XIV, 2. Zohar I, 118a. CHELAH, *Siddour Cha'ar HaChamayim*, p. 576.

776. Cf. Ps. 107,42. *Or Ha'Hayim*, Deut. 32,43.

777. Cf. Exod. 15,14. Cf. Is. 52,15 ; Ps. 99,1. Me'hilta (Exod. 15,14) 9. Yalkout Chim'oni, Tehilim 99,852. RAMBAM, *Iguéret Teimane*, p. 159-160, 181-182. RACHI, Nu. 23,9. IBN EZRA, Ps. 118,22. *Mei Meirom*, VI, p. 186, 266-267.

778. Cf. TB Sanhédrine 91a.

779. Cf. Ps. 2,1-2 ; 83,3-8,19. TB Avoda Zara 3b. Tan'houma, Noa'h 18. RACHI, Nu. 11,35. RAMBAN, Deut. 32,40. R. 'HAYIM VITAL, *Hagahot*, Zohar II, 65b. MAHARAL, *Nétsa'h Yisraël*, 38. *Be'eir Avraham*, p. 223.

780. Cf. TB Bava Batra 74a. TY Roche HaChana III, 8. Tan'houma, Kora'h II. Zohar III, 82b. *Séfer Ha'Hinou'h*, Mitsva 603. *Likoutei Moharan*, 251.

781. Cf. Zacharie 2,14.

782. Cf. Is. 52,8. Voir *Mei Meirom*, VI, p. 275.

783. Cf. Is. 62,4 ; RACHI et RADAK *ad loc.* ; voir aussi RADAK *ad* Is. 54,5. Cf. TB Bera'hot 58b et RACHI *ad loc.*

784. Cf. TB Sanhédrine 97a ; Is. 59,15. Voir MAHARAL, *Netivot Olam*, I, *Netiv HaEmet*, 2.

785. Voir *supra*, p. 68, 71.

786. Cf. Ps. 98,2. Nu. R. 13,5. RACHI, Deut. 25,18 ; 32,43.

787. Cf. Exod. 17,8-16 ; Nu. 24-20 ; Deut. 25,17-19. Jér. 2,3. TB 'Houline 89a. ONKELOS, YONATHAN BEN OUZIEL, RACHI, RAMBAN ; BA'AL HATOURIM, *ad* Nu. 24,20. RACHI : Exod. 17,14 ; Nu. 21,1 ; Deut. 25,17. RAMBAN, Exod. 17,9. Exod. R. 3,17 ; 26,4. Nu. R. 13,5. Tana Devei Eliyahou Rabba 24. Cho'heir Tov 9. Tan'houma : Yitro 3 ; Ki Teitsei 9. Zohar, I, 25a ; 29a ; II, 64-67 ; 194b ; III, 160a ; 199b ; 240a. Zohar 'Hadache 121a. Tikounei HaZohar 69a. *Séfer Ha'Hinou'h*, Mitsva 603. MAHARAL, *Nétsa'h Yisraël*, 10 ; 60 ; *Guevourot HaChème*, 42 ; 54, *Kedouchat Lévi, Ki Tissa*, p. 56b. *Likoutei Moharan*, II, 19. MALBIM, Deut. 25,18. *Sefat Emet*, V, p. 6, 114. *Che'eilot OuTechouvot Avnei Neizer, Ora'h 'Hayim*, 508. *Orot*, p. 74, 85. *Be'eir Moché : Chemot* I, Tel-Aviv, 5726, p. 489s. ; *Devarim* II, Tel-Aviv, 5730, p. 816s. *Dalyot Ye'hzke'el*, p. 274-275, 277-278.

788. Is. 62,1.

789. Cf. Galates 4,25-26.

790. Cf. Ta'anit 5*a* ; Ps. 122,3. Cf. Rav Kouk, *Orot*, p. 22-24, 168-171, 45-46 ; *Orot HaKodèche*, II, p. 391-392, 411.
791. Cf. Exod. R. 8,3 ; Ez. 29,3. Zohar II, 67*b*.
792. Cf. TB Meguila 6*a* et Rachi *ad loc.* Rachi, Nu. 20,1. *Séfer 'Hareidim*, 2 *(Mitsvot Lo Taassé HaTelouyot BeErets-Yisraël)*. Chelah, I, p. 169*a*.
793. Cf. Jér. 2,21 ; 10,10.
794. Michée 7,20.
795. Cf. Is. 40 ; 49,13 ; 51 ; 52,9-10, *et al.* Zach. 1,17. Ps. 102, 14,22, Tana Devei Eliyahou 20.
796. Voir *supra*, p. 67.
797. Voir *supra*, p. 46.
798. Cf. Jér. 31,1 ; Ps. 85,2. TB Makot 24*a*. Gen. R. 92,3. *Iguéret Teimane*, p. 169-170. Rachi, Exod. 38,1 ; Deut. 32,40-43.
799. Cf. Exod. 19,2 ; Me'hilta (1) et Rachi *ad loc.* Pessikta DeRav Kahana 12. Lev. R. 9,9. Tan'houma, Yitro 13. Zohar III, 84*b* ; 176*b*. Ibn Ezra, Exod. 19,8. *Neot HaDéché*, p. 67. *Avnei Neizer*, p. 35, 39, 107, 115. *Be'eir Avraham*, p. 176. *Mei Meirom*, VI, p. 237-238, 319. S.Y. Agnon, *Atème Reïtem*, Jérusalem, 5718-19 (1959), p. 36.
800. Cf. Gen. R. 38,6 ; 65,16 ; 98,2. Exod. R. 1,35. Lev. R. 32,5. Nu. R. 11,20. Deut. R. 5,10,14. Tan'houma : Choftim 18 ; Nitsavim 1. Tana Devei Eliyahou 24. Cho'heir Tov 114. Massé'het Déré'h Eréts Zouta IX. Michna Ouktsine III, 12. TB : Kareitot 6*b* ; Yoma 9*b*. Zohar, I, 76*b* ; 171*a* ; 200*b* ; II, 58*b*. Maharal, *Né'tsa'h Yisraël*, 1 ; 10 ; 25 ; 53 ; *Gour Arié, VaYe'hi. Or Ha'Hayim*, Deut. 33,5. *Noam Elimélé'h, Bereichit*. Rav Kouk, *Orot*, p. 77 ; *'Hazone HaGueoula*, p. 143. Rav B.Z. Safran, *Dorèche LeTsione*, p. 5.
801. Cf. Deut. 6,4 ; Chron. I, 17,21 ; Sam. II, 7,23. Cf. Jér. 31,19 et Rachi *ad loc.* ; Osée 4,17. Cf. Ps. 133. Cf. aussi Esther 3,8. Sifrei : Nu. 6,26 (42) ; Deut. 33,5 (346). Sifra, Chemini. Lev. 9,6, p. 43*b*. Avot III, 2-4. TY : Meguila I, 9 ; Sanhédrine IV, 9 ; X, 1 ; TB : Bera'hot 6*a* ; 8*a* ; Pessa'him 56*a* ; 'Haguiga 3*a* ; Sanhédrine 37*a* ; 39*a* ; 106*a*. Gen. R. 21,1,5 ; 38,6 ; 77,1 ; 98,4, Lev. R. 4 ; 30,11. Nu. R. 10 ; 11,16-17 ; 14 ; 15,14 ; 18,7 ; 23,6. Deut. R. 2, 22-23, 25-26. Esther R. 6,2. Tana Devei Eliyahou Rabba 10. Pirkei DeRabbi Eliézer 48. Pessikta Zoutarta, Eikev 11,9. Tan'houma : Michpatim 17 ; Beha'alot'ha 11 ; Kora'h 5 ; Choftim 18. Yalkout Chim'oni : Chemini 9,521 ; Nasso 6,711 ; Zohar, I, 13*a* ; 48*a* ; 76*b* ; 164*a* ; 200*b* ; II, 16*b* ; 116*a* ; 119*a* ; 126*a* ; 160*b* ; 216*a* ; III, 7*b* ; 81*a* ; 93*b* ; 96*a* ; 128*a* ; 262*b*-263*a*. Tikounei HaZohar 62*b*. Rambam, *Séfer HaMitsvot, Mitsvot Assé, Mitsva 2* ; *Peirouche HaMichna, Sanhédrine X, XII* ; *Hil'hot Techouva* III, 11 ; *Hil'hot Matnot Aniyim* X, 2 (Deut, 17,1) ; *Hil'hot Eivel* I, 10. Rachi, Gen. 46,27 ; Nu. 16,6 ; Jér. 31,19 ; Cephania 3,9 ; Roche HaChana 29*a* ; Mena'hot 27*a*. *Da'at Zekeinim MiBa'alei HaTossafot*, Deut. 33,5. Ramban, Deut. 32,12 ; 33,5. *Siddour Rabbeinou Chelomo Mi Garmaise*, p. 226. R. 'Hayim Vital, *Ta'amei HaMitsvot*, in *Likoutei Tora* d'Ari HaKadoche, *Kedochim*, p. 77 ; *Cha'arei Kedoucha*, 2,4. Alchéï'h, *Nitsavim*, Deut. 29,9. Maharal, *Nétsa'h Yisraël*, 10 ; 38 ; 44 ; *Guevourot HaChème* 3 ; 23 ; *Gour Arié, Balak* ; *Be'eir HaGola*, 3 ; *Netivot Olam*,

I ; *Netiv HaAvoda*, 1 ; *Netiv Guemilout 'Hassadim*, 1 ; *Netiv HaTsedaka*, 6 ; *Déré'h 'Hayim*, p. 8-9, 42-43 ; 93 ; 140 ; 216. CHELAH, I, p. 21 *a-b-22a*, 93*a*, 99*a* ; III, p. 201*a* ; 205*a*. R. ELIYAHOU, LE GAON DE VILNA, *Biourei Hagra Al Agadot*, II, p. 61 ; *Siddour Ichei Yisraël*, p. 287. *Tanya*, 32 ; 41. *Kedouchat Lévi*, p. 119*b* ; 141*b* ; 143. *Toldot Ya'akov Yossef*, *'Hayei Sara*. *Sefat Emet*, III, p. 186, 188-189, 200 ; IV, p. 44, 52 ; V, p. 31, 33, 35-36, 66. *Méché'h 'Ho'hma*, p. 178, 217, 255-256. *Orot*, p. 55, 146. *Beit Avraham*, p. 143, 150-151, 235, 261 ; *Be'eir Avraham*, p. 259. *'Hessed LeAvraham*, p. 120. *Siddour HaGueonim, VeHaMekoubalim*, III, p. 654. *HaMoussar VeHaDa'at*, II, p. 134, *'Hafets 'Hayim, Chemirat HaLachone*, p. 43-44. Alexandre SAFRAN, *Moussar Va'Hevra Beïdane HaModerni*, p. 206*s*.

802. Cf. Sam. II, 7,23. Ps. 133,3. Zohar, I, 205*b* ; III, 93*b*. MAHARAL, *Netivot Olam*, I, *Netiv HaTsedaka*, 6 ; *Derachot*, p. 34. *Likoutei Moharan*, II, 40 ; *Kitvei Rabbi Na'hman MiBratslav*, p. 287. *Sefat Emet*, III, p. 191-192 ; IV, p. 198-199. R.S.R. HIRSCH, Ps. 133,1 (allem., p. 256 ; hébr. p. 505). RAV KOUK, *Orot*, p. 10, 12, 44-45, 75, 163 ; *Orot HaKodèche*, I, p. 134 ; *'Hazone HaGueoula*, p. 98-99. *Mei Meirom*, VI, p. 237-238, 302, 310. *Tsafnat Pa'anéah*, Makot 24*a* ; Sanhédrine 43*b*. *Be'eir Avraham*, p. 145. *Chem MiChemouël*, *BaMidbar*, p. 339. *Che'eilot OuTechouvot Avnei Neizer : Ora'h 'Hayim*, II, 314 ; *Yoré Déa*, I, 126.

803. Cf. TB : Horayot 3*a*, Ara'hine 29*a* ; 32*b* ; Bera'hot 58*a* ; Ta'anit 11*b*. RAMBAM, *Hil'hot : Chemita VeYovel* X, 9 ; *Bikourim* V, 5 ; *Issourei Bi'a* XX, 3. RAMBAN, Lev. 1,2. *'Hatam Sofer*, Souka 36. RABBI NAH'MAN DE BRATSLAV, *Likoutei Tefilot*, I, 84 ; II, 29. *Sefat Emet*, V, p. 12. RAV KOUK, *Orot*, p. 166 ; *Olat Reiyah*, I, p. 387-388 ; *Michpat Kohen*, 124 ; 144. RABBI YOSSEF ROZINE, LE GAON DE ROGATCHOV, *Pa'anéa'h Tsefounot*, p. 179.

804. Cf. RAV KOUK, *Orot*, p. 45. Voir *supra*, p. 43.

805. Cf. TY Sanhédrine X, 2. TB Chevouot 39*a*. MAHARAL, *Guevourot HaChème*, 61. *Kouzari* III, 17. *Orot*, p. 146, 157 ; *Igrot HaReiyah*, I, p. 369 ; II, p. 186-187. *Chiourei Da'at*, II, p. 242. *Bène Iche 'Haï*, p. 153-155.

806. Cf. Lév. 25,23 et Sifra *ad loc*. Tan'houma, BaMidbar 17 (Yoël 4,2). Zohar I, 145*a*. RAMBAN, Lev. 18,25. *Sefat Emet*, III, p. 196. *Beit Avraham*, p. 261.

807. Cf. Sam. I, 8,20 ; Ez. 20,32 ; cf. aussi Ez. 25,8.

808. Voir *supra*, p. 63.

809. Cf. Lev. 20,24 ; Deut. 11,10 ; Sifrei (35) et RAMBAN, *ad loc*. Deut. 11,13-14. MAHARAL, *Netiv HaAvoda*, 18 ; *Tiféret Yisraël*, 64.

810. Cf. Sam. I, 26,19. Ez. 38,15-16 ; Joël 4,2 ; cf. aussi Jér. 21,7 ; Ez. 36,5 ; Joël 1,6. Me'hilta (Exod. 15,17) 10.

811. Cf. Lev. 20,22,24. Cf. Lev. 19,23 ; 23,10 ; 25,2 ; et Sifra *ad loc*. MAHARAL, *Peirouchim LeAgadot HaChass*, IV, p. 103. HAGRA, *Siddour Ichei Yisraël*, p. 287.

812. Cf. Deut. 27,2-3,8. TB : Sota 32*a* ; Sanhédrine 91*a* et MAHARCHA *ad loc*. TY Chevi'it VI, 1. Tana Devei Eliyahou Rabba 14. *Kedouchat Lévi*, *Massei*, p. 82*a* ; *Ki'Tavo*, p. 90*b*. *Sefat Emet*, V, p. 8. *Mei Meirom*, VI, p. 292-293.

813. Cf. Gen. R. 1,3 ; 61,6. Tan'houma Yachane, Bereichit 1,11. RACHI, Gen. 1,1. Voir Me'hilta (Exod. 13,11) 18.

814. Cf. Yalkout Chim'oni, Kedochim 19,615. Mais voir aussi Sifra (Lev. 20,24) 11. RACHI, Gen. 12,6 (Gen. 14,18 ; 12,7). RAMBAN, Gen. 10,5 ; 11,28. RACHBAM, Bava Batra 119*a*. Voir Ez. 33,24 ; 28,25. Jér. 7,7. TB : Bava Kama 119*a* ; Avoda Zara 53*b* ; Bava Batra 100*a*. Tossafot, Yevamot 82*b*.

815. Voir Nu. 13,31 ; 14,11. Deut. 1,28-32 ; 9,23. Ps. 37,3,34 ; 106,24. Is. 57,13. TB Chabbat 119*b* ; Ketouvot 110*b*. Exod. R. 23. Nu R. 16,3,6,9,12 ; 23,5. MAHARAL, *Netivot Olam*, I, *Netiv HaEmouna*, 2. RABBI NA'HMAN DE BRATSLAV, *Likoutei Moharan*, 7 ; 129 ; 155 ; *Likoutei Tefilot*, I, 84. RAV KOUK, *Orot*, p. 163 ; *'Hazone HaGueoula*, p. 36, 47, 294, 302.

816. Cf. Is. 51,16. Ps. 24,1 ; 134,3. TB Yoma 54*b*. Zohar I, 186*a* ; II, 39*b* ; III, 103*b*. RAMBAN, Gen. 10,15. MAHARAL, *Netivot Olam*, I, *Netiv HaAvoda*, 5 ; *Guevourot HaChème*, 8. HAGRA, *Siddour Ichei Yisraël (Sia'h Yits'hak)*, p. 44. *Likoutei Moharan*, II, 8,10. RAV KOUK, *Orot*, p. 24, 165 ; *Olat Reiyah*, I, p. 203-204.

817. Cf. Me'hilta (Exod. 13,11) 18. Sifra (Lev. 20,24) 11. Sifrei (Deut. 32,8) 311. TY Chevi'it VI, 1. TB : Sanhédrine 91*a* ; 94*a* ; Tamid 32*a*. Lev. R. 17,6. Tan'houma : Kedochim 12 ; Re'éh 8. Yalkout Chim'oni, Bo 13,222 ; Bechala'h 17,268 ; Kedochim 19,615 (Cant. 6,8-9) ; Yirmiah 3,270 ; Tehilim 32,719. Zohar I, 177*a*. *Kouzari* II, 16. RAMBAN, Gen. 10,5,15 ; 14,18 ; Nu. 20,19 ; *Peirouche LeChir HaChirim* (*Kitvei Ramban* II), p. 512. RECANATI, *Noa'h*, p. 20*b* ; *VaYeitsei*, p. 29*a*. MAHARAL, *Nétsa'h Yisraël*, 1. 'Hatam Sofer, Va'era. *Da'at Tora*, p. 159. *Mi'htav MeEliyahou*, III, p. 200.

818. Cf. RAMBAN, Nu. 25,18 ; 33,53 ; Deut. 2,10,23 ; 23,7. Mais voir aussi RAMBAN, Gen. 26,20 ; Deut. 12,20 ; 19,8 ; *Séfer HaGueoula* (*Kitvei Ramban* I), p. 264, 277. RAMBAM, *Hil'hot Rotséa'h OuChemirat Nafèche* VIII, 4 (Deut. 12,20 ; 19,8 ; 30,5) ; *Hil'hot Mela'him* XI, 2.

819. Cf. Sifrei (Deut. 11,24) 51. TB Guitine 8*a-b* (RACHI et Tossafot *ad loc.*) ; 47*a*. Tossafot, Avoda Zara 21*a*. RAMBAM, *Hil'hot Teroumot* I, 2-3 ; *Peirouche HaMichna Demaï* VI, 11. Mais voir TY 'Hala II, 1. RAMBAM, *Hil'hot Mela'him*, V,6. RAMBAN, Deut. 11,24. Tan'houma, Matot 5. Voir, Gen. 15,18. Nu. 34. Reg. II. 14,25, TY : Chevi'it III, I ; VI, 1 ; 'Hala II, 1 ; IV ; Meguila I,1 ; Kidouchine I, 8. TB : Guitine 44*b* ; Bava Batra 56*a* ; Sanhédrine 5*a* ; Be'horot 55. Lev. R. 5,3. Tossefta, Ma'asser Cheini II ; Guitine I ; Bava Kama VIII. RAMBAM, *Hil'hot : Sanhédrine* IV, 6 ; *Teroumot* I, 5. Cf. RABBI YOSSEF ROZINE, LE GAON DE ROGATCHOV, *Tsafnat Pa'anéa'h, Bereichit*, p. 58, 62.

820. Voir Sifrei (Deut. 11,24) 51 ; RAMBAN, Deut. 11,24. – Voir Michna Ohalot XVIII, 7 ; TB Ta'anit 10*a* ; Targoum et IBN EZRA, Job 5,10.

821. Cf. Gen. 15,18,21. Deut. 7,1. RACHI, Deut. 18,2. TB Bava Batra 56*a* et RACHBAM *ad loc*. RAMBAN, Exod. 13,5 ; Deut. 18,1. Me'hilta (Exod. 12,25) 12 ; Sifrei (Deut. 12, 20) 75 ; (Deut. 19,8) 184. TY Chevi'it VI, 1 ; Kidouchine I, 8. Gen. R. 44,27 ; Deut. R. 4,8. RACHI, Gen. 15,19. RAMBAN, Gen. 26,20 ; Deut. 2,23 ; 12,20 ; 19,8-9. RAMBAM, *Hil'hot : Mela'him* XI, 2 ; *Rotséa'h OuChemirat Nafèche* VIII, 4. Zohar, I, 141*b*. MALBIM, Deut. 1,7.

822. Cf. TB : Pessa'him 50*a* ; Bava Batra 75*a-b*. Exod. R. 23 ; Cant. R. 7,10. Avot DeRabbi Nathan 35. Tan'houma, Tsav 12. Yalkout Chim'oni : Yechaya 49,472 ; 60,503 ; Ze'harya 9,575. Zohar, I, 84*b* ; III, 56*a* ; 220*a*. RABBEINOU SA'ADYA GAON, *Emounot VeDeoth*, VIII. RAMBAM, *Iguéret Teimane*, p. 181 (Is. 18,2,7). RABBI NA'HMAN DE BRATSLAV, *Likoutei Moharan* I, 47 ; II, 8,10 ; *Likoutei Tefilot*, I, 84 ; II, 29. Rabbi Y.H. ACHLAG, *Hakdamat Eits 'Hayim*, p. 2. Alexandre SAFRAN, *La Cabale*, p. 342-343.

823. Cf. Michée, 4,1-2. Is. 2,2-3 ; 60,3. Sifrei : (Deut. 1,25) 23 ; (Deut. 11,10) 37 ; (Deut. 17,8) 152. TY Bera'hot IV, 4. TB : Kidouchine 69*b* ; Sanhédrine 87*a* ; Zeva'him 54*b*. Cant. R. 1,21. Avot DeRabbi Nathan 35,9. Yalkout Chim'oni, Michlei 8,943. Zohar III, 10*a*. RACHI, Gen. 45,9 ; Exod. 33,1. RAMBAN, *Torat HaAdam* (*Kitvei Ramban* II), p. 296. RADAK, Ez. 38,12. MAHARAL, *Tiféret Yisraël*, 64. MAHARCHA et *Hafla'ah* (II, p. 158*a*), ad Kidouchine 69*a*. *Mei Meirom*, VI, 254. Voir aussi Deut. 4,7 ; 26,19. *Sefat Emet*, V, p. 90.

824. Cf. Deut. 1,21 ; 9,23 ; 11,31 ; 12,29. RAMBAN, Nu. 35,53 ; Deut. 11,24 ; *Kitvei Ramban* I, *Deracha Al Divrei Kohélet*, p. 204 ; *Deracha LeRoche HaChana*, p. 251 ; *Hassagot LeSéfer HaMitsvot, Essine, Mitsva* 4, *Hossafot*. Mais voir aussi R. YITS'HAK DE LÉON, *Séfer Meguilat Esther ad loc.* – Cf. Sifra Lev. 25. Sifrei (Deut. 12,29) 80. TY Bikourim III, 3. TB Ketouvot 110-111 ; Guitine 76*b* ; Yevamot 64*a* et RACHI, RAMBAN, RACHBA *ad loc.* ; Bava Batra 91*a-b* et RACHBAM *ad loc.* ; Avoda Zara 13*a*. Tossefta, Avoda Zara V. Tossafot, Nazir 54*b*. RAMBAM, *Hil'hot : Ichout* XIII, 19-20 ; *Mela'him* V, 9,11. *Choul'hane Arou'h Evène HaEzer*, 75, *Che'eilot OuTechouvot Maharit*, II, *Yoré Déa*, 28. Zohar I, 205*b*. Zohar 'Hadache 44*a*. Mais voir aussi TY Bera'hot III, 1. TB Eirouvine 47*a* ; Ketouvot 111*a*. Tossafot, Ketouvot 110*b* ; Avoda Zara 13*a* ; Nazir 54*b*. – Cf. *Or Ha'Hayim*, Deut. 30,20 ; mais voir aussi *Or Ha'Hayim*, Nu. 33,53. Cf. R. ELIYAHOU DE VILNA, *Adéret Eliyahou*, p. 426. *Che'eilot OuTechouvot Avnei Neizer, Yoré Déa*, 454. – Cf. Sifrei (Deut. 1,8) 8. TY : Sota VIII, 4 ; Bava Kama IX*a*. TB : Bava Metsia 101*a* ; Bava Batra 14*a* ; Sanhédrine 102*b* ; Mena'hot 44*a*. Gen. R. 38,8 ; 64,3 ; 79,7. Lev. R. 25,3. Tan'houma, Rééh 11. RAMBAM, *Hil'hot Tefiline* V, 10. *Choul'hane Arou'h, Yoré Déa*, 286,22. *'Hatam Sofer, Souka* 36. – Cf. Sifrei (Deut. 11,24) 51. Michna : Chevi'it VI, 1 ; Kelim, I, 6. TY Demaï VII, 2. TB : Chevouot 16*a* ; Guitine 47*a* ; Sota 44*b* ; Bava Batra 100*a* ; 119*a* ; Avoda Zara 53*b* ; Ara'hine 32*b*. Gen. R. 41,6. RAMBAM, *Hil'hot : Teroumot* I, 2,5-6 ; *Beit HaBe'hira* VI, 16 ; *Mela'him* V, 1,6. RACHI, Lev. 20,2 ; Sanhédrine 2*a* ; Nida 46*b*. RAMBAN, Lev. 18,25 ; Nu. 33,53 ; Bava Batra 56*a*. *'Hazone Iche*, Chevi'it 3,1. RABBI BEZALEL ZE'EV SAFRAN, *Dorèche LeTsione*, 6.

825. Cf. TB Makot 23*b*. *Adéret Eliyahou*, p. 393, 428. *Orot*, p. 76, 144 ; *Olat Reiyah*, II, p. 157. *Pa'had Yits'hak, 'Hanouka*, p. 71-72 ; *Pessa'h*, New York, 5730, p. 68-69. Voir Gen. R. 70,8 ; Deut. R. 7,9. Zohar I, 2*b*.

826. Cf. Lev. 25,23 et RACHI *ad loc*. Ps. 44,4. ONKELOS, Gen. 48,22. Me'hilta (Exod. 15,2) 3. Sifrei (Nu. 11,9) 89, TB : Pessa'him 8*b* ; Zeva'him 116*a*. Gen. R. 79,7 (Gen. 23,16 ; 33,19 ; Chron. I, 21,25) ; 39,10. Lev. R.

35,7. Nu. R. 22,6. Tan'houma, Kedochim 12 ; Re'éh 8. Zohar II, 58*a* ; 94*a*. RAMBAN, Deut. 20,1. Tossafot, Chabbat 63*a*. IBN EZRA, Gen. 33,19. MAHARAL, *Guevourot HaChème*, 47. MAHARCHA, Bava Batra 123*a*. Mais voir aussi TB : 'Haguiga 5*b* ; Sanhédrine 99*a*. RAMBAM, *Hakdama LePeirek 'Heilek ; Hil'hot Mela'him* XII, 3. RACHI, Sanhédrine 91*b*. – Cf. RAMBAM, *Hil'hot Techouva* IX, 1 ; *Hil'hot Mela'him* XII, 4. CHELAH, III, p. 171*b*. HAGRA, *Siddour Ichei Yisraël*, p. 48, 331. *Kedouchat Lévi, Massei*, p. 82. *Sefat Emet*, III, p. 196. RAV KOUK, *Orot*, p. 9, 14, 52, 58-60. R. YEHOCHOUA DE KOUTNA, *Che'eilot OuTechouvot Yechouot Malko*, 66.

827. Cf. Gen. 13,17 ; Targoum YONATHAN BEN OUZIEL et RABBEINOU BA'HYA *ad loc*. Voir Gen. 13,15. Cf. Ps. 48,13. TY Kidouchine I,3. TB : Ketouvot 11*a* ; Bava Batra 119*a* et RACHBAM *ad loc*. ; 158*b* ; mais voir aussi 100*a*. Voir RAMBAN, Gen. 13,17 ; 15,18. *Or Ha'Hayim*. Gen. 13,15,17.

828. Cf. Deut. 34,1,4 ; cf. Gen. 13,14. Cf. Sifrei (Nu. 27,12) 134. Nu. R. 23,4. Voir aussi Nu. 27,12-13. Deut. 3,27 ; 32,49. Cf. *Sefat Emet*, V, p. 26.

829. Voir *supra*, p. 29.

830. Voir *supra*, p. 49.

831. Cf. Deut. 2,26 ; 20,10. Sifrei (Nu. 31,7) 157. TY Chevi'it VI, 1. Lev. R. 17,6. Voir Deut. R. 5,14 ; TB Guitine 45*a*. RAMBAM, *Hil'hot Mela'him* VI, 1,5,7. RAMBAN, Deut. 2,34 ; 20,10. RACHI et RAMBAN, Nu. 21,21 ; mais voir RAMBAN, Deut. 23,7 ; RAMBAM, *Hil'hot Mela'him* VI, 4. Voir aussi Sifrei (Nu. 20,18) 202 ; TB Sota 35*b* ; RACHI, Deut. 20,18. Voir Tossefta Sota VIII, 7.

832. Cf. Gen. 15,13-16 ; Gen. R. 1,3 ; Tan'houma Yachane, Bereichit 1,11. RAMBAN ; Gen. 1,1 ; 9,26 ; 10,5 ; 12,6 ; 15,16 ; Exod. 3,8 ; Deut. 2,23 ; 9,4 ; 12,20 ; 19,8. *Peirouchei Ha Tora LeRabbi Yehouda Hé'Hassid*, p. 18. *Ha'amek Davar*, Deut. 9,5.

833. Cf. TY 'Hala II, 1. TB ; Yoma 54*a* ; Roche HaChana 16*b* et Rachi *ad loc*. ; Moède Katane 25*a* et RACHI *ad loc*. Tan'houma : BaMidbar 17 ; Re'éh 8 (Deut. 11,12). Pirkei DeRabbi Eliézer 18. Zohar, I, 186*a* ; II, 157*a*. RACHI, Jonas 1,3. *Kouzari*, II, 14. RAMBAM, *Hil'hot Teroumot*, I, 2 ; RACHI, Lev. 20,2. RAMBAN, Gen. 33,20 ; *Hachmatot*, Guitine 2. *Kaftor VaFéra'h*, 10. *Che'eilot OuTechouvot Tachbats*, III, 60 ; *Che'eilot OuTechouvot Maharit*, Yoré Déa, 28. MAHARAL, *Déré'h 'Hayim*, p. 188-189, 207, 252. *Che'eilot OuTechouvot 'Hatam Sofer*, Yoré Déa, 234. *B'nei Issass'har*, I, p. 22*a*. *Likoutei Moharan*, II, 40. RAV KOUK, *Orot*, p. 12-13, 62, 77, 171 ; *Orot HaKodèche*, I, p. 134 ; II, p. 303. *Mei Meirom*, V, p. 207 ; VI, p. 290. *Che'eilot OuTechouvot Yechouot Malko*, Yoré Déa, 67. R. AVRAHAM DE SLONIM, *Beit Avraham*, p. 146. *'Hazone Iche*, Zeraïm 3,19 ; mais voir aussi Tossafot, Guitine 2*a*. R. BEZALEL ZE'EV SAFRAN, *Dorèche LeTsione*.

834. Cf. Lev. 18 ; 19,2 et Sifra *ad loc*., 25. Deut. 24,4. Sifrei : (Deut. 14,29) 110 ; (Deut. 19,14) 188. Michna : Edouyot VIII, 6 et RAMBAM *ad loc*., Kélim I, 6. TB : Chabbat 33*a* ; Roche HaChana 8*b*-9*b* ; 13*a* ; 'Haguiga 3*b* ; Yevamot 6*b* et Tossafot *ad loc*. (Sam. I, 2,2) ; 82*b* et Tossafot Yachanim *ad loc*. ; Kidouchine 30*b* ; Chevouot 16*a*. Nu. R. 7,8. *Kouzari* II, 9,14 ; III, 19. RACHI, Bava Metsia 89*a* ; Ara'hine 32*b*. RAMBAM, *Hil'hot Teroumot* 1,5 ; *Hil'hot Beit*

HaBe'hira VI, 16 ; VII, 12. RAMBAN, *Hakdama* Lev. ; Lev. 18,25 ; 26,42 ; *Deracha LeRoche HaChana (Kitvei Ramban* I), p. 250-251. MAHARAL, *Netsa'h Yisraël*, 6 ; *Guevourot HaChème*, 8 ; *Netivot Olam*, I : *Netiv HaTora*, 10 ; *Netiv Ha Avoda*, 17 ; *Déré'h 'Hayim*, p. 188-190, 206-207 ; *Peirouchim LeAgadot*, IV, p. 103-104. *Sefat Emet*, IV, p. 119. *Orot*, p. 160 ; *Olat Reiyah*, I, p. 105 ; 236 ; *Igrot HaReiyah*, II, p. 186. *Mei Meirom*, VI, p. 314 ; VIII, p. 74. *Mi'htav MeEliyahou*, III, p. 194.

835. Cf. Deut. 11,9,21 ; 32,43. Michée 4,2. Is. 2,3 ; 26,19. Ps. 102. Me'hilta (Exod. 12,1) 1. Sifrei (Deut. 11,10) 37. Avot V, 5. Avot DeRabbi Nathan, 26,2 ; 35,8. TY : Chekalim III, *in fine* ; Nedarim VI, 8 ; Ketouvot XII, 3 ; mais voir aussi Kilaïm IX, 4. TB : Bera'hot 8*a* ; 44*a* ; 63*b* ; Chabbat 138*b* ; Yoma 21*a* ; Roche HaChana 16*b* ; Moède Katane 25*a* et RACHI *ad loc.* ; Yevamot 64*a* et RACHI, RAMBAN, RACHBA *ad loc.* : Ketouvot 110-112 et HaMeïri *in fine* ; Guitine 57*a* ; Bava Batra 158*b* et RACHBAM *ad loc.* ; Sanhédrine 14*a* ; 98*a* ; Makot 7*a* ; Ara'hine 32*b*. Targoum et RACHI, Gen. 49,21. Gen. R. 16,7 ; 76,2 ; 96,7. Cant. R. 4,11. Thr. R. Peti'hta, 24. Tan'houma, Vaye'hi 3. Pirkei DeRabbi Eliézer 8 ; 33. Cho'heir Tov 91. Yalkout Chim'oni : Yechaya, 1,390 ; 42,451 ; Ye'hezke'ël 20,358 ; Yonna 1,549 ; Tehilim 85,833. Zohar, I, 79*b* ; 141*a* ; 166*a* ; 205*b* ; II, 4*a* ; 141*a* ; 151*b*-152*a* ; III, 4*b* ; 72*b* ; 84*a* ; 245*b* ; 266*b*. Tikounei HaZohar 22 (64*a*). Zohar 'Hadache, Vayeitsei, 28,4. *Kouzari* II, 14 ; *Chirei Rabbi Yehouda HaLévi*, p. 233. RACHI, Yona 1,3 ; Bava Batra 15*a* ; Sanhédrine 90*b*. RAMBAM, *Peirouche HaMichna, Sanhédrine* I ; *Séfer HaMitsvot, Mitsvot Assé, Mitsva* 153 ; *Hil'hot Kidouche Ha'Hodèche* I, 8 ; 5,1 *et al.* ; *Hil'hot Sanhédrine* IV, 11 ; *Hil'hot Mela'him* V, 10-11. RAMBAN, Gen. 28,21 ; Deut. 4,28 ; *Deracha LeRoche HaChana (Kitvei Ramban* I), p. 249-251. RADAK, Jonas 1,2. *Ba'h, Tour, Ora'h 'Hayim*, 208. *Choul'hane Arou'h, Yoré Déa*, 363,1-2. MAHARAL, *Guevourot HaChème* 8 ; 24 ; *Peirouchim LeAgadot* : I, p. 97 ; IV, p. 103 ; *Déré'h 'Hayim*, p. 207-208 ; *Netivot Olam*, I ; *Netiv HaTora*, 10 ; *Netiv HaAvoda*, 18. CHELAH, I, p. 168*a-b* ; III, p. 23*a* ; 171*b*. *Che'eilot OuTechouvot 'Hatam Sofer, Yoré Déa*, 233-234. *Likoutei Moharan* : I, 7*a* ; 152 ; II, 11 ; 40. *Kitvei Rabbi Na'hman MiBratslav*, p. 192-194, 287. RAV KOUK, *Orot*, p. 9, 171 ; *Orot HaKodèche* : I, p. 133, 236 ; III, p. 200 ; *Igrot HaReiyah*, I, p. 112-113. *Mei Meirom*, VI, p. 233-236, 281 ; VIII, p. 67-68. *Yessod HaAvoda*, II, p. 101. *Avnei Neizer*, p. 113. *Mi'htav MeEliyahou*, III, p. 191-196.

836. Cf. Lev. 18,25,30. Nu. 35,33-34. Deut. 21,23 ; 24,4. Sifrei (Deut. 11,10) 38. TY Chekalim IV, 1. Tan'houma : Kedochim 9 ; Behar 1. RACHI et RAMBAN, Gen. 1,1. RAMBAM, *Hil'hot Teroumot* I, 5 ; *Beit HaBe'hira* VII, 12. RAMBAN, Gen. 19,5 ; Lev. 18,25. *Séfer Yereïm*, 249. HAGRA, Kelim I, 6. *Kedouchat Lévi, VaYigache*, p. 25*b*. *B'net Issass'har*, 1, p. 11*b*. *Avodat Yisraël*, p. 205. *Mei Meirom*, VI, p. 314. R.J. SCHEPANSKI, *Erets-Yisraël BeSifrout HaTechouvot*, II, p. 87, 101.

837. Cf. TB Ta'anit 29*a*. Avot DeRabbi Nathan 4,8. Zohar I, 202*b*. Voir Tan'houma, Pekoudei 1.

838. Cf. Michna Chekalim VI, 1-2. TB : Yoma 53*b* ; Ta'anit 5*a*. Tan'houma (éd. Buber), Chemot 10. Zohar, I, 1*b* ; II, 240*b*. *Chirei Rabbi Yehouda HaLévi*, p. 233. Mac. II, 2,4-7.

839. Cf. Is. 30,18 ; Cephania 2,1. Michna : Ta'anit IV, 8 ; Tamid VII, 3 ; voir aussi Avot V, 20,23. TB : Chabbat 31*a* ; Souka 41*a* ; Ta'anit 17*a* et RACHI *ad loc.* ; 30*b* ; Meguila 15*b* ; 29*a* ; Ketouvot 75*a* ; Bava Batra 60*b* ; Sanhédrine 97*b* ; 98*a* ; 'Houline 91*b*. Thr. R. 3,19. Targoum YONATHAN BEN OUZIEL, Gen. 49,18. Tana Devei Eliyahou Rabba 4 ; Tana Devei Eliyahou Zouta 17. Pessikta DeRav Kahana, Bechala'h 87,2. Pirkei DeRabbi Eliézer 26. Zohar, I, 99*b*-100*a* (Meguila 19*a*) ; 130*b* ; 211*b* ; II, 225*a* ; III, 278*b* (Gen. 47,1,27). *Emounot VeDéot* V, 3. *Kouzari* V, 27. RAMBAM, *Hil'hot Mela'him* XI, 1 ; voir aussi *Moré Nevou'him* III, 47. RACHI, Gen. 28,17 ; 'Houline 91*b*. Voir aussi *Séfer Ha'Hinou'h, Mitsva* 184, HaMeïri, Ketouvot 111*a*. MAHARAL, *Tiféret Yisraël*, 5 ; *Nétsa'h Yisraël*, 8 ; 29 ; *Netivot Olam*, I, *Netiv Guemilout 'Hassadim*, 1. CHELAH, I, p. 168*b*-169*a* ; 175*b* ; *Siddour Cha'ar HaChamayim*, p. 520. MAHARCHA, Bera'hot 8*a* ; Sota 14*a*. *Or Ha'Hayim*, Lev. 25,22. *Maguid Devarav LeYa'akov*, 77 ; 85 ; 132. *Déguel Ma'hané Efraïm, Bereichit. B'nei Issass'har*, I, p. 111. R. NA'HMAN DE BRATSLAV, *Likoutei Moharan*, I, 55*b* ; II, 5,15 ; 40 ; 76 ; *Likoutei Tefilot*, I, 84 ; II, 29 ; *Siddour Cha'arei Ratsone*, p. 480 ; *Chiv'hei Maharan*, II, p. 6. RABBI TSADOK HAKOHEN DE LUBLIN, *Tsidkat HaTsadik*, p. 144, *Sefat Emet*, V, p. 5. RAV KOUK, *Orot*, p. 9-13, 57-60, 62 ; *Chabbat HaArets*, p. 12 ; *Moussar Avi'ha*, p. 19 ; *Olat Reiyah*. I, p. 279, 381 ; *Orot HaKodèche*, I, p. 133 ; III, p. 295. *Mei Meirom*, V, p. 84-85 ; VI, p. 11, 59, 87, 187, 240-241, 253-254, 276-277, 301, 313. M. BUBER, *Beine Am LeArtso*, Jérusalem – Tel-Aviv, 5705 (1944), p. 97, 110 ; *Kol Kitvei 'H. N. Bialik*, Tel-Aviv, 5709 (1949), p. 1-2. R. A. 'H. GALITZENSTEIN, *Rabbi Yisraël Ba'al Chem Tov*, p. 159. *Méché'h 'Ho'hma*, p. 317. *Siddour HaGueonim VeHaMeKoubalim*, III, p. 609. R. AVRAHAM DE SOHATCHOV, *Avnei Neizer*, p. 21, 88 (Michna Eirouvine IV, 7 ; TB Eirouvine 49*b*) ; *Neot HaDéché*, p. 105, 124. *Chem MiChemouël, Hagada*, p. 41. R. YOSSEF 'HAYIM DE BAGDAD, *Bène Iche 'Haï*, p. 59, 63 ; *Od Yossef 'Haï*, p. 112-113. *VaYoël Moché*, p. 340-341. *Mefa'anéa'h Tsefounot*, p. 121.

840. Cf. Lev. 26,42. Deut. 8,10-11 ; 25,19 ; 32,18-21. Ps. 102,13-14 ; 137,4-6. Thr. 1,7. Me'hilta (Exod. 20,3) 6 ; Sifrei : (Deut. 11,16-17) 43 ; (Deut. 32,21) 320. Michna : Roche Hachana IV, 1-4 ; Souka III, 12 ; Sota IX, 15. TY Kidouchine IV, 1. TB : Pessa'him 114*b*-115*a* ; Souka 41*a-b* ; Roche HaChana 30*a-b* ; 31*b* ; Guitine 7*a* ; Sota 49*a-b* ; Mena'hot 43*b* ; 66*a* ; Bava Batra 60*b*. Tossefta : Sota, *in fine* ; Bava Batra II. Massé'het Sofrim XIX. Nu. R. 17,7 ; Thr. R. 1,54. Tan'houma, Chela'h 15. Pessikta Rabbati 30 ; Pessikta Zoutarta : Bechala'h 16 ; Chela'h 155. Pirkei DeRabbi Eliézer 17. Yalkout Chim'oni, Tehilim 137,885. Zohar II, 157*b*. *Kouzari* V, 27. RAMBAM, *Hil'hot Ta'anit* V, 1,12-15 (Deut. 11,7 ; Jér. 31,20 ; cf. Thr. 3,38-39). RACHI, Deut. 11,18 ; RAMBAN, Lev. 18,25. *Choul'hane Arou'h : Ora'h 'Hayim* 560 ; *Yoré Déa* 65,3. *Kitvei Rabbi Na'hman MiBratslav*, p. 193. *Sefat Emet*, V, p. 5. RAV KOUK, *Orot*, p. 9, 11, 57 ; *'Hazone HaGueoula*, p. 101. *Mei Meirom*, VI, p. 277. RAV C. GOREN, *Séfer HaMoadim*, Tel-Aviv, 5724, p. 443-447. R. YOSSEF 'HAYIM DE BAGDAD, *Bène Yehoyada*, II, p. 78*b* ; *Bène Iche 'Haï*, p. 63.

841. Cf. Cho'heir Tov 121 (Ps. 137,5-6). Voir Michna : Ta'anit IV, 8 , Avot V, 20 ; Tamid VII, 3. TB Ta'anit 27*b*. Exod. R. 30,21 ; Nu. R. 18,21.

I. PEUPLE D'ISRAËL, PAYS D'ISRAËL

Tan'houma, A'hrei 12, Cho'heir Tov 13. Zohar, I, 210*b* ; 266*b* ; II, 57*b* ; III, 203*b*. *Kitvei Ramban* II, p. 324-325. *Kitvei Rabbi Na'hman MiBratslav*, p. 194, 287 (Ps. 37,34). *Moharan, Likoutei Tefilot*, I, 84 ; II, 29. *Mei Meirom*, VI, p. 301. *Siddour HaGueonim VeHaMekoubalim*, III, p. 510, 778.

842. Cf. Rachi, Ketouvot 8*a* ; cf. Ps. 137,6. Cf. Is. 54,1 ; 33,10-11 ; cf. aussi Jér. 7,34 ; voir Rambam, *Hil'hot Bera'hot* II, 11. Cf. TB : Bera'hot 6*b* ; Ta'anit 30*b* ; Bava Batra 60*b*. Pessikta Rabbati 29,3. Zohar II, 55*b*. Cf. Is. 61,2-3 ; *Choul'hone Arou'h, Evène HaEzer*, 65,3 ; voir Tossafot, Bera'hot 31*a*. Iche Chouv, *Ta'amei HaMinhaguim*, Jérusalem, s.d., p. 412.

843. Cf. Is. 61,3 ; 66,10,13. Jér. 13,17. Ps. 79 ; 119,62 ; 137. Sifrei (Deut. 12,29) 80. TY : Kilaïm IX, 4 ; Bera'hot IV, 3 ; Ta'anit II, 2 ; Ketouvot V, *in fine*. TB : Bera'hot 3*b* ; 58*b* ; Ta'anit 26*b* ; 30*a-b* ; 'Haguiga 16*b* ; Moède Katane 26*a* ; Ketouvot 67*a* ; Guitine 57*a* ; Bava Kama 59*a* ; Bava Batra 60*b* ; Sanhédrine 37*b* ; 104*b* ; Makot 5*b* ; 24*b*. Tossefta Sota XV. Thr. R. Peti'hta, 7 ; Thr. R. 1,25,50 ; 4,11. Cho'heir Tov 22. Zohar, I, 38*b* ; 85*b* ; 210*b* ; 215*a* ; III, 118*a*. Rambam, *Hil'hot Ta'anit* V, 9, 14, 16. *Or Zaroua*, II, 419. *Beit Yossef, Tour, Choul'hane Arou'h, Ora'h 'Hayim*, 554 ; 557 ; 559 ; 561 ; 580. *Choul'hane Arou'h : Ora'h 'Hayim* 1,3 ; *Yoré Déa* 363,1 et *Rema ad loc.* ; 379,2. R. 'Hayim Vital, *Peri Eits 'Hayim*, p. 55-58. Chelah, I, p. 209*a-b* ; 210*a* ; *Siddour Cha'ar HaChamayim*, p. 7. Maharcha, Bera'hot 5*b*. R. Na'hman de Bratslav, *Siddour Cha'arei Ratsone*, p. 48, 54. *Siddour HaGueonim VeHaMekoubalim*, III, p. 606. Ben-Zion Dinur, *BeMa'avak HaDorot*, Jérusalem, 5735 (1975), p. 300-301.

844. Cf. Zohar III, 11*b*.

845. Cf. Deut. 32,43 ; Rachi et *Or Ha'Hayim ad loc.* Is. 60,3 ; 61,5-9 ; 62,2*s*. TB : Avoda Zara 3*a*. Meguila 6*a*, Sanhédrine 94*a*. Gen. R. 62,6 ; Exod. R. 35,5. Pessikta Zoutarta, VaYe'hi, 49,10. Cho'heir Tov 87 ; 98. Zohar III, 103*b*. Rachi, Gen. 25,9 ; Nu. 23,23. Seforno, Gen. 16,12 ; mais voir aussi Ibn Ezra, Gen. 16,12. Maharal, *Nétsa'h Yisraël*, 43 ; 55. *Or Ha'Hayim* : Gen. 25,6 ; Lev. 26,5. *Likoutei Moharan*, 14,2 (Cephania 3,9). *Orot*, p. 15-17, 33, 35, 88, 90-91, 151, 155. *Mei Meirom*, VI, p. 28-29, 83, 207, 292-294 ; VIII, p. 77, 80, 86, 110-111. R. David Cohen, *Kol HaNevoua*, Jérusalem, 5730 (1970), p. 256. Voir Rom. 11,29. Coran, 2,116 ; 5,24.

846. Voir Sifrei (Nu. 9,10) 69 ; Pirkei DeRabbi Eliézer 44 ; Pessikta Zoutarta 25,18 ; Rachi, Gen. 33,4 ; *Iguéret Teimane*, p. 147 ; *Avnei Neizer*, p. 68.

847. Voir *supra*, p. 68.

848. Cf. *Likoutei Moharan*, I, 17,6 ; II, 78. *Sefat Emet*, III, p. 200 ; V, p. 5. *Tsidkat HaTsadik*, p. 256. *Orot*, p. 68, 91, 138, 169 ; *Orot HaKodèche*, II, p. 303. *Be'eir Avraham*, p. 296.

849. Cf. Ps. 83,4-5,13. Tan'houma, KiTissa 34. Rachi, Gen. 1,1. Ramban, Deut. 32,26. Maharal, *Tiféret Yisraël*, 68. *Mei Meirom*, VI, p. 292-293. R. Y. H. Achlag, *Hakdama*, Séfer HaZohar (*Im Peirouche HaSoulam*), I, p. 19.

850. Voir TB Sanhédrine 99*a*.

851. Cf. Deut. 30,12 ; TB Bava Metsia 59*b*.

852. Cf. Prov. 3,6 ; TB Bera'hot 63*a* ; *Likoutei Moharan*, II, 116 ; *Orot*, p. 26-29, 86.

853. Cf. Exod. 19,6 ; Rabbeinou Ba'hya (II, p. 169), *Ha'amek Davar* (II, p. 81*a*), M. D. Cassuto (p. 156), *ad loc.* M. M. Buber, *Darko Chel Mikra*, p. 93, 300. TB Bava Batra 10*a*. Pessikta DeRav Kahana II, 12,2. Rachi, Is. 1,4. *Beit Avraham*, p. 153.

854. Cf. Cant. R. 2,6. Maharal, *Netivot Olam*, I, *Netiv HaTsedaka*, 6, p. 70*b*. Hagra, *Biour, Michlei*, Prov. 3,26, p. 12 ; *Siddour Ichei Yisraël (Sia'h Yits'hak)*, p. 45. *Ha'amek Davar*, Gen. 48,4 (I, p. 179). Voir J. Heinemann, *Darkei HaAgada*, p. 113-114 ; M. M. Buber, *Darko Chel Mikra*, p. 300.

855. Cf. Deut. 4,7 ; Sam. II, 7,23. Me'hilta (Exod 9,6) 2. Rabbeinou Ba'hya, Exod. 19,6. Maharal, *Netivot Olam*, I, *Netiv HaTora*, 10 ; *Derachot*, p. 5. *B'nei Issass'har*, II, p. 21. *Sefat Emet*, I, p. 61. Rav Kouk, *Orot*, p. 32, 170-171, 80-81 ; *Orot HaKodèche*, II, p. 423 ; III, p. 295 ; *Olat Reiyah*, II, p. 401-403. M. Buber, *Darko Chel Mikra*, p. 96.

856. Cf. Gen. 35,11 ; Sam. II, 7,23 ; Ps. 106,5. TB : Bera'hot 57*b* ; Chabbat 88*b* ; Yevamot 20*a*. Chelah, I, p. 21*a*.

857. Cf. Zohar II, 121*a*.

858. Cf. Deut. 4,6-8 ; 26, 18-19. TB Sota 39*a*. Zohar II, 121-122. Rachi, Nu. 11,11 ; Is. 1,4. Ramban, Gen. 17,6. Maharal, *Tiféret Yisraël*, 1 ; *Guevourot HaChème*, 3 ; 14 ; 18 ; 44 ; *Gour Arié*, Nu., 13,18 ; *Peirouchim LeAgadot*, II, p. 80. Chelah, I, p. 21*a* ; III, p. 164*b*. Hagra, *Biour, Michlei*, Prov. 14,28, p. 45*b* ; *Siddour Ichei Yisraël*, p. 21. Rav Kouk, *Orot*, p. 24, 53-54, 62, 64, 67-69, 72-74, 80, 83, 89-90, 98, 133, 141, 159 ; *Orot HaKodèche*, I, p. 59-60 ; II, p. 311 ; *'Hazone HaGueoula*, p. 184-186 ; *Olat Reiyah*, I, p. 96. *Mei Meirom*, VI, p. 14, 265. *Avnei Neizer*, p. 29.

859. Voir *supra*, p. 38-39.

860. Cf. Sifrei : (Deut. 11,18) 43 ; (Deut. 26,5) 301. Nu. R. 10 ; 11,4. Rachi, Deut. 11,18. Hagra, Is. 1,4 ; 2,3. *'Hidouchei Marane Riz HaLévi*, p. 20.

861. Cf. Exod. 3,8. Lev. 20,24. Deut. 7,12-15 ; 8,7-10 ; 11,10-17. Jér. 3,19. Me'hilta (Exod. 18,9) 1. Sifra (Lev. 26,4) 1. Sifrei : (Deut. 1,8) 8 ; (Deut. 3,25) 28 ; (Deut. 11,10) 37 ; (Deut. 11,21) 47 ; (Deut. 15,4) 114 ; (Deut. 26,15) 303 ; (Deut. 32,43) 333 ; (Deut. 33,24) 355. Michna : Bikourim I, 3 ; Sanhédrine X, I (Is. 60,21). TY : Bikourim I, 8 ; Péa VII, 3 ; Bava Batra IX, 5. TB : Bera'hot 36*b*-37*a* ; 41*a* et Rachi *ad loc.* ; Chabbat 30*b* ; 63*a* ; Pessa'him 113*a* ; Yoma 81*b* ; Souka 35*a* ; Meguila 6*a* et Rachi *ad loc.* ; Ketouvot 111-112 ; Bava Batra 146*a* ; Sanhédrine 90*a* ; Mena'hot 53*b* ; 85*b*. Gen. R. 16,3 ; 39,10 ; 64,3 ; 65,16,17. Exod. R. 3,4. Lev. R. 3,1 ; 25,3. Nu. R. 9,24. Thr. R. 2,17. Eccl. R. 2,5. Yalkout Chim'oni : Eikev, 11,864 ; Yechaya 54,478 ; Kohélet 2,968. Zohar, I, 95*b* ; 177*b* ; III, 65*b* ; 72*b* ; 84*a* ; 284*b*. Rachi, Gen. 12,1. Ibn Ezra, Gen. 33,19. Ramban, Exod. 3,8 ; *Torat HaAdam (Kitvei Ramban* II), p. 296. Rambam, *Hil'hot Techouva* III, 5. Maharal, *Guevourot HaChème*, 24 ; *Peirouchim LeAgadot*, I, p. 103 ; *Dérè'h 'Hayim*, p. 188, 251-252 ; *Netivot Olam*, I : *Netiv HaTora*, 10 ; *Netiv HaAvoda*, 18. Chelah, III, p. 23*a-b*, 171*b*, 172*b*. Maharcha, Sanhédrine 98. *Biourei Hagra Al Agadot*, I, p. 100-101 ; II, p. 5, 55, 58. *Likoutei Moharan*, I, 20 ; II, 116 ; *Kitvei Rabbi Na'hman MiBratslav*, p. 193, 354. *Yemei Maharnat*, II, p. 83*b*-84*a*. Rav Kouk,

I. PEUPLE D'ISRAËL, PAYS D'ISRAËL 375

Orot, p. 79 ; *Orot HaKodèche*, III, p. 295. *Mei Meirom*, II, p. 41 ; VI, p. 259, 270, 327. Rabbi Yossef 'Hayim de Bagdad, *Bène Yehoyada*, II, p. 81*a*. Rabbi Bezalel Ze'ev Safran, *Dorèche LeTsione*, p. 24.
862. Cf. TY Bera'hot IV, 5. TB Sanhédrine 90*a* ; 99*b*. Cant. R. 4,4. Tan'houma, Pekoudei 1. Zohar, I, 29*a* ; 31*b* ; 80*b* ; 128*b* ; 205*b* ; II, 85*b* ; III, 4*b* ; 12*a* ; 13*a* ; 45*b* ; 84*a* ; 85*b* ; 93*a-b* ; 96*a* ; 235*a* ; 268*a*. Tikounei HaZohar 86*a*. Ari HaKadoche, *Likoutei Tora, Eikev*, p. 193. Alchéï'h, *Lé'h Le'ha*, Gen. 12,1. Chelah, III, p. 21*b*, 23*a*, 26*a*, 45*b*, 171*b*, 172*b*, 173*a*, 202*b*, 204*a* ; *Siddour Cha'ar HaChamayim*, p. 525. *Biourei Hagra Al Agadot*, I, p. 69. *Sefat Emet*, III, p. 202 ; V, p. 5. *Chem MiChemouël, BaMidbar*, p. 128. R. Yossef 'Hayim de Bagdad, *Bène Yehoyada*, II, p. 80*b*.
863. Cf. Esther, 3,8. TB Moède Katane 16*b*. Maharal, *Tiféret Yisraël*, 1 ; *Guevourot HaChème*, 12, 23 ; 24. *Likoutei Moharan*, 7,1. *Orot*, p. 9. *Mei Meirom*, VI, p. 237-238, 327-328 ; VIII, p. 111.
864. Cf. Me'hilta (Exod. 12,2). TB : Souka 29*a* ; Guitine 57*b* ; Bava Batra 10*b* ; Sanhédrine 42*a* ; Avoda Zara 2*b*. Yonathan ben Ouziel, Gen. 25,25. Gen. R. 6,5 ; 65,16 ; 63-67. Exod. R. 15,27,30 ; 21. Nu. R. 10 ; 21. Cant. R. 1,21 ; 6,4. Tan'houma, Toldot 7 ; Tan'houma (éd. Buber), Terouma 7. Cho'heir Tov 18. Pessikta Rabbati 15 ; 16. Pessikta Zoutarta, Bo, 12,3. Pirkei DeRabbi Eliézer 37 ; 38 ; 51. Tana Devei Eliyahou Zouta 14. Yalkout Chim'oni, Bechala'h, 17, 268. Zohar I, 230*b*. Tikounei HaZohar 6 (22*a*). *Kouzari* II, 14. Rachi, Gen. 25,31. Rambam, *Hil'hot Chemita VeYovel*, XIII, 12-13. *Siddour Rabbeinou Chelomo de Garmaise*, p. 196. Maharal, *Néts'ah Yisraël*, 14 ; 46 ; *Tiféret Yisraël*, 1 ; 2 ; *Guevourot HaChème*, 11 ; 12 ; 18 ; 24 ; 44 ; 54 ; 67 ; 68 ; *Peirouchim LeAgadot* : I, p. 135 ; IV, p. 15 ; *Déré'h 'Hayim*, p. 13 ; *Netivot Olam*, I, *Netiv HaAvoda*, 13. Chelah, III, p. 183*b*. Hagra, *Séfer HaEmouna VeHaHachga'ha*, p. 12 ; *Siddour Ichei Yisraël*, p. 335, *'Hatam Sofer : Derachot*, II, p. 244. *Hagada*, Bnei-Brak, 5736, p. 26. *Beit HaLévi*, I, p. 33. *Sefat Emet*, III, p. 197. Rav Kouk, *Orot*, p. 9, 14, 49-50, 54, 64, 139, 150, 158-159, 168-169 ; *Olat Reiyah*, I, p. 386-387 ; *Orot HaKodèche*, III, p. 33-34. *Mei Meirom* : VI, p. 323 ; *Missaviv LiChmona Perakim LeHaRambam*, p. 141. *Be'eir Avraham*, p. 223-224, 257, 258. R. Yossef 'Hayim de Bagdad, *Od Yossef 'Haï*, p. 209-210.
865. Cf. Zohar II, 54*a*.
866. Voir *supra*, p. 42.
867. Voir *supra*, p. 44.
868. Cf. Gen. R. 2,4 ; Exod. R. 15,8 ; Cant. R. 7,1. Voir Chelah, II, p. 44*b*.
869. Cf. Chelah, *Siddour Cha'ar HaChamayim*, p. 520. *Beit HaLévi*, I, p. 33 ; II, p. 5-6. *Pa'had Yists'hak, 'Hanouka*, p. 13-14, 113.
870. Cf. Sifrei (Deut. 33,2) 343. *'Hatam Sofer, Hagada*, p. 27-28.
871. Cf. TB 'Houline 91*a* ; Yalkout Chim'oni, Bechala'h 17,268 ; *Iguéret Teimane*, p. 116-117, 126-127, 132-133.
872. Cf. TB : Roche HaChana 19*a* ; Bava Batra 60*b* ; Meïla 17*a*. Rachi, Cant. 3,5 ; 5,8 ; 8,7. Ramban, Deut. 32-40. Maharal, *Be'eir HaGola*, 7.

873. Cf. Tossafot, Bera'hot 12*a*.
874. Cf. Gen. R. 64,4. Lev. R. 36. Cant. R. 1,21 ; 2,9. Tan'houma : Eikev 5 ; Nitsavim 1. Zohar I, 17*b*. MAHARAL, *Derachot, Hespède*, 12.
875. Cf. TB Chabbat 31*a*. Gen. R. 83,3 ; Cant. R. 7,7. *Semak, Mitsvat Assé* 1.
876. Cf. R.Y. H. ACHLAG, *Hakdama, Sefer HaZohar (Im Peirouche HaSoulam)*, I, p. 18 ; *Hakdama, Séfer Eits Ha'Hayim*, p. 2. Voir A. SAFRAN, *La Cabale*, p. 342.
877. Cf. TB : Bera'hot 17*a* ; Chabbat 10*a* ; Bava Batra 16*b*. Zohar, I, 92*a* ; III, 301*b*. Chelah, III, p. 204*a*. RAV KOUK, *Orot*, p. 26 ; *Olat Reiyah*, II, p. 157. Voir aussi RAMBAM, *Hil'hot Techouva* VIII, 8.
878. Cf. Sifrei (Deut. 32,7) 310. Tan'houma, Vayikra 7,8. Zohar 'Hadache, Behar 49.
879. Cf. RAV KOUK, *'Hazone HaGueoula*, p. 143.
880. Cf. Me'hilta (Exod. 19-6) 2. TY Nedarim IX, 4. TB Ta'anit 11*a*. Lev. R. 4,6 (Jér. 50,17). Cant. R. 6,17. Thr. R. 1. Tana Devei Eliyahou Rabba 23. Tana Devei Eliyahou Zouta 1 ; 15. Pessikta Rabbati 11. Pessikta Zoutarta, Bechala'h 17,2. Yalkout Chim'oni, Yitro 19,276. Zohar III, 126*a*. RAMBAM, *Hil'hot Matnot Aniyim* X, 12. ARI HaKADOCHE, *Likoutei Tora* et RABBI 'HAYIM VITAL, *Ta' amei HaMitsvot, Kedochim*, p. 77 (Lev. 19-18). RABBI MOCHÉ CORDOVERO, *Tomère D'vora*, 1. ALCHÉI'H, *Nitsavim* (Deut. 29,9). MAHARAL, *Netivot Olam*, I : *Netiv HaTora*, 2 ; *Netiv HaTsedaka*, 6. RABBI LÉVI YITS'HAK DE BERDITCHEV, *Kedouchat Lévi*, p. 141. *Tanya*, 32. *Likoutei Hagra*, p. 38 (*in Sifra DiTseniouta Im Biour Hagra*). RABBI YOSSEF 'HAYIM DE BAGDAD, *Che'eilot OuTechouvot, Tora Cheleima*, 325. *'Hafets 'Hayim, Chemirat HaLachone*, p. 43-44.
881. Cf. TB : Chevouot 39*a* ; Sanhédrine 27*b* ; et 43*b* et RACHI *ad loc.* ; Chabbat 119*b* ; Roche HaChana 29*a-b* et RACHI *ad loc.* ; Makot 23*b* et RACHI *ad loc.* ; 'Houline 135*a* et RACHI *ad loc*. Lev. R. 4,6. Tan'houma, Nitsavim 1 ; 3. R. 'HAYIM VITAL, *Ta'amei HaMitsvot*, p. 77. *Tomère D'vora*, 1. MAHARAL, *Guevourot HaChème*, 6 ; *Netivot Olam*, I, *Netiv HaTora*, 5 et *Netiv HaTsedaka*, 6 ; II, *Netiv HaTora*, 2 ; mais voir aussi *Peirouchei Maharal LeAgadot*, IV, p. 49. HAGRA, *Adéret Eliyahou*, p. 483. *Méché'h Ho'hma*, p. 217. *Tsafnat Pa'anea'h : Devarim*, II, p. 247 ; *Makot* 24*a*. *Tosséfet Bera'ha*, III, p. 151-152. R.Y. H. ACHLAG, *Matane Tora*, p. 44*s*. *Hafets 'Hayim, Peirouche Al Siddour HaTefila*, p. 74.
882. Cf. TB Ketouvot 75*a*.
883. Cf. Deut. 4,13-14. Me'hilta (Exod. 20,2) 5. TY Sota VII, 5. TB Sanhédrine 43*b*. Tan'houma, Yitro 13. Zohar III 93*b*. RACHI, Deut. 29,28. MAHARCHA, Bava Batra 88*b*. *Che'eilot OuTechouvot Avnei Neizer : Ora'h 'Hayim*, 314 ; *Yoré Déa*, I, 126. *Tsafnat Pa'anéa'h*, Sanhédrine 43*b*. *Pa'had Yits'hak, Cha'ar 'Hodèche HaAviv*, p. 172.
884. Cf. TB Souka 45*b* ; Zohar I, 219*a* ; Tan'houma, Nitsavim 2.
885. Cf. Zohar I, 154*b*.
886. Cf. Me'hilta (Exod. 20,8) 6. Voir Zach. 10,3. Cf. RAMBAM, *Hil'hot Mela'him* V, 1.

887. Cf. Lev. 22,32, Deut. 6,4 ; Cant. 8,6. TY Chevi'it IV, 2. TB : Bera'hot 61*b* ; Guitine 57*b* et RACHI *ad loc.* ; Sanhédrine 44*a* et RACHI *ad loc.* ; 74*a*. (Voir aussi TB Kareitot 6*b* ; Mena'hot 27*a* ; *Tour, Choul'hane Arou'h, Ora'h 'Hayim*, 619.) Cant. R. 1. Cho'heir Tov 9. Zohar, I, 93*a* ; 124*a* ; II, 119*a* ; III, 195*b* ; 281*a*. Tikounei HaZohar 60. RAMBAM, *Hakdama, LePérék 'Heilek ; Hil'hot Yessodei HaTora* V, 1. RAMBAN, *Peti'hta, Séfer Devarim*. RACHBA, *Techouvot*, I, 55. MAHARAL, *Netivot Olam*, II, *Netiv Ahavat HaChème* 1 ; *Nétsa'h Yisraël*, 13 ; *Déré'h 'Hayim*, p. 6*s*. *Tanya* 14 ; 18 ; 19 ; 25 ; 32 ; 41. *Kedouchat Lévi*, p. 47*a*. *Likoutei Moharan* : I, 14,3 ; II, 82. *Sefat Emet*, I, p. 176 ; V, p. 182. RAV KOUK, *Orot*, p. 12-13, 74, 76, 84-85, 95-96, 144, 146, 148-151, 153, 155-156, 166, 167 ; *'Hazone HaGueoula*, p. 36, 139, 148-150, 210, 275 ; *Orot HaKodèche*, I, p. 17-18 ; III, p. 324, 326-328, 330-333 ; *Igrot HaReiyah*, I, p. 263, 369 ; II, p. 194, 281, 320. *Mei Meirom*, VI, p. 11, 18, 274. *Méché'h 'Ho'hma*, p. 324. *Chem MiChemouël, Hagada*, p. 44, 46-47. RABBI BEZALEL ZE'EV SAFRAN, *Dorèche LeTsione*, p. 12, 21.

888. Cf. Deut. 6,5 ; Jér. 16,11 ; Lév. 19,18 ; Deut. 8,10. Voir TY 'Haguiga I, 7. Exod. R. 32. Zohar III, 73*a*. *Séfer Ha'Hinou'h, Mitsva* 243. TB Ketouvot 112*a*. Tana Devei Eliyahou Rabba 22. RAV KOUK, *Orot*, p. 44-45, 75, 79, 85-86, 96, 134, 146, 148-149, 151, 155-156, 158-159, 166 ; *'Hazone HaGueoula*, p. 148-150 ; *Olat Reiyah*, II, p. 3-4 ; *Orot HaTechouva*, p. 32-33, 111-112, 122-123, 137-138. *Mei Meirom*, VI, p. 150. RABBI BEZALEL ZE'EV SAFRAN, *Dorèche LeTsione*, p. 8.

889. Voir *supra*, p. 69-70.

890. Cf. *Olat Reiyah*, I, p. 386-387.

891. Cf. Is. 1,27. Sifrei (Deut. 15,6) 116. Avot V, 19. TY Sanhédrine XI. TB ; Beitsa 32*b* ; Sota 14*a* ; Yevamot 79*a* ; Bava Batra 9*a*. Gen. 41,1 Nu. R. 3,1. Tan'houma (éd. Buber), Vayéra 4. *Choul'hane Arou'h, Yoré Déa*, 251. MAHARAL, *Netivot Olam*, I, *Netiv HaTsedaka*, 5. *Likoutei Moharan*, I, 37, 4 ; II, 71. *Tanya, Iguéret HaKodèche*, 6. RAV KOUK, *Orot*, p. 148-149. RABBI AVRAHAM DE SLONIM, *Beit Avraham*, p. 121, 129, 134, 274. *Beit HaLévi*, II, p. 39. *Bène Iche 'Haï*, p. 245. RABBI BEZALEL ZE'EV SAFRAN, *Dorèche LeTsione*, p. 24.

892. Cf. Michna Péa I, 1 ; RAMBAM, *Hil'hot Talmud Tora* III, 3. TB Bava Batra 9*a*. Sifrei (Deut. 12,29) 80. TY Péa I, 1-2. RAMBAN, Chabbat 130. Voir RAMBAM, *Séfer HaMitsvot, Chorèche* IV. Voir aussi *Kouzari* II, 96 ; III, 17. Cf. MAHARCHA, Makot 23*b*. *Or Ha'Hayim*, Deut. 30,20. R. ELIYAHOU DE VILNA, *Adéret Eliyahou*, p. 366-367. RAV KOUK, *Orot*, p. 163. R.Y.H. ACHLAG, *Matane Tora*, p. 19*s*.

893. Cf. Is. 51,11*s*.

894. Cf. Jér. 3,17 ; 17,12 ; Michée 4,7. Obadia 1,21. Ps. 48. Daniel 7,27 ; 9,24-25. TB : Chabbat 63*a* ; Ta'anit 5*a* ; Sanhédrine 98*a*. Exod. R. 21. Nu. R. 11. (Sam. I, 2,8) ; Esther R. I ; Eccl. R. 1. Chir HaChirim Zouta 3. Zohar, 1, 1*b* ; 231*a* ; II, 55*b* ; III, 83*a* ; 234*b* (Ps. 126) ; 266*b*. Tikounei HaZohar 62*a*. *Kouzari* II, 16. RACHI, Sanhédrine 91*b*. *Da'at Zekeinim MiBa'alei HaTossafot*, Exod. 17,16. RAMBAM : *Hakdama LePérék 'Heilek ; Hil'hot Techouva* IX, 2. MAHARAL, *Nétsa'h Yisraël*, 43 ; *Guevourot HaChème* 47 ; 70. *Likoutei Moha-*

ran, 4,2. *Or Ha'Hayim,* Lev. 26,6. Rav Kouk, *Orot,* p. 26, 52-53, 155-157, 160 ; *'Hazone HaGueoula,* p. 29, 47, 127, 129-130, 143 ; *Olat Reiyah,* I, p. 233, 386-387.

895. Cf. TB Bera'hot 58*a*. Jér. 17,12. Is. 2,3 ; Michée 4,2. Is. 52,9. Tan'-houma, Kedochim 10 ; Zohar I, 114*a* ; 128*b* ; III, 161*b*. Yalkout Chim'oni, Is. 60,503 ; Maharal, *Gour Arié, VaYeitsei.*

896. Cf. Rachi, *ad* TB Bera'hot 48*b* et 49*a*.

897. Ps. 117, 1-2.

898. Voir TB Yoma 54*b* ; Exod. R. 23,11 ; Avot DeRabbi Nathan 35 ; Pessikta Rabbati 10,2. Zohar, I, 226*a* ; II, 184*b* ; III, 65*b*. Tikounei HaZohar 37 (78*b*). *Likoutei Moharan,* II, 8,10.

899. Cf. Gen. R. 82,3.

900. Is. 2,3 ; Michée 4,2.

II. L'exil et la rédemption

1. Cf. Gen. 28,15 ; Deut. 30, 1-5 ; Jér. 32. Michna : Chekalim II, 4 ; Nazir V, 4 ; Midot III, 1. Gen. R. : 44,21 ; 75,8. Exod. R. 3,4 ; Nu. R. 7,10. Zohar I, 214*b*. Natsiv, Rabbi Tsevi Yehouda Berline de Volojine, *Ha'amek Davar,* III, Lev. 26,42, p. 121.

2. Cf. Midrache Chemouël, 8,35.

3. Cf. Ei'ha Rabbati, Thr. R. 5,19 ; TB Makot 24*b*. Voir aussi TB Bera'hot 18*b*. Cf. Zohar II, 188-189. Cf. Ramban, *ad* Deut. 32,40, *in fine; Séfer HaGueoula* (Kitvei Ramban, I), p. 280.

4. Cf. Gen. R. : 44, 20-22 ; 56,3 ; 69,4. Exod. R., 15,18. Cant. R. 7. Rachi, Sanhédrine 92*b*. Ramban, Gen. 28,12.

5. Cf. Lev. R. 29,2. Rambam, *Iguéret Teimane,* p. 117, 128. Ramban, Gen. 15,7,18 ; 22,16 ; Lev. 26,45 ; Deut. 28,42. Voir aussi Rachi, Ibn Ezra, Ramban, Rabbeinou Ba'hya *ad* Nu. 23,19. Cf. Maharal, *Nétsa'h Yisraël,* Hakdama.

6. Voir Ibn Ezra et Ramban *ad* Nu. 23,21.

7. Voir Gen. 22,17 ; 26,3. Exod. 33,1. Nu. 14,23-24 ; 32, 11-12. Deut. 1, 35-36 ; 10,11 ; 31,20-21,23 ; 34,4. Jos. 1,6. Jud. 2,1. Jér. 11,5, *et al.*

8. Cf. Maharal, *Nétsa'h Yisraël,* 40. 'Hatam Sofer, *Derachot,* p. 316. Rav Kouk, *Orot,* p. 63-64.

9. Cf. Thr. R. 1,29. Exod. R. 15,8. TB Meguila 12*a*. Daniel 1,6*s*. Yalkout Chim'oni, Balak, 768. Zohar III, 221*b* ; Zohar 'Hadache, Yitro, 40. Ramban, Deut. 32,26. *Michna Beroura ad* Choul'hane Arou'h, Ora'h 'Hayim, 560.

10. Cf. Deut. 28,65 ; Thr. 1,3. Gen. R. : 33,8 ; 63,18. Zohar II, 15*a*. R. Yits'hak Arama, *Akeidat Yits'hak,* Be'Houkotaï. *Beit HaLévi,* Chemot, p. 3, 5-6. *Méche'h 'Ho'hma,* p. 191.

11. Exod. R. 36, 1 ; cf. Cant. R. 1,21.

12. Cf. Ibn Ezra et Ramban *ad* Nu. 23,9 ; cf. Esther 3,8.

13. Cf. Ba'al HaTourim et Seforno *ad* Nu. 23,9. Voir Rachi, Bera'hot 48*b*.

14. Cf. Lev. 26,33. Deut. 4,27 ; 28,64. Ez. 5,10. Amos 9,9 *et al.* Gen. R. : 44,20-21 ; 68 ; 69. Lev. R. 29,2. Nu. R. 7,10. Maharal, *Guevourot HaChème,*

8, p. 30 et 23, p. 63 ; *Netivot Olam*, I, *Netiv Guemilout 'Hassadim*, 1, p. 57s. Ari HaKadoche, *Likoutei Tora*, Ki Teitsei, p. 208-210.
15. Cf. Maharal, *Guevourot HaChème*, 8, p. 30.
16. Cf. Zohar III, 11b ; 252a. Ramban, Gen. 28,12 ; Rabbeinou Ba'hya, *Kad HaKéma'h*, Gueoula ; Chelah, III, p. 74b ; *Or Ha'Hayim*, Exod. 6,6.
17. Cf. *Chem MiChemouël*, BaMidbar, p. 348.
18. Cf. TB : Meguila 29a ; Bera'hot 8a et 9b. TY Souka IV, 3 ; Ta'anit I, 1. Me'hilta (Exod. 12,41) Bo, Massi'hta DePiss'ha, 14, p. 20a-b. Sifrei : BeHa'alot'ha, 84, p. 22b ; Mass'ei, 161, p. 62b. Exod. R. 3,7 ; 15,13. Lev. R. 9,3. Nu. R. 7,10. Deut. R. 4,1. Tan'houma, A'hrei, 12. Cho'heir Tov, 13. Yalkout Chim'oni ; Ze'haria 19, 577 ; Ei'ha, 1038. Zohar, I, 28a ; 69a ; 120b ; 124a ; 134a ; 149a ; 159b ; 166a ; 182b ; 189a ; 210a ; 211a ; 212b ; II, 2b ; 41b ; 55b ; 82a ; 196a ; 216b ; III, 4b ; 23b ; 57b ; 66a ; 69a ; 75a ; 90b ; 114b ; 115a-b ; 197b ; 203b ; 242a ; 266b ; 281a ; 297b. Tikounei HaZohar : 9a ; 12a ; 6 (21b) ; 13 (28a) ; 21 (51a, 53b) ; 70 (124b). Zohar 'Hadache : A'hrei, 47-48 ; 'Houkat 51 ; Ruth 84, 94. Cha'arei Zohar, 118. Rachi, Exod. 3,2 ; Deut. 30,3. Maharal, *Guevourot HaChème*, 23, p. 61b ; *Nétsa'h Yisraël*, 10 ; 62. *Sefat Emet*, II, p. 6-7.
19. Cf. *Toldot Ya'akov Yossef*, VaYakhel ; *Sefat Emet*, II, p. 25.
20. Cf. Maharal, *Nétsa'h Yisraël*, 1 ; 24 ; *Gour Arie*, Deut. 30,3. *B'nei Issas'har*, I, p. 22a.
21. Cf. *Kouzari* II, 34s. ; II, 44. Maharal, *Nétsa'h Yisraël*, 1 ; 24 ; *Guevourot HaChème*, 8, p. 29 et 54, p. 148 ; *Gour Arié*, Deut. 30,3. Voir Ps. 24,1 ; Esther R. 10,11 ; Tan'houma, Toldot, 5. Leon Pinsker, *Autoemanzipation* (1882). Ye'hezke'ël Kaufman, *Gola VeNei'har*, II, Tel-Aviv, 5722, p. 453-454.
22. Cf. Rabbeinou Sa'adya Gaon, *Emounot VeDéot*, VIII, 1 ; Abrabanel, I, Gen. 15, p. 203 ; Maharal, *Guevourot HaChème*, 9, p. 33.
23. Cf. Zohar II, 215b ; Ari HaKadoche, *Likoutei Tora*, KiTeitsei, p. 208-210 ; *Beit HaLévi*, Chemot, p. 19 ; *Sefat Emet*, II, p. 5.
24. Exod. 14,13. TY : Souka V, 1 ; Sanhédrine X, 9. Deut. 17,16. Rambam, *Hil'hot Mela'him*, V, 8.
25. Cf. Exod. 12,36 ; TB Bera'hot 9b. Voir TB Pessa'him 119a ; *Kouzari* II, 44. Cf. Maharal, *Guevourot HaChème*, 8, p. 33. Chelah, III, p. 74b. Voir aussi Rav Kouk, *Orot*, p. 115.
26. Gen R. 16,7. Mais voir aussi Me'hilta (Exod. 13,1) Bo, Massi'hta DePiss'ha, 16, p. 24a. Voir *Sefat Emet*, II, p. 7. *Tora Or*, p. 51.
27. Exod. 1,16. Cf. Exod. R. 1,22,41.
28. Cf. Lev. 26,32-33. Deut. 4,25-27 ; 28,36,64. Ez. 12 ; 20 ; 22,15 ; 36,19. Reg. 1,14,15. Gen. R. 36,7. Exod. R. 1,35 ; 31,9 ; 51,3. Nu. R. 7,10 ; 23,14 *in fine*. Deut. R. 2,13. Peti'hta D'Ei'ha Rabbati. Thr. R. 1,37 ; 4. Tan'houma, Nitsavim 3. Yalkout Chim'oni, Tsefanya, 567. Avot I, 11 ; V, 9. Avot DeRabbi Nathan, 20 ; 38. TB : Chabbat 33a ; Yoma 9b ; Sanhédrine 39a ; Mena'hot 53b. Pessikta Rabbati 25,3. Pessikta DeRav Kahana (éd. Mandelbaum), II, 5, p. 464. Zohar, II, 175b ; III, 69b. Voir aussi Rabbeinou Sa'adya Gaon, *Emounot VeDéot*, VIII, 1. *Kitvei Ramban*, I. *Séfer HaGueoula*, p. 279-280. *Chem MiChemouël, Hagada Chel Pessa'h*, p. 23-25.

29. Cf. R. Morde'haï Gifter, *Pirkei Emouna*, Jérusalem, 5729, p. 180-181.
30. Cf. Chelah, III, p. 136*b*. Cf. Rabbi Ya'akov, le Maguid de Doubna, *Ohel Ya'akov*, Séfer VaYikra, p. 156-157 ; Rabbi Yossef 'Hayim de Bagdad, *Od Yossef 'Haï*, p. 47 ; Rabbi Avraham de Slonim, *Beit Avraham*, BeCha'ar HaSéfer.
31. Cf. Thr. R. 1,37. Cf. Rabbi Avraham Yaffen, *HaMoussar VeHada'at*, II, p. 274.
32. Voir aussi Ramban, Deut. 32,28.
33. Amos 3,2. Voir *Kouzari* II, 44.
34. Tan'houma, Yitro, 16.
35. Maharal, *Dére'h 'Hayim*, Avot IV, p. 162.
36. Cf. TB Yevamot 121*b*. Voir aussi TB : Ta'anit 11*a* ; Bava Batra 33*b* ; Sanhédrine 104*a*. Massé'het Sema'hot VIII. Lev. R. 27,1 ; Nu. R. 20,25. Tan'houma ; Emor, 5 ; Balak, 20. Pessikta Zoutarta, Chemot, 4,26. Zohar, I, 140*a* ; 185*b* ; II, 247*b*. Tikounei HaZohar, 18 (38*a-b*). Zohar 'Hadache : Yitro, 34*a* ; Ruth 81. Voir aussi Rambam, *Hil'hot Yessodei HaTora*, V, 11 ; *Hil'hot Déot*, V. Ralbag *ad* Reg. I, 17,18. Rabbi 'Hayim Vital, *Peri Eits 'Hayim*, p. 20. Maharal, *Guevourot HaChème*, 9 ; *Déré'h 'Hayim*, Avot IV *in fine*, p. 162 ; *Derachot*, Hespède, p. 12-13. Rabbi Samson Raphaël Hirsch, *Igrot Tsafone*, 9 ; 15. Rabbi Nathan Tsevi Finkel, HaSaba MiSlobodka, *Or HaTsafoune*, II, p. 57 ; Rabbi Eliyahou Lapian, *Leiv Eliyahou*, p. 162 ; Rabbi Eliyahou Eliezer Dessler, *Mi'htav MeEliyahou*, III, p. 194-196. *Avnei Neizer*, p. 70, 76 ; *Chem MiChemouël*, Vayikra, p. 139. *Mei Meirom :* VI, p. 148 ; VIII, p. 148. *Tosséfet Bera'ha*, I, p. 202.
37. Tana Devei Eliyahou Rabba, 2.
38. Is. 60,21.
39. Cf. Rabbi Avraham de Sohatchov, *Avnei Neizer*, p. 76.
40. Exod. 4,22 ; Deut. 7,8. Cf. Exod. R. 32,2. Cant. R. 1,19,44 ; 5,13. Zohar III, 197*b* ; 219*b*. Exod. 2,25.
41. Deut. 8,5.
42. Prov. 3,12. Cf. TB Bera'hot 5*a*. Tan'houma : Yitro, 16 ; Nitsavim, 3.
43. TB Bera'hot 3*a*. Voir Peti'hta Ei'ha Rabbati, 24.
44. Yalkout Chim'oni : Yeremiah 9,283 ; voir Yalkout Chim'oni, Ei'ha 3, 1038 ; TR Souka 52*b*.
45. Cf. Rabbi Lévi Yits'hak de Berditchev, *Kedouchat Lévi* : VaYigache, p. 25*b* ; Pekoudei, p. 59*b*. *Sefat Emet*, II, p. 7 ; *Avnei Neizer*, p. 76.
46. Deut. 14,1.
47. Cf. Deut. 28,69. Cf. *Sefat Emet*, III, p. 45.
48. Cf. TB Pessa'him 87*b* ; Tana Devei Eliyahou Rabba, 10 ; Ramban, Gen. 32,9. Mais voir aussi Ramban, Deut. 32,26 ; Exod. R. 30,5.
49. Jér. 31, 6-9. Voir Jér. 23,3 ; Is. 46,3 ; Michée 2,12 ; 5,6-7. Cf. Rabbi Avraham de Slonim, *Yessod HaAvoda*, p. 234-235.
50. Voir aussi *Ohel Ya'akov*, Séfer VaYikra, Be'Houkotaï, p. 159*s*. *Beit HaLévi*, Séfer Bereichit, VaYeitsei, p. 32.
51. Cf. Ez, 18,23.

II. L'EXIL ET LA RÉDEMPTION

52. Cf. TB Meguila 11*a*. Exod. R. 3 ; 23,6. Esther Raba, Peti'hta. Pessikta DeRav Kahana (éd. Mandelbaum), II, 5, p. 464. RACHI, Sanhédrine 92*b* ; RAMBAN, Deut. 28,42.
53. Cf. Deut. R. 3,2 ; Exod. R. 23,6. TB Meguila 11*a*. Zohar III, 112*a*. Tikounei HaZohar, 40*a*.
54. Lev. 26,44. Cf. RAMBAM, *Iguéret Teimane*, p. 169-170.
55. Exod. 3,14 et RACHI *ad loc*. Cf. TB Bera'hot 9*b*. Zohar 'Hadache, A'hrei, 48*a*. Voir TB Meguila 29*a* ; Zohar I, 28*a*.
56. Malachie, 3,6. Mais voir aussi Tikounei HaZohar, Tikoune 26.
57. Gen. 15,5.
58. Cf. TB Chabbat 156*a*. Zohar I, 78*a* ; 90*b* ; III, 148*a* ; 216*b*. ABRABANEL, I, Gen. 15, p. 207. *Chem MiChemouël, Hagada*, p. 86.
59. Cf. Tikounei HaZohar, 50 (86*b*). MAHARAL, *Guevourot HaChème*, 8, p. 31.
60. RACHI, Gen. 15,5.
61. Cf. TB : Pessa'him 87*b* ; Yoma 69*b*. Tana Devei Eliyahou Rabba 10. Gen. R. 78, I ; Esther R. 10,11. Tan'houma, Toldot, 5. *Kouzari* II, 32. RAMBAN, Gen. 32,9. RABBI AVRAHAM DE SLONIM, *Be'eir Avraham*, p. 334.
62. Michna Yadayim IV, 4. TB Yoma 54*a*. Cho'heir Tov, 36. Tan'houma, Mass'ei, 13 *in fine*. RABBI YOSSEF ALBO, *Ikkarim*, 42.
63. Cf. Gen. R. 44. Voir aussi Gen. R. 69,3. Cf. Pessikta DeRav Kahana, I, 5, p. 80. RACHI, Gen. 15,10. MAHARAL, *Guevourot HaChème*, 54, p. 146.
64. Cf. Exod. 1,12. Tan'houma ; Toldot, 5 ; Nitsavim, 1. *Kouzari*, II, 44. *Maharal, Nétsa'h Yisraël*, 14. RABBI 'HAYIM YOSSEF DAVID AZOULAÏ, 'HIDA, *Midbar Kedémot*, p. 30.
65. Cf. TB Beitsa 25*b* ; Exod. R. 42,9 ; *Avnei Neizer*, p. 110.
66. Cf. Malachie 3,6 ; Tan'houma, Nitsavim, 1.
67. Cf. BA'AL HATOURIM et SEFORNO *ad* Nu. 23,9.
68. Jér. 30,11 ; voir aussi Jér. 46,28. Cf. Pessikta DeRav Kahana, 1, 5, p. 80. RAMBAM, *Iguéret Teimane*, p. 116-117 ; 128-129.
69. Kitvei Rabbi Na'hman Krochmal, éd. Rawidowicz, Londres, 5721, p. 415.
70. Cf. Gen. 15,16 et RACHI *ad loc*. *Kouzari* II, 44. Voir TB Sota 9*a*. Cf. *Yessod HaAvoda*, p. 234-235.
71. Cf. TB Sota 9*a*. Lev. R. 29,2 ; Gen. 28,12. Tan'Houma, Nitsavim, 1 ; Deut. 29,12. RACHI, Deut. 29,12. *Kouzari* II, 44. RAMBAM, *Hil'hot Issourei Bi'a*, XIV, 5. MAHARAL, *Nétsa'h Yisraël*, 14. *Méché'h 'Ho'hma*, p. 192.
72. Cf. Gen. 15,16 ; Gen. R. 44,21. Voir Deut. 30,3-5.
73. Cf. RACHI, RAMBAN, SEFORNO *ad* Gen. 15,6-8. MAHARAL, *Guevourot HaChème*, 8, p. 30. RABBI YEROU'HAM HALÉVI LIWOWITZ, *Da'at Tora*, p. 249*s*.
74. Cf. MAHARAL, *Nétsa'h Yisraël*, Hakdama ; *Guevourot HaChème*, 8, p. 32-33. RABBI ELIYAHOU, LE GAON DE VILNA, *Biourei Hagra Al Agadot*, I, p. 25.
75. Cf. Gen. R. 44,24. Pessikta DeRav Kahana, I, 5, p. 80.
76. Cf. Exod. R. 3 ; 23,6. TB Meguila 11*a*. RACHI, Sanhédrine 92*b*. RAMBAN, Gen. 15,7 ; 22,16. Voir aussi Pessikta DeRav Kahana, II, 5, p. 464.
77. Gen. R. 69,3.

78. RACHI, Deut. 29,12.
79. Deut. 4,4. Cf. MAHARAL, *Nétsa'h Yisraël*, 10.
80. Deut. 29,24-26.
81. TB Chabbat 55*a*.
82. Cf. CHELAH, III, p. 161-162. Tana Devei Eliyahou Zouta, 11. ABRABANEL, I, Gen. 15, p. 203, 214. *Kedouchat Lévi*, Pekoudei, p. 59*b*. *Noam Eliméle'h*, MiKeits, p. 128. *Sefat Emet*, I, p. 134, 199 ; II, p. 7. Voir aussi TB Bera'hot 60*b* ; Zohar I, 181*a*.
83. Prov. 6,23. Lev. R. 30,2. RABBI NA'HMAN DE BRATSLAV, *Likoutei Moharan*, II, 77, p. 35*a* ; Éccl. I, 18.
84. Cf. Tan'houma, Noa'h, 13 ; Gen. R. 65,4 ; RACHI, Gen. 37,2. Cf. Gen. 47,9.
85. Cf. RACHI, Gen. 37,2 ; 43,14 ; 47,9. MAHARAL, *Déré'h 'Hayim*, Avot V, 5, p. 172. *Sefat Emet*, VaYéchève.
86. Cf. Lev. 18,5.
87. Cf. Sifrei (Exod. 6,5) Vaet'hanane, 32, p. 73*a-b*. Cho'heir Tov, 94,2 ; TB Sanhédrine 101*a*. TB : Bera'hot 62*a* ; Chabbat 13*b* ; Bava Metsia 85*a*. Cho'heir Tov, 118. Tan'houma, Yitro, 16. Voir TB Chabbat 12*b* ; Zohar III, 234*b*. Voir aussi Tan'houma, Nitsavim, 1.
88. Cf. TB Chabbat 88*b* ; *Kouzari*, III, 11-12. *Iguéret Teimane*, p. 134.
89. Cf. Ps. 31,20. TB Bera'hot 5*a* ; Gen. R. 92,1 ; Zohar 1, 181. Voir TB Chabbat 88*b* ; Zohar III, 57*b* ; 199*b*. Pessikta Zoutarta, Eikev 8,5. RAMBAM, *Hil'hot Issourei Bi'a* XIV, 3. ABRABANEL, I, Gen. 15, p. 203. MAHARAL, *Guevourot HaChème*, 9, p. 33. Hermann COHEN, *Die Religion der Vernunft aus den Quellen des Judentums*, Leipzig, 1919, p. 511.
90. Cf. TB Meguila 29*a* ; TY Ta'anit I, 1. Sifrei (Nu. 35,34) Mass'ei, 161, p. 62*b* ; Nu. R. 7. Zohar, I, 28*a* ; 211*a* ; II, 2*b* ; 41*b* ; III, 4*b* ; 197*b*. Tikounei HaZohar, 6 (21*b*).
91. Cf. Thr. R. 1. Voir Cho'heir Tov, 146.
92. Cf. Gen. R. 70,1 ; Exod. R. 21,7 ; Thr. R. 1,23. RAMBAN, Exod. 2,25 ; 12,42. MAHARAL, *Guevourot HaChème*, 24. *Messilat Yecharim*, 19. *Noam Eliméle'h*, VaYakhel. Voir aussi TB Roche HaChana 17*b* ; Tana Devei Eliyahou Zouta, 23.
93. Ps. 22,2 ; Cf. Zohar III, 25*b*. (Cf. Math. 27,46). Cf. Exod. 32,12. Ps. 79,10 ; 115,2. Cf. TB Bera'hot 5*a*. Nu. R. 13,3 ; Cant. R. 7,2. Pessikta Rabbati, 21,15. Zohar II, 47*a* ; Is. 26,16. Ps. 44,23 ; Tan'houma Nitsavim, 1 ; RAMBAM, *Iguéret Teimane*, p. 134-135 ; RAMBAN, *ad* Deut. 32,40 ; *Séfer HaGueoula* (Kitvei Ramban, I) p. 279-280. RACHI, Deut. 32,43. Voir aussi MAHARCHA, Yoma 54*b*.
94. Cf. RABBEINOU BA'HYA IBN PAKOUDA, *'Hovot HaLevavot*, Cha'ar Ahavat HaChème, 1. Abrabanel, I, Gen. 15, p. 203. MAHARAL, *Guevourot HaChème*, 9, p. 34*s*. *Sefat Emet*, I, p. 266 ; II, p. 6, 24 ; V, p. 4. Job 13,15.
95. TB : Bera'hot 3*a* ; Chabbat 88*b*. Thr. R. 31. Tan'houma : Teitsei, 2 ; Nitsavim, 3. Tikounei HaZohar, 26. MAHARAL, *Guevourot HaChème*, 9, p. 34-35. *Ohel Ya'akov*, Be'Houkotaï, *Sefat Emet*, V, p. 5. *Beit Avraham*, p. 91-94 ;

Be'eir Avraham, p. 315. – Deut. 31,17-19 et Rachi *ad. loc.* TB 'Haguiga 50. Is. 8,17 ; TY Sanhédrine X, 2.

96. Rabbi Kelonimos Chapira, *Eiche Kodèche*, Jérusalem, 5730 (1960), p. 139. Cf. Thr. R. 1,53 ; Hagra, *Siddour Ichei Yisraël*, p. 543.

97. Cité par Morde'hai Eliav, in *Ani Ma'amine*, Jérusalem, 5729 (1959), p. 246.

98. Cité par Morde'hai Eliav, in *Ani Ma'amine*, p. 66.

99. TB Bera'hot 61*b*.

100. Chim'one Bernfeld, *Séfer HaDemaot*, I, Berlin, 5684 (1923), p. 182 *et al.* Voir aussi 'Hayim Na'hman Bialik, *Im Yeiche Et Nafche'ha LaDa'at* (Kol Kitvei 'H. N. Bialik, Tel-Aviv, 5709 (1949), p. 17).

101. Deut. 14,1 ; Michna : Avot III, 14 ; Yoma VIII, 9.

102. Rabbi Eliyahou, le Gaon de Vilna, *Siddour Ichei Yisraël*, p. 543. Voir Maharal, *Guevourot HaChème*, 9, p. 33.

103. Cf. TB : Ta'anit 16*a* ; Sanhédrine 37*b* ; Bera'hot 56*a* ; Ketouvot 112*b*. Gen. R. 44,1,8. Zohar. I, 83*a* ; III, 124*a*, 216*a*. Rabbi Moché Cordovero, *Pardess Rimonim*, 13,3.

104. Cf. Deut. 4,20 et Targoum Yerouchalmi *ad loc.* Reg. I, 8,51 ; Jér. 11,4 ; Zach. 13,9. *Kouzari*, II, 44 ; III, 11-12 ; IV, 23. Maharal, *Dére'h 'Hayim*, Avot III, 4, p. 172 ; *Nétsa'h Yisraël*, 14. Chelah, III, p. 170*a-b* ; *Siddour Cha'ar HaChamayim*, p. 517-518. *Or Ha'Hayim*, Lev. 25,26 ; *Kedouchat Lévi*, Bo, p. 36*a* ; *Likoutei Moharan*, II, 76, p. 35*a* ; *B'nei Issas'har*, Hagada Chel Pessa'h, p. 44-45 ; *Sefat Emet*, II, p. 16, 80 ; Chem MiChemouël, Bereichit, II ; p. 329 ; *Be'eir Avraham*, p. 315. Voir aussi Gen. R. 44,1, 8.

105. Cf. TY Roche HaChana III, 5, Rabbeinou Sa'adya Gaon, *Emounot VeDéot* VIII, 1. *Kouzari* IV, 23. Chelah, III, p. 22*b*, 72*a*. Rav Kouk, *Orot*, p. 115. *Ha'amek Davar*, Deut. 8, 2, 3, 16.

106. Cf. Zach. 13,9. Maharal, *Nétsa'h Yisraël*, 14 ; *Guevourot HaChèma*, 5, p. 17-18 et 9, p. 33 ; *Derachot*, Hakdama, p. 5. *B'nei Issas'har*, Hagada, p. 37. Voir aussi Rabbi Moché Cordovero, *Pardess Rimonim*, 13,3.

107. Cf. Daniel 9,24 et Rachi *ad loc.* Hagra, *Siddour Ichei Yisraël*, p. 45. Rav Kouk, *'Hazone 'HaGueoula*, p. 90, 96. Cf. Ps. 104,35. TB Bera'hot 10*a*. Voir Amos 9,10.

108. Cf. Maharal, *Guevourot HaChème*, 8, p. 33.

109. Cf. Rabbeinou Sa'adya Gaon, *Emounot VeDéot* VIII, 1.

110. Cf. Ez. 18,23. Cf. Deut. 30, 1-5 ; TY Kidouchine I, 8.

111. Deut. R. 3,2. Voir Rabbi Elimélé'h de Lisensk, *Noam Elimélé'h*, I, MiKeits, p. 128.

112. Cf. Deut. 4,20 ; Jér. 11,4 ; Is. 48,10-11 ; Ez. 22,15-16. Thr. R. 1,53 ; Deut. 26, 17-18. Maharal, *Dére'h 'Hayim*, Avot III, 4, p. 172 ; *Derachot*, Hakdama, p. 5. *Sefat Emet*, II, p. 25.

113. Exod. 14,10 ; cf. Exod. R. 21,5 ; Cant. R. 2,30. Zohar, I, 81*a* ; II, 47*a*. Is. 26,16. *Avnei Neizer*, p. 16, 101, 159.

114. Cf. TB Sanhédrine 97*b* ; Esther 3,8-10 ; TB Meguila 14*a* ; Thr. R. 4,27. Deut. 4,30. Ramban, Deut. 32,32. *Sefat Emet*, V, p. 34 ; *Avnei Neizer*, p. 111, 159. *Beit HaLévi*, Chemot, p. 3-6, 12 ; *Méché'h 'Ho'hma*, p. 191.

115. TB Mena'hot 53*b* ; Cant. R. 1,21.
116. Cf. Avot VI, 2 ; TB Eirouvine 54*a* ; Deut. R. 2,6 ; Cant. R. 8,3 ; Pirkei DeRabbi Eliézer, 46 ; Tana Devei Eliyahou Zouta, 4. Zohar, I, 152*b* ; II, 113*b*-114*a* ; III, 6*b* ; 176*a* ; 276*a*. Tikounei HaZohar, 55 (88*b*).
117. Cf. Is. 10,5 ; TB Pessa'him 68*b* ; Tana Devei Eliyahou Rabba, 18. Gen. R. 66,2 ; Exod. R. 37,4 ; Nu. R. 1,3. Cho'heir Tov, 109,4. Zohar, II, 152*b*. Voir aussi TB Mena'hot 53*b* ; Cant. R. 1,21 ; Deut. R. 3,2.
118. Voir HAGRA, Séfer HaEmouna VeHaHachgua'ha, p. 10*b* ; Peirouche Al Kama Agadot, p. 12*a*. Voir aussi RACHI, Nu. 22,21 ; TB Sanhédrine 105*b* ; IBN EZRA, RAMBAN et *Ha'amek Davar ad* Nu. 22,19-20. *Derechot Bène Iche 'Haï*, p. 187. Cf. Zohar III, 207*a*.
119. Cf. Is. 55,8.
120. Cf. TB Bera'hot 33*b* ; Zohar I, 59*a* ; Tikounei Zohar 'Hadache 121*a*. – TB Chabbat 104*a* ; Zohar I, 54*a*. TB Makot 10*b* ; Zohar I, 198*b* ; II, 50*a* ; III, 47*a* ; 207*a*. Zohar 'Hadache, Ruth 85*a*.
121. Voir TB Sanhédrine 56*a*.
122. Cf. Exod. R. 15,18 ; Nu. R. 10,5.
123. Voir RACHI, Gen. 15,13. Voir aussi RACHI, Gen. 12,1 ; 22,2.
124. Cf. Zohar I, 198*b* ; II, 50*a*. RAMBAN, Deut. 32,26. *Beit HaLévi*, Chemot, p. 12. Voir aussi MEÏRI, Chabbat, p. 87*b*.
125. Cf. RAMBAM, *Hil'hot Techouva* VI, 1,3.
126. Cf. RACHI, Gen. 15,14 ; cf. Gen. R. 44,22.
127. Cf. Is. 66,6 ; Nu. R. 10,5.
128. Cf. Exod. R. 15,27 ; 22,1 ; Midrache HaGadol, VaYeitsei, 29, 31.
129. Cf. Exod. 1,8. Voir RAMBAN, ABRABANEL, *Or Ha'Hayim, Haketav VeHaKabala, Méché'h 'Ho'hma, ad* Gen. 15.
130. Cf. Exod. R. 30 ; TB Sanhédrine 91*a*.
131. Deut. 32,41 ; RAMBAN, Deut. 32,40. Cf. Ps. 44,23 ; Cant. R. 1,63.
132. Ps. 79,6-10 ; 83,2-19.
133. Zach. 1,14-16.
134. Cf. TB Ketouvot 111*a* ; Tan'houma, Devarim, 4. Mais voir aussi Cant. R. 2,18.
135. Cf. Deut. 32,41-43 ; Thr. 1,22 ; 3,64-65.
136. Cf. Nu. 25,16-18 ; 31,2.
137. Ps. 104,35 ; TB Bera'hot 10*a*. Mais voir aussi Ps. 145,20 ; Thr. 3,66.
138. Cf. Deut. 32,43.
139. Deut. 1,17.
140. RAMBAN, *ad* Deut. 1,17.
141. Cf. TB Sanhédrine 72*a*.
142. Cf. Is. 50,6.
143. Cf. Cant. R. 1,63.
144. Cf. TB : Chabbat 88*b* ; Yoma 23*a* ; Guitine 36*b*. Voir RABBI BEZALEL ZE'EV SAFRAN, *Che'eilot OuTechouvot Harbaz*, I, p. 27.
145. Cf. Malachie 2,10.
146. Cf. RACHI, *ad.* Deut. 6,4 ; Zach. 14,9.
147. Exod. 20,2 ; Deut. 5,6.

148. Cf. TB Bera'hot 63*b*.
149. TB Bava Kama 92*b*.
150. Exod. R. 1,41.
151. RACHI, *ad* Yevamot 78*b*.
152. Michna Pessa'him X, 5 ; Pessa'him 116*b* ; Exod. 13,8 ; Pessikta Zoutarta, Bo 12,27.
153. Cf. Exod. 3,12 ; CHELAH HAKADOCHE, III, p. 22*b* ; RABBI 'HAYIM YOSSEF DAVID AZOULAÏ, HIDA, *Kissé Ra'hamim*, p. 10*a*.
154. Cf. Exod. 12-13.
155. Cf. TY Roche HaChana III, 5 ; Jér. 34,13-17.
156. TY Nedarim IX, 4 ; cf. TB Chabbat 31*a* ; Pessikta Zoutarta, Kedochim 19,18.
157. Cf. Is. 57,19 ; cf. Exod. 11,2.
158. Lev. 19,18. Voir RAMBAN, MALBIM et HOFFMANN *ad. loc.*
159. Deut. 10,19 ; mais voir aussi Lev. 19,34.
160. Deut. 6,5 ; voir aussi Deut. 10,19. Techouvot HARAMBAM, 448.
161. Cf. Ps. 119,19.
162. Cf. Jonas 4,11.
163. Deut. 32,41.
164. Cf. RAMBAM, *Michné Tora, Hil'hot Chabbat* II, 3.
165. Ps. 94,1.
166. TB : Bera'hot 33*a* ; Sanhédrine 92*b*.
167. Cf. Ps. 79,7.
168. Cf. Gen. R. 26,14 ; Lev. R. 28,1 ; Eccl. R. 1,4.
169. Exod. R. 23,1.
170. TB : Meguila 10*b* ; Sanhédrine 39*b* ; 'Houline 91*b*. Cf. Zohar, I, 57*b* ; 121*b* ; II, 170*b*.
171. Is. 19,25. Cf. TB Pessa'him 118*b*.
172. Cf. Zohar I, 61*b* ; 121*b* ; cf. aussi Zohar III, 297*b*.
173. Michna Pessa'him X, 5 ; TB Pessa'him 116*b*.
174. Cf. TB : Sanhédrine 39*a* ; Mena'hot 53*b*.
175. Cf. *Kouzari* II, 35 ; ABRABANEL, I, p. 214 ; MAHARAL, *Guevourot HaChème*, 9.
176. RACHI, Gen. 42,2 ; BA'AL HATOURIM, Gen. 15,8,13. Cf. TB Guitine 88*b* ; RACHI et RAMBAN *ad* Deut. 4,25 ; voir aussi RAMBAN, Deut. 32,40 *in fine*. RAMBAM, *Iguéret Teimane*, p. 172-173. Voir Gen. R. 78,8. Voir aussi Gen. R. 44 ; TY 'Hala II, 1 ; Tana Devei Eliyahou Rabba 18.
177. Cf. MAHARAL, *Guevourot HaChème*, 54, p. 148.
178. Cf. RAV KOUK, *Orot*, p. 84-85.
179. Cf. *Sefat Emet*, I, p. 276-277 ; II, p. 7. Voir aussi RAMBAM, *Iguéret Teimane*, p. 168 ; *Hil'hot Ta'anit* I, 3.
180. Cf. MAHARAL, *Guevourot HaChème*, 8, p. 29 ; *Netivot Olam*, II, *Netiv HaTechouva*, 4, p. 146*b*.
181. TB Souka 52*b*.
182. TB Pessa'him 88*a* ; cf. RACHI, Deut. 30,3. Voir aussi TB Bera'hot 59*a*.
183. MAHARAL, *Guevourot HaChème*, 54, p. 148.

184. Cf. *Kouzari* IV, 23. Voir *Sefat Emet*, VaYéchève.
185. Gen. 1,1.
186. Gen. R. 1,5.
187. Gen. 1,2.
188. Gen. R. 2,5. Voir Zohar III, 279*a* ; Zohar 'Hadache, Noa'h, 23.
189. Cf. Pirkei DeRabbi Eliézer, 35 ; cf. aussi Gen. 28,12.
190. Cf. MAHARAL, *Guevourot HaChème*, 8, p. 31-32.
191. Gen. 1,2.
192. Gen. R. 2,5. Cf. Zohar, I, 192*b* ; 240*a*. Voir Ez. 11,19 ; Is. 57,16 ; Thr. 4,20 ; Tossafot, Avoda Zara 5*a*.
193. Gen. 1,3.
194. Is. 41,2 ; cf. TB Bava Batra 15*a* ; Zohar I, 86*a*.
195. Gen. R. 2,4. Cf. Zohar, I, 252*b*. II, 147*b*. Tikounei Zohar 'Hadache, 116*a*. Voir aussi Gen. R. 30,10 *in fine* ; Zohar I, 45*b*. *Chème MiChemouël*, BaMidbar, p. 189.
196. Cf. Is. 11,5.
197. Cf. Michée 7,20. Zohar I, 45*b* ; III, 238*a*. Zohar 'Hadache, Toldot, 27*a*. TB Ketouvot 8*b*.
198. Cf. Thr. R. 1.
199. Cf. TB Bava Batra 16*b*.
200. Cf. Gen. 15,12-14 ; Gen. R. 44,20-21. Voir aussi Lev. R. 29,2.
201. Cf. *Kouzari* IV, 23.
202. Cf. RAMBAN, Deut. 32,26. *Sefat Emet*, I, p. 123, 126 ; II, p. 7 ; III, p. 26. *Mei Meirom*, VIII, p. 98.
203. Cf. TB Pessa'him 87*b* ; *Beit HaLévi*, I, p. 32 ; II, p. 33. RAV KOUK, *Orot*, p. 115.
204. Cf. RAMBAN, *ad* Gen. 24,3 et Lev. 18,25 ; *Deracha Al Divrei Kohélet* (Kitvei Ramban, I), p. 200.
205. Zach. 14,9.
206. Cf. ARI HAKADOCHE, *Likoutei Tora*, Ki Teitsei, p. 208-210. R. 'Hayim VITAL, *Peri Eitz 'Hayim*, p. 28*b*.
207. Cf. RABBI 'HAYIM YOSSEF DAVID AZOULAÏ, 'HIDA, *Midbar Kedémot*, p. 30 ; RABBI YEHOUDA HALÉVI ACHLAG, *Hakdamat Séfer HaZohar Im Peirouche HaSoulam*, I, p. 156 ; RABBI YOËL TEITELBAUM, de SATMAR, *Divrei Yoël*, I, p. 580-581.
208. Cf. *Or Ha'Hayim* : Gen. 47,27 ; Exod. 3, 8 ; *Toldot Ya'akov Yossef*, VaYakhel ; *Maguid Devarav LeYa'aKov* (Mezritch), 70, p. 119 ; *B'nei Issas'har*, Hagada, p. 37 ; *Likoutei Moharan*, II, 76, p. 35*a* ; *Sefat Emet*, II, p. 80. Alexandre SAFRAN, *La Cabale*, p. 338-339.
209. Cf. Zohar III, 221*b* ; *Kouzari* II, 35 ; RABBEINOU BA'HYA, *Kad HaKéma'h*, Gueoula. *Sefat Emet*, I, p. 123 ; II, p. 80. *Beit Avraham*, p. 54.
210. Cf. ABRABANEL, I, Gen. 15, p. 203.
211. Cf. Gen. R. 1, 4-6.
212. Cf. Exod. 19,5-6 ; cf. TB Bera'hot 11*b*.
213. Cf. Exod. 6,7-8.
214. Cf. MAHARAL, *Guevourot HaChème*, 54, p. 146.

215. Cf. MAHARAL, *Guevourot HaChème*, 4, p. 18 ; *Avnei Neizer*, p. 10.
216. Cf. Gen. R. 1, 4-6.
217. Voir Alexandre SAFRAN, *La Cabale*, p. 117s.
218. Cf. Exod. R. 51,5.
219. Cf. Gen. 18,19 ; RACHI et RAMBAN *ad loc.*
220. Cf. Amos 3,2. Targoum et Rachi *ad loc.* Cf. MAHARAL, *Guevourot HaChème*, 9.
221. Cf. Deut. 26,5 ; Sifrei (Deut. 26,5) Ki Tavo, 301, p. 128a et Meïr Ayine *ad loc.* MAHARAL, *Guevourot HaChème*, 54, p. 146, 148. CHELAH, *Siddour Cha'ar HaChamayim*, p. 520. *Avnei Neizer*, p. 113. Voir aussi TB Chabbat 89b ; Cho'heir Tov, 105 ; Gen. R. 86,1 ; Tan'houma, VaYeichève, 3 ; Pessikta Zoutarta, VaYeichève, 39,1 ; Zohar I, 194b.
222. Deut. 26,5-6.
223. Cf. *Noam Eliméle'h*, I, VaYeitsei, p. 79 ; *Sefat Emet*, I, p. 123.
224. Cf. MAHARAL, *Guevourot HaChème*, 54, p. 148 ; RABBI AVRAHAM DE SOHATCHOV, *Neot HaDéché*, p. 193. Voir aussi Nu. R. 1,1.
225. Jér. 30,11 ; 46,28.
226. Cf. Ps. 31,20 ; Is. 64,3. TB : Bera'hot 34b ; Kidouchine 39b ; Sanhédrine 99a. Nu. R. 10,5 ; 13,3. Zohar, I, 59a ; II, 156b ; 163a ; 210b ; 211a. Tikounei HaZohar 12a. RACHI, Deut. 32,43. RAMBAM, *Hil'hot Issourei Bi'a* XIV, 4-5. RAMBAN, Deut. 32,40.
227. Cf. Ps. 66,5 ; Tan'houma, VaYeichève, 4 ; voir aussi Tan'houma Emor, 9. Cf. Zohar III, 159b ; Zohar 'Hadache, Bereichit, 18. ARI HAKADOCHE, *Likoutei Tora*, Bereichit. Voir aussi Deut. 22,17 ; Sam. I, 2,3 ; Jér. 32,19 ; RACHI, Nu. 11,2. Mais voir aussi TB Avoda Zara 3a.
228. Cf. ABRABANEL, I, Gen. 15,12, p. 214.
229. Sur le plan humain, dans l'ordre juridique biblique et talmudique, la Galout peut être la conséquence d'une faute intentionnelle ou même involontaire. Cf. Gen. 3,23-24 ; 4,12-14 ; 11,8. Gen. R. 19,18 ; 30,8. – Nu. 11,13. TB : Sota 49a ; Sanhédrine 37b ; Makot 10a ; Mena'hot 37a. Michna : Chevi'it X, 8 ; Makot I ; II ; III, 14. Tossefta Sanhédrine VII.
230. Cf. RACHI, Jos. 14,15.
231. Cf. MAHARAL, *Guevourot HaChème*, 9, p. 33.
232. Eccl. 7,20. Voir TB Ara'hine 17a.
233. Cf. Avot V, 2-3 ; Avot DeRabbi Nathan 32,33.
234. Cf. Cant. R. 4,15.
235. Cf. TB Chabbat 97a ; Gen. 15,6.
236. Cf. MAHARAL, *Guevourot HaChème*, 9, p. 34.
237. Cf. Gen. R. 59,9. Cf. TB Bera'hot 13b.
238. Cf. Gen 18,19 ; TB Yevamot 79a ; MAHARAL, *Guevourot HaChème*, 9, p. 33-37.
239. Cf. Tossafot, Chabbat 10b.
240. Cf. MAHARAL, *Guevourot HaChème*, 9, p. 33. – « C'est selon ses actes présents que l'homme est jugé et non selon sa conduite future. » Cf. TY Roche HaChana I, 3 ; TB Roche HaChana 16b ; Gen. R. 53,19 ; Exod. R. 3,3 ; RACHI, Gen. 21,17.

241. Cf. Gen. 15,12 et Rachi *ad loc.* Cf. Gen. R. 44,20-21 ; Exod. R. 51, 5. Maharal, *Guevourot HaChème*, 8, p. 30 et 54, p. 146. Voir Gen. R. 68,20-21 ; Tan'houma, VaYeitsei, 2 ; Lev. R. 29,2 ; Ramban, Gen. 28,12. Voir Pirkei DeRabbi Eliézer, 35. Voir TB Bera'hot 9*b* ; Exod. R. 3,7,14. Voir aussi Deut. 2,14.
242. TB Nedarim 32*a*.
243. Cf. Is. 41,8.
244. Gen. 15,6.
245. Gen. 15,13.
246. Cf. TB Nedarim 32*a*. Voir Ba'al HaTourim, Gen. 15,8.
247. Cf. Abrabanel, I, Gen. 15, p. 202*s*.
248. Ramban, *Peirouche Yiov* (Kitvei Ramban, I), p. 28, 96.
249. Cf. Gen. 17,1 et commentateurs *ad loc.* Cf. TB Nedarim 32*a*.
250. Cf. TB Sanhédrine 104*a*.
251. *Peirouche* Chedal. *Al 'Hamicha 'Houmchei Tora*, Lé'h Le'ha, Gen. 15,8 ; p. 69.
252. Cf. TB Nedarim 32*a* (mais voir aussi TB Nedarim 32*a-b*) ; Gen. R. 18. Cf. TB 'Houline 89*a* ; Gen. 18,27 et Rachi *ad loc.* ; Gen. R. 49,23. Voir aussi Rachi, Gen. 32,8 ; TB Bera'hot 4*a*.
253. *Likoutei Moharan*, 7*a*, p. 8*b*.
254. *Mi'htav MeEliyahou*, II, p. 173-177.
255. Maharal, *Guevourol HaChème*, 9, p. 31-37.
256. Cf. Maharal, *Netivot Olam*, I, *Netiv HaEmouna*, 1, p. 79*b*.
257. *Likoutei Moharan*, 7*a*, p. 8*b*.
258. Cf. Rachi, Gen. 15,15 ; Ramban, Exod. 12,42.
259. Cf. Abrabanel, I, p. 203. Voir aussi Maharal, *Guevourot HaChème*, 9, p. 33.
260. Maharal, *Guevourot HaChème*, 9, p. 37.
261. Maharal, *Guevourot HaChème*, 8, p. 31.
262. Cf. Ramban, Deut. 29,17.
263. Chelah, III, p. 24*b*. Cf. Rachi, Nu. 16,5.
264. Cf. Abrabanel, I, Gen. 15, p. 203.
265. Voir Ramban, Gen. 12,10 ; 16,6. Ba'al HaTourim, Gen. 21,10. Voir aussi Maharal, *Guevourot HaChème*, 9, p. 33.
266. Cf. TB : Yoma 38*b* ; Sanhédrine 104*a* ; Sota 46*b*. Voir aussi Gen. R. 36.
267. Cf. Nu. 14,11 ; Nu. R. 16,6.
268. Cf. Nu. 13 ; TB : Sanhédrine 104*a-b* ; Ta'anit 29*a*. Thr. R. 1,23. Voir aussi TB Sota 46*b*.
269. TB Ta'anit 29*a* ; Nu. R. 16,12.
270. Cf. TB Yoma 38*b*.
271. Cf. TB Yoma 9*b*.
272. Exod. 20,5 ; 34,7. Nu. 14,18. Deut. 5,9. TB Bera'hot 7*a*. Voir Ez. 18,20 ; TB Makot 24*a*. Deut. 24,16 ; Sifrei (Deut. 24,16), Ki Teitsei, 280, p. 124. Jér. 31,29-30. Voir aussi Deut. 32,19 ; TB Ketouvot 8*b*. Nu. R. 8,4.
— « Le verset qui dit : "Dieu reporte sur les fils les péchés des pères" (Exod.

20,5), n'est-il pas contrebalancé par le suivant (Deut. 24,16) : "Les fils ne mourront pas pour leur père" ? Comment expliquer cette contradiction ? Elle n'est pas fondée, fut-il répondu : le premier verset s'applique à ceux qui suivent les mauvais exemples paternels, et le second à ceux qui ne les suivent pas » (TB Bera'hot 7*a*).

273. Cf. Exod. R. 30,5.
274. CHELAH, III, p. 56*a*. Voir Gen. R. 85,2 ; 86,1. Tan'houma, VaYeichève, 4.
275. TB Chabbat 10*b*.
276. *Peirouchei* MAHARAL, *LeAgadot HaChass*, Chabbat 10*b*, II, p. 2.
277. MAHARAL, *Be'eir HaGola*, Be'eir 7, p. 147.
278. Ps. 105,17,19 et RACHI *ad loc*. Voir Cho'heir Tov, 105. Zohar III, 55*a*.
279. Cf. TB Sota 11*a*.
280. Gen. 37,14.
281. RABBI YOSSEF ROZINE, LE GAON DE ROGATCHOV, *Mefa'anéa'h Tsefounot*, p. 170.
282. Voir Gen. R. 85,2 ; 86*a*. Tan'houma, VaYeichève, 4.
283. Gen. R. 91,13.
284. Cf. TB : Sanhédrine 102*a* ; Sota 13*b*. RACHI, IBN EZRA et SEFORNO *ad* Gen. 38,1.
285. Cf. RACHI ; *Da'at Zekeinim MiBa'alei HaTossafot* et SEFORNO *ad* Gen. 39,1. Voir RAMBAM, *Hil'hot Mela'him* XI, 1.
286. Cf. Gen. R. 85,4. TB : Sota 13*b* ; Sanhédrine 102*a*. Mais voir aussi Gen. R. 85,6.
287. Cf. TB Nazir 23*b* et Tossafot *ad loc*. Gen. R. 85,8. Pessikta Zoutarta, VaYeichève 38,14.
288. Cf. Gen. R. 85,9.
289. Cf. TB Sota 10*a-b* ; TY Sota I, 4. Gen. R. 85,8. RACHI, Gen. 39,1. ARI HAKADOCHE, *Likoutei Tora*, VaYeichève, p. 47*b*. ALCHEI'H, Ruth, 3,2.
290. Gen. R. 85,2.
291. Cf. Gen. 38,29 ; Ruth 4,18-22.
292. Cf. MAHARAL, *Netivot Olam*, II, *Netiv HaTechouva*, 4, p. 146-147.
293. Cf. TB : Bera'hot 34*b* ; Sanhédrine 99*a*. Zohar, I, 39*a* ; 129*b* ; II, 106*a* ; 113*b* ; III, 16*b* ; 202*b*.
294. Cf. Targoum Yonathan Ben Ouziel, Nu. 16,32. TB Chabbat 96*b*. Zohar III, 156*b* ; 157*a* ; 205*b*. – Cf. TB : Bera'hot 47*b* ; Souka 30*a*. Tossafot, Yevamot 103*a*. MAHARIK, *Chorèche* 165.
295. Cf. ARI HAKADOCHE, *Likoutei Tora*, VaYeichève, p. 47*b*, 48*a* ; ALCHEI'H, Ruth, 3,2.
296. Cf. TB : Chabbat 55*b*-56*a* ; Ta'anit 22*a* ; Avoda Zara 4*b*. Pessikta Zoutarta, VaEt'hanane 5,26. Zohar, I, 176*a* ; II, 107*a-b* ; III, 114*a*.
297. Cf. Tan'houma, Tetsavé, 6.
298. Voir RACHI, Deut. 29,12.
299. Voir TB Chabbat 30*a* ; Zohar I, 218*a*.

300. Cf. Tana Devei Eliyahou Rabba, 18 ; Exod. R. 29,8 ; Lev. R. 23,2 ; RACHI, Deut. 29,12.
301. Gen. 15,18.
302. Gen. R. 44. Voir TY 'Hala II, 1.
303. Cf. Tan'houma, Tetsavé, 6. TB : Roche HaChana 18*a* ; Yevamot 105*a*. MAHARAL, *Netivot Olam*, I, *Netiv Guemilout 'Hassadim*, 1, p. 57*a*.
304. Voir Gen. 17 ; 32.
305. Cf. Job 28,23. TB : Guitine 17*a* ; Pessa'him 87*b*. Voir aussi TB Avoda Zara 3*a* ; Exod. R. 34*a* ; Tan'houma, Ki Tissa, 10 ; Pessikta Rabbati, 16,8.
306. Cf. Ps. 33,15. Avot III, 15. HAGRA, *Siddour Ichei Yisraël*, p. 48.
307. Cf. Gen. 3,22.
308. Cf. Deut. 11,26*s*.
309. RAMBAM, *Hil'hot Techouva* V, 1-2 (Moïse Maïmonide, Le Livre de la connaissance, traduit par V. Nikiprowetzki et A. Zaoui, Paris, 1961, p. 389-391). Voir MEÏRI, Massé'het Chabbat, p. 87*b*.
310. *Toldot Ya'akov Yossef*, VaYakhhel. Voir aussi MAHARAL, *Déré'h 'Hayim*, Avot II, 1, p. 50.
311. Cf. Deut. 34,10. TB Roche HaChana 21*b*. RAMBAM, *Hil'hot Yessodei HaTora* VII, 6 ; *Moré Névou'him* II, 33 ; *Iguéret Teimane*, p. 177.
312. Lev. 19,1 et ALCHEI'H *ad loc.*
313. TB Bera'hot 33*b*. Cf. Zohar I, 59*a* ; Tikounei Zohar 'Hadache 121*a*. – Cf. TB Makot 10*b* ; Nu. R. 20,11 ; Tan'houma, Balak, 8. Pessikta Zoutarta : Chela'h 13 ; Balak 22. Zohar, I, 198*b* ; II, 50*a* ; III, 47*a* ; 207*a*. RAV KOUK, *Michpat Kohen*, 144.
314. Cf. RAMBAM, *Hil'hot Déot* IV ; V ; VI.
315. Cf. TB : Roche HaChana 18*a* ; Yevamot 105*a*. Voir MAHARAL, *Netivot Olam*, I, *Netiv Guemilout 'Hassadim*, 1, p. 57*a*.
316. Cf. Jér. 9,11 ; 16,10-11 ; Reg. I, 9,8. TB Bava Metsia 85*a* ; Peti'hta Ei'ha Rabbati, 2 ; Sifrei et RACHI *ad* Nu. 15,41. Cho'heir Tov, 18. – TB : Chabbat 33*a-b* ; Bera'hot 61*b* ; Avoda Zara 17*b*.
317. Cf. Me'hilta Yitro (Exod. 20,5) 6, p. 76*a* ; Lev. R. 32,1 ; Cho'heir Tov, 12.
318. Cf. TB Ketouvot 111*a* ; Cant. R. 2,18 ; Tan'houma : Noa'h, 10 ; Devarim, 4. Voir MAHARAL, *Nétsa'h Yisraël*, 24 ; *Be'eir HaGola*, Be'eir 7, p. 147. RAMBAM, *Iguéret Teimane*, p. 189.
319. Cf. TB Avoda Zara 18*a* ; 'HATAM SOFER, *Derachot*, II, p. 312.
320. TB Roche HaChana 18*a*.
321. Cf. TB : Bera'hot 8*a* ; Ta'anit 8*a* et RACHI *ad loc*. Zohar I, 105*b* ; 234*a*. *'Hidouchei* HAGRA *ad* Bera'hot 8*a*. Voir *Derachot HaRaN*, Derouche 1.
322. Cf. TB Meguila 23*b*. Tikounei HaZohar : 16*b* ; 10 (25*a*) ; 18 (35*b*) ; 19 (41*b*) ; 21 (58*a*) ; 24 (69*a*) ; 39 (79*b*) ; 70 (132*a*). Cha'rei Zohar, 118. Zohar 'Hadache, Yitro, 34.
323. Cf. TB : Chevouot 39*a* ; Chabbat 146*a*. Exod. R. 28,4. Zohar I, 91*a*.
324. Cf. TY Ta'anit I, 4 ; II, 1. TB : Yoma 86*a* ; Roche HaChana 16*b* ; 17*b* ; Sanhédrine 10*b*. Gen. R. 44,15 ; Lev. R. 10,5 ; Eccl. R. 5,4 ; 9,7. Yalkout Chim'oni, Kohélet 11,1389. Pessikta Rabbati, 45,9 ; Pessikta Zoutarta, Lé'h

15,5. Zohar III, 218*a*. Maharal, *Netivot Olam*, II, *Netiv HaTechouva*, 6, p. 148.

325. Rituel de prières pour les fêtes de Roch HaChana et de Yom Kippour. – Voir aussi TB Bera'hot 10*b*. Lev. R. 35,1. TB Sanhédrine 108*a*. Maharal, *Peirouchim LeAgadot HaChass*, Bava Metsia 85*a*, I, p. 145.

326. Cf. Maharal, *Guevourot HaChème*, 7, p. 25.

327. Cf. Lev. R. 35,1.

328. Cf. Michna Yoma VIII, 9.

329. Voir Nu. 13-14, Exod. 32-33. Voir aussi TB Sanhédrine 108*a*.

330. Cf. Tana Devei Eliyahou Rabba, 14. Voir Maharal, *Nétsa'h Yisraël*, 13.

331. Cf. Zohar III, 279*a* ; Zohar 'Hadache, Noa'h, 30. Voir Gen. R. 2,5. Voir aussi Maharal, *Nétsa'h Yisraël*, 19.

332. Cf. TB Yoma 9*b*. Rabbi Eliyahou, le Gaon de Vilna, *Séfer Ha-Emouna VeHaHachga'ha*, p. 5*a*.

333. Cf. TY Sanhédrine X, 2 ; TB Bera'hot 10*b* ; Gen. R. 65,4 ; Eccl. R. 9,27. Is. 38.

334. Cf. Ez. 18 ; 24, Thr. R. 1,22. Rachi, Gen. 6,14. Voir TB Roche HaChana 31*a*.

335. Cf. TB Roche HaChana 16*b*.

336. Cf. Daniel 9,13. Thr. R. 1,23. Mais voir aussi Ps. 127,1 ; Zohar III, 221*a*.

337. Cf. TB Guitine 88*b* ; Rachi, Deut. 4,25. – Gen. 15,13 et commentateurs *ad loc*. Gen. R. 91,2 ; Zohar I, 198*a*. Voir aussi Lev. R. 10,5. – TY Ta'anit I, 1 ; TB Sanhédrine 98*a* ; Is. 60,22 ; Cant. R. 8 *in fine* ; Zohar, I, 117*b* ; 119*a* ; II, 10*a* ; 188-189 ; III, 66*b* ; 178*b* ; 252*a*. Tikounei HaZohar 21(55*a*) ; Zohar 'Hadache, A'hrei, 59. Tikounei Zohar 'Hadache 98*b*. Cha'arei Zohar, 101. Ramban, Exod. 12,42. Voir aussi Rabbi Moché 'Hayim Luzzatto, Ram'hal, *Pit'hei 'Ho'hma*, p. 8*a-b*.

338. Ps. 95,7 ; TB Sanhédrine 98*a*.

339. Cf. Gen. R. 33,4 ; Exod. R. 28,16. TB Chabbat 119*b*.

340. TB Chabbat 63*a* ; cf. TB : Chabbat 59*b* ; Moède Katane 16*b*. Voir aussi Zohar, II, 15*a* ; III, 15*a*. Sam. II, 23,3.

341. Rabbi Lévi Yits'hak de Berditchev, *Kedouchat Lévi*, VaYichla'h, p. 20*b*-21*a*.

342. Cf. TB Ta'anit 16*a* ; Rachi, Jonas 3,8.

343. Cf. TB Pessa'him 87*b*.

344. Cf. *Sefat Emet*, IV, p. 45, 47.

345. Cf. Is. 2,2-3 ; Michée 4, 1-2.

346. Avot V, 23.

347. Cf. Nu. R. 19,1 ; Eccl. R. 8,5 ; Tan'houma, 'Houkat, 8 ; Rachi, Nu. 19,2. TB Yoma 67*b* ; Cho'heir Tov, 9.

348. Voir *infra*, note 351.

349. Cf. TB : Pessa'him 54*a* ; 68*b* ; Avoda Zara 3*a*. Gen. R. 1,1-2. Cho'heir Tov, 90. Zohar, I, 5*a* ; 24*b* ; 47*a* ; 90*a* ; 134*b* ; II, 161*a* ; 200*a* ; III, 35*a* ; 69*b*.

Tikounei HaZohar, 4*b* ; 11*b* ; 28 (70*a*) ; 69 (98*b*) ; 70 (120*a*). Zohar 'Hadache : Bereichit 5*a* ; VaYeichev 29*b* ; A'hrei 49*a*. Cha'arei Zohar, 40, 41.
350. Nu. 19,2. Cf. *Kedouchat Lévi*, 'Houkat, p. 77*a*.
351. Cf. Gen. R. 1,5 ; 44,27 ; Zohar I, 131*b*.
352. Is. 55,9.
353. Cf. Deut. 32,7 et RACHI *ad loc.*
354. Cf. TB 'Haguiga 13*a* ; Gen. R. 8,2 ; Zohar, II, 270*b* ; Tikounei Zohar 'Hadache, 99.
355. Cf. Sifra et RACHI *ad* Lev. 20,26.
356. Cf. RAMBAM, *Hil'hot Me'ila* VIII, 8 *in fine* ; *Hil'hot Mikvaot* XI, 12 *in fine* ; *Moré Névou'him* I, 32 ; III, 25.
357. Voir *supra*, note 347.
358. Voir aussi Job 15,7-8.
359. Ps. 148,6.
360. Cf. TB : Chabbat 88*a* ; Avoda Zara 2*b*. Cant. R. 8,2. Zohar III, 125*a*. Mais voir aussi Tan'houma, Yitro, 13.
361. Cf. RAMBAM, *Hil'hot Yessodei HaTora* IX, 1 ; *Hil'hot Mela'him* XI, 3.
362. TB Bera'hot 7*a*. Cf. Zohar, II, 117*b* ; III, 168*a* ; 231*a* ; 276*a*. Tikounei HaZohar : 45 (83*a*) ; 56 (90*b*) ; 60 (93*b*). Voir aussi MAHARAL, *Nétsa'h Yisraël*, 19.
363. TB Mena'hot 29*b*. Cf. TB Bera'hot 61*b*. Zohar, I, 131*b* ; III, 27*b*. Zohar 'Hadache, Tissa 46*a* ; Tikounei Zohar 'Hadache, 99. Tikounei HaZohar 19 (39*b*, 40*b*). Voir aussi TY 'Haguiga II, 1.
364. Exod. R. 29,9 *in fine*.
365. RAMBAM, *Hil'hot Yessodei HaTora* I, 1.
366. Cf. TB Zeva'him 115*b* ; RACHI, Lev. 10,3.
367. Cf. Sifrei (Deut. 32,4) Ha'azinou, 307, p. 132*b*-133*a* ; TB Avoda Zara 18*a* ; Massé'het Sema'hot VIII ; Massé'het Déré'h Erets Zouta III. *Kouzari* III, 11.
368. Sifrei (Deut. 32,4) Ha'azinou, 307, p. 132*b*.
369. Cf. Gen. 1,31 ; Gen. R. 9.
370. Voir Jér. 13,17. TB 'Haguiga 5*b* et RACHI *ad loc.* Zohar, II, 17*b* ; III, 15*b*.
371. Cf. *Toldot Ya'akov Yossef*, VaYakhel ; *Maguid Devarav LeYa'akov* (Mezritch), 12, p. 25. *Biourei* HAGRA *ad* Tikounei HaZohar 48*b*.
372. Voir *supra*, notes 18, 90.
373. Cf. *Sefat Emet*, I, p. 211, 257 ; II, p. 7.
374. « Le matin, Dieu fera savoir qui est digne de Lui » (Nu. 16,5). « "Le matin" : Moïse leur dit : le Saint, béni soit-Il, a délimité dans Son monde les différents domaines. Pouvez-vous transformer le matin en soir ? Vous ne pourrez pas plus annuler cette (situation d'Aaron), car il est dit (Gen. 1,5-4) : "Il fut soir, il fut matin... et Dieu sépara (la lumière d'avec les ténèbres)." De même (Chron. I, 23,13) : "Aaron fut mis à part *pour* être consacré" » (Le commentaire de Rachi sur le Pentateuque, t. II, Paris, p. 63).
375. Cf. Pessikta DeRav Kahana, II, p. 463 ; voir *infra*, note 379. Cf. MAHARAL, *Nétsa'h Yisraël*, 62 ; 63. Voir Alexandre SAFRAN, *La Cabale*, p. 339*s*.

376. Cf. Esther 3,8. Tikounei Zohar 'Hadache, 139.
377. Is. 60,21.
378. Cf. Me'hilta (Exod. 18,13) Yitro, Massi'hta DeAmalek, 2, p. 67*b* ; TB Chabbat 10*a* ; 119*b*.
379. Gen. 2,3.
380. Cf. TB Pessa'him 88*a* ; voir *supra*, note 375.
381. Cf. Deut. 30,1-5.
382. Cf. Is. 35,10 ; TB Chabbat 88*a*. Voir MAHARAL, *Nétsa'h Yisraël*, 63.
383. Cf. Zohar I, 116-119. *Kitvei* RAMBAN, I, *Séfer HaGueoula*, p. 280. MAHARAL, *Tiféret Yisraël*, 52, p. 67. *Beit HaLévi*, II, p. 18.
384. Cf. Zohar II, 215*b*. Cf. TB Bera'hot 12*b* ; MAHARAL, *Tiféret Yisraël*, 52, p. 65-66 ; *Nétsa'h Yisraël*, Hakdama.
385. Cf. *Sefat Emet*, II, p. 5 ; III, p. 45 ; IV, p. 195. Cf. MAHARAL, *Nétsa'h Yisraël*, 53 ; 54 ; *Guevourot HaChème* 3 ; 18. RABBI 'HAYIM JOSSEF DAVID AZOULAÏ, HIDA, *Lé'hem Mine HaChamayim*, p. 76*b*.
386. Nu. 33,1 ; RAMBAN, SEFORNO et *Or Ha'Hayim ad loc*. Voir RAV KOUK, *Olat Reiyah*, I, p. 363.
387. Cf. Ez. 20, 35.
388. Cf. *Sefat Emet*, IV, p. 142, 197.
389. Gen. R. 44, 20-21. Voir RACHI, Sanhédrine 92*b*.
390. Exod. R. 15,18.
391. Michée 7,15 ; cf. Exod. R. 15,12.
392. TB Roche HaChana 11*b* ; cf. Exod. R. 15,12 ; Zohar, II, 120*a* ; III, 249*a*. Cf. MAHARAL, *Guevourot HaChème*, 35, p. 81.
393. Cf. TY Pessa'him X, 1 ; Gen. R. 88,4 ; Zohar, II, 25*a* ; III, 252*a*. RAMBAN, Gen. 28,12.
394. Me'hilta (Exod. 13,1) Bo, Massi'hta DePiss'ha, 16, p. 24*a*. Mais voir aussi Deut. 16,3 ; Michna Bera'hot I, 5 ; TB Bera'hot 12*b* ; RAMBAM, Michné Tora, Séfer Zemanim, *Nossa'h HaHagada* (après Hil'hot 'Hameits OuMatsa).
395. Cf. Me'hilta (Exod. 15,1) Bechala'h, Massi'hta DeChira, 1, p. 42*a* ; Exod. R. 23. Yalkout Chim'oni Ze'hariah 9, 577 ; Zohar I, 114*a* ; Zohar 'Hadache, A'hrei, 59 ; MAHARAL, *Nétsa'h Yisraël*, 46 ; 47 ; 63.
396. Cf. Osée 2,18 ; 3,5 ; Zohar, I, 225*a* ; III, 6*a* ; 52*a* ; 178*b* ; 239-240 ; 270*a*. MAHARAL, *Nétsa'h Yisraël*, 47.
397. Cf. Ez. 20,6-10 ; Exod. R. 17,3 ; RAMBAN, Exod. 2,25 ; 12,42. MAHARAL, *Nétsa'h Yisraël*, 13 ; 31 ; 42 ; *Guevourot HaChème*, 35, p. 81-82. *Sefat Emet*, III, p. 46. Mais voir aussi Exod. R. 1,16 ; Lev. R. 32,5 ; Nu. R. 13,17 ; 20,21 ; Cant. R. 4,24. Pessikta Zoutarta : Chemot 6,6 ; Bo 12,6. Pirkei DeRabbi Eliézer, 48 ; Tana Devei Eliyahou Rabba, 17 ; Tan'houma, Balak, 16 ; Cho'heir Tov, 114 ; Yalkout Chim'oni : Emor 24,657 ; Balak 23,768. Zohar II, 7*a*.
398. Cf. Deut. 16,3 ; Exod. 12,11. Me'hilta (Exod. 12,11), Bo, Massi'hta DePiss'ha, 7, p. 10*a* ; TB Bera'hot 9*a* ; Zohar II, 4*b* ; 94*b*. MAHARAL, *Nétsa'h Yisraël*, 47 ; *Guevourot HaChème*, 36, p. 83.
399. Cf. Yalkout Chim'oni, Ze'hariah 9,577. MAHARAL, *Nétsa'h Yisraël*, 31 ; 62.

400. Même lorsque Dieu « envoie devant » Israël « Moïse, Aaron et Miriam » (Il les donne à Israël pour guides), c'est Lui-même qui « fait monter Israël du pays d'Égypte et le délivre de la maison d'esclavage » (cf. Michée 6,4). En effet, la Tora dit clairement que « l'Éternel nous fit sortir d'Égypte » (Deut. 6,21 ; 26,8). La Hagada de Pessa'h insiste sur le fait que « l'Éternel nous fit sortir d'Égypte, – non par l'intervention d'un ange, ni par celle de tout autre médiateur ; mais le Saint, béni soit-Il, dans toute Sa gloire, nous a délivrés Lui-même ». Voir MAHARAL, *Nétsa'h Yisraël*, 13 ; CHELAH, *Siddour Cha'ar HaChamayim*, p. 517-518. Mais voir aussi Exod. R. 1,22,25 ; 32,3.

401. Voir aussi Ps. 147,2.

402. Cf. MAHARAL, *Nétsa'h Yisraël*, 1 ; *Kedouchat Lévi*, VaYigache, p. 25*b*.

403. Cf. MAHARAL, *Nétsa'h Yisraël*, 13 ; 31 ; *Hagada Chem MiChemouël*, p. 86.

404. Cf. TY Bera'hot II, 4. Voir aussi Gen. R. 5,2 ; Is. 66,7. Cf. *Kitvei* RAMBAN, I, *Vikoua'h*, p. 306. Peti'hta, Esther R. *in fine*.

405. Cf. Exod. R. 1,31. MAHARAL, *Nétsa'h Yisraël*, 26 ; 28 ; *Guevourot HaChème*, 18, p. 51-52.

406. Cf. *Mei Meirom*, VI, p. 242.

407. Cf. *Sefat Emet*, II, p. 24 ; V, p. 5. Voir TB Pessa'him 118*b*.

408. Cf. *Kedouchat Lévi*, Bo, p. 36*b*.

409. Cf. 'HATAM SOFER, *Hagada Chel Pessa'h*, p. 120.

410. Gen. 47,4.

411. Voir *Keli Yakar*, Lev. 18,3.

412. Cf. Exod. 12,49 *et al.*

413. Cf. Ps. 137,5.

414. Cf. *Avnei Neizer*, p. 21 ; *Chem MiChemouël*, Hagada, p. 41.

415. Cf. Pessikta DeRav Kahana, I, 21, p. 328. Voir aussi *Moré Nevou'him* III, 47 ; *Séfer Ha'Hinou'h*, Mitsva 184. Voir aussi *El HaTsipor* de 'Hayim Na'hman BIALIK (Kol Kitvei 'H. N. Bialik, Tel-Aviv, 5709 (1949), p. 1).

416. Cf. CHELAH, III, p. 24*a* ; *Toldot Ya'akov Yossef*, Noa'h ; *B'nei Issas'har* I, p. 111*a* ; *Sefat Emet* V, p. 5 ; *Chem MiChemouël*, Devarim p. 34.

417. Cf. *Sefat Emet*, II, p. 25.

418. Cf. TB Chabbat 146*a* ; Zohar III, 14*b* ; Lev. R. 18,4 ; Eccl. R. 8,3 ; Pessikta Rabbati 7,7 ; 26,6. IBN EZRA, Exod. 3,11. CHELAH, III, p. 72, 73, 75. RAV KOUK, *Orot HaKodèche* II, p. 367. *Tora Or*, p. 49*a* ; MAHARAL, *Guevourot HaChème*, 9, p. 33.

419. *Neot HaDéché*, p. 193 ; *Sefat Emet*, I, p. 56.

420. Cf. TB Kidouchine 22*b* ; voir aussi TY Roche HaChana III, 5 ; MAHARAL, *Guevourot HaChème*, 9, p. 33 ; *Sefat Emet*, II, p. 25 ; III, p. 190, 196 ; *Méché'h Ho'hma*, p. 59. – Voir aussi Me'hilta (Exod. 19,1) Yitro, Massi'hta DeAmalek, 2, p. 69*b* ; Avot III, 5.

421. Ps. 105,45.

422. Cf. RAMBAM, *Hil'hot Mela'him* XI ; *Iguéret Teimane*, p. 181.

423. Cf. MAHARAL, *Nétsa'h Yisraël*, 26 ; *Guevourot HaChème*, 4 ; 5 ; 18, p. 51. *Sefat Emet*, V, p. 5. *Chem MiChemouël*, BaMidbar, p. 335 ; RABBI

II. L'EXIL ET LA RÉDEMPTION

Yehouda Halévi Achlag, *Matane Tora*, p. 147-148. Voir Michna Pessa'him X, 4.

424. Cf. Gen. 1,2-3 ; TB Chabbat 77*a* et Maharcha *ad loc*. Lev. R. 31,7. Ramban, *ad* Gen. 2,3 *in fine* ; *Kitvei Ramban*, I, *Torat HaChème Temima*, p. 169. Rabbi Samson Raphaël Hirsch, Gen. 1,4, I, p. 9.

425. Cf. Michna Bera'hot I, 5. TB Pessa'him 2*b*. Gen. R. 1,8 ; 2,5 ; 91,13. Cant. R. 3. Pessikta Zoutarta, VaYichla'h 32,25. Maharal, *Guevourot HaChème*, 8, p. 32. Voir TB Sanhédrine 24*a*. Voir Sam. II, 23,4 ; Zach. 14,7. Voir aussi Zohar III, 238*b*. Cf. *Biour* Hagra, *ad* Zohar II, 119*b*.

426. Cf. Zohar II, 7*b*.

427. Cf. Me'hilta (Exod. 19,1) Yitro, Massi'hta DeAmalek, 2, p. 69*b* ; Exod. R. 15,10 ; 45,2. 'Hatam Sofer, *Derachot*, p. 315.

428. Gen. 12,10 ; 13,1.

429. Cf. Chelah, III, p. 24*b*.

430. Cf. *Biour* Hagra, *ad* Zohar II, 119*b*.

431. Jér. 30,7 ; cf. Deut. R. 2,6 ; Ez. 29,20-21. Zohar III, 212*b*. Ramban, *Iguéret Teimane*, p. 176. Rabbi Yehonathan Eybeschütz, *Tiféret Yehonathan*, VaEira. *Sefat Emet*, V, p. 34.

432. Esther 9,1. Voir Seforno, *ad* Gen. 41,14.

433. Cf. TY Ta'anit II, 5 ; Exod. 14,13.

434. Cf. Ps. 113,7.

435. « Car notre âme est abaissée dans la poussière, notre corps est couché de son long sur le sol. Lève-Toi pour nous venir en aide, délivre-nous par un effet de Ta volonté ! » (Ps. 44,26-27). Voir TB Roche HaChana 31*b* ; Is. 52,2. Voir aussi Rambam, *Iguéret Teimane*, p. 158-159.

436. Cf. Pessikta Rabbati, 15 ; Tan'houma, Chemot, 6. *Sefat Emet*, I, p. 210.

437. Voir Rambam, *Hil'hot Mela'him* XI ; *Iguéret Teimane*, p. 177-182.

438. Cf. Rambam, *Hil'hot Mela'him* XII, 2. Ramban, *Sefer HaGueoula* (*Kitvei Ramban*, I), p. 279-280 ; Maharal, *Nétsa'h Yisraël*, 24 ; 44 ; 45. – Voir aussi TB : Pessa'him 54*b* ; Sanhédrine 99*a*, Eccl. R. 12,10. Rambam, *Iguéret Teimane*, p. 152-155, 172.

439. Voir Rabbi Mena'hem M. Kasher, *HaTekoufa HaGuedola*, Jérusalem, 5729 (1969) ; *idem*, *Mil'hémet Yom HaKippourim*, Jérusalem, 5734 (1974). Rabbi Tsevi Yehouda Kouk, *LiNetivot Yisraël*, Jérusalem, 5727 (1967). Rabbi Chelomo Goren, *Torat HaMoadim*, Tel-Aviv, 5724 (1964). Voir Rabbi Yoël Teitelbaum, de Satmar, *VaYoël Moché*, New York, s.d. ; *idem*, *Kounterass Al HaGueoula VeAl HaTemoura*, New York, 5727 (1967). Voir aussi, A. Neher, *L'Existence juive*, Paris, 1962 ; A.J. Heschel, *Yisraël, Hové VeNétsa'h*, Jérusalem, 5733 ; R.J.D. Soloveichik, *Hamèche Derachot*, Jérusalem, 5734 ; *idem*, *Bessod HaYa'hid, VeHaYa'had*, réd. P. Péli, Jérusalem, 5736. *Voir aussi* G. Scholem, *Devarim Bego*, Jérusalem, 5736 (1975) ; Yechayahou Leibovitz, *Yahadout, Am* Yehoudi OuMedinat Yisraël, Tel-Aviv, 5736 (1975).

440. Cf. TB Sanhédrine 98-99 ; Deut. R. 2,6. Voir TB Bera'hot 6*b*. *Siddour HaGueonim VeHaMekoubalim*, III, p. 714. *Neot HaDéché*, p. 139.

441. Cf. Gen. R. 85,2.

442. Cf. Gen. R. 56,13 ; Nu. R. 11,1 ; Cant. R. 1,21. *Kouzari* IV, 23 ; ABRABANEL I, Gen. 15,12, p. 214. MAHARAL, *Nétsa'h Yisraël*, 1 ; *Déré'h 'Hayim*, Avot V, 5, p. 172 ; *Derachot*, Hespède, p. 12-13. CHELAH, III, p. 161-162. RABBI ELIYAHOU, LE GAON DE VILNA, *Adéret Eliyahou*, p. 394. *Kedouchat Lévi*, p. 59*b*. *Sefat Emet*, I, p. 134, 199, 257. RAV KOUK, *Orot HaKodèche*, II, p. 479.

443. Cf. Nu. R. 7,10. RAMBAM, *Hil'hot Techouva* VII, 5 ; *Hil'hot Mela'him* XI, 1. RAMBAN, *ad* Lev. 26,16 ; Deut. 30,6, *Mi'htav MeEliyahou*, II, p. 50. Voir aussi TB Chabbat 104*a* ; Cant. R. 5,3 ; Pessikta Rabbati 15,6. Voir Deut. 30,1-5.

444. Cf. Hab. 2,3 ; *Kouzari* III, 11-12 ; RAMBAM, *Hil'hot Mela'him* XII, 2 ; *Iguéret Teimane*, p. 169. RAV KOUK, *Orot*, p. 9.

445. Cf. Nu. R. 13,3.

446. Cf. RAMBAM, *Hil'hot Techouva* IX, 2 ; *Hil'hot Mela'him* XII, 4.

447. Cf. *Sefat Emet*, I, p. 200.

448. Michée 7,8.

449. Cho'heir Tov, 22.

450. Cf. Exod. R. 15,17.

451. Cf. TY Yoma III, 2 ; Zohar I, 170*a* ; Tan'houma, Devarim, 1.

452. Cf. *Sefat Emet*, I, p. 7.

453. *Mei Meirom*, VI, p. 52 ; voir *ibidem*, p. 60, 242.

454. Cf. MAHARAL, *Nétsa'h Yisraël*, 1 ; *Kedouchat Lévi*, p. 25*b*.

455. Voir Gen. R. 78,1. Cf. RAMBAN, *Séfer HaGueoula* (*Kitvei Ramban*, I), p. 280 ; MAHARAL, *Nétsa'h Yisraël*, 1.

456. Cf. TB Makot 24*b*.

457. Cf. Lev. R. 35, 1.

458. Cf. Zohar III, 143*b* ; Zohar 'Hadache, 59*b*.

459. Ps. 98,3.

460. Prov. 29,4.

461. RACHI, Gen. 1,1.

462. Voir Gen. R. 8,4 ; 12,15 ; 14,1. Zohar, I, 2*b* ; 58*b* ; 114*b* ; 180*b* ; 230*b* ; II, 113*b* ; 212*b* ; III, 32*a* ; 38*a*. Tikounei HaZohar, 16*a*. Zohar 'Hadache : Chir HaChirim, 63 ; Ruth, 88. RABBI 'HAYIM YOSSEF DAVID AZOULAÏ, 'HIDA, *Midbar Kedémot*, p. 31. Is. 11,5.

463. Rituel de prières pour les fêtes de Roche HaChana et de Yom Kippour.

464. Cf. *Mei Meirom*, VI, p. 158.

465. Cf. Gen. R. 85,2 ; Exod. R. 45,2. *Sefat Emet*, II, p. 7. Is. 66,7. Pessikta Zoutarta, Chemot 3,1. TB Meguila 13*b*. Cant. R. 4,12.

466. Cf. Deut. R. 2,14. Voir TY Ta'anit I, 1.

467. Cf. *Kedouchat Lévi*, Pekoudei, p. 59*b*.

468. Voir RAMBAN, Exod. 2,25.

469. Zohar III, 143*b*.

470. RABBI 'HAYIM VITAL, *Peri Eits 'Hayim*, Cha'ar HaChofar, 1, p. 23. Voir *Toldot Ya'akov Yossef*, Noa'h ; *Noam Eliméle'h*, VaYigache.

471. *Toldot Ya'akov Yossef*, VaYakhel ; voir aussi *ibidem*, Bereichit.

472. HAGRA, *Sefer HaEmouna VeHaHachga'ha*, p. 12*b*-13*a*.

473. *Toldot Ya'akov Yossef*, Bereichit.

474. Cf. Amos 5,4,6.
475. Tikounei HaZohar, Tikoune 26.
476. Cf. RABBI AVRAHAM DE SLONIM, *Beit Avraham*, p. 91, 94.
477. *Sefat Emet*, II, p. 3, 25.
478. *Sefat Emet*, II, p. 7.
479. *Sefat Emet*, I, p. 211, 257.
480. Cf. *Sefat Emet*, II, p. 3, 25, 27.
481. Cf. *Sefat Emet*, II, p. 23.
482. RAV KOUK, *Olat Reiyah*, I, p. 307-308.
483. Cf. Gen. 1,31 ; Gen. R. 9,8-12 ; voir aussi Exod. R. 31. Zohar, I, 14*a* ; 47*a* ; 144*b* ; II, 68*b* ; 149*b* ; 163*a* ; 249*a* ; 264*b* ; III, 63*a* ; 185*a*. Tikounei HaZohar 21 (49*a*). Cha'arei Zohar, 128. Voir aussi Michna Bera'hot I, 5.
484. Is. 40,5 ; voir aussi Is. 52,8 ; mais voir aussi Nu. 14,14. Cf. MAHARAL, *Guevourot HaChème*, 47, p. 116-117. Voir aussi Zohar, I, 216*a*.
485. Cf. Exod. 33,20 ; TB Meguila 19*b* et MAHARCHA *ad loc*. Voir TB Yevamot 49*b*.
486. Cf. Ps. 31,20.
487. Cf. Yalkout Chim'oni, Hochéa 14. Cf. *Sefat Emet*, I, p. 134, 199.
488. Cf. Nu. R. 13,3 ; 10,5. Voir RAMBAN, Deut. 32,40 ; RACHI, Deut. 32,43.
489. Cf. RAMBAM, *Hil'hot Techouva* VIII, 1 ; RAMBAN, *Séfer HaGueoula* (Kitvei Ramban, I), p. 279-280.
490. Ps. 118, 21.
491. Ps. 12,1 ; cf. TB Nida 31*a* ; Cho'heir Tov, 118, 19.
492. *Avnei Neizer*, p. 113.
493. TB Pessa'him 50*a*.
494. Cf. RACHI, Exod. 6,2 ; Lev. 18,5 ; 19,16 *et al.*
495. Cf. Gen. R. 78,1.
496. *Sefat Emet*, I, p. 267.
497. Cf. RABBI YEHOCHOUA D'OSTROVA, *Toldot Adam*, Chabbat HaGadol.
498. Voir *Sefat Emet*, I, p. 266.
499. Cf. RAMBAN, Deut. 30,6.
500. Cf. MAHARAL, *Nétsa'h Yisraël*, 1 ; *Guevourot HaChème*, 23, p. 63.

III. Jérusalem, « cœur d'Israël, cœur du monde »

1. C'est sur l'*éven chetiya*, la « pierre fondamentale », que *chat Ya*, « Dieu posa » l'univers. Cf. Michna Yoma, V, 2 ; Tossefta Yoma, II ; TB Yoma 54*b*. Zohar, I, 71*b*-72*a* ; 78*a* ; 231*a* ; II, 157*a-b* ; 222*a*. Tikounei HaZohar, 18 (36*b*) ; 69 (110*a*) ; 70 (126*b*). Zohar 'Hadache, Bereichit, 2,4 ; Vayétsé, 28*a*. Cant. R. 3,18. Tan'houma : Kedochim 10 ; A'hrei 3. Yalkout Chim'oni, Vayétsé, 28,120. RAMBAN, *ad* Gen. 1,1. – Jérusalem « est l'endroit qui renferme l'essence du monde : le monde entier y est contenu ». « C'est le lieu par excellence, car la vie du monde y commence : ses potentialités s'y déploient, ses climats et ses espèces de tout ordre s'y manifestent. » « Ce lieu est donc la racine de tous les lieux. » « *Erets-Yisraël* – le Pays d'Israël – est l'âme de l'uni-

vers, Jérusalem en est l'esprit. » Cf. TB Ta'anit 10*a*. Zohar, II, 23*b*. Ramban, *Peirouchei HaTora, Hakdamat HaRamban*, éd. Chavel, vol. I, p. 6 ; *Kitvei Ramban*, éd. Chavel, vol. II, Chir HaChirim, 8, p. 518. *Che'eilot OuTechouvot HaRadbaz*, I, n° 591, p. 18 ; n° 539, p. 9. Maharal, *Gour Arié*, *ad* Gen. 2,7 ; *idem, Peirouchei Maharal LeAgadot HaChass*, IV, *ad* TB Ketouvot, 110-111 ; *idem, Nétsa'h Yisraël*, 8 ; *idem, Netivot Olam*, I, *Netiv HaTora*, 10, p. 18*b*. Rabbi Moché Alchéi'h, *Torat Moché*, Vayétsé, *ad* Gen. 28,13. Rabbi Chelomo Efraïm Lunschitz, *Keli Yakar*, Vayétsé, *ad* Gen. 28,13. Rabbi Dov Baer de Mezritch, Maguid Devarav LeYa'akov, 15, p. 29, et 20, p. 32-33. Rabbi Eliyahou, le Gaon de Vilna, *Biourei Hagra Al Agadot*, II, p. 36*a-b* ; *idem, Divrei Eliyahou*, p. 49. Rabbi 'Hayim de Volojine, *Néfèche Ha'Hayim*, 1, 4-5. Rabbi Yehouda Arié Leib de Gour, *Sefat Emet*, I, p. 229. Rabbi Avraham de Slonim, *Yessod HaAvoda*, II, p. 83.

2. Jérusalem est *Cha'ar HaChamayim*, « la porte des cieux ». Par cette porte montent les prières venues de toutes les parties du monde. Cf. Gen. R. 69,5-6 et Rachi, *ad* Gen. 28,17. Cf. TB Pessa'him, 88*a*. Zohar, II, 69*b*. Cho'heir Tov, 81. Likoutim MeRav Haï Gaon, 9*b*, cité in *Siddour HaGueonim VeHaMekoubalim*, I, p. 10-11. Rabbi Yehouda HaLévi, *Kouzari*, II, 23. Ramban, *Tefila Al'Horvot Yerouchalayim* (*Kitvei Ramban*, I, p. 424). Rabbi Eliyahou, le Gaon de Vilna, cité in *HaGaon Hé'Hassid MeVilna*, de R. Betsalel Landau, p. 241. Voir *infra*, notes 9, 33.

3. Cf. TB Roche HaChana, 23*b* et Tossafot *ad loc*. TB Sanhédrine 37*a* et Rachi *ad loc*. Rachi *ad* TB Sota 48*b*. Zohar, I, 226*b*. Zohar 'Hadache Bereichit, 2 ; 9.

4. *Kav emtsaï*, « la ligne médiane », « est le verrou intérieur, spirituel, qui contient tout, qui lie toutes les parties du monde entre elles et les relie à leur point d'origine ». Aussi, « par cette ligne, Dieu fait-Il descendre Sa grâce et la répand-Il dans le monde ». Cf. Recanati, Bereichit, p. 8*a* ; Vayétsé, p. 28 et 29*a*. Chelah, *Siddour Cha'ar HaChamayim*, p. 192, 478. Rabbi Eliyahou, le Gaon de Vilna, *Siddour Icheï Yisraël*, p. 332. Rabbi Chemouël Chmelke de Nikolsburg, *Divrei Chemouël*, p. 94, 119. Rabbi Avraham de Sohatchov, *Neot HaDéché*, p. 106, 136-137, 141. Cf. aussi, Séfer HaZohar, Im Peirouchei HaSoulam, IV, Yitro, p. 140 (545). Voir aussi Hagra, *Séfer HaEmouna VeHaHachga'ha*, p. 10*b*.

5. « La Jérusalem d'en haut correspond à la Jérusalem d'en bas ; la Jérusalem d'en bas correspond à la Jérusalem d'en haut » : il y a une relation, et même une interdépendance, entre la Jérusalem céleste et la Jérusalem terrestre. C'est grâce à cette relation qu'elles sont à même d'accomplir leur fonction commune, créatrice et salvatrice, constructive et eschatologique. Cf. Me'hilta, *ad* Exod. 15,17, Bechala'h, Massi'hta DeChira, 10, p. 51*b*-52*a*. TY Bera'hot, IV, 5. TB Ta'anit 5*a*. Gen. R. 55,9 ; 69,6. Exod. R. 33,4. Cant. R. 4,11. Midrache Tan'houma : Michpatim 18 ; VaYakhel, 7 ; Pekoudei, 1-3. Cho'heir Tov, 30. Avot DeRabbi Nathan, 26,2. Zohar, I, 2*a* ; 80*b* ; 128*b* ; 159*a* ; 183*b* ; II, 5*a* ; 108*a*. Zohar 'Hadache, Terouma, 42. Rachi, *ad* Gen. 28,17. et *ad* Exod. 23,20. Ramban, *ad* Gen. 14,18. Rabbi Yitshak Aizik de Sovalk, dans son

commentaire *Be'eir Yitshak*, sur *Adéret Eliyahou*, de Rabbi Eliyahou, le Gaon de Vilna, p. 371, 373. Voir *infra*, note 42.

6. *Melo Kol HaArets Kevodo*. « "Toute la terre est pleine de Sa gloire" (Is. 6,3) : celle-ci s'y manifeste par Ses actions. Cependant, Dieu révèle Sa *Che'hina* – Sa présence – à un endroit particulier : *Barou'h Kevod HaChème MiMkomo* : "Bénie soit la Gloire de l'Éternel (qui vient) de Son lieu" (Éz. 3, 12). » (Maharcha, *ad* TB 'Haguiga, 13*b*). « Voici, il est un lieu avec Moi ! » : *Makom Iti* (Exod. 33,21). Il porte ce lieu de Sa Révélation partout dans le monde, car « c'est Lui qui est le Lieu du monde... » (Gen. R. 60,10). « Il n'y a pas de lieu qui soit vide de Lui. » Aucun lieu n'est vide de Lui, de Sa présence. Cf. Alchéï'h, Ki Tissa, *ad* Exod. 34,22. Rabbi Eliyahou, le Gaon de Vilna, *Biourei Hagra Al Agadot*, I, p. 13. Rabbi 'Hayim, *Be'eir Hayim 'Hayim*, *ad* Gen. 42, 7-12. Yossef Dan, *Iyounim BeSifrout 'Hassidout Achkenaz*, Massada, Ramat-Gan, 1975, p. 83. Mais voir aussi TB Bava Batra, 25*a*. Voir *infra*, notes 22 et 29.

7. Cf. Gen. R. 68,10. Cant R. 3,9. Pessikta DeRav Kahana, Pisska VaYehi BeYom Kalot Moché (Nu. 7,1). Philon d'Alexandrie, *Confus.*, 136.

8. « Crie et chante de joie, toi qui habites en Sion, car Il s'est montré grand en toi, le Saint d'Israël ! » (Is 12,6). Cf. Rabbi Eliyahou, le Gaon de Vilna, *Siddour Icheï Yisraël*, p. 332.

9. « Porte des cieux » (voir *supra*, note 2), Jérusalem est le lieu qui relie la terre aux cieux (cf. Rabbi Eliyahou, le Gaon de Vilna, *Séfer HaEmouna VeHaHachga'ha*, p. 10*b*. Hagra, *ad* Is. 8,11. *Be'eir Mayim 'Hayim*, *ad* Gen. 28,17. *Sefat Emet*, III, p. 198, 200. *Avnei Neizer* p. 113). Jérusalem est le lieu que Jacob vit dans le songe (Gen. 28,12-17) où il reçut la « bonne nouvelle » concernant la Terre qui lui était promise à lui et à ses enfants. L'échelle que Jacob vit dans son rêve « surplombait l'emplacement du *Beit HaMikdache* », du futur Sanctuaire de Jérusalem (Rachi, *ad* Gen. 28,17 ; Gen. R. 69,5). Cette échelle relie donc le ciel à la terre, elle en joint les deux extrémités et en fait sur terre un tout (cf. Zohar, I, 149*a* ; Keli Yakar, *ad* Gen. 28,12).

10. Cf. TB Bava Batra 74*a*. Cf. Be'eir Mayim 'Hayim, *ad* Gen. 1,1 (V) ; voir Rabbi Ya'akov Moché Harlap, *Mei Meirom, Missaviv LiChmona Perakim LeHaRambam*, p. 218. Voir aussi Targoum et Rachi, *ad* Thr. 2,1 ; mais voir aussi Is. 66,1 et TB Sanhédrine 7*a*.

11. Cf. Gen. R. 3,12 ; *ibid.* 4. Midrache Tan'houma, BeHoukotaï, 3. Zohar, I, 57*b* ; 61*a* ; II, 32*b* ; 65*b* ; III, 44*a*. Maharal, *Déré'h 'Hayim*, Avot V, 1, p. 166 ; Avot III, 6, p. 95. Chelah, I, p. 3*a*. *Or Ha'Hayim*, *ad* Gen. 1,1 (22). Rabbi 'Hayim de Volojine, *Néféche Ha'Hayim*, 1,3-4. Rav Kouk, *Orot*, p. 169 ; *Orot HaKodèche*, II, p. 427-429, 433-434, 444 ; *Olat Reiyah*, I, p. 13. Au Sanctuaire de Jérusalem, le Père céleste, « Dieu, désire coopérer » avec l'homme, et le travail que l'homme effectue à Jérusalem doit être un « travail céleste » (cf. Tossafot, ad TB Batra 21*a*). Voir également Esther Starobinski-Safran, « *De Fuga et Inventione* de Philon d'Alexandrie », éditions du Cerf, Paris, 1970, p. 307-308.

12. Cf. TB : Yevamot 61*a* ; Bava Metsia 114*b*. Zohar, I, 20*b* ; II, 25*a-b* ; 86*a* ; III, 238*b*. Hakdamat Tikouneï HaZohar, 6*a*. Zohar 'Hadache, Yitro,

37a. Mais voir aussi Zohar III, 173b ; Tossafot *ad* TB : Yevamot 61a ; Avoda Zara 3a ; Bava Kama 38a ; Sanhédrine 59a. TY Chekalim, I, 4. Cf. aussi Gen. R. 68,18. Zohar, I, 24a ; 72a ; 97a ; II, 241-242. Tikounei HaZohar, 22 (65b). Zohar 'Hadache, Bereichit, 14. *Cha'arei Zohar*, p. 89. RAMBAN, *ad* Gen. 33,20. Pirkei DeRabbi Éliézer, 35. *Kouzari*, I, 95, 103 ; II, 44 ; III, 73. RECANATI, Bereichit, p. 9a et 10a. CHELAH, I, p. 21a. RAV KOUK, *Orot*, p. 170 ; *Orot HaKodèche*, III, p. 43, 68, 435, 444-445. Avraham KARIV, *Kitvei Maharal MiPrague* (Jérusalem, 5720, 1960), I, p. 35, 37, 42. *Peirouchei Maharal MiPrague LeAgadot HaChass*, IV, ad TB Ketouvot 66b, p. 68.

13. Cf. Zohar, I, 2 ; 231a ; 157a ; 222a. Voir aussi RAMBAN, *ad* Gen. 1,1.

14. Cf. RAMBAN *ad* Gen. 14,18.

15. Cf. *Kouzari*, IV, 11.

16. Cf. IBN EZRA, *ad* Gen. 2,12. Voir aussi *Keli Yakar, ad* Gen. 3,23 ; M. D. CASSUTO, *Me Adam Ad Noa'h*, p. 101-103 ; RABBI YAAKOV MOCHÉ HARLAP, *Mei Meirom*, V, *ad* Gen. 2,15, p. 11-12. Mais voir aussi *Kouzari*, II, 20. Cf. TB Sanhédrine 38b ; Pirkei DeRabbi Éliézer, 20.

17. « ... Et ils entendirent la voix de l'Éternel-Dieu, parcourant le jardin, au vent du jour. L'homme et sa compagne se cachèrent de la face de l'Éternel-Dieu, parmi les arbres du jardin. Et l'Éternel-Dieu appela l'homme et lui dit : "Où es-tu ? – Ayéka ?" Il répondit : "J'ai entendu Ta voix dans le jardin, j'ai eu peur parce que je suis nu, et je me suis caché" » (Gen. 3,8-10). Voir p. 226.

18. Les sacrifices et la prière s'appellent *min'ha*. Ils constituent une « offrande ». Cf. RAMBAN, *ad* Nu. 16,15 ; NATSIV, *Ha'amek Davar*, I, *ad* Gen. 4,3-5. Cf. aussi TB Houline 60a ; Zohar, II, 34a ; RAMBAN, *ad* Gen. 4,3.

19. Israël s'appelle « Homme ». Cf. TB Yevamot 61a ; TB Bava Metsia 114b ; *Kouzari*, II, 14. Voir *supra*, note 12.

20. « Dans l'avenir, Jérusalem sera la métropole de tous les pays » (Exod. R., 23,11 ; Cant. R. 1,37. Cf. aussi Avot DeRabbi Nathan, 38 ; Zohar, II, 220a.

21. Cf. Gen. R. 47,8. Voir RABBI CHNEIOUR ZALMAN DE LIADY, *Tanya, Likoutei Amarim*, 23, p. 28b.

22. Is. 6,3. Cf. Gen. R. 4,3 ; Exod. R. 2,9 ; Zohar III, 225a ; Tikounei HaZohar, 57 ; RABBI NA'HMAN DE BRATSLAV, *Likoutei Moharan*, I, 33, p. 46b. Cf. PHILON, *Confus*. 136 ; Somn., II, 211. Voir *supra*, note 6.

23. Cf. Zohar, I, 80a ; 147b.

24. « L'Éternel-Dieu façonna l'homme de la poussière de la Terre » (Gen. 2,7). « Dieu a ramassé la poussière de toute la terre, aux quatre points cardinaux. En tout lieu où l'homme vient à mourir, la terre accepte d'être sa tombe. Autre explication : c'était de la poussière prise du lieu dont il est dit : "Tu me feras un autel de terre" (Exod. 20,24). Dieu s'est dit : Puisse-t-elle lui être expiation, et il pourra subsister » (RACHI *ad loc*. ; cf. TB Sanhédrine 38a. TY Nazir, VII, 2. Gen. R. 14,9. Tan'houma, Pekoudei, 3. Zohar, I, 34b ; 80a ; 130b ; 205b ; II, 23b ; 24b ; III, 46b ; 83a ; 161b. Zohar 'Hadache, Yitro, 31. Tikounei Zohar 'Hadache, 98a. *Kouzari*, II, 14. RAMBAN, *Torat HaAdam, Cha'ar HaGuemoul* (*Kitvei Ramban*, II, p. 296). MAHARAL, *Peirouchei Maharal MiPrague LeAgadot HaChass*, IV, p. 93 ; *idem*, GOUR ARIÉ, *ad* Gen. 2,7.

25. Du haut de la Montagne de Moria, sort dans le monde le grand Enseignement divin sur l'homme ; du haut de cette Montagne, se fait entendre pour Israël la Tora. Sur place, *Moria* personnifie *Yerouchalayim* (cf. RACHI, *ad* Gen. 22,2) ; à distance, Moria personnifie le Sinaï (cf. Tossafot, *ad* TB Ta'anit 16*a*). C'est pourquoi, partout dans le monde, Tsione est avec les Sages de la Tora (cf. TB Sota 49*a* et MAHARCHA *ad loc.*). C'est pourquoi « de Sion sort la Tora et de Jérusalem la Parole de Dieu » (Is. 2,3). – Voir TY Bera'hot IV, 5. TB : Bera'hot 8*a* ; Ta'anit 16*a* ; Bava Batra 21*a* ; Makot, 10*a*. Sifrei, Deut. 17,8. Gen. R. 55,9. Yalkout Chim'oni. VaYe'hi, (49,9), 160. Yalkout Reouvéni, Bera'ha. Zohar, I, 15*a* ; 151*a* ; III, 20*a*. Zohar 'Hadache, 'Houkkat, 50*a*. RACHI et RAMBAN, *ad* Gen. 22,2. *Séfer Ha'Hinou'h, Mitsva* 360, p. 210. CHELAH, I, p. 26*b* s., *Derouche Har HaMoria*. Cf. RABBI ELIYAHOU, LE GAON DE VILNA, *'Hidouchei OuBiourei Hagra*, *ad* Avot V, 22, p. 132 ; *idem*, *Biourei Hagra Al Agadot*, I, p. 83, 85, 90, 113 : la Tora vient de Tsione et la Parole de Dieu (à la fois dans la générosité de la Prophétie et dans la précision de la Loi) de *Yerouchalayim* (mais voir aussi *idem, Biourei Hagra Al Agadot*, II, p. 64). Voir RABBI YEHOUDA HALÉVI, *Kouzari*, III, 39 ; RAMBAM, *Moré Nevou'him*, III, 45 ; RABBI YEHOUDA ARIÉ LEIB DE GOUR, *Sefat Emet*, IV, p. 85 ; RABBI AVRAHAM DE SLONIM, *Be'eir Avraham*, p. 33 ; RABBI MEÏR SIM'HA KOHEN DE DVINSK, *Méché'h 'Ho'hma*, p. 20, 321.

26. Cf. MAHARAL, *Nétsa'h Yisraël*, 5.

27. « Si tu viens à Ma maison, Je viendrai à ta maison ; si tu ne viens pas à Ma maison, Je ne viendrai pas à ta maison, car il est dit (Exod. 20,21) : "En quelque lieu que je fasse invoquer Mon nom, Je viendrai à toi pour te bénir" » (TB Souka 53*a* ; voir Tossafot *ad loc.*). Voir aussi RACHI et Tossafot, *ad* TB Sota 38*a* ; RAMBAN *ad* Exod. 20,24. Cf. RABBI ELIYAHOU, LE GAON DE VILNA, *Adéret Eliyahou*, p. 56 ; *idem, Biourei Hagra Al Agadot*, I, p. 12 ; *idem Siddour Icheï Yisraël*, p. 333-334. Cf. RABBI AVRAHAM DE SLONIM, *Be'eir Avraham*, p. 189. Voir *supra*, page 189.

28. Dieu est partout. Cf. Sifrei, *ad* Deut. 11,12, Eikev, 40, p. 786 ; Pessikta DeRav Kahana, Ki Tissa ; Exod. R. 34,1 ; Nu. R. 12,4.

29. « Dieu est appelé "le Lieu du monde" (Gen. R. 68,10), car "Il crée tous les lieux et leur assure leur existence dans le monde" », dit le Maharal, *Mekomo chel olam*, « le Lieu du monde » vient vers l'homme (voir *supra*, note 17) que les paroles divines interpellent ainsi : *MeEizé Makom Ata ?* « De quel lieu viens-tu ? » Quelle est ta relation avec Celui qui est le Lieu du monde ? Quel est pour toi le lieu le plus important ? Veux-tu trouver auprès de Lui ta place ? Cf. RABBI YA'AKOV MOCHÉ HARLAP, *Mei Meirom*, II, *ad* Avot, VI, 9, p. 249 ; cf. aussi *idem, Mei Meirom*, V, *ad* Gen. 28,11, p. 83. Voir également Tikounei HaZohar 26 (71*b*).

30. *HaMakom achère yiv'har HaChème...* « C'est ici, au lieu choisi par l'Éternel, votre Dieu, pour y asseoir Sa résidence, c'est là que vous apporterez tout ce que Je vous prescris » (Deut. 12,11 ; cf. *ibidem*, 16,11). Le *makom*, le lieu, par excellence, est *Yerouchalayim* (cf. RABBI CHELOMO DE RADOMSK, *Tiféret Chelomo*, Massei). Voir TB Sota 38*a* ; Nu. R. 11,9 ; CHELAH, III, p. 99 s. ; RABBI ELIYAHOU, LE GAON DE VILNA, *Adéret Eliyahou*, p. 399.

31. Dieu « a fait choix de la Ville », « Il fera choix de Jérusalem ». « Il a fait choix de Sion, Il l'a voulue pour demeure ». « Il a fait choix de Jacob, d'Israël Il a fait Son peuple d'élection » (Reg. I, 8,48 ; Zach. 1,17 et 2,16 ; Ps. 132,13 et 135,4). – « Dieu a choisi Jérusalem pour qu'elle soit l'héritage de Sa *Che'hina* (la résidence de Sa présence), Il a choisi Israël pour qu'il soit Son joyau » (RAMBAM, *Peirouche HaMichnayot, ad* Zevahim XIV, 8). Cf. RALBAG, *ad* Gen. 28,10 ; ABRABANEL, *ad* Gen. 28,12 ; ALCHÉI'H, *ad* Exod. 23,20. Voir *supra*, p. 229-231.

32. Le juif prononce ses prières en direction de Jérusalem. Cf. Reg. I, 8,30 ; Dan. 6,11 ; TY Bera'hot, IV,5 ; TB Bera'hot 30*a* ; Cant. R. 4,11 ; Zohar, I, 209*b*.

33. Cf. TB Bera'hot 30*a*.

34. « Et ils feront pour Moi un sanctuaire : *Mikdache* » (Exod. 25,8). RACHI *(ad loc.)* : « Et ils feront à l'intention de Mon nom une maison de sainteté : *Beit Kedoucha*. » Cf. RABBI ELIYAHOU, LE GAON DE VILNA, *Biourei Hagra Al Agadot*, I, p. 83.

35. Cf. TB Bera'hot 30*a*.

36. La valeur de l'offrande consiste dans l'empressement et la générosité dont l'homme fait preuve lorsqu'il choisit son don. Son offrande est agréée par Dieu lorsqu'elle est l'expression première, la plus propre et la meilleure de possessions honnêtement acquises : la parole, dans la prière ; la matière, dans l'œuvre de charité. Voir commentateurs traditionnels sur Gen. 4,3-4 ; RACHI sur Deut. 12,11 ; Tossefta Mena'hot, VIII ; Tossafot, Mena'hot 10 ; TB Yoma 34*b* ; Gen. R. 1,6 ; 22,8-9 ; Sifrei et Pessikta Zoutarta, Deut. 12,11 ; RAMBAM, *Michné Tora, Hil'hot Issourei Mizbéa'h*, IV, 11 ; RABBI ELIYAHOU, LE GAON DE VILNA, *Adéret Eliyahou*, p. 399. Voir aussi TB Mena'hot, 64*b*.

37. Cf. Ps. 48,2-3. Voir *supra*, p. 235.

38. La *tsedaka*, la charité, est largement pratiquée par ceux qui « montent » au Lieu saint, au *Beit HaMikdache* ; elle contribue à la joie aussi bien de ceux qui donnent que de ceux qui reçoivent. Cf. Sifrei (Deut. 16,16) Re'ei, 143, p. 102*b*. Voir aussi Michna Chekalim, V.

39. Cf. Ps. 78,60. Voir *supra*, p. 224.

40. Les offrandes et les prières de remerciement ne seront pas supprimées dans les temps à venir, car elles marquent à tout jamais la gratitude de l'homme envers son Bienfaiteur divin. Cf. Pessikta Zoutarta, Tsav, 7. Tan'houma : Tsav, 7 ; Emor, 19. Lev. R. 9,7. Cho'heir Tov 56,4 ; 100, 4. Yalkout Chim'oni, Tehilim, 56,774. RAMBAN : *ad* Lev. 23,17 ; *ad* Nu. 16,15.

41. « Jérusalem est le site le meilleur au milieu du monde habité » (RAMBAN, *ad* Gen. 14,18). Cf. Tan'houma, Kedochim, 10. Zohar, II, 157*a* ; III, 161*b* ; 221*b*.

42. « Le Sanctuaire d'en haut correspond au Sanctuaire d'en bas ; le Sanctuaire d'en bas correspond au Sanctuaire d'en haut. » Cf. Me'hilta, *ad* Exod. 15,17, Bechala'h, Massihta DeChira, 10, p. 51*b*-52*a*. TY Bera'hot, IV, 5. TB Ta'anit 5*a*. Gen. R. 55,9. Exod. R. 33,4. Cant. R. 3,19 ; 4,11. Tan'houma : Michpatim, 18 ; VaYakhel, 7 ; Pekoudei, I. Cho'heir Tov, 26. Zohar, I, 80*b* ;

87*a* ; 128*b* ; 159*a* ; 183 ; II, 143*a-b* ; 150*a* ; 241*a* ; III, 66*a* ; 84*a*. Zohar 'Hadache, Bereichit, 20,4. Rachi *ad* Gen. 28,17 ; *ad* Exod. 15,17 ; 23,20. Ramban, *ad* Gen. 3,22 ; 14,18 ; *idem, Torat HaAdam, Cha'ar HaGuemoul* (*Kitvei Ramban*, II, p. 296). Recanati, VaYétsé, 29*a*. Alchéi'h, Terouma, *ad* Exod. 25,8. Rabbi Moché Cordovero, *Pardess Rimonim, Cha'ar* 23.

43. « On t'appellera (Jérusalem !) Ville de la justice, Cité fidèle. Sion sera sauvée par la justice » (Is. 1,26-27). Voir *supra*, p. 237.

44. Cf. Midrache HaGadol, Bereichit ; Gen. R. 43,6 ; Cant. R. 7,10 ; Tan'houma, Choftim, 1 ; Zohar, III, 56*a* ; 291*b*. Ramban, Radak (p. 87) et Recanati (p. 22*a*), *ad* Gen., 14,18. Chelah, *Siddour Cha'ar HaChamayim*, p. 197.

45. Cf. Exod. R. 33,1 ; Zohar, II, 241*a*.

46. Cf. Rabbi Yehouda HaLévi, *Kouzari*, V, 27.

47. Jérusalem est la lumière du monde. Cf. Gen. R. 59,8 ; Pessikta DeRav Kahana, 21 ; *Sefat Emet*, IV, p. 85.

48. Cf. Tana Devei Eliyahou Rabba, 2.

49. Dieu aime avoir Sa résidence parmi les hommes. Il aime être présent ici-bas. Toutefois, par ses mauvaises actions, le méchant incite la *Che'hina* (la Présence de Dieu) à remonter dans les cieux ; il La « repousse » dans un autre monde. Le pécheur « exclut » la *Che'hina* de ce monde parce qu'il ne désire pas être dérangé par Elle : il voudrait agir tout seul. Au contraire, le juste qui souhaite vivre auprès de Dieu, « dans Sa lumière, invite Dieu à « redescendre » dans ce monde, à rejoindre les hommes. Cf. Gen. R. 19,13 ; 54,5. Exod. R. 2,2. Nu. R. 13,4. Cant. R. 5,1. Petihta d'Eiha Rabbati, 24. Midrache Tan'houma, BeHoukotaï, 3. Yalkout Chim'oni, Mela'him (I, 8) 195. TB : Bera'hot 43*b* ; 'Haguiga 16*a* : Sota 5*a* ; Bava Kama 83*a*. Zohar, I, 84. Rabbi Eliyahou, le Gaon de Vilna, *Adéret Eliyahou*, p. 59. Natsiv, *Ha'amek Davar*, Deut. 33, 27, V, p. 153.

50. « Le Saint, béni soit-Il, a dit : Je ne ferai pas Ma rentrée dans la Jérusalem d'en haut, avant que Je n'aie fait Ma rentrée dans la Jérusalem d'en bas », « avant qu'Israël n'ait fait sa rentrée dans la Jérusalem d'en bas » ! (TB Ta'anit 5*a* ; Zohar, I, 1*b* ; III, 15*b*). Voir *supra*, p. 225.

51. « Si l'Éternel ne bâtit pas la maison, c'est en vain que peinent ceux qui la construisent ; si l'Éternel ne garde pas la ville, c'est en vain que la sentinelle veille avec soin » (Ps. 127,1).

52. « L'homme s'était uni à Ève, sa femme. Elle conçut et enfanta Caïn, en disant : "J'ai acquis – *kaniti* – un homme, conjointement avec l'Éternel !" » (Gen. 4,1) – Ève aurait voulu faire comprendre à Caïn qu'il y a « trois partenaires » qui président à la venue de l'homme dans ce monde : « Dieu, le père et la mère » (cf. TB Kidouchine 30*b* ; Eccl. R. 5,13 ; Pessikta Zoutarta, Tazria, 12, 3 ; Zohar, II, 83*a* ; 93*a* ; 219*b*). L'homme devrait donc respecter son Créateur et Le servir (Cf. Sam. I, 1,20,28), car c'est Lui qui est le premier Créateur, celui des parents comme celui de l'enfant, c'est donc Lui qui est réellement le Créateur. Or, *Kaïne* ne reconnaît pas l'enseignement découlant du *kaniti* présenté par sa mère : il se considère lui-même comme un *kinyane*, comme une « acquisition », dont il est lui-même à la fois l'« auteur » et le « possesseur » (cf.

Rachi, *ad* Gen. 14,19), le *koné* et le *kaïne* : un *Kaïne*, qui se fait de lui-même, qui existe par lui-même, qui est la réalité et la seule réalité. Le Pharaon, lui aussi, s'exclamera : « C'est moi qui me suis fait ! » (Ez. 29,3). Les conséquences de ce raisonnement aussi faux qu'orgueilleux s'avéreront funestes : l'homme existe, lorsqu'il sait que Dieu l'a fait ; il n'existe pas lorsqu'il ne le sait pas. La *Massora* hébraïque a su exprimer cette idée fondamentale par une adéquate « lecture » d'un verset du Livre des Psaumes (100,3) : *Hou assanou veLo ana'hnou* : « Reconnaissez que l'Éternel est Dieu : c'est Lui qui nous a faits, nous sommes à Lui : *lo*. » Le texte porte : *lo* avec *vav*, ce qui signifie : « à Lui ». Mais la *Massara* « lit » ce mot *lo* avec *alef*, ce qui signifie : « non ». Elle veut nous rendre attentifs au fait que l'homme (le peuple) n'existe « pas », lorsqu'il ne reconnaît pas que Dieu l'a créé et que, par voie de conséquence, il Lui appartient.

53. « Et que tu ne dises pas en ton cœur : Ma puissance et la force de ma main m'ont acquis ces biens » (Deut. 8,17).

54. Cf. Rambam, *Michné Tora, Hil'hot Yom Tov*, VI, 16-20.

55. Le péché « sépare l'homme de son Dieu ». « Mais vos méfaits ont mis une barrière entre vous et votre Dieu » (Is. 59,2 ; cf. Rambam, *Michné Tora, Hil'hot Techouva*, VII, 7).

56. Cf. TB Sanhédrine 38*b*. L'homme qui, à cause de son péché, « se retire de devant l'Éternel », est « errant et fugitif par le monde ». Cf. Gen. 3,24 ; 4,12.

57. Voir *supra*, p. 226-227.

58. Voir *supra*, p. 226-227.

59. Deut. 12,11.

60. *Erets-Yisraël*, et notamment *Yerouchalayim*, représente « la Maison » « intérieure » du monde, vers laquelle conduisent « les chemins des autres pays » : ces derniers « entourent » *Erets-Yisraël* et notamment *Yerouchalayim*. Cf. Cho'heir Tov, 68,4 ; TB Ta'anit 10*a* ; Rabbi David Chelomo Eibschuetz, *Arvei Nahal*, Balak.

61. Du Temple de Jérusalem se répand la bénédiction sur le monde tout entier. Au *Beit HaMikdache*, au Sanctuaire de *Yerouchalayim*, les juifs récitent des prières et apportent des offrandes pour le bien et le salut de toutes les nations de la terre. Cf. Sifrei, *ad* Exod. 11,12, Eikev, 40. TB : Ta'anit 10*a* ; Souka 55*a*. Lev. R. 35,8. Cant. R. 4,11. Zohar, I, 108*b* ; 209*b* ; II, 59*a* ; 157*a* ; 187*a* ; III 24*b* ; 36*a* ; 54*b* ; 103*b* ; 123*b* ; 157*a* ; 161*b* ; 256*a* ; 259*a*. Tikounei HaZohar 6 (145-146). Chelah, III, p. 99*b* s. Rabbi Naftali Tsevi Yehouda Berline, de Volojine, Natsiv, *Ha'amek Davar*, V, *ad* Deut. 28,8, p. 224.

62. La dispersion appelle le rassemblement du salut. Cf. Maharal, *Guevourot HaChème*, p. 63. Cf. Ramban, *ad* Lev. 26,41. « Moi, Je les disperse ; mais, Moi, également, Je les rassemble ! » (Gen. R. 44,21).

63. Cf. Maharal, *Nétsa'h Yisraël*, I. Voir aussi Ramban, *Vikoua'h, Mil'hamot HaChème* (*Kitvei Ramban*, I, p. 306). Cf. aussi TB Roche HaChana 18*b* ; Rabbi Yossef Karo, *Choul'hane Arou'h, Ora'h 'Hayim*, 580,2.

64. Le péché lui-même contient le germe du repentir, cf. Rav Kouk, *Orot HaTechouva*, p. 22.

65. « Dans ta détresse, après de longs jours tu reviendras à l'Éternel, ton Dieu » (Deut. 4,30 ; cf. Ps. 139). Cf. TY Ta'anit, I, 1. TB : Meguila 14*a* ; Sanhédrine 97*b*. Thr. R. 4,27 ; Tan'houma, BeHoukotaï, 3. Cf. Ramban, *Deracha Al Divrei Kohélet* (*Kitvei Ramban*, I, p. 201-202). L'éloignement (de Dieu) provoque un retour à Dieu (cf. Maharal, *Netivot Olam*, II, *Netiv HaTechouva*, 3-4, p. 145*a*-146*b*), car c'est « l'éloignement lui-même qui est le commencement du rapprochement » (Rabbi Na'hman de Bratslav, *Likoutei Moharan*, I, 74, p. 89*b*).

66. *Evra'h MiMé'ha Eile'ha*. « Je m'enfuis de Toi vers Toi ! », s'écrie Rabbi Chelomo Ibn Guevirol (1021-1058), dans son grand poème liturgique *Kéter Mal'hout* (« La Couronne de la Royauté »). Cf. Esther Starobinski-Safran, « *De Fuga et Inventione* de Philon d'Alexandrie », p. 141.

67. « En Galout, dans l'exil même, où ils seront obligés de vivre (temporairement), ils prieront "par la voie de Jérusalem". Ils effectueront ainsi leur *techouva*, leur retour "à Dieu". » Voir Radak et Ralbag, *ad* Reg. I, 8,46,52.

68. Voir *supra*, note 24.

69. *MiMekom kaparato nivra...* « Adam (fut) créé avec la Terre du lieu (le *Beit HaMikdache*), où (il obtiendra) son pardon. » Cf. Gen. R. 14,9. TY Nazir, VII, 2. Zohar, I, 34*b* ; 80*a* ; 130*b* ; 147*b* ; 205*b* ; II, 23*b* ; 24*b* ; 55*a* ; III, 46*b* ; 83*a*. Zohar 'Hadache : Yitro, 31,3 ; Chir HaChirim, 67,3 ; Ruth, 79,4. Alchéi'h, *Terouma*, *ad* Exod. 25,8. *Keli Yakar*, *Lé'h Le'ha*, *ad* Gen. 12,1.

70. Cf. Avot DeRabbi Nathan, 35.

71. *OuMalki Tsédek Mélé'h Chalem*. « Et Melchisédec, roi de Salem » (Gen. 14,18). Ces mots trouvent dans le Targoum Onkelos (*ad loc.*) la traduction suivante : *OuMalkiTsédek Malka DiYerouchlem* (« Et Melchisédec, roi de Jérusalem »). Ramban (*ad* Gen. 14,18) écrit : « *Malki Tsédek* est allé de son pays à Jérusalem pour y servir Dieu. » Voir Gen. 14,18-20, 22 ; Josué 10,1,3. Cf. aussi Ps. 66,3 ; 110,4. Voir *supra*, notes 43 et 44.

72. Cf. Ibn Ezra, Ramban et Seforno, *ad* Gen. 14,18.

73. *Malki Tsédek hou Chem ben Noa'h*. « Melchisédec est Sem, fils de Noé. » (Cf. TB Nedarim, 32*b* ; Zohar, I, 87*a* ; Ibn Ezra et Ramban, *ad* Gen. 14,18.) – Rachi (*ad* Gen. 12,6) écrit : « "Le Cananéen était alors dans le pays", occupé à conquérir *Erets-Israel* qui appartenait alors aux descendants de Sem. Ce pays avait échu en partage à Sem, lorsque Noé avait distribué la terre entre ses fils, ainsi qu'il est dit : « Et Melchisédec roi de Salem » (Gen. 14,18). C'est pourquoi Dieu dit à Abram : « À tes descendants, Je donnerai ce pays » (Gen. 15,18). Je le rendrai à tes enfants qui sont les descendants de Sem. »

74. Chem et Ever assurent la transmission de la foi pure. Cf. Gen. R. 62, 6 ; 63,7 ; 68,5. Midrache HaGadol, Toldot ; Midrache Tan'houma Yachane, VaYichla'h. Cf. Rachi, *ad* Gen. 25,16,22 ; Ramban, *ad* Gen. 14,18.

75. Cf. Gen. R. 43,7-8. Cf. Josephus Flavius, *Antiquités*, I, 10,2. Cf. Targoum Onkelos, Targoum Yonathan ben Ouziel, Rachi, Ibn Ezra, Radak, Ramban, *Or Ha'Hayim*, Rabbi Samson Raphaël Hirsch *ad* Gen. 14,18. Cf. Recanati, *Lé'h Le'ha*, p. 21*b*-22*a*. Cf. TB Nedarim 32*b* ; Zohar, III, 291*b*. Cf. Rachi et *Keli Yakar*, *ad* Gen. 14,19. Cf. Rabbi David Tsevi Hoffmann *ad*

Gen. 14,18-20, *Séfer Beréchit*, I, p. 232-233. Cf. RABBI MEÏR SIM'HA KOHEN DE DVINSK, *Méché'h 'Ho'hma*, p. 20 ; mais voir aussi MALBIM, *ad* Gen. 14,19.

76. Cf. TB Bera'hot 7*b* ; Zohar, I, 99*b* ; 110*a*.

77. Cf. TB : Sota 4*b* ; Nedarim 32*b*. Cf. Gen. R. 43,8 ; Nu. R. 14,7. Midrache Tan'houma : Chemini, 2 ; A'hrei, 9 ; BeHar, 1.

78. Gen. 17,4. Abraham, « père de tous les hommes », se propose d'« unir tous ceux qui sont venus au monde », en une « fraternité » reconnaissant la paternité de Dieu. Cf. TB Bera'hot 13*a* ; Gen. R. 39,3 ; Midrache Agada, Bereichit, 17 ; RAMBAM, *Michné Tora, Hil'hot Bikourim*, IV, 3.

79. Cf. Gen. R. 39,24 ; RACHI, *ad* Gen. 12,9.

80. Cf. IBN EZRA, *ad* Gen. 11,29 et *ad* Gen. 12,1. RADAK, *ad* Gen. 11,29. RAMBAN, *Mevo LiDeracha Al Divrei Kohélet* (*Kitvei Ramban*, I, p. 177). RABBEINOU BA'HYA, *ad* Gen. 11,30, I, p. 132 (cf. TB Yevamot 64*b*). NATSIV, *Ha'amek Davar*, *ad* Gen. 11,31, I, p. 40.

81. Cf. *Be'eir Mayim 'Hayim*, *ad* Gen. 11,31.

82. Voir *supra*, note 60.

83. Voir *supra*, notes 14 et 15.

84. Cf. RAMBAN, *ad* Gen. 12,1 ; mais cf. aussi IBN EZRA et RADAK, *ad* Gen. 11,29.

85. Voir ALCHÉI'H, *ad* Gen. 12,1 et *ad* Lev. 25,2 ; *Keli Yakar*, *ad* Gen. 12,1. *Noam Elimélé'h* (*ad* Gen. 12,1), I, p. 25.

86. « L'Éternel avait dit à Abram : Va au pays que Je te montrerai » (Gen. 12,1 ; voir RACHI, *ad* Gen. 12,2).

87. Cf. RAMBAN, *ad* Gen. 12,1.

88. « Va au pays que Je te *montrerai : ArEka* » (Gen. 12,1).

89. Cf. Gen. 21,12 *et al.*

90. Cf. RACHI, *ad* Gen. 22,2 ; Gen. R. 39,12 ; RACHI *ad* Gen. 12,1.

91. *VaIssa Avraham Et Eynav VaYar Et HaMakom Meira'hok*. « Abraham levant les yeux aperçut l'endroit – *HaMakom* – dans le lointain » (Gen. 22,4).

92. Cf. TB Avoda Zara 8*a*. Gen. R. 34,8 ; Lev. R. 2,6 ; Nu. R. 4,6. Pirkei DeRabbi Eliézer, 31. RAMBAM, *Michné Tora, Hil'hot Beit HaBe'hira*, II, 1-2. RAMBAN, *ad* Gen. 8,20 ; mais cf. aussi IBN EZRA, *ad* Gen. 8,20.

93. Cf. Gen. 8,20. TB Zeva'him 116*a*. Gen. R. 22,9 ; 34,9. Lev. R. 7,4. RAMBAN, *ad* Gen. 46,1.

94. *VaIavoou el HaMakom acher amar lo Elokim*. « Ils arrivèrent à l'endroit dont Dieu lui avait parlé » (Gen. 22,9). Voir *infra*, notes 115-116.

95. *Valvène Cham Avraham Et HaMizbéa'h*. « Et Abraham y construisit l'autel » (Gen. 22,9). Cf. Pirkei DeRabbi Eliézer, 31 ; RAMBAN, *ad* Gen. 22,2 ; RABBEINOU BA'HYA, *ad* Gen. 22,9, I, p. 196.

96. Cf. Lev. R. 7,2. Cf. Midrache Tan'houma, Tsav, 13 ; 14. Cf. RAMBAN, *Derachat Torat HaChème Temima* (*Kitvei Ramban*, I, p. 165).

97. Moria est bien Jérusalem. Cf. Chron. II, 31,1. Cf. RACHI, RADAK, RABBEINOU BA'HYA, *ad* Gen. 22,2. Cf. RAMBAM, *Michné Tora, Hil'hot Beit HaBe'hira*, I, 3-4, II, 1-2 ; V, 1. – RABBI YITS'HAK BEN RABBI YEHOUDA HALÉVI, l'un des derniers Tossafistes (XIIIe s.), fait, *in Pa'anéa'h Raza*, la remarque que la valeur numérique des lettres composant les mots *El Erets HaMoria* (« vers la

terre de Moria », Gen. 22,2) équivaut à la valeur numérique des lettres composant le mot *Bi-Yerouchalem* (à Jérusalem) (= 588).

98. Cf. Tossafot, *ad* TB Zeva'him 60*b*.
99. Cf. Me'hilta Bechala'h (Exod. 14,15), Massi'hta DeVayehi, 3.
100. Gen. R. 56,16.
101. Cf. TB Pessa'him 54*a* ; TB Nedarim 39*b* ; Gen. R. 1,5 ; Pirkei DeRabbi Eliézer, 2. Zohar, I, 113*a* ; III, 34*b*. Zohar 'Hadache, Bereichit 5*a*. *Kouzari*, III, 73. Or Ha'Hayim, *ad* Gen. 28,17. *B'nei Issas'har*, II, p. 20*b*. RABBI MOCHÉ SOFER, *Che'eilot OuTechouvot 'Hatam Sofer, Yoré Déa*, 234.
102. Voir *supra*, p. 220.
103. « Dieu dit (à Jacob) : "Tu te nommes Jacob, mais ton nom sera Israël" ; Il lui donna ainsi le nom d'Israël » (Gen. 35,10 ; voir SEFORNO *ad* loc.). Dieu confirme à Jacob le nom d'Israël, nom qu'il a bien mérité (cf. Gen. 22,29). Dieu accorde à la Ville qui « mérite » d'abriter le *Beit HaMikdache*, la Maison de la sainteté, le nom de *Yerouchalayim* (cf. Massé'het Sema'hot, VIII, voir RAMBAN, *ad* Gen. 33,20 et *ad* Lev. 18,25).
104. Cf. Zohar III 93*b*.
105. Cf. Sifrei (Deut. 12,10), Re'ei, 67, p. 88*b* ; TB Sanhédrine 20*b* ; cf. aussi TB Bava Batra 4*a*. Voir RAMBAM, *Moré Nevou'him*, III, 45.
106. Cf. TB Zeva'him 119*a* ; RACHI, *ad* Gen. 12,9.
107. Voir MALBIM, *ad* Ps. 132,13.
108. Cf. TB Bava Kama 97*b*.
109. Cf. TB Zeva'him 24*a* et Tossafot *ad loc.*
110. Cf. Ps. 132,17 ; TB Meguila 17*b*-18*a* (mais voir aussi MAHARCHA, *ad* TB Meguila 18*a*) ; Nu. R. 13,13 ; Midrache Léka'h Tov, Beréchit, 32,30 ; RABBI YEHOUDA HALÉVI, *Kouzari*, III, 73 ; RAMBAM, *Michné Tora, Hil'hot Mela'him*, XI, 1 ; RABBI ELIYAHOU, LE GAON DE VILNA, *Siddour Ichei Yisraël*, p. 133 ; voir aussi *idem, Biourei Hagra Al Agadot*, I, p. 46.
111. Voir *supra*, p. 213-214.
112. « Dieu verra » (Gen. 22,14). Par ces mots, Abraham veut signifier la *Hachga'ha* de Dieu. « Le Saint, béni soit-Il, observe (tout) dans Son monde ; Son règne y est partout présent. » Cf. RAMBAN, *ad* Gen. 22,2 ; RABBI ELIYAHOU, LE GAON DE VILNA, *Biourei Hagra Al Agadot*, II, p. 18 (le commentaire de Rabbi Avraham). Voir *supra*, note 99.
113. Cf. Reg. I, 8, 29 ; cf. aussi Deut. 11,12.
114. « L'Éternel, votre Dieu, choisira le lieu pour y asseoir Sa résidence » (Deut. 12,11).
115. Cf. Reg. I, 8,52.
116. « Vous rechercherez – *tidrechou* – Sa demeure au lieu que l'Éternel aura choisi... Et c'est là que tu iras » (Deut. 12,5).
117. Cf. RACHI, *ad* Gen. 22,14 ; cf. aussi RACHI, *ad* Deut. 6,6.
118. *HaChème Yiré*. « L'Éternel y pourvoira. » Cf. Gen. 22,14 ; cf. Targoum ONKELOS, RACHI et *Keli Yakar ad loc.* Cf. Exod. 23,17 ; 34,23 ; cf. Deut. 16,16. Cf. TB : Bera'hot 62*b* ; Pessa'him 88*a*. Cf. RAMBAM, *Moré Nevou'him*, III, 45. Cf. RABBI ELIYAHOU, LE GAON DE VILNA, *Adéret Eliyahou*, p. 59 ; *idem, Kol Eliyahou*, p. 9-10.

119. Cf. Exod. 33,20. Mais voir aussi Rambam, *Michné Tora, Hil'hot Yessodei HaTora*, I, 10 ; *idem*, *Moré Nevou'him*, I, 4-5.

120. Cf. Reg. I, 8,61.

121. Cf. Deut. 23,17 *et al.*

122. Dieu, toujours Présent, car Il a été, Il est et Il sera, appelle la Ville : *Yerouchalayim* (cf. Gen. R. 56,16 ; Pessikta Zoutarta, VaYéra, 22,14 ; Yalkout Chim'oni, Tehilim 76, 814.) – David, qui introduit la Ville dans le présent historique et la prépare pour le futur messianique, l'appelle : *Yerouchalayim* (cf. Rabbi Acher ben Yéhiël (XIIIᵉ-XIVᵉ s.), *Roche Al HaTora*, ad Gen. 22,14). – *Yerou-chalayim*, ville de l'Intégrité, sera *Yerou-chalom*, ville de la Paix (cf. Ibn Ezra, ad Gen. 14,18 ; Deut. R. 5,14 ; Nu. R. 11,20 ; Tan'houma, Tsav 7 ; Rabbi Chelomo Efraïm Lunschitz, *Siftei Da'at, Ha'azinou* ; Rabbi Samson Raphaël Hirsch, *Séfer Tehilim*, ad Ps. 76,3, p. 309 ; cf. Ps. 122,6).

123. Le nom *Yerouchalayim* se trouve au pluriel (cf. Rabbi Meïr Sim'ha Kohen de Dvinsk, *Méché'h 'Ho'hma*, p. 20 ; mais ce nom se trouve aussi au singulier (cf. Tossafot, *ad* TB Ta'anit 16*a*).

124. Cf. Gen. 22,12 *et al.*

125. Cf. Rabbi Meïr Simha Kohen de Dvinsk, *Méché'h 'Ho'hma*, p. 20.

126. L'homme « fait descendre » Dieu vers lui. Cf. Avot DeRabbi Nathan, 34 ; Gen. R. 19,13 ; Rabbi Eliyahou, le Gaon de Vilna, *Adéret Eliyahou*, p. 59 ; *idem, Siddour Ichei Yisraël*, p. 19. Cf. Exod. 19,20 ; mais cf. aussi TB Souka 5*a* ; Sifra, VaYikra, I, p. 3. Zohar, II, 86*a* ; Zohar, II, 270*b*. Rachi, *ad* Exod. 9,22. Voir aussi Rabbi Eliyahou, le Gaon de Vilna, *Adéret Eliyahou*, p. 345.

127. Dieu fait monter l'homme vers Lui. Cf. Exod. 19,3 ; Gen. 22,2 *et al.* (Voir aussi Gen. 5,22,24 ; Reg. II, 2,1,11.)

128. Voir *supra*, p. 221.

129. Cf. TB Bava Batra 75*b*.

130. Cf. Déré'h Erets Zouta, 67.

131. Cf. Tossafot, *ad* TB Bava Batra 21*a*.

132. Voir *supra*, note 49.

133. Rabbi Chimeon ben Yo'haï dit : « Viens et regarde : combien Israël est aimé du Saint, béni soit-Il : partout où Israël est en exil, la *Che'hina* est avec lui en exil » ; la Présence de Dieu l'accompagne, « pour le protéger » (TB Meguila 29*a* ; Zohar III, 75*a*. Cf. aussi Zohar, I, 28*a* ; 69*a* ; 120*b* ; 134*a* ; 149*a* ; 159*b* ; 182*a* ; 189*a* ; 210*a* ; 211*a* ; 212*b* ; 213*b* ; II, 2*b* ; 41*b* ; 82*a* ; 196*a* ; 216*b* ; III, 4*b* ; 66*a* ; 90b ; 114*a* ; 197*b* ; 242*a*. Hakdamat Tikounei HaZohar 9*a*. Tikounei HaZohar, 6 (21*b*), 13 (28*a*), 21 (51*a*), 70 (124*b*). Zohar 'Hadache, A'hrei, 47-48 ; 'Houkkat, 51. Cha'arei Zohar, 118. *Chem MiChemouël*, Devarim, 53.

134. Cf. Exod. R. 37,5.

135. Cf. TB Bera'hot 3*a* ; Tikounei HaZohar 10 (23*a*). Rabbi Eliyahou, le Gaon de Vilna, *Biourei Hagra Al Agadot*, I, p. 3. Voir aussi Zohar I, 166*a*.

136. Cf. Yalkout Chim'oni, Tehilim 132, 881 ; Radak, *ad* Reg. I, 9,3.

137. Cf. Exod. 19,5-6 et Me'hilta *ad loc*. Cf. *Or Ha'Hayim, 'Houkat*, ad Nu. 19,1.

138. Cf. Exod. R. 2,2.

139. *VaHachimoti Et Mikdachei'heim-Kedouchatane Af KeCheHeine Chomemine*. « "Je désolerai vos sanctuaires" – pourtant ils demeureront saints, même quand ils seront en ruine » (Lev. 26,31 ; Michna Meguila, III, 3 ; TB Meguila 28*a*). Le *Beit HaMikdache* est en ruine ; pourtant sa « sainteté demeure debout ». Cf. RAMBAM, *Michné Tora, Hil'hot BeitHaBe'hira*, VI, 14-16 ; VII, 7 ; I, 3. Tossafot *ad* TB : Yevamot 82*b* ; Yoma 44*a* ; Chevouot 14*b* ; RABBI ELIÉZER DE METZ (XIIe s.), *Séfer Yeré'im*, 277. RABBI MOCHÉ DE COUCY (XIIIe s.), *Semag, Séfer Mitsvot Gadol, Mitsvat assé*, 163. RABBI CHIMEON BEN TSÉMAH DURAN (XVe s.), *Tachbats*, III, 5 ; 201. – Voir Sifra, *ad* Lev. 19,30. Sifrei, *ad* Deut. 33,12. TB : Meguila 10*a*, 25*a* ; Chevouot 16*a* ; Ara'hine 32*b* et *'Hazon Iche, ad loc.* (éd. B'nei Brak, 5626, p. 330). Cant. R. 4,7 ; Exod. R. 2,2. Cho'heir Tov, 11 ; Yalkout Chim'oni, Mela'him, I, 8, 195. Mais voir aussi TB : Zeva'him 107*b* ; Yoma 54*a-b*. TY Chekalim, VI, 1. Ramban, Mil'hamot, *ad* TB Avoda Zara 52*b ; idem*, *'Hidouchei HaRamban, ad* TB Makot, 19. RABBI AVRAHAM BEN DAVID DE POSQUIÈRES (XIIe s.), RABAD, *ad* RAMBAM, *Michné Tora, Hil'hot Beit HaBe'hira*, VI, 14 ; cependant voir aussi RABBI AVRAHAM BEN DAVID DE POSQUIÈRES, *Peirouche HaRabad, al Sifra*, Kedochim, VIII, 8, p. 90*b*. RABBI MEÏR SIM'HA KOHEN DE DVINSK, *Or Saméa'h, ad* RAMBAM, *Michné Tora, Hil'hot Beit HaBe'hira*, VI, 16 (cf. Chron. II, 7, 16 ; 30,8). RABBI DAVID IBN ZIMRA (XVe-XVIe s.), *Che'eilot OuTechouvot HaRadbaz*, II, 648. RABBI MENA'HEM BEN CHELOMO (XIIIe s.) *Meir, ad* TB : Makot 19*a* ; Chevouot 16*a*. RABBI YITSHAK ABRABANEL (XVe-XVIe s.) *ad* Ki tavo ; RABBI DAVID EIBSCHÜTZ (XVIIIe s.), *Arvei Nahal, Be'Houkotaï*. Voir aussi MAHARCHA, *'Hidouchei Agadot, ad* TB Ta'anit 16*a*.

140. Cf. Thr. 5,19 ; TB Makot 24*b*.

141. *Kol HaMekoudache Mei'Havéro, 'Hareiv Yoteir MeiHaveiro : Yerouchalayim Yoteir 'Hareiva Mine Hakol...* Tout ce qui est saint est particulièrement susceptible de souffrir. Jérusalem, lieu saint, a subi plus de souffrances que les autres lieux. (Israël, peuple saint, a enduré plus de souffrances que les autres peuples.) RAMBAN, Épître adressée de Jérusalem à son fils Na'hman (*Kitvei Ramban*, I, p. 368). Cf. RABBI ELIYAHOU, LE GAON DE VILNA, *ad* Is. 6,12 (cité par R. BETSALEL LANDAU, *HaGaon Hé'Hassid MeVilna*, p. 248). Cf. aussi Cant. R. 4,7 ; RABBI YA'AKOV MOCHÉ HARLAP, *Mei Meirom* (sur les « Huit Chapitres » du Rambam), p. 7-8.

142. L'élection d'Israël implique une responsabilité particulière de ce peuple envers Dieu. « C'est vous seuls que J'ai distingués entre toutes les familles de la terre, c'est pourquoi Je vous demande compte de toutes vos fautes » (Amos 3,2). « Le Saint, béni soit-Il, se montre extrêmement exigeant à l'égard de ceux qui sont autour de Lui », « à l'égard des justes » (TB Yevamot 121*b*). Cf. Avot DeRabbi Nathan, 4. Lev. R. 27,1 ; Nu. R. 20,25 ; Thr. R. 1. Peti'hta D'Ei'ha Rabbati, 1. Midrache Tan'houma : Emor, 5 ; Balak, 20. Zohar I, 140*a* ; 185*b*. Tikounei HaZohar, 18 (38*a*). Zohar 'Hadache, Yitro 34. *Peirouchei Maharal MiPrague LeAgadot HaChass* : IV, *ad* TB Yevamot 121*b*, p. 52 ; *ad* TB Ketouvot 66*b*, p. 67-69.

143. Exod. 19,6 ; Deut. 7,6.

144. Israël est le cœur *sensible* des nations. Cf. Zohar, III, 221*b* ; Rabbi Yehouda HaLévi, *Kouzari*, II, 36 ; Ramban, *Peirouche LeChir HaChirim, Kitvei Ramban*, II, p. 503. Recanati, *Bereichit*, 10*a* ; *Yitro*, 9*a*. Cf. aussi *Séfer HaBahir*, 96 ; Lev. R. 30,13 ; TB Ta'anit 3*b*, 10*a*. Cf. *Peirouchei Maharal MiPrague LeAgadot HaChass*, IV, *ad* TB Ketouvot, 111*a*, p. 95.

145. Cf. Ramban, *ad* Nu. 35,33. Cf. aussi Lev. 18,28 ; 20,22. TB Chabbat 33*a* ; Tikounei HaZohar, 56 (90*a*). Cf. aussi Seforno, *ad* Deut. 11,30.

146. Sion est le centre *délicat* du monde. Cf. Zohar, III, 161*b* ; cf. aussi Zohar, II, 157*a* ; 193*a*. Voir Pessikta Rabbati, 10,2 ; Recanati, *Beréchit*, 10*a* ; *Yitro* 9*a* ; Rabbi Yitshak Aizik de Sovalk, *Be'eir Yits'hak, ad Adéret Eliyahou*, de Rabbi Eliyahou, le Gaon de Vilna, p. 38, 530 ; Rabbi David Tsevi Hoffmann (XIXe-XXe s.), *Séfer Bereichit*, Genesis (commentaire), I, p. 210, 211. Voir *infra*, note 202.

147. Is. 1,26. Voir *supra*, note 43.

148. *Erets-Yisraël*, et notamment *Yerouchalayim*, « Ville de justice », « ne supportent pas l'injustice », « ne tolèrent pas les pécheurs ». Jérusalem a sa personnalité morale, ses exigences éthiques. Elle est sévère pour ceux qui offensent sa sensibilité morale, qui enfreignent ses règles éthiques. Cf. Ramban, *ad* Gen. 1,1 ; 19,5 ; Sifra et Ramban, *ad* Lev. 18,25 ; Rachi, *ad* Lev. 18,25.

149. Le lieu que le Roi-Messie choisit pour sa résidence est la Montagne de Sion (Midrache Chemouel, 19), à Jérusalem, lieu de rassemblement des exilés (Rambam, *Iguéret Teimane*, p. 180-181), au Temple de l'Éternel (Malachie 3,1). Cf. Yalkout Chim'oni, Yechaya, 49, 472.

150. Le processus messianique comporte la reconstruction du Temple à Jérusalem et le rassemblement des dispersés en Erets-Israël. Voir Ps. 147,2. TY Ma'asser Cheini V, 2. TB Bera'hot 49*a* et Rachi *ad loc.* ; Meguila 17*b*-18*a* et Rachi *ad loc*. Tan'houma, Noa'h 11. Rambam, *Michné Tora, Hil'hot Mela'him* XI, 1. Rabbi Ya'akov ben Acher, *Tour, Ora'h 'Hayim*, 118. Rabbi Eliyahou, le Gaon de Vilna, *Siddour Ichei Yisraël*, p. 132. *Siddour HaGueonim VeHaMekoubalim VeHa'Hassidim*, II, p. 607, 623. Cf. aussi Zohar I, 114*a* ; 134*a*. Cf. aussi Jér. 32,11 ; TB Bera'hot 6*b*. Mais voir aussi Is. 60,8,14 ; TB Sanhédrine 20*b* ; Rambam, *Iguéret Teimane*, p. 180.

151. Voir *supra*, p. 227.

152. Voir *supra*, p. 227.

153. Cf. Rabbi Yechayahou Horovitz, Chelah, *Siddour Cha'ar HaChamayim*, p. 484.

154. Voir *supra*, p. 233.

155. Cf. Esther 2,5-6 *et al.*

156. Cf. Ps. 84,3-5.

157. « Je suis vivant ! dit le Seigneur, l'Éternel. À main forte, à bras étendu, Je régnerai sur vous. Car c'est sur Ma sainte montagne, sur la haute montagne d'Israël, c'est là que M'adorera la maison d'Israël tout entière » (Ez. 20).

158. Voir *supra*, p. 229.

159. Malachie 3,6 ; voir Rachi et Radak *ad loc.* ; TB : Meguila 11*a* ; Sota 9*a* ; Lev. 26,44.

160. TB Bera'hot 58*a*.
161. Cf. Thr. R. 1,32.
162. Cf. TB : Bera'hot 32*a* ; Guitine 57*b* ; Tana Devei Eliyahou Rabba, 24 ; Tana Devei Eliyahou Zouta 10 ; cf. aussi TB Sota 9*a* ; Pirkei DeRabbi Eliézer, 25 ; Tan'houma, Nitsavim, 1 ; cf. aussi Ex. R. 2,10. Voir *supra*, note 159.
163. Thr. R. 1,32 ; Cant. R. 2,22. Cf. Nu. R. 11,3 ; Yalkout Chim'oni, Chir HaChirim 2 ; cf. aussi Zohar, I, 114*a* ; cf. aussi TB Sota 9*a*.
164. Cf. TB Bava Batra 25*a*, et Tossafot *ad loc*.
165. Cf. TB Meguila 29*a* ; Sifrei et Rachi, *ad* Nu. 35,34 ; Zohar III, 179*b*. Voir aussi *supra*, note 132.
166. Cf. Exod. R. 2,2. Tan'houma, éd. Buber, Chemot, 51 ; Yalkout Chim'oni, Mela'him (I, 8), 195 ; Chir HaChirim, 2. Cf. Zohar, II, 5*b* ; 116*a*. Cf. aussi Zohar, II, 143*a*. Cf. Ramban, *Peirouche LeChir HaChirim, Kitvei Ramban*, II, p. 491. Mais voir aussi Rabbi David ibn Zimra, *Che'eilot OuTechouvot HaRadbaz*, II, 648. Voir *supra*, note 139.
167. Cant. 2,9.
168. Voir *supra*, p. 237.
169. Is. 25,9. Midrache Tan'houma, Tsav, 12. Cf. Exod. 15,2 (Rachi *ad loc*.) ; Me'hilta, BeChalah, Massi'hta DeChira, 3, p. 44*b* ; Exod. R. 23,15 ; Cant. R. 4,3 ; Zohar, I, 55*b* ; 114*a*.
170. Cant. 2,9 ; cf. Cant. R. 2,22. Cf. Rav Kouk, *Hazone HaGueoula*, p. 42, 43.
171. Cf. Is. 52,8 ; cf. aussi Rabbi Yehouda Halévi, *Kouzari*, II, 23. Cf. *Keli Yakar, ad* Deut. 3,26-27.
172. Voir Ramban, *Peirouche LeChir HaChirim, Kitvei Ramban*, II, p. 491.
173. Voir *supra*, p. 238.
174. Cf. Reg. I, 9,3 : « Mes yeux et Mon cœur seront toujours là ».
175. Cant. 2,8 : « C'est la voix de mon bien-aimé ! »
176. Cf. Rabbi Menahem Mendel Kasher, *HaTekoufa HaGuedola*, p. 404. Cf. Ramban, *Tefila Al 'Horvot Yerouchalayim, Kitvei Ramban*, I, p. 425. Cf. Tikounei HaZohar, 11 (26*b*). Cf. aussi TB : Bera'hot 32*b* ; Bava Batra 59*a*. Voir *Sia'h Lo'hamim*, « Parole des combattants », « Chapitres d'écoute et de méditation » (réflexions des soldats de la « guerre des Six Jours » et entretiens dans les kibboutzim), chapitre sur « Jérusalem », 3e éd., Tel-Aviv, 1968, p. 223-244.
177. Cf. Is. 66,13 ; cf. aussi Is. 66,8. Cf. Ps. 87,5-6. Cf. Esdras, IV, 10,7 ; cf. aussi Baruch, 4,9-10 ; Apocal. Baruch, 3,1-3.
178. « Comme un seul homme, d'un seul cœur » (Rachi, *ad* Exod. 19,2). Cf. Me'hilta (Exod. 19,2), Yitro, Massi'hta DeBa'Hodèche, 1, p. 70 ; Pessikta DeRav Kahana, 12 ; cf. Gen. R. 98,2,4 ; Lev. R. 9,9 ; Deut. R. 5.
179. Voir Zohar, II, 116*a*.
180. Voir Obadia, 1,8.
181. Cf. Rabbi David Chelomo Eibschütz, *Arvei Na'hal, Balak*.
182. Les sages d'Israël reprochent aux juifs un certain manque d'empressement dans l'*aliya* vers Sion et dans l'œuvre de reconstruction de Jérusalem. Ce

défaut a eu pour conséquence un « manque » de la *Che'hina*, de la Présence de Dieu, en ce Lieu. Cf. TB Yoma 9*b* et Rachi *ad loc.* ; Cant. R. 8,11 ; cf. Zohar, II, 9*b*. Cf. Rabbi Yehouda HaLévi, *Kouzari*, II, 23-24 ; V, 27 ; Rabbi Ya'akov Emden, *Siddour Beit Ya'akov*, I, *Soulam Beit Keil*, p. 20 ; Rabbi 'Hayim Attar, *Or Ha'Hayim, ad* Lev. 25,22.

183. Cf. Recanati, *Yitro*, 9*a*.
184. Cf. Rabbi Avraham de Slonim, *Be'eir Avraham*, p. 102, 109, 215.
185. Voir *supra*, p. 238*s*.
186. TY Bava Kama, VII, 7, Ps. 122,3.
187. TY 'Haguiga, III, 6 ; cf. Michna Bikourim, III, 3.
188. Jérusalem personnifie l'unité d'Israël. Cf. Rabbi 'Hayim de Volojine, *Néfèche Ha'Hayim*, 2,17, p. 54 ; cf. Jer. 2,2.
189. Cf. TB Meguila 26*a*.
190. En Jérusalem se rejoignent toutes les générations d'Israël : « La monnaie de Jérusalem porte inscrits, d'un côté, les noms de David et de Salomon ; de l'autre, le nom de Jérusalem, ville sainte » (TB Bava Kama 97*b*).
191. La condition préalable de la *délivrance* d'Israël, dont Jérusalem est le symbole, est l'unité d'Israël, l'union des israélites (cf. Gen. R. 98,2 *et al.* Voir Rabbi 'Hayim de Volojine, *Néfèche Ha'Hayim*, 2,17, p. 54).
192. *Keir Ché'Houbra La Ya'hdav*, « Jérusalem est unifiée avec elle-même : elle porte son centre en elle-même » (Rabbi Samson Raphaël Hirsch, *Die Psalmen, ad* Ps. 122,3, II, p. 235).
193. *Yerouchalayim HaB'nouya*. La « Jérusalem, qui est bâtie » (Ps. 122,3), la Jérusalem qui est reconstruite, qui est réunifiée, contribue à réunir la Jérusalem d'en haut et la Jérusalem d'en bas (cf. Rabbi Menahem M. Kasher, *Ha-Tekoufa HaGuedola*, p. 494, selon l'école du Gaon de Vilna).
194. « À Jérusalem, Israël est appelé : un, à savoir "un peuple". » (Zohar III, 93*b* ; Sam. II, 7,23).
195. « Les enfants d'Israël retourneront au Beit HaMikdache (au Temple de Jérusalem) et ils chercheront le Saint, béni soit-Il » (Rachi, *ad* TB Meguila 18*a*).
196. Jérusalem et Israël se méritent réciproquement. Cf. Lev. R. 13,2 ; Nu. R. 23,7 ; Rabbi Yehouda HaLévi, *Kouzari*, III, 73 ; Maharal, *Déré'h 'Hayim, ad* Avot, V, p. 189.
197. Cf. Rabbi Avraham Yitshak Hakohen Kouk, *Hazone HaGueoula*, p. 35.
198. Aux temps messianiques, « Jérusalem deviendra la métropole spirituelle de tous les États » (Cant. R. 1,37 ; Exod. R. 23,11 ; Rachi, *ad* Cant. 1,5).
199. Voir *supra*, note 1.
200. Cf. Ps. 48,2 ; Zohar, II, 235*a* ; III, 5*a*.
201. Jer. 3,17. Cf. Zohar I, 84*b*.
202. « Jérusalem, cœur du monde. » Cf. Zohar II, 193*a*.
203. « En ces temps on appellera Jérusalem : Trône de l'Éternel. Tous les peuples s'assembleront à Jérusalem, en l'honneur de l'Éternel » (Jer. 3,17).

IV. Temps juif, temps chabbatique

1. Cf. Pessikta DeRav Kahana, 15.
2. Cf. Gen. R. 3,8 ; cf. aussi Gen. R. 1,2. Voir RACHI, Gen. 1,1,14 ; Michna Bera'hot I, 1. Cf. CHELAH, I, p. 7*b*-8*a* ; *Chem MiChemouël, Moadim*, p. 116.
3. Cf. MAHARAL, *Déré'h 'Hayim, Avot* V, 22, p. 210-211. Voir TB Sanhédrine 101*a* ; Prov. 15,23 ; *Peirouchei Rabbeinou Yona MeGirondi, Avot* II, 1, p. 18. Cf. *Sifra DiTseniouta Im Biour Hagra, Likoutei Hagra*, p. 78. *Chem MiChemouël, Devarim*, p. 212. *Tosséfet Bera'ha*, V, p. 329 ; Eccl. 3,11.
4. Cf. TB Eirouvine 27*a* ; cf. aussi TB : Chabbat 129*a* ; Pessa'him 105*b* ; Kidouchine 33*a* ; Sanhédrine 101*a*. Tan'houma : VaYe'hi 15 ; Ki Teitsei 2. Voir *Siddour Cha'arei Ratsone de* RABBI NA'HMAN DE BRATSLAV, p. 206 et 345.
5. Cf. TB Makkot 23*b*. Midrache Michlei, 31. Zohar III, 110*b*. Séfer HaBahir, 35, p. 9 ; 36, p. 9. RAMBAM, *Séfer HaMitsvot, Chorèche* 13. RECANATI, *Bereichit*, p. 8*b*. MAHARAL, *Tiféret Yisraël*, 4, p. 7*a*. CHELAH, 1, p. 210*a* ; III, p. 3*a*. RAM'HAL, *Messilat Yecharim*, 2, p. 19. *Biour Hagra, Michlei* 31, 21, p. 180. *Maguid Devarav LeYa'akov*, 86, p. 149. *Od Yossef 'Haï*, p. 234.
6. CF. TY Roche HaChana I, 3. TB : Bera'hot 26*a* et Tossafot *ad loc.* ; 49*a* ; Chabbat 32*b* ; Pessa'him 68*b* ; Beitsa 17*a* ; Roche HaChana 24*a* ; Sanhédrine 42*a* ; 99*b* ; 101*a*. Massé'het Kala, I. Exod. R. 16 ; Cant. R. 15. Me'hilta, Pessikta Zoutarta et RACHI *ad* Exod. 12,17 ; RACHI, *ad* Temoura 14*a*. *Séfer Ha'hinou'h, Hakdama*, p. 11. CHELAH, I, p. 176*a*-*b*-177*a*. *Divrei Chemouël* (de Nikolsburg), p. 155. *Likoutei Moharan*, 33, 3-4, p. 47*a*. *Sefat Emet*, I, p. 229 ; III, p. 186, 197-198 ; V, p. 64. Rav KOUK, *Orot*, p. 55. R. Y. HUTNER, *Pa'had Yits'hak, Yera'h HaEitanim*, p. 171, 174, 176, 222. R. MOCHÉ GROSSBERG, *Tsefounot HaRogatchovi*, p. 1-24. LE GAON DE ROGATCHOV, *Mefa'anéah Tsefounot*, chapitres 3 et 5. *Mi'htav MeEliahou*, II, p. 151-153.
7. Cf. *Emet VeEmouna*, p. 54.
8. Cf. Enoch 82,4.
9. Ps. 90,12. Cf. RAMBAM, *Hil'hot Chemita VeYovel* X, 1 ; Lev. 25,8. *Séfer Ha'Hinou'h, Mitsva* 84. *Peirouchei Maharal MiPrague LeAgadot HaChass*, II, *ad* Chabbat 137*b*, p. 124.
10. Cf. TB Kidouchine 40*b* ; RAMBAM, *Hil'hot Techouva* III, 4. Cf. TB : Yoma 86*a* ; Sanhédrine 37*a* ; Avoda Zara 10*b*. Gen. R. 65,18. RABBEINOU YONA GERONDI, *Cha'arei HaAvoda*, p. 22.
11. Exod. 20,8.
12. Me'hilta (Exod. 20,8), Massi'hta DeBa'Hodèche, VII, p. 77*a*. RAMBAN, *ad* Exod. 20,8, écrit : « Les non-juifs comptent les jours de la semaine comme des jours en eux-mêmes : ils les appellent selon ceux (les divinités) qui les patronnent ; tandis que les juifs comptent les jours en vue du Chabbat : "premier jour dans le Chabbat, deuxième jour dans le Chabbat"..., car (Dieu) nous a ordonné par une mitsva de nous souvenir du Chabbat, toujours, tous les jours... » Cf. Zohar II, 204*a*.
13. Cf. *Bène Iche'Haï*, p. 98. Mais voir aussi Michna Tamid VII, 4. TB Chabbat 69*b* ; *Neot HaDéché*, p. 136-137 ; *Chem MiChemouël*, Chemot, I, p. 169 ; R. MORDE'HAÏ YOSSEF LEINER, *Mei HaChiloa'h, VaYélé'h*.

14. Cf. Gen. R. 10. Zohar, I, 17*a* ; 47*b* ; II, 222*b*. *Kouzari* V, 10. Rabbi Yits'hak Arama, *Akeidat Yits'hak, Cha'ar Revi'i* ; Abrabanel, *ad* Gen. 2. Maharal, *Déré'h 'Hayim*, Avot V, 9, p. 187-188.

15. Cf. Seforno, *ad* Exod. 20,11. Maharal, *Déré'h 'Hayim*, p. 9. *Kedouchat Lévi*, p. 69*a*. *Likoutei Moharan*, II, 39, p. 25*a*-*b*. *Be'eir Mayim 'Hayim*, *ad* Gen. 2,1. *Sefat Emet*, I, p. 15. *Chem MiChemouël, Bereichit*, I, p. 25-27.

16. Cf. Exod. 20,11 et Exod. 23,12 ; Gen. 2,2 et Exod. 23,12 ; Gen. 2,3 et Exod. 20,11 ; Exod. 31,17 et Exod. 23,12.

17. Cf. Rabbi Samson Raphaël Hirsch, *Igrot Tsafone*, p. 70-71.

18. « Dieu n'a pas fourni d'effort pour créer le monde. Il a suffi de "la parole de Dieu pour que les cieux fussent faits" » (Ps. 33,5. Gen. R. 3,2 ; 10,12 ; 12, 9-10. Me'hilta (Exod. 20,11), Yitto, Massi'hta DeBa'Hodèche, VII, p. 77*b*. « Et Il s'est reposé le septième jour » (Exod. 20,11). « S'il est permis de s'exprimer ainsi, Dieu parle de repos pour Lui-même. C'est pour en tirer par voie de raisonnement qu'à plus forte raison l'homme, pour qui le travail est peine et fatigue, doit se reposer le Chabbat » (Rachi, *ad. loc.*). « Celui dont il est dit : "Il ne se fatigue ni ne se lasse" (Is. 40,28), et dont toute l'œuvre s'est faite par la Parole, a cependant inscrit dans la Tora le mot de repos à Son propre sujet ! C'est pour rendre accessible à l'oreille humaine ce qu'elle est susceptible de comprendre » (Rachi, *ad* Exod. 31,17). Cf. Ibn Ezra, *ad* Exod. 31,17.

19. Cf. Gen. 1,31.

20. Cf. Gen. 2,3 ; cf. Gen. R. 11,2. Cf. Malbim, *ad* Gen. 2,3. Cf. B. Jacob, *Das erste Buch der Tora, Genesis*, Berlin, 1934, p. 67-68. Cf. M. D. Cassuto, *MeAdam Ad Noa'h*, p. 40.

21. Cf. Is. 58,13-14. Tana Devei Eliyahou Rabba, 1. Cf. Tikounei HaZohar, 6 (37). *Peirouchei Maharal MiPrague LeAgadot HaChass*, II, *ad* Chabbat 118*b*, p. 98-99 ; *Derachot Maharal MiPrague, Derouche Al HaTora*, p. 39. *Neot HaDéché*, p. 128.

22. Lev. 19,2-3. Cf. Séfer HaZohar, Im Peirouche HaSoulam, IV, Yitro, 528, p. 134-135 ; V, VaYakhel, 205, p. 68. Cf. Chelah, *Siddour Cha'ar HaChamayim*, p. 385.

23. Il y a des commentateurs qui préfèrent accorder le masculin du verbe *LeKadecho* avec le substantif masculin *Yom*, qui précède le mot *HaChabbat*. Mais cf. Is. 56,2,6 : *Chomère Chabbat Me'Halelo*, et Is. 66,23 : *OuMidei Chabbat BeChabbato !* – Dans la littérature mystique, le commandement du *Za'hor*, « souviens-toi du jour du Chabbat » (Exod. 20,8), correspond au Chabbat au masculin ; et le commandement du *chamor*, « observe le jour du Chabbat » (Deut. 5,12), correspond au Chabbat au féminin. Cf. Zohar, I, 48*b* ; II, 88*b* ; 92*a*-*b* ; 165*b*. Tikounei HaZohar, 55. Tikounei Zohar 'Hadache, 120*a*. Cf. Ramban, *ad* Exod. 20,8 et commentaire *ad. loc.* de R.C.B. Chavel (*Peirouchei HaRamban Al HaTora*, I, p. 398-399). Recanati, *Yitro*, p. 9*a*. Rabbi Ya'akov Yossef de Polonnoje, *Toldot Ya'akov Yossef, Hakdama* ; *VaYeitsei. Kedouchat Lévi*, p. 55*a*. Rabbi Avraham Yehochoua Heschel d'Apta, *Ohev Yisraël, Va-Et'hanane*. Rabbi Eliyahou deVilna, *Biourei Hagra Al Agadot*, II, p. 71. Bène

IV. TEMPS JUIF, TEMPS CHABBATIQUE 415

Iche 'Haï, p. 142. Cf. TB Bava Kama 32*b*. – Cf. aussi TB Mena'hot 43*b* ; TY Bera'hot I, 5 ; Nu. 15, 39 : OuRe'item Oto.

24. Cf. Rabbi Chelomo Efraïm Lunschitz, *Keli Yakar*, ad Exod. 20,8. Cf. Exod. R. 25,16.

25. Cf. Zohar II, 88*a*-*b* ; 128*a*. Cf. Tikounei HaZohar 2*a*. Séfer HaZohar, Im Peirouche HaSoulam, IV, Yitro, p. 141, V, VaYakhel, p. 68. Cf. Zohar 'Hadache, Bereichit, 22*a*. *B'nei Issas'har*, I, p. 1.

26. Cf. Zohar I, 15*b*.

27. Cf. *Sefat Emet*, II, p. 209.

28. Cf. Exod. 20,9.

29. Cf. Gen. 2,3 ; Exod. 23,12. Voir *HaKetav VeHaKabala*, II, p. 49*a*.

30. Cf. Philon d'Alexandrie, *De specialibus legibus*, II, 15,64. Maïmonide, *Moré Nevou'him*, II, 31. Cf. *Chem MiChemouël, Bereichit*, I, p. 290, 359.

31. Cf. Philon d'Alexandrie, *De Decalogo*, 20, 100-101 ; *De specialibus legibus*, II, 15, 64.

32. Cf. *Séfer Ha'Hinou'h, Mitsva* 84 ; cf. *Sefat Emet*, I, p. 234.

33. Cf. Chelah : I, p. 193*b*-194*a* ; *Siddour Cha'ar HaChamayim*, p. 309.

34. Rav Kouk : *Olat Reiyah*, II, p. 1-2 ; *Orot HaTechouva*, 14,33, p. 101 ; *Orot HaTora*, p. 24. Cf. TB Eirouvine 40*b*. Cf. *Kouzari* III, 5. Cf. Rabbi Na'hman de Bratslav, *Siddour Cha'arei Ratsone*, p. 511. *Sefat Emet*, V, p. 190. *Chem MiChemouël : Bereichit*, II, p. 351, 353 ; *Chemot*, p. 240 ; *BaMidbar*, p. 141. Rabbi Yossef 'Hayim de Bagdad, *Da'at OuTevouna*, p. 65*a*. – Rabbi Chnéiour Zalman de Liady écrit dans le *Tanya* (*Iguéret HaTechouva*, 10, p. 198) : « Le *Chabbat* a la signification de la *Techouva* (du « retour », du repentir). Les lettres qui composent le mot *Chabbat* sont les mêmes que celles qui composent le mot *Tachev* : "retourne" "fils de l'homme" (Ps. 90,3). Car au Chabbat (l'homme, et avec lui) les mondes s'élèvent vers leur source. » Cf. *Kedouchat Lévi, Bereichit*, p. 2*a*, Bo, p. 36*b*. *B'nei Issas'har*, II, p. 19*a*. *Likoutei Moharan*, 1, 6,3, p. 6*b* ; 79, p. 93*a* ; *Siddour Cha'arei Ratsone*, p. 478, 608. Rabbi Chemouël Chmelke de Nikolsburg, *Divrei Chemouël*, p. 4. *Sefat Emet*, I, p. 5-7 ; II, p. 91 ; V, p. 164, 166, 168, 190. *Neot HaDéché*, p. 100 ; *Avnei Neizer*, p. 125. *Chem MiChemouël, Bereichit*, I, p. 28, 295, 335 ; *VaYikra*, p. 170 ; *Devarim*, p. 5, 49 ; *Moadim*, p. 93, 98-99. *Be'eir Avraham*, p. 109. *Da'at OuTevouna*, p. 74*a*.

35. Cf. *Sefat Emet*, II, p. 228 ; *Chem MiChemouël, Devarim*, p. 226-227.

36. *Cheïltot* (VIIIe s.), cité in Tan'houma, Bereichit 2. Cf. Sifrei (Nu. 10, 10), BeHa'alote'ha, 77, p. 19*b*. Cf. TY Meguila I, 4 ; Gen. R. 9. Cf. Ibn Ezra et *Ba'al HaTourim*, ad Nu. 10,10. Cf. Zohar II, 165*b*. Séfer HaZohar, Im Peirouche HaSoulam, V, VaYakhel, 204, p. 68. Cf. *Kouzari* V, 10. Mais cf. TB Pessa'him 68*b*. Voir Rabbi Dov Baer de Mezritch, *Maguide Devarav LeYa'akov*, 31, p. 50. *Kedouchat Lévi, Bereichit*, p. 2*a*. *Siddour Cha'arei Ratsone*, p. 530. R. S. R. Hirsch, *Igrot Tsafone*, p. 81. *Sefat Emet*, I, p. 54 ; II, p. 111 ; V, p. 182. *Chem MiChemouël, Bereichit*, I, p. 10-11 ; *Chemot*, I, p. 240. *Bène Iche 'Haï*, p. 102.

37. Exod. 20,8 ; Deut. 5,13.

38. Me'hilta (Exod. 20,8), Yitro, Massi'hta DeBa'Hodèche, 7, p. 277*a*.

39. Cf. Gen. R. 5,7 ; 10,5, 12 ; 46,2. TB 'Haguiga 12*a.* Tan'houma, Mikeits 10. Zohar III, 119*b.* Voir *Sefat Emet,* II, p. 37 ; III, p. 28. *Be'eir Avraham,* p. 213.
40. Voir *supra,* p. 282.
41. TB Beitsa 15*b.* Cf. Zohar II, 255*a.* Voir *Peirouchei HaTora LeRabbi Yehouda He'Hassid,* p. 6.
42. Cf. Rabbi Yehouda HaLévi, *Kouzari* III, 5.
43. Cf. Maharal, *Déré'h 'Hayim,* p. 7, 188 ; cf. aussi *Peirouchei Maharal MiPrague LeAgadot HaChass, ad* Chabbat 113*b,* II, p. 88.
44. Cf. Exod. R. 30,12. – Cf. Maharcha, *ad* Chabbat 10*b.* Le don du Chabbat, du repos, que Dieu a fait à l'homme, le soulage de la malédiction qui s'est abattue sur lui après qu'il eut commis son premier péché : « C'est à la sueur de ton visage que tu mangeras le pain » (Gen. 3,19). Cependant, la Me'hilta, Bechala'h, Massi'hta DeVayassa, V, p. 58*b, ad* Exod. 16,21, écrit : « Ils recueillirent (la manne) tous les matins. » « (Nous apprenons) par ce verset que même en ce qui concerne (la récolte de) la manne, la condamnation : "C'est à la sueur de ton visage que tu mangeras le pain" est restée valable ! » Et la manne a été accordée aux israélites pour qu'elle leur prouve le caractère particulier du Chabbat !
45. Voir *supra,* p. 269.
46. Cf. Seforno, *ad* Exod. 20,9. Cf. Avot IV, 1 ; Prov. 13,25 ; Zohar II, 153*b.* Voir aussi TB Chabbat 119*a.*
47. Cf. TB : Kidouchine 22*b* ; Bava Metsia 10*a* ; Bava Batra 116*b.* TY Kidouchine, I, 2 ; Tossefta Bava Kama VII, 2. Zohar II, 192*a.* Rabbeinou Yona Girondi, *Cha'arei HaAvoda,* p. 16-17. Abrabanel, II, Yitro 20, p. 190, Lev. 25,55.
48. Cf. *Chirei Rabbi Yehouda HaLévi,* p. 7. Ibn Ezra, *ad* Nu. 6,7.
49. Cf. TY Pessa'him V, 5. Rachi, *ad* Deut. 5,15. *Méché'h 'Ho'hma,* p. 258. Cf. Zohar III, 223*a.*
50. Cf. TB Chabbat 118*b* ; Zohar 'Hadache, 48*a. Chirei Rabbi Yehouda HaLévi.* p. 335, Rabbi Yossef Karo, *Beit Yossef, Tour, Ora'h 'Hayim,* 242. Rabbeinou Yona Girondi, *Cha'arei HaAvoda,* p. 50. Rabbi Avraham de Slonim, *Be'eir Avraham,* p. 184.
51. Cf. Philon d'Alexandrie, *De specialibus legibus,* II, 15, 61-63 ; *idem, De vita Mosis,* II, 39, 215. Cf. Zohar II, 47*a.* Cf. TB Bava Batra 8*b* ; Zohar I, 23*b.*
52. Cf. TB Yoma 74*b.*
53. Cf. TY Chabbat XV, 3 ; Pessikta Rabbati 23,9. Cf. Radak, *ad* Gen. 2,3 (éd. Kamelthar, p. 24). Cf. Seforno, *ad* Deut. 5,12.
54. Exod. 23,12.
55. Cf. Rabbi Meir Sim'ha de Dvinsk, *Méché'h 'Ho'hma,* p. 51 ; cf. aussi Rachi, *ad* Exod. 23,13. *Chem MiChemouël, Moadim,* p. 90. Rabbi Yossef Rozine, *Mefa'anéa'h Tsefounot,* p. 147.
56. Cf. Exod. 20,10.
57. Cf. TB : Beitsa 13*b* ; Kareitot 19*b.* Rabbi Samson Raphaël Hirsch : *ad* Gen. 2,2, I, p. 39 ; *Igrot Tsafone,* p. 70-71. Mais voir aussi Abrabanel, II, Yitro, Exod. 20, p. 190.

IV. TEMPS JUIF, TEMPS CHABBATIQUE 417

58. Cf. Rambam, *Hil'hot Chabbat* I, 1 ; XXI, 1. Cf. aussi Rabbi 'Hayim Attar, *Or Ha'Hayim*, *ad* Exod. 31,16 ; 35,1.

59. Cf. *Agadat HaGueonim VeHaMeKoubalim*, ed. Weinstock, Jérusalem, 5734 (1974), p. 213. Mais voir aussi Abrabanel, II, *Yitro*, Exod. 20, p. 190.

60. Exod. 31,17.

61. Rabbi 'Hayim Attar, *Or Ha'Hayim, ad* Gen. 2,2 et *ad* Exod. 35,2 ; cf. Recanati, *KiTissa*, p. 15*b* ; Alchéi'h, *ad* Gen. 2 ; *Toldot Ya'akov Yossef, Hakdama* ; *Sefat Emet*, I, p. 246.

62. Cf. Rabbi Tsevi Elimélé'h de Dinov, *B'nei Issas'har*, I, 9*a*, 38*a* ; *Hagada Chel Pessa'h*, p. 75.

63. Cf. Rabbi Yehouda Arié Leib de Gour, *Sefat Emet*, I, p. 9-10, 246-247 ; II, p. 88, 210 ; III, p. 153, 196. Voir aussi *Chem MiChemouël, Moadim*, p. 209 ; Rabbi Na'hman de Bratslav, *Siddour Cha'arei Ratsone*, p. 511.

64. Cf. Gen. R. 10,10. Rachi (*ad* Gen. 2,2) écrit : « "Dieu avait terminé Son œuvre le septième jour." Que manquait-il au monde ? Le repos – *menou'ha* –. Le Chabbat est venu et alors le repos est venu ! Alors seulement l'œuvre de la Création a été achevée et menée à bonne fin. » Cf. Rachi, *ad* TB Meguila 9*a* ; cf. Zohar II, 222*b*. Cf. Rabbeinou Ba'hya, *ad* Gen. 2,2, I, p. 53. Mais cf. aussi Seforno, *ad* Gen. 2,2.

65. Cf. Nu. R. 10,1. Recanati, *Bereichit*, p. 8*b* ; Chelah, I, p. 11*b* ; *Or Ha'Hayim, ad* Gen. 2,2-3 ; *Sefat Emet*, I, p. 211 ; *Chem MiChemouël, Bereichit*, I, p. 276 ; Rav Kouk, *Olat Reiyah*, II, p. 47.

66. Cf. Gen. R. 10,10, 12 ; Pirkei DeRabbi Eliézer, 18 ; Recanati, *Bereichit*, p. 8*b* ; *Arvei Na'hal, Bereichit* ; Malbim, *ad* Gen. 2,2-3 ; *Chem MiChemouël, Moadim*, p. 120.

67. Cf. Zohar I, 47*b* ; *Chem MiChemouël, Bereichit*, I, p. 5. – *Chem MiChemouël, Bereichit*, I, p. 32 ; *Sefat Emet*, II, p. 210.

68. Cf. *Chem MiChemouël, BaMidbar*, p. 129.

69. Cf. Zohar, I, 247*a* ; II, 89*b* ; III 94*b* ; 103*b* ; Tossafot, *ad* TB Sanhédrine 38*a*. Cf. TB Meguila 9*a*. Voir Rachi, *ad* Gen. 2,3 ; R. Chemouël David Luzzatto, *ad* Gen. 2,2, p. 19-20.

70. Gen. 2,2.

71. Voir *supra*, p. 280.

72. Cf. Zohar II, 88*b* ; 207*a* ; III, 238*b*. Zohar 'Hadache, Bereichit 22. Tikounei HaZohar 6 ; 24 ; 48. Rabbi Lévi Yitshak de Berditchev, *Kedouchat Lévi*, p. 2*a*.

73. Cf. Rabbi Yehouda HaLévi, *Kouzari*, III, 5. Mais cf. Franz Rosenzweig, *Ko'hav HaGueoula*, p. 338.

74. Rabbi Dov Baer de Mezritch, *Maguid Devarav LeYa'akov*, 90, p. 156.

75. Cf. Zohar II, Terouma.

76. Cf. Gen. R. 1,2 ; Zohar I, 5*a*.

77. Cf. *Sefat Emet*, I, p. 80.

78. Cf. Zohar II, 206*b*. Cf. *Sefat Emet*, I, p. 15 ; F. Rosenzweig, *Ko'hav HaGueoula*, p. 334-335.

79. Cf. *Sefat Emet*, III, p. 203.

80. Cf. RAMBAN, *ad* Lev. 26,1-2 ; Tikounei HaZohar 21 (86*b*) ; cf. Zohar II, 92*a*.
81. Cf. Zohar III, 173*b*-174*a*. Cf. aussi Zohar I, 4-5. Cf. ARI HAKADOCHE, *Likoutei Tora*, p. 126 ; *B'nei Issas'har*, I, p. 10*a* ; *Sefat Emet* I, p. 80.
82. Gen. 2,13.
83. TB Chabbat 119*b*.
84. Voir *supra*, p. 270.
85. Cf. TB Chabbat 88*a* ; Avot DeRabbi Nathan, 31. *Or Ha'Hayim, ad* Gen. 2,3 ; *Toldot Ya'akov Yossef, Hakdama* ; *Kedouchat Lévi*, p. 69*a* ; *Likoutei Moharan*, II, 39, p. 25*a* ; *Be'eir Mayim 'Hayim, ad* Gen. 2,1 ; *Sefat Emet*, I, p. 15, 244.
86. Cf. Zohar I, 3*b* ; 15*b*.
87. Cf. MAHARCHA, *ad* TB Chabbat 119*b* ; RABBI 'HAYIM DE VOLOJINE, *Néfèche Ha'Hayim*, p. 28-32.
88. Cf. RABBI YOSSEF GIKATILLA (1248-1305), *Guinat Egoze*, p. 36.
89. Cf. PHILON D'ALEXANDRIE, *De vita contemplativa* ; *De Decalogo*, 20, 100-101. Cf. Esther STAROBINSKI-SAFRAN, *Philon d'Alexandrie, De Fuga et Inventione*, p. 82 s.
90. Cf. Zohar, II, 205*a*. Voir RABBI AVRAHAM DE SLONIM, *Be'eir Avraham*, p. 184.
91. Cf. MAHARAL, *Déré'h 'Hayim, ad* Avot V, 21, p. 210 ; *ad* Avot V, 15, p. 194-195. Cf. Gen. R. 30,8 et *Matnot Kehouna ad loc*. Pessikta DeRav Kahana, *ad* Lev. 23,24 ; Nu. 29,1 (OuBa'Hodèche HaChevi'i, « dans le septième mois » de l'année, Tichri ; le premier mois de l'année étant Nissane, cf. Exod. 12,2), il y a « rassasiement » en mitsvot, occasionnées par plusieurs fêtes célébrées au cours du même mois. Cf. TB Roche HaChana 11*a* ; Zohar II, 184*a*. Cf. *Sefat Emet*, V, p. 227 ; *Chem MiChemouël, Moadim*, p. 147. Cf. aussi RABBI YOSSEF 'HAYIM, *Od Yossef 'Haï, Bechala'h*, p. 149. Ce Gaon et *tsadik* de Bagdad établit également une relation entre *chiva*, « sept » et *sevia*, « satiété ».
— Les sages d'Israël établissent une relation entre *sova*, « satiété » et *chéva*, « sept » : *Al Tikrei sova éla chéva* : « ne lis pas (en Ps. 16,11) *"sova"*, mais *"chéva"* ! » Cf. TB Ara'hine 13*b*. Lev. R. 29,7 ; 30,2. Nu. R. 15,8. Cho'heir Tov 16. Tan'houma, BeHa'alot'ha 7. Yalkout Chim'oni, Emor 645 et Pine'has 782. Cf. TB Meguila 15*b*.
92. « Le jour du Chabbat est le fruit de la semaine », dit RABBI YEHOUDA HALÉVI, *Kouzari* III, 5.
93. Cf. Tana Devei Eliyahou Rabba 1 ; Lev. R. 3,1 ; cf. aussi Gen. R. 11,2 ; Cant. R. 1,36. Cf. Zohar II, 89*a* ; Is. 14,3. Cf. PHILON D'ALEXANDRIE, *Fug*. 173-174 ; Esther STAROBINSKI-SAFRAN, *Philon d'Alexandrie, De Fuga et Inventione*, p. 83.
94. Cf. Me'hilta DeRabbi Chim'on Bar Yo'haï, *ad* Exod. 20,9. Mais cf. aussi RABBI TSEVI ACHKENAZI, *Che'eilot OuTechouvot 'Ha'ham Tsevi*, 83.
— Généralement les ordonnances bibliques sur le Chabbat sont précédées de la mention des six jours de travail. Cf. Gen. R. 16,8 ; Gen. 2,15. Voir TB Chabbat 88*b*. Cf. CHELAH, I, p. 177*b* ; *Sefat Emet*, II, p. 88-89 ; *Chem MiChemouël*,

Chemot, I, p. 260. Mais voir aussi CHELAH, I, p. 25*a* ; RABBI ELIYAHOU, LE GAON DE VILNA, *Divrei Eliyahou*, p. 4.

95. Cf. Séfer HaZohar Im Peirouche HaSoulam, V, VaYakhel, p. 60 ; Zohar III, 125*a*. RABBI 'HAYIM VITAL, *Peri Eits 'Hayim, Cha'ar HaChabbat*, p. 63*a*. *Likoutei Moharan*, 94, p. 96*a*. RABBI CHEMOUËL CHMELKE DE NIKOLSBURG, *Divrei Chemouël*, p. 95-96. RABBI AVRAHAM YEHOCHOUA HESCHEL D'APTA, *Ohev Yisraël, VaEt'Hanane. Sefat Emet*, I, p. 16 ; II, p. 66, 88, 202 ; V, p. 16, 57, 70, 167, 182. *Chem MiChemouël : Bereichit*, I, p. 20, 92-93, 276, 295, 329 ; *BaMidhar*, p. 418 ; *Moadim*, p. 204. RABBI AVRAHAM DE SOHATCHOV, *Neot HaDéché*, p. 89. RABBI YA'AKOV MOCHÉ HARLAP, *Mei Meirom*, VIII, p. 60.

96. Cf. TB : Bera'hot 8*a* ; Chabbat 117*a* ; 119 ; Beitsa 16*a* ; Bava Kama 82*a*. Yalkout Chim'oni, Tehilim 92, 843. RAMBAM, *Hil'hot Chabbat* XXX, 3,6. RABBI YOSSEF KARO : *Beit Yossef, Tour, Ora'h 'Hayim*, 285 ; *Choul'hane Arou'h, Ora'h 'Hayim*, 250, I, Cf. Nu. R. 14,9 ; Cant. R. 1. Cf. RABBI NA'HMAN DE BRATSLAV, *Siddour Cha'arei Ratsone*, p. 296, 331*s*. RABBI AVRAHAM DE SLONIM, *Be'eir Avraham*, p. 145.

97. Cf. *Kedouchat Lévi*, p. 55 ; *Beit Avraham*, p. 162.

98. Cf. HANATSIV, RABBI NAFTALI TSEVI YEHOUDA BERLINE DE VOLOJINE, *Ha'amek Davar*, ad Exod. 16,5, II, p. 134, et *ad* Deut. 5,16, V, p. 60.

99. Cf. IBN EZRA, *ad* Exod. 31,16. RABBI 'HAYIM VITAL, *Peri Eits 'Hayim, Cha'ar HaChabbat*, p. 63*a*-*b*.

100. Cf. TB Avoda Zara 3*a* ; Ruth Rabba 3,3 ; Peti'hta D'Ei'ha Rabbati 18 ; Eccl. R. 1,36. RABBI 'HAYIM VITAL, *Peri Eits 'Hayim, Cha'ar HaChabbat*, p. 62*b*-63*a*. Voir aussi ABRABANEL, II, *Yitro*, Exod. 20, p. 180, 190. Cf. MAHARAL, *Déré'h 'Hayim*, p. 9. *Ohev Yisraël, Ki Tissa. Sefat Emet*, I, p. 16, 190 ; II, p. 105, 208, 226, 227 ; V, p. 176.

101. Cf. TB Ketouvot 62*b* ; Zohar, I, 14*a* ; II, 89*a* ; III, 82*a*. *Sefat Emet*, II, p. 86.

102. Cf. Me'hilta (Exod. 20,8), Yitro, Massi'hta DeBa'Hodèche, VII, p. 77*a*. TB : Beitsa 16*a* ; Chabbat 118*b* ; 119*a* ; RACHI et RAMBAN, *ad* Exod. 20,8 ; RABBEINOU BA'HYA, *ad* Exod. 31,16, II, p. 324. Voir RACHI, *ad* Nu. 25,17 ; RABBI BAROU'H HALÉVI EPSTEIN, *Tosséfet Bera'ha*, V, p. 36-37.

103. Cf. CHELAH HAKADOCHE, III, p. 129*b*.

104. Cf. *Sefat Emet*, II, p. 67, 88.

105. Cf. RABBI ELIYAHOU, LE GAON DE VILNA, *Siddour Ichei Yisraël*, p. 254 ; *Sefat Emet*, I, p. 102 ; II, p. 208.

106. Cf. RACHI, *ad* TB Guitine 77*a* ; cf. TB Pessa'him 106*a*. Cf. Séfer HaBahir 51, p. 15. RABBI 'HAYIM VITAL, *Peri Eits 'Hayim*, II, *Cha'ar HaChabbat*, p. 63*a* ; *Peirouchei Maharal MiPrague LeAgadot HaChass, ad* TB Chabbat 118*b*, II, p. 97 ; RAV KOUK, *Olat Reiyah*, II, p. 1-2.

107. Cf. Zohar III, 82*a* ; *Sefat Emet*, I, p. 247 ; II, p. 204*b* ; 208-209.

108. Voir *Choul'hane Arou'h, Ora'h 'Hayim*, 299,6.

109. Cf. CHELAH, I, p. 190*a*. *B'nei Issas'har, Hagada Chel Pessa'h*, p. 76-77. *Divrei Chemouël* (de Nikolsburg), p. 24, 134. RABBI ELIYAHOU DE VILNA, *Adéret Eliyahou*, p. 216. RABBI AVRAHAM DANZIG, *'Hayei Adam, Hil'hot Chabbat, Kelal*

1. *Arvei Na'hal, Bereichit. Likoutei Moharan*, 1, 5,2, p. 5*b* ; II, 39, p. 25*b*. *Ohev Yisraël, VaEt'hanane*. Rabbi Avraham de Sohatchov, *Avnei Neizer*, p. 8 ; *Neot HaDéché*, p. 136-137. *Chem MiChemouël, Bereichit*, I, p. 86-87, 225, 295 ; *Bereichit*, II, p. 243 ; *BaMidbar*, p. 206 ; *Devarim*, p. 172, 203-204. *Sefat Emet*, I, p. 16, 123 ; II, p. 88-89, 227 ; IV, p. 168, 194. *Bène Iche 'Haï*, p. 99. Rav Kouk, *Olat Reiyah*, II, p. 45-47. HaRav David Kohen (HaRav HaNazir), *Kol HaNevoua*, p. 243. Philon d'Alexandrie, *Fug.* 174 ; Esther Starobinski-Safran, *Philon d'Alexandrie. De Fuga et Inventione*, p. 84.

110. Cf. Zohar II, 63*b* ; 88*a*. TB Pessa'him 106*a* ; 103*a*. Ramban, *ad* Gen. 2,3. *Likoutei Moharan*, I, 5, p. 5*b*. *Sefat Emet*, I, p. 5, 51, 119. Neot HaDéché, p. 145, 190-191. *Chem MiChemouël, Bereichit*, I, p. 276. Rabbi David Kohen (HaRav HaNazir), *Kol HaNevoua*, p. 243.

111. C'est ainsi qu'il faut comprendre l'adage talmudique : « Si les enfants d'Israël observaient deux *chabbatot*, selon leur hala'ha (suivant leur loi), ils seraient tout de suite délivrés » (TB Chabbat 118*b* ; voir Maharcha, *'Hidouchei Agadot ad loc.*). En effet, pour observer *un* Chabbat comme il sied, il faut remonter au Chabbat précédent, qui exerce son influence sur les jours qui le séparent du Chabbat suivant. Mais voir aussi *Toldot Ya'akov Yossef, VaYeitsei*. Cf. *Peirouchei Maharal MiPrague LeAgadot HaChass*, II, *ad* TB Chabbat 118*b*, II, p. 97-100. *Kedouchat Lévi*, p. 17, 36, 69. *Divrei Chemouël* (de Nikolsburg), p. 96, 125. *Sefat Emet*, II, p. 66. *Neot HaDéché*, p. 107, 191 ; *Avnei Neizer*, p. 88. *Be'eir Avraham*, p. 118. *Bène Iche 'Haï*, p. 142. *Mefa'anéa'h Tsefounot*, p. 100. – Toutefois, un autre adage talmudique dit : « Si Israël avait observé un seul Chabbat comme il sied, le Messie serait déjà venu » (cf. Me'hilta, ad Exod. 31,16, Ki Tissa, Massi'hta DeChabta, I, p. 110*b* ; TY Ta'anit I, 1 ; TB Chabbat 118*b* ; Exod. R. 25,16 ; Cho'heir Tov, 95 ; Tikounei HaZohar 21 (57*a*). Cf. Aussi TB Chabbat 18*b* ; Zohar 'Hadache, Bechala'h 30*a*). – Mon père s'est penché sur la difficulté apparente que suscite la contradiction entre les deux adages talmudiques (observation idéale de deux Chabbatot ou d'un seul Chabbat, comme condition de l'arrivée du Messie). Voir Rabbi Bezalel Ze'ev Safran, *Che'eilot OuTechouvot Harbaz*, I, p. 19.

112. Cf. Ramban (I, p. 400-401) et Abrabanel (II, p. 189) *ad* Exod. 20,8. Cf. aussi Ramban, *ad* Exod. 12,2 ; Rabbi Yehouda Halévi, *Kouzari* II, 20. Voir aussi Michna Tamid VII, 4 ; TB Roche HaChana 3*a* ; Lev. R. 1,1 ; Eccl. R. 11,5. *Tosséfet Bera'ha*, II, p. 185-186.

113. Le psaume que le juif croyant récite chaque jour à la fin de la prière du matin est précédé de l'affirmation : « Aujourd'hui est le premier (deuxième...) jour *dans* le Chabbat. » Les jours de semaine se trouvent donc inclus dans le Chabbat. Cf. Chelah, I, p. 176*a*, 188*a*, 189*a*, 190*a*, 192*a*, 193*b* ; 194*a* ; II, p. 11*a*, 16*a* ; III, p. 45*a*. *Likoutei Moharan*, I, 63*a*, p. 77*a*. *Adéret Eliyahou (Be'eir Yits'hak)*, p. 429. *Sefat Emet* I, p. 5-6, 51, 102. *Chem MiChemouël, Devarim*, p. 226-227. *Beit Halévi*, p. 9.

114. Cf. Rabbi Moché 'Hayim Luzzatto, *Chelocha Sefarim Nifta'him, Pit'hei 'Ho'hma*, p. 10*b* ; *Chem MiChemouël, Bereichit*, I, p. 25.

115. Cf. *Sefat Emet*, I, p. 13 ; *Chem MiChemouël, Bereichit*, I, p. 11 ; II, p. 218. Voir aussi Gen. R. 10,2. – Cf. Rabbi Yossef Horowitz de Novhar-

DOK, *Madreiguat HaAdam*; (Jérusalem, 5730) ; RABBI YE'HEZKE'ËL SARNA, *Daliyot Ye'hezke'ël*, (I, Jérusalem, 5735 ; II, Jérusalem, 5736).

116. On a souvent insisté sur la relation entre le Chabbat et l'année chabbatique, elle-même appelée Chabbat. Rav KOUK (cf. *Chabbat HaArets*, p. 8) écrit que le Chabbat exerce une influence particulière sur la personne israélite et l'année chabbatique exerce une influence particulière sur la nation israélite. RABBI CHEMOUËL DE SOHATCHOV (cf. *Chem MiChemouël, VaYikra*, p. 318), s'appuyant sur le Zohar, met également en évidence la relation foncière entre la *Chemitta* et la *Knesset Yisraël*, entre l'année chabbatique et la Communauté d'Israël. – Cf. Sifra, RACHI, RAMBAN, RECANATI, *Akeidat Yits'hak*, ABRABANEL, MALBIM, *Méché'h 'Ho'hma* (p. 185), ad Lév. 25. Michna Chevi'it I, 4. Me'hilta (Exod. 23,12), 20, p. 107a. Exod. R. 30,12. Zohar III, 208a ; 210b. *Séfer Ha'Hinou'h, Mitsva* 84. MAHARAL, *Déré'h 'Hayim*, ad Avot V, 9, p. 188-189. RABBI AVRAHAM HAMAL'A'H, *'Hessed LeAvraham*, p. 26. *Sefat Emet*, III, p. 196. Y. BREUER, *Na'hliél*, Tel-Aviv, 5711 (1951), p. 236-237. *Tosséfet Bera'ha*, I, p. 7. RABBI YE'HEZKE'ËL ABRAMSKI, *Tossefta Im Peirouche 'Hazone Ye'hezke'ël, Kodachim*, II, p. I-II.

117. Sifra (Lev. 25,23) Behar, 4, p. 108 ; voir aussi Sifra (Lev. 26,34) Be'Houkotaï, 7, p. 112 ; cf. RACHI, ad Lev. 25,23 ; *Keli Yakar*, ad Lev. 25,3.

118. Cf. RABBI YEHOUDA ARIÉ LEIB DE GOUR, *Sefat Emet*, 1, p. 247 ; II, p. 209 ; III, p. 207. Cf. RABBI AVRAHAM DE SLONIM, *Be'eir Avraham*, p. 184 ; RABBI CHEMOUËL DE SOHATCHOV, *Chem MiChemouël, Chemot*, II, p. 277.

119. Cf. Tan'houma, Chemini 2. *Sefat Emet*, II, p. 111 ; *Igrot Tsafone*, p. 70-71.

120. Le rayonnement du visage humain, israélite, le jour du Chabbat, ne ressemble pas à celui des jours de semaine (cf. Gen. R. 11,2). La crédibilité que le juif inspire le jour du Chabbat est plus grande que celle qu'il inspire un jour de semaine (cf. Michna Demaï IV, 1 et *Peirouche HaRambam ad loc.* ; TY Demaï IV, 1 ; RAMBAM, *Hil'hot Ma'asser* XII, 1 ; Tossafot, *ad* TB Ketouvot 55b ; cf. aussi Michna 'Haguiga III, 6 ; RAMBAM, *Hil'hot Metamei Michkav OuMochav* XI, 9). Voir aussi *Sefat Emet* : I, p. 51 ; II, p. 75, 203 ; *Chem MiChemouël : Bereichit*, I, p. 180, 349 ; *Moadim*, p. 100 ; RABBI NA'HMAN DE BRATSLAV, *Siddour Cha'arei Ratsone*, p. 608.

121. Voir *supra*, deuxième partie, chapitre IV.

122. Cf. TY : Chabbat XV, 3 ; Sota I, 4. Zohar III, 173b ; Exod. R. 5, 22 ; Tana Devei Eliyahou Rabba, I ; Cho'heir Tov, 19 ; cf. Yalkout Chim'oni, I, VaYakhel, 408 ; II, Michlei 864. PHILON D'ALEXANDRIE, *De Vita Mosis*, II, 39, 215-216 ; *idem, De specialibus legibus*, II, 15, 61-62 ; *idem, De Fuga* 176. JOSÈPHE, *Contra Apionem*, II, 17. RACHI, *ad* TB Sota 49a ; RAMBAN, *ad* Exod. 20,7 ; RABBEINOU BA'HYA, *ad* Exod. 20,8, II, p. 195 ; cf. Reg. II, 4,23 et TB Roche HaChana 16b. Cf. RABBI YA'AKOV BEN ASCHER, *Tour, Ora'h 'Hayim*, 290 ; RABBI YOSSEF KARO, *Beit Yossef, Tour, Ora'h 'Hayim*, 290. Cf. Esther STAROBINSKI-SAFRAN, *Philon d'Alexandrie, De Fuga et Inventione*, p. 83.

123. Cf. Pessikta Rabbati, Asséret HaDibrot, 3.

124. Cf. RABBI YEHOUDA HALÉVI, *Kouzari*, III, 10.

125. Cf. Rambam, *Moré Nevou'him* III, 43 ; Rabbeinou Ba'hya, *ad* Exod. 20,8, II, p. 197 ; R. Chemouël David Luzzatto, Chedal, *Peirouche Al'Hamicha 'Houmchei Tora, Yitro*, Exod. 20,11, p. 331.

126. Cf. TB Bera'hot 57*b*. Zohar, I, 1*b* ; 48*a* ; II, 10*a* ; III, 95*a*. Zohar 'Hadache, Bereichit 16. Tikounei HaZohar 77, Chelah, *Siddour Cha'ar HaChamayim*, p. 385. Cf. Michna Tamid VII, 4. TB : Sanhédrine 97*a* ; Roche HaChana 31*a*. Zohar II, 10*a*. Cf. Ramban, *ad* Gen. 2,3. Rabbeinou Ba'hya, *ad* Gen. 2,3, I, p. 53-54 ; *ad* Exod. 20, 8, II, p. 197-198 ; *ad* Nu. 10,35, III, p. 56-58. *Be'eir Mayim 'Hayim*, *ad* Gen. 2,1.

127. Cf. Me'hilta (Exod. 31,14), Ki Tissa, Massi'hta De Chabbta, 1, p. 110*a* ; Is. 43,12. Cf. Zohar II, 90*a*.

128. Cf. Me'hilta (Exod. 20,16), Yitro, Massi'hta De Ba'Hodèche, 8, p. 78*b* ; *ibidem* (Exod. 31,14), Ki Tissa, Massi'hta De Chabbta, 1, p. 110*a* ; Is. 43,12. Cf. Rambam, *Moré Nevou'him*, II, 31. Ramban, *ad* Exod. 20,8 et *ad* Deut. 5,15 ; cf. aussi Ramban, *ad* Deut. 6,20.

129. Cf. Deut. 4,32 ; Is. 40,26,28. Cf. Rambam, *Moré Nevou'him*, II, 30 ; III, 10 ; mais cf. Ibn Ezra, *ad* Gen. 1,1 et Rabbi Eliyahou, le Gaon de Vilna, *Adéret Eliyahou*, *ad* Gen. 1,1, p. 10. Cf. aussi M. D. Cassuto, *MeAdam Ad Noa'h*, p. 43-44. Voir Rabbi Yossef Rozine, le Gaon de Rogatchov, *Mefa'anéa'h Tsefounot*, p. 142-143.

130. Cf. Rambam, *Moré Nevou'him*, I, 71 ; cf. aussi *idem*, *Michné Tora, Hil'hot Yessodei HaTora*, I, 1-3. Cf. Rabbi Yehouda Halévi, *Kouzari* V, 18 ; II, 50.

131. Rav Kouk, *Olat Reiyah*, II, p. 69.

132. Cf. Rambam, *Moré Nevou'him*, II, 25 ; cf. aussi *idem, ibidem*, II, 31.

133. Cf. Ramban, *ad* Gen. 1,1 et *ad* Lev. 19,30. Cf. Rambam, *Moré Nevou'him*, II, 25. Voir aussi Rabbi Yits'hak Arama, *Akeidat Yits'hak, VaYakhel*, 55 ; Rabbi Yossef Albo, *Séfer Haikkarim*, III, 26.

134. Cf. Rabbi Yisraël Meïr HaKohen, *'Hafets 'Hayim Al HaTora*, p. 13-14, 88-89.

135. Voir *supra*, deuxième partie, chap. IV.

136. Cf. TY : Bera'hot I, 5 ; Nedarim III, 9. Exod. R. 25,16. Zohar II, 47*a* ; 89*a* ; 91*a* ; 92*a*. Tikounei HaZohar, 12*a* ; 19 (40*b*) ; 21 (57*a-b*). Zohar 'Hadache, Bereichit 17*a*, 22*a* ; Yitro 33*b* ; Ki Tissa 45*a*. Rambam, *Hil'hot Chabbat*, XXX, 15. Ramban, *ad* Lev. 26,1. Rabbi Yisraël Meïr HaKohen ('Hafets 'Hayim), *Michna Beroura, Choul'hane Arou'h, Ora'h 'Hayim*, III, 1.

137. Cf. Ramban, *ad* Lev. 19,30.

138. Cf. Rambam, *Michné Tora, Hil'hot Chabbat* XXX, 15 et *Hil'hot Ma'assei HaKorbanot*, III, 4.

139. Cf. TB : Eirouvine 69*b* ; 'Houline 5*a*. Voir Tossafot, *ad* TB 'Houline 14*a*.

140. Cf. Rachi, *ad* TB 'Houline 5*a* ; cf. aussi Rachi, *ad* TB Yevamot 48*b* et *ad* Nu. 15,41. Cf. TB Horayot 8*a*. Rambam, *Peirouche HaMichna, 'Houline*, I, 1 ; *Michné Tora, Hil'hot : Chabbat* XXX, 15 ; *Gueirouchine* III, 15 ; *Ma'assei HaKorbanot* III, 4 ; *Cheguaguot* III, 7. *Tour, Evène HaEzer*, 44. *Choul'hane Arou'h, Yoré Déa*, 2,5. *Michna Beroura, Hakdama, Hil'hot Chabbat*.

141. Cf. TB : Chabbat 118*b* ; Bava Batra 10*a*. *Beit Yossef, Tour, Ora'h 'Hayim*, 242. Tossafot, *ad* TB Sanhédrine 78*b* et *ad* TB Bava Batra 119*a*. Cf. RACHI, *ad* TB 'Houline 5*a*. *HaMeïri, ad* TB Kidouchine 50, mais voir TB Yevamot 47*b*. Voir RABBI DAVID TSEVI HOFFMANN, *Che'eilot OuTechouvot Melamed LeHohil, Ora'h 'Hayim*, 29 et *Yoré Déa*, 52. *'Hazone Iche, Yoré Déa*, 2,28. Cf. RABBI BEZALEL ZE'EV SAFRAN, *Che'eilot OuTechouvot Harbaz*, I, p. 19. La Bible joint ses prescriptions concernant le Chabbat à ses interdictions concernant l'idolâtrie. Cf. Lev. 19,3-4 ; Exod. 23,12-13 ; Exod. 34,12-21 ; Néh. 9,13-14. Voir TY Nedarim III, 9 ; RAMBAM, *Hil'hot Chabbat* XXX, 15. Cf. aussi *Ba'al HaTourim, ad* Lev. 26,1-2.

142. Cf. RAMBAN, *ad* Exod. 20,8 et *ad* Exod. 20,2 ; *idem, Deracha Al Divrei Kohélet* (*Kitvei Ramban*, I, p. 189). RABBEINOU BA'HYA, *ad* Exod. 20,8, II, p. 195. Cf. aussi TB Pessa'him 117*b* ; *Séfer Ha'Hinou'h, Mitsva* 31. Voir aussi Zohar III, 115*b*. Cf. CHELAH, II, p. 10*b* ; III, p. 88*b*, 118*b*.

143. RABBI YOSSEF KARO, *Beit Yossef, Tour, Ora'h 'Hayim*, 242.

144. RABBI YA'AKOV BEN ASCHER, *Tour, Ora'h 'Hayim*, 292. Cf. Zohar II, 205*b*. Les prières du matin et du soir, qui encadrent la récitation du *Chema* (Deut. 6,4), de la profession de foi israélite, s'adressent à Dieu qui crée et maintient le monde, qui donne la Tora à Israël et qui sauve Israël. Cf. MAHARAL, *Déré'h 'Hayim*, p. 8-9. Cf. Franz ROSENZWEIG, *Ko'hav Hagueoula*, p. 335-336. Mais cf. aussi Séfer HaZohar, Im Peirouche HaSoulam, IV, Yitro, 530, p. 135 ; V, VaYakhel, 207, p. 68.

145. Cf. MAHARAL, *Déré'h 'Hayim*, p. 8-9 ; *Sefat Emet*, I, p. 13.

146. Cf. RABBI ELIYAHOU, LE GAON DE VILNA, *Biourei Hagra Al Agadot*, I, p. 98-99 ; *Siddour (Hagra) Ichei Yisraël*, p. 251.

147. Cf. RACHI, *ad* Gen. 1,31 : « *Yom Ha-Chichi*, "Jour le sixième". La lettre *Héh* (de l'article défini *Ha*, qui ne figurait pas dans l'énonciation des jours précédents) marque l'achèvement de la Création. Pour nous dire : c'est à la condition qu'Israël accepte d'observer les cinq Livres de la Tora que le monde a été créé. (La lettre hébraïque *Héh* a la valeur numérique de cinq.) Autre explication : "Le sixième jour", tout se trouve dans l'expectative du sixième jour : celui du mois de Sivan, destiné à la révélation de la Tora au Sinaï. » – Cf. CHELAH, III, p. 23*a* ; *Sefat Emet*, I, p. 8. Cf. TB Chabbat 88*a* ; Zohar I, 47*a* ; cf. Tikounei HaZohar 22 (67*a*) ; 47 (83*a*) ; cf. Zohar 'Hadache, Yitro 38*a*.

148. Cf. Gen. R. 1,5 ; Zohar I, 24*a* ; 118*b* ; II, 108*b* ; 119*a-b*. Hakdamat Tikounei HaZohar, 6*a* ; Tikounei HaZohar 6 (23*b*) ; 40 (80*a*). Zohar 'Hadache, Yitro 37*a*. Cf. TB Chabbat 88*a* ; Zohar III, 125*a* ; Zohar 'Hadache, Yitro 38*a*. Cf. *Sefat Emet*, I, p. 244. Cf. TB Pessa'him 68*b* ; Zohar I, 24*b*. Cf. TB Roche HaChana 32*a*. Cf. RABBI YITS'HAK ARAMA, *Akeidat Yits'hak, VaYakhel*.

149. Cf. TB Sanhédrine 97-98 ; Exod. R. 25,16 ; Zohar II, 130*b*.

150. Cf. TB Chabbat 86*b* ; Zohar III, 73*a*. Cf. Hakdamat Tikounei HaZohar, 11*b*.

151. Cf. *Chem MiChemouël, Chemot*, II, p. 274.

152. Cf. Me'hilta (Exod. 31,16), Ki Tissa, Massi'hta De Chabbta, 1, p. 110*b*.

153. Cf. Gen. R. 44,26. Zohar, I, 117*a* ; III, 32*a* ; 54*a*. RACHI, *ad* Gen. 15,18 ; RAMBAN, *ad* Gen. 1,4. *Likoutei Moharan*, I, 64,4, p. 79*a*. Voir aussi TB Temoura 3*b* ; *Chem MiChemouël, Moadim*, p. 90.

154. Cf. Zohar I, 232*b* ; 87*b*. IBN EZRA, *ad* Gen. 2,12.

155. Voir *supra*, p. 271.

156. « C'est Moi qui ai fait la terre et qui y ai créé l'homme » (Is. 45,12). « "C'est Moi qui ai fait la terre", certes ! Mais, pourquoi ai-Je fait la terre ? parce que "J'y ai créé l'homme" ! » (Zohar I, 205*b* ; cf. Is. 44,24).

157. Lorsque « l'Éternel, Dieu, *appela* l'homme et lui dit : "Où es-tu ?" », Adam ne répondit pas clairement. Sa réponse fut évasive, dilatoire (Gen. 3, 9-11).

158. Cf. TB Sanhédrine 38*b* ; Lev. R. 29,1 ; Pirkei DeRabbi Eliézer, 20 ; cf. Yalkout Chim'oni, Pine'has 29, 582. Cf. Pessikta Rabbati, 47 ; Pessikta De Rav Kahana, Roche HaChana I, 23 ; II, p. 334.

159. Cf. TB Sanhédrine 38*a* ; cf. *Sefat Emet*, V, p. 167.

160. Cf. Zohar II, 134*a* ; Cho'heir Tov, 92.

161. Cf. Pirkei DeRabbi Eliézer, 19 ; Tan'houma, Bereichit 10 ; Eccl. R. 1,3 ; Gen. R. 22,28 ; Yalkout Chim'oni, Tehilim 92, 843. Selon la tradition, c'était déjà Adam, qui, après avoir été défendu devant Dieu par le Chabbat et absous par le Juge Suprême grâce à son repentir, grâce à la *techouva* qu'il avait faite, s'était exclamé : *Mizmor Chir LeYom HaChabbat...* et avait entonné le « Cantique *pour* le jour du Chabbat... » (Ps. 92,1). Mais le Chabbat réagit et s'écria : « Toi (ô homme !) et moi, nous devons louer Dieu et entonner un cantique en *Son* honneur ! » (Voir *supra*, note 25.)

162. Cf. TB Yoma 28*b* ; Zohar III, 276*b* ; cf. Gen. R. 95,2 ; 79,7 ; 11,8 ; voir aussi Gen. R. 92,4 ; cf. Tan'houma, Lé'h Le'ha 11, cf. RABBI YOSSEF KARO, *Beit Yossef, Tour, Ora'h Hayim*, 292.

163. Cf. Zohar 'Hadache, Bereicht 12*a* ; 13*a*. Voir Gen. R. 13,3 ; IBN EZRA, *ad* Gen. 2,12 ; *Sefat Emet*, V, p. 165 ; *Chem MiChemouël, Chemot*, I, p. 106.

164. La valeur numérique du mot *Elohim* (Dieu, Créateur de la nature) est égale à celle du mot *HaTéva* (« la nature ») : 86 (cf. CHELAH, *Cha'ar HaOtiot*, 89).

165. Gen. 2,31. Cf. RACHBAM, *ad* Exod. 20,8 ; MAHARAL, *Tiféret Yisraël* 44, p. 55.

166. B. JACOB, *Das erste Buch der Tora, Genesis*, Berlin, 1934 p. 66 ; M. D. CASSUTO, *MeAdam Ad Noa'h*, p. 39.

167. Cf. RABBI SAMSON RAPHAËL HIRSCH, *ad* Exod. 31,13, p. 455.

168. Cf. Gen. 2,3 ; Exod. 31,13 ; TB Beitsa 17*a* ; Zohar III, 95*a*.

169. Cf. RACHBAM, *ad* TB Pessa'him 101*a* ; Joël 2,16 ; Zohar II, 47*a*. RABBI AVRAHAM DE SOHATCHOV, *Neot HaDéché*, p. 110, 133, 141 ; *idem, Avnei Neizer*, p. 103. Mais voir aussi TB Beitsa 17*a*. Cf. aussi *The Hirsch Siddour*, p. 591.

170. Cf. *Likoutei Moharan*, I, 91, p. 41*a*.

171. Cf. Gen. R. 1,5 ; Zohar I, 24*a* ; Tikounei HaZohar, 6*a* ; Zohar 'Hadache, Yitro 37*a*. Cf. aussi Pirkei DeRabbi Eliézer, 18 ; cf. Jub. 2,30,31 ; RECANATI, *Bereichit* p. 8*a*.

172. Cf. TB Yevamot 61*a* et Tossafot *ad loc*. Cf. TB Bava Metsia 114*a* ; Tossafot *ad* TB Sanhédrine 59*a*. Cf. Zohar, I, 20*b* ; II, 25*a-b* ; 86*a* ; III, 125*a* ; 238*b*. Cf. Tikounei HaZohar, 47. Mais voir aussi Zohar III, 173*b*. Cf. Rabbi Reouven Margaliot, *Cha'arei Zohar*, Jérusalem, 5716 (1956), p. 134, 178, 194. Cf. *Kouzari* II, 44. – Cf. *Peirouchei Maharal MiPrague LeAgadot HaChass*, IV, p. 68, *ad Ketouvot* 66*b*.

173. Voir *supra*, p. 271.

174. Cf. TY Nedarim III, 9.

175. Gen. 2,1.

176. Maharal, *Gour Arié*, Chela'h (Nu. 15,32 ; voir Rachi *ad loc*.) ; voir aussi Maharal, *Tiféret Yisraël*, 44, p. 55*a-b*.

177. Cf. Me'hilta (Exod. 31,17), Ki Tissa, Massi'hta De Chabbta, 1, p. 111*a* ; cf. *Or Ha'Hayim, ad* Gen. 2,3.

178. Voir *supra*, p. 271.

179. Cf. Exod. 16,29 ; TB : Chabbat 10*b* ; Beitsa 16*a* ; Tossefta, Bera'hot III, 7. Zohar III, 122*b*.

180. Cf. TB Chabbat 86*b*.

181. Voir *supra*, p. 278.

182. Cf. TB Chabbat 118*a* ; cf. aussi Gen. R. 11,9 ; Yalkout Chim'oni, Bechala'h 16, 261.

183. Cf. Deut. 5,15.

184. Cf. Is. 58,13 ; Exod. R. 25,16 ; TB Chabbat 118*b*.

185. Cf. Is. 56,2 ; TB Chabbat 118*a*.

186. Cf. Me'hilta (Exod. 31,16), Ki Tissa, Massi'hta De Chabbta, 1, p. 110*b* ; TB Chabbat 118*b*.

187. Le nom divin *Elohim* marque la « mesure de la rigueur », indique l'attribut de la force, de la justice, de la concentration. Le Tétragramme, *Chem Havaya*, marque la « mesure de la miséricorde », indique l'attribut de l'amour, de la bonté, de l'ouverture, Cf. Esther Starobinski-Safran, « Signification des noms divins d'après Exod. 3 », *in Revue de théologie et de philosophie*, VI-1973, p. 426-435. Cf. Ramban et Rabbeinou Ba'hya, *ad* Exod. 20,2. Cf. *Chem MiChemouël, Chemot*, I, p. 106.

188. Cf. Michna, Makot III, 16 ; Avot VI, 11.

189. À la fin du récit de la création, dans le livre de la Genèse (1,31-2,1), le Tétragramme, le *Chem Havaya*, est désigné seulement à titre symbolique, dans les premières lettres des mots Yom *H*aChichi Va*Y*é'houlu *H*aChamayim, « le sixième jour... furent terminés les cieux ». C'est par ces quatre mots, faisant partie de deux versets différents mais successifs, que le *kiddouche* (la prière de « sanctification » du Chabbat, sur le vin) commence, à haute voix (Cf. *Choul'hane Arou'h, Ora'h 'Hayim*, 271, *Levouche*).

190. Cf. Tikounei HaZohar 9 (24*b*) ; 24 (136*b*) ; cf. Zohar III, 128*a* ; cf. TB Yevamot 6*a-b* ; 93*a*. Cf. Midrache HaGadol, Leviticus (éd. E. N. Rabinowitz), Lev. 19,30, p. 497.

191. Cf. *Tanya, Likoutei Amarim*, 43, p. 61*b* ; *Divrei Chemouël* (de Nikolsburg), p. 42-43, 121, 135 ; *Likoutei Moharan*, II, 17, p. 21*b*. *Chem MiChemouël, Bereichit*, I, p. 224.

192. Cf. Exod. 31,17 ; Zohar II, 89*a* ; TB Beitsa 16*a*.
193. Cf. Me'hilta (Exod. 31,16-17), Ki Tissa, Massi'hta De Chabbta, 1, p. 110*b* ; TB Beitsa 16*a* ; Exod. R. 25,15 ; Zohar II, 63*b* ; 88*b* ; 204*b* ; Recanati, Ki Tissa, p. 15*b* ; Ramban, *ad* Deut. 5,15 ; cf. aussi TB Chabbat 119*a*.
194. Voir *supra*, p. 277-278.
195. Exod. 31,16-17.
196. Cf. Exod. 35,1-3 ; Lev. 19,2-3.
197. Cf. Gen. 9,12-13.
198. Exod. 31,17. Cf. Chelah, I, p. 178*a*.
199. Cf. *Kousari* II, 34 ; Me'hilta (Exod. 19,5), Yitro, Massi'hta DeBa'Hodèche, 2, p. 71*a* ; Zohar, II, 92*a* ; III, 29*a* ; Tikounei HaZohar, 73*a* ; Yalkout Chim'oni, VaYakhel 35, 408 ; Rabbi Yossef Karo, *Beit Yossef, Tour Ora'h 'Hayim*, 290 ; *Chem MiChemouël, Bereichit*, I, p. 223.
200. Cf. *Bène Iche 'Haï*, p. 142. Voir *supra*, note 136.
201. Cf. Exod. 31,16 et Me'hilta *ad loc.*, Ki Tissa, Massi'hta De Chabbta, 1, p. 110*b*.
202. Cf. Me'hilta (Exod. 31,17), Ki Tissa, Massi'hta De Chabbta, 1, p. 110*b* ; Esther R. 7 ; *Kouzari* III, 10.
203. Cf. Rabbi Ya'akov ben Ascher, *Tour, Ora'h 'Hayim*, 292 ; Tossafot, *ad* TB 'Haguiga 3*b*. Zohar II, 90*a* ; Yalkout Chim'oni, Yechaya 43, 454 ; Rabbi Elimélé'h de Lisensk, *Noam Elimélé'h, Bereichit*. Cf. aussi *Peirouchei Maharal MiPrague LeAgadot HaChass, ad* TB *Chabbat* 118*b*, II, p. 98-99. Maharal, *Tiféret Yisraël*, 40, p. 50*b* ; 44, p. 55 ; *idem, Déré'h 'Hayim*, p. 9. Cf. aussi Pirkei DeRabbi Eliézer, 20. Tana Devei Eliyahou Rabba 26.
204. Cf. TB : Chabbat 118*b* ; Beitsa 16*a*.
205. Cf. Gen. R. 11,9 ; Zohar II, 63*b* ; cf. aussi Zohar II, 94*b*. Cf. Maharal, *Tiféret Yisraël*, 40, p. 50*b* ; *Peirouchim LeAgadot HaChass, ad* TB *Chabbat* 118*b*, II, p. 99 ; *Déré'h 'Hayim*, p. 8-9.
206. Le Chabbat (généralement au féminin, cf. *supra*, note 23) est appelé par les juifs *malka*, « reine », *kala*, « fiancée » (cf. TB Chabbat 119*a* ; Tikounei HaZohar, 24, 69*a*). Voir Rabbi 'Hayim Vital, *Peri Eits 'Hayim, Cha'ar HaChabbat*, p. 68*b* ; Maharal, *Déré'h 'Hayim*, p. 8-9 ; Rabbi Eliyahou, le Gaon de Vilna, *Biourei Hagra Al Agadot*, I, p. 98-99.
207. Voir *supra*, p. 277.
208. Maharal, *Déré'h 'Hayim, ad* Avot I, 15, p. 35 et *ad* Avot III, 18, p. 120. Cf. TB : Meguila 28*b* ; Nida 73*a*. La *hala'ha* est une loi qui n'est pas rigide ni statique : elle est « en marche », sur le chemin de la vie, sur les voies « du monde ». Cf. Rambam, *Michné Tora, Hil'hot Temoura* IV, 13. Voir aussi Rabbi Chemouël Chmelke de Nikolsburg, *Divrei Chemouël*, p. 82.
209. Cf. TB Chabbat 12*a* ; Me'hilta (Exod. 15,25) BeChala'h, Massi'hta DeVayassa, 1, p. 54*a*.
210. Cf. Pessikta Rabbati, Asséret HaDibrot ; Philon d'Alexandrie, *Migr.* 89-93.
211. Cf. Me'hilta (Exod. 16,29), BeChala'h, Massi'hta De VaYassa, 5, p. 59*b* ; Zohar II, 123*b*.
212. Voir *supra*, p. 255.

213. Exod. 31,16.
214. Zohar III, 238*b* ; 243*b*-244*a*. Le Zohar se permet de lire *BeDiratam* à la place de *LeDoratam* car les deux *vav* (= o) manquent dans ce dernier mot. Cf. Yalkout Reouvéni, Ki Tissa. Voir Rabbi Yisraël de Kojnitz, *Avodat Yisraël*, p. 210.
215. Voir *supra*, p. 255.
216. Cf. Rabbi Moché Alchei'h (XVIe s., *Torat Moché*), *VaYakhel*. Voir aussi Zohar III, 244*a* ; Tikounei HaZohar 6 ; 48. Pirkei DeRabbi Eliézer, 18. Ari HaKadoche, Rabbi Yits'hak Louria, *Likoutei Tora*, et Rabbi 'Hayim Vital, *Ta'amei HaMitsvot*, p. 60-61. Chelah, *Siddour Cha'ar HaChamayim*, p. 385. Rabbi Eliyahou, le Gaon de Vilna, *Biourei Hagra Al Agadot*, II, p. 36*a-b*. Rabbi Na'hman de Bratslav, *Siddour Cha'arei Ratsone*, p. 205. Rabbi Avraham de Slonim, *Yessod HaAvoda*, II, p. 83-84 ; idem, *Beit Avraham*, p. 150. Rabbi Avraham de Sohatchov, *Avnei Neizer*, p. 88, 96, 105 ; idem, *Neot HaDéché*, p. 113, 118. Rabbi Chemouël de Sohatchov, *Chem MiChemouël, Bereichit*, II, p. 350, 359 ; *BaMidbar*, p. 47 ; *Devarim*, p. 53. Cf. Séfer HaZohar Im Peirouche HaSoulam, V, VaYakhel, p. 60. Cf. TB Chabbat 113*b* ; Maharal, *Peirouchim LeAgadot HaChass, ad* TB *Chabbat* 113*b*, II, p. 88. Voir Rav Kouk, *Orot HaTechouva*, 12,5, p. 72-73. Rabbi Yossef 'Hayim de Bagdad, *Da'at OuTevouna*, p. 65*a*.
217. Cf. Abraranel (II, p. 190-191) et Malbim, *Yitro, ad* Exod. 20,12. Voir aussi Me'hilta (Exod. 15,25), BeChala'h, Massi'hta DeVaYassa, 1, p. 54*a*.
218. Exod. 20,8,12 ; Deut. 5,12-16 ; Lev. 19,3. Cf. TB Sanhédrine 56*a*.
219. Voir *supra*, p. 255.
220. Cf. TB Chabbat 23*b* ; Zohar I, 48*b*.
221. Voir *supra*, p. 250.
222. Cf. Yalkout Chim'oni, Tehilim 139, 888 ; Tana Devei Eliyahou, 1 ; cf. Rabbi Yehouda Hé'Hassid, *Séfer 'Hassidim* (éd. Margaliot), p. 487.
223. Cf. Hermann Cohen, *Die Religion der Vernunft aus den Quellen des Judentums*, Leipzig, 1919, p. 183-184.
224. Cf. Franz Rosenzweig, *Ko'hav HaGueoula*, Jérusalem, 5730 (1970), p. 338-339.
225. Cf. Zohar, I, 48*a* ; II, 135*b*. Tikounei HaZohar 6 (21*a*). Tossafot, *ad* TB Ketouvot 7*a* : le Chabbat apporte à celui qui le respecte une « âme nouvelle », il lui offre un « visage neuf ».
226. Cf. Michna : Chabbat, I ; Erouvine X ; Sota, V, 3. TY Erouvine III, 4 ; TB Erouvine 17*b* ; Jub. 50,12 ; 8,4 ; XIV, 10,12. Rambam, *Michné Tora, Hil'hot Chabbat* XII, 15 ; XXVIII, 1.
227. Voir *supra*, p. 255.
228. Cf. TB Souka 44*b* ; Rambam, *Michné Tora, Hil'hot Chabbat* XXX, 11 ; Tour et Choul'hane Arou'h, Ora'h 'Hayim, 249. Voir Nu. R. 16,1 ; *Che'eilot OuTechouvot Tséma'h Tsédek, Yoré Déa*, 92. Voir aussi TB : Chabbat 19*a* et 113*b* ; Bera'hot 6*b*. *Tosséfet Bera'ha*, V, p. 100 ; Is. 58,13.
229. Cf. Exod. 16,29. TB Eirouvine 48*a* ; 51*a*. Rambam, *Michné Tora, Hil'-hot Chabbat* XXVIII. Voir aussi Choul'hane Arou'h, Ora'h 'Hayim, 273, 1. Cf.

Rabbi Na'hman de Bratslav, *Siddour Cha'arei Ratsone*, p. 205 ; Rabbi Tsadok HaKohen de Lublin, *Ressissei Laïla*, p. 52.

230. Gen. R. 11,8 ; 79,7.
231. Cf. Maharal, *Tiféret Yisraël*, 20, p. 22*a*.
232. Cf. *Séfer Ha'Hinou'h, Mitsva* 24.
233. Voir TY Moède Katane II, 3.
234. Voir *supra*, p. 261.
235. Cf. TY Nedarim III, 2 ; TB : Chevouot 20*b* ; Bera'hot 20*b* ; Roche HaChana 27*a*. Cf. Zohar III, 92*b* ; 180*b*. Mais voir aussi Rabbi Naftali Tsevi Yehouda Berline, Natsiv, *Haamek Davar, ad* Deut. 10,4,5, V, p. 96.
236. Cf. TB : Bera'hot 20*b* ; Chevouot 20*b*. Le Talmud veut nous apprendre par son observation : *Kol ChéYechno BiChemira, Yechno Bi Ze'hira*, que les femmes qui sont obligées de respecter les mitsvot négatives *lo ta'assé – chemira –*, dont le Chabbat, sont obligées également d'appliquer la *mitsvat assé* positive – *ze'hira* – de *Kiddouche HaYom*, de « la sanctification du jour » du Chabbat, sur le vin. Cf. aussi Ramban, *ad* Exod. 20,8 ; *Sefat Emet*, I, p. 54 ; *Chem MiChemouël, VaYikra*, p. 315, et Devarim, p. 34 ; *Tosséfet Bera'ha*, II, p. 183-184.
237. Cf. TB Pessa'him 106*a*.
238. Cf. *Choul'hane Arou'h, Ora'h 'Hayim*, 271 ; *Tosséfet Bera'ha*, II, p. 285.
239. Cf. TB Meguila 27*b*.
240. « La *vue* conduit au *souvenir* ; le souvenir conduit à l'*action* » ; cf. TB Mena'hot 43*b* ; Nu. 15,39. Cf. TY Bera'hot I, 5. Cf. aussi Yalkout Chim'oni, Chela'h 15, 703. Cf. aussi Tana Devei Eliyahou Rabba, 26. Voir *Biour Hagra Al Séfer HaRaya Meheimna* (éd. Jérusalem, 5735, 1975), p. 11.
241. Cf. Chelah, I, p. 26*b*.
242. Cf. Rambam : *Séfer HaMitsvot, Mitsvot assé*, 9 ; *Mitsvot lo ta'assé*, 63 ; *Michné Tora, Hil'hot Yessodei HaTora*, V. Cf. aussi *Kouzari* II, 54. Mais voir aussi TB Sanhédrine 74*a-b*. Cf. TY : Chevi'it IV, 3 ; Sanhédrine III, 6. TB Sanhédrine 75*a* et 'Hiddouchei HaRaN, *ad* Sanhédrine 75. Voir aussi Maharcha, *ad* TB Yevamot 47*b* ; cf. Tossafot, *ad* TB Be'horot 2*b* ; mais voir aussi Rabbi Ye'hezke'ël Landau (XVIIIe s.), *Noda BiYehouda, Mahadoura Tinyana, 'Hélék Yoré Déa*, 148.
243. Cf. Rabbi Yossef Karo, *Beit Yossef, Tour, Ora'h 'Hayim*, 290. Voir Rambam, *Moré Nevou'him* III, 24 ; Maharal, *Tiféret Yisraël*, 44, p. 55 ; Rabbi Meïr Sim'ha Kohen de Dvinsk, *Méché'h 'Ho'hma* p. 179, 258-259.
244. Cf. Pessikta, Asséret HaDibrot, 23. Voir aussi Exod. R. 25,15. Ramban, *ad* Deut. 5,5. Rabbeinou Ba'hyia, *ad* Exod. 20,1, II, p. 181, et *ad* Exod. 20,17, II, p. 203.
245. Cf. Rambam, *Moré Nevou'him* III, 43 ; Rabbi Yehouda HaLévi, *Kouzari*, III, 10.
246. Sur le Chabbat pour les animaux et les objets *(Chevitat Beheima VeKeilim)*, cf. Exod. 20,10 ; 23,12 ; Deut. 5,14 ; Michna Chabbat I, 5 (et commentaires *ad loc.*) ; V, 4. TY Chabbat V, 2. TB : Chabbat 18*a* ; Bava Kama 54*a-b* ; Avoda Zara 15*a-b*. Rambam, *Hil'hot Chabbat* VI, 16 ; XX.
247. Cf. *supra*, notes 40 et 41.
248. Cf. Zohar III, 223*a*.

249. Voir *supra*, p. 279.
250. Cf. Ramban, *ad* Gen. 2,3 et *ad* Exod. 31,13 ; cf. Rabbeinou Ba'hya, *ad* Exod. 20,8, II, p. 198. Cf. Recanati, *Bereichit*, p. 8*b*. Cf. aussi Séfer HaZohar Im Peirouche HaSoulam, IV, Yitro, p. 134, 527 ; Tikounei HaZohar, 10 (21*b*).
251. Cf. TY Ta'anit I, 1 ; TB Chabbat 118*b*. Exod. R. 25,16 ; Lev. R. 3,1 ; Eccl. R. 4,10 ; cf. aussi Lev. R. 23,6. Cf. aussi Ibn Ezra, *ad* Exod. 20,10.
252. Cf. Zohar I, 14*b* ; Pirkei DeRabbi Eliézer, 20.
253. Cf. Rabbi Yehouda Arié Leib de Gour, *Sefat Emet*, V, p. 163, 167 ; IV, p. 29 ; III, *Parachat Behar* ; II, p. 89, 198 ; I, p. 11. – Les considérations du *tsadik* hassidique de Gour, en Europe orientale, coïncident avec celles que son contemporain, Hermann Cohen, philosophe juif allemand, universaliste, père spirituel de l'école néo-kantienne de Marburg, a faites sur le même sujet (cf. Hermann Cohen, Die Religion der Vernunft aus den Quellen des Judentums, p. 184 ; cf. aussi *ibidem*, p. 423 ; cf. aussi Rabbi Samson Raphaël Hirsch, *The Hirsch Siddur*, p. 543, 595 ; cf. aussi Martin Buber, *Moses*, Oxford, 1947, p. 81.
254. Deut. 5,12.
255. Cf. Rabbi Yossef Karo, *Beit Yossef, Tour, Ora'h 'Hayim*, 290. Voir Zohar II, 209*a*.
256. Cf. Is. 43,12 ; Yalkout Chim'oni, Yech. 43,454. Me'hilta (Exod. 31,14 ; 31,16), Ki Tissa, Massi'hta De Chabta, 1, p. 110*a-b*. Lev. R. 3,1 ; Eccl. R. 4,10. Zohar II, 90*a*. *Be'eir Mayim 'Hayim*, *ad* Gen. 2,1. Voir Rabbi Bezalel Ze'ev Safran, *Che'eilot OuTechouvot Harbaz*, I, p. 19.
257. Cf. Zohar II, 88*b* ; 156*a*. Maharal, *Déré'h 'Hayim*, p. 9 ; *Guevourot HaChème*, 36, p. 83 ; Rabbi Chemouël de Sohatchov, *Chem MiChemouël, BaMidbar*, p. 408.
258. Cf. Ps. 139,16. Zohar, I, 219*b* ; II, 135*a-b*. Pirkei DeRabbi Eliézer, 18. Voir Maharal : *Déré'h 'Hayim*, p. 9 ; *Tiféret Yisraël*, 40, p. 50*b*.
259. Israël est un, car son unité-unicité s'appuie sur l'unité-unicité de Dieu : il la reflère dans le monde (cf. TB Bera'hot 6*a*). Le « Chabbat », qui est le « Nom de Dieu » (cf. Zohar II, 88*b* ; 128*a*), renforce l'unité d'Israël (ainsi qu'il affermit l'unité intérieure de chaque israélite). Voir Maharal, *Déré'h 'Hayim*, p. 9. Chelah, I, 21*a* ; Rav Kouk, *Olat Reiyah*, II, p. 47.
260. Cf. Is. 45,17.
261. Voir *supra*, p. 282.
262. Voir *supra*, p. 284.
263. Cf. Zohar II, Parachat VaYakhel.
264. Michna, Tamid *in fine*.
265. Ps. 92. Cf. Michna, Tamid VII, 4, TB : Roche HaChana 31*a* ; Sanhédrine 97*a*. Avot DeRabbi Nathan, 1 ; Yalkout Chim'oni, Tehilim 139, 888 ; Cho'heir Tov, 92 ; Pirkei DeRabbi Eliézer, 18. Ramban, *ad* Gen. 2,3 et *ad* Lev. 25,2 ; *Peirouche LeChir HaChirim* (*Kitvei Ramban*, II, p. 518). Rabbeinou Ba'hya, *ad* Lev. 25,2, II, p. 564, Rabbi 'Hayim Vital, *Peri Eits 'Hayim, Cha'ar HaChabbat*, p. 66*a*. Chelah, I, p. 55*b*, 177*b* ; III, p. 114*b*, 118*b*.
266. Ps. 92,2.

V. Identité juive

1. Deut. 30,19 ; voir TB Nida 30*b* ; Zohar I, 76 ; 233*b* ; II, 161*b* ; III, 13*a-b*. Zohar 'Hadache A'hrei 47*a* ; 49*a*.
2. Cf. Tan'houma, Tavo I. Voir RACHI, Gen. 25,25. Voir aussi *Or Ha'Hayim*, Gen. 47,29.
3. Cf. Exod. R. 15,24.
4. Cf. Jean-Paul SARTRE, *Réflexions sur la question juive*, Paris, 1954.
5. Voir Nu. 22-24.
6. Cf. TB Yoma 86*a*.
7. Deut. 28,10.
8. Exod. 15,2 ; cf. Me'hilta (3) et RACHI *ad loc.* Cf. TB : Chabbat 133*b* ; Souka 50*a* ; Sota 14*a*.
9. Cf. Gen. R. 11,7 ; Esther R., Peti'hta.
10. Cf. RAMBAM, *Hil'hot Tefila* VII, 6 ; *Choul'hane Arou'h*, *Ora'h 'Hayim* 46,4 et *Tourei Zahav ad loc.* ; voir aussi *Maguène Avraham ad loc.* Voir TB Mena'hot 43*b*. *Beit Yossef, Tour, Ora'h 'Hayim*, 46. Cf. CHELAH, I, p. 206*b*. R. B. LANDAU, *HaGaon Hé'Hassid MeVilna*, p. 152. RAV KOUK, *Olat Reiyah*, II, p. 401. R. AVRAHAM DE SLONIM, *Be'eir Avraham*, p. 215. R. BAROU'H HALÉVI EPSTEIN, *Tosséfet Bera'ha*, II, p. 176. R. YOËL TEITELBAUM DE SATMAR, *VaYoël Moché*, p. 500. R. YOSSEF ROZINE, LE GAON DE ROGATCHOV, *Mefa'anéa'h Tsefounot*, p. 149-150.
11. Cf. TB Bera'hot 63*b* ; Pessikta Zoutarta, Deut. 6,6 ; Tan'houma (éd. S. Buber), Exod. 13,10. RACHI, *ad* Deut. 6,6 ; 26,16 ; 27,9.
12. Cf. R. YEHOUDA ARIÉ LEIB DE GOUR, *Sefat Emet*, IV, p. 7. R. AVRAHAM DE SOHATCHOV, *Avnei Neizer*, p. 14. R. CHEMOUËL DE SOHATCHOV, *Chem MiChemouël, Bereichit*, I, p. 92.
13. Cf. TB Chabbat 105*b*.
14. Cf. Jér. 11,20 ; 17,10 ; Ps. 7,10 ; Prov. 17,3 ; Chron. I, 29,17.
15. Cf. TB : Sanhédrine 44*a* ; Yevamot 47*b* ; Mena'hot 99*b* ; Be'horot 30*b* ; mais voir aussi *Choul'hane Arou'h*, *Ora'h 'Hayim*, 55,1 ; *Tour* et *Choul'hane Arou'h*, *Yoré Déa*, 345 ; RIF et ROCHE, *Moède Katane in fine* ; *Michna Beroura*, *Ora'h 'Hayim*, 55,46. Voir TB : Chabbat 96*a* ; Roche HaChana 28*a* ; Sota 42*a*. Voir aussi RAMBAM, *Hil'hot : Ichout* IV, 15 ; *Gueirouchine* II, 20. Cf. Zohar, I, 191*b*. RAMBAN, Lev. 26,15. MAHARAL, *Guevourot HaChème*, 42. R. TSEVI ELIMÉLÉ'H DE DINOV, *B'nei Issass'har*, I, p. 112*a*. R. 'HAYIM ATTAR, *Or Ha'Hayim*, Nu. 16,15. R. DOV BAER DE MEZRITCH, *Maguid Devarav LeYa'akov*, 132. R. ELIMÉLÉ'H DE LIZENSK, *Noam Elimélé'h, Devarim*. R. CHNEIOUR ZALMAN DE LIADY, *Tanya*, 31. R. NA'HMAN DE BRATSLAV, *Likoutei Moharan*, I, 14, 3, p. 19*a* ; 17, p. 22*a* ; II, p. 38*b* ; 82 ; 125, p. 44*a*. R. YOSSEF DOV BAER DE BRISK, *Beit HaLévi*, II, p. 60. R. AVRAHAM DE SLONIM, *Avodat Yisraël*, p. 267 ; *Be'eir Avraham*, p. 214, 289, 297. R. AVRAHAM DE SOHATCHOV, *Neot HaDéché*, p. 96, 127-128 ; *Avnei Neizer*, p. 10, 23. *Chem MiChemouël : Bereichit*, I, p. 286 ; *Moadim*, p. 206, 259. RAV KOUK, *Orot*, p. 12, 63-64, 94, 138, 142, 147. R. YITS'HAK HUTNER, *Pa'had Yits'hak, Cha'ar 'Hodèche HaAviv*, p. 228-

236. R. Barou'h HaLévi Epstein, *Barou'h ChéAmar*, Avot, Tel-Aviv, 5725 (1965), p. 14-15. R. Eliyahou Eliézer Dessler, *Mi'htav MeEliyahou*, II, p. 21. R. Bezalel Ze'ev Safran, *Dorèche LeTsione*, p. 21.

16. Cf. R. Yehouda Halévi, *Kouzari* I, 95 ; Ramban, Deut. 7,9 ; Tossafot, Yevamot 24*b*. Voir TB Guitine 57*b* ; Tan'houma, VaYakhel 8 ; Cho'heir Tov 1,16 ; R. Bezalel Ze'ev Safran, *Che'eilot OuTechouvot Harbaz*, I, p. 39.

17. Cf. TY 'Haguiga I, 7. TB Pessa'him 50*b* ; mais voir aussi TB Bera'hot 17*a*. Cf. Massé'het Kala VIII ; Thr. R. Peti'hta 2 ; Zohar, I, 184*b* ; III, 85*b*. R. 'Hayim de Volojine, *Néfèche Ha'Hayim*, 4,3.

18. Cf. TB : Chabbat 118*b* ; 130*a* ; Ta'anit 21*b* ; Ketouvot 17*a* ; Sanhédrine 111*a* ; Moède Katane 28*b*. Voir aussi TB : Sota 3*b* ; Kidouchine 39*b*. TY Kidouchine I, 9. Avot DeRabbi Nathan 31,2. Tan'houma, Tavo 1. Cf. Rabbeinou Sa'adya Gaon, *Emounot VeDéot* V, 4. Alexandre Safran, *Moussar Ve'Hevra Be'Idane HaModerni*, p. 216-217.

19. Cf. Maharal, *Netivot Olam*, I, *Netiv HaTora*, 3. *Likoutei Moharan*, 34, p. 48*a*. *Be'eir Mayim 'Hayim, Bechala'h* ('Houmache, II, Lemberg, 1869), p. 86. R. B. Landau, *HaGaon Hé'Hassid MeVilna*, p. 171. R. 'H. Y. Lipkine, in *Messilat Yecharim* de R. Moché 'Hayim Luzzatto, p. 226-227, *Be'eir Avraham*, p. 116, 343. *Neot HaDéché*, p. 27, 141-142, 197. *Chem MiChemouël*, BaMidbar, p. 337, 359 ; voir aussi *Chem MiChemouël, Moadim*, p. 31. *Sefat Emet*, IV, p. 7. R. Naftali Tsevi Yehouda Berline, Natsiv, de Volojine, *Ha'amek Davar*, V, *Devarim*, Deut. 10,12, p. 51. R. Meir Sim'ha Kohen de Dvinsk, *Méche'h 'Ho'hma*, p. 320, 328.

20. Cf. *Tanya*, 14 ; 18.

21. Cf. Avot V, 20. TY Sanhédrine I, 2. TB : Chabbat 118*b* ; Sanhédrine 111*a* ; Moède Katane 28*b*. Tan'houma, Tavo 1. Voir aussi TY 'Haguiga II, 2. Gen. R. 2,5 ; 44,20. Lev. R. 15,9. Tan'houma, Tazria II. Zohar, HaSoulam, V, 208, p. 68 ; voir aussi Rambam, *Hil'hot Kidouche Ha'Hodèche* I, 8. Cf. Rabad, sur *Séfer Yetsira* III, 1. *Or Ha'Hayim*, Nu. 16,1. *Tanya*, 40. R. Avraham HaMala'H, *'Hessed LeAvraham*, p. 110. R. Eliyahou de Vilna, *Kol Eliyahou*, II, p. 89, 95. *Sefat Emet*, III, p. 202, 206 ; IV, p. 6-7, 134, 174. R. Ya'akov Moché Harlap, *Mei Meirom, Missaviv LiChmona Perakim LeHaRambam*, p. 186. *Avnei Neizer*, p. 37-38. *Chem MiChemouël, Bereichit*, I, p. 285-286.

22. Cf. Maharal, *Derachot*, p. 39.

23. Avot IV, 2. Cf. Avot DeRabbi Nathan XXV, 4. Tan'houma, Ki Teitsei 1. Zohar, III, 124*a* ; 228*b*. *Sefat Emet*, IV, p. 47, 78.

24. Michna Makot III, 16.

25. Cf. Rambam, *Peirouche HaMichna*, Makot III, 16. Cf. Rachi, Makot 24*a*. Voir aussi TB Chabbat 55*a* ; Ramban, Lev. 26,11-12.

26. R. Yossef Albo, *Ikkarim*, 29.

27. Le peuple d'Israël se compose de trois catégories héréditaires : les *kohanim*, les prêtres ; les *levi'im*, les lévites ; et les *isre'eilim*, les simples israélites.

28. *Or Ha'Hayim*, Exod. 39,32. Cf. Lev. R. 30 ; Nu. R. 13. Voir TB Kareitot 6*b* ; Rachi, Mena'hot 27*a* ; *Tour, Ora'h 'Hayim*, 619. Cf. Zohar II, 174*a*.

Kouzari III, 19. R. Aharon HaLévi de Barcelone, *Séfer Ha'Hinou'h, Iguéret HaMe'habère*, p. 7, 11. Ari HaKadoche, *Likoutei Tora*, p. 77. R. Ya'akov Yossef de Polonnoje, *Toldot Ya'akov Yossef, Bereichit ; Lé'h Le'ha. Tanya, Likoutei Amarim*, 32, 37. Rabbi Chemouël Chmelke de Nikolsburg, *Divrei Chemouël*, p. 95. R. B. Landau, *HaGaon He'Hassid MeVilna*, p. 151. *'Hatam Sofer, Hagada*, p. 148. *Avnei Neizer*, p. 70, 146 ; *Neot HaDéché*, p. 65-66, 128, 243, 297. *Chem MiChemouël : Bereichit*, I, p. 285-286 ; *VaYikra*, p. 286-287 ; *BaMidbar*, p. 50-51, 128 ; *Devarim*, p. 55, 200, 209-210 ; *Moadim*, p. 136, 199, 200-201, 204, 207. *Sefat Emet*, III, p. 207-209 ; IV, p. 7. *Méché'h Ho'hma*, p. 217. Voir TB Kareitot 6*b* ; Rachi, Mena'hot 27*a* ; *Tour, Ora'h 'Hayim*, 619. Mais voir aussi TB : Sota 3*b* ; Yevamot 64*a* ; Be'horot 30*b*. Gen. R. 70,8 ; Exod. R. 28,4 ; Deut. R. 7,9. Avot DeRabbi Nathan XXX, 20 ; XXXI, 2. Zohar I, 2*b*. Cf. Iche Chouv, *Ta'amei HaMinhaguim*, p. 106 ; *Chem MiChemouël ; BaMidbar*, p. 5, 7, 8. Voir *Tanya, Iguéret HaTechouva*, 5 ; *Iguéret HaKodèche*, 7. R. 'Hayim de Volojine, *Roua'h Hayim*, Avot VI, 3, p. 97.

29. Cf. TB. Chevouot 39*a* ; Sanhédrine 27*b* ; 'Houline 91*b*. Me'hilta (Exod. 20,2) 5 ; Tana Devei Eliyahou Rabba 11 ; Lev. R. 30,11 ; Tan'houma, Nitsavim 2 ; Yalkout Chim'oni, Kohélet 7,976 ; Rachi, Roche HaChana 29*a-b* ; Ritva, Roche HaChana 29*a*. Rambam, *Hil'hot Bera'hot*, I, 13. Rabbi Na'hman de Bratslav, *Kitsour Likoutei Hala'hot*, 186. *Haféts 'Hayim, Al HaTora*, p. 237.

30. Cf. Avot II, 4 et Maharal, *Déré'h 'Hayim, ad loc.* ; I, 14 ; III, 7. TB : Ta'anit 11*a* ; Sanhédrine 37*a* ; Mena'hot 27*a* ; Makot 23*b* et Rachi *ad loc.* Lev. R. 4 ; Tana Devei Eliyahou Rabba 25. Rachi, Chabbat 105*a* ; 'Houline 135*a*. Cf. TB : Bera'hot 57*a* ; Eirouvine 19*a* ; Sanhédrine 37*a*. Gen. R. 32 ; Cant. R. 4. Zohar II, 100*a*. – Cf. Lev. R. 4. *Kouzari* III, 10-19. Maharal, *Guevourot HaChème*, 60 ; *Netivot Olam*, I, *Netiv HaTora*, 2. R. Moché Cordovero, *Tomère D'vora*, 1. Chelah, I, p. 21*a* ; III, p. 201*a*. R. Eliyahou, Gaon de Vilna, *Adéret Eliyahou*, p. 483, 514 ; *Kol Eliyahou*, II, p. 94. R. B. Landau, *HaGaon Hé'Hassid MeVilna*, p. 145. *Toldot Ya'akov Yossef, 'Hayei Sara. Likoutei Moharan*, 36,1, p. 50*a*. *Sefat Emet*, III, p. 207. Rav Kouk, *Orot*, p. 12-13, 74, 77, 94, 142, 144, 146-149, 171 ; *Orot HaKodèche*, III, p. 138, 319-320 ; *Orot HaTechouva*, p. 81 (XIII, 3) ; *Chabbat HaAréts*, p. 7 ; *'Hazone HaGueoula*, p. 275 ; *Michpat Kohen*, 124 ; *Olat Reiyah*, I, p. 279 ; II, p. 2, 157, 254-255. *Mei Meirom*, VI, p. 11-12. *The Hirsch Siddur*, p. 414, 435-436. *Neot HaDéché*, p. 119 ; *Avnei Neizer*, p. 34-35, 37-38. *Chem MiChemouël : Bereichit*, I, p. 224, 266, 285-286 ; *Bereichit*, II, p. 58 ; *Chemot*, II, p. 74-77 ; *BaMidbar*, p. 58-59, 94, 359 ; *Devarim*, p. 55, 210, 254. *Méché'h 'Ho'hma*, p. 156. *Sefat Emet*, IV, p. 7. *Pa'had Yits'hak : 'Hanouka*, p. 71-72 ; *Cha'ar 'Hodèche HaAviv*, p. 29, 68-69. *Mefa'anéa'h Tsefounot*, p. 182, 189, 239.

31. Cf. TB : Sanhédrine 47*a* ; Yevamot 22*b* ; Roche HaChana 17*a* ; Bera'hot 30*a*. Masse'het Sema'hot II, 10 ; TY Sanhédrine I, 2. Avot DeRabbi Nathan XVI, 5. Rambam : *Hakdama LePérek 'Heilek, Yessod* 13 ; *Hil'hot Techouva* III, 11 ; *Hil'hot Eivel* I, 10 ; *Tour* et *Choul'hane Arou'h, Yoré Déa*, 345. Rachi, Sanhédrine 47*a*. Cf. *Séfer Yereïm*, 221. Cf. Rav Kouk, *Orot*

HaTora, p. 13. *Chem MiChemouël : BaMidbar*, p. 372 ; *Devarim*, p. 210. Pa'had Yits'hak, Cha'ar Hodèche HaAviv, p. 172-173. R. Avraham Yaffen, *HaMoussar VeHaDa'at*, I, p. 96. R. Bezalel Ze'ev Safran, *Che'eilot OuTechouvot Harbaz*, I, p. 267.

32. Cf. TB Pessa'him 113*b* ; Rambam, *Hil'hot Rotséa'h OuChemirat Nafèche* XIII, 14 ; *Séfer Ha'Hinou'h*, mitsva 238.
33. Cf. *Tanya*, 32. Voir Tikounei HaZohar 60.
34. Cf. *Tanya*, 14. *'Hessed LeAvraham*, p. 42. *Avnei Neizer*, p. 23.
35. Cf. Zohar, I, 108*b* ; III, 7*b* ; 295*b*.
36. Cf. *Be'eir Avraham*, p. 102, 109, 159, 214-215, 297, 334. *Neot HaDéché*, p. 128. R. M. Grossberg, *Tsefounot HaRogatchovi*, p. 126. *Mefa'anéa'h Tsefounot*, p. 182, 189, 239.
37. Cf. TB : Bera'hot 6*a* ; Pessa'him 56*a*.

RÉFÉRENCES, SOURCES ET NOTES DE LA DEUXIÈME PARTIE

I. Regard sur « Le peuple d'Israël et le pays d'Israël »

1. Voir Nu. 11,21 ; Avot VI, 3 ; Me'hilta (Exod. 19,1) 3. TY Chekalim VI, 1. TB Bera'hot 13*b* ; 57*b* ; 58*a*, Rachi et Maharcha *ad loc. Choul'hane Arou'h*, *Ora'h 'Hayim*, 224,5. TB : Chabbat 146*a* ; Eirouvine 54*a* ; Roche HaChana 31*a* ; 'Haguiga 15*a* ; Ketouvot 17*a* ; Kidouchine 30*a* ; Bava Metsia 84*b* ; Bava Batra 15*a* ; Avoda Zara 9*a* ; Sanhédrine 93*a* ; 97*a* ; 111*a* ; Chevouot 39*a* ; Mena'hot 29*b*-30*b*. Gen. R. 70,8 ; Exod. R. 28,4 ; Lev. R. 1,3 ; 7 ; Nu. R. 14 ; 18. Deut. R. 7,9 ; Cant. R. 1,64 ; 6,14 ; 7,2 ; 8,3. Tan'houma : Bereichit 1 ; Bechala'h 10. Pessikta Zoutarta, VaEt'hanane, Deut. 8,3. Tana Devei Eliyahou Zouta, 4. Pirkei DeRabbi Eliézer, 46. Yalkout Chim'oni, Hochéa 2,518. Zohar, I, 2*b* ; 18*b* ; II, 4*b* ; 14*b* ; 126*b* ; 191*b* ; III, 145*a* ; 273*a* ; 276*a* ; 282*b*. Zohar 'Hadache, 74*b* ; 108*a*. Tikounei HaZohar, 29*b* ; 77*b* ; 86*a* ; 100*a* ; 112*a* ; 114*a* ; 144*b*. Onkelos, Deut. 33,21. Rachi, Chabbat 105*b* et Avoda Zara 20*b*. Tossafot, *ad* Avoda Zara 21*a*. Ramban, *Hakdama, Bereichit* ; Gen. 2,3. *Peirouchei HaTora LeRabbi Yehouda Hé'Hassid*, p. 133-134. Abrabanel, II, p. 161. Maharal, *Guevourot HaChème*, 3 ; 12 ; *Tiféret Yisraël*, 17. Ari HaKadoche, *Likoutei Tora*, p. 47. Chelah, I, p. 27*a* ; 70*a* ; II, p. 32*b* ; III, p. 9*a* ; 11*a* ; 153*a*. R. 'Hayim Yossef David Azoulaï, Hida, *Midbar Kedeimot*, 10,6. Megualé Amoukot, 198. R. 'Hayim Attar : *Or Ha'Hayim*, ad Nu. 16,1. R. Dov Baer de Mezritch, *Maguid Devarav LeYa'akov*, 192 ; 196. R. Lévi Yits'hak de Berditchev, *Kedouchat Lévi*, p. 70*a*. R. Tsevi Elimélé'h de Dinov, *B'nei Issas'har*, Hagada, p. 40, 44. R. Na'hman de Bratslav, *Likoutei Moharan*, 14,3. R. Chneiour Zalman de Liady, *Tanya, Likoutei Amarim*, 4 ; 37. R. Eliyahou, le Gaon de Vilna : *Adéret Eliyahou*, p. 483 ; *HaEmouna VeHaHachga'ha*, I, p. 3*a* ; Biourei Hagra Al Agadot, I, p. 18. R. 'Hayim de Volojine, *Néfèche Ha'hayim*, 4,11 ; *Roua'h Hayim*, p. 6. R. Mena'hem Na'houm de Tchernobyl, *Me'or Einaïm, 'Houkat ; VaEt'hanane*. R. Yehouda Arié Leib de Gour, *Sefat Emet*, II, p. 63-65 ; IV, p. 6, 7, 64 ; V, p. 30, 123. R. Chalom

Morde'hai Chvadron, *Te'heilet Morde'haï, BeHa'alot'ha*. R. Avraham de Slonim, *Beit Avraham*, p. 224 ; *Yessod HaAvoda*, p. 273. Rav Kouk, *Orot HaKodèche*, III, p. 138-139 ; *Orot*, p. 12 ; *Orot HaTora*, p. 19-22 ; 60 ; *Olat Reiyah*, I, p. 387-388. R. Meïr Sim'ha Kohen de Dvinsk, *Méché'h 'Ho'hma*, p. 28 et 48. Bezalel Landau, *HaGaon Hé'Hassid MeVilna*, p. 35. R. Yits'hak Hutner, *Pa'had Yits'hak, Chavouot*, p. 137. R. Mena'hem M. Kasher, *HaTekoufa HaGuedola*, p. 41 ; 442-443 ; *idem, Mil'hémet Yom HaKipourim*, p. 30-31. Meïr Orian, *Madrégot*, p. 124-125. R. Sim'ha Bounim de Pchiskhe, *Midrache Sim'ha*, I, p. 135. R. Yossef 'Hayim de Bagdad, *Od Yossef 'Haï*, p. 27 ; *idem, Da'at OuTevouna*, p. 72*a-b*. R. Avraham de Sohatchov, *Avnei Neizer*, p. 68 et 70.

II. Regard sur « L'exil et la rédemption »

1. Voir aussi *Or Ha'Hayim*, ad Exod. 6,4.
2. Voir *'Hovot HaLevavot, Cha'ar 'Hech'hone HaNéfèche*, III, 30.
3. Voir aussi *Ha'amek Davar*, ad Gen. 12,10, I, Hossafot, p. 5.
4. Cf. Hermann Cohen, *Die Religion der Vernunft aus den Quellen des Judentums* (Berlin, 1919), p. 148, *ibid.*, p. 179 ; cf. *idem, Jüdische Schriften* (Berlin, 1924), p. 179.

III. Regard sur « Jérusalem, cœur d'Israël, cœur du monde »

1. Cf. Zohar, II, 193*a* ; III, 16*b* ; 221*b*. Peti'hta d'Ei'ha Rabbati, 16 ; Lev. R. 1. Rabbi Yehouda Halévi, *Kouzari*, II, 32 ; Recanati, *Yitro*, p. 9*a*. Maharal, *Nétsa'h Yisraël*, 8 ; Rabbi Chemouël de Sohatchov, *Chem MiChemouël, Moadim*, p. 208.
2. Cf. *Kouzari*, II, 20,36. Recanati, *Yitro*, p. 9*a*. *Kitvei Rabbi Na'hman MiBratslav* (éd. Steinmann), p. 192.
3. Cf. Pessikta Rabbati, 10,2. Déré'h Erets Zouta (avec des commentaires du Gaon de Vilna, éd. Tel-Aviv, 5731) IX, 34, p. 58. Tan'houma, Kedochim 10. Pirkei DeRabbi Eliézer, 3. Zohar, I, 78 ; 186*a* ; 226*a* ; 231*a* ; II, 157*b* ; III, 65*b* ; 161*b* ; 221*b*. Lettre d'Aristée, 83. Philon, *Legatio ad Gaium*, 294. *Kouzari*, II, 20. Rachi, ad TB : Yoma 54*b* ; Sanhédrine, 37*a*. Ibn Ezra, ad Gen. 1,2. Ramban, ad Gen. 14,18. Recanati, *Bereichit* p. 8*a* et *Yitro* p. 9*a*. – Voir Maharal, *Peirouchei Maharal MiPrague LeAgadot HaChass*, IV, ad TB Ketouvot, 111*a*, p. 93, 95 ; *Netivot Olam*, I, *Netiv HaEmet*, 1, p. 78-79 ; *Netivot Olam*. II, *Netiv HaTsédek*, 3, p. 141*a-b* ; *Guevourot HaChème, Hakdama Chelichit*, p. 12-13. Gour Arié, ad Gen. 2,7 ; *Be'eir, HaGola*, 6, p. 121 ; *Déré'h 'Hayim*, ad Avot, Hakdama, p. 3 ; V, 8, p. 188 ; VI, p. 226, 252. – Cf. Rabbi Eliyahou, le Gaon de Vilna, *Biour Hagra Al Agadot*, II, p. 36*b*. Rabbi Avraham de Slonim, *Be'eir Avraham*, p. 102, 109 ; *Beit Avraham*, p. 215, 217. Rabbi Avraham de Sohatchov, *Avnei Neizer*, p. 113 ; *Neot HaDéché*, p. 120. – Cf. aussi TB 'Houline 91*b*. Zohar I, 72*a* ; 156*a* ; III, 84*a*. Zohar 'Hadache VaYetsé, 28,4. Recanati, *VaYetsé*, p. 28*b*. Alchéï'h, *VaYetsé*, ad Gen. 28,13.
4. Cf. *Kouzari*, IV, 11 ; Ramban, ad Gen. 14,18.

5. Cf. TB Houline 60*b*. Pessikta Zoutarta, Deut. 3,9. Sifrei : VaEt'hanane (Deut. 6,4), 31, p. 72 ; Eikev (Deut. 11,10), 37, p. 76*b*. Exod. R. 32,2. Nu. R. 23,7. Tan'houma : Michpatim, 17 ; Massei, 6 ; Re'éh, 8. Yalkout Chim'oni, Yirmiah, 3,271. Zohar, I, 209*b* ; III, 161*b*. Tikounei HaZohar, 6 (146*a*). *Kouzari*, II, 20. Rachi, *ad* Deut. 33,17. Seforno, *ad* Gen. 12,5 ; 11,31. Tossafot, *ad* TB Roche HaChana 23*b*.

6. Cf. Lev. R. 30,5. Cho'heir Tov, 118 ; Tossafot, *ad* TB Ta'anit 16*a*, et *al.*

7. Voir *supra*, note 2.

8. Cf. Rabbi Eliyahou, le Gaon de Vilna, *Séfer HaEmouna VeHahachga'ha*, p. 10*b* ; *Hagra, ad* Is. 8,11. *Be'eir Mayim 'Hayim, ad* Gen. 28,17. *Sefat Emet*, III, p. 198, 200. *Avnei Neizer*, p. 113.

9. Rachi, *ad* Gen. 28,17 ; Gen. R. 69,5.

10. Cf. Zohar I, 149*a* ; *Keli Yakar, ad* Gen. 28,12.

11. Cf. Alchéi'h, *VaYétsé, ad* Gen. 28,13.

12. Cf. Gen. R. 47,8. Zohar I, 97*a* ; II, 241. Ramban, *ad* Gen. 17,22 ; 35,13 ; *idem*, Introduction au Livre de l'Exode ; *idem*, *Séfer HaEmouna VeHaBita'hone (Kitvei Ramban*, II), p. 15. Rabbi Chneiour Zalman de Liady, *Tanya, Likoutei Amarim*, 29, p. 37.

13. Cf. Me'hilta BeChala'h (Exod. 14,15), Massi'hra DeVayehi, 3. Sifrei (Deut. 33,12) Vezot HaBera'ha, 352. TB Zeva'him, 118*b*. Masséhet Sema'hot, VIII. Targoum Onkelos, *ad* Gen. 22,14. Targoum Yonathan ben Ouziel, *ad* Deut. 3,25. Gen. R. 62,2 ; 69,6. Cho'heir Tov 81. Rachi, *ad* Gen. 22,14. Rambam, *Moré Nevou'him*, III, 45. Ramban, *ad* Gen. 22,2. Maharcha, *'Hidouchei Agadot, ad* TB Ta'anit, 16*a*. Rabbi Eliyahou, le Gaon de Vilna, *Biourei Hagra Al Agadot*, I, 83.

14. Ramban, *Séfer HaGueoula (Kitvei Ramban*, I, p. 283).

15. Rabbi Eliyahou, le Gaon de Vilna, *Adéret Eliyahou*, p. 426.

16. Tossafot, ad TB Zeva'him, 60*b*.

17. Zohar 'Hadache, 49*a*.

18. Rabbi Chemouël de Sohatchov, *Chem MiChemouël, BaMidbar*, p. 375. Cf. Philon, *De spec. leg.* II, 148 ; Me'hilta DeRabbi Chimeon ben Yohaï, BeChala'h, 15, 18. Sifrei, Ki tavo, Pisska 298. Michna : Bikkourim, III, 2 ; Roche HaChana, IV, 1 ; Zeva'him, V, 6-8. TY Souka, III, 11, mais voir aussi Rachi, *ad* TB Roche HaChana, 29*b* ; Avot, V, 5. TB : Yoma, 21*a* ; Souka, 41*a* ; Bava Batra, 75*b* et Maharcha *ad loc.* ; Sanhédrine, 20*b*. Exod. R. 15,9 ; 32,2. Lev. R. 12,5 ; 13,2. Peti'hta d'Eiha Rabbati, 8 ; Thr. R. I, 62. Yalkout Chim'oni, Yirmia, 320. Rachi, *ad* TB Meguila, 17*b* ; *ad* TB Ketouvot, 62*b* ; mais voir aussi Maharcha, *ad* TB Meguila, 18*a*. Rambam, *Peirouche HaMichnayot : ad* Chekalim, I, 3 ; *ad* Souka, III, 12 ; *ad* Roche HaChana, IV, 1. Rambam, *Michné Tora : Hil'hot Bikkourim*, 1 ; *Hil'hot Chofar*, II, 8 ; *Hil'hot Beit HaBe'hira*, VI, 16 ; *Hil'hot Klei HaMikdache*, V, 7. Ramban, *Deracha LeRoche HaChana (Kitvei Ramban*, I, p. 252). Meïri, *ad* TB Sanhédrine 42. Rabbi Eliyahou, le Gaon de Vilna, *Siddour Ichei Yisraël*, p. 356-357. Rabbi Samson Raphaël Hirsch, *Siddour Tefilot Yisraël*, p. 607. Rav Kouk, *Olat Reiyah*, I, p. 185.

19. Cf. Reg. I, 8,30 ; Dan. 6,11 ; TY Bera'hot IV, 5 ; TB Bera'hot 30*a* ; Cant. R. 4,11 ; Zohar I, 209*b*. RAMBAM, *Michné Tora, Hil'hot Tefila*, V, 6.
20. Reg. I, 8,48 et Chron. II, 6,21.
21. TB Bera'hot 30*a*. Cf. Michna, Bera'hot IV, 5-6 ; Tossefta, Bera'hot III, 16 ; Cant. R. 4,11. Zohar, I, 209*b* ; II, 116*a* ; III, 109*a*. RAMBAM, *Michné Tora, Hil'hot Tefila*, V, 3. RABBI YOSSEF KARO, *Choul'hane Arou'h, Ora'h 'Hayim*, 94,2. RACHI et RAMBAN, *ad* Gen. 28,17. RADAK, *ad* Reg. I, 8,46,52. RABBI ELIYAHOU, LE GAON DE VILNA, *Adéret Eliyahou*, p. 377. Voir aussi TY Bera'hot IV, 4.
22. Cf. TB Bera'hot 30*a, et al.*
23. Cf. TB Sanhédrine 106*b* ; Zohar II, 162*b* ; RABBI AVRAHAM DE SLONIM, *Be'eir Avraham*, p. 201.
24. Cf. Is. 40,2.
25. Cf. RABBI CHEMOUËL DE SOHATCHOV, *Chem MiChemouël, Devarim*, p. 55-56.
26. Cf. RABBI CHEMOUËL CHMELKE DE NIKOLSBURG, *Divrei Chemouël*, p. 141.
27. Cf. RACHI, *ad* Exod. 25,8 ; RABBI AHARON HALÉVI, *Séfer Ha'Hinou'h, Mitsva* 95 ; RABBI ELIYAHOU, LE GAON DE VILNA, *Biourei Hagra Al Agadot*, I, p. 83 (le commentaire de Rabbi Avraham).
28. Cf. TB Bera'hot 30*a*.
29. Voir Michna : Kelim, I, 6,8,9 ; Zeva'him, XIV, 4 ; Ketouvot, XIII, 11. TY : Bikourim, III, 2 ; Bava Batra X, 2. TB : Meguila 10*b* et RACHI *ad loc.* ; Moède Katane, 26*a* ; Ketouvot 110*b* ; Mena'hot 98*b* et Tossafot *ad loc.* ; Sanhédrine 11*b* ; Zeva'him 119*a*. Exod. R. 32,2 ; 37,5 ; Nu. R. 7,8 ; Thr. R. 1,59. Tan'houma : Bo, 5 ; Terouma, 9. Zohar, I, 84*b* ; II, 157*a* ; III, 161*b*. RAMBAM, *Michné Tora : Hil'hot Kiddouche Ha'Hodèche* IV, 12 ; *Hil'hot Beit HaBe'hira* VI, 14-16 ; VII, 15 ; *Hil'hot Bi'at HaMikdache* III, 8. RAMBAN, *Deracha LeRoche HaChana* (*Kitvei Ramban*, II, p. 252). RABBI YOSSEF KARO, *Choul'hane Arou'h : Ora'h 'Hayim*, 561, 2-3 ; *Evène HaEzer*, 75,3-5. ABRABANEL, *ad* Deut. 32,8. ALCHÉI'H, *ad* Gen. 28,13. RABBI AHARON HALÉVI, *Séfer Ha'Hinou'h, Hakdama*, p. 9. RABBI MOCHÉ SOFER, *Che'eilot OuTechouvot 'Hatam Sofer, Yoré Déa*, 234 ; RABBI AVRAHAM YITSHAK HAKOHEN KOUK, *Che'eilot OuTechouvot Michpat Kohen*, 96. CHELAH, *Siddour Cha'ar HaChamayim*, p. 471 ; RABBI CHEMOUËL CHMELKE DE NIKOLSBURG, *Divrei Chemouël*, p. 85, 103. RABBI AVRAHAM DE SOHATCHOV, *Neot HaDéché*, p. 136-137 ; RABBI CHEMOUËL DE SOHATCHOV, *Chem MiChemouël* : Bereichit, II, p. 252 ; *Moadim*, p. 135. RABBI AVRAHAM DE SLONIM, *Be'eir Avraham*, p. 102, 108-109, 115, 215, 297. RABBI ELIYAHOU, LE GAON DE VILNA, *Adéret Eliyahou*, p. 352.
30. Zohar II, 193*a*.
31. Cf. RABBI CHEMOUËL DE SOHATCHOV, *Chem MiChemouël, Chemot*, II, p. 246.
32. Ps. 84,3.
33. Ps. 132,14.
34. Cf. RABBI YA'AKOV TSEVI MECKLENBOURG, *HaKetav VeHaKabala*, I, *ad* Exod. 20,24, p. 42.

35. Déré'h Erets Zouta, 67 ; voir aussi TB Yoma 54*a* ; Zohar II, 152*b* ; *Be'eir Mayim 'Hayim, MiKeits, ad* Gen. 42,7,12 ; Yossef DAN, *Iyounim BeSifrout 'Hassidout Achkenaz*, Ramat-Gan, 1975, p. 83-84.

36. Cf. Gen. 22,2.

37. Cf. Exod. 19,20. Voir Exod. R. 12,4 ; Tan'houma, VaEra, 15.

38. Cf. RAMBAN, *ad* Exod. 3,5. – Cf. Exod. 3,5 ; Exod. R. 46,2 ; RABBI BAROU'H HALÉVI EPSTEIN, *Tosséfet Bera'ha*, II, p. 65 ; Esther STAROBINSKI-SAFRAN, *Le Rôle des signes dans l'épisode du buisson ardent*. Mais voir aussi Yalkout Chim'oni, Tehilim 63,785. – Cf. Exod. 3,5.

39. Cf. Exod. 19,12-13 ; RACHI, *ad* Exod. 19,13 ; TB Beitsa 5*a-b* ; RABBI PINE'HASS HALÉVI ICHE HOROVITZ, HAFLA'AH, II, *Séfer HaMakné*, p. 7.

40. Gen. 22.

41. Exod. 19 ; cf. RACHI, *ad* Exod. 19,12.

42. Cf. Is. 11,9 ; Jér. 31,22 *et al.*

43. Cf. RAMBAM, *Michné Tora, Hil'hot Beit HaBe'hira* VI, 14-16.

44. Cf. TB Zeva'him 61*b*.

45. Exod. 20,21.

46. Cf. TB Sota 38*a*.

47. Cf. TY Bera'hot IV, 4.

48. Cf. *Séfer Ha'Hinou'h, Mitsva* 95.

49. Cf. RACHI, *ad* Gen. 28,17 ; TB 'Houline 91*b*.

50. Cf. Nu. R. 11,3.

51. Tossafot, *ad* TB Ta'anit 16*a*.

52. Exod. 19,10-19.

53. Voir RABBI ELIYAHOU, LE GAON DE VILNA, *Adéret Eliyahou*, p. 345 ; R. BETSALEL LANDAU, *HaGaon Hé'Hassid MeVilna*, p. 243-244.

54. Sur les rapports entre Sinaï et Jérusalem, entre Sinaï et Moria, voir Gen. R. 68,16 ; Exod. R. 52,4 ; Cant. R. 3,21.

55. Cf. IBN EZRA, *ad* Gen. 22,4.

56. Cf. Gen. 22,1 ; Avot V, 3.

57. TB Ta'anit 4*a*. Cf. aussi RAV KOUK, *Igrot HaReiyah*, II, p. 43.

58. Voir aussi MALBIM, *ad* Gen. 22,2.

59. Cf. Gen. R. 56,2 ; Tan'houma, VaYéra 23 ; cf. aussi ABRABANEL, *ad* Gen. 22,5 ; cf. TB Moède Katane 18*a* ; mais voir aussi IBN EZRA, *ad* Gen. 22,4 et RABBEINOU BA'HYA, *ad* Gen. 22,5, I, p. 195.

60. Cf. TB : Nedarim, 32*b* ; Makot, 23*b*.

61. Cf. RABBI CHEMOUËL DE SOHATCHOV, petit-fils du Rabbi de Kotsk, *Chem MiChemouël*, BaMidbar, p. 105. RAV KOUK, *Orot HaKodèche*, III, p. 129.

62. Cf. RAMBAM, *Moré Nevou'him*, III, 24 ; RAMBAN (I, p. 125), ABRABANEL (I, p. 268) et *HaKetav VaHaKabbala* (I, p. 39-40), *ad* Gen. 22,1 ; RABBI YOSSEF ALBO, *Ikkarim*, V, 13.

63. Cf. TB 'Haguiga 2*a*.

64. Cf. Gen. 22,12 ; Deut. 14,23.

65. Cf. RABBI YEHOUDA ARIÉ LEIB DE GOUR, *Sefat Emet*, IV, p. 47.

66. Cf. TB Zeva'him 62*a*.

67. Exod. 23,17 ; 34, 23-24 ; Deut. 16,16 ; 31,11 ; cf. aussi Ps. 84,8.

68. Lev. 19,30 ; Deut. 14,23 et Sifrei *ad loc.* ; voir Tossafot, *ad* TB Bava Batra 21*a*.

69. Exod. 25,8.

70. Cf. RAMBAM, *Michné Tora, Hil'hot Beit HaBe'hira*, I, 1, mais voir aussi *ibidem, Hil'hot Mela'him*, I, 1 ; RABBI AHARON HALÉVI, *Séfer Ha'Hinou'h, Mitsva* 95 ; voir aussi Tan'houma, Ki Tissa, 10 ; TB : Eirouvine, 2*b* ; Chevouot, 15*b*.

71. TB Yevamot 6*a* ; cf. aussi Deut. 14,23 ; Gen. R. 58,9.

72. Cf. Deut. 14,23.

73. Cf. Is. 41,8 ; Nu. R. 16,3 ; Tan'houma, Chela'h 3.

74. Gen. 22,12. Voir *Sefat Emet*, I, p. 64. Voir ARI HAKADOCHE, *Likoutei Tora*, p. 34.

75. Cf. RAMBAN, *ad* Gen. 22,2.

76. Deut. 34,5 ; cf. Jos. 1,15 *et al.* ; Malachie 3,22.

77. Cf. Avot, I, 3.

78. Cf. Eccl. 3,14.

79. Cf. Ps. 111,10 ; cf. aussi Prov. 1,7 ; Eccl. 12,13.

80. Cf. Deut 10,12 ; TB Chabbat 31*b* ; RABBI BA'HYA IBN PAKOUDA, *'Hovot HaLevavot, Cha'ar Ahavat HaChème*, I ; RAMBAN *ad* Exod. 20,8 ; RABBI CHNEIOUR ZALMAN DE LIADY, *Tanya, Likoutei Amarim*, 41, p. 56-59*a-b* ; RABBI YEHOUDA ARIÉ LEIB DE GOUR, *Sefat Emet*, V, p. 113.

81. Cf. TB Sota 27*b*.

82. Cf. RABBI PINE'HASS HALÉVI HOROVITZ, de Francfort-sur-le-Main, *Séfer Hafla'ah* II, *Sefer HaMakné*, p. 62.

83. Voir RAMBAM, *Hil'hot Yessodei HaTora*, II, 2 ; IV, 12, et *Hil'hot Techouva*, X, 6 ; voir aussi *Sefat Emet*, I, p. 108.

84. Cf. Ps. 34,10 ; cf. aussi Ps. 23.

85. Cf. RACHI, RACHBAM, *Keli Yakar, ad* Gen. 22,12 ; RAMBAN, *ad* Deut. 11,1 ; RAMBAM et RABBI YA'AKOV MOCHÉ HARLAP, *ad* Avot, I, 3 (*Mei Meirom*, II, p. 21-23) ; TB : Bera'hot 6*b* ; Sota 31*a*. RAMBAM, *Michné Tora, Hil'hot Yessodei HaTora*, II, 1-2 ; MAHARAL, *Déré'h 'Hayim, ad* Avot, I, 3, p. 23 ; RABBI CHNEIOUR ZALMAN DE LIADY, *Tanya, Likoutei Amarim*, 43, p. 61*b* ; RABBI ELIYAHOU, LE GAON DE VILNA, *Adéret Eliyahou*, p. 500, avec le commentaire *Be'eir Yits'hak, ad loc.* ; *idem, Siddour Ichei Yisraël*, p. 97 ; RABBI YA'AKOV YOSSEF HAKOHEN DE POLONNOJE, *Tsafnat Pa'anéah*, Pietrkow, 5644, p. 19*a* ; *Rabbi Avraham HaMala'h* (XVIIIe s.), *'Hessed LeAvraham*, p. 108 ; RABBI CHEMOUËL CHMELKE HOROVITZ, *Divrei Chemouël*, p. 24, 50, 57, 103, 121, 141 ; RABBI YEHOUDA ARIÉ LEIB DE GOUR, *Sefat Emet*, V, p. 240 ; RABBI MEÏR SIM'HA KOHEN DE DVINSK, *Méché'h 'Ho'hma*, p. 15 ; RAV KOUK, *Olat Reiyah*, I, p. 93.

86. Cf. Sifrei (Deut. 1,1), Devarim, 1, p. 65*a* ; Sifrei (Deut. 12,9), Re'ei, 66, p. 88*b*. TB : Zeva'him 119*a* ; Meguila 10*a*. Yalkout Chim'oni : Yechaya 49, 472 ; Tehilim 132, 882. Is. 33,20. Rachi : *ad* Zach. 9,1 ; *ad* Deut. 12,9 ; mais voir aussi RACHI, *ad* Ps. 122,3. Zohar II, 240. MAHARAL, *Déré'h 'Hayim, ad* Avot V, 9, p. 188. Cf. Ps. 76,9.

87. RACHI, *ad* Gen. 12,2 ; cf. RACHI, *ad* Gen. 22,2. Cf. RAMBAN, *ad* Gen. 12,1. Cf. Gen. R. 39,12 ; 55,8. Voir aussi RAMBAM, *Moré Nevouhim*, III, 45. *Be'eir Mayim 'Hayim, ad* Gen. 12,1 ; cf. aussi *Sefat Emet*, I, p. 46 et 48.

88. Cf. RAMBAN, *ad* Gen. 12,1 ; *idem, Mavo LeDeracha Al Divrei Kohélet* (*Kitvei* RAMBAN, I, p. 132). Voir aussi ALCHÉÏ'H, *ad* Gen. 12,1 et *Be'eir Mayim 'Hayim, ad* Gen. 12,5.

89. Midrache Tan'houma, VaYéra, 23.

90. Cf. MAHARCHA, *ad* TB Ta'anit 16*a*.

91. Cf. Chron. II, 3,1. TB : Zeva'him, 62*a* ; Sota, 48*b*. RAMBAM, *Michné Tora, Hil'hot Beit HaBe'hira*, II.

92. Cf. Ez. 40 ; Yalkout Chim'oni, Yehezke'ël, 382 ; TB Zeva'him 62.

93. Cf. RAMBAM, *Michné Tora, Hil'hot Beit HeBe'hira*, I, 4 et *Hil'hot Mela'him*, XI, 1, mais voir aussi RACHI, *ad* TB Roche HaChana, 30*a*.

94. Cf. Sam. II, 24,16 et MALBIM *ad loc.* : Sam. II, 24,18-19,25 ; Chron. I, 21,18-19,26 ; 22,1 ; Chron. I, 21,25 et MALBIM *ad loc.* ; Ez. 28,19 ; 43,10*s*. TB Zeva'him, 62*a* ; Yalkout Chim'oni Chemouël, Beit, 24,165. Voir aussi *Or Ha'Hayim, ad* Gen. 12,1.

95. MAHARAL, *Netivot Olam*, I, *Netiv HaTora*, 10, p. 19*a*. Voir aussi Sifra, Me'hilta DeMilouim, parachat Chemini, 7 ; Yalkout Chim'oni : Ki Tissa, 32,391 ; Pekoudei, 39,417. Voir aussi RACHI, *ad* Chron. II, 5,1 ; Midrache Tan'houma, Nasso, 14 ; Yalkout Chim'oni, Yiremia, 320 ; Lev. R. 12,4. Voir aussi CHELAH, III, p. 74*a*.

96. Voir Zohar, I, 127*b*-128*a*. Cf. MAHARAL, *Gour Arié, ad* RACHI, Gen. 12,2 Cf. RABBI MEÏR SIM'HA KOHEN DE DVINSK, *Méché'h 'Ho'hma*, p. 9. Cf. RABBI CHEMOUËL DE SOHATCHOV, *Chem MiChemouël, Bereichit*, p. 340. Cf. RABBI YA'AKOV MOCHÉ HARLAP, *Mei Meirom*, V, p. 36 ; VIII, p. 62.

97. Cf. Gen. 15,13 ; Lev. 25 ; TB Bera'hot, 5*a et al.* Cf. Gen. 18,19 ; 22,18 ; 26,4-5.

98. Voir Gen. 12,7 ; 13,15 ; 15,18 ; 17,7-8,19,21 ; 21,12 ; 26,3 ; 28,4 ; 28,13 ; 31,42. Cf. ABRABANEL, *ad* Gen. 28,12 ; 35,1. ALCHÉÏ'H, *ad* Gen. 35,12. *Or Ha'Hayim* et *Ha'amek Davar, ad* Gen. 28,13. *Ha'amek Davar, ad* Gen. 25,5. *Or Ha'Hayim, ad* Gen. 16,5 Cf. RACHI, *ad* Gen. 28,4 ; 36,7 ; *ad* Deut. 32,9. RAMBAN, *ad* Gen. 17,6 ; 25,19 ; 26,3. RADAK, *ad* Gen. 17,7 ; SEFORNO, *ad* Gen 25,19. Cf. Michna Nedarim III, 11. TY Nedarim III, 8. TB Nedarim 31*a* ; RACHI et RAN *ad loc.* TB Sanhédrine 59*b*. Gen. R. 53,12 ; 63,11. Exod. R. 5,26. Zohar I, 120*a*. RAMBAM, *Peirouche HaMichna, Nedarim* III, 11 ; *Hil'hot Nedarim* IX, 21 ; *Hil'hot Mela'him* X, 7 ; *Iguéret Teimane* (éd. Jérusalem 5720), p. 140-141. RABBI YOSSEF KARO, *Choul'hane Arou'h, Ora'h 'Hayim*, 591,7. MAHARAL, *Guevourot HaChème*, 54, p. 146*b*. RAV KOUK, *Olat Reiyah*, I, p. 202-203. RABBI MEÏR SIM'HA KOHEN DE DVINSK, *Méché'h 'Ho'hma*, p. 18-19, 25. RABBI BAROU'H HALÉVI EPSTEIN, *Tosséfet Bera'ha*, I, p. 157-158 ; II, p. 135-136 ; V, p. 34, 77.

99. Cf. Sifrei (Deut. 12,5), Re'ei, 62, p. 87*b* ; voir aussi RABBI YA'AKOV MOCHÉ HARLAP, *Mei Meirom*, V, p. 235-237.

100. Cf. RAMBAN et RABBEINOU BA'HYA, *ad* Deut. 12,5.

101. Cf. Sifrei (Deut. 11,12), Eikev, 40, p. 78*b* ; Me'hilta (Exod. 18,27), Massi'hta D'Amalek, 2, p. 69.

102. Cf. Zohar II, 116*a* ; cf. aussi Zohar I, 209*b*.

103. TB Roche HaChana 30*a*.

104. Cf. IBN EZRA, *ad* Ps. 122,6.
105. RAMBAN, *ad* Deut. 12,5 ; cf. Jér. 50,5 ; cf. Pessikta DeRav Kahana, 3.
106. Cf. Yalkout Chim'oni, Chemouël II, 24,165 ; voir RABBI YEHOUDA ARIÉ LEIB DE GOUR, *Sefat Emet*, I, p. 198, 211 ; IV, p. 102 ; V, p. 29.
107. Cf. Gen. 12,1 ; Gen. R. 39,12 ; RACHI, *ad* Gen. 12,2.
108. Cf. Gen. 22,2.
109. Cf. TB Sanhédrine 89*b*.
110. Cf. Gen. 11,31-12,1.
111. Cf. Gen. 22,3-4.
112. Voir NATSIV, *Ha'amek Davar, ad* Gen. 34,14-15, I, p. 131.
113. Cf. Deut. 12,11 et RACHI *ad loc.* ; cf. aussi Sifrei (Deut. 12,10), Re'ei, 67 ; TB Sanhédrine 20*b* ; Tan'houma, Teitsei 11 ; Cho'heir Tov, 7,7.
114. Cf. RACHI, *ad* Deut. 12,11 ; Pirkei DeRabbi Eliézer, 31 ; RAMBAM, *Michné Tora, Hil'hot Beit HaBe'hira*, I, 3 et II, 1,2 ; RAMBAN, *ad* Gen. 22,2 ; RABBEINOU BA'HYA, *ad* Gen. 22,9 et *ad* Deut. 12,5.
115. Cf. Reg. I, 8,16 ; Chron. II, 6,6.
116. Cf. Ps. 132,1-5 ; 30,I. TB Zeva'him 62*a* : RADAK, *ad* Reg. I, 8,13,16 ; Zohar II, 198*a*.
117. Cf. TB Zeva'him 24*a*.
118. Cf. Ps. 132,13-14 ; cf. *Kouzari*, II, 50.
119. Cf. Ps. 132,12. Cf. RABBI ELIYAHOU LE GAON DE VILNA, *Adéret Eliyahou*, p. 397 ; RABBI YA'AKOV MOCHÉ HARLAP, *Mei Meirom*, VIII, p. 62.
120. Cf. TB : 'Haguiga, 3*b*, Chevouot, 16*a* ; Zeva'him, 24*a* ; voir aussi RAMBAM, *Michné Tora, Hil'hot Teroumot* I, 5 et *Hil'hot Beit HaBe'Hira* VI, 16.
121. Mais voir aussi Michna : Chevouot II, 2 ; Sanhédrine I, 5. TB : Chevouot 14*a*-15*a*-*b*-16*a* ; Sanhédrine 16*a*. RAMBAM, *Michné Tora, Hil'hot Beit HaBe'hira* VI, 11 ; voir aussi TB Bava Batra 75*b*.
122. Cf. Gen. R. 68-13.
123. Voir également RABBI AHARON HALÉVI, *Séfer Ha'Hinou'h, Mitsva* 95.
124. Cf. Zohar, I, 72*a* ; cf. aussi Zohar, I, 231*a* ; Zohar 'Hadache VaYétsé ; Yalkout Chim'oni VaYétsé, 28,120 ; voir *supra*, note 1.
125. Cf. Yalkout Chim'oni, VaYétsé, 28,119.
126. Cf. Pirkei DeRabbi Eliézer, 35 ; RAMBAM, *Michné Tora, Hil'hot Beit HaBe'hira*, II, 2 ; voir Gen. R. 68,16 ; voir aussi Yossef HEINEMANN, *Agadot VeToldoteihen*, Jérusalem, 1974, p. 192, 245. Cf. RALBAG, *ad* Gen. 28,10 et *ad* Deut, 3,25 ; RABBI YITS'HAK ARAMA, *Akeidat Yits'hak, VaYétsé, Cha'ar* XXV ; ABRABANEL, *ad* Gen. 28,12 ; ALCHÉI'H, *ad* Exod. 23,20 ; 25,8 ; RABBI YOSSEF 'HAYIM, *Bène Iche 'Haï*, p. 31.
127. Voir *Chem MiChemouël, Bereichit*, I, p. 341.
128. Cf. Zohar, I, 214*b*. Voir TB 'Houline 91*b* ; cf. TB Pessa'him 88*a* ; Gen. R. 70,8 ; Zohar, I, 247*b*.
129. Cf. Gen. 13,14 et RABBI ELIYAHOU, LE GAON DE VILNA, *ad loc., Adéret Eliyahou*, p. 56 ; cf. TB Bera'hot, 6*b* ; Zohar, II, 39*b*.
130. Zohar, II, 39*b* ; cf. TB : Bera'hot, 6*b*, Mena'hot, 29*a* ; voir aussi RAMBAN et SEFORNO, *ad* Gen. 24,62, au sujet du choix par Isaac d'un endroit pour la prière, endroit déjà sanctifié par une prière très sincère. Voir encore les

réflexions du Maharal (*Netivot Olam*, I, *Netivot HaAvoda*, p. 34) à propos de l'adage talmudique (TB Bera'hot 6*b*) : « Celui qui fixe un endroit pour sa prière reçoit l'aide du Dieu d'Abraham. »

131. Rabbi Avraham de Slonim, *Yessod HaAvoda*, II, p. 94.

132. Cf. Deut, 12,11,14,18,21,26 ; 16,11 ; 17,8. Me'hilta (Exod. 19,4), Yitro, 2, Massi'hta DeBa'Hodèche, p. 71*a*. Michna, Ma'asser Cheini, V, 12. Tossefta : Sanhédrine, IV, 5 ; Mena'hot, VII, 8. Nu. R. 11,9. Cf. aussi Reg. I, 8,16,48. Cf. aussi Zach. 1,17 ; 2,16.

133. Rav Kouk, *Che'eilot OuTechouvot Michpat Kohen*, p. 185.

134. Maharal, *Guevourot HaChème*, 70, p. 197-198 ; cf. Keli Yakar, *ad* Gen. 13,17.

135. Zohar II, 116*a* ; cf. TB Bera'hot 30*a*.

136. Cf. TB Bava Batra 25*a* et Tossafot *ad loc.* ; TB : Chabbat 22*b* ; Meguila 21*b* ; Menahot 98*b*. Zohar, II, 5*b*. Rambam, *Michné Tora, Hil'hot Beit HaBe'hira*, IV, 1 ; VII, 9 ; *idem*, *Moré Nevou'him*. III, 45. Rabbi David Ibn Zimra, *Che'eilot OuTechouvot Haradbaz* I, 219 ; II, 648. Maharal, *Guevourot HaChème*, 5, p. 198. Rabbi Yomtov Lipmann Heller (XVIe-XVIIe s.), *Tossfot Yomtov*, *ad Michna, Yoma* V ; Rabbi Eliyahou, le Gaon de Vilna, *Biourei Hagra Al Agadot*, I, p. 105 ; Rabbi Chneiour Zalman de Liady, *Tanya, Likoutei Amarim*, 42, p. 61, *Hagaha*. Rabbi Yehouda Arié Leib de Gour, *Sefat Emet*, I, p. 198, 234, 243. Rabbi Avraham de Sohatchov, *Neot HaDéché*, p. 165, 167-168. Rabbi Bezalel Ze'ev Safran, *Che'eilot OuTechouvot Harbaz*, I, p. 219.

137. Reg. I, 8,27.

138. Maharal, *Guevourot HaChème*, 70, p. 197-198 ; cf. aussi, *idem, Netivot Olam*, I, *Netiv HaAvoda*, 4, p. 34 ; cf. aussi Targoum et Rachi, *ad* Reg. I, 9,3 ; Rambam, *Moré Nevouhim*, I, 25. Cf. Jos. 18,28 ; Sifrei, ad Deut. 33,12 ; TB Zeva'him 54*b* ; TB Mena'hot, 53*a-b*.

139. Cf. Sifrei (Deut. 16,16), Re'ei, 143, p. 102*b*. Michna : Guitine IX, 8 ; Avot V, 5. TB : Meguila 26*a* ; Yevamot 93*a* ; Guitine 87*b* ; Bava Kama 82*b* ; Bava Batra 93*b* ; Sanhédrine 23*a*. Massé'het Sofrim XIV, 14. Rabbi Yehouda Halévi, *Kouzari* III, 21. Rambam, *Michné Tora, Hil'hot Ma'asser Cheini* III, 1. Rachbam, *ad* Deut. 14,23. Rabbi Avraham de Slonim, *Yessod HaAvoda*, II, p. 83.

140. Maharal, *Netivot Olam*, II, *Netiv HaTechouva*, 3, p. 145*a*.

141. Rabbi Chemouël Chmelke de Nikolsburg, *Divrei Chemouël*, p. 138.

142. Cf. TB Bava Batra 75*b* ; Rachi, *ad* TB Souka 53*a* ; Radak, *ad* Reg. I, 8, 16 ; *Or Ha'Hayim, ad* Gen. 28,17 ; Rabbi Yits'hak Ze'ev Halévi de Brisk, *Hidouchei Marane Riz HaLévi*, p. 94. Mais voir aussi Cant. R., 4,11.

143. Tossafot, *ad* TB Bava Batra 21*a*.

144. Rachi, *ad Chir HaChirim*, Cant. 3,10. Voir aussi Rambam, *Michné Tora, Hil'hot Ma'a'halot Assurot* XI, 25 et *Hil'hot Mikvaot* X, 5.

145. Voir *supra*, p. 235-236.

146. Cf. Deut. 14,23-26 ; Sifrei et Rachbam, *ad* Deut. 14,23. Michna : 'Haguiga, III, 6 ; Sanhédrine, VIII, 2. TB : 'Haguiga 26*a* ; Kidouchine 76*b* ; Bava Kama 82*b* ; Sanhédrine 70*a* ; Nida 34*a*. Pessikta Rabbati, 15,24. Gen.

R. 58,9 ; Exod. R. 52,4 ; Nu. R. 21,19. Midrache Tan'houma, Pine'hass 13. Rabbi Yehouda HaLévi, *Kouzari*, III, 21. Rambam, *Michné Tora : Hil'hot Metamei Michkav OuMochav* XI, 9 ; *Hil'hot Toum'at O'hline*, XVI, 10. Rabbi Aharon HaLévi, *Séfer Ha'Hinou'h, Mitsva* 360. Rabbi 'Hayim de Volojine, *Roua'h 'Hayim, ad* Avot, V, 5, p. 78-79. Rabbi Naftali Tsevi Yehouda Berline, de Volojine, Natsiv, *Ha'amek Davar, ad* Deut. 14,23, p. 68 ; *idem, ad* Gen. 34,25, *Har'hev Davar*, p. 128. Rabbi Yehouda Arié Leib de Gour, *Sefat Emet*, V, p. 234 ; Rabbi Avraham de Slonim, *Be'eir Avraham*, p. 109 ; Rav Kouk, *Orot HaTechouva*, p. 113.

147. Cf. Reg. I, 8,27.

148. Cf. Rabbi Na'hman de Bratslav, *Likoutei Moharan*, II, 56, p. 28 ; cf. Ps. 73,26 ; Gen. R. 68,10.

149. Exod. 25,8 ; Cf. Alché'ih, *ad loc.* Chelah, III, p. 76*b*. Cf. Lev. 26,11 ; Reg. I, 6,13 ; Jér. 7,4 ; Ez. 11,16 et 37,28 ; Exod. R. 33,4. Voir *Kouzari*, III, 23.

150. Ramban, *ad* Deut. 11,22 ; cf. Recanati, *Eikev*, p. 49*a*. Cf. Rabbi Mena'hem Na'houm de Tchernobyl, *Me'or Einayim, Chemot.*

151. Maharal, *Netivot Olam*, II, *Netiv HaTeChouva*, 1, p. 143*a*.

152. Rabbi Chemouël Chmelke de Nikolsburg, *Divrei Chemouël*, p. 27 ; voir aussi *ibidem*, p. 26. Cf. Rabbi Yehouda HaLévi, *Kouzari*, III, 73 ; Rabbi Avraham de Slonim, *Yessod HaAvoda*, II, p. 83 ; *idem, Beit Avraham*, p. 131 ; *idem, Be'eir Avraham*, p. 166. Rabbi Samson Raphaël Hirsch, *Séfer Tehilim Im Peirouche, ad* Ps. 27,4. p. 131-132. Voir Rabbi Eliyahou de Vilna, *Biourei Hagra Al Agadot*, I, p. 46.

153. Rabbi 'Hayim de Volojine, *Néfèche Ha'Hayim*, 1,4, p. 8. Jér. 7,4. Voir Exod. R. 33,4 ; Rabbi Barou'h HaLévi Epstein, *Tosséfet Bera'ha*, II, p. 243.

154. TB Ta'anit, 5*a* ; Zohar, I, 1*b* ; III, 15*b*.

155. Zohar, II, 55*b*.

156. Hakdamat HaZohar, Zohar, I, 1*b*.

157. Zohar, I, 128*b*.

158. Zohar, III, 4*b*-5*a*.

159. Rabbi 'Hayim Attar, *Or Ha'Hayim, Bereichit*, 1,1(22). Voir aussi Ari HaKadoche, *Likoutei Tora*, p. 58.

160. Cf. Rabbi 'Hayim de Volojine, *Roua'h 'Hayim, ad* Avot, V, I, Jérusalem, p. 75 ; Rabbi Yoël Teitelbaum de Satmar, *VaYoël Moché* p. 9. Cf. TB Souka 53*a* ; Rachi et Tossafot *ad loc.* Tana Devei Eliyahou Zouta, 21. Midrache Tan'houma, Pekoudei, 1. Yalkout Chim'oni, Yechaya, 60,499. Zohar, I, 1*b* ; 231*a* ; II, 240*b* ; III, 15*b* ; 68*b* ; 93*b* ; 147*b* ; 262*b* ; 267*a*. Hakdamat Tikounei HaZohar, 17*b*. Tikounei HaZohar, 6 (21*a*) ; 26 (71*a*) ; 50 (86*b*). Zohar 'Hadache, Noa'h, 20,4. Rabbi Eliyahou, le Gaon de Vilna, *Siddour Ichei Yisraël*, p. 333-334. Rabbi Meïr Sim'ha Kohen de Dvinsk, *Méché'h 'Ho'hma*, p. 148, 188. Rabbi Reouven Margaliot, *Cha'arei Zohar*, p. 55. Rabbi Menahem M. Kasher, *HaTekoufa HaGuedola*, p. 494.

161. Cf. Rabbi Eliyahou, le Gaon de Vilna, *Adéret Eliyahou*, p. 51. Rabbi Mena'hem Mendel Schneerson, de Loubavitch, *Likoutei Si'hot, VaYichla'h* (Kfar 'Habad, 5736, 1975), p. 7. Cf. TB Sanhédrine 38*b* ; Massé'het Déré'h

Erets Rabba, V ; Otiot DeRabbi Akiva, Yod ; RACHI, *ad* Gen. 3,9 ; RABBI SAMSON RAPHAËL HIRSCH, *Die Genesis*, p. 67. – Les commentateurs modernes de la Bible rejoignent, sur ce plan de l'interprétation, les grands commentateurs traditionnels. Cf. B. JACOB, *Das erste Buch der Tora, Genesis*, p. 109-110 ; M. D. CASSUTO, *MeAdam Ad Noa'h*, p. 103.

162. Cf. Gen. 3,24 ; 4,12,14,16 et Targoum *ad loc.* Cf. aussi Targoum *ad* Reg. II, 17,18. Cf. TB Sanhédrine 107*b* ; Jonas 1,3. Cf. Gen. R. 19,18 ; RABBI YEHOUDA HALÉVI, *Kouzari*, II, 14 ; RAMBAN, *ad* Gen. 1,1.

163. Cf. TB Sanhédrine 38*a*.

164. Cf. Gen. R. 19,18 ; Peti'hta d'Ei'ha Rabbati, 4 ; Thr. R. 1,1.

165. Cf. TB Mena'hot, 37*a*.

166. Cf. Zohar I, 29*a*.

167. RABBI AVRAHAM DE SOHATCHOV, *Che'eilot OuTechouvot, Avnei Neizer, Yoré Déa*, I, 126,4.

168. Voir *Da'at Zekeinim MiBa'alei HaTossafot, ad* Deut. 25,18.

169. Voir Michna, Ta'anit IV, 6. TY Ta'anit IV, 8. – TB : Roche HaChana 18*b* ; Ta'anit 26*b* ; 28*b*. RAMBAM, *Michné Tora, Hil'hot Bera'hot* II, 4 et *Hil'hot Ta'anit* V. Cf. Jer. 39,2 ; Ez. 24,1-2. Zach. 8,19.

170. Cf. TY Bera'hot IV, 3. *Siddour Rav Sa'adya Gaon*, p. 318 ; *Séder Rav Amram Gaon*, II, p. 132*a*.

171. Cf. TY Souka IV, 6. TB Sota 48*b* ; Thr. R. 4. Cho'heir Tov, 137.

172. Cf. Tossafot *ad* Bera'hot 31*a*. Voir aussi *Choul'hane Arou'h : Ora'h 'Hayim*, 560 ; *Evène HaEzer*, 62 et commentaires.

173. Voir Tossefta Bava Batra, II ; TB Bava Batra 60*b* ; Yalkout Chim'oni, Tehilim 137,885. Cf. *Choul'hane Arou'h, Ora'h 'Hayim*, 560.

174. Cf. Jos. 12,10 ; 15,63 ; cf. Sam. II, 5.

175. MALBIM, *ad* Ps. 132,13 ; mais voir aussi Reg. I, 8,16 ; Chron. II, 6,6. Cf. Reg. I, 8-15-16 ; 15,4. Ps. 122,3-5 ; 132,10-11. Chron. II, 6,6. TY Bera'hot II, 4 ; IV, 3. TB : Bera'hot 48*b*-49*a* ; Bava Kama 97*b*. RAMBAM, *Michné Tora, Hil'hot Bera'hot*, II, 4 ; *Hil'hot Mela'him*, I, 10 ; XI, 1. Zohar I, 209*b*. RABBI ISRAËL SCHEPANSKI, *Erets-Yisraël BeSifrout HaTechouvot*, II, p. 248-249. RABBI YITS'HAK ZE'EV HALÉVI DE BRISK, *'Hidouchei Marane Riz HaLévi*, p. 54.

176. RABBI CHELOMO DE RADOMSK, *Tiféret Chelomo, Re'éi*.

177. Cf. Cant. R. 4,11 ; Cho'heir Tov, 146 ; cf. Is. 52,9 ; TB Bera'hot, 49*a*.

178. Cf. Is. TB Bera'hot 48*b* ; 52,9 ; Mich. 1,9 ; Dan. 9,16 ; 40,1-2 ; 51,16 ; Nu. R. 14,24 ; Peti'hta d'Ei'ha Rabbati, 16 ; Jer. 4,18. Zohar, I, 5*a* ; III, 35*a*. TY Ta'anit IV, 2. Is. 51,16 ; 65,19. RACHI, *ad* Gen. 49,11 ; RABBI AVRAHAM DE SLONIM, *Be'eir Avraham*, p. 102, 109, 215.

179. Cf. Is. 40,1 ; TB Bera'hot 30*a* ; Midrache Ei'ha Rabbati, Peti'hta, 16 ; Zohar, I, 84*b* ; II, 142*b* ; III, 221*b* ; RABBI YEHOUDA HALÉVI, *Kouzari*, II, 32 ; RABBI ELIYAHOU, LE GAON DE VILNA, *Adéret Eliyahou*, p. 491.

180. Cf. RECANATI, *Yitro, 9a* ; RABBI ELIYAHOU, LE GAON DE VILNA, *Adéret Eliyahou*, p. 340-341 ; cf. également *ibidem*, p. 102, 109, 115, 297, RABBI AVRAHAM DE SLONIM, *Be'eir Avraham*, p. 215.

181. Cf. Ps. 135,4 : 132,13 ; RAMBAM, *Peirouche HaMichnayot, ad Zeva'him*, XIV, 6-8 ; cf. Ps. 94,14 ; TB Zeva'him, 119*a* ; RABBEINOU BAHYA, *ad* Deut. 12,9, III, p. 324.

182. Voir *supra*, p. 230.

183. Cf. Peti'hta d'Ei'ha Rabbati, 16 ; cf. Zohar I, 84*b*.

184. Cf. Gen. R. 70,8 ; RAMBAN, *ad* Gen. 29,2.

185. Cf. Cant. R. 4,11 ; voir aussi RABBI ELIYAHOU, LE GAON DE VILNA, *Biourei Hagra Al Agadot*, I, 46.

186. Cf. Exod. 34,23-24.

187. Voir aussi Reg. I, 12,27-28 ; TY Ta'anit IV, 7 ; TB Ta'anit 28*a*. Cf. RABBI 'HAYIM DE VOLOJINE, *Néfèche Ha'Hayim*, 2,17, p. 27*b*.

188. Cf. Jer. 17,12-14 ; RABBI SAMSON RAPHAËL HIRSCH, *Séfer Tehilim, ad* Ps. 78,4, p. 303.

189. RABBI DAVID CHELOMO EIBSCHÜTZ (XVIIIe-XIXe s.), *Arvei Na'hal, Balak*.

190. Cf. Is. 2,3 ; Michée 4,2. Michna, Sanhédrine XI, 2.

191. Is. 51,16 ; TY Ta'anit, IV, 2 ; Zohar, I, 5*a* ; cf. Zohar, III, 35*a* ; cf. aussi Ps. 125,2 ; 122,2.

192. Cf. Gen. R. 1,5 ; Midrache Tan'houma, Nasso 11 ; cf. aussi Pirkei DeRabbi Eliézer, 3.

193. Cf. Ps. 74,2.

194. Cf. Jer. 33,11 ; TY Bera'Hot, IV, 3 ; TB Bera'hot, 6*b* ; 32*b* ; 49*a*.

195. Cf. RECANATI, *Yitro*, 9*a*.

196. Cf. Cant. R. 4,11.

197. Zohar, I, 113*b* ; 128*b* ; cf. RACHI, *ad* Gen. 28,13 ; TB 'Houline 91*b* ; Gen. R. 69,3 ; Zohar, I, 72*a* ; 156*a* ; cf. aussi Zohar, III, 84*a* ; Zohar 'Hadache, VaYétsé 28 ; RAMBAN, *Deracha LeRoche HaChana, Kitvei Ramban*, I, p. 252 ; RECANATI, *VaYétsé*, p. 28*b* ; ALCHÉI'H, *VaYétsé, ad* Gen. 28,13 ; RABBI ELIYAHOU, LE GAON DE VILNA, *Adéret Eliyahou*, p. 491 ; RABBI YEHOUDA ARIÉ LEIB DE GOUR, *Sefat Emet*, IV, p. 105 ; RABBI CHEMOUËL DE SOHATCHOV, *Chem MiChemouël, Bereichit*, p. 336 ; RAV KOUK, *Igrot HaReiyah*, I, p. 34 ; RABBI YA'AKOV MOCHÉ, HARLAP, MEI MEIROM, VI, p. 290.

198. Cf. Ben-Tsion DINOUR, *BeMa'avak HaDorot*, Bialik Institute, Jérusalem, 5735 (1975), p. 299-300.

199. RABBI YEHOUDA HALÉVI, *Kouzari*, V, 27 ; voir Ps. 102,15 ; TB Ketouvot 112*a-b* ; cf. *Kouzari*, II, 23. Voir TY Chevi'it IV, 7 ; Midrache Tan'houma, Chela'h ; RAMBAM, *Michné Tora, Hil'hot Mela'him*, V, 10 ; Tossafot, *ad* TB Ketouvot 112*a* ; RAV KOUK, *Orot HaTechouva*, p. 135. Cf. aussi TB Bera'hot 48*b* ; Nu. R. 23,7 ; Zohar, I, 172*b*.

200. Chron. II, 36,23.

201. Cf. Tan'houma, Lé'h 9. RAMBAN, *ad* Gen. 12,6 ; 14,1 ; 26,1 ; 32,4 ; 17,26 ; 33,18 ; 43,14 ; 48,6-7, 22 ; *ad* Exod., *Hakdama*.

202. Chron. II, 36,23.

203. Cf. Gen. 12,10 ; 46,4 ; Exod. 3,8,17, *et al.* Exod. R. 34 *et al.*

204. Cf. Sifrei : Devarim, *ad* Deut. 1,25 ; Choftim, *ad* Deut. 17,8 ; Ha'azinou, *ad* Deut. 32,13 ; Bera'ha, *ad* Deut. 33,12. TB : Kidouchine 69*a-b* ; Sanhédrine 87*a* ; Zeva'him 54*b*. Cant. R. 4,11. Rachi *ad* Gen. 45,9 et *ad*

Exod. 33,1. Voir aussi TB Bava Batra 75*b*. Cf. aussi Michna : Sota I, 4-5 ; Kidouchine VI, 1 ; Sanhédrine XI, 4. Cf. aussi Nu. 13,30 ; Jér. 23,8 ; Ps. 122,4. Voir MAHARAL, *Tiféret Yisraël*, 64, p. 82*a*. Voir aussi *Séfer Ha'Hinou'h, Mitsva* 88.
205. TB Yoma 21. Cant. R. 1 ; 4 ; 8.
206. Deut. 26,2.
207. Cf. Michna, Bikourim III, 2 ; Tan'houma, Tavo 4 ; RAMBAM, *Michné Tora, Hil'hot Bikourim* II, 21.
208. Cf. RABBI YITS'HAK CHEMOUËL REGGIO, YACHAR (XVIIIe-XIXe s.), *ad* Exod. 33,1 : *Lé'h Alé Mizé*... Cf. RABBI MOCHÉ SOFER, *Che'eilot OuTechouvot 'Hatam Sofer, Yoré Déa*, 234, p. 97.
209. Cf. Michna, Ketouvot, XIII, 11 ; TB Ketouvot 110*b* ; *Choul'hane Arou'h, Evène HaEzer*, 75,3-5 ; Zohar I, 79*a* ; *Kouzari* II, 22.
210. Cf. RAMBAN, *Séfer HaMitsvot, Mitsvat assé*, 4.
211. Cf. RABBI WOLF KRANZ, LE MAGUID DE DUBNO (XVIIIe s.), *Ohel Ya'akov*, CHELA'H, *ad* Nu. 13,30 : *alo na'alé*...
212. Cf. Is. 2,3 ; Michée 4,2 Gen. R. 16,7. *Kouzari* II, 23.
213. Cf. Deut. 32,49 ; 34,1 ; cf. aussi RACHI, *ad* Deut. 3,25 ; Zohar III, 279*b*-280*a*.
214. Cf. Deut. 26,19 ; Tan'houma, Tavo 2 ; Yalkout Chim'oni, Tavo 26.
215. Cf. Exod. R. 52,4 ; Cant. R. 7,10 ; cf. aussi Is. 66,10. Cf. aussi RAV KOUK, *Olat Reiyah*, I, p. 63. Voir aussi *Or Ha'Hayim, ad* Deut 21,1.
216. Cf. TB Chabbat, 30*b* ; Zohar, I, 180*b*.
217. Cf. Ps. 100,2 mais aussi *ibidem*, 2,11 ; Deut. 28,47 ; Zohar I, 216*b*.
218. Cf. TB Ara'hine, 11*a*.
219. Cf. Tossafot, *ad* TB Souka, 50*b* ; voir aussi TY Souka, V, 1 ; cf. aussi *Sefat Emet*, V, p. 12.
220. Cf. Ps. 2,11.
221. Cf. RACHBAM, *ad* Deut. 14,23 ; RAV KOUK, *Olat Reiyah*, I, p. 185 ; RABBI YEHOUDA ARIÉ LEIB DE GOUR, *Sefat Emet*, V, p. 34.
222. Zohar 'Hadache, VaYetsé, 36.
223. Cf. RAMBAM, *Michné Tora, Hil'hot Bia't HaMikdache*, II, 11 ; Voir TB Haguiga 4*a* et RACHI *ad loc*.
224. Voir encore au sujet du service de Dieu dans la joie à Jérusalem : Deut. 16,11 ; 14,26 ; 26,11 ; Deut. 16,17 ; 27,7, et Sifrei *ad loc*. Tossefta Pessa'him, V, 3. TY 'Haguiga, I, 2. TB : 'Haguiga, 8*a* ; Pessa'him 70*a*, 109*a*. Zohar 'Hadache, Bereichit, 28,4. Cho'heir Tov, 118. Yalkout Chim'oni, Tehilim, 48,775. *Séfer Ha'Hinou'h, Mitsva* 489. CHELAH, *Siddour Cha'ar HaChamayim*, p. 486. RABBI ELIYAHOU, LE GAON DE VILNA, *Adéret Eliyahou*, p. 427 ; *idem, Biourei Hagra Al Agadot*, II, p. 25. RABBI CHEMOUËL DE SOHATCHOV, *Chem MiChemouël, Devarim*, p. 183 ; *idem, BaMidbar*, p. 196. Cf. Yalkout Chim'oni, Ei'ha, 1009. RAV KOUK, *Orot Ha'Techouva*, p. 113.
225. Voir Targoum et IBN EZRA *ad* Ps. 76,3 ; Tossefta, Bera'hot I ; cf. aussi Zohar, I, 86*b* ; 172*b*.
226. Cf. RAMBAN, *ad* Gen. 22,2.

227. Mais voir également RABBI NA'HMAN DE BRATSLAV, *Likoutei Moharan*, 154, p. 105. Cf. Tossafot, ad TB Ta'anit 16*a*. Cf. Pirkei DeRabbi Eliézer, 28. Cf. RABBI MEÏR SIM'HA KOHEN DE DVINSK, *Méché'h 'Ho'hma*, p. 20.
228. Cf. Exod. 23,17, 34,23, *et al.* ; Cf. RABBI ELIYAHOU, LE GAON DE VILNA, *Biourei Hagra Al Agadot*, I, p. 83 ; *idem*, *Kol Eliyahou*, p. 9-10.
229. Cf. Exod. 23,17 ; Deut. 16,16. TB 'Haguiga, 2*a* ; 3*a*. TY 'Haguiga, I, 1. RABBI AVRAHAM DE SOHATCHOV, *Avnei Neizer*, p. 89.
230. Cf. TB Pessa'him 54*a*.
231. Voir *supra*, p. 218.
232. Cf. Is. 1,21 ; Jer. 31,22 ; Ps. 118,19.
233. CHELAH, *Siddour Cha'ar HaChamayim*, p. 197-198. Cf. Exod. R. 30,12,15 ; Tan'houma : Tsav, 14 ; A'hrei, 10. Midrache Léka'h Tov, Eikev ; Yalkout Reouvéni, Choftim. Cf. aussi Ps. 122,5. Michna : Sanhédrine XI, 2 ; Middot V, 4. TB Sanhédrine 86*b*, 88*b*. Voir aussi Zohar III, 13*a*.
234. RABBI MENAHEM MENDEL KASHER, *HaTekoufa HaGuedola*, Jérusalem, 5729 (1969), p. 519.
235. RABBI CHEMOUËL DE SOHATCHOV, *Chem MiChemouël, Bereichit*, I, p. 304.
236. MAHARAL, *Netivot Olam*, I, *Netiv HaEmet*, 3, p. 78*b*.
237. Cf. Ps. 31,6.
238. Cho'heir Tov, 9,12.
239. Pessikta DeRav Kahana, 21. Cf. Cant. R. 1,31 ; Deut. R. 4,11 ; *Tour, Ora'h 'Hayim*, 112 ; Zohar, III, 6*a-b*. Cf. aussi Ez. 36,22-27 ; Zach. 9,9.
240. Cf. Zohar III, 35*a* ; TY : Ta'anit IV, 2 et Meguila III, 6 ; Is. 51,16 et 1,28 ; TB Bava Batra 75*b* ; Zohar I, 93*b* ; voir aussi TY Bera'hot IV, 3. Cf. RABBI 'HAYIM DE VOLOJINE, *Néfèche Ha'Hayim*, 2,17, p. 27*b* ; Jer. 2,2 ; RABBI BEZALEL ZE'EV SAFRAN, *Dorèche LeTsione*, p. 4.
241. Voir TB Zeva'him, 119*a*.
242. RABBI YA'AKOV MOCHÉ HARLAP, *Mei Meirom*, V, p. 235.
243. Cf. TY Sota VII, 35 ; TB Sota 37*b* ; TB Sanhédrine 43*b*.
244. *Che'eilot OuTechouvot Avnei Neizer, Yoré Déa*, I, 126,4 ; cf. RABBI CHEMOUËL DE SOHATCHOV, le fils de l'auteur des Responsa Avnei Neizer, *Chem MiChemouël, Devarim*, p. 210, 254 et *Moadim*, p. 144-145 ; cf. aussi MAHARAL, *Nétsa'h Yisraël*, V.
245. RAN, *ad* TB Nedarim, 28*a*. Voir aussi Sifra, *ad* Lev. 25,10, BeHar, 2,3,2, p. 106*b*. TB Ara'hine, 32*b* ; RAMBAM, *Michné Tora, Hil'hot Chemita VeYovel*, X, 8.
246. TY Bava Kama VII, 7.
247. Cf. IBN EZRA, *ad* Exod. 19,8.
248. Zohar, III, 93*b*.
249. Cf. Michna, 'Haguiga III, 6 ; TB 'Haguiga 26*a* ; RAMBAM, *Michné Tora, Hil'hot Metamei Michkav OuMochav*, XI, 9 ; Jud. 20,11 ; MAHARAL, *Peirouchei Maharal MiPrague, LeAgadot HaChass, ad* Guitine, 55*b*, IV, p. 140 ; *Nétsa'h Yisraël*, 5. MALBIM, *ad* Reg. I, 8,16. Cf. aussi Ps. 42,5 ; Thr. R. 1,59.
250. RACHI, *ad* TB Bera'hot 48*b* et 49*a* ; cf. Zohar I, 1*b* ; Yalkout Chim'oni, VaYé'hi 50,162. Cf. RABBI MENAHEM M. KASHER, *HaTekoufa HaGuedola*, p. 494, selon l'école du Gaon de Vilna.

251. Rabbi Samson Raphaël Hirsch, *Die Psalmen, ad* Ps. 122,3, II, p. 235.
252. TY 'Haguiga III, 6 ; cf. Michna, Bikourim III, 3.
253. Cf. Rabbi 'Hayim de Volojine, *Néfèche Ha'Hayim*, p. 54 ; cf. Jer. 2,2.
254. Zohar, III, 93b ; Sam. II, 7,23.
255. Cf. TB Yoma 12a, Rachi, Tossafot et Ritva (Rabbi Yomtov ben Avraham, XIVe s.) *ad loc.* ; TB Meguila 26a ; TB Bava Kama 82b et Tossafot *ad loc.* ; TB Zeva'him 54b, 116b ; TB Mena'hot 53a-b ; Tossefta, Negaïm VI ; Sifrei, *ad* Deut, 33,12 ; Avot DeRabbi Nathan, 35 ; Gen. R. 99,1 ; Rambam, *Peirouche HaMichnayot, ad Nedarim.* V, 4-5 ; *idem, Moré Nevou'him*, III, 45 ; Rachi, *ad* Deut. 12,14 (cf. Sam. II, 24 ; Chron. I, 21) ; Rabbeinou Yona de Gérone (XIIIe s.), *Cha'arei HaAvoda*, p. 51 ; Rabbi Chelomo Efraïm Lunschitz (XVIIe s.), *Keli Yakar, ad* Gen. 28,11 ; Rabbi Yehouda Arié Leib de Gour, *Sefat Emet*, V, p. 80. Voir aussi Zohar II, 251a et *Beit Yossef, Ora'h 'Hayim*, 90.
256. Cf. Tossefta, Ma'asser Cheini, I ; Souka, II. TY, Ma'asser Cheini, III ; Orla, I ; Sota, IX. TB, Yoma 12a ; Meguila 26a. Philon, *De spec. leg.*, I, 70 ; Josèphe, *Antiq.*, IV, 8,7. Chemouël Safraï, *HaAliya LaReguel BiYemei HaBayit HaCheini*, Tel-Aviv, 1965, p. 133, 163-164. R. Shaul Lieberman, *Tossefta Ki'fchouta, Séder Zeraïm*, New York, 5715 (1955), p. 724.
257. Cf. Gen. R. 98,2 ; Nu. R. 11,16-17 ; Sifrei, *ad* Deut., 35,5, VeZot HaBera'ha, 346, p. 144 ; Michna, Ouktsim III, 12, cf. aussi Michna, Édouyot VIII, 7.
258. Cf. Rachi, *ad* TB Bera'hot 49a. Cf. Michna, Avot V, 5 ; TB Bava Batra 93b.
259. Maharal, *Nétsa'h Yisraël*, 1.
260. Rabbi Chemouël de Sohatchov, *Chem MiChemouël, BaMidbar*, p. 91.
261. Nu. R. 15,14.
262. Rachi, *ad* Deut. 33,5.
263. Cf. TB Mena'hot 27a ; Ramban, *ad* Gen. 26,20-22.
264. Cf. Gen. 49,1 ; cf. TB Pessa'him 56a ; cf. Zohar, I, 54b ; II, 43b ; cf. aussi TB Bera'hot 6a.
265. Cf. Zohar II, 235a ; III, 5a ; cf. Zohar 'Hadache, Tissa, 44a ; Houkat, 51b ; Chir HaChirim, 71a.
266. Voir TB Yoma 9b ; cf. TB Guitine 55b ; Zohar 'Hadache, VaYéchève, 29.
267. Voir *Or Ha'Hayim, ad* Gen. 47,27 *et al.*
268. Rabbi Avraham Yitshak HaKohen Kouk, *Orot HaKodèche*, III, p. 324. Cf. aussi Rabbi Chneiour Zalman de Liady, *Tanya, Iguéret HaKodèche*, p. 304.
269. Cant. R. 1,37 ; Exod. R. 23,11 ; Rachi, *ad* Cant. 1,5 ; Rambam, *Iguéret Teimane*, p. 181. Voir Avot DeRabbi Nathan, 35. Cf. Maharal, *Guevourot HaChème*, 5, p. 199.
270. Cf. Is. 2,3 ; Jer. 3,17 ; Michée 4,2 *et al.* ; Zach. 2,14-17 ; 8,22 *et al.* Cant. R. 4,11.
271. Nu. R. 14,24. Cf. TB Souka 55a et Rachi, *ad loc.* ; Nu. R. 21,21 ; Pessikta DeRav Kahana, 30 ; cf. Zohar, II, 59a ; 187a ; III, 24b ; 54b.

272. Nu. R. 1,3 ; cf. Reg. I, 8,41-43 ; Chron. II, 6,32-33 ; Tan'houma, Tetsavé 13. *Or Ha'Hayim, ad* Gen. 28,14.
273. Cf. Sifrei (Deut. 1,1), Devarim, 1, p. 65 ; TB Pessa'him 50*a* ; Lev. R. 10,9 ; Cant. R. 7,1 ; Esther R. 1 ; Tan'houma, Tsav 12 ; Pessikta Rabbati, BeChabbat VeRoche 'Hodèche, 2 ; Avot DeRabbi Nathan, 35 ; Yalkout Chi'moni, Yechaya 49,472 ; 60,499 ; 60,503 ; Yalkout Chi'moni, Ze'haria 9,575 ; RACHI, *ad* Zach. 9,1 ; cf. aussi Jer. 31,37 ; cf. Zohar I, 114*a* ; 128*b* ; II, 220*a* ; 234*a* ; III, 56*a* ; cf. RABBI ÉLIYAHOU, LE GAON DE VILNA, *Biour Séfer Michlei* (*ad* Prov. 15,25), p. 48 ; cf. aussi TB Bava Batra 75*b* ; mais voir aussi Michna, Chevouot II, 2 ; TB Chevouot 14-15 ; RAMBAM, *Michné Tora, Hil'hot Beit HaBe'hira* VI, 11 ; RABBI YOSSEF ROZINE, LE GAON DE ROGATCHOV, *Tsafnat Pa'anéa'h, Devarim*, I, p. 2. Voir également RABBI YEHOUDA ARIÉ LEIB DE GOUR, *Sefat Emet*, V, p. 28-29 ; RABBI AVRAHAM DE SOHATCHOV, *Neot HaDéché*, p. 69-70.
274. Cant. 4,4.
275. Cant. R. 4,11 ; Tikounei HaZohar, 6 (145-146) ; cf. Zohar I, 209*b*.
276. Jer. 3,17 ; voir Lev. R. 10,9 ; Pessikta Rabbati, 12. Cf. Da'at Zekeinim MiBa'alei HaTossafot, *ad* Exod. 17,16. Voir aussi RAMBAM, *Moré Nevou'him*, I, 9 ; MAHARAL, *Guevourot HaChème*, 5, p. 199.
277. Cf. Me'hilta et RACHI, *ad* Exod. 15,17 ; Tan'houma, Teitsei 11 ; RAMBAN, *Derachat Torat HaChème Temima* (*Kitvei Ramban*, I, p. 165) ; RAV KOUK, *Orot HaKodèche*, III, p. 191 ; *idem, Olat Reiyah*, I, p. 185. RABBI YEHOUDA HALÉVI, *Chirim* (éd. Bernstein), p. 232, dans *Tsione Halo Tich'ali*.
278. Cf. Zohar, I, 128*b* ; II, 55*b* ; III, 66*a* ; 93*b* ; 161*b*.
279. Cf. Zohar, II, 240*a*.
280. Is. 60,3.
281. Is. 60,19.
282. Gen. R. 59,8 ; Yalkout Chim'oni, Yechaya 60,499.
283. Pessikta DeRav Kahana, 21.
284. Cf. TB Zeva'him 119*a* ; RACHI, *ad* Deut. 12,9 ; ALCHÉÏ'H, *ad* Exod. 22,4 ; RABBI YA'AKOV MOCHÉ HARLAP, *Mei Meirom*, V (*ad* Deut. 12,9), p. 235.
285. Zach. 2,16.
286. Cf. Is. 52,1.
287. Cf. Peti'hta d'Ei'ha Rabbati 1,8.
288. RAV KOUK, *Orot HaKodèche*, III, p. 191.
289. Zohar, III, 56*a*.
290. Jer. 3,17.
291. Zach. 14,9.
292. Cf. Cant. R. 8.
293. Cf. MAHARCHA, *ad* TB Sota 49*a*.
294. Cf. Is. 4,5 ; 8,18 ; 10,12 ; 10,24 ; 10,32 ; 16,1 ; 18,7 ; 24,23 ; 29,8. Joël, 3,5. Ob. 1,17,21. Michée 4,7. Zach. 8,3. Ps. 43,12. Chron. II, 33,15. Mais cf. aussi Reg. I, 81. Is. 60,14. Gen. R. 48,2.
295. Cf. Jér. 26,18. Michée 3,12. Midrache Tan'houma, Tavo 4.
296. Cf. Gen. R. 70,8 ; mais cf. aussi Pirkei DeRabbi Éliézer, 35 et *Be'eir Mayim 'Hayim, ad* Gen. 26,32.

297. Cf. Ps. 122,3. TY Bera'hot, IV,3. TB : Chabbat 59a ; Ta'anit 5a ; Ketouvot 111b, Sanhédrine 2a et RACHI ad loc. Tan'houma, Tavo 4. Tikounei Zohar 'Hadache, 113a et al. ; mais voir aussi Reg., I, 8,1 ; Is. 66,20 ; Zohar, II, 218a.
298. Cf. Ps. 102,14 ; 133,3 ; 143,3.
299. Cf. Zohar, I, 186a ; III, 31a ; 262b ; mais, cf. aussi Is. 1,27.
300. Cf. Zohar, III, 36a.
301. Cf. Zohar, III, 36a ; 65b ; cf. Ps. 128,5.
302. Cf. RABBI ELIYAHOU, LE GAON DE VILNA, Adéret Eliyahou, p. 500-504.
303. Be'eir Yits'hak, ad loc.
304. TB Bera'hot 8a.
305. Cf. Zohar I, 5a.
306. Cf. RABBI AVRAHAM YITS'HAK HAKOHEN KOUK, 'Hazone HaGueoula, p. 35-41.
307. Idem, ibidem, p. 282.
308. Cf. CHELAH, Siddour Cha'ar Ha-Chamayim, p. 471.
309. Cf. RABBI CHEMOUËL CHMELKE DE NIKOLSBURG, Divrei Chemouël, p. 141 ; cf. Jér. 31,20.
310. Cf. RABBI ELIYAHOU, LE GAON DE VILNA, Biourei Hagra Al Agadot, II, p. 64.
311. RACHI, ad TB Ta'anit 16a.
312. Cf. RABBEINOU YONA DE GÉRONE, Cha'arei HaAvoda, p. 51.

IV. Regard sur « Le temps juif, le temps chabbatique »

1. Cf. Réchit Ho'hma, Cha'ar HaKedoucha, 2.
2. Cf. TB Ketouvot 62b ; Zohar, II, 63b ; RECANATI, ad Gen. 2,3, p. 8a.
3. Cf. Zohar 'Hadache 33b ; Zohar III, 94a.
4. Cf. RABBI SAMSON RAPHAËL HIRSCH, ad Gen. 2,3, I, p. 41. Cf. RABBI AVRAHAM DE SLONIM, Be'eir Avraham, p. 184, 237.
5. Cf. TB Pessa'him, 117b.
6. Me'hilta, ad Exod. 31,16, Ki Tissa, Massihta DeChabta, I, p. 110b ; cf. RABBEINOU BA'HYA, ad Exod. 31,16, II, p. 324 ; RABBI 'HAYIM ATTAR, Or Ha'Hayim, ad Exod. 35,1 ; RABBI YEHOUDA ARIÉ LEIB DE GOUR, Sefat Emet, IV, p. 29 ; RABBI YOSSEF 'HAYIM DE BAGDAD, Bène Yehoyada, II, p. 25b.
7. Zohar, II, 88b, 128a.
8. Zohar, II, 63b ; 205b.
9. Cf. TB Bera'hot 6a.
10. Cf. RAMBAM, Michné Tora, Hil'hot Chabbat V, 3 ; RABBI YOSSEF KARO, Choul'hane Arou'h, 263,3,6, et RABBI YISRAËL MEÏR HAKOHEN ('HAFETS 'HAYIM), Michna Beroura, ad loc., 11.
11. Ève « a éteint l'âme du premier homme ». « L'âme de l'homme est une bougie de l'Éternel » (Prov. 20,27).
12. Cf. Gen. R. 17,13 ; TY Chabbat, II,6 ; cf. Michna Chabbat, II, 6 ; TB Chabbat 31b-32a ; cf. Tan'houma, Noa'h 1 ; Zohar I, 48b. Voir aussi RACHI, ad TB Chabbat 32a.

13. Cf. TB Chabbat 23*b*. Voir Michna Chabbat, II, 7.
14. Cf. TB Chabbat 118*b* ; Michna Yoma, I, 1. TB : Yoma 13*a* ; Yevamot, 62*b* ; Guitine, 52*b* ; Sota, 44*a*. Zohar, II, 4*a* ; III, 178*b*. Tikounei HaZohar, 55 (89*a*).
15. Cf. Gen. R. 60,15 ; Zohar, I, 133*a*.
16. Cf. Rabbi Avraham de Sohatchov, *Avnei Neizer*, p. 104.
17. Cf. Zohar, III, 94*a* ; Rabbi Avraham de Sohatchov, *Neot HaDéché*, p. 89.
18. Gen. 2,17. Cf. Zohar, II, 135*a-b* ; Rabbi Avraham de Slonim, *Be'eir Avraham*, p. 109, 323 ; Rabbi Avraham de Sohatchov, *Neot HaDéché*, p. 1, 5.
19. Cf. Rabbi Avraham de Slonim, *Be'eir Avraham*, p. 184 ; Rabbi Avraham de Sohatchov, *Neot HaDéché*, p. 5 ; Ps. 92,2.
20. Rabbi Samson Raphaël Hirsch, *The Hirsch Siddur*, p. 281.
21. Cf. Zohar, I, 48*a* ; III, 176*b*.
22. Cf. TB Chabbat 23*b*. Rabbi Yossef Karo, *Choul'hane Arou'h, Ora'h 'Hayim*, 263, 3 ; 271, 2-3. Voir aussi Rambam, *Michné Tora, Hil'hot Chabbat* V, 1 ; *Hil'hot 'Hanouka* IV, 14.
23. Is. 49,3 ; Zohar 'Hadache, A'hrei 60*a* ; cf. Zohar, III, 179*b*. Voir aussi Zohar II, 209*a*.
24. TB Sota 17*a* et *Peirouchei Maharal, ad loc.* (I, p. 48). Cf. Pessikta Zoutarta, Bercichit 2,23 ; Pirkei DeRabbi Eliézer, 12.
25. Cf. Zohar, I, 55*b*-122*a* ; 228*b*. Hakdamat Tikounei HaZohar, 10*b* ; Tikounei HaZohar, 22 (68*a*). Ramban, *Iguéret HaKodèche* (*Kitvei Ramban* II, p. 324, 326). Chelah, I, p. 164*a*.
26. Cf. TB Pessa'him 54*a* ; Zohar, II, 207*b*-208*a* ; Rabbi Yossef Gikatilla, *Guinnat Egoz*, 28 ; Rabbi Yossef Karo, *Choul'hane Arou'h, Ora'h 'Hayim*, 296.
27. Exod. 35,3 ; cf. Me'hilta (Exod. 35,3), VaYakhel, Massi'hta DeChabta, I, p. 111*b*-112 ; TB Chabbat 70*a*.
28. Cf. Zohar, I, 48*a* ; II, 203*b* ; cf. Tikounei HaZohar, 24 ; 48. Cf. TB Sanhédrine 35*a* ; TY Sanhédrine, IV, 6. Rambam, *Séfer Hamitsvot, Mitsva* 322 ; *Michné Tora, Hil'hot Chabbat*, XXIV, 7. *Séfer Ha'Hinou'h, Mitsva* 114. Chelah, *Siddour Cha'ar HaChamayim*, p. 310.
29. Cf. Zohar, I, 48*a* ; cf. TB Sanhédrine 65*b* ; Tan'houma, Ki Tissa 33 ; Pessikta Rabbati, 23 ; Zohar 'Hadache, Ruth 79*b* ; Zohar, II, 130*a*, 135*b* ; III, 105*a*.
30. Cf. Rabbi Chemouël de Sohatchov, *Chem MiChemouël, VaYikra*, p. 140, 353.
31. *Za'hor* : « Pense au jour du Chabbat (souviens-toi du jour du Chabbat) pour le sanctifier » (Exod. 20,8). *Ze'hira BeMo'ha* : « La pensée (le souvenir) est dans le cerveau » (Zohar, III, 224*a*).
Za'hor BePé, VeChamor BaLev : « Souviens-toi, par (la) bouche ; garde, par le cœur ! » (Prononce la pensée par la bouche ; garde sa valeur dans le cœur : applique-la !) (cf. Midrache Tanaïm, VaEt'hanane 5, 12 ; cf. Sifra, *ad* Lev. 26,3 ; cf. Zohar, III, 224*a* ; cf. aussi TB Meguila 18*a* ; voir *infra*, note 33).

32. Cf. Zohar III, 95*a*.

33. Rabbi Aharon Halévi de Barcelone, *Séfer Ha'Hinou'h, Mitsva* 31 : « Nous nous éveillerons par cet acte (du *kiddouche*) pour nous rappeler la grandeur du jour (du Chabbat)... Nous le faisons par le vin, car l'homme, c'est sa nature, s'éveille lorsqu'il dîne et se réjouit... C'est en s'éveillant, par l'action, que l'homme se laisse impressionner par les choses (par les sujets importants de réflexion)... » Cf. Rabbi Naftali Tsevi Yehouda Berline, Natsiv, *Ha'amek Davar ad* Deut. 11,31, V, p. 58 : « Toute action concrète éveille le souvenir de l'âme. » Voir *supra*, note 31.

34. Cf. Rambam, *Moré Nevouhim*, II, 31.

35. Voir *supra*, p. 273.

36. TB Pessa'him, 106*a*.

37. Exod. 20,8 ; Deut. 16,3 ; cf. TB Pessa'him, 117*b* ; Exod. R. 19,8.

38. La *parole* du *kiddouche* du Chabbat, parce qu'elle atteste la cessation du travail matériel, humain, et qu'elle rattache celui qui la prononce à Celui qui l'en a doué, devient en elle-même *action* (cf. Zohar, III, 92*b*), à l'instar de l'Action première de Dieu qui fut Parole (cf. Ps. 33,6) ; cf. TB Chabbat 119*b*. Cf. Rabbi Barou'h Halévi Epstein, *Tosséfet Bera'ha*, II, p. 285. Voir Rambam, *Michné Tora, Hil'hot Chabbat*, XXIX, 1.

39. Voir *supra*, notes 31 et 38.

40. Deut. 5,12.

41. Rabbi Chneiour Zalman de Liady, *Tanya, Kountress A'hrone*, p. 163.

42. Cf. Zohar II, 89*a*.

43. Cf. Ramban, *ad* Exod. 20,8. Source : Zohar, II, 118*b*.

44. Cf. TB : Eirouvine 96*a* ; Chevouot 36*a*.

45. Cf. Ramban, *ad* Exod. 20,8.

46. Zohar, II, 89*a* ; Rabbi 'Hayim Attar, *Or Ha'Hayim, ad* Exod. 31,16. Cf. aussi Rabbi Ya'akov Emden, *Siddour Beit Ya'akov*, 1, p. 332.

47. Gen. 37,11.

48. Cf. TB Chabbat, 137*b* : *Mechamer et HaYayine*, « purifie le vin », « distille le vin ».

49. Cf. Rabbi Avraham de Slonim, *Be'eir Avraham*, p. 61, 114, 164 ; Rabbi Avraham de Sohatchov, *Neot HaDéché*, p. 110, 111, 121, 125, 140 ; Rabbi Chemouël de Sohatchov, *Chem MiChemouël, Chemot*, I, p. 99. Rabbi Yehouda Arié Leib de Gour, *Sefat Emet*, II, p. 208.

50. Cf. Zohar, III, 180*b* ; cf. aussi *ibidem*, 92*b*.

51. Cf. Zohar, I, 27*a* ; 199*b* ; Rabbeinou Ba'hya, *ad* Exod. 20,8, II, p. 198.

52. Cf. Zohar, II, 91*a* ; 162*b* ; Rabbeinou Ba'hya, *ad* Exod. 20,8, II, p. 198 ; Rabbi Avraham de Sohatchov, *Neot HaDéché*, p. 55, 104 ; Rabbi Yehouda Arié Leib de Gour, *Sefat Emet*, II, p. 64.

53. Cf. Yalkout Chim'oni, Bechala'h, 16, 261.

54. Cf. TB Yoma, 63*b*.

55. Cf. Chelah, III, p. 6*a* ; cf. Rabbi Yehouda Arié Leib de Gour, *Sefat Emet*, I, p. 74 ; V, p. 164. Voir aussi *Choul'hane Arou'h, Ora'h 'Hayim*, 263,1.

56. Cf. TB : Bera'hot, 39*b* ; Chabbat, 33*b* ; 117*b*. Zohar, III, 98*a* ; 272*b*-273*a*. Tikounei HaZohar, Tikoune 21 (57) ; mais cf. aussi Rabbi Yossef Karo,

Choul'hane Arou'h, Ora'h 'Hayim, 263,1 ; 273,7 ; 274,1 ; et commentateurs *ad loc*.

57. Cf. Zohar, II, 206*a* ; III, 273*a* ; mais cf. aussi TB Pessa'him 109*b* ; Zohar III, 245*a* ; Tikounei HaZohar, Tikoune 47.
58. Cf. TB Chabbat 119*b*. Zohar, I, 144*b* ; 165*b* ; II, 106*b*. Tikounei HaZohar, Tikoune 24 (69*b*).
59. Zohar, II, 207*a* ; cf. aussi TB Eirouvine 17*b* ; 51*a*. Zohar, I, 5*b* ; II, 64*a*. Tikounei HaZohar, Tikoune 23 (69*a*). Cf. RABBI NA'HMAN DE BRATSLAV, *Likoutei Moharan*, II, 83, p. 38*b*.
60. Cf. Tossafot, *ad* Pessa'him 101*a*. Voir RABBI YOSSEF KARO, *Choul'hane Arou'h, Ora'h 'Hayim*, 273.
61. Cf. Sifra (Lev. 26,4), Be'Houkotaï, 1,3 ; Sifrei (Deut. 11,14), Eikev, 42 ; TB Ta'anit, 22*b* ; RACHI, *ad* Deut. 11,14.
62. Cf. TB Ketouvot 62*b* et RACHI *ad loc*. TB Bava Kama 82*a*. Zohar, I, 14*a* ; 50*a* ; 112*a* ; 257*a* ; II 63*b* ; 89*a* ; 136*a-b* ; 204*b* ; III, 49*b* ; 71*a* ; 78*a* ; 81*a* ; 143*a*. Tikounei HaZohar 6 (21*a*) ; 19 (38*b*) ; 21 (57*a*, 61*a*) ; 36 (78*a*) ; 56 (90*a-b*). *Cha'arei Zohar*, p. 70. RAMBAM, *Peirouche HaMichna, Nedarim*, VIII, 6 ; *Michné Tora, Hil'hot : Chabbat* XXX, 14 ; *Ichout* XIV, 1. RAMBAN, *Iguéret HaKodèche* (*Kitvei Ramban*, II, p. 326-327). RECANATI, *Bereichit*, p. 8*a*. RABBI YITS'HAK ABOAB (XVe s.), *Menorat HaMaor*, 3,6. RABBI 'HAYIM VITAL, *Peri Eits 'Hayim*, II, *Cha'ar HaChabbat*, p. 58*a-b*, 62*b*. CHELAH, II, p. 6*a*, 9*a* ; III, p. 118*b* ; *Siddour Cha'ar HaChamayim*, p. 385. RABBI CHEMOUËL CHMELKE DE NIKOLSBURG, *Divrei Chemouël*, p. 31. RABBI NA'HMAN DE BRATSLAV, *Likoutei Moharan*, 11, 5-6-7, p. 15*a*. RABBI YA'AKOV EMDEN, *Siddour Beit Ya'akov*, p. 162, 332-333. RABBI CHEMOUËL DE SOHATCHOV, *Chem MiChemouël, Bereichit*, I, p. 5 ; *Bereichit*, II, p. 350. RABBI YOSSEF 'HAYIM DE BAGDAD, *Od Yossef 'Haï*, p. 193.
63. Zohar, III, 81*b*.
64. Cf. IBN EZRA et RACHBAM, *ad* Lev. 19,3 ; RABBEINOU BA'HYA, *ad* Exod. 20,12, II, p. 199.
65. TB Kidouchine 30*b*.
66. Cf. TB Ta'anit, 2*a*.
67. TB Kidouchine 30*b* ; cf. TY Péa, I, 1. Cf. Eccl. R. 5,13. Zohar, II, 93*a* ; III, 83*a* ; 219*b*. Zohar 'Hadache Bereichit, 16*a*. RAMBAM, *Michné Tora, Hil'hot Mamrim* VI, 1. RAMBAN, *ad* Exod. 20,12. Cf. aussi RACHI, *ad* Gen. 4, 1 ; TB Kidouchine 32*a* ; RABBI MEÏR SIM'HA KOHEN DE DVINSK, *Méché'h' Ho'hma*, p. 159.
68. Gen. 1,26 ; RAMBAN, *Iguéret Ha-Kodèche*, p. 325.
69. Cf. TB Yevamot 5*b*-6*a* ; Zohar, III, 81*b* ; RACHI, *ad* Lev. 19,3 ; RAMBAM, *Michné Tora, Hil'hot Mamrim* VI, 12 ; RABBI YOSSEF KARO, *Choul'hane Arou'h, Yoré Déa*, 240,15 ; Cf. aussi TB Bava Metsia, 32*a* ; cf. Yits'hak BREUER, *Na'hliel*, p. 57*s*.
70. Cf. RABBI YOSSEF KARO, *Beit Yossef, Tour, Ora'h 'Hayim*, 292.
71. Cf. TB : Bera'hot 8*a* ; Chabbat 25*b* ; 33*b* ; 113*a* ; 118 ; 119 ; Pessa'him 101*a* ; Beitsa 15*b*-16*a* ; Ketouvot 62*b* ; Guitine 38*b* ; Bava Kama 32*b*, 82*a*. TY : Péa VIII, 7 ; Chabbat XV, 2. Gen. R. 10,10 ; 11,2. Nu. R. 10,3. Tan-

'houma : Bereichit 2-3 ; Metsora 9. RAMBAM, *Michné Tora, Hil'hot* : *Tefila* XIII, 25 ; *Chabbat* XXX. RABBI YOSSEF KARO, *Choul'hane Arou'h, Ora'h 'Hayim,* 242, 249, 250, 260, 262, 263, 271, 281, 288. RABBI AHARON HALÉVI, *Séfer Ha'Hinou'h*, Mitsva 31, RABBI YEHOUDA HE'HASSID, *Séfer 'Hassidim* (éd. Jérusalem, 5724, 1964), p. 487. Séfer Yetsira, 2,4. Zohar, I, 14*a* ; 24*b* ; 32*a* ; 48*b* ; 50*a* ; 144*b* ; II, 47*b* ; 63*b* ; 88*b* ; 89*a* ; 136*a-b* ; 165*b* ; 204*a-b* ; 205*a* ; 207*a* ; III, 49*b* ; 71*a* ; 94*a-b* ; 243*b* ; 272*b* ; 273. Zohar 'Hadache, A'hrei 60*a* ; Ruth 103*b*. Hakdamat Tikounei HaZohar, 11*a*. Tikounei HaZohar, 6 ; 21 (57*a*, 86*a*) ; 24 (69*a-b*) ; 48 (85*a*) ; 56. RABBEINOU BA'HYA, *ad* Exod. 20,8, II, p. 195. RECANATI, *Bereichit*, p. 8*a*. Peirouchei Maharal MiPrague LeAgadot HaChass, *ad* TB Chabbat 117*b*, II, p. 94. CHELAH. I, p. 142*a* ; II, p. 7*b* ; *Siddour Cha'ar HaChamayim*, p. 385. RABBI ELIYAHOU DE VILNA, *Biourei Hagra Al Agadot.* II, p. 72. RABBI YA'AKOV YOSSEF DE POLONNOJE, *Toldot Ya'aKov Yossef, Kedochim.* RABBI DOV BAER DE MEZRITCH, *Maguid Devarav LeYa'akov* 87, p. 151. RABBI NA'HMAN DE BRATSLAV : *Likoutei Moharan*, I, 31,1, p. 43 ; 11, 7, p. 15*a* ; II, 72, p. 33*a* ; II, 83, p. 38*b* ; *Siddour Cha'arei Ratsone*, p. 541. RABBI YEHOUDA ARIÉ LEIB DE GOUR, *Sefat Emet*, III, p. 26. RABBI AVRAHAM DE SOHATCHOV, *Neot HaDéché*, p. 53. RABBI CHEMOUËL DE SOHATCHOV, *Bereichit*, I, p. 221, 359 ; *Bereichit*, II, p. 350 ; *Chemot*, I, p. 263-264 ; *BaMidbar*, p. 93 ; *Devarim*, p. 51, 99, 180 ; *Moadim*, p. 93, 135. RABBI AVRAHAM DE SLONIM : *Yessod HaAvoda*, p. 215 ; *Be'eir Avraham*, p. 110. RABBI YOSSEF 'HAYIM DE BAGDAD, *Bène Iche 'Haï*, p. 103. RABBI BAROU'H HALÉVI EPSTEIN, *Tosséfet Bera'ha*, II, p. 181, 285, 287. RABBI BEZALEL ZE'EV SAFRAN, Che'eilot OuTechouvot Harbaz, I, p. 27-28.

72. Cf. Exod. R. 19,8 ; cf. RABBI YOSSEF DOV BAER DE VOLOJINE, *Beit HaLévi*, p. 10 ; RABBI YEHOUDA ARIÉ LEIB DE GOUR, *Sefat Emet*, III, p. 75.

73. Cf. RABBI MEÏR SIM'HA KOHEN DE DVINSK, *Méché'h 'Ho'hma*, p. 51 ; cf. RACHI, *ad* Exod. 23,13 ; cf. RABBI SAMSON RAPHAËL HIRSCH, *ad* Exod. 31,13, II, p. 454.

74. Cf. TB Eirouvine, 96*a* ; Chevouot, 7*a*.

75. Cf. TB Chabbat, 49*b*. Voir TY Chabbat VII, 9. Voir Michna, Chabbat VII, 2.

76. Cf. TB Bava Kama, 2*a*. Voir aussi Tossafot, *ad* TB Pessa'him 114*b*.

77. Cf. TB Yevamot 6*a*.

78. Cf. TB Chabbat 119*b*. Voir TB Ta'anit 29*a* ; Esther R. 1 ; Midrache Ei'ha Rabbati 1,36. Voir aussi RABBI TSEVI ELIMÉLÉ'H DE DINOV, *B'nei Issass'har*, I, p. 22*a*.

79. Cf. TB Chabbat 88*b* et RACHI *ad loc.*

80. Cf. TB Chabbat 118*b*.

81. Cf. TB 'Haguiga 10*a*.

82. Voir Me'hilta, Yitro (Exod. 20,18), 9, p. 79 ; voir aussi Zohar I, 130*b* ; III, 128*b* ; 292*b* ; Is. 26,19. Cf. TB Chabbat 88*b* ; TY Bera'hot V, 2 ; Pirkei DeRabbi Eliézer, 33 ; 34 ; Zohar I, 130*b* ; Cf. RABBI 'HAYIM ATTAR, *Or Ha'Hayim ad* Exod. 35,1.

83. Cf. Tossafot 'Haguiga 3*b*.

84. Cf. Sifra et RACHI, *ad* Lev. 19,30 ; Me'hilta (Exod. 35,1), VaYakhel, Massi'hta DeChabta, I, p. 111 ; RACHI, *ad* Exod. 35,2. Cf. TB Chabbat 119*b*. Mais voir aussi au sujet du culte chabbatique au Temple : Sifrei (Nu. 28,2), Pine'has, 142, p. 53*a* ; Tossefta, Chabbat XVI ; Yalkout Chim'oni, Pine'has, 782.
85. Me'hilta (Exod. 31,14), Ki Tissa, Massi'hta DeChabta, 1, p. 110*a-b*.
86. Marc 2,27.
87. Cf. TY Yoma VIII, 5 ; Tan'houma, Yitro 8.
88. Cf. Zohar, III, 122*b*.
89. Exod. 25,8 ; cf. Exod. 29,45-46 ; Ez. 37,27. Cf. Tikounei HaZohar, 22*b* ; ALCHÉÏ'H, *ad* Exod. 25,8 ; CHELAH, I, p. 117*a* ; RABBI 'HAYIM DE VOLOJINE, *Néfèche Ha'Hayim*, 1,4, p. 8. RABBI ZE'EV WOLF DE JITOMIR, *Or HaMeïr, Devarim*. Voir *Reichit 'Ho'hma, Cha'ar HaAhava*, 6 ; *Or Ha'Hayim, ad* Lev. 26,11.
90. Cf. TB : Chabbat 132*a* ; Yoma 82*a* ; 83*b* ; 84*b* ; 85*a*. Tan'houma, Mass'ei I. Voir TB Chabbat 151*b* ; Nu. R. 23,1.
91. Cf. Michna, Yoma VIII, 6 ; TB Yoma 83*a* ; TY Yoma VIII, 5 ; Tan'houma, Yitro 8 ; cf. Tossefta, Chabbat XVI. Cf. RAMBAN, *ad* Exod. 31,13. Voir RABBI YOSSEF KARO, *Choul'hane Arou'h, Yoré Déa*, 263, 1-3. Cf. AVINOAM BEZALEL SAFRAN, *Medicine and Judaism*, Forum for Jewish Thought, Tel-Aviv, 1971.
92. Voir RAMBAM, *Michné Tora, Hil'hot Chabbat*, II ; RABBI YOSSEF KARO, *Choul'hane Arou'h, Ora'h 'Hayim*, 328, et les commentateurs *ad loc*. Cf. TY Yoma VIII, 5. Voir RABBI TSEVI ELIMÉLÉ'H DE DINOV, *B'nei Issas'har*, I, p. 104*a-b*. Voir aussi TB : Yoma 83-84 ; Ketouvot 15*b*. Cf. AVINOAM BEZALEL SAFRAN, *Médecine et Halaha* : Les transplantations, *in Revue juive*, Zurich, 14 et 21 janvier 1972.
93. Cf. Matthieu, 12 ; Marc, 2 ; Luc, 13 ; Jean, 5.
94. Cf. Zohar III, 29*a-b* ; 124*b* ; 152*b*. TB : 'Houline 111*a* ; Chabbat 119. Cf. RABBI BEZALEL ZE'EV SAFRAN, *Che'eilot OuTechouvot Harbaz*, I, p. 19.
95. Lev. 18,5 ; cf. TB Yoma 85*b*. Voir Ez. 20,11-12. RAMBAM, *Michné Tora, Hil'hot Yessodei HaTora* V, 1. *Choul'hane Arou'h, Yoré Déa*, 157. Mais voir aussi Lev. 22,32. TB : Sanhédrine 74*a* ; Avoda Zara 54*a*. RAMBAM, *Hil'hot Yessodei HaTora* V, 2s.
96. Cf. Sifra (A'hrei 12, p. 85*b*) et RACHI *ad* Lev. 18,5, cf. Exod. R. 25,16. Cf. RAMBAM, *Michné Tora, Hil'hot Chabbat* XXX, 15.
97. Cf. Zohar 'Hadache, Bereichit 22*a* ; Tikounei HaZohar, 6 ; 19. *Peirouchei Maharal MiPrague LeAgadot HaChass, ad* TB Chabbat 118*a*, II, p. 96-97. ABRABANEL, *ad* Exod. 31,12. RABBI YEHOUDA ARIÉ LEIB DE GOUR, *Sefat Emet*, II, p. 91. Cf. aussi Yalkout Chim'oni, BeChala'h 16,261.
98. Cf. Me'hilta (Exod. 15,25), BeChala'h, Massi'hta DeVaYassa, 1, p. 54*a* ; cf. Zohar III, 113*a*.
99. Cf. RABBI YEHOUDA HALÉVI, *Kouzari* III, 10.
100. Voir RAMBAM, *Moré Nevou'him* II, 31 ; RABBI CHNÉIOUR ZALMAN DE LIADY, *Tanya, Kounterass A'hrone*, p. 163 ; RABBI YISRAËL MEÏR HAKOHEN ('HAFETS 'HAYIM), *Michna Beroura*, III, *Hakdama, Hil'hot Chabbat*.

IV. REGARD SUR « LE TEMPS JUIF, LE TEMPS CHABBATIQUE » 455

101. Cf. Me'hilta (Exod. 20,8), Yitro, Massi'hta DeBa'Hodèche, 7, p. 77*a* ; RABBI YEHOUDA HALÉVI, *Kouzari* III, 9 ; *Peirouchei HaTora LeRabbi Yehouda Hé' Hassid*, Yitro 20,11, p. 99 ; *Peirouchei Maharal MiPrague LeAgadot HaChass*, ad TB Sota 35*b*, I, p. 63-64 ; RABBI 'HAYIM ATTAR, *Or Ha'Hayim*, ad Exod. 31,16 ; RABBI LÉVI YITS'HAK DE BERDITCHEV, *Kedouchat Lévi*, p. 47 ; Hermann COHEN, *Die Religion der Vernunft aus den Quellen des Judentums*, p. 181. Cf. aussi Rom. 14, 5-6 ; Cor. I, 16,2 ; Gal. 4,10,11 ; Col. 2,16.

102. Cf. RABBI 'HAYIM VITAL, *Eits 'Hayim*, 1 ; PHILON D'ALEXANDRIE, *De opificio mundi*, 5,21 ; RACHI, ad TB Sanhédrine 81*b*.

103. Cf. M. D. CASSUTO, *MeAdam Ad Noa'h*, p. 40-43 ; idem, *Peirouche Al Séfer Chemot*, p. 169. Cf. Ye'hezké'ël KAUFMANN, *Toldot HaEmouna HaYisreélit*, I, p. 579.

104. Cf. TB Chabbat 156*a-b* ; Tikounei HaZohar, 70 (124*b*) ; cf. Zohar III, 227*b*. Cf. B. JACOB, *Das erste Buch der Genesis*, p. 68-71. Voir aussi Pirkei DeRabbi Eliézer, 6 ; MAHARCHA, *ad* TB Chabbat 156*a* ; RABBI YEHONATHAN EIBSCHÜTZ (XVIIIe s.), *Ya'arot Devache*, 2.

105. Tan'houma, VaYéra 1. Voir TB Moède Katane 24*a* ; Gen. R. 100,7 ; Zohar I, 48*a-b* ; Séfer Ha'Hinou'h, Mitsva 114. CHELAH, II, p. 7*a* ; III, p. 114*b*. Voir aussi TB Ta'anit 29*b* ; *Choul'hane Arou'h, Ora'h 'Hayim*, 552,10.

106. Cf. Séfer HaZohar, Im Peirouche HaSoulam, IV, Yitro, p. 135 (529) ; Zohar 'Hadache, 44*a* ; RABBEINOU BA'HYA, *ad* Exod. 20,8, II, p. 198. Cf. *Chem MiChemouël, Bereichit*, I, p. 291 ; *Chemot*, II, p. 277 ; *Devarim*, p. 180. Cf. *Sefat Emet*, V, p. 164. *Be'eir Avraham*, p. 184.

107. Cf. TY Chabbat XV, 3 ; Lev. R. 34,15 ; Tan'houma, VaYéra 2 ; Zohar II, 169*a* ; CHELAH, *Siddour Cha'ar HaChamayim*, p. 385 ; cf. aussi Zohar, II, 205*a* ; TB Pessa'him, 112*b*. Cf. RABBI ELIYAHOU DE VILNA, *Siddour Ichei Yisraël*, p. 217 ; RABBI YOSSEF 'HAYIM DE BAGDAD, *Che'eilot OuTechouvot Tora Cheleima*, p. 85-86.

108. Cf. Zohar, II, 88*b* ; 204*a* ; III, 95*a* ; 105*a*. TB Chabbat, 65*b* ; Tan'houma, Tissa 33 ; Pessikta Rabbati, 23 ; Zohar, II, 130*a* ; 135*b* ; III, 243*b* ; Zohar 'Hadache, Ruth, 79 ; 97.

109. Cf. TB : Chabbat 14*a* ; Moède Katane 24*a* ; Ta'anit 29*b*. Zohar III, 135*a* ; 176*b*. Yalkout Chim'oni, Michlei, 31, 564 ; RABBI YOSSEF KARO, *Choul'hane Arou'h, Ora'h 'Hayim*, 287, 288, 652 ; CHELAH, II, p. 7*a* ; *Or Ha'Hayim*, ad Gen. 47,28.

110. Cf. TB Chabbat 10*b* ; cf. aussi Zohar 'Hadache, Yitro, 41*a*.

111. Cf. Zacharie 14,9.

112. Sam. II, 7,23 ; cf. TB Bera'hot 6*a* ; Nu. R. 14,11.

113. Cf. Zohar, III, 176*b*.

114. Cf. *Sefat Emet*, I, p. 13 ; II, p. 79.

115. Cf. TB Chabbat 117*b*-118*a* ; TB Pessa'him 68*b* ; 105*a*. Zohar, I, 48*b* ; II, 88*a-b* ; 204*b* ; III, 273*a*.

116. Cf. Zohar, II, 204*a*. Cf. *Sefat Emet*, I, p. 80 ; *Neot HaDéché*, p. 136-137 ; *Chem MiChemouël, BaMidbar*, p. 114, 144.

117. Cf. Me'hilta, *ad* Exod. 16,25, Bechala'h, Massi'hta DiVaYassa, V, p. 59*a* ; TB Chabbat 117*b* ; cf. RABBI YOSSEF KARO, *Choul'hane Arou'h, Ora'h 'Hayim*, 291 et REMA, *ad loc.*, 291,1.

118. Cf. Gen. 2,4.
119. Cf. Deut. 27,9 ; TB Bera'hot, 63*b*.
120. Cf. Joël 3,4.
121. Voir ARI HAKADOCHE, RABBI YITS'HAK LOURIA, *LikouteiTora*, p. 13.
122. Cf. Zohar, II, 88*a-b*.
123. Cf. TB Chabbat 117-119. Zohar, II, 204*b* ; III, 273*a*.
124. Cf. MAHARCHA, *'Hidouchei Agadot, ad* Bera'hot 64*a*. CHELAH, I, p. 25*a* Rabbi J. Z. MEKLENBURG, *HaKetav VeHaKabala*, I, p. 41*a* ; II, p. 49*a*. *Sefat Emet*, I, p. 211 ; *Chem MiChemouël, Moadim*, p. 90. RABBI BAROU'H HALÉVI EPSTEIN, *Tosséfet Bera'ha*, V, p. 38-39. PHILON D'ALEXANDRIE, *Spec*. II, 64 ; *Fug*. 176. Esther STAROBINSKI-SAFRAN, *Philon d'Alexandrie, De Fuga et Inventione*, p. 83-84.
125. Cf. Exod. 31,13 ; TB Chabbat 10*b*. RABBI NA'HMAN DE BRATSLAV, *Likoutei Moharan*, I, 83, p. 38*b* ; 119, p. 101*a* ; II, 17, p. 21*b* ; *Siddour Cha'arei Ratsone*, p. 608, 610 ; *Hagada Chel Pessa'h*, p. 17. *Sefat Emet*, II, p. 75, 203. RABBI AVRAHAM DE SLONIM, *Be'eir Avraham*, p. 118 ; *Beit Avraham*, p. 197.
126. Cf. TY Bera'hot V, 2. Voir Zohar, II, 25*a* ; 141*b*.
127. Cf. Zohar III, 12*a* ; *Sefat Emet*, V, p. 163, 165. Voir Gen. 4,1.
128. Cf. Exod. 31,13. RABBI SAMSON RAPHAËL HIRSCH, *ad* Exod. 31,13, II, p. 455. *Sefat Emet*, II, p. 203.
129. Cf. TB Chabbat 10*b* ; cf. Zohar II, 25*a* ; 221*a* ; III, 122*b*. Tikounei HaZohar, Tikoune 18 (37*a*). CHELAH, I, p. 11*a*. RABBI AVRAHAM DE SLONIM, *Yessod HaAvoda*, p. 89.
130. Cf. Is. 11,9 ; cf. aussi Is. 5,13. Cf. Zohar 'Hadache, Yitro 41*a* ; Zohar II, 221*a*.
131. Cf. RABBI YA'AKOV BEN ASCHER, *Tour, Ora'h 'Hayim*, 268 ; RABBI YOSSEF KARO, *Choul'hane Arou'h, Ora'h 'Hayim*, 268 ; RABBI DAVID HALÉVI SEGAL, *Tourei Zahav, Choul'hane Arou'h, Ora'h 'Hayim*, 268,5. Cf. aussi RABBI SAMSON RAPHAËL HIRSCH, *The Hirsch Siddur*, p. 277-279. Cf. *Sefat Emet*, II, p. 6. Cf. Zohar, II, 90*a*. Voir TB Chevouot 30*b*. Cf. RABBI BEZALEL ZE'EV SAFRAN, *Che'eilot OuTechouvot Harbaz*, I, p. 20-21.
132. Cf. REMA, RABBI MOCHÉ ISSERLES, *Choul'hane Arou'h, Ora'h 'Hayim*, 271,10.
133. Cf. Ps. 33,9. Voir MAÏMONIDE, *Moré Nevou'him*, I, 67.
134. Cf. Gen. 2,7 et Targoum Onkelos *ad loc*.
135. Ps. 33,6 ; TB Chabbat 119*b*. Cf. TB Roche Hachana 32*a*. Cf. RABBI AVRAHAM DE SOHATCHOV, *Neot HaDéché*, p. 55. Voir Gen. R. 44,26.
136. Avot V, 1.
137. Cf. Exod. 34,28 ; TB Bava Kama 54*b*-55*a*.
138. RABBI AVRAHAM DE SOHATCHOV, *Avnei Neizer*, p. 95.
139. *Idem, ibidem*, p. 65. Cf. *Likoutei Moharan*, 91, p. 41*a*. Voir TB Chabbat 63*a* ; mais voir aussi TB Makot 11*a*.
140. Cf. IBN EZRA et *Ha'amek Davar* du NATSIV, *ad* Deut. 26,17 ; RABBI YEHOUDA ARIÉ LEIB DE GOUR, *Sefat Emet*, IV, p. 62 ; RABBI TSEVI ELIMÉLÉ'H DE DINOV, *B'nei Issas'har*, II, p. 20*b* ; RABBI CHEMOUËL DE SOHATCHOV, *Chem*

IV. REGARD SUR « LE TEMPS JUIF, LE TEMPS CHABBATIQUE » 457

MiChemouël, Moadim, p. 110. Mais voir aussi RAMBAN et *Or Ha'Hayim, ad* Lev. 21,1. – Voir Me'hilta et RACHI, *ad* Exod. 19,3 ; Zohar, II, 79*b* ; ARI HAKADOCHE, *Likoutei Tora, Yitro,* p. 122 ; CHELAH, *Siddour Cha'ar HaChamayim,* II, p. 11.

141. Cf. Michna Yevamot II, 1, *et al.* Voir Zohar III, 17*b* ; RABBI CHEMOUËL CHMELKE DE NIKOLSBURG, *Divrei Chemouël,* p. 96-98. – Sur le caractère plutôt a-relationnel de la Parole divine de la création, de l'Acte divin de la création, voir Zohar, I, 232*b*. Voir aussi MAÏMONIDE, *Moré Nevou'him* I, 65,66,67. – Sur *Amira* et *Dibbour,* voir encore : Sifrei (Nu. 12,1), BeHaAlot'ha, 99, p. 26*b* ; Pessikta Zoutarta, VaEira 6,2 ; Exod. R. 42,1-2 ; Tan-'houma, Tsav 13 ; TB Makot 11*a* ; RACHI, *ad* Nu. 12,1.

142. Cf. Zohar, I, 67.
143. Cf. Zohar, II, 90*a*.
144. Cf. Zohar, I, 158*b* ; mais cf. aussi Gen. R. 1,4.
145. Voir *supra,* p. 272.
146. RACHI, Exod. 31,13.
147. Cf. Pirkei DeRabbi Eliézer, 18 ; TB Beitsa 15*b* ; cf. TB Beitsa, 16*a* ; Zohar, II, 63*b*. Cf. Exod. 4,22.
148. Cf. RABBI YA'AKOV YOSSEF DE POLONNOYE, *Toldot Ya'akov Yossef, Bechala'h* ; RABBI ELIYAHOU, LE GAON DE VILNA, *Biourei Hagra Al Agadot,* II, *Likoutei Hagra,* p. 72 ; RABBI CHEMOUËL CHMELKE DE NIKOLSBURG, *Divrei Chemouël,* p. 15 ; RABBI NA'HMAN DE BRATSLAV, *Hagada,* p. 31 ; RABBI YEHOUDA ARIÉ LEIB DE GOUR, *Sefat Emet,* I, p. 13, 54, 102 ; II, p. 145 ; III, p. 189, 192 ; IV, p. 194 ; V, p. 30, 31, 99, 167. RABBI AVRAHAM DE SOHATCHOV, *Avnei Neizer,* p. 103-104. RABBI CHEMOUËL DE SOHATCHOV, *Chem MiChemouël, Bereichit,* I, p. 223 ; *Chemot,* II, p. 266, 279. Cf. aussi RABBI YEHOUDA HALÉVI, *Kouzari,* III, 5.
149. Cf. TB Chabbat, 33*b*.
150. Cf. Tikounei HaZohar, 19 (38*a*). CHELAH, I, p. 142*a* ; RABBI YA'KOV YOSSEF DE POLONNOJE, *Toldot Ya'akov Yossef, VaYe'hi* ; RABBI CHEMOUËL CHMELKE DE NIKOLSBURG, *Divrei Chemouël,* p. 2 ; RABBI NA'HMAN DE BRATSLAV, *Likoutei Moharan,* II, 72, p. 33*a*. RABBI CHEMOUËL DE SOHATCHOV, *Chem MiChemouël, Bereichit,* I, p. 203, 270 ; *Bereichit,* II, p. 335 ; *BaMidbar,* p. 398 ; *Devarim,* p. 199. Mais voir aussi TB Beitsa 16*a* ; RABBI YEHOUDA ARIÉ LEIB DE GOUR, *Sefat Emet,* II, p. 208. – Cf. Séfer Yetsira II, 4 ; *Chem MiChemouël, Devarim,* p. 99. Cf. RABBI YOSSEF 'HAYIM DE BAGDAD, *Bène Iche 'Haï,* p. 102.
151. Cf. TB Beitsa 16*a*. Zohar, I, 48*a* ; II, 88*b* ; 204*a* ; III, 95*a* ; 173*a* ; 242*b*. Tikounei HaZohar, Hakdama, 13*b*.
152. Cf. Prov. 1,7 ; Ps. 111,10. Zohar, III, 122*b* ; cf. aussi RAMBAM, *Michné Tora, Hil'hot Yessodei HaTora,* II, 2. RABBI CHEMOUËL DE SOHATCHOV, *Chem MiChemouël, Moadim,* p. 180.
153. Cf. TY Demaï IV, 1 ; RAMBAN, *ad* Exod. 20,8. Tikounei HaZohar, 73*a*.
154. Cf. TB Yevamot 6*b* ; RABBI YEHOUDA ARIÉ LEIB DE GOUR, *Sefat Emet,* I, p. 14 ; V, p. 240 ; RABBI AVRAHAM DE SLONIM, *Be'eir Avraham,* p. 194, 111 ; cf. Zohar, I, 11*b*. Voir aussi RAMBAN, *ad* Exod. 20,8 ; RECANATI, *Yitro,* p. 9*a*.

155. Rabbi Yehouda HaLévi, *Kouzari* I, 25 ; Ibn Ezra, *ad* Exod. 20,2 ; Rabbi Lévi Yits'hak de Berditchev, *Kedouchat Lévi*, p. 45b-46a ; 68b-69a (Lev. 23,15 ; TB Mena'hot 65b).

156. Cf. Exod. 19,4. Rachi, *ad* Deut. 11,7. Ramban, *ad* Exod. 6,3 ; 20,2 ; Deut. 5,12 et 5,15. Rabbeinou Ba'hya, *ad* Exod. 20,2. *Or Ha'Hayim, ad* Exod. 10,1. *Keli Yakar, ad* Exod. 6,3. *Kouzari* II, 54. Ikkarim, III, 26 ; *Séfer Ha'hinou'h*, 31, 306. Maharal, *Tiféret Yisraël*, 12 ; 44. Chelah, *Siddour Cha'ar HaChamayim*, p. 514. Rabbi Dov Baer de Mezritch, *Maguid Devarav LeYa'akov*, 62,133. Rabbi Na'hman de Bratslav, *Likoutei Moharan*, I, 64,6, p. 79b. *Sefat Emet*, II, p. 88 ; V, p. 165. *Chem MiChemouël, BaMidbar*, p. 42-45. Rabbi Sim'ha Bounim de Pchiskhe, *Midrache Sim'ha*, I, p. 108. Rabbi Barou'h HaLévi Epstein, *Tosséfet Bera'ha*, II, p. 176. Voir aussi TB Pessa'him 117b.

157. Cf. Ramban, *ad* Deut. 4,9.

158. Au sujet du Chabbat qui précède Pessa'h, et qui est traditionnellement appelé *Chabbat HaGadol*, voir *Tour* et *Choul'hane Arou'h. Ora'h 'Hayim*, 430.

159. Cf. *Kouzari* I, 25.

160. Cf. Zohar, I, 87b ; 205b. Pessikta Rabbati 34. Voir Gen. R. 1,4 ; Is. 44,25. Cant. R. 7,1 ; Ps. 75,4. Exod. R. 3,6.

161. Ramban, *ad* Deut. 5,15. Cf. Zohar, II, 38a.

162. *Kedouchat Lévi*, p. 68b-69a.

163. Cf. Ramban, *ad* Gen. 26,5 ; cf. aussi TB Yevamot 46a et Rachi *ad loc.* ; cf. aussi Rambam, *Michné Tora, Hil'hot Issourei Bi'a*, XIII.

164. Cf. Séfer HaZohar, Im Peirouche HaSoulam, V, VaYakhel, p. 61 ; cf. aussi Nu. R. 14,17 ; Zohar 'Hadache, Toldot, 34a ; cf. aussi Exod. R. 1,32.

165. Cf. Rabbi Yehouda HaLévi, *Kouzari*, I, 86-87 ; Malbim, *ad* Gen. 2,1-3.

166. Cf. *Keli Yakar, ad* Exod. 16,15-18 ; *idem, ad* Lev. 25,20.

167. Cf. TB Beitsa 16a ; Abrabanel, *ad* Exod. 15 ; Rabbi Lévi Yitshak de Berditchev, *Kedouchat Lévi*, p. 37,55.

168. Cf. Exod. R. 25,15 ; cf. Rabbi Yehouda Arié Leib de Gour, *Sefat Emet*, II, p. 74 ; cf. Rabbi Samson Raphaël Hirsch, *ad* Exod. 16,23, p. 174 ; cf. M. D. Cassuto, *Peirouche Al Séfer Chemot*, p. 131-132 ; cf. M. Buber, *Moses*, p. 80.

169. Cf. TB Yoma 76a ; Rachi, Rachbam, Ibn Ezra, Seforno, *Or Ha'Hayim ad* Exod. 16,4.

170. Voir aussi TB 'Haguiga 12b ; Chelah, *Siddour Cha'ar HaChamayim*, p. 525.

171. Cf. Zohar, II, 88. Cf. TB Yoma 74b ; Zohar, III, 105b ; Rachi, *ad* Exod. 16,22 ; Ramban, *Séfer HaEmouna VeHaBita'hon* (*Kitvei Rabbénou Moché ben Na'hman*, II) p. 353 ; Rabbi Meir Sim'ha Kohen de Dvinsk, *Méché'h 'Ho'hma*, p. 64 ; Rabbi Avraham de Slonim, *Be'eir Avraham*, p. 50.

172. Cf. Gen. R. 11,2.

173. Cf. Maharal, *Tiféret Yisraël*, 26, p. 55b.

174. Cf. TB Beitsa 16a ; Zohar, III, 242b ; Hakdamat Tikounei HaZohar, 13b ; Tikounei HaZohar 19 ; 21. Voir Ibn Ezra, *ad* Exod. 20,8.

175. Cf. Exod. R. 25,3.

176. Voir Tan'houma, Bechala'h 20. TB Yoma 75*a*.
177. Cf. TB Chabbat 119*a*.
178. Cf. Me'hilta (et Rachi), *ad* Exod. 16,22, Bechala'h, Massi'hta DeVaYassa, V, p. 58*b*.
179. Voir TB Yoma 75*b* ; Nu. R. 7,4 ; Rabbi 'Hayim de Volojine, *Roua'h 'Hayim*, Avot III, 3, p. 48-49.
180. Cf. Me'hilta, Bechala'h, Massi'hta DeVaYassa IV ; V. TB Yoma 74*b* ; 75*b*. Zohar, II, 62*a*-63*b* ; 88*b* ; 156*b*.
181. Cf. TB : Chabbat 87*b* et Tossafot *ad loc.* ; Sanhédrine 56*b*. Yalkout Chim'oni, Bechala'h, 16,261 ; Rachi, *ad* Deut. 5,12.
182. Cf. Abrabanel, *ad loc.*, mais aussi Rachbam *ad loc.*
183. Cf. Seforno, *ad* Deut. 5,12.
184. Rabbi Yehouda Arié Leib de Gour, *Sefat Emet*, III, p. 209.
185. Rachi, *ad* Exod. 16,29.
186. Cf. Rabbi Yehouda Halévi, *Kouzari*, I, 86-87.
187. Cf. Exod. 15,25 ; TB Sanhédrine 96*b*. Cf. Rabbi Yehouda Arié Leib de Gour, *Sefat Emet*, II, p. 74 ; IV, p. 21 ; cf. Me'hilta (Exod. 15,25) Bechala'h, Massi'hta DeVaYassa, I, p. 54*a* ; voir aussi Ramban, *ad* Exod. 15,25.
188. Cf. Pirkei DeRabbi Eliézer, 18 ; Rabbi Avraham de Slonim, *Be'eir Avraham*, p. 285 ; Rabbi Chemouël de Sohatchov, *Chem MiChemouël, BaMidbar*, p. 10.
189. Cf. Exod. 19,5 ; cf. aussi Exod. 24,7-8. Cf. Rabbi Yehouda Arié Leib de Gour, *Sefat Emet*, IV, p. 21.
190. Cf. Lev. R. 27,10. *Peirouchei Maharal MiPrague LeAgadot HaChass*, *ad* TB Nedarim 31*b*, I, p. 7 ; *Tourei Zakav* et *Biourei Hagra*, *ad Choul'hane Arou'h, Yoré Déa*, 265 ; *Keli Yakar*, *ad* Lev. 9,1 ; Rabbi Yisraël de Kojnitz, *Avodat Yisraël*, p. 74.
191. Cf. aussi Rabbeinou Ba'hya, *ad* Exod. 20,8, II, p. 197-198 ; Rabbi Chemouël de Sohatchov, *Chem MiChemouël, Bereichit*, I, p. 93.
192. TB Chabbat 86*b* ; cf. Zohar, III, 273*a*.
193. Maharal, *Déré'h 'Hayim*, p. 9 ; cf. *idem, Tiféret Yisraël*, 40, p. 50*b*.
194. Me'hilta, *ad* Exod. 16,29, Bechala'h, Massi'hta DeVaYassa, V, p. 59*b*. Cf. Yalkout Chim'oni, Bechala'h, 16,261. Cf. Zohar 'Hadache, Yitro, 42*b*. Cf. Séfer HaZohar Im Peirouche HaSoulam, V, VaYakhel, p. 62, 66-67. Cf. Rabbi Yehouda Halévi, *Kouzari*, III, 10. Cf. *Tour* et *Choul'hane Arou'h, Ora'h 'Hayim*, 267. cf. Rabbi Avraham de Sohatchov, *Neot HaDéché*, p. 109. Voir aussi Esther R. 7 ; Rabbi 'Hayim Attar, *Or Ha'Hayim ad* Gen. 2,3.
195. Zohar, II, 123*b*.
196. Hermann Cohen, *Die Religion der Vernunft aus den Quellen des Judentums*, Leipzig, 1919, p. 184.
197. Cf. TB Chabbat, 86*b*.
198. Cf. Tana Devei Eliyahou, 1 ; Yalkout Chim'oni, Tehilim, 139, 888 ; cf. aussi Rabbi Yehouda Arié Leib de Gour, *Sefat Emet*, II, p. 77.
199. Cf. Chelah, II, p. 10*b* s. ; Rabbi Yoel Teitelbaum de Satmar, *Hagada Chel Pessa'h Im Peirouche MaHaRiTaB*, New York, 5729 (1959), p. 11.
200. Rachi, *ad* Exod. 31,13.

201. Cf. Me'hilta (Exod. 31,14), Ki Tissa, Massi'hta DeChabbta, 1, p. 110*a*.

202. Il nous paraît digne d'intérêt de relever ici une observation faite par une grande autorité hala'hique (l'auteur d'*Or Saméa'h*, important commentaire sur l'œuvre hala'hique du RAMBAM), RABBI MEÏR SIM'HA KOHEN DE DVINSK. Il écrit : « Que nous ne nous étonnions pas que le (respect du) Chabbat soit suspendu en cas de *pikoua'h néfèche*, lorsqu'une seule vie dans (le peuple d') Israël est en danger, ou même s'il n'y a qu'un risque de voir un danger menacer la vie d'un homme. En vérité, la sainteté du Chabbat ne peut être mise en balance avec l'âme d'un israélite (au cas où la vie d'un israélite est en danger). Car, si Israël ne reste pas en vie, dans le monde, il n'y aura pas de Chabbat non plus dans le monde. Et qui alors témoignera (de l'origine du monde et de son Créateur) ? D'autre part, si un israélite ne respecte pas le Chabbat, il doit être blâmé comme quelqu'un qui exclut son âme du lien puissant qui unit la communauté d'Israël à Dieu et à Sa Tora... » (*Méché'h 'Ho'hma*, p. 92-93).

203. RABBI CHEMOUËL DE SOHATCHOV voit les deux aspects du Chabbat se manifester dans le *za'hor* (Exod. 20,8) et dans le *chamor* (Deut. 5,12). La mitsva de *za'hor*, « penser au jour du Chabbat », invite chacun des juifs, individuellement, à *penser* le Chabbat, chacun selon ses facultés *personnelles*. La mitsva de *chamor*, qui invite à « observer le jour du Chabbat », oblige toute la *communauté* d'Israël, comprenant tous ses membres, à respecter, en *pratique*, le Chabbat (cf. *Chem MiChemouël, VaYikra*, p. 318, et *BaMidbar*, p. 8). RABBI AVRAHAM DE SOHATCHOV (le père de Rabbi Chemouël de Sohatchov) voit les deux aspects du Chabbat se manifester historiquement. Le Chabbat communautaire – à Mara (Exod. 15-16 ; cf. TB Chabbat 87*b*) ; le Chabbat individuel – au Sinaï (Exod. 20). (*Avnei Neizer*, p. 75.)

204. Exod. 31, 16.

205. Cf. Lev. 19,3 ; cf. TB Beitsa 16*a*.

206. Cf. Exod. 35,1-2.

207. Cf. TB Chabbat 118*b*.

208. Is. 56,4-7.

209. Israël est le gardien du Chabbat. C'est pourquoi le Talmud et les codificateurs religieux juifs flétrissent sévèrement le juif qui « profane le Chabbat *ouvertement* ». Un tel juif est considéré « comme s'il était un idolâtre » et renforçait l'idolâtrie dans le monde. Le juif doit donc éviter la transgression des lois relatives au Chabbat surtout *Mipnei Mar'it HaAyine*, « pour que l'œil ne la voie pas », pour que le mauvais exemple donné par celui qui « profane » le Chabbat, annonciateur de Dieu, n'incite pas d'autres à en faire autant (cf. TB Beitsa 9*a*). – Le juif qui « sanctifie » le Chabbat « sanctifie le Nom de Dieu » ; le juif qui « profane » le Chabbat « profane le Nom de Dieu ».

210. Voir aussi : Séfer HaBahir, 52, p. 30. Sifra DiTseniouta (éd. Vilna, 1882), I, et Biour Hagra p. 14-16 ; V, et Biour Hagra p. 66. MAHARAL, *Tiféret Yisraël*, 40. RABBI AVRAHAM DE SLONIM, *Be'eir Avraham*, p. 51 ; RABBI YOSSEF 'HAYIM DE BAGDAD, *Bène Iche 'Haï*, p. 98, 100 ; RABBI BAROU'H HALÉVI EPS-

TEIN, *Tosséfet Bera'ha*, I, p. 75 ; R. M. GROSSBERG, *Tsefounot HaRogatchovi*, p. 3.

211. Cf. TB Mena'hot 65*b* ; RABBI YOSSEF KARO, *Choul'hane Arou'h, Ora'h 'Hayim*, 489, 7-8 ; RABBI AHARON BEN YOSSEF HALÉVI, *Séfer Ha'Hinou'h, Mitsva* 306. Voir aussi TB Bera'hot 63*b*.

212. Avot 1, 14.

213. Cf. RABBI NA'HMAN DE BRATSLAV, *Siddour Cha'arei Ratsone*, p. 206, 345, 843-845 ; RABBI YEHOUDA ARIÉ LEIB DE GOUR, *Sefat Emet*, III, p. 207. Voir aussi Zohar I, 224*a* ; RABBI 'HAYIM ATTAR, *Or Ha'Hayim*, ad Gen. 47, 29.

214. Cf. CHELAH, II, p. 11*a*, 16*a* ; II, p. 45*a*. Cf. *Sefat Emet*, I, p. 5-6. Cf. RABBI YOSSEF DOV BAER DE VOLOJINE, *Beit HaLévi*, p. 9.

215. Cf. Gen. R. 11,2 ; Eccl. R. 11,5 ; Pessikta Rabbati, Asséret HaDibrot, 3 ; cf. Zohar II, 290*a* ; Séfer HaZohar, Im Peirouche HaSoulam, V, VaYakhel, p. 60. Voir RACHI, *ad* TB Bava Metsia 58*a* ; RAMBAM, *Hil'hot Ichout* XIV, 6,9.

216. Cf. Lev. 23,15 ; Cf. CHELAH HAKADOCHE, III, p. 129*b*.

217. Cf. Lev. 23,15 ; cf. Sifra et commentaires bibliques *ad* Lev. 23,2-3 ; cf. TB Yevamot 93*a* ; Cf. ABRABANEL, *Yitro*, Exod. 20,8, II, p. 180, 190. Cf. CHELAH, I, p. 176*a*, 195*b*-196*a* ; cf. MAHARCHA, *'Hidouchei Agadot, ad* TB Yoma 2*a* ; cf. Gen. R. 60,15 ; Zohar, I, 133*a*. RABBI ELIYAHOU, LE GAON DE VILNA, *Divrei Eliyahou*, p. 29. *Chem MiChemouël, Bereichit*, I, p. 123. Cf. Yits'hak BREUER (1883-1946), *Na'hliel*, Tel-Aviv, 5711 (1951), p. 65. *Bène Iche 'Haï*, p. 133.

218. Cf. CHELAH, I, p. 188*a* ; RABBI AVRAHAM DE SOHATCHOV, *Avnei Neizer*, p. 103 ; cf. Lev. 23,2. Cf. Zohar, I, 5*a-b* ; III, 94-95. *Reichit 'Ho'hma, Cha'ar HaKedoucha*, 2. CHELAH, I, p. 188*a*. *Chem MiChemouël, Chemot*, I, p. 318. TY Roche HaChana I, 3. TB Beitsa 17*a* ; Exod. R. 16,3. Cf. *Bène Iche 'Haï*, p. 99.

219. Cf. RABBI LÉVI YITS'HAK DE BERDITCHEV, *Kedouchat Lévi*, p. 37*a*. Voir aussi TB Roche HaChana 24*a* ; TY Sanhédrine I, 2. Lev. 23,2,4.

220. Voir Zohar, III, 81*b* ; 94*a*. Mais voir aussi Zohar, II, 47*a*. Cf. RABBI BEZALEL ZE'EV SAFRAN, *Che'eilot OuTechouvot Harbaz*, I, p. 19.

221. Cf. RABBI YEHOUDA ARIÉ LEIB DE GOUR, *Sefat Emet*, I, p. 9, 87 ; RABBI AVRAHAM DE SOHATCHOV, *Neot HaDéché*, p. 92. Cf. RACHI, *ad* Exod. 31,15. Cf. aussi MAHARAL, *Guevourot HaChème*, p. 159, *Peirouchei Maharal MiPrague LeAgadot HaChass, ad* Chabbat 118*a*, p. 96-97.

222. Cf. TB Bera'hot 57*b* ; Zohar, I, 1*b* ; 5*b* ; 48*a* ; III, 95*a*. Otyot DeRabbi Akiva, A. *Kouzari* V, 10. RABBI LÉVI YITS'HAK DE BERDITCHEV, *Kedouchat Lévi*, p. 51. RABBI NA'HMAN DE BRATSLAV, *Likoutei Moharan*, II, 72, p. 33*a*. RABBI AHARON DE KARLINE, *Beit Aharon*, p. 144*a*. RABBI YEHOUDA ARIÉ LEIB DE GOUR, *Sefat Emet*, I, p. 6, 17, 247 ; II, p. 90, 198 ; III, p. 153 ; V, p. 57, 198. RABBI CHEMOUËL DE SOHATCHOV, *Chem MiChemouël, Bereichit*, I, p. 265 ; *Moadim*, p. 101.

223. Cf. TB Chabbat 118*a* et RACHI *ad loc.* ; TB Pessa'him 113*a*. Pirkei DeRabbi Eliézer, 18 ; RACHI, *ad Exod*, 31,15 ; RABBI CHNÉOUR ZALMAN DE

LIADY, *Tanya*, p. 13. Voir *Peirouchei Maharal MiPrague LeAgadot HaChass*, II, ad *Chabbat* 118a, p. 95-96. Voir aussi RABBI YOSSEF 'HAYIM DE BAGDAD, *Bène Yehoyada*, II, p. 19-20.

224. Cf. Gen. R. 11,8.

225. Cf. Exod. 15,25 ; Me'hilta et MAHARAL, *Gour Arié, ad. loc.*

226. Cf. TB Haguiga 12. Voir ARI HAKADOCHE, *Likoutei Tora et* RABBI 'HAYIM VITAL, *Ta'amei HaMitsvot, Bechala'h*, p. 60.

227. Is. 40,28.

228. Cf. Zohar, III, 119b ; II, 257a ; PHILON D'ALEXANDRIE, *De Decalogo*, 20, 100-101, cf. aussi Me'hilta, *ad* Exod. 20,11. Cf. RABBI YEHOUDA ARIÉ LEIB DE GOUR, *Sefat Emet*, I, p. 159. RABBI CHEMOUËL DE SOHATCHOV, *Chem MiChemouël, Bereichit*, I, p. 20, 25, 28 ; *Bereichit*. II, p. 57-58.

229. Cf. Gen. R. 11,8. TB Chabbat 118a. Cf. *Chem MiChemouël, Bereichit*, I, p. 28-29 ; *Bereichit*, II, p. 57-59.

230. Cf. CHELAH HAKADOCHE, III, p. 129b

231. Cf. RABBI LÉVI YITS'HAK DE BERDITCHEV, *Kedouchat Lévi*, p. 57b ; RABBI CHNEIOUR ZALMAN DE LIADY, *Tanya, Kounterass A'hrone*, p. 163. Cf. RABBI YEHOUDA ARIÉ LEIB DE GOUR, *Sefat Emet*, I, p. 9, 13 ; II, p. 198, 208, 210 ; III, p. 153 ; IV, p. 68. Cf. RABBI CHEMOUËL DE SOHATCHOV, *Chem MiChemouël, Bereichit*, II, p. 359 ; *Devarim*, p. 53, 183 ; *Moadim*, p. 135. Cf. RABBI YOSSEF 'HAYIM DE BAGDAD, *Che'eilot OuTechouvot Tora Cheleima*, p. 329. Voir TB Beitsa 16a ; Zohar II, 205a.

232. Cf. RABBI AVRAHAM DE SLONIM, *Be'eir Avraham*, p. 50, 146. Cf. Zohar 'Hadache, Yitro, 47b ; Tikounei HaZohar, 19. Cf. RABBI YEHOUDA ARIÉ LEIB DE GOUR, *Sefat Emet*, I, p. 198, 247 ; II, p. 84-85 ; RABBI CHEMOUËL DE SOHATCHOV, *Chem MiChemouël, Séfer Devarim*, p. 6. Cf. TB Bera'hot, 57b. Zohar, I, 2 ; 48a ; III, 95a. Zohar 'Hadache Bereichit, 16. Cf. Cho'heir Tov 13. Cf. Exod. 33,13 ; TB Bera'hot 7a. Is. 55,8-9. Michna Bera'hot IX, 2. TB : Bera'hot 54a ; 58b ; 59b ; Pessa'him 50a. Zohar II, 174a.

233. Cf. Is. 60,2-19. Gen. R. 11,2 ; 91,13. (Exod. R. 18,9 ; Is. 30,26.) Lev. R. 30,2. Deut. R. 1,13. Yalkout Chim'oni, Bereichit 6,47. TB Ta'anit 8b. Zohar, I, 21a ; 203b ; II, 135b. *Peirouchei HaTora LeRabbi Yehouda Hé'Hassid*, ad Gen. 2,3, p. 6. RABBI YEHOUDA ARIÉ LEIB DE GOUR, *Sefat Emet*, II, p. 81 ; III, p. 26. RABBI YOSSEF 'HAYIM DE BAGDAD, *Bène Iche 'Haï*, p. 83.

234. TY Bera'hot VIII, 5.

235. Zach. 4,7 ; cf. Zohar, I, 113a ; II, 17a ; Pirkei DeRabbi Eliézer, 18 ; RABBI ELIYAHOU, LE GAON DE VILNA, *Biourei Hagra Al Agadot*, II, *Likoutei Hagra*, p. 73.

236. Cf. Zohar, II, 63b ; 204a.

237. Cf. Zohar II, 63b ; RABBI YOSSEF DOV BAER DE VOLOJINE, *Beit HaLévi*, p. 9. RABBI YEHOUDA ARIÉ LEIB DE GOUR, *Sefat Emet*, I, p. 5 ; III, p. 188-189 ; IV, p. 67.

238. Cf. Zohar, III, 92b ; RABBEINOU BA'HYA, *ad* Exod. 20,8, p. 198 ; MAHARAL, *Derachot, Derouche Al HaTora*, p. 39 ; RABBI YA'AKOV YOSSEF DE POLONNOJÉ, *Hakdama* ; RABBI AVRAHAM YEHOCHOUA HÉCHEL D'APTA, *Ohev*

IV. REGARD SUR « LE TEMPS JUIF, LE TEMPS CHABBATIQUE » 463

Yisraël, VaEt'Hanane ; Rabbi Yehouda Arié Leib de Gour, *Sefat Emet*, IV, p. 21 ; Rabbi Chemouël de Sohatchov, *Chem MiChemouël, VaYikra*, p. 325.

239. Cf. Zohar, I, 5*b* ; II, 97*b* ; 206*a* ; Rabbi Ya'akov Yossef de Polonnoje, *Toldot Ya'akov Yossef, VaYeitsei* ; Rabbi Lévi Yits'hak de Berditchev, *Kedouchat Lévi*, p. 69*a* ; Rabbi Chemouël Chmelke de Nikolsburg, *Divrei Chemouël*, p. 77 ; Rabbi Yehouda Arié Leib de Gour, *Sefat Emet*, I, p. 14, 17, 102 ; Rabbi Chemouël de Sohatchov, *Chem MiChemouël, Devarim*, p. 178 ; Rabbi Avraham de Slonim, *Be'eir Avraham*, p. 110.

240. Cf. Zohar, III, 176*b* ; Chelah, *Siddour Cha'ar HaChamayim*, p. 385 ; Rabbi Yehouda Arié Leib de Gour, *Sefat Emet*, I, p. 74.

241. Ari HaKadoche, *Likoutei Tora*, p. 13.

242. Cf. Maharal, *Guevourot HaChème*, p. 159-160 ; Rabbi Lévi Yits'hak de Berditchev, *Kedouchat Lévi*, p. 55 ; Rabbi Avraham de Sohatchov, *Neot HaDéché*, p. 105 ; Rabbi Chemouël de Sohatchov, *Chem MiChemouël, Séfer VaYikra*, p. 140, 352-353.

243. Cf. aussi Zohar, I, 9*a*. Voir aussi Rabbi Eliyahou, le Gaon de Vilna, *Divrei Eliyahou*, p. 4.

244. Cf. Rabbi Ya'akov ben Ascher, *Ba'al HaTourim, ad* Gen. 1,1 ; Rabbi Eliyahou, le Gaon de Vilna, *ad* Gen. 1,1, *Adéret Eliyahou*, p. 17 ; M. D. Cassuto, *MeAdam Ad Noa'h*, p. 6 ; Esther Starobinski-Safran, *Sabbats, années sabbatiques et jubilés*, in *Mélanges* E. Bréguet, Genève, 1975.

245. Cf. TB Bera'hot 29*a* ; cf. Zohar I, 24*a* ; II, 206*a*. Cf. Chelah, *Siddour Cha'ar HaChamayim*, p. 372. Cf. Exod. R. 28,4 ; Ramban, *ad* Exod. 19,20 ; Rabbeinou Ba'hya, *ad* Exod. 20,1, p. 184 ; *idem, ad* Deut. 5,19, p. 272. Voir aussi HaRecanati, *Bereichit*, p. 8-9.

246. Cf. Rabbi Ya'akov ben Ascher, *Ba'al HaTourim, ad* Gen. 1,1.

247. Rabbi Ya'akov ben Ascher, *Ba'al HaTourim, ad* Exod. 20,8.

248. Ps. 68,5.

249. Ps. 96,10.

250. Gen. 5,22.

251. Exod. 19,3.

252. Chron. I, 2,15.

253. Exod. 23,11.

254. Lev. 25,10.

255. Gen. 2,3.

256. Lev. 23,24.

257. Lev. R. 29,9 ; cf. Zohar, III, 108*b*. Cf. Zohar, I, 253*b*. Zohar 'Hadache, Bereichit 9*a* ; 12*a*. Cf. Pirkei DeRabbi Eliézer, 19. Cf. Rabbi Yossef Gikatilla, *Guinnat Egoz*, p. 40 ; Rabbeinou Ba'hya, *ad* Lev. 25,2, II, p. 563-564.

258. Cf. Zohar, II, 222*b* ; Tikounei HaZohar, 22 (67*b*) ; Recanati, *Yitro*, p. 9*a* ; Rabbeinou Ba'iiya, *ad* Exod. 20,8, II, p. 198-199 ; Maharal, *Guevourot HaChème, Hakdama Chelichit*, p. 13.

259. Cf. Tikounei HaZohar, 22 (67*a*) ; 48 (88*a*).

260. Cf. Zohar 'Hadache, Bereichit 3.

261. Cf. Tan'houma, Nasso 16 ; Pirkei DeRabbi Eliézer, 12 ; 18 ; Cho'heir Tov, 92,2 ; Yalkout Chim'oni, Tehilim, 139,888.

262. Cf. Chelah, *Siddour Cha'ar HaChamayim*, p. 385.
263. Cf. Rabbeinou Ba'hya, *ad* Exod. 20,1, II, p. 184 ; *ad* Exod. 20,8, II, p. 197. Cf. Rambam, *More Nevou'him*, III, 43. Cf. Maharal, *Tiféret Yisraël*, 40, p. 49*a-b*. Cf. Rabbi Avraham de Slonim, *Be'eir Avraham*, p. 108 ; Rabbi Avraham de Sohatchov, *Neot HaDéché*, p. 120.
264. Cf. TB Haguiga 12*b* ; Avot DeRabbi Nathan, 37,9 ; Pirkei DeRabbi Eliézer, 18 ; Cho'heir Tov, 92,2 ; 114,2. Cf. Tan'houma, Nasso 16. Cf. Zohar, I, 32*b* ; II, 30*b* ; 164*b*.
265. Cf. Nu. R. 15,5 ; Pirkei DeRabbi Eliézer, 6 ; Zohar, I, 34*a* ; II, 103*a*.
266. Cf. TB Bava Batra 74*b* ; Zohar, I, 52*a* ; 260*b* ; II, 23*a* ; III, 9*b*. Cf. Tikounei HaZohar, 21 (43*b*) ; Zohar 'Hadache, Ruth, 76*a*.
267. Cf. Avot DeRabbi Nathan, 37,9. Cf. Zohar, I, 9*b* ; 24*b* ; 39*b*. Cf. Tikounei HaZohar, 32 (76*b*) ; 65 (95*b*). Cf. Lev. R. 29,9.
268. Cf. Exod. R. 28,4. Tikounei HaZohar, 21 (45*b* ; 47*b*).
269. Cf. TB Bera'hot 29*a* ; Zohar, I, 24*a* ; II, 206*a* ; Rachi, *ad* Deut. 4,35 ; Ramban, *ad* Exod. 19,20 ; Rabbeinou Ba'hya, *ad* Exod. 20,1, II, p. 184. Cf. aussi TB Pessa'him 112*a* ; David a célébré les « sept voix » de la puissance de Dieu dans la nature (cf. Ps. 29).
270. Cf. Nu. R. 15,5 ; cf. aussi Exod. R. 15,28.
271. Cf. Zohar, II, 23*a*.
272. Cf. Zohar, I, 24*b* ; Tikounei HaZohar, II (26*b*). Cf. Zohar I, 24*a*.
273. Cf. TB Pessa'him 54*b* ; Pirkei DeRabbi Eliézer, 3 ; Tana Devei Eliyahou Rabba, 31 ; Tan'houma, Nasso 11 ; Zohar, III, 34*b*.
274. Cf. Prov. 9,9 ; TB Sanhédrine 38*a* ; Rabbeinou Ba'hya, *ad* Lev. 25,8, II, p. 564-565 ; Rabbi Na'hman de Bratslav, *Likoutei Moharan*, II, p. 22.
– *Septem artes liberales*.
275. Cf. TB Pessa'him 54*b* ; Gen. R. 68,7 ; Lev. R. 36,4.
276. Cf. Sifrei (Deut. 1,10), Devarim, 10, p. 67*a* ; TB Bava Batra 17*a* ; Masse'het Kala, III ; Avot DeRabbi Nathan, 37 ; Gen. R. 30,2 ; Exod. R. 44,6 ; Lev. R. 30,2 ; Tan'houma, Balak 11 ; Cho'heir Tov 11,6 ; Zohar I, 82*a*. Cf. aussi Zohar I, 247*a*.
277. Cf. Michée 5,4 ; TB Souka 52*b* ; Massé'het Kala, VII ; Massé'het Déré'h Erets Zouta, I ; Cant. R. 8,11. Cf. Zohar III, 103*a-b* ; 301*b*. Cf. Zohar 'Hadache, Toldot 26.
278. Cf. TB Bava Batra 17*a* ; Massé'het Kala, III ; VII ; Massé'het Déré'h Erets Zouta, I ; Exod. R. 44,6, Tan'houma, Balak 11 ; Zohar III, 302*a*.
279. Cf. aussi TB Yoma 47*a* ; Lev. R. 20,7 ; Tan'houma, A'hrei 7.
280. Cf. TB : Meguila 14*a* ; 15*a* ; Bava Batra 15*b*. Tana Devei Eliyahou Rabba, 28.
281. Cf. Pirkei DeRabbi Eliézer, 52 ; Yalkout Chim'oni, Lé'h Le'ha 15, 77. Cf. Sifrei (Nu. 10,34), BeHa'Alot'ha 83, p. 22*a* ; TB Souka 11*b* ; Nu. R. 1,2 ; Tan'houma, BeChala'h 3 ; Zohar, III, 103*a* ; Tikounei HaZohar, 21 (55*a*) ; Rachi, *ad* Nu. 10,34.
282. Cf. TY : Kilaïm IX, 3 ; Ketouvot XII, 3. TB Bava Batra 74*b*.
283. Cf. Zohar I, 24*b*.

284. Cf. Deut. 7,1 ; Jos. 24,11 ; Lev. R. 17,5 ; Rachi, *ad* Gen. 15,19. Cf. aussi TB : Zeva'him 118*b* ; Ketouvot, 28*a*. Rachi, *ad* Nu. 26,53. Cf. aussi Rabbi Pine'has Halévi Horwitz (1731-1805), *Panim Yafot, ad* Deut. 7,1-6.
285. Cf. Deut. 8,8 ; TB Bera'hot 37*a* ; Zohar, I, 157*a*.
286. Cf. Rambam, *Michné Tora, Hil'hot Bikkourim* III, 14. – Moïse a imploré Dieu, pendant *sept* jours, de lui permettre d'entrer dans la Terre promise. Cf. Cant. R. 1,13. – « Jéricho avait fermé ses portes... Mais l'Éternel dit à Josué : "Vois, Je te livre Jéricho... Tu feras marcher tous les hommes de guerre autour de la ville, et tu procéderas ainsi pendant six jours, tandis que *sept* prêtres porteront *sept* cors retentissants – *chofrot yovlim*. Le *septième* jour, vous ferez *sept* fois le tour de la ville, et les prêtres sonneront du cor. Lorsque la corne retentissante émettra un son prolongé, tout le peuple poussera un grand cri de guerre et la muraille de la ville croulera sur place, et chacun y entrera droit devant lui" » (Josué 6,1-5). – Avant la résurrection des morts, Dieu sonnera *sept* fois du cor – du *chofar*. Cf. Otiot DeRabbi Akiva, 10.
287. Cf. TB Meguila 23*b*. Cf. Hakdamat Tikounei HaZohar, 16*b* ; Tikounei HaZohar 10 ; 24.
288. Cf. Ps. 90,10 ; TB : Ta'anit 23*a* ; Moède Katane 28*a*. Nu. R. 14,24 ; Zohar, I, 55*a* ; 140*a* ; II, 133*b* ; 235*a*. Cf. aussi Zohar, I, 78*b*. Cf. aussi Avot, V, 21.
289. Cf. Gen. 46,27 ; Exod. 1,4 ; Deut. 10,22 ; Zohar II, 189*b*.
290. Cf. Nu. 11,16,24 ; TY : Meguila, I, 9 ; Souka, V, 1. TB : Souka 56*b* ; Meguila 9*a* ; Sanhédrine 2*a*. Massé'het Sofrim, I, 8 ; Nu. R. 13,19 ; Zohar, III, 20*a* ; Tikounei HaZohar, 21 ; 70.
291. Cf. Zohar, I, 177*a*.
292. Cf. Nu. R. 13,15 ; Zohar, I, 26*a* ; 47*b* ; 54*a* ; II, 110*b* ; III, 20*a* ; 216*a*. Tikounei HaZohar, 21 (47*b* ; 50*b*). – Il y a aussi des groupes de septante mitsvot (cf. Lev. R. 24,5).
293. Cf. Michna, Chekalim V, 1 ; TY Meguila, I, 9. TB : Chabbat, 88*b*, Souka 55*a-b* ; Meguila 13*b* ; Sota 32*a* ; 36*b* ; Sanhédrine 17*a*. Nu. R. 14,22 ; 21,22 ; Cant. R. 4,2 ; Thr. R. 1,24 ; Tan'houma, Pine'has 16 ; Pirkei DeRabbi Eliézer, 24 ; Zohar, I, 177*a* ; II, 59*a* ; 146*a* ; 187*a* ; III, 20*a* ; 24*b* ; 54*b* ; 103*b* ; 213*b*. Tikounei HaZohar, 6 (23*a*) ; 22 (64*a*).
294. Cf. Zohar, I, 24*b* ; 218*a* ; II, 129*a*.
295. Cf. Nu. R. 13,18. – La construction du Temple par Salomon a duré *sept* ans. Cf. Reg. I, 6,38 ; Lev. R. 12,4. Les portes du Temple de Jérusalem ont porté *sept* noms. Cf. TY Eirouvine, V, 1.
296. Cf. Zohar, I, 218*a* ; II, 129*a*.
297. En Abraham, père du peuple hébreu et père spirituel de l'humanité (cf. Gen. 17,4), la « création » « s'accomplit » : elle « se fonde » dorénavant sur lui. L'histoire de la « création » – *BeHiBaream* (Gen. 2,4) – s'identifie au nom d'Abraham (cf. Gen. R. 12,7 ; Zohar, I, 3*b* ; 25*a* ; 86*b* ; 105*a* ; 128*b*). « Dieu a accordé à Abraham *sept* bénédictions, correspondant aux *sept* versets de l'œuvre de la *création*, où il est écrit : "c'était bien" » (Nu, R. 11,4 ; cf. Zohar I, 78*a*). – Abraham avait *septante* ans lorsque Dieu se révéla à lui (cf. Nu. R. 14,23 ; cf. aussi Zohar, I, 78*b*).

298. Cf. Nu. R. 14 ; Zohar, 1, 5*b*. Cf. Zohar, II, 16*b* ; 123*a* ; 160*b* ; 216*a* ; III, 223*b* ; 263*a*. Cf. Séfer HaBahir, 94 ; *Ba'al HaTourim, ad* Nu. 11,16.
299. Cf. Zohar II, 207*b* ; Tikounei HaZohar 24.
300. Cf. Zohar, I, 5*b* ; Zohar, II, 207*b*.
301. Cf. RACHI, *ad* Lev. 25,18 ; 27,35. Cf. TB Nazir, 32*b*. Voir aussi TB Bava Batra 75*a* ; Zohar II, 35*b* ; Tikounei HaZohar, 21 (43*a*), au sujet des périodes de septante ans dans l'histoire des « retours » des phénomènes naturels.
302. Cf. TB Sanhédrine 99*a* ; Zohar II, 6*b*-7*a*-*b*.
303. Cf. Ma'assei Tora, 15.
304. Cf. Nu. R. 14,24.
305. Cf. RACHI et RAMBAN, *ad* Lev. 25,2 ; RABBEINOU BA'HYA, *ad* Lev. 25,10, II, p. 565. Cf. MAHARCHA, *ad* TB Sanhédrine 97*a*.
306. Cf. Gen. 2,3.
307. Cf. Lev. 25,13.
308. Cf. Ps. 90,4 ; TB Sanhédrine 97*a* ; Nu. R. 14,24 ; Zohar, I, 261*a* ; II, 17*a*.
309. RABAD, RABBI AVRAHAM BEN DAVID (1125-1198), RABBEINOU BA'HYA, RABBI YITSHAK ARAMA, ABRABANEL, RABBI OVADYA BERTINORO (XVIe s.).
310. RAMBAM, RABBI MOCHÉ CORDOVERO (1522-1570) et, dans une certaine mesure, RACHI, *ad* TB Avoda Zara 9*a* et MAHARCHA, *ad* TB Sanhédrine, 97*a*.
311. Cf. Pirkei DeRabbi Eliézer, 51 ; TB Bera'hot 32*a*.
312. Le Messie montrera *sept* choses merveilleuses à Israël. Cf. Yalkout Chim'oni, *in fine*. Voir aussi TB Roche HaChana 21*b*.
313. Cf. Michna Tamid, VII, 4, RABBI OVADYA BERTINORO et *Tiféret Yisraël* de RABBI ISRAËL LIPSCHÜTZ (1782-1860), *ad loc.* Cf. TB : Bera'hot, 32*a* ; Roche HaChana 21*b* ; 31*a* ; TB Sanhédrine 97*a* ; Avoda Zara 9*a*. Avot DeRabbi Nathan, 1 ; Pirkei DeRabbi Eliezer, 18 ; 51 ; Tana Devei Eliyahou Rabba, 2. Cf. Zohar, I, 4*a*. Cf. Zohar, I, 125*a* ; II, 10*a* ; 20*b* ; III, 9*b* ; 16*a* ; 142*a*. Otiot DeRabbi Akiva, 2. Zohar 'Hadache, Bereichit 16 ; Tikounei Zohar 'Hadache, Chir HaChirim 61. Cf. IBN EZRA, *ad* Exod. 31,13 ; RECANATI, *Bereichit*, p. 8*b*, et *Behar*, p. 31*a*. Cf. RAMBAN, *ad* Gen. 2,3 et Lev. 25,2. Cf. RABBEINOU BA'HYA, *ad* Gen. 2,2-3, I, p. 53-54 ; et *ad* Lev. 25,2-10, II, p. 563-566. Cf. RABBI YITSHAK ARAMA, *Bereichit*, IV, p. 38-39 ; ABRABANEL, *ad* Lev. 25. Cf. RABBI YOSSEF GIKATILLA, *Cha'arei Ora*, 22-23 ; RABBI MOCHÉ CORDOVERO, *Chiour Koma*, 83. Cf. RAMBAM, *Michné Tora, Hil'hot Techouva* VIII, 8 et RABAD *ad loc.* Cf. RAMBAM, *Moré Nevou'him*, II, 28-29. Cf. RABBI YEHOUDA ARIÉ LEIB DE GOUR, *Sefat Emet*, II, p. 66, 88, 91. Cf. Esther STAROBINSKI-SAFRAN, *Sabbats, années sabbatiques et jubilés*. Réflexions sur l'exégèse de Lévitique 25, *in Mélanges*, E. Bréguet, Genève, 1975.
314. Cf. Tikounei HaZohar, 30 (75*b*).
315. Zohar II, 184*a*. Cf. aussi Zohar I, 153*b*-154*a*, où les considérations sur le nombre sept et sur ses développements ont comme point de départ l'interprétation du verset biblique : « Et Jacob aimait Rachel ; et il dit : Je te servirai sept ans pour Rachel... » (Gen. 29,18).
316. Cf. TB Sanhédrine 98*a* ; TY Ta'anit, I, 1 ; Cant. R. 8,16 ; Zohar, I, 117*b*.

317. Cf. Lev. 8,33 ; 12,2 ; 13,4,21 ; 23,15,34. Cf. Dan. 9, 24-27. Cf. TB Nazir 32*b* ; Gen. R. 54,5 ; Lev. R. 24,5 ; Midrache Tadché, 6. Cf. Pirkei DeRabbi Eliézer, 51 ; Rabbeinou Ba'hya, *ad* Gen. 2,3, I, p. 54. Cf. Rachi, *ad* Lev. 25,18, 27,35 ; Rabbi Eliyahou, le Gaon de Vilna, *Hagra, ad* Is. 11,1.
318. Cf. Avot III, 19.
319. Cf. Lev. R. 30,2 ; Nu. R. 15,8 ; Tan'houma, BeHa'Alot'ha, 7 ; Cho'heir Tov, 16, 2 ; Pirkei DeRabbi Eliézer, 16.
320. Cf. Nu. R. 11,4 ; cf. Zohar I, 78*a*.
321. Cf. TB Ketouvot 7*b* ; Zohar III, 266*b* ; Tikounei HaZohar, 47 (84*a*). Cf. aussi Zohar III, 28*b* ; Tikounei HaZohar, 70 (124*a*). Cf. Rabbi Na'hman de Bratslav, *Likoutei Moharan*, I, 31, p. 44*a*. Cf. Gen. R. 64,7 ; Pirkei DeRabbi Eliézer, 35 : les patriarches ont creusé *sept* puits. Cf. Tan'houma, Bera'ha 1 : Israël a reçu *sept* bénédictions. Au sujet des sept bénédictions en relation avec la lecture du *Chema*, la lecture dans la Tora et la fête de Soukot, voir TB : Bera'hot 11*a* ; 29*a* ; Meguila, 21*a*. Lev. R. 30,2.
322. Cf. Nu. 7,13, Michna : Orla, III, 7 ; Yoma, I, 1 ; Avot, V, 10 ; Mena'hot, III, 6-7 ; Ohalot, I, 1 ; Para, III, 1, TB : Eirouvine 19*a* ; Pessa'him 113*b* ; Roche Hachana 17*a* ; Meguila 14*a* ; Moède Katane 20*a-b* ; Ketouvot 59*b* ; Sota 10*b* ; Sanhédrine 90*a* ; Zeva'him 98*a* ; Mena'hot 27*a* ; Nida 31*b* ; 83*a*. Massé'het Kala, IV. Avot DeRabbi Nathan, 36 ; 37. Pirkei DeRabbi Eliézer, 11 ; 16 ; 53. Pessikta Zoutarta, VaYéra, 20,16. Gen. R. 18,3 ; 52,13 ; 65,6 ; 89,7. Lev. R. 30,2. Nu. R. 4,24 ; 14,5 ; 20,5 ; 20,16. Tan'houma : VaYéchev 6 ; Tsav 1 ; Balak 11. Cho'heir Tov 11,6. Zohar, I, 23*b* ; 38*a* ; 40*a* ; 41*a* ; 62*b* ; 216*b* ; II, 18*a* ; 150*b* ; 199*b* ; 202*b* ; 216*b* ; 263*a* ; III, 61*a* ; 127*a* ; 301*a*. Zohar 'Hadache, Bereichit 7*b*. Cf. Gen. 41 et Zohar I, 204*a*. Cf. Nu. 23,1 et Rabbi Chemouël de Sohatchov, *Chem MiChemouël, BaMidbar*, p. 348. Cf. Gen. 4,15,24 ; Ps. 79,12 ; Prov. 6,31 et Ps. 12,7 ; Is. 30,26.
323. Cf. Avot, V, 8 ; Avot DeRabbi Nathan, 8,1 ; TB : Meguila, 15*b* ; Yoma, 54*a* ; Guitine, 57*a*. Tana DeVei Eliyahou Rabba, 30 ; Exod. R. 9,12 ; 14,3 ; Lev. R. 11,2. Nu. R. 10,5 ; 14,24. Deut. R. 7,10. Tan'houma : VaEra 13 ; Kedochim 15. Zohar II, 18*a* ; Rachi, *ad* Lev. 23,18 ; 26,35 ; *Keli Yakar, ad* Lev. 27,23-24.
324. Cf. TB Moède Katane 20*a* ; 27*b* ; 28*a* ; Massé'het Sema'hot, III, 9 ; Avot DeRabbi Nathan, 32,1 ; Gen. R. 3,6 ; 27,7 ; 32,10 ; Tan'houma, Chemini 1.
325. Cf. TB Bava Kama 100*b* ; Eccl. R. 1,3 ; Tan'houma, Pekoudei 3 ; Cho'heir Tov, 92,2 ; Zohar I, 146*b*.
326. Cf. Zohar I, 247*a*.
327. Cf. Sifrei (Deut. 1,15) Devarim, 15, p. 68*a* ; Massé'het Kala, VIII ; Tossefta, Bera'hot VI, 5 ; TY Bera'hot, I, 5 ; Avot, VI, 8 ; Avot DeRabbi Nathan, 37, 8-9 ; Tana Devei Eliyahou Zouta, 17 ; Lev. R. 30,2 ; Cho'heir Tov, 6,1 ; Zohar 'Hadache, Bereichit 8*a* ; Rachi, *ad* Deut. 1,15.
328. Cf. Avot, V, 10 ; Avot DeRabbi Nathan, 37,4 ; TY : Bera'hot, IX, 5 ; Sota, V, 5. TB Sota 22*b*.
329. Cf. TB : Sanhédrine 56*b* ; Avoda Zara 2*b*. Gen. R. 34,7 ; Exod. R. 30,6 ; Cant. R. 1,16. Rabbeinou Ba'hya, *ad* Exod. 20,17, II, p. 201.

330. Voir *Séfer Ha'Hinou'h*, éd. Eshkol, Jérusalem, 5721 (1951), p. 374-377.

331. Cf. Avot, V, 10 ; Tossefta Bava Kama, VII, 3 ; Me'hilta (Exod. 22,1), Michpatim, Massi'hta DeNezikine, 13, p. 96*a* ; Pessikta Zoutarta, Michpatim 22 ; TB : Pessa'him, 113*b* ; Sanhédrine, 9*a*. Deut. R. 8,7.

332. Cf. Avot, V, 8 ; TY : Ta'anit, IV, 5 ; Meguila, I, 12. TB : Beitsa 25*b* ; Yevamot, 40*a* ; 103*a*. Sanhédrine, 60*b*. Lev. R. 22,6 ; Nu. R. 9,7 ; 14,5 ; Thr. R. 2,5 ; Peti'hta D'Ei'ha Rabbati, 23 ; Tan'houma, Nasso 1 ; Massé'het Déré'h Erets Zouta 6 ; RACHI, *ad* Lev. 26,15 ; *idem, ad* TB Temoura 28*b*. Zohar II, 150*b*.

333. Cf. Prov. 26,25 ; Gen. R. 65,6 ; RABBI AVRAHAM DE SLONIM, *Be'eir Avraham*, p. 115. LE GAON DE VILNA, *Hagra, ad* Prov. 26,25, *Michlei*, éd. Pardess, Tel-Aviv, p. 156, voit dans les *chéva toévot*, dans les *sept* abominations, la racine des *chiv'im toévot*, des *septante* abominations des idolâtres.

334. Cf. TB Souka 52*a* ; Zohar I, 18*a* ; II, 263*a* ; Zohar 'Hadache, Ruth 79*a*.

335. Cf. TB Bera'hot, 17*a* ; Avot DeRabbi Nathan, 1 ; Zohar I, 135*b* ; II, 83*a*.

336. Cf. TB Avoda Zara 3*a* ; Eccl. R. 1,36.

337. Cf. Zacharie 14,7 ; Zohar II, 17*a*. Cf. aussi Ps. 139,16 ; Tana Devei Eliyahou Rabba, 1.

338. Cf. RABBI AVRAHAM DE SOHATCHOV, *Avnei Neizer*, p. 112.

339. Cf. Ps. 12,7 ; RACHI, *ad* TB Roche HaChana 21*b*.

340. Cf. RECANATI, *Yitro*, p. 9*a*.

341. Cf. Zohar II, 222*b*.

342. Cf. Zohar III, 176*b*.

343. Cf. RABBI AVRAHAM DE SLONIM, *Be'eir Avraham*, p. 146, 184.

344. Cf. Zohar 'Hadache, Bereichit 16 ; RABBI MOCHÉ CORDOVERO, *Chiour Koma*, 83.

345. Cf. Gen. R. 19,13 ; Nu. R. 13,4 ; Cant. R. 5,1. Cf. aussi Gen. R. 54,5.

346. Cf. Is. 54,9.

347. Cf. RABBEINOU BA'HYA, *ad* Exod. 20,1, II, p. 184. Cf. aussi Gen. 21,31 ; 27,33.

348. Cf. Séfer HaZohar, Im Peirouche HaSoulam, IV, Yitro, p. (529) 135 ; Zohar 'Hadache, Toldot 27*a* ; RABBEINOU BA'HYA, *ad* Exod. 20,8, II, p. 198. Cf. aussi RAMBAN, *ad* Gen. 24, 1.

349. Toute l'histoire d'Israël constitue un long et douloureux processus de *Kiddouche HaChème*, de « sanctification du nom » de Dieu ; elle doit aboutir aux temps messianique de *Kiddouche HaChème*, dans la joie créatrice. La prière de *Kaddiche*, qui consacre le *Kiddouche HaChème*, qui prépare et glorifie la royauté de Dieu, est récitée publiquement, par l'officiant, *sept* fois par jour (cf. Cho'heir Tov, 6,1).

350. Cf. Tossefta Bera'hot, III, 14 ; TY : Bera'hot, VIII, 1 ; Chabbat, XV, 3. TB Bera'hot 21*a* ; 29*a* ; Tan'houma, VaYéra, 1 ; cf. aussi TB Yoma, 87*b*.

351. Cf. TY Bera'hot, VIII, 1.

352. Cf. Lev. R. 9,7 ; Tan'houma, Emor 14.
353. Cf. Ps. 119,164 ; Tossefta Bera'hot, VI, 5. TY Bera'hot, I, 5.
354. Cf. Zohar 'Hadache, Lé'h 30*b*.
355. Cf. TB Bava Batra, 75*a*, Pessikta Rabbati 38*a* ; Pirkei DeRabbi Eliézer, 12 ; Zohar II, 245*a* ; Rachi, *ad* Is. 4,5.
356. Cf. Zohar I, 247*a* ; cf. aussi TB Sanhédrine 38*b*.
357. Cf. Nu. R. 20,5.
358. « La fête que la Tora appelle '*Hag HaMatsot*, "fête des azymes", nous l'appelons Pessa'h. Nous chantons les louanges de Dieu, et Dieu chante les louanges d'Israël. Dieu chante les louanges d'Israël : "Ils firent de la pâte qu'ils avaient emportée d'Égypte, *ougot matsot*, des galettes azymes, car elle n'avait pas fermenté ; car, repoussés d'Égypte, ils n'avaient pas pu attendre, et ne s'étaient pas munis d'autres provisions" (Exod. 12,39) ; c'est pourquoi la Tora appelle cette fête '*Hag HaMatsot*, "fête des azymes", pour louer ainsi Israël et mettre en évidence ses mérites, célébrer sa foi. Et nous appelons cette fête Pessa'h, parce que nous louons ainsi Dieu : "Vous répondrez : C'est le sacrifice de la Pâque – *Zéva'h Pessa'h* – en l'honneur de l'Éternel" qui épargna – *passa'h* – les demeures des israélites en Égypte ; alors qu'Il frappa les Égyptiens, Il voulut préserver nos familles (Exod. 12,27). » Rabbi Lévi Yits'hak de Berditchev, *Kedouchat Lévi*, p. 37*a-b*.

359. Cf. aussi Zohar I, 8*a*. – Aux temps messianiques « sept groupes de *tsadikim* – de justes – accueilleront le visage de la *Che'hina...* » (Lev. R. 30,2). – Voir aussi Zohar, I, 261*a-b*.

BIBLIOGRAPHIE SÉLECTIVE

I. NOMS D'AUTEURS

R. Yits'hak *Aboab*, XIVe s.
R. David ben Yossef *Aboudarham*, XIVe s.
Don Yits'hak *Abrabanel* (Abravanel), 1437-1508.
R. Ye'hezke'ël *Abramsky*, XXe s.
R. Tsevi *Achkenazi*, 'Ha'ham Tsevi, 1658-1718.
R. Yehouda HaLévi *Achlag*, 1886-1955.
R. Chelomo ben Avraham *Adret*, RaChBA, 1235-1310.
R. *Aharon* HaLévi de Barcelone, XIVe s.
R. Yossef *Albo*, m. 1495.
R. Moché *Alchei'h*, XVIe s.
R. Chelomo *Alkabetz*, XVIe s.
R. Tsidkiyahou ben R. Avraham HaRofé *Anav*, Ba'al Chibolei HaLéket, XIIIe s.
R. Yits'hak *Arama*, 1420-1494.
Ari HaKadoche, v. R. Yits'hak *Louria*, 1534-1572.
R. 'Hayim *Attar*, v. Or Ha'Hayim, 1696-1743.
R. *Avraham ben David HaLévi*, de Tolède, RaBAD, 1110-1180.
R. *Avraham ben David*, de Posquières, *RABaD*, 1125-1198.
R. *Avraham HaMala'h*, XVIIIe s.
R. *Avraham Ibn Ezra*, v. Ibn Ezra.
R. *Avraham de Slonim*, XIXe s.
R. *Avraham de Sohatchov*, XIXe-XXe s.
R. 'Hayim Yossef David *Azoulaï*, 'HIDA, 1724-1806.
R. Eleazar ben Moché *Azikri* (Azkari), 1533-1600.
Ba'al HaTourim, v. Rabbeinou *Ya'akov ben Acher.*
Ba'alei HaTossafot, XIIe et XIIIe s.
R. Yossef *Babad*, de Tarnapol, 1800-1874.
Rabbeinou Ba'hya ben Acher, 1260-1340.
Rabbeinou Ba'hya ben Yossef ibn Pakouda, XIe-XIIe s.
R. *Barou'h de Mezbitche* (Medzibeh), 1757-1810.

BIBLIOGRAPHIE

Bène Iche 'Haï, v. R. *Yossef 'Hayim de Bagdad*, 1832-1909.
Berditchev, v. R. *Lévi Yits'hak de Berditchev*.
R. Naftali Tsevi Yehouda *Berline*, de Volojine, NaTsIV, 1817-1893.
R. Ovadia *Bertinoro*, XVe-XVIe s.
R. Yossef Yehouda *Bloch*, de Telz, 1860-1930.
R. Sim'ha *Bounim de Psichkhe* (Przysucha), 1776-1813.
R. Kelonimos *Chapira*, XXe s.
CheDaL, v. R. Chemouël David *Luzzatto*.
CheLaH HaKadoche, v. R. Yechayahou HaLévi *Horowitz*.
R. *Chemouël de Sohatchov*, XXe s.
R. Chneiour Zalman de Liady, Ba'al HaTanya, 1745-1813.
R. *Dov Baer, le Maguid de Mezritch*, 1704-1772.
R. Eliyahou Eliézer *Dessler*, XXe s.
R. Chimeone bar Tséma'h *Duran*, XIVe-XVe s.
R. David Chelomo *Eibschütz*, XVIIIe-XIXe s.
R. Chemouël Eliézer *Edels*, v. *MaHarChA*.
R. *Eléazar ben R. Yehouda de Worms*, Ba'al Séfer HaRokéa'h, 1165-1230.
R. *Eliézer ben R. Chemouël de Metz*, Ba'al Séfer HaYeré'ïm, 1115-1198.
R. *Eliméle'h de Lizensk* (Lyzhansk), 1717-1787.
R. *Eliyahou, le Gaon de Vilna*, HaGRA, 1720-1797.
R. Ya'akov *Emden*, 1697-1776.
R. Yonathan *Eybeschütz*, 1690-1767.
R. Ya'akov Yehochoua *Falk*, Penei Yehochoua, 1680-1756.
R. Azariah *Figo*, 1579-1647.
R. Nathan Tsevi *Finkel*, le Sabba de Slobodka, 1849-1927.
R. Chemouël HaLévi *Galante*, XVIIIe-XIXe s.
Le *Gaon de Rogatchov*, v. R. Yossef Rozine.
Le *Gaon de Vilna*, v. R. *Eliyahou, le Gaon de Vilna*.
'Hafets 'Hayim, v. R. *Yisraël Meïr HaKohen*, de Radine, 1838-1933.
Hafla'ah, Ba'al Hafla'ah, v. R. Pine'has HaLévi *Horowitz*.
HaGRA, v. R. *Eliyahou, le Gaon de Vilna*.
R. David ben Chemouël *HaLévi*, v. *TaZ*.
R. *Yehouda HaLévi*, 1080-1145.
R. Yits'hak Ze'ev *HaLévi*, de Brisk, XXe s.
HaRBaZ, v. R. Bezalel Ze'ev *Safran*.
HaRaDBaZ, v. R. David ben *Zimra*.
R. Ya'akov Moché Harlap, 1883-1951.
'Hatam Sofer, v. R. Moché *Sofer*, 1763-1839.
R. *'Hayim de Volojine*, 1749-1821.
R. *'Hayim de Tchernowitz*, Be'eir Mayim 'Hayim, XIXe s.
R. Yomtow Lipman *Heller*, Tossfot Yomtov, 1579-1654.
'HIDA, v. R. *'Hayim Yossef David Azoulaï*.
R. Chimchone Raphaël *Hirsch*, 1808-1881.
R. David Tsevi *Hoffmann*, 1843-1921.
R. Chemouël Chmelke *Horowitz*, de Nikolsburg, 1726-1778.
R. Yossef *Horowitz*, de Nawardok, XXe s.
R. Pine'has HaLévi *Horowitz*, Ba'al Hafla'ah, 1730-1805.
R. Yechayahou HaLévi *Horowitz*, CheLaH HaKadoche, 1565-1630.

BIBLIOGRAPHIE

R. Avraham *ibn Ezra*, 1092-1167.
R. Moché *Isserles*, v. *ReMA*.
R. Yossef *Karo*, 1488-1575.
R. David *Kim'hi*, v. RaDaK.
R. Meïr Sim'ha *Kohen*, de Dvinsk, 1843-1926.
Kotsk, v. R. *Mena'hem Mendel de Kotsk*.
R. Avraham Yits'hak HaKohen *Kouk*, 1865-1935.
R. Ya'akov *Kranz*, le Maguide de Doubno, 1741-1804.
R. Ye'hezke'ël *Landau*, Noda beYehouda, 1713-1793.
R. *Lévi Yits'hak de Berditchev*, 1740-1809.
R. Yerou'ham HaLévi *Lewowitz*, XXe s.
R. Yits'hak *Louria*, v. *Ari HaKadoche*.
R. *Löw* ben Bezalel, v. *MaHaRaL*.
R. Chelomo Ephrayim *Lunschitz*, Keli Yakar, Olelot Ephrayim, XVIIe s.
R. Chemouël David *Luzzarto*, CheDaL, 1800-1865.
R. Moché 'Hayim *Luzzatto*, RaM'HaL, 1707-1746.
MaBIT, v. R. Moché ben Yossef *Trani*.
Le *Maguid de Doubno*, v. R. Ya'akov *Kranz*.
Le *Maguid de Kojnitz*, v. R. *Yisraël de Kojnitz*.
Le *Maguid de Mezritch*, v. R. *Dov Baer de Mezritch*.
MaHaRal de Prague, R. *Löw* ben Bezalel, 1525-1609.
MaHaRChA, R. Chemouël Eliézer HaLévi *Edels*, 1555-1631.
MaHaRIT, v. R. Yossef *Trani*.
Maïmonide, v. *RaMBaM*.
R. Meïr Leibouche *Malbim*, 1809-1879.
R. Ya'akov Tsevi *Meklenburg*, 1785-1865.
R. *Mena'hem Mendel de Kotsk* (Kock), 1787-1859.
R. Mena'hem *Metri*, 1249-1316.
R. *Moché de Coucy*, SeMaG, XIIIe s.
R. *Moché 'Hayim Ephrayim de Sudylkow*, 1740-1800.
R. *Na'hman de Bratslav*, 1772-1811.
Nahmanide, v. *RaMBaN*.
NaTsiV, v. R. Naftali Tsevi Yehouda *Berline*, de Volojine.
Rabbeinou Nissim Gerondi, RaN, XIVe s.
Or Ha'Hayim HaKadoche, v. R. *'Hayim Attar*.
Or Zaroua, v. R. *Yits'hak ben R. Moché de Vienne*.
R. *Pine'has* de Koretz, XIXe s.
Psichkke, v. R. *Sim'ha Bounim de Psichkhe*.
RaBaD, v. R. *Avraham ben David*.
RaChBaM, Rabbi Chemouël ben Meïr, 1080-1158.
RaChY, Rabbi Chelomo ben Yits'hak, Rabbi Chelomo Yits'haki, 1040-1105.
RaDaK, Rabbi David Kim'hi, 1160-1235.
RaDBaZ, v. R. *David ben Zimra*.
RaMBaM, Rabbi Moché ben Maïmon, Maïmonide, 1135-1204.
RaMBaN, Rabbi Moché ben Na'hman, Na'hmanide, 1195-1270.
RaM'HaL, v. Rabbi Moché 'Hayim *Luzzatto*.
RaN, v. *Rabbeinou Nissim* Gerondi.
R. Mena'hem *Recanati*, XIIIe-XIVe s.

ReMA, Rabbi Moché Isserles, 1525-1572.
R. Yossef *Rozine*, le Gaon de Rogatchov, 1858-1936.
Le *Sabba de Kelme*, R. Sim'ha Zissel *Ziv*.
Le *Sabba de Slobodka*, R. Nathan Tsevi *Finkel*.
Le *Sabba de Telz*, R. Yossef Yehouda *Bloch*.
Avinoam Bezalel *Safran*, XXe s.
R. Bezalel Ze'ev *Safran*, v. *HaRBaZ*, XXe s.
R. Ye'hezke'ël *Sarna*, XXe s.
R. Ovadia *Seforno*, 1475-1550.
SeMaG, v. R. *Moché de Coucy*.
R. *Sim'ha Bounim de Psichkhe* (Przysucha), 1765-1827.
R. Moché *Sofer*, v. *'Hatam Sofer*.
Sohatchov, v. R. *Avraham* et R. *Chemouël de Sohatchov*.
Esther *Starobinski-Safran*, XXe s.
TseLa'H, v. R. Ye'hezke'ël *Landau*.
R. *Tsevi Eliméle'h de Dynov*, B'nei Issas'har, XIXe s.
TaZ, Tourei Zahav, R. David ben Chemouël, *HaLévi*, 1586-1667.
Tossafot, v. *Ba'alei HaTossafot*.
R. Yossef *Trani*, MaHaRIT, 1568-1639.
R. Moché ben Yossef *Trani*, MaBIT, 1500-1580.
R. 'Hayim *Vital*, 1543-1620.
R. *Ya'akov ben Acher*, Ba'al HaTourim, 1269-1343.
R. *Ya'akov Yossef de Polonnoje*, 1704-1772.
R. *Yehouda Arié Leib de Gour* (Guer, Gora Kalwarija), 1847-1905.
R. *Yehouda HaLévi*, v. *HaLévi*.
R. *Yehouda Hé Hassid*, XIIIe s.
R. *Yisraël, le Maguide de Kojnitz* (Kozienice), 1733-1814.
R. *Yisraël Meïr HaKohen* de Radine, v. *'Hafets 'Hayim*.
R. *Yits'hak ben R. Moché de Vienne*, Ba'al Or Zaroua, XIIIe s.
R. *Yits'hak Meïr de Gour*, Ba'al 'Hidouchei HaRIM, 1789-1866.
Rabbeinou Yomtov ben Avraham, de Sevilla, RITVA, XIVe s.
Rabbeinou Yona Gerondi, XIIIe s.
R. *Yossef Dov Baer HaLévi*, XIXe s.
R. *Yossef 'Hayim de Bagdad*, v. *Bène Iche 'Haï*.
R. *David ben Zimra*, RaDBaZ, 1479-1589.
R. Sim'ha Zissel *Ziv*, le Sabba de Kelme, 1824-1898.

II. TITRES D'OUVRAGES

Aboudarham, de R. David Yossef Aboudarham, Amsterdam, 5486 (1725).
Abrabanel (Abravanel), Peirouche Al HaTora, 3 vol., Jérusalem, 5724 (1964).
Adéret Eliyahou, de HaGRA, R. Eliyahou de Vilna, Tel-Aviv, s. d.
Akeidat Yits'hak, de R. Yits'hak Arama, Pressburg, 1849, Lemberg, 1868.
Arvei Na'hal, de R. David Chelomo Eibschütz, Lemberg, 5624 (1864).

Avnei Neizer, de R. Avraham de Sohatchov, Jérusalem, 5733 (1973).
Avodat Yisraël, de R. Yisraël de Kojnitz, Jérusalem 5715 (1956).

Ba'al HaTourim, de R. Ya'akov ben Acher, *in* 'Houmachim, Vilna, 5659 (1899).
HaBahir, v. *Séfer HaBahir*.
Rabbeinou Ba'hya, Al HaTora, 3 vol., éd. Chavel, Jérusalem, 5726-5728 (1966-1968).
Be'eir Avraham, de R. Avraham de Slonim, Jérusalem, 5730 (1970).
Be'eir HaGola, de MaHaRaL, R. Löw ben Bezalel, Tel-Aviv, 5715 (1955).
Be'eir Mayim 'Hayim, de R. 'Hayim de Tchernowitz, *in* 'Houmachim, Lemberg, 1869.
Beit Avraham, de R. Avraham de Slonim, Jérusalem, 5729 (1969).
Beit HaLévi, de R. Yossef Dov Baer HaLévi, Varsovie, 5644 (1884).
Bène Iche 'Haï, de R. Yossef 'Hayim de Bagdad, Jérusalem, 5732 (1972).
Bène Yehoyada, de R. Yossef 'Hayim de Bagdad, 3 vol., Jérusalem, 5724-5725 (1964-1965).
Séfer Bereichit, Meforache, de R. David Tsevi Hoffmann, Bnei-Brak, 1969-1971.
Bertinoro, de R. Ovadia Bertinoro, *in* Michnayot.
Bina LeItim, de R. Azariah Figo, Varsovie, 5668 (1908).
Biour HaGRA Al HaRa'aya Meheimna, de R. Eliyahou, le Gaon de Vilna, Jérusalem 5735 (1975).
Biour HaGRA Al Séfer Michlei, de R. Eliyahou, le Gaon de Vilna, Tel-Aviv, s.d.
Biour HaGRA Al Sifra DiTseniouta, de R. Eliyahou, le Gaon de Vilna, Vilna, 1882.
Biourei HaGRA Al Agadot, de R. Eliyahou, le Gaon de Vilna, Israël, 5731 (1971).
B'nei Issas'har, de R. Tsevi Eliméle'h de Dynov, Israël, s.d.
B'nei Issas'har, Hagada Chel Pessa'h, de R. Tsevi Eliméle'h de Dynov, Jérusalem, 5733 (1973).
Boutsina DiNehora, de R. Barou'h de Mezbitche, Lemberg, 5644 (1884).

Cha'ar HaChamayim, Siddour, de CheLaH HaKadoche, Jérusalem 5733 (1973).
Ch'arei HaAvoda, de Rabbeinou Yona Gerondi, Bnei-Brak, 5727 (1967).
Chabbat HaArets, de R. Avraham Yits'hak HaKohen Kouk, Jérusalem, 5732 (1972).
CheDaL, Peirouche Al HaTora, de R. Chemouël David Luzzatto, Tel-Aviv, 5732 (1971).
Che'eilot OuTechouvot 'Ha'ham Tsevi, v. *'Ha'ham Tsevi*.
Che'eilot OuTechouvot HaRaChBa, de R. Chelomo ben Avraham Adret, Lemberg, 5571, Vienne, 5572.
Che'eilot OuTechouvot HaRaDBaZ, de R. David ben Zimra, Varsovie, 5642 (1882).

Che'eilot OuTechouvot HaRBaZ, de R. Bezalel Ze'ev Safran, I, Varsovie, 5690 (1930) ; II, Jérusalem, 5722 (1962) ; III, Bnei-Brak, 5739 (1979) ; édition complète, Jérusalem, 5752 (1992).
Che'eilot OuTechouvot 'Hatam Sofer, v. *'Hatam Sofer*.
Che'eilot OuTechouvot MaBIT, de R. Moché ben Yossef Trani, Lemberg, 5621 (1861).
Che'eilot OuTechouvot MaHaRIT, de R. Yossef Trani, Venise, 1629.
Che'eilot OuTechouvot Noda BiYehouda, de R. Ye'hezke'ël Landau, Varsovie, 1880.
Che'eilot OuTechouvot Yechouot Malko, de R. Yehochoua de Koutno, v. *Yechouot Malko*.
Cheiltot DeRav A'hai Gaon, Durenfurt, 5546 (1786).
CheLaH HaKadoche, Chenei Lou'hot HaB'rit, de R. Yechayahou HaLévi Horowitz, 3 vol., Jérusalem, 5730-5732 (1970-1972).
Chelocha Sefarim Nifta'him, de R. Moché 'Hayim Luzzatto, RaM'HaL, Cracovie, 5640 (1880).
Chème MiChemouël, de R. Chemouël de Sohatchov, Jérusalem, 5734 (1974).
Chème MiChemouël, Hagada Chel Pessa'h, de R. Chemouël de Sohatchov, Jérusalem, 5725 (1965).
Chibolei HaLéket, de R. Tsidkiyahou ben R. Avraham HaRofé Anav, éd. S. Buber, Vilna, 5647 (1887).
Chiourei Da'at, de R. Yossef Yehouda Bloch, de Telz, Cleveland-New York, 5724 (1964).
Chirei R. Yehouda HaLévi, New York, 5705 (1944).
Cho'heir Tov, v. *Midrache Tehilim*.
Choul'hane Arou'h, de R. Yossef Karo, Lemberg, 5661 (1900).

Da'at 'Ho'hma OuMoussar, de R. Yerou'ham HaLévi Lewowitz, Jérusalem, 5732 (1972).
Da'at Ou'Jevouna, de R. Yossef 'Hayim de Bagdad, Bène Iche 'Haï, Jérusalem, 5725 (1965).
Da'at Tora, de R. Yerou'ham HaLévi Lewowitz, Jérusalem, 5736 (1976).
Daliyot Ye'hezke'el, de R. Ye'hezke'ël Sarna, 2 vol., Jérusalem, 5735 et 5736 (1975 et 1976).
Déguel Ma'hné Ephrayim, de R. Moché 'Hayim Ephrayim de Sudylkow, Pietrkow, 5672 (1912).
Derachot HaRaN, de Rabbeinou Nissim Gerondi, Lemberg, 5571.
Derachot MaHaRaL MiPrague, de R. Löw ben Bezalel, Jérusalem, 5728 (1968).
Déré'h 'Hayim, de MaHaRaL, R. Löw ben Bezalel, Tel-Aviv, s.d.
Divrei Chemouël, de R. Chemouël Chmelke Horowitz, de Nikolsburg, Jérusalem, 5734 (1974).
Divrei Eliyahou, de HaGRA, R. Eliyahou, le Gaon de Vilna, Jérusalem, s.d.
Dorèche LeTsione, de R. Bezalel Ze'ev Safran, Seini, 5693 (1933).

Eiche Kodèche, de R. Kelonimos Chapira, Jérusalem, 5720 (1960).
Eits 'Hayim, de R. 'Hayim Vital, Lemberg, 1864.

Eits 'Hayim, MeHaAri HaKadoche, éd. Achlag, Jérusalem, 5690 (1930).
Emet VeEmouna, de R. Mena'hem Mendel de Kotsk, Jérusalem, 5708 (1948).
Emounot VeDéot, de Rabbeinou Sa'adya Gaon, Varsovie, 5673 (1913).
Séfer HaEmouna VeHaHachga'ha, de HaGRA, R. Eliyahou, le Gaon de Vilna, Israël, s.d.

Guevourot HaChème, de MaHaRaL, R. Löw ben Bezalel, Tel-Aviv, 5715 (1955).

Ha'amek Davar, de R. Naftali Tsevi Yehouda Berline, de Volojine, NaTsiV, 5 vol., Jérusalem, 5719 (1959).
HaBahir, v. *Séfer HaBahir*.
HaEmouna HaRama, de R. Avraham ben David HaLévi, Berlin, 1919.
'Hafets 'Hayim, de R. Yisraël Meïr HaKohen, de Radine, Jérusalem, 5727 (1967).
'Hafets 'Hayim Al HaTora, de R. Yisraël Meïr HaKohen, de Radine, New York, 5703 (1943).
'Hafets 'Hayim Al Siddour HaTefila, de R. Yisraël Meïr HaKohen, de Radine, Jérusalem, 5729 (1969).
Hafla'ah, v. *Séfer Hafla'ah*.
'Ha'ham Tsevi, Che'eilot OuTechouvot, de R. Tsevi Achkenazi, Amsterdam, 1712.
Séfer Ha'Hinou'h, de R. Aharon HaLévi de Barcelone, Jérusalem, 5721 (1961).
Hakdamot HaRaMBaM *LePeirouche HaMichna*, de Rabbeinou Moché ben Maïmon, Jérusalem, 5721 (1961).
HaKetav VeHaKabala, de R. Ya'akov Tsevi Meklenburg, Francfort-sur-le-Main, 1880.
HaMakné, v. *Séfer HaMakné*.
HaMeïri Al Massé'het Chabbat, de R. Mena'hem Meïri, Vienne, 5622 (1862).
HaRaDBaZ, v. *Che'eilot OuTechouvot HaRaDBaZ*.
HaRBaZ, v. *Che'eilot OuTechouvot HaRBaZ*.
'Hatam Sofer, Che'eilot OuTechouvot, *'Heilek Yoré Déa*, de R. Moché Sofer, Pressburg, 5620 (1860). V. *'Hidouchei 'Hatam Sofer*.
'Hazone HaGueoula, de R. Avraham Yits'hak HaKohen Kouk, Jérusalem, 5701 (1941).
'Hessed LeAvraham, de R. Avraham HaMala'h, Jérusalem, 5732 (1972).
'Hidouchei HaRaChBA, de R. Chelomo ben Avraham Adret, Varsovic, 1883.
'Hidouchei HaRaMBaN, de R. Moché ben Na'hman, 1828.
'Hidouchei HaRIM, de R. Yits'hak Meïr de Gour, Varsovie, 1875.
'Hidouchei HaRITVA, de Rabbeinou Yomtov ben Avraham, de Séville, Slawita, 5621 (1861).
'Hidouchei 'Hatam Sofer Al Sougyot HaChass, de R. Moché Sofer, Munkacs, 5662 (1902).
'Hidouchei Marane HaRIZ, de R. Yits'hak Ze'ev HaLévi, Jérusalem, 5723 (1963).

'Hidouchei OuBiourei HaGRA, de R. Eliyahou, le Gaon de Vilna, 5734 (1974).
R. Samson Raphaël *Hirsch*, Der Pentateuch, Francfort-sur-le-Main, 1893.
R. Samson Raphaël *Hirsch*, Die Psalmen, Francfort-sur-le-Main, 1898.
The *Hirsch* Siddur, de R. Samson Raphaël Hirsch, Jérusalem-New York, 5732 (1972).
R. Samson Raphaël *Hirsch*, Tehilim, Jérusalem, 5731 (1971).
'Hizkouni, de R. 'Hizkiyahou ben Manoa'h, Vilna, 5640 (1879).
'Ho'hma OuMoussar, de R. Sim'ha Zissel Ziv, le Sabba de Kelme, II, Jérusalem, 5724 (1964).
'Hovot HaLevavot, de Rabbeinou Ba'hya ibn Pakouda, Vienne, 1853.

Ibn Ezra Al HaTora, de R. Avraham ibn Ezra, *in* 'Houmachim, Vilna, 5659 (1899).
Igrot HaRaMBaM, de Rabbeinou Moché ben Maïmon, Jérusalem, 5720 (1910).
Igrot HaReiyah, de R. Avraham Yits'hak HaKohen Kouk, Jérusalem, 5722 (1961).
Igrot Tsafone, de R. Chimchone Raphaël Hirsch, Tel-Aviv, 5708 (1948).
Ikkarim, v. *Séfer Halkarim*.

Kad HaKéma'h, de Rabbeinou Ba'hya ben Acher, Lemberg, 5640 (1880).
Kedouchat Lévi, de R. Lévi Yits'hak de Berditchev, Munkacs, 5623.
Keli Yakar, de R. Chelomo Ephrayim Luneschitz, *in* 'Houmachim, Vilna 5659 (1899).
Kissei Ra'hamim, de R. 'Hayim Yossef David Azoulaï, HIDA, Ungvar, 1868.
Kitvei Rabbeinou Moché ben Na'hman, RaMBaN, éd. Chavel, 2 vol., Jérusalem, 5723-5724 (1963-1964).
Kol Eliyahou, de HaGRA, R. Eliyahou, le Gaon de Vilna, Jérusalem, s.d.
Kozari, Séfer HaKozari (Kouzari), de R. Yehouda HaLévi, éd. Evène-Chemouël, Tel-Aviv, 5733 (1972).

Lé'hem Mine HaChamayim, de Rabbi 'Hayim Yossef David Azoulaï, 'HIDA, Livourne, 1845.
Likoutei Amarim, de R. Chneiour Zalman de Liady, v. Tanya.
Likoutei HaGRA, de R. Eliyahou, le Gaon de Vilna, Erets-Israël, 5731 (1971).
Likoutei MoHaRaN, de R. Na'hman de Bratslav, Jérusalem, 5729 (1969).
Likoutei Tefilot, de R. Na'hman de Bratslav, Jérusalem, 5717 (1957).
Likoutei Tora, d'Ari HaKadoche, R. Yits'hak Louria, Jérusalem, 5732 (1972).
MaBIT, v. *Che'eilot OuTechouvot MaBIT*.
Maguid Devarav LeYa'akov, de R. Dov Baer de Mezritch, éd. Ouffenheimer, Jérusalem, 5736 (1976).
Madreigat HaAdam, de R. Yossef Horowitz, de Nawardok, Jérusalem, 5730 (1970).
MaHaRIT, v. *Che'eilot OuTechouvot MaHaRIT*.

Malbim, R. Meïr Leibouche Malbim, HaTora VeHaMitsva, 'Houmache, Vilna, 5682 (1922) ; Mikraeï Kodèche, Na'H, Varsovie, 5634 (1874).
Méché'h 'Ho'hma, de R. Meïr Sim'ha Kohen, de Dvinsk, Jérusalem, 5714 (1954).
Medicine and Judaism, d'Avinoam Bezalel Safran, Tel-Aviv, 1971.
Mefa'anéa'h Tsefounot, de R. Yossef Rozine, le Gaon de Rogatchov, New York, 5720 (1960).
Me'Hilta, éd. Weiss, Vienne, 1865.
Me'hilta deRabbi Chimeone ben Yo'Haï, éd. Hoffmann, Francfort-sur-le-Main, 5665 (1905).
Me'hir Yayine, de R. Moché Isserles, Cracovie, 5641.
Mei HaChiloa'h, de R. Morde'hai Yossef d'Ijbitsa, Jérusalem, 5716 (1956).
Mei Meirom, de R. Ya'akov Moché Harlap, Missaviv LiChmoné Perakim LeHaRaMBaM, Jérusalem 5710 (1950) ; II, 5713 (1953) ; V, 5717 (1957) ; VI, 5723 (1963) ; VII, 5729 (1969) ; VIII, 5729 (1969) ; Hagada Chel Pessa'h, 5715 (1955).
Meïri, v. *HaMeïri*.
Menorat HaMaor, de R. Yits'hak Aboab, Metz, 5589.
Messilat Yecharim, de R. Moché 'Hayim Luzzatto, RaM'HaL, Tel-Aviv, 5717 (1956).
Michna, Chicha Sidrei Michna, éd. Albeck, Jérusalem, 5719 (1958).
Michna Beroura, de R. Yisraël Meïr HaKohen, de Radine, 'Hafets 'Hayim, Jérusalem, 5724 (1964).
Michné Tora, Yad Ha'Hazaka, de RaMBaM, Rabbeinou Moché ben Maïmon, Vilna, 5660 (1900).
Midbar Kedeimot, de R. 'Hayim Yossef David Azoulaï, 'HIDA, Jérusalem, 5717 (1957).
Midrache Agada, éd. S. Buber, Vienne, 5654 (1894).
Midrache HaGadol, Séfer Chemot, éd. Hoffmann, Berlin, 5674 (1914).
Midrache HaGadol, Séfer VaYikra, éd. Rabinowitz, New York, 5690.
Midrache Léka'h Tov, éd. S. Buber, Vilna, 5644 (1884).
Midrache Pine'has, de R. Pine'has de Koretz, Varsovie, 1876.
Midrache Rabba, Vilna, 5671 (1911).
Midrache Sim'ha, de R. Sim'ha Bounim de Psychkhe, 2 vol., Jérusalem, 5735 (1975).
Midrache Tanaïm, Séfer Devarim, éd. Hoffmann, Berlin, 5668-5669 (1908-1909).
Midrache Tan'houma, New York-Berlin, 5684 (1924).
Midrache Tan'houma HaKaodume VeHaYachane, Vilna, 5645 (1885).
Midrache Tehilim, Cho'heir Tov, Vilna, 5651 (1891).
Mi'htav MeEliyahou, de R. Eliyahou Eliézer Dessler, 3 vol., Jérusalem 5719 (1959) ; 5723 (1963) ; 5724 (1964).
Min'hat 'Hinou'h, de R. Yossef Babad, Vilna, 5672 (1912).
Moré HaNevou'him, de RaMBaM, Rabbeinou Moché ben Maïmon, Maïmonide, éd. Evène-Chemouël, Jérusalem, 5719 (1959) ; éd. Kafah, Jérusalem, 5732 (1972).
Moussar Avi'ha, de R. Avraham Yits'hak HaKohen Kouk, Jérusalem, 5731 (1971).

Na'hal Kedoumim, de R. 'Hayim Yossef David Azoulaï, 'HIDA, *in* 'Houmachim, Lemberg, 1869.
Néfèche Ha'Hayim, de R. 'Hayim de Volojine, Vilna, 5634 (1874).
Neot HaDéché, de R. Avraham de Sohatchov, Tel-Aviv, 5734 (1974).
Netivot Olam, de R. Chemouël HaLévi Galante, Lemberg, 5567 (1807).
Netivot Olam, de MaHaRaL, R. Löw ben Bezalel, 2 vol., Tel-Aviv, 5716 (1956).
Noam Eliméle'h, de R. Eliméle'h de Lizensk, éd. Nigal, 2 vol., Jérusalem, 5738 (1978).
Noda BeYehouda, v. *Che'eilot OuTechouvot Noda BiYehouda*.

Od Yossef 'Haï, de R. Yossef 'Hayim de Bagdad, Bène Iche 'Haï, Jérusalem, 5718 (1958).
Ohel Ya'akov, de R. Ya'akov Kranz, le Maguide de Doubno, Varsovie, 1874.
Olat Reiyah, de R. Avraham Yits'hak HaKohen Kouk, 2 vol., Jérusalem 5722 et 5709.
Olelot Ephrayim, de R. Chelomo Ephrayim Luneschitz, Amsterdam, 5470 (1710).
Or Ha'Hayim, de R. 'Hayim Attar, *in* 'Houmachim, Vilna, 5659 (1899).
Or HaTsafoune, de R. Nathan Tsevi Finkel, le Sabba de Slobodka, 2 vol., Jérusalem, 5719 (1958) et 5728 (1968).
Or Zaroua, de R. Yits'hak ben R. Moché de Vienne, Jérusalem, 5647 (1887).
Orot, de R. Avraham Yits'hak HaKohen Kouk, Jérusalem, 5721 (1961).
Orot HaKodèche, de R. Avraham Yits'hak HaKohen Kouk, 3 vol., Jérusalem, 5723, 5724, 5710.
Orot HaReiyah, de R. Avraham Yits'hak HaKohen Kouk, Jérusalem, 5730 (1970).
Orot HaTechouva, de R. Avraham Yits'hak HaKohen Kouk, Jérusalem, 5685 (1925).
Orot HaTora, de R. Avraham Yits'hak HaKohen Kouk, Jérusalem, 5733 (1973).

Penei Yehochoua, de R. Ya'akov Yehochoua Falk, Varsovie, 5636-5643.
Peirouche CheDal Al HaTora, v. CheDaL.
Peirouche HaGRA Al Massé'het Avot, Jérusalem, s.d.
Peirouchei MaHaRaL MiPrague LeAgadot HaChass, de R. Löw ben Bezalel, I, Jérusalem, 5718 (1958) ; II, 5719 (1959) ; III, 5720 (1960) ; IV, 5723 (1963).
Peirouchei HaTora LeRabbi Yehouda Hé'Hassid, éd. Lange, Jérusalem, 5735 (1975).
Peirouchei Rabbeinou Yona Gerondi Al Massé'het Avot, Jérusalem, 5726 (1966).
Pessikta DeRav Kahana, éd. Mandelbaum, 2 vol., New York, 5722 (1962).
Philon d'Alexandrie, De fuga et inventione, d'Esther Starobinski-Safran, Paris, 1970.
Pit'hei 'Ho'hma, de R. Moché 'Hayim Luzzatto, RaM'HaL, Cracovie, 5640 (1880).

RaChBaM, R. Chemouël ben Meïr, *in* 'Houmache, Vilna, 5659 (1899).
RaChI, Le commentaire du Pentateuque, traduit en français, Paris, s.d.
RaDaK, Peirouche Al HaTora, R. David Kim'hi, éd. Kamelhar, Jérusalem, 5730 (1970).
RaMBaN, Peirouche Al HaTora, Rabbeinou Moché ben Na'hman, 2 vol., éd. Chavel, Jérusalem, 5727-5728 (1967-1968).
RaMBaM, Rabbeinou Moché ben Maïmon, v. *Michné Tora*.
Recanati, Séfer HaRécanati, R. Mena'hem Recanati, Lemberg, 5640 (1880).
ReMA, R. Moché Isserles, *in* Choul'hane Arou'h.
Rokéa'h, v. *Séfer HaRokéa'h*.
Romemot El, Peirouche Al Séfer Tehilim, de R. Moché Alchei'h, Amsterdam, 5455 (1695).
Roua'h 'Hayim Al Pirkei Avot, de R. 'Hayim de Volojine, Jérusalem, s.d.

Séder Eliyahou Rabba VeEliyahou Zouta, Lemberg, 5630 (1870). V. *Tana Devei Eliyahou Rabba*.
Sefat Emet, de R. Yehouda Arié Leib de Gour, 5 vol., Jérusalem, 5731 (1971).
Séfer Aboudarham, v. *Aboudarham*.
Séfer HaBahir, Vilna 1883.
Séfer Bereichit, Meforache, de R. David Tsevi Hoffmann, v. *Bereichit*.
Séfer HaEmouna VeHaHachga'ha, de HaGRA, R. Eliyahou, le Gaon de Vilna, v. *Emouna*.
Séfer HaEmounot VeHaDéot, de Rabbeinou Sa'adya Gaon, v. *Emounot VeDéot*.
Séfer Hafla'ah, de R. Pine'has HaLévi Horowitz, Offenbach.
Séfer Ha'Hinou'h, de R. Aharon HaLévi de Barcelone, v. *Ha'Hinou'h*.
Séfer HaIkkarim, de R. Yossef Albo, Lemberg, 1866.
Séfer HaKozari, de R. Yehouda HaLévi, v. *Kozari*.
Séfer HaMakné, de R. Pine'has HaLévi Horowitz, Offenbach.
Séfer HaMidot, de R. Na'hman de Bratslav, Bnei-Brak, 5730 (1970).
Séfer HaMitsvot, de RaMBaM, Rabbeinou Moché ben Maïmon, Jérusalem, 5732 (1972).
Séfer HaOra, de RaChI, Rabbeinou Chelomo Yits'haki, éd. S. Buber, Lemberg, 5665 (1905).
Séfer HaPardess, de RaChI, Rabbeinou Chelomo Yits'haki, éd. Ehrenreich, Budapest, 5684 (1924).
Séfer 'Harédim, de R. Eleazar Azikri, Venise, 1601.
Séfer HaRokéa'h, de R. Eleazar de Worms, Fano, 1505.
Séfer 'Hassidim, de R. Yehouda Hé'Hassid, éd. Margaliot, Jérusalem, 5724 (1964).
Séfer HaYéré'im, de R. Eliézer de Metz, Vilna, 1892-1902.
Séfer HaZohar, v. *Zohar*.
Séfer Mitsvot Gadol, SeMaG, de R. Moché de Coucy, Vilna, 5660 (1900).
Séfer Tehilim, Im Peirouche R. Chimchone Raphaël Hirsch, v. *Hirsch*.
Séfer Tehilim, Im Peirouche Romemot El, de R. Moché Alchei'h, v. *Romemot El*.
Séfer Torat Kohanim, v. *Sifra*.

Séfer Yetsira, Jérusalem, 5749 (1989).
Seforno, R. Ovadia Seforno, *in* 'Houmachim, Vilna, 5659 (1899).
SeMaG, v. *Séfer Mitsvot Gadol*.
Siddour Beit Ya'akov, de R. Ya'akov Emden, Jitomir 5641 (1881).
Siddour Cha'ar HaChamayim, de CheLaH HaKadoche, R. Yechayahou HaLévi Horowitz, Jérusalem, 5733 (1973).
Siddour Cha'arei Ratsone, de R. Na'hman de Bratslav, éd. Kenig, Bnei-Brak, s.d.
Siddour HaGueonim VeHaMekoubalim, éd. Weinstock, Jérusalem, 5730-5731 (1970-1971).
The Hirsch Siddur, v. *Hirsch*.
Siddour Icheï Yisraël, de HaGRA, R. Eliyahou, le Gaon de Vilna, Jérusalem, 5728 (1968).
Siddour Rabbeinou Chelomo de Garmaise (Garmaisa, Wermaisa, Worms), éd. Herschler, Jérusalem, 5732 (1971).
Siddour Tselouta d'Avraham, de R. Avraham de Tchehanow, Tel-Aviv, 5716 (1956) et 5722 (1961).
Sifra Debé Rab, Hou Séfer Torat Kohanim, éd. Weiss, Vienne, 1862.
Sifra Or Torat Kohanim, éd. Finkelstein, New York, 5717 (1956).
Sifra DiTseniouta, Im Biour HaGRA, Vilna, 1882.
Sifra DiTseniouta, Im Peirouche HaGRA, Jérusalem, s.d.
Sifré, BaMidbar, Devarim, Im Hagahot HaGRA, éd. Zuckermann, Vilna, 1866.
Sifré Debé Rab, éd. Friedmann, Vienne, 1864.

Ta'amei HaMitsvot, de R. 'Hayim Vital, *in* Likoutei Tora d'Ari HaKadoche, Jérusalem, 5732 (1972).
TaChBaTs, de R. Chimeone bar Tséma'h Duran, Amsterdam, 5498.
Talmud Bavli, Vilna, 5657 (1897).
Talmud Yerouchalmi, Vilna, 5682 (1922).
Tana Devei Eliyahou Rabba et *Tana Devei Eliyahou Zouta*, Lemberg, 5630 (1870).
Tanya, de R. Chneiour Zalman de Liady, Kfar 'Habad-New York, 5726 (1966).
TaZ, Tourei Zahav, de R. David ben Chemouël HaLévi, *in* Choul'hane Arou'h.
Tehilim, Im Peirouche R. Chimchone Raphaël Hirsch, v. *Hirsch*.
Tehilim, Im Peirouche Romemot El, de R. Moché Alchei'h, v. *Romemot El*.
Tiféret Yisraël, de MaHaRaL, R. Löw ben Bezalel, Tel-Aviv, 5714 (1954).
Toldot Adam, de R. Yehochoua d'Ostrova, Josefow, 5635.
Toldot Ya'akov Yossef, de R. Ya'akov Yossef de Polonnoje, Jérusalem, 5722 (1962).
Torat Kohanim, v. *Sifra*.
Tossefta, Im Peirouche 'Hazone Ye'hezke'ël, de R. Ye'hezke'ël Abramsky, Séder Kodachim, II, Jérusalem, 5737 (1977).
Tossefta KiFchouta, Im Biour R. Chaoul Liberman, New York, 5715-5722 (1955-1962).
Tossfot Yomtov, de R. Yomtov Lipman Heller, *in* Michnayot.

Tourim, de R. Ya'akov ben Acher, Vilna, 5660 (1900).
TseLa'H, Tsioune LeNéfèche 'Haya, Al Massé'het Bera'hot, de R. Ye'hezke'ël Landau, Lemberg, 5636 (1876).
Tsafnat Pa'anéa'h, de R. Ya'akov Yossef de Polonnoje, Pietrkow, 5644 (1844).
Tsafnat Pa'anéa'h, Al HaTora, de R. Yossef Rozine, le Gaon de Rogatchov, Jérusalem, 5720-5725 (1960-1965).
Tsafnat Pa'anéa'h, de R. Yossef Rozine, le Gaon de Rogatchov, Jérusalem, 5736 (1976).

Yad Ha'Hazaka, de RaMBaM, v. *Michné Tora*.
Yalkout Chimoni, Vilna, 5669 (1909).
Yalkout Reouveni, Varsovie, 5652 (1892).
Yechouat Malko, Che'eilot OuTechouvot, de R. Yehochoua de Koutno, Pietrkow, 5687 (1927).
Yemey MaHarNaT, de R. Nathan, disciple de R. Na'hman de Bratslav, II, New York, 5725 (1965).
Yereïm, v. *Séfer HaYereïm*.
Yessod HaAvoda, de R. Avraham de Slonim, Jérusalem, 5719 (1959).

Zohar, Im Peirouche HaSoulam, de R. Yehouda HaLévi Achlag, Erets Israël, s.d.
Zohar, éd. Margaliot, Jérusalem, 5716 (1956).

TABLE DES MATIÈRES

Préface à la nouvelle édition 7
Préface à la première édition 11

PREMIÈRE PARTIE
L'INTÉRIORITÉ D'ISRAËL

I. PEUPLE D'ISRAËL ET PAYS D'ISRAËL. ISRAËL, « CŒUR DES NATIONS » ; ERETS-ISRAËL, « ÂME DE L'UNIVERS » 17

Les idées-forces du judaïsme, 19 – Israël, possession de Dieu, 19 – Israël est le peuple de Dieu, parce qu'il sent qu'il est en relation avec Lui, 21 – Peuple saint et communauté d'hommes saints, qui observent la Tora, 22 – Tora, instrument spirituel de Dieu pour la création du monde, et mitsvot, instruments pratiques de l'homme pour le perfectionnement du monde, 23 – Peuple d'Israël et Pays d'Israël, prévus ensemble dans le plan du Créateur, ont aussi mérité le choix que Dieu a fait d'eux, 24 – Le peuple d'Israël est appelé Homme, car il est le principe vital de l'Homme ; le pays d'Israël, Erets-Israël, est appelé Terre, car il est le principe vital de la Terre, 25 – L'authenticité de la Tora d'Israël ne peut s'affirmer qu'en Erets-Israël, 27 – Dieu se nomme *Makom*, « Lieu », en s'identifiant avec « le lieu » qu'est Erets-Israël, 27 – C'est à son retour en Erets-Israël, que Jacob reçoit le nom d'Israël, 28 – Pour avoir négligé la Tora, le peuple d'Israël est forcé de quitter temporairement Erets-Israël ; néanmoins, il n'en est point dépossédé, 29 – En Exil, Israël fait l'apprentissage douloureux de la Tora et des mitsvot, 32 – La « racine » de tout être réside dans le nom qu'il porte, 33 – Dieu place expressément Son nom en celui d'Israël. Leur nom commun révèle la communauté de leur identité historique, 35 – Israël porte le nom d'Erets-Israël ; et Erets-Israël porte le nom d'Israël, 37 – Conception du peuple, à partir de la conception du peuple d'Israël, 38 – À l'instar d'Israël, chaque peuple peut devenir un peuple de Dieu, 39 – Issus d'un monde transhistorique, Tora, Israël et Erets-Israël descendent dans un monde temporel et aspirent, après avoir réussi leur œuvre historique, à retourner à leur source, 40 – Difficulté pour le monde extérieur de saisir l'intériorité de la Tora, d'Israël et d'Erets-Israël, 42 – Laquelle de ces trois catégories, Tora, Israël et Erets-Israël, doit-elle primer, 44 – L'apparition du couple Israël-Erets-Israël marque le début de l'histoire ouverte de l'humanité et de la terre, 45 – Providence divine et liberté humaine, 48 – En aidant Israël à être Israël, en aidant Erets-Israël à être Erets-Israël, les nations du monde aident Dieu à les sauver elles-mêmes, 49 – L'alliance charnelle de la circoncision et l'alliance spirituelle de la Tora fixent le lien intégral entre Dieu, la Tora, Israël et Erets-Israël, 51 – Tora, Israël et Erets-Israël sont des éléments primordiaux, conçus avant la création du monde, 53 – Le *tnaï*, la « condition » divine, préside à la vie de la Tora, d'Israël et d'Erets-Israël, 54 – Impossibilité d'anéantir Israël, 56 – L'amour divin pour Israël est un amour pour le monde, 57 – Israël, homme et peuple de la *techouva*, montre aux hommes et aux peuples le chemin du « retour » à Dieu, 58 – Israël ne peut jamais s'oublier, car il est lié à Dieu, qui le tient en état d'éveil permanent, 60 – La particularité d'Israël est bienfaisante pour tous ceux qui sont honnêtement disposés à en bénéficier, 63 – La *réchit*, le commencement, contient virtuellement l'*a'hrit*, la finalité, 64 – Dieu ne cesse de Se révéler à travers les *réchit*, 65 – L'importance historique, universelle, exceptionnelle, de la manifestation simultanée des trois *réchit*, 66 – La Maison d'Israël est « une nation qui n'est pas comme les autres » et « un pays qui n'est pas comme les autres », 69 – La sainteté et la sanctification de la Terre d'Israël, 70 – La reconnaissance par les « nations du monde » de la spécificité et de la légitimité du lien entre Tora, Israël et Erets-Israël, 71 – Solidarité d'Israël, coresponsabilité des israélites, 73 – Réflexions actuelles, 75.

II. L'EXIL ET LA RÉDEMPTION 77

La Galout, l'exil, phénomène spécifiquement juif. Sa portée universelle, cosmique et sa dimension méta-historique, 79 – Unicité de la Galout, unicité de l'histoire d'Israël, 79 – Exil et dispersion, 81 – La servitude d'Israël en Égypte, racine de toutes les galouyot, 82 – Un châtiment sans proportion avec le péché, 83 – Punition et amour, 84 – Galout et pérennité d'Israël, 86 – « Souffrances d'amour », 89 – Galout et purification, 93 – Responsabilité des persécuteurs d'Israël, 94 – « Pourtant, n'aie pas en horreur ton oppresseur... », 98 – But éducatif de la servitude en Égypte : « Tu aimeras l'étranger comme toi-même », 100 – Larmes des juifs sur les souffrances endurées par leurs oppresseurs, 103 – *La Galout, l'exil d'Israël : providence divine et liberté humaine. Nécessité ontologique ; visée téléologique,* 104 – Entre les temps du Commencement et ceux de l'Accomplissement, entre la Genèse et le Messie : Abraham, 105 – La Galout juive, une mission universelle, 107 – Élection d'Israël et Galout d'Israël, 108 – La dialectique de la Galout : contrainte divine et liberté humaine, 110 – La dialectique de la Galout : du Talmud aux Tossafot, du Maharal au Gaon de Rogatchov, 113 – *Guezeira Mine HaChamayim* et *Koa'h HaBe'hira Alei Adamot.* « Le décret divin venant des Cieux » et « le pouvoir de choisir » de l'homme, « sur terre », 120 – La *guezeira* est un *'Hok* ; la *guezeira* est une Loi. *'Hok* de la Galout, de la Tora et de la Nature, 127 – Interrogation et Silence, 130 – Le *tsadik,* le juste, souffre de la souffrance de Dieu, 131 – La Galout et sa tâche d'unification de la Tora, de la Nature et de l'Histoire, 132 – La gueoula à travers la Galout ; la Galout en vue de la gueoula, 134 – La Galout, cause de la gueoula, 136 – La Galout, préparation de la gueoula, 137 – L'École de la Galout, 139 – Galout et gueoula. Manque et Plénitude, 140 – Épaisseur nocturne et lever de l'aurore, 141 – La finalité de la Galout, le bien, 143 – Rigueur et miséricorde divines, 144 – Voile et transparence, 145 – De la Gola à la gueoula. De l'Exil à la Rédemption, 147.

III. JÉRUSALEM, « CŒUR D'ISRAËL, CŒUR DU MONDE » 149

Jérusalem, lieu de rencontre entre Dieu et l'homme, entre Dieu et Israël, 151 – En partant de Jérusalem, l'homme porte Dieu dans le monde, 153 – Dirigeant son cœur vers Jérusalem, l'homme, et notamment le juif, sanctifie toute la terre, 153 – Jérusalem, sacralisée à l'origine par la volonté de Dieu, est sanctifiée ensuite par les mérites de l'homme, 155 – Yerouchalayim, au pluriel, indique que la sainteté de cette Ville est due à la collaboration entre Dieu et l'homme, 157 – Si l'homme manque à cette œuvre de coopération, Dieu se retire dans Ses cieux, 158 – Israël porte Jérusalem dans son cœur, avec fidélité. Exilé, Israël garde son identité grâce à Jérusalem, 159 – Le phénomène d'Israël s'exprime par le phénomène de Jérusalem, 160 – Jérusalem personnifie l'unité d'Israël, 161.

IV. TEMPS JUIF, TEMPS CHABBATIQUE. 163

La Tora est un enseignement du juste emploi du temps, 165 – « Respecte le Chabbat de ton Dieu, comme si tout ton travail était déjà accompli ! », 166 – Grâce à son identification à la Tora et au Chabbat, Israël devient un facteur cosmique, 168 – Le Chabbat sera le fruit de sa préparation pendant la semaine, 169 – Les jours de la semaine juive n'ont pas de nom propre. Ils se réclament tous du Chabbat, 170 – Nos biens nous appartiennent dans la mesure où nous reconnaissons que nous appartenons à Dieu, 171 – Le Chabbat fait qu'au moins pendant une septième partie de leur vie tous les hommes peuvent se sentir égaux, 172 – La mitsva du Chabbat est l'équivalent de toutes les autres mitsvot de la Tora, 172 – Il y a trois proclamations du Chabbat : celle du Chabbat de la création, celle du

Chabbat du don de la Tora, et celle du Chabbat des temps à venir, 173 – Le « Chabbat saint », que « Dieu rend saint », sera désormais « sanctifié » par le *kiddouche* que l'homme lui apporte, 174 – Le contrat de mariage entre le Chabbat et Israël est inscrit dans la Tora, 177 – Les enfants d'Israël vivent le Chabbat à la maison, 177 – Dans la Loi chabbatique, douceur et rigueur, liberté et discipline coexistent dans une harmonie féconde, 178 – *Za'hor* et *chamor*, deux mots clés, président à la Loi chabbatique, 180 – « Les nations du monde » ont adopté l'idée d'un jour de repos, 181 – Le Chabbat messianique résultera de la somme des Chabbats hebdomadaires réalisés par Israël, 182.

V. IDENTITÉ JUIVE. ÊTRE JUIF ET DEVENIR JUIF. PERSONNE JUIVE ET COMMUNAUTÉ JUIVE 183

« Fait » initialement par Autrui, le juif est en mesure de « se faire ensuite lui-même », 185 – Le juif ne subit pas son identité ; il la saisit comme une vocation, 185. » Il incombe au juif de le devenir aujourd'hui même, comme si hier il ne l'était pas encore, 186 – Il n'y a pas de juif qui puisse se prévaloir d'une identité juive, sans se réclamer de la Tora et des mitsvot, 187 – Il n'y a pas de juif « qui ne se soit pas réservé une mitsva », 187 – Une mitsva n'est jamais isolée, 188 – Le nombre élevé des mitsvot rend possible leur accomplissement par différents juifs, 189 – Chaque juif est solidaire des autres juifs par les mitsvot, 190 – L'identité juive appartient à celui qui « ne se sépare pas des voies de la communauté », 190 – Tout juif est responsable du judaïsme de ses coreligionnaires, 190 – L'âme juive est intarissable dans son essence, 191 – Israël est toujours le même, 191.

DEUXIÈME PARTIE

REGARD SUR « L'INTÉRIORITÉ D'ISRAËL »

I. REGARD SUR « LE PEUPLE D'ISRAËL ET LE PAYS D'ISRAËL. » 195

Le peuple de Dieu. Termes d'une dialectique ; leur dynamique intérieure et leurs répercussions extérieures. Thèmes et catégories complémentaires, 197 – La relation entre la Tora et Israël, entre les lettres de la Tora et les juifs. La valeur symbolique des nombre six, soixante et six cent mille, 200.

II. REGARD SUR « L'EXIL ET LA RÉDEMPTION » 203

Le verbe hébreu *gour* signifie à la fois séjourner en tant qu'étranger et en tant qu'habitant. Le juif est « étranger et habitant » dans les pays des autres, en Diaspora, comme dans son propre pays, en Erets-Israël. L'homme, juif par excellence, le juif, homme par excellence, est à la fois « étranger et habitant » sur cette terre, 205.

III. REGARD SUR « JÉRUSALEM, CŒUR D'ISRAËL, CŒUR DU MONDE. » 207

Jérusalem, centre du monde, 209 – Jérusalem relie le ciel à la terre, 209 – Le monde est virtuellement contenu en Jérusalem, 210 – Jérusalem est le Sanctuaire, 210 – Prière du juif en direction de Jérusalem, 210 – Sinaï et Moria. Sinaï est le lieu de la Parole de Dieu et de l'écoute de l'homme ; Moria-Jérusalem est le lieu de la quête mutuelle de Dieu et de l'homme, 211 – L'*akeida* de Yits'hak et non point le « sacrifice d'Isaac », 213 – Vue et crainte. Crainte et amour. Crainte et quiétude, 215 – Un lieu « saint » est souverainement déterminé par Dieu mais incomplètement indiqué par Lui à l'homme. C'est ce dernier qui est appelé à l'identifier librement, à le « sanctifier », 216 – L'intériorité d'Abraham et celle de la Terre promise se rencontrent. La descendance d'Abraham est choisie providentiellement par Dieu, 218 – Recherche et découverte, 219 – Choix et confirmation. Choix préalable divin et choix actuel humain, 220 – Sainteté et sanctification. Choix divin et choix humain, 221 – L'homme est le vrai lieu saint que Dieu désire, 224 – Le « salut » divin de la Jérusalem céleste dépend du salut humain de la Jérusalem terrestre, 225 – Dieu n'interroge pas l'homme sur sa position topographique mais sur sa position morale, 226 – *Ayéka* et *ei'ha*. « Où es-tu ? » « Comme je te plains ! », 226 – Galout, dimension spécifique de l'histoire juive. Jérusalem, mémoire d'Israël, 227 – Le choix de David est fait en vue du choix de Jérusalem, 229 – Identité de Jérusalem et d'Israël. Israël s'appelle Sion, 230 – L'*aliya*, la « montée ». L'histoire du peuple juif est toujours l'histoire de la « montée » vers Erets-Israël, et en particulier vers Jérusalem, 233 – À Jérusalem, Ville du *Chalom*, de la Paix, le service de Dieu s'accomplit dans la joie. À Jérusalem, Ville de la *Cheleimout*, de l'Intégrité, l'homme doit être intègre devant son Dieu, 235 – Jérusalem. Salut et justice. Salut et vérité. Salut et retour à Sion, 237 – Unité de Jérusalem, d'Israël et de Dieu, 238 – La vocation universelle, messianique de Jérusalem, « Trône de l'Éternel », 241 – *Tsione* et *Yerouchalayim*. Sion et Jérusalem, 243.

IV. REGARD SUR « LE TEMPS JUIF, LE TEMPS CHABBATIQUE » 247

Chabbat, principe et exigence de sainteté, 249 – Dieu et Israël créent le Chabbat. Sainteté divine et sanctification humaine du Chabbat, 250 – Dieu, Chabbat et Israël, 250 – *Neir chabbat*. « La bougie du Chabbat », privilège de la femme juive, 250 – Le *kiddouche*, la prière de « sanctification » du Chabbat, 253 – La pratique du Chabbat est organisée par le couple, 255 – Le foyer chabbatique est le lieu de la gloire sainte, 255 – Le respect de Dieu, du Chabbat et des parents, 256 – C'est à partir de Jacob que le Chabbat est célébré par toute la famille d'Israël, 256 – *Oneg chabbat*, « délice du Chabbat », 257 – Chabbat et Pessa'h. Le Chabbat et le Sanctuaire : la sainteté du temps prime la sainteté de l'espace. La rigueur et la douceur des lois chabbatiques, 260 – *Pikoua'h néfèche*. La sauvegarde de la vie humaine prime l'observation des lois chabbatiques. Sainteté de l'espace, du temps et de la vie, 261 – L'observation du Chabbat et la précarité de la civilisation des loisirs, 264 – Le Chabbat et le jour de repos hebdomadaire, 265 – Le Chabbat israélite et le jour de repos mésopotamien. « Délice du Chabbat » ; tristesse du *chapattu*, 265 – Les prières chabbatiques ne contiennent pas de requêtes, 266 – Les trois prières chabbatiques ; les trois repas chabbatiques, 267 – En célébrant le Chabbat, l'homme ne s'installe pas dans la matérialité, à laquelle conduit un travail continu, 269 – Le Chabbat, jour de la connaissance, 269 – Parole et action ; parole et témoignage, 270 – Le Dire : *ma'amar* et *dibbour*, 270 – Distance et proximité de Dieu : *Hou* et *Ata*, « Lui » et « Toi » ; Lui et toi, 271 – Le juif : serviteur de Dieu, durant la semaine ; fils de Dieu, le Chabbat, 271 – Crainte du Chabbat et amour de Dieu, 272 – Le Chabbat, expérience personnelle de la révélation créatrice et providentielle de Dieu, 272 – Le Chabbat de l'Alliance avec Israël précède le Chabbat de la Création, 273 – L'Alliance de la circoncision et le Chabbat, 274 – La manne, témoignage du Chabbat, 274 – Le don du Chabbat précède celui de la Tora, 277 – Tora, Chabbat et Israël, 278 – Chabbat individuel et Chabbat communautaire, 278 – Le parachèvement du Chabbat divin résultera de la collaboration entre Dieu et l'homme, 280 – Chaque heure est irremplaçable, 281 – Les jours de la semaine sont inclus dans le Chabbat, 281 – Le Chabbat, limité à l'extérieur, est incommensurable en profondeur, 282 – Chabbat, jour d'ouverture et de découverte, 282 – Le Chabbat : entièrement jour, entièrement lumière, 283 – L'unité du Chabbat, 283 – Aux temps chabbatiques, messianiques, le monde diversifié retournera à sa racine, à son unité, 284 – C'est par le nombre sept que la Création, la Tora, Israël et le Chabbat se relient entre eux, 284 – La signification du nombre sept dans l'Histoire du monde et dans l'Histoire d'Israël, 285.

Références, sources et notes 295
   Abréviations, 295 – Observations préliminaires, 295.

Références, sources et notes de la préface à la première édition 296

Références, sources et notes de la première partie 296
   Chapitre premier, 296 – Chapitre II, 378 – Chapitre III, 397 – Chapitre IV, 413 – Chapitre V, 430.

Références, sources et notes de la deuxième partie 433
   Chapitre premier, 433 – Chapitre II, 434 – Chapitre III, 434 – Chapitre IV, 449.

Bibliographie sélective 471
   Noms d'auteurs, 471 – Titres d'ouvrages, 474.

DU MÊME AUTEUR

La Cabale, Paris, Payot, 1960, 1972, 1979, 1983, 1988.
Die Kabbala, Bern und München, Francke Verlag, 1966.
The Kabbalah, New York and Jerusalem, Feldheim Publishers, 1975, 1977.
La Cabala, Barcelona, Ediciones Martinez Roca, 1976 (deux éditions).
La Kabbala, Roma, Carucci Editore, 1981 (deux éditions).
Cabala, Tokyo, Sobunsha, 1994.
A Cabala, São Paulo, Editora Colel, 1995.
Cabala, Bucuresti, Ed. Univers Enciclopedic, 1996.
Israël dans le temps et dans l'espace, « Thèmes fondamentaux de la spiritualité juive », Paris, Payot, 1980.
Israel in Zeit und Raum, Grundmotive des jüdischen Seins, Bern und München, Francke Verlag, 1984.
Israel in Time and Space, Basic Themes in Jewish Spiritual Thought, New York and Jerusalem, Feldheim Publishers, 1987.
Sagesse de la Kabbale, vol. I, Paris, Stock, 1986.
Sagesse de la Kabbale, vol. II, Paris, Stock, 1987.
Die Weisheit der Kabbala, Bern und Stuttgart, Francke Verlag, 1988.
Sagezza della Kabbala, Milano, Mondadori, 1990 ; Firenze, Giuntina, 1998.
Wisdom of the Kabbalah, New York and Jerusalem, Feldheim Publishers, 1991, 1996.
Sabedoria da Cabala, São Paulo, Editora Colel, 1995.
La Sabiduria de la Kabbala (sous presse), vol. I, Madrid, Ediciones Riopiedras.
La Sabiduria de la Kabbala (sous presse), vol. II, Madrid, Ediciones Riopiedras.
Intelepciunea Cabalei, Bucuresti, Editura Hasefer, 1997.
Resisting the Storm, Memoirs, Jerusalem, Yad Vashem, 1987, 1995.
Un tison arraché aux flammes, Mémoires, Paris, Stock, 1989.
Lottando nella Bufera, Memorie, Firenze, Editrice La Giuntina, 1995.
Un taciune smuls flacarilor, Memorii, Bucuresti, Editura Hasefer, 1996.
Den Flammen entrissen, Erinnerungen, Tübingen und Basel, Francke Verlag, 1996.
El Moul P'nei Hasse'ara, Zikhronot, Jerusalem, Yad Vashem. 1990, 1995.
Yisraël Vechorachav, Jerusalem, Mossad Harav Kouk, 1994.
'Houkat Olam Verazei Olam, Jerusalem, Mossad Harav Kouk, 1996.
Juifs et Chrétiens : La Shoah en héritage, Genève, Labor et Fides, 1996.
Esquisse d'une éthique religieuse juive, Paris, Cerf, 1997.
Éthique juive et modernité, Albin Michel, Paris, 1998.
Traditione esoterica ebraica, Firenze, Giuntina, 1999.
Schita unei etici religioase judaice, Bucuresti, Editura Hasefer, 1999.
Jewish Religious Ethics, New York and Jerusalem, Feldheim Publishers, 1999.
Judische Ethik und Modernität, Tübingen und Basel, Francke Verlag, 2000.

Volumes d'hommages à Alexandre Safran

Alei SHEFER, *Studies in the Literature of Jewish Thought*. Presented to Rabbi Dr Alexandre Safran, edited by Moshe 'Hallamish, Bar-Ilan University Press, Ramat. Gan, 1990.
Ich BI-GEVUROT, *Studies in Jewish Heritage and History*. Presented to Rabbi Alexandre Safran, edited by Moshe 'Hallamish, Jérusalem, Day-Noy Press, 1990.

DANS LA MÊME COLLECTION

Derniers parus

Grand format

Armand Abécassis, *Les Temps du partage, I, Les fêtes juives de Pessah à Tich'a Be'ab.*
Les Temps du partage, II, Les fêtes juives de Roch Hachana à Pourim.
Schlomo Deshen, *Les Gens du Mellah. La vie juive au Maroc à l'époque précoloniale.*
Josy Eisenberg et Benjamin Gross, *Le Testament de Moïse (A Bible ouverte VI).*
Arieh Eckstein, *Tante Esther.*
Emil L. Fackenheim, *Judaïsme au présent.*
Jacob Gordin, *Ecrits. Le renouveau de la pensée juive en France.*
Benjamin Gross, *Le Messianisme juif.*
   Que la Lumière soit. « Nér Mitsva », La flamme de la mitsva, du Maharal de Prague.
   Les Lumières du retour. « Orot ha Teshuva » du Rav Kook.
Emmanuel Lévinas, *Difficile Liberté* (4e éd.).
David Malki, *Le Talmud et ses maîtres* (rééd.).
Alexandre Safran, *Ethique juive et modernité.*
Jo Testyler, *Les Enfants de Slawkow, une jeunesse dans les camps nazis.*
Jean Vassal, *Les Eglises, diaspora d'Israël ?*
Adin Steinsaltz, *Le Maître de prière. Six contes de rabbi Nahman de Braslav.*
Colloques des intellectuels juifs : *Le Temps désorienté.*
   L'Idée d'humanité.
   Le Corps.
   Difficile Justice. Dans la trace d'Emmanuel Lévinas.
   Comment vivre ensemble ?
Colloque du Centre international de recherches sur les Juifs du Maroc, *Monothéismes et tolérance.*

Petit format

Doris Bensimon, *Les Juifs dans le monde au tournant du XXIe siècle.*
Jean Blot, *Albert Cohen ou Solal dans le siècle.*
Alain Boyer, *Théodore Herzl.*
Catherine Chalier, *Lévinas, l'utopie de l'humain.*
Nadine Perront, *Etre juif en Chine. L'histoire extraordinaire des communautés de Kaifeng et de Shanghai.*
Gilbert Dahan, *La Polémique chrétienne contre le judaïsme au Moyen Age.*

Roland Coetschel, *Isaac Abravanel, conseiller des princes et philosophe.*
Ernest Gugenheim, *Le Judaïsme dans la vie quotidienne.*
Danièle Iancu, *Etre juif en Provence au temps du roi René.*
Mireille Hadas-Lebel, *L'Hébreu : trois mille ans d'histoire.*
   Massada, histoire et symbole.
Masha Itzhaki, *Juda Halévi. D'Espagne à Jérusalem.*
Philippe E. Landau, *L'Opinion juive et l'affaire Dreyfus.*
Béatrice Leroy, *Les Juifs dans l'Espagne chrétienne avant 1492.*
Henry Méchoulan, *Etre juif à Amsterdam au temps de Spinoza.*
René Moulinas, *Les Juifs du Pape.*
Gérard Nahon, *La Terre sainte au temps des kabbalistes.*
Renée Neher-Bernheim, *Jérusalem, trois millénaires d'histoire.*
Béatrice Philippe, *Les Juifs à Paris à la Belle Epoque.*
Simon Schwarzfuchs, *Rachi de Troyes.*
David Sorkin, *Moïse Mendelssohn, un penseur juif à l'ère des Lumières.*
Jacques Taïeb, *Etre juif au Maghreb à la veille de la colonisation.*
Emanuela Trevisan-Semi, *Les Caraïtes.*
Pamela Vermes, *Martin Buber.*

Cet ouvrage, composé
par Nord Compo à Villeneuve d'Asq,
a été achevé d'imprimer sur Roto-Page
par l'Imprimerie Floch à Mayenne,
pour les Éditions Albin Michel
en mars 2001.

N° d'édition : 19474.
N° d'impression : 51078.
Dépôt légal : avril 2001.
Imprimé en France.